한 권으로 끝내는
중국 세법과 상법

안치우(한국공인회계사 · 중국공인회계사) 저

개정증보판

SAMIL | 삼일인포마인

처음 책을 꼭 써보고 싶다는 생각을 하고, 또 실제로 처음 탈고를 한 지도 벌써 3년이 지났다. 나이가 들수록 시간이 참 빠르다는 생각을 하는 건 나뿐일까? 처음에는 쓰고 싶었던 말도 참 많았던 것 같다. 그래서 이런 저런 내 얘기를 적어 넣기도 했었나 보다. 하지만 그런 지루한 얘기보다 세법과 상법의 개정사항이 뭐였는지가 독자분들의 관심일 테니 그것을 말씀드리는 것이 옳을 것이다.

지난 2018년 출간되었던 책에 비해 가장 많은 개정이 있었던 것은 단연 증치세와 개인소득세 부분이다. 증치세는 특히 세율이 크게 바뀌었고 체계도 조금 손 본듯하다. 증치세가 중요한 이유는 소비세 및 기타 세법에도 영향을 미치기 때문이며 이에 대한 영향도 참조하시길 바란다.

개인소득세의 가장 큰 변화는 종합소득 개념의 도입이다. 기존에는 중국의 개인소득세법이 거의 완벽한 분류과세체계를 유지하던 것이 이번에 종합소득의 도입으로 기존과는 다른 체계를 가지게 되었다.

또한, 외상투자법률이 거의 전면 개편되었으며, 환경보호세도 신규로 도입되었다. 그 외 각 세법의 정책성 규정들이 보완되었다. 하지만 기타 세법은 틀을 흔드는 수준의 개정은 아니라고 볼 수 있으므로 기존의 지식을 가지고 계시던 분들이라면 어렵지 않게 느껴질 것이라고 생각한다.

2020년은 참 여러 가지로 불확실한 시대인 것 같다. 안팎으로 이렇게 말이 많았고 걱정과 기대가 뒤섞였던 적이 또 있었나 싶기도 하다. 특히 중국을 둘러싼 여러 가지 일들이 전문가들의 전망이 엇갈리는 의견이 증명하듯 더욱 미래를 예측하기 어려운 시기인 것 같다. 이렇게 불확실한 시기에 이렇게 다시 책을 써 내려갈 수 있는 것에 대해 새삼 감사함을 느낀다.

특히 세법과 상법의 개정도 이런 변화를 계속 반영할 것이므로 계속 관심을 가져야 할 것이다. 불확실한 시기일수록 항상 그러려고 나름 노력했듯이 내가 할 수 있는 일들을 그대로 열심히 하는 것이 언제나 정답 중 하나이지 않을까 생각해 본다.

2020년 11월

본 저자가 처음 중국에 온 게 2005년이니까 벌써 12년이 지났다.

처음 중국에 나왔을 때 그야말로 아는 것이 없었지만 두려움보다는 새로움과 기대감이 컸었던 것 같다.

그 당시 중국의 세법 등에 관한 책이 많지 않았지만 그것을 사서 수도 없이 읽어보았다. 하지만, 거기에서는 중요한 지식을 얻을 수 없었고 그때 접했던, 무엇이 중요한 것인지도 모르게 내용이 나열되었던 두꺼운 책들은 배움의 대상이라기보다는 그저 포기의 대상이었다. 한국에서 공인회계사 공부를 할 때처럼 강의가 있는지도 찾아보고, 들어도 보았다. 그러나 기대가 너무 컸기 때문이었는지 실망만이 크게 자리잡았다. 내가 원하는 것은 중국세법의 체계를 잡기 위해서였지 단편적인 지식이나 사례분석도 아니었고 그저 중국책 원본을 번역하여 나열하기만 한 두꺼운 책이 아니었기 때문이다. 정리가 되어 있고 세법의 체계를 잡아줄 수 있는 책은 없을까 하고 그때 정말 많이 찾아다녔다. 그리고, 그 이유를 한참 후에야 알았다. 왜 그런 것이 없었는지를….

한참 뒤 중국에 나와 있는 한국회계사 중에서 중국회계사 자격을 가지고 있는 사람이 단 한 명도 없다는 것을 알게 되었다. 신기하기도 했고 의아하기도 했다. 그때는 처음 중국에 와서 누가 어떤지 내 스스로 판단할 능력이 없었기 때문에 그냥 명함만 한국회계사여도 중국전문가로 알았던 시절이다. 꼭 그런 것만이 아님을 나중에서야 알았다.

그러던 중 우연히 북경에서 예전에 중국 세법에 관하여 책을 쓰셨던 저자 한 분을 만났다. 그 당시 그 분은 중국전문가라고 알려져 있었고 내심 그 분으로부터 약간 과장 섞인 무용담(?)을 들을 수 있을 거라 기대했다. 하지만 그때 내가 들었던 대답은 "아~ 그거요? 조선족 시켜서 중국 책 하나 골라 번역한 겁니다. 내용은 나도 자세히는 몰라요." 내가 물었다. "그럼 그런 책을 왜 쓰셨어요?" 그 분 대답은 이랬다. "아, 이 책을 보고 독자들이 내가 전문가로 알고 업무를 맡기러 찾아옵니다. 책의 내용은 별로 중요하지 않아요. 어차피 다들 안 읽어요. 다 마케팅입니다."

그때 내가 느꼈던 것은 실망 그 자체였다. '그럼 그 많은 추천사 등등은 뭐였지? 그러면 나 같은 사람은 뭐란 말인가? 마케팅이 이렇게 중요한 것이구나!' 이래서 내가 읽었던 책의 내용을 몇 번을 읽어도 체계적으로 이해할 수가 없었구나! 등 생각이 마구 떠올랐던 것 같다. 그런 후에 그 분에게서 제안을 받았다. 내가 책의 내용을 모두 다 써주면 공동저자로 올려주겠다는 것이었다. 그 날 정중히 거절하였고 또한 결심했다. 언젠가는 나 같은 사람을 위한 책을 한번은 써야겠다고. (물론 쓰다보니 이런저런 이유로 원래 생각했던 내용을 모두 담을 수도 없었고, 생각해보니 그냥 번역을 맡기는 것도 효율적이긴 할 것 같다)

이 책을 읽어보면 문장이 이상한 부분을 발견할 것이다. 하지만 그것은 내가 발견하지 못한 것이 아니라 추후에 중국의 원문을 보았을 때 훨씬 더 잘 알아볼 수 있도록 중국식의 표현을 그대로 썼기 때문이다(예를 들면 '~~인민법원은 지지하지 않는다'). 독자 여러분도 세련된 한국식 문장만이 중국을 공부하기에 꼭 좋은 것만은 아니라는 걸 알게 될 것이다.

얼마 후 좋은 친구와 내가 존경할 만한 분을 만났다. 그 친구가 내게 중국회계사를 권유하였고 그때부터 나는 중국회계사 자격을 공부하게 되었다. 또, 중국회계사를 따면 예전의 나 같은 독자를 위한 책을 써야겠다고 생각하였다. 태산을 오르는 방법은 그저 한발한발 오르는 거라고 했던가. 그리고 그날이 내게도 마침내 왔다.

물론 그 후에는 좋은 책도 나왔고 유능한 회계사도 만나보았다. 하지만 나는 그때부터 책을 고를 때는 저자를 먼저 보는 습관도 생겼다. 뭔가를 역임했고 어떤 감투를 쓰고 있고 등이 전문가임을 나타내는 것이라 이제 나는 잘 믿지 않는다. 오히려 내가 만나보고 느끼는 전문가로서의 품위를 훨씬 더 중요하게 생각한다. 내가 아는 분들 중에는 중국어도 유창하게 구사하고 중국에 대해 잘 아는 전문가의 품위를 가지고 있는 분도 물론 있다. 하지만 중국에 와서 일해본 적도 없거나 짧은 경험을 가지고 중국어를 잘 할 줄도 모르는데 중국전문가라는 말은 어불성설이다. 적어도 나는 그것을 믿지 않는다. 내가 중국에 온 지 10여년이지만 아직도 못 알아 듣는 것이 있다. 다만 중국어로 된 법전을 보는 데 무리가 없다는 것에 위안을 가질 뿐이고, 앞으로도 무엇을 하던 공부를 많이 해야 한다는 것을 느낄 뿐이다.

참고로, 현재는 중국회계사 자격을 가지고 있는 한국인이 본 저자 한 명뿐은 아니다. 내가 알기로는 두 분이 더 있다. 하지만, 한국회계사로서 한국의 경험과 중국회계사 그리고 중국 현지의 경험을 모두 가진 사람은 본 저자 이외에는 없는 것으로 안다. 시시껄렁한 자랑을 하기 위함이 아니다. 또 그깟 자격증이 뭐가 중요하냐는 말도 들었다. 맞다. 그깟 자격증 하나가 뭐가 중요하랴. 하지만 그 안에 들어 있는 노력은 정말로 중요하다. 자격증이 나를 성장시킨 게 아니라 그것을 얻기 위한 과정이 나를 성장시켰다고 지금도 믿는다. 나 스스로에게 자격증은 자격이 아닌 노력의 상징이다. 그래서, 이 책을 쓰기 위해 본 저자가 했던 일을, 그저 마케팅의 수단으로만 쓴 것이 아님을 그리고 약간의 철학이 담겨 있음을 조금만 알아주십사 부탁드리고 싶다. 그럼에도 불구하고 독자분이 이 책도 이전의 책들과 비슷하거나 못하다고 느끼실지도 모르겠다. 그건 본 저자의 노력과 스킬이 아직 부족하기 때문일 것이다. 그래서 더 노력해 나갈 것이다.

　마지막으로 예전의 나와 같은 느낌을 가졌던 독자들에게 이 책이 조금이나마 도움이 되길 바란다. 이 책이 나오도록 마음으로 지지를 보내주었던 모든 분들에게, 그리고 애써주셨던 분들, 가족, 친구, 형님, 그리고 질책해 주셨던 분들에게 이 책을 바친다.

2018년 2월
안치우

1. 본서는 최대한 현지에서 사용하는 용어와 표현방식을 독자가 혼동하지 않을 만한 선에서 그대로 사용하였다. 예를 들면 한국에서 수출하는 재화에 대하여 기존 환경에서 납부하였던 부가가치세를 돌려주는 절차를 "환급" 등으로 표현하나, 본서에서는 현지의 용어인 "퇴세(退税)"로 그대로 사용하였다(예 : 원천징수의무자를 원천징수의무인으로 등). 오해의 소지가 있을 수도 있다고 생각되는 부분은 괄호로 원문을 그대로 기재하였다.

2. 중국의 독자적인 용어는 무리해서 번역하지 않았다. 예를 들면, 发票(파표, FaPiao)등과 같은 용어는 한국에는 없는 중국의 독특한 체계에서 발생하는 것이다. 일부 서적에서는 영수증, 세금계산서 등으로 번역하고 있으나, 이는 독자에게 혼선을 줄 수 있으며 엄밀히 말하면 모두 적절하지 않은 용어이다. 중국의 发票(파표)는 한국의 영수증과 세금계산서와는 다른 그 상위의 개념이라 할 수 있다. 구태여 번역을 하려면 영수증은 收据(쇼쥐), 세금계산서는 增值税专用发票(증치세전용파표)라고 써야 옳을 것이다. 이러한 부분은 무리해서 번역하지 않았음을 일러둔다. 부득이한 경우에도 发票 또는 "파표"라고 발음대로 표시하였고, 영수증 또는 세금계산서 등의 용어는 최대한 사용하지 않았다.

3. 최대한 번역을 하되 그대로 직역하면 오해나 혼란의 여지가 있는 부분은 별도로 원문의 표시를 같이 표시하였고, 원문을 그대로 두는 것이 더 좋을 것으로 판단한 부분은 원문의 용어를 그대로 사용하였다.

4. 본서는 학습의 용도로 쓰여졌으며, 모든 규정을 담아놓은 법전이 아니므로 세세한 부분의 규정까지 싣지 못하였다. 실무에 적용할 때에는 반드시 전문가의 도움이나 조언을 얻기 바란다.

5. 편의상 금전의 단위를 "원"으로 표시하였다. 즉 예를 들면 소규모 납세인의 인정표준매출액이 50만원이라면, 이는 50만 인민폐, 즉 50만RMB를 의미한다. 원, 위엔, 인민폐, RMB 등 여러 가지 용어가 있어 편의상 원으로 표시하였다.

6. 필요한 부분은 요약하여 설명하거나 공식을 삽입하는 등의 방법을 사용하였으며, 중요하지 않은 지엽적으로 열거되는 사항을 나열하지는 않았다(물론 중요한 사항은 열거하였다). 길게 늘어지는 부분은, 본서로 전체적인 세법의 골격을 갖춘 후에 살펴보아도 늦지 않다고 생각하기 때문이다.

7. 책이 길게 늘어지는 점을 방지하기 위해 설명의 토시를 가능한한 단순화했다. 예를 들면 "면제를 적용한다." 라고 표현할 부분은 "면세 적용" 등으로 단순하게 표현하려고 노력하였다.

8. 중화인민공화국(中华人民共和国)이 정식 명칭이긴 하나, 편의에 의해 중국(中国)으로 표현하였다.

9. 주민기업이라 함은 중국의 입장에서 중국주민기업을 의미하며, 주민납세인 또한 중국의 입장에서 중국주민납세인을 말한다. 이하 주민기업, 주민납세인으로 간략하게 칭하였다.

　　아래의 용어는 본 서에서 많이 등장하는 것이므로 이에 대한 이해가 필요하다고 생각한다. 규정에 대한 오해가 있을 수 있으므로 본 서에 들어가기 전에 반드시 숙지하기 바란다.

- **증치세전용파표(增值稅专用发票)** : 증치세(한국의 부가가치세)제도 하에서 매입자가 매입세액 공제를 받기 위해 수령하여야 하는 한국의 세금계산서와 유사한 증빙자료이다. 아래의 증치세보통파표와 거의 비슷하게 생겼으니 실무에서는 유의하여야 하겠다.

- **증치세보통파표(增值稅普通发票)** : 위 증치세전용파표와 거의 비슷하게 생겼으나 매입세액공제를 받을 수 없다. '계산서'라고 번역한 자료도 있으나 한국의 계산서와는 그 용도와 개념 자체가 다르므로 이를 구태여 번역하지 않고 그대로 중문발음인 파표라고 번역하였다. 파표는 다시 설명하겠지만 중국 세무제도의 독특한 체계로서 한국에는 없으므로 번역을 하면 오해의 소지가 있다.

- **단위(单位)** : 단위, 여기서 말하는 단위는 무언가를 측량하는 단위(예를 들면 1원, 2원 또는 1센티, 2센티 등)가 아닌 전혀 다른 의미로 쓰인다. 회사나 기업, 국가단체, 정부 등 영리/비영리 단체를 모두 아우르는 용어로, 쉽게 '법인' 정도로 이해하면 될 것이나, 그 범위는 법인보다 넓다 하겠다.

- **개인사업자(个体工商户)** : 개인이 사업을 영위함에 있어서 법인의 명의가 아닌 개인으로 진행하는 경우 개인사업자(个体工商户)라고 한다.

- **출양(出让), 좐랑(转让)** : 번역을 하면 둘 다 '양도'에 해당하지만 이 둘은 서로 다르다. 중국에서 토지의 소유권은 모두 국가 또는 자치단체에게 있으며, 일반인이나 기업 및 행정단위 등에게는 사용권만 인정한다. 출양(出让)이라 함은 국가 또는 자치단체에서 최초로 사용권자에게 사용권을 허여하는 경우를 말하며, 그 후에 사용권을 가진 자가 또 다른 이에게 사용권을 재양도하는 경우를 좐랑(转让)이라고 한다. 출양과 좐랑은 그 법률효과와 세무효과가 상이할 수 있으므로 구분하여야 한다.

- **매입세액 전출(转出)** : 이미 공제한 매입세액에 대하여 추후에 공제하지 못하는 사유가 발생되었을 때 기존에 공제했던 매입세액을 다시 되돌리는 절차를 중국에서는 '전출'이라 칭한다. 이를 그대로 전출이라고 사용하도록 하겠다.
- **과세기준(计税依据)** : '과세표준' 정도로 이해할 수 있으나, 여러 세법에서 사용되는 용어이며 꼭 과세표준과 반드시 일치하는 것이 아닌 경우도 있어 그냥 과세기준으로 표시하였다.
- **과세가액(计税基础)** : 세무상가액을 의미한다. 예를 들면, 기계장치의 매입가격이 100원이고 세무상 5년간 상각한다고 할 때 1년 후의 과세가액(计税基础)은 80원이 된다.
- **과세구성가액(组成计税价格)** : 여러 세법에서 등장하는 용어로 예를 들어 과세기준(과세표준)을 확정적으로 알 수 없거나 확정할 수 없는 경우, 각 세법에서 정하는 공식에 따라 그 과세가액 또는 과세기준을 추계하여 사용한다. 이때 공식으로 나오는 가액을 과세구성가액(组成计税价格)이라고 한다.
- **营改增(잉가이쩡)** : 영업세가 증치세로 개정되었다는 뜻인데, 이 단어는 여러 세법에서 등장하므로 그 배경을 반드시 알아두어야 한다. 증치세법 참조.
- **납세조정(纳税调整)** : 기업소득세법상 등장하는 용어로 한국의 "세무조정"으로 이해하면 될 것 같다. 한국에서는 익금산입, 손금불산입, 손금산입, 익금불산입으로 구분하고 있으나, 중국은 조정증가액(익금산입, 손금불산입)과 조정감소액(손금산입, 익금불산입)의 두 가지로 부르고 있다.
- **선납세금(预缴税款)** : 선납 또는 중간예납한 세금이라는 뜻인데, 경우에 따라서 선납세금이 되기도 하고 한국의 중간예납과 같은 의미로도 쓰인다. 따라서, 그대로 선납세금(预缴税款)으로 표현하였다.
- **납세소득액(应纳税所得额)** : 기업소득세법을 예로 들면 과세표준에 가깝다. 위에서 설명한 과세기준(计税依据)은 소득에 대한 세목이 아닌 경우에 많이 사용된다.
- **연체가산금(滞纳金)** : 세금을 체납한 경우에 매일 가산되는 이자형식의 벌과금이다. 납부불성실가산세와도 유사하고 가산금의 성격도 있다. 연체료, 연체금 또는 연체가산금 등으로 표현하였다.

제2장 증치세법 / 81

제4장　성시유지건설세(城市维护建设税)법과 연엽(烟叶)세법 / 261

제8장　차량구입세(车辆购置税)법, 차량선박세(车船税)법과 인화세(印花税,인지세)법 / 361

제10장   개인소득세법 / 483

제11장 국제조세 / 563

제2편

중국 상법

제13장   회사법 / 631

제15 장   계약법률제도 / 723

제3편

중국진출 가이드

제16장   해외투자실무 가이드 / 839

제1편

중국세법

제 1 장

세수징수관리법

제1절 세수징수관리법 개술

1. 세수징수관리법의 적용범위

> 세수징수관리법 : 이하 징수관리법으로 칭한다.

　《징수관리법》 제2조 규정 : "법에 따라 세무기관에서 징수하는 각종 세수의 징수관리는 모두 본 법률을 적용한다." 세무기관에서 수취하는 비용(예를 들어 교육비 부가)는 《징수관리법》을 적용하지 않으며, 《징수관리법》에 규정한 조치를 채용하지 못한다. 해관에서 징수 및 대리 징수하는 세목도 《징수관리법》을 적용하지 않는다.

2. 세수징수관리법 준수의 주체

　1) 세무행정주체 : 세무기관

> 포함 : 각급 세무국, 세무분국, 세무소와 성급 이하 세무국의 사찰국

　2) 세무 행정관리 상대인 : 납세인, 원천징수 의무인과 기타 해당 단위
　3) 해당 단위(單位)와 부문 : 각급 인민정부를 포함한 해당 단위와 부문

단일선택 〇

다음 세목 중 징수관리에 《중화인민공화국 세수징수관리법》을 적용하는 것은?
A. 관세
B. 방산세
C. 교육비부가
D. 해관에서 대리징수하는 증치세

답　B

해설 관세는 해관에서 징수하며 징수관리법을 적용하지 않는다. 교육비부가는 비용에 속하며 징수관리법을 적용하지 않는다. 해관에서 징수한 증치세와 관세는 징수관리법을 적용하지 않는다.

제**2**절 　세무관리

1. 세무등기관리

　세무등기(税务登记)는 세무기관에서 납세인에 대하여 세수관리를 실시하는 첫 번째 납세환경이자 기초이다. 징수와 납부 쌍방의 법률관계가 성립되는 근거와 증명이며 또한 납세인이 반드시 법에 따라 이행하여야 하는 의무이기도 하다.

　세무등기관리는 개업 세무등기, 변경 및 말소 세무등기, 휴업 및 영업재개등기, 외출경영검사신청등기(外出经营报验登记)를 포함한다.

(1) 개업세무등기

　　1) 개업세무등기의 대상(두 가지)

　　　① 영업허가증을 취득하여 생산, 경영에 종사하는 납세인

그 중 포함 :
ⅰ) 기업
ⅱ) 기업이 외지에 설립한 지사기구와 생산, 경영에 종사하는 장소
ⅲ) 개인사업자
ⅳ) 생산, 경영에 종사하는 사업단위

---

　　　② 기타 납세인 : 국가기관, 개인과 고정된 생산, 경영 장소가 없는 유동성 농촌 소상인 이외의 경우 반드시 세무등기를 하여야 한다.

　　2) 개업세무등기의 시기

　　　① 생산, 경영에 종사하는 납세인이 공상영업허가증를 수령한 경우 반드시 영업허가증을 수령한 일자로부터 30일 내에 세무등기를 진행하여야 한다.

　　　② 원천징수 의무자는 반드시 원천징수 의무가 발생한 일자로부터 30일 내 소재지 주관세무기관에 세금 원천징수를 등기 신고하여야 되며, 세금 원천징수 등기 증명서를 수령하여야 한다.

③ 경외기업이 중국 경내에서 건축, 안장, 조립, 탐사공사 도급과 노무를 제공한 경우, 반드시 프로젝트 계약 혹은 협의를 체결한 일자로부터 30일 내에 납세의무 발생지 세무기관에 세무등기를 신고하여야 된다.

3) 세 가지 증서를 1본으로 합병

① 세 가지 증서 : 공상영업허가증, 조직기구코드증, 세무등기증

② 2015년 10월 1일부터 새로 설립한 기업, 농민전업합작사(農民专业合作社)에서 공상행정관리부문에서 발급한 법인과 기타 조직의 사회 통일 사회신용코드를 기재한 엉업허가증을 수령한 후에는 다시 세무등기를 진행할 필요가 없으며, 다시 세무등기증을 수령하지 않는다. 기업에서 세무와 관련된 사항을 처리할 때 통일코드를 기재한 영업허가증으로 세무등기증을 대신하여 사용할 수 있다.

③ 2016년 1월 1일 후 민정부문(民政部门)에서 등기설립 및 통일사회신용코드를 취득한 납세인에 대하여 세무등기를 진행하며 세무등기 증서를 발급한다.

다중선택 ○

세수징수관리법과 세무등기 관리방법의 해당 규정에 따라 다음 각항 중 반드시 세무등기를 진행하여야 하는 것은?

A. 생산경영에 종사하는 사업단위
B. 기업이 경내 기타 도시에 설립한 지사기구
C. 생산경영에 종사하지 않으며 급여 임금의 개인소득세만 납부하는 자연인
D. 소득원천이 중국 경내인 소득이 있으나 중국경내에 기구, 장소를 설립하지 않은 비주민기업

답 A, B

해설 개업 세무등기의 대상은 2가지가 있다.
(1) 영업허가증을 수령하여 생산, 경영에 종사하는 납세인
그중 포함 : ① 기업 ② 기업이 외지에 설립한 지사기구와 생산, 경영에 종사하는 장소 ③ 개인사업자 ④ 생산, 경영에 종사하는 사업단위
(2) 기타 납세인 : 국가기관, 개인과 고정적인 생산, 경영 장소가 없는 유동성 농촌 소상인 이외의 경우 반드시 세무등기를 진행하여야 한다.

(2) 세무등기의 변경 및 말소

1) 세무변경등기의 범위 및 시기

① 적용범위 : 명칭변경, 법인 변경, 경제적 성질 혹은 경제유형 변경, 주소와 경영지의 변경, 등기자본 증감, 예속관계 변경, 은행계좌 변경 혹은 증감 등이 발생한 경우

② 시간요구 : 공상행정관리기관 혹은 기타 기관에서 변경등기를 진행한 일자로부터 30일 내

2) 세무말소등기의 적용범위 및 시기

① 적용범위 : 경영기간이 만기되어 해산한 경우, 기업의 재편, 분할, 합병등의 원인으로 인한 경우, 파산, 납세인의 주소 또는 경영지 이전으로 인하여 원 주관세무기관이 변경된 경우

② 시간요구

ⅰ) 해당 기관 비준 혹은 종료를 선고한 일자로부터 15일 내에 원 세무등기 관리기관에 세무등기 말소를 진행한다.

ⅱ) 경외기업이 중국경내에서 건축, 설치, 조립, 탐사공정 도급과 노무를 제공하는 경우, 프로젝트 완공 혹은 중국을 떠나기 전 15일 내에 해당 증서와 자료를 가지고 원 세무등기기관에 세무등기 말소를 진행하여야 한다.

신설 규정 : 이미 "3증합병, 一照一碼" 등기 형식을 실행하는 기업, 농민전업합작사에서 말소등기를 진행하면, 먼저 국세세무국과 지방세무국 중 임의의 주관세무기관에 신고하여 세금을 청산하며, 국세세무국과 지방세세무국에서는 세금청산 결과에 따라 납세인에게 통일적으로 《세금 청산증명, 淸稅証明》을 제출한다.

---

(3) 영업정지, 영업재개 등기

납세인의 영업정지 기간은 1년을 초과하지 못한다.

(4) 외출경영검사신청(外出经营报验) 등기(임시경영 세무등기)

① 납세인이 외부 현에서 임시로 생산경영 활동에 종사하면 반드시 외출생
산경영 이전에 세무등기증을 지니고 주관세무기관에 《외출경영활동 세
수관리증명, 外出经营活动税收管理证明》 발급을 신청하여야 한다.

② 세무기관에서는 一地一证 원칙에 따라 《외관증, 外管证》을 발급하며
《외관증, 外管证》의 유효기간은 일반적으로 30일이며, 180일을 초과하지
못한다.

③ 신설규정 : 2016년 국가세무 총국에서 《외출 경영활동 세수관리증명, 外出
经营活动税收管理证明》의 상관 제도와 진행절차를 최적화하는 의견에 근
거하여 납세인이 성세무기관 관할구역내에서 현(시)를 초월하여 경영하는
《외관증, 外管证》 발급 여부는 성세무기관에서 자체적으로 확정한다.

(5) 세무등기증의 작용

① 은행계좌 개설
② 감세, 면세, 퇴세 신청
③ 연기 신고, 연기 세금 납부를 신청
④ 세금계산서 매입
⑤ 외출 경영활동 세수 관리 증명 발급을 신청
⑥ 영업정지, 휴업 신청
⑦ 기타

> 세무등기증서를 분실한 경우, 15일 내에 주관세무기관에 신고하여야 하며, 동시
> 에 신문에 기재하여 폐기를 공고하여야 한다.

2. 장부, 증빙(凭证) 및 파표 관리

(1) 장부, 증빙(凭证) 관리

1) 장부, 증빙 구비에 대한 관리 : 생산, 경영에 종사하는 납세인은 반드시 영업허가증을 수령하거나 혹은 납세의무 발생일자로부터 15일 내에 장부를 구비하여야 한다.

2) 재무회계제도의 등록(备案)제도 : 세무등기증을 수령한 일자로부터 15일 내에 지체없이 주관세무기관에 제출하여 등록(备案)한다.

3) 장부, 증비 등 세금관련 자료에 관한 보관기한 : 10년

(2) 파표(发票) 관리

1) 《징수관리법》제21조 규정에 따라 : "세무기관은 파표의 주요 관리기관이며 파표의 인쇄, 매입, 발급, 취득, 보관, 반납폐기의 관리와 감독을 책임진다.

2) 파표 매입 : 파표 수령 절차를 간소화한다.

일반 파표 수령은 원칙상 현장사찰을 취소하였으며, 통일적으로 세금처리청에서 즉시 진행한다.

일반 납세인이 신청한 증치세 전용 파표의 최고 발급금액이 10만원을 초과하지 않는 경우 주관 세무기관에서는 사전에 현장사찰을 진행할 필요가 없다.

3) 증치세 전자보통파표(电子普通发票)의 보급과 응용

① 2016년 1월 1일부터 전국 범위에서 증치세전자파표(电子发票)시스템을 사용하여 증치세 전자보통파표(电子普通发票)를 발급한다.

② 증치세 전자 보통 파표의 개표측과 수령측에서 종이 세금계산서가 필요하면 자체로 증치세 전자 보통 파표를 프린트 할 수 있다. 그의 법률효력, 기본용도, 기본 사용규정 등은 세무기관에서 감독 제작한 증치세 보통 파표와 동등하다.

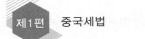

(3) 세무통제관리

《징수관리법》중 규정 : 규정에 따라 세무통제 장치를 설치, 사용하지 못하거나 혹은 세무통제 장치를 훼손 혹은 사사로이 변동한 경우, 세무기관은 기한 내에 개정할 것을 명령하며 2,000원 이하의 벌금에 처할 수 있다. 사안이 중대한 경우 2,000원 이상 1만원 이하의 벌금에 처할 수 있다.

3. 납세신고관리

(1) 납세신고대상

납세기한 내 납부할 세액이 없는 납세인을 포함한다(감세, 면세 대우를 향유하는 납세인 포함).

(2) 납세/신고 기간(두 기간은 동등한 법률 효력을 구비)

1) 법률, 행정법규에 명확히 규정한 것
2) 세무기관에서는 법률, 행정법규의 원칙 규정에 따라 납세인의 생산경영 실제 상황 및 그가 납부할 세목 등 해당 문제에 근거하여 확정한다.

(3) 납세신고의 방식

직접신고, 우편신고, 전자문건
상술한 방식 외 정기정액으로 세금납부를 실시하는 납세인은 간이신고, 징수기간 합병 등의 납세신고 방식을 실행할 수 있다.

(4) 지연신고 관리

납세인이 특수상황이 있어 적시에 납세신고를 하지 못하는 경우 현급 이상 세무기관의 비준을 거친 후 지연신고할 수 있다.

제3절 세금징수

1. 세금징수의 원칙(총7항)

1) 세무기관이 징수의 유일한 행정주체이다.

2) 세무기관은 법률, 행정법규의 규정에 의해서만 세금을 징수한다.

3) 세무기관은 법률, 행정법규의 규정을 위반하여 징수의 개시, 정지, 초과징수, 과소징수, 조기징수 및 세금징수를 연기하지 못하고 또한 임의로 징수하지 못하며 법에 따라서만 징수하여야 한다.

4) 세무기관의 세금징수는 반드시 법정권한과 법정절차의 원칙을 준수하여야 한다.

5) 세무기관에서 세금을 징수하거나 상품 혹은 기타 재산을 압류, 차압할때 반드시 납세인에게 납세증명서 혹은 압류, 차압한 명세서 등을 발급하여야 한다.

6) 세금, 연체가산금(滯納金), 벌금은 세무기관에서 통일적으로 국고로 귀속시킨다.

7) 세금 우선의 3원칙

　① 세금은 무담보채권에 우선한다.

　② 납세인의 미지급 납부세액 발생이 먼저인 경우, 세금은 저당권, 질권과 유치권의 집행에 우선한다.

　③ 세금은 벌금, 불법소득몰수에 우선한다.

2. 세금징수의 방법

1) 장부근거징수

2) 사정(査定)징수

3) 검사징수

4) 정기정액징수

5) 세금 대리 징수 위탁

6) 우편납세

7) 기타방식

3. 세금징수제도

(1) 원천징수제도

세무기관에서 규정에 따라 원천징수 의무인에게 원천징수 수수료를 지급한다. 원천징수 세금의 수수료는 다만 현(시) 이상의 세무기관에서 통일적으로 국고환급 수속을 진행하며 징수한 세금에서 직접 공제하지 못한다.

(2) 연기납부(延期缴纳)제도

납세인이 특수한 곤란이 있어 적시에 세금을 납부하지 못하는 경우 성, 자치구, 직할시 국가세무국, 지방세무국의 비준을 거쳐 세금을 연기하여 납부할 수 있다. 그러나 최장 3개월을 초과하지 못한다.

① 특수한 곤란의 주요내용 : 불가항력의 원인이거나 당기의 자금이 직원급여, 사회보험비를 공제한 후 세금 납부에 부족한 경우

② 세금의 지연납부는 반드시 성, 자치구, 직할시 국가세무국, 지방세무국의 비준을 거쳐야만 유효하다.

③ 지연기한은 최장 3개월을 초과하지 못하며 동일한 세금은 연이어 심사비준하지 못한다.

④ 비준된 지연납부기한 내에는 연체가산금(滯納金)을 추징하지 않는다.

(3) 세수 연체가산금(연체금, 滯納金) 징수제도

① 규정 : 납세인이 규정된 기한 내에 세금을 납부하지 않았거나 원천징수 의무인이 규정된 기한 내에 세금을 납부하지 않은 경우, 세무기관은 일정한 기한 내에 납부할 것을 명령한 경우를 제외하고는 세금을 체납한 일자로부터 매일 체납세금의 1/10,000의 연체가산금을 추징한다.

② 계산 : 연체가산금＝체납세금 × 체납일자 × 0.5‰

③ 체납일자 : 법률, 행정법규 규정 혹은 세무기관에서 법률, 행정법규의 규정에 따라 확정된 세금 납부기한이 만료된 다음날부터 납세인 혹은 원천징수의무인이 실제 납부한 일자까지이다.

(4) 세수감면제도

① 감면세는 반드시 법률, 행정법규의 명확한 규정이 있어야 한다.

② 납세인이 감면세를 신청하는 경우, 반드시 주관 세무기관에 서면으로 신청을 제출하며 동시에 규정에 따라 해당 자료를 첨부 발송하여야 한다.

③ 납세인이 감면세를 향유하는 기간내에도 여전히 규정에 따라 납세신고하여야 된다.

④ 감면세는 심사비준류(核准类)감면세와 등록류(备案类)감면세로 나눌수 있다.

납세인이 심사비준류감면세를 향유하나 규정에 따라 신청하지 않았거나 혹은 신청하였으나 비준 권한이 없는 세무기관에서 비준확인하였으면 납세인은 감면세를 향수하지 못한다.

⑤ 납세인은 주관세무기관에 감면세를 신청할 수 있으며, 직접 심사비준 권한이 있는 세무기관에 신청할 수도 있다.

⑥ 감면세 심사비준은 납세인이 제공한 자료와 감면세 법정조건의 관련성에 대하여 심사하며, 납세인의 진실신고책임은 변하지 않는다.

⑦ 감면세 기한이 하나의 납세연도를 초과하는 경우 일회성으로 심사비준을 진행한다.

(5) 세액추계(核定)결정 제도

① 법률, 행정법규 규정에 따라 장부를 비치/기장하지 않아도 되는 경우

② 법률, 행정법규 규정에 따라 반드시 장부를 기장하여야 하나 기장하지 않은 경우

③ 사사로이 장부를 훼손하거나 혹은 납세자료를 제공하지 않는 경우

④ 비록 장부를 기장/비치하였으나 장부계정이 혼란하거나 원가자료, 수입전표, 비용전표가 불완전하여 장부를 검사하기 힘든 경우

⑤ 납세의무가 발생하였으나 규정된 기간내에 납세신고를 진행하지 않고 세무기관에서 일정한 기한 내에 신고할 것을 명령하였으나 기한이 지나도 여전히 신고하지 않은 경우

⑥ 납세인이 신고한 과세 기준이 현저히 낮으며 또한 정당한 이유가 없는
경우

(6) 세무등기를 하지 않은 생산경영에 종사하는 납세인 및 임시 경영에 종사하는 납세인의 세금징수 제도

1) 적용대상 : 세무등기를 하지 않은 생산, 경영에 종사하는 납세인 및 임시
경영에 종사하는 납세인

2) 집행절차

① 납부세액 추계(核定)결정

② 납부할 것을 명령

③ 상품, 화물을 압류

④ 압류된 물품를 압류해제하거나 혹은 경매등(拍卖变卖)의 방식으로
처분

⑤ 세금 상계납부

(7) 세수보전조치

세수보전조치는 세무기관에서 납세인의 행위 혹은 어떠한 객관적 원인으로
인하여 이후의 세금징수를 보증하지 못하거나 보증하기 힘들게 될 수 있는
안건에 대한 조치를 가리킨다. 납세인이 상품, 화물 혹은 기타 재산을 처리
혹은 이전하는 것을 제한하는 조치를 취한다.

1) 세수 보전조치의 두 가지 주요 형식

① 서면으로 납세인의 계좌 개설 은행 혹은 기타 금융기관에 통지하여
납세인의 미납부 세금에 해당한 예금을 동결

② 납세인의 미납세액에 상당하는 상품, 화물 혹은 기타 재산을 압류,
차압

❏ 참조

개인 및 그가 부양하는 가족이 생활유지에 필수적인 주택과 용품은 세수보전조치 범위에 속하지 않는다. 생활에 필수적인 주택과 용품은 차량, 금은 장식품, 골동서화, 호화주택 혹은 하나 이상의 기타 주택을 포함하지 않는다. 세무기관에서는 단가가 5,000원 이하의 기타 생활용품에 대하여 세수보전조치와 강제집행조치를 적용하지 않는다.

2) 세수보전조치의 적용범위 : 생산, 경영에 종사하는 납세인에 제한되어 있고, 생산, 경영에 종사하지 않는 납세인을 포함하지 않으며, 원천징수의무인과 담보제공인도 포함하지 않는다.

3) 세수보전조치의 전제 : 생산, 경영에 종사하는 납세인이 납세의무를 도피하는 행위가 존재

세수보전조치를 적용할 때 반드시 다음 두 가지 조건에 부합되어야 한다.
① 납세인의 납세의무를 회피하는 행위가 있다.
② 규정된 납세기간 이전 과 세금을 납부할 것을 명령한 기간(責令期)내이다.

4) 세무기관에서 반드시 압류, 차압할 상품, 화물 혹은 기타 재산의 가치를 확정할 때 체납금과 압류, 차압, 보관, 경매, 매각하여 발생한 비용을 포함하여야 한다.

5) 세무기관에서 상품, 화물 혹은 기타 재산을 압류할 때 반드시 수령증을 발급하여야 하며, 상품, 화물 혹은 기타 재산을 차압할 때 반드시 명세서를 지출하여야 한다.

6) 세수보전조치의 기한은 일반적으로 6개월을 초과하지 않으며, 중대한 안건에 대하여 연장이 필요하면 반드시 국가세무총국에 신고하여 비준을 받아야 한다.

(8) 세수강제집행

세수강제집행은 당사자가 법률, 행정법규에 규정한 의무를 이행하지 않은 경우, 해당 국가기관에서 법정강제수단을 취하여 당사자에게 강제로 의무를 이행하게 하는 행위를 가리킨다.

1) 세수강제집행의 두 가지 주요 형식

　① 서면으로 계좌 개설 은행 혹은 기타 금융기간에 통지하여 그의 예금 중에서 세금을 공제한다.

　② 미납세금에 상당하는 상품, 화물 혹은 기타 재산을 압류, 차압, 경매하여 경매소득으로 세금을 공제한다.

2) 세수보전과 강제집행의 관계

강제집행은 세수보전의 필연적 결과가 아니다.

3) 세수강제집행 조치의 적용범위

생산경영에 종사하는 납세인에 적용될 뿐만 아니라 또한 원천징수의무인과 납세담보인에 적용된다.

4) 기타

먼저 경고하고 일정한 기한 내에 납부할 것을 명령한다. 기한이 지나도 납부하지 않으면 다시 세수강제집행 조치를 취한다.

　① 세수강제집행조치를 취할때 납세인, 원천징수의무인, 납세담보인이 납부하지 않은 연체가산금(滯纳金)에 대하여 반드시 동시에 강제집행한다. 납세인이 이미 세금을 납부하였으나 연체가산금 지급을 거절하면 세무기관에서는 단독으로 납세인이 지급하여야 하는 미납연체가산금에 대하여 강제집행조치를 취할 수 있다.

　② 차압된 재산을 계속하여 사용하는 것이 그의 가치가 감소되지 않으면 세무기관에서는 피집행인이 계속하여 사용하는 것을 허용할 수 있으며, 피집행인이 보관 혹은 사용시 잘못으로 조성된 손실은 피집행인이 부담한다.

　③ 경매 혹은 매각한 소득으로 세금, 체납금, 벌금 및 압류, 차압, 보관, 경매, 매각 등 비용을 공제한 후 나머지 부분은 3일 내에 피집행인에게 반환하여야 한다.

(9) 미납세금(欠稅)의 청산납부(淸繳) 제도

1) 미납세금의 심사비준 권한을 엄격히 통제한다(성, 자치구, 직할시).

2) 세금납부에 제한된 기한

생산, 경영에 종사하는 납세인, 원천징수의무인이 규정된 기한 내에 세금을 납부하지 않거나 납세담보인이 규정된 기한 내에 담보한 세금을 납부하지 않으면 세무기관에서 제한된 기한 내 세금납부 통지서를 발송하여 납부할 것을 명령하며 기한은 최장 15일을 초과하지 못한다.

3) 납부하지 않은 세금의 청산 납부 제도를 설립하여 세금의 유실을 방지한다.

① 출국금지조치가 필요하면 세무기관에서는 반드시 서면으로 출입경관리기관에 통지하여 집행한다.

② 거액의 체납세금의 재산 처분 보고제도 : 체납세액이 5만원 이상인 납세인은 그의 부동산 혹은 거액의 자산을 처분하기 전 반드시 세무기관에 보고하여야 한다.

③ 세무기관은 세금을 체납한 납세인에 대하여 대위권, 취소권을 행사할 수 있으며, 납세인의 만기도래한 채권 등 재산의 권리에 대하여 법에 따라 제3자에게 구상하여 세금을 보충할 수 있다.

(10) 세금의 반환과 추징제도

상황	원인	처리
세금의 반환 (납세인이 세금을 초과납부)	–	세무기관이 발견 후 반드시 즉시 반환하여야 한다(기한 제한이 없음).
		납세인이 세금을 결산납부한 일자로부터 3년 내에 발견한 경우, 세무기관에 초과납부한 세액과 동시에 은행동기예금 이자를 가산한 금액의 반환을 요구할 수 있다. 세무기관은 즉시 심사 후 반환하여야 한다.
세금의 추징 (납세인이 세금을 과소납부)	세무기관 책임	세무기관은 납세인, 원천징수의무인에게 3년 내에 세금을 보충 납부할 것을 요구할 수 있으며 연체가산금(滯納金)를 가산하지 못한다.
	납세인, 원천징수인 계산 착오	세무기관은 3년 내에 세금, 연체가산금을 추징할 수 있다. 특수 상황이 있는 경우 추징 기한을 5년까지 연기할 수 있다.
	납세인이 탈세, 납세거부, 세금사취	세무기관은 무기한으로 그가 납부하지 않거나 적게 납부한 세금, 연체가산금 혹은 편취한 세금을 추징할 수 있다.

제4절　세무조사

> 세무기관에서 세무조사시 주요 권리 : 장부검사권, 현장검사권, 자료제공을 책임
> 지고 완성할 권리, 구문권, 교통주요도로와 우정기업에 대한 검증권, 예금계좌 검
> 사확인권을 포함한다.

1. 장부검사권

① 현급 이상 세무국(분국)국장의 비준을 거쳐 납세인, 원천징수의무인의 이전회
계연도의 장부, 기장증빙, 보고표와 기타 해당 자료를 세무기관으로 발송하도
록 하여 검사할 수 있다. 그러나 세무기관은 반드시 납세인, 원천징수의무인에
게 명세서를 제출하여야 하며 동시에 3개월 내에 온전하게 반환하여야 한다.

② 특수한 경우, 시, 자치주 이상 세무국 국장의 비준을 거쳐 세무기관은 납세인,
원천징수의무인의 당해의 장부, 기장증빙, 보고표와 기타 해당 자료를 발송하
도록 하여 검사할 수 있다. 그러나 세무기관은 반드시 30일 내에 반환하여야
한다.

2. 현장검사권

세무기관은 납세인의 생산, 경영장소와 화물 보관지점에 가서 검사할 권한이 있
다. 그러나 납세인의 생활구역에 진입하여 검사하지 못한다.

3. 자료제공을 요청할 권한

4. 질문권

5. 교통주요도로와 우정기업의 검사징수권

6. 예금계좌 검사권

현급 이상의 세무국(분국) 국장의 비준을 거쳐 전국 통일양식의 예금계좌검사 허가증명서에 근거하여 생산, 경영에 종사하는 납세인, 원천징수 의무인의 은행 혹은 기타 금융기관의 예금계좌를 검사확인할 수 있다. 세무기관이 세수 위법 안건을 조사할 때 시, 자치주 이상 세무국(분국)국장의 비준을 거쳐 안건 관련 인원의 예금을 조사할 수 있다.

❑ 기 타

(1) 세무기관이 세수보전조치를 취하는 기한은 일반적으로 6개월을 초과하지 못하며, 중대한 안건에 대하여 연장이 필요하면 반드시 국가세무총국에 보고하여 비준을 받아야 한다.

(2) 세무기관에서 세무위법안건을 조사할 때 안건과 관련된 상황과 자료에 대하여 기록, 녹음, 녹화, 사진촬영, 복사할 수 있다.

(3) 세무기관이 납세인, 원천징수의무인 및 기타 당사인에 대하여 벌금 혹은 위법 소득을 몰수할 때 반드시 벌금몰수 전표를 발급하여야 하며, 벌금 몰수 전표를 발급하지 않은 경우 납세인, 원천징수의무인 및 기타 당사인은 이를 거절할 권리가 있다.

제5절 행정법률책임

1. 세무관리 기본규정의 위반행위 처벌

납세인이 다음 행위 중 한 가지에 해당하는 경우, 세무기관은 일정된 기한 내에 개정할 것을 명령하고 2,000원 이하의 벌금에 처할 수 있다. 사안이 중대하면 2,000원 이상 1만원 이하의 벌금에 처할 수 있다.

① 규정된 기한 내에 세무등기, 변경 혹은 말소등기를 하지 않은 경우

② 규정에 따라 장부를 기장, 보관하지 않았거나 혹은 기장증빙과 해당 자료를 보관하지 않은 경우

③ 규정에 따라 재무, 회계제도 혹은 재무, 회계처리 방법과 회계결산 소프트웨어를 세무기관에 제출하여 보존 비치하지 않은 경우

④ 규정에 따라 그의 전부의 은행계좌를 세무기관에 보고하지 않은 경우

⑤ 규정에 따라 세무장비를 설치, 사용하지 않았거나 혹은 세무장비를 훼손하였거나 사사로이 변경한 경우

⑥ 납세인이 규정에 따라 세무등기증 검증 혹은 갱신 수속을 진행하지 않은 경우

2. 50% 이상 3배 이하 벌금

① 원천징수의무인이 세금을 원천징수하지 않은 경우, 반드시 수취하여야 되나 수취하지 않은 세금은 세무기관에서 납세인에게 추징한다. 원천징수의무인에 대하여 공제하여야 하는 원천징수 세금, 미수취 세금의 50% 이상 3배 이하를 벌금으로 징수한다.

② 세무대리인이 세수법률, 행정법규를 위반하여 납세인이 세금을 납부하지 않았거나 혹은 과소납부한 납세인이 미지급세금, 연체가산금을 납부하거나 보충 납부하는 경우를 제외하고는 세무대리인에 대하여 납부하지 않았거나 과소납부한 세금의 50% 이상 3배 이하를 벌금으로 징수한다.

③ 50% 이상 5배 이하 벌금시 주요사항

납세인이 탈세한 경우, 세무기관은 체납세액 또는 과소납부세액 및 연체가산금을 추징하며 동시에 납부하지 않았거나 과소 납부한 세금의 50% 이상 5배 이하의 벌금에 처한다. 범죄를 구성한 경우에는 법에 따라 행사책임을 추궁한다.

제6절 납세담보 시행방법

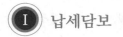 납세담보

1. 납세담보의 정의

납세담보는 세무기관의 동의 혹은 확인을 거쳐 납세인 혹은 기타 자연인, 법인, 경제조직이 보증, 저당, 질권설정 방식으로 납세인이 납부할 세금 및 연체가산금 (滯納金)에 대하여 담보를 제공하는 행위이다.

2. 납세담보 범위

납세인이 다음 상황 중 하나가 있는 경우 납세담보를 적용한다.

① 세무기관이 생산, 경영에 종사하는 납세인이 납세의무를 도피하는 행위가 있다고 인정하는 근거가 있으며 규정된 납세기간 전에 그에게 체납세금을 납부할 것을 명령하였고, 제한된 납세기간에 납세인이 그의 납세상품, 화물 및 그의 기타 재산 혹은 납세수입을 이전, 은닉한 정황이 있는 경우

> **□ 참조**
> 제한된 기한 내에 납부할 것을 명령－납세담보－세수보전－강제집행

② 세금, 연체료를 지급하지 않은 납세인 혹은 그의 법인대표인이 출국할 때
③ 납세인과 세무기관에서 납세상 분쟁이 발생하여 세금을 완납하지 않았으며 행정불복을 신청할 필요가 있는 경우
④ 기타상황

3. 납세담보 시한

① 납세담보서는 반드시 납세인, 납세담보인이 서명날인하며 동시에 세무기관의 서명 날인, 동의를 받은 후 효력이 있다. 납세담보는 세무기관에서 납세담보서

에 서명 날인한 일자로부터 효력을 발생한다.

② 보증기간은 납세인이 납세기간 만료일로부터 60일 내이며, 세무기관은 납세인이 납세기간 만료일로부터 60일 내에 납세보증인에게 담보책임을 부담하고 세금, 체납금을 지급할 것을 요구할 권한이 있다.

보증책임을 이행하는 기간은 15일이다. 즉, 납세보증인이 세무기관의 납세통지서를 받은 일자로부터 15일 내에 보증책임을 이행하여야 하며 세금 및 연체가산금(滯納金)을 납부하여야 한다.

납세보증, 납세저당, 납세질권

1. 납세보증

(1) 납세담보능력을 구비한 납세보증인

① 법인 혹은 기타 경제조직의 재무제표 자산 순가치가 담보에 필요한 세금 및 연체가산금의 2배를 초과

② 자연인, 법인 혹은 기타 경제조직이 소유하거나 혹은 법에 따라 처분할 수 있는 담보를 설정하지 않은 재산의 가치가 담보가 필요한 세금 및 연체가산금을 초과

(2) 납세보증인이 되지 못하는 경우

① 국가기관, 학교, 유치원, 병원등 사업단위 혹은 사회단체

② 기업법인의 기능부문
기업법인의 지사기구가 법인 서면 수권이 있는 것은 수권범위내에 납세담보를 제공할 수 있다.

(3) 납세보증인이 되지 못하는 기타의 상황

① 탈세, 납세거부, 조세포탈, 세금 추징을 회피한 행위에 대하여 세무기관, 사법기관에서 법률책임을 추궁한 적이 있으며 그로부터 2년 이하인 경우

② 세수 위법행위가 있어 현재 세무기관에 입안처리 중이거나 혹은 형사범
  죄 혐의가 있어 사법기관에 입안수사 중인 경우
③ 납세 신용 등급이 C급 이하인 경우
④ 주관 세무기관 소재지 시(지, 주)에 주소가 없는 자연인 혹은 세무등기를
  본 시(지, 주)에서 진행하지 않은 기업
⑤ 민사행위 능력이 없거나 혹은 민사행위 능력이 제한된 자연인
⑥ 납세인과 담보특수관계가 존재하는 경우
⑦ 체납세액이 있는 경우

2. 납세저당(纳税抵押)

납세저당은 납세인 혹은 납세담보인이 열거한 재산의 점유를 이전하지 않고 본 재산을 세금 및 체납금의 담보로 하는 것을 뜻한다. 납세인이 기한이 지나서도 세금 및 연체료를 완납하지 않으면 세무기관은 법에 따라 본 재산을 처분하여 세금 및 연체료를 납부할 수 있다.

(1) 저당으로 제공할 수 있는 재산

① 저당제공인이 소유한 가옥과 기타 지상 정착물
② 저당제공인이 소유한 기계, 교통 운송공구와 기타 재산
③ 저당제공인이 법에 따라 처분할 권리가 있는 국유 가옥과 기타 지상 정착물
④ 저당제공인이 법에 따라 처분할 권리가 있는 국유 기계, 교통운송공구와
  기타 재산
⑤ 시, 자치주 이상의 세무기관에서 확인한 기타 저당으로 제공할 수 있는
  합법적인 재산

법에 따라 취득한 국유 토지상 가옥을 저당으로 제공하는 경우 본 가옥이 점유한 범위내의 국유토지 사용권을 동시에 저당으로 제공한다. 향(진), 촌 기업의 공장 등 건축물을 저당으로 제공한 경우 그가 점유한 범위내의 토지사용권은 동시에 저당으로 제공한다.

(2) 저당으로 제공하지 못하는 재산

① 토지소유권

② 토지사용권, 상술한 저당 범위에 규정한 것은 제외한다.

③ 학교, 유치원, 병원 등 공익을 목적으로 한 사업단위, 사회단체, 민영 비기업단위의 교육시설, 의료 위생 시설과 기타 사회 공익시설. 이외의 재산은 미납세금 및 체납금에 대한 저당목적물로 할 수 있다.

④ 소유권, 사용권이 불명확하거나 혹은 분쟁이 있는 재산

⑤ 법에 따라 차압, 압류, 감독관리하는 재산

⑥ 법정 절차로 위법, 불법임이 확인된 건축물

⑦ 법률, 행정법규 규정에 유통을 금지하는 재산 혹은 양도하지 못하는 재산

⑧ 시, 자치주 이상의 세무기관에서 확인한 기타 저당물로 하지 못하는 재산

 단일선택

A부동산개발기업은 세무기관에 의하여 납세담보를 제공할 것을 연락받았다. A기업이 소유한 다음 자산 중 저당물로 할 수 없는 것은?

A. 승용차
B. 오피스텔
C. 재고 강판
D. 토지소유권

답 D

해설 납세저당물로 하지 못하는 것은 8개 항목이 있으며 그중 토지소유권을 포함한다.

---

3. 납세질권

납세질권은 세무기관의 동의를 거쳐 납세인 혹은 납세 담보인이 자신의 동산 혹은 권리증명을 세무기관에 이전하여 점유하게 하고 본 동산 혹은 권리증명을 세금 및 체납금의 담보로 하는 것을 가리킨다. 납세인이 기한이 지나 세금 및 체납금을 완납하지 않은 것에 대하여 세무기관에서는 법에 따라 본 동산 혹은 권리 증명을 처분하여 세금 혹은 체납금을 지급한다. 납세질권은 동산질권과 권리질권으로 나뉜다.

납세인의 다음 재산 혹은 재산권리 중 납세 질권의 목적물로 하지 못하는 것은?

A. 가옥

B. 자동차

C. 보통예금

D. 정기예금

답 A

해설 가옥은 납세저당물(抵押品)로 할 수 있다. 납세질권은 동산질권(현금 및 기타 부동산 이외의 재산으로 제공한 질권)과 권리질권(어음, 수표, 본표, 채권, 예금전표 등 권리 증명으로 제공한 질권)이 있다.

제7절 납세신용관리

□ 근거 : 《납세신용관리 방법(시행)》, 국가세무총국 공시 2014년 제40호, 2014
년 10월 1일부터 실시
1. 목적 : 납세신용관리를 규범화하며 납세인의 성실과 자율을 촉진하며 세법준
수도를 제고하며 사회 신용체계 건설을 촉진한다. 납세신용관리는 세무기관이
납세인의 납세 신용정보에 대하여 전개한 수집, 평가, 확인, 발표 와 응용 등
활동이다.
2. 적용범위 : 이미 세무등기를 하였으며 생산, 경영에 종사하며 동시에 장부근
거 징수를 적용하는 기업납세인이다.
3. 비적용 : 원천징수의무인, 자연인 납세신용 관리방법은 국가세무총국에서 별
도로 규정한다. 개인사업자와 기타유형의 납세인 납세신용관리 방법은 성 세
무기관에서 지정한다.

1. 납세신용정보수집

납세신용정보 수집은 세무기관에서 납세인의 납세신용정보에 대한 기록과 수집
을 뜻한다. 납세신용정보의 수집작업은 국가세무총국과 성 세무기관에서 조직하고
실시하며 월별로 수집한다.

정보분류	내용	정보수집
납세인 신용 역사정보	기본정보	세무관리시스템
	연도전 납세신용기록과 해당 부문에서 평정한 양호한 신용기록과 불량신용기록을 평가한다.	세수관리기록, 국가통일 신용정보 플랫폼 등 경로
세무내부정보	경상성 지표정보와 비경상성 지표정보	세무관리시스템
외부정보	외부 참고 정보와 외부 평가 정보	세무관리시스템, 국가통일신용정보 플랫폼, 해당 부문 공식적 홈페이지, 뉴스매체 혹은 매체 등

2. 납세신용평가

(1) 평가방법

① 납세 신용평가는 연간 평가지표 점수와 직접판별(直接判級)방식을 채용한다. 평가 지표는 세무 내부정보와 외부 평가정보를 포함한다.

② 연간평가지표 점수는 감점방식을 채용한다. 납세인이 평가 연도내 경상지표와 비경상 지표 정보가 완전하면 100점부터 시작하며, 비경상지표가 부족하면 90점부터 시작하여 평가한다.

③ 직접판별(直接判級)은 중대하게 신용을 잃은 행위의 납세인에 적용한다.

(2) 지표체계 : 세무 내부정보와 외부정보

외부참고정보는 연간 납세신용평가 결과 중에 기록하며 납세신용평가정보와 연동체계를 형성한다.

(3) 평가주기(하나의 납세연도)

다음 상황 중 하나에 속하는 납세인은 본기(本期)의 평가에 참여하지 않는다.

① 납세신용관리 시간이 하나의 평가 연도가 되지 않는 경우

② 본 평가연도 내 생산경영 수입이 없는 경우

③ 세수위법협의가 있어 입안 조사중이며 상기 사건이 종결되지 않은 경우

④ 감사, 재정부문에서 법에 따라 세수 위법행위가 조사되었으며 세무기관에서 현재 법에 따라 처리하며 아직 종결되지 않은 경우

⑤ 이미 세무행정불복을 신청하였거나 행정소송을 제출하여 안건이 종결되지 않은 경우

⑥ 기타

상술한 ③, ④, ⑤ 납세인은 상황이 해제되어 세무기관에 납세신용평가를 보충할 것을 신청하거나 혹은 당기말의 평가에 대하여 이의가 있는 경우 보충 평가를 신청할 수 있다. 세무기관은 반드시 수리 신청일로부터 15일 내에 앞에 서술한 납세신용평가규정에 따라 처리한다.

3. 납세신용평가결과의 확정과 발표

(1) 납세신용평가결과 발표시간

세무기관에서는 매년 4월에 전년도 납세 신용 평가 결과를 확정하며 동시에 납세인에게 자체 조회 서비스를 제공한다.

(2) 납세인 납세 신용 급별의 조정

동태적 조정

(3) 4. 납세 신용 평가 결과의 응용

A, B, C, D의 4가지 등급이며 각각 "신용을 지킨 격려와 신용을 잃은 징계"의 조치를 취한다.

신용등급	세무기관 조치
A급 격려 조치	(1) 주동적으로 사회에 A급 납세인의 명단을 공시한다. (2) 일반납세인은 한번에 증치세파표를 3개월 수량을 수령할 수 있으며 증치세파표 수량 조정이 필요하면 즉시 처리할 수 있으며, 증치세파표 인증을 취소한다. (3) 보통파표는 수요에 따라 수령한다. (4) 연속 3년간 신용급별이 A인 납세인은 상술한 조치를 향유하는 외에 세무기관에서 녹색통로를 제공하거나 혹은 전문인원이 세금관련사항의 진행을 돕는다.
B급	세무기관은 정상관리를 실시하며 적절한 시기에 세수정책과 관리규정의 과외지도를 진행하며 동시에 신용평가상태 변화추세에 따라 선택적으로 납세신용 A급 납세인에게 적용하는 격려조치를 제공한다.
C급	세무기관은 법에 따라 엄격하게 관리하며 동시에 신용평가상태 변화추세에 따라 선택적으로 납세신용 D급 납세인이 적용하는 관리조치를 채용한다.
D급	(1) D급 납세인 및 그의 직접 책임인원의 명단을 공개하며 직접 책임인원이 등기하거나 책임지고 경영하는 기타 납세인의 납세신용을 D급으로 판정한다. (2) 증치세전용파표의 사용은 지도기간(辅导期) 일반납세인의 정책에 따라 진행하며 보통파표(普通发票)의 사용은 엄격하게 공급수량을 제한한다. (3) 수출 퇴세 심사를 강화한다. (4) 납세평가를 강화하며 그가 제출한 각종 자료를 엄격하게 심사한다. (5) 중요한 감독통제대상에 열거하며 감독검사 빈도를 제고하고 세수위법, 규칙위반 행위를 발견하면 규정된 처벌 정도내에서 최저 표준을 적용하지 못한다.

신용등급	세무기관 조치
	(6) 납세신용평가 결과를 해당 부문에 통보하여 경영, 투자용자, 정부에서 공급하는 토지취득, 수출입, 출입경, 신규회사 등기, 공사입찰응찰, 정부구매, 명예획득, 안전허가, 생산허가, 취업 임직 자격, 자질 심사 등 방면에 제한 혹은 금지할 것을 건의한다.
	(7) D급 평가는 2년을 보류하며 제3년의 납세 신용은 A급으로 평가하지 못한다.
	(8) 세무기관과 해당 부문이 실시하는 연합 징벌조치 및 실제 상황에 근거하여 법에 따라 취한 기타 엄격하게 관리, 조치한다.

제**2**장

증치세법

1. 증치세

증치세는 제품매출, 과세노무제공, 과세행위가 발생한 부가가치액과 화물 수입금액을 과세기준으로 부과하는 일종의 거래세이다. 한국의 부가가치세와 그 성격이 유사하다.

> ❑ 전단계세액공제법 채용
>
> 화물 매출, 과세노무 제공, 과세행위 발생에 종사하는 납세인은 화물, 과세노무, 과세행위의 매출액과 적용세율에 근거하여 세금을 계산한 후 그중에서 앞의 단계에서 지급한 증치세 세금액을 공제한 나머지 잔액이 납세인이 본 단계에서 지급할 증치세 세액이다.

2. 증치세의 특징

① 세수 중립성 유지
② 보편적 징수
③ 세수부담은 최종 소비자가 부담(간접세)
④ 전단계 세액공제 방법
⑤ 비례세율
⑥ 가격외세금 제도

3. 중국 증치세의 특징

① 소비형 증치세 : 1994년~2008년 12월 31일까지의 기간은 생산형 증치세

> 생산형 증치세에서는 생산용 고정자산에 대해서는 매입세액공제를 해주지 않았음

② 간접법을 채용하여 세금을 계산하며 票(전용파표)에 근거한 세금을 공제하는 것을 위주로 한다.
③ 납세인을 두가지 유형(일반납세인, 소규모납세인)으로 나누어 관리한다.
④ 화물, 용역, 서비스, 부동산, 무형자산에 대한 증치세 징수는 단계적으로 개정

되었다.

증치세, 영업세 병존→ 절차를 나누어 영업세를 증치세로 개정→ 전면 증치세

4. 营改增(영업세를 증치세로 개정)하는 과정

부분지역 부분업종	전국범위 부분업종	营改增 전면시행 전국범위 전 업종
2012. 1. 1.		2016. 5. 1.
상해	교통운수업(2013. 8. 1.) 현대서비스업(2013. 8. 1.) 우편업(2014. 1. 1.) 통신(电信)업(2014. 6. 1.)	건축업 금융업 생활서비스업 무형자산양도 부동산양도

I 과세범위의 일반 규정

과세범위	항목	주의사항
일반규정	1. 화물의 매출 혹은 수입(유형자산) 2. 가공, 수리 정비 노무를 제공 3. 과세행위가 발생	1. 과세항목의 구분 2. 과세 중 면세항목
특수규정	1. 특수항목 2. 간주 화물매출 혹은 간주 과세행위 발생 3. 혼합매출	특수 항목의 세부절차

1. 화물 매출 혹은 수입

(1) 매출

화물의 소유권을 유상 양도하는 행위이며 생산, 도매, 소매, 수입의 모든 단계를 포함하여 단계마다 징수한다.

(2) 화물

유형동산을 가르키며 전력, 열에너지, 기체를 포함한다.

2. 가공, 수리 정비 노무를 제공

(1) 위탁자

원료 주요재료 및 손상과 기능을 상실한 화물을 제공한다.

(2) 수탁자

위탁자의 요구에 따라 가공 및 수리하며 동시에 가공비, 수리비를 취득한다.

3. 과세행위의 발생

과세행위	구체항목	구체내용
1. 교통운송 서비스 【9%】	(1) 육상운송 서비스	철도운송, 도로운송, 케이블카운송 및 기타 육상운송을 포함한다.
	(2) 수상운송 서비스	원양운송의 程租、期租(참조1) 업무는 수로운송 서비스에 속한다.
	(3) 항공운송 서비스	항공운송의 濕租(참조2) 업무는 항공운송 서비스에 속한다.
	(4) 수송관(管道)운송 서비스	관도를 통하여 기체, 액체, 고체물질을 운송하는 운송서비스
2. 우편서비스 【9%】	(1) 보통우편 서비스	우편물, 소포 등 우편배달 및 우표발행, 간행물 발행과 우편송금 등 업무활동을 포함한다.
	(2) 특수우편 서비스	의무병의 일상편지, 기밀통신, 맹인의 구독물과 혁명열사유물의 우편배달 등 업무활동을 포함한다.
	(3) 기타 우편 서비스	우표첩 등 우편수집품의 매출, 우편대리등 업무활동을 포함한다.
3. 통신(电信) 서비스	(1) 기초 통신(电信) 서비스	고정망, 이동통신, 인터넷 등 【9%】
	(2) 부가가치 통신 (电信)서비스	고정망, 이동통신, 인터넷 등을 이용한 서비스 제공 【6%】
4. 건축서비스 【9%】	(1) 공사 서비스	각종 건축물, 구축물을 신축, 개축하는 공사작업
	(2) 설치 서비스	유선전화, 유선방송, 광대역, 물, 전기, 가스, 난방 등 경영자가 사용자에게서 수금하는 설치비, 초기설치비, 가입비, 용량확장비 및 유사한 수금을 포함한다.
	(3) 수선 서비스	건축물에 대하여 수선, 강화, 보수, 개선
	(4) 인테리어 서비스	부동산 서비스 기업에서 업주를 위하여 제공한 인테리어서비스
	(5) 기타 건축서비스	예) 건축물철거, 토지평탄화작업, 원림녹화, 납세인이 건축공사설비와 조작인원을 타인에게 임대 등
5. 금융서비스 【6%】 (주의 : 비과세와 면세 규정 참조)	(1) 대출서비스	각종 점용, 할인, 대출 등으로 취득한 수입 및 금융판매후리스, 위약성금리, 어음할인, 전대 등 업무로 취득한 이자 * 주의 : 화폐자금을 투자하여 취득한 고정이윤 혹은 원금보장 이윤

과세행위	구체항목	구체내용
5. 금융서비스 【6%】 (주의 : 비과세와 면세 규정 참조)	(1) 대출서비스	* 증치세를 징수하지 않는 경우 : 금융상품의 보유 기간에 취득한 원금을 보장하지 않는 수익, 납세인이 구입한 기금/신탁/理財 등 각종 자산관리 제품을 기한완료될 때까지 보유한 경우(만기 이전에 양도한 경우 6% 세율로 차액 과세)
	(2) 기타 금융서비스 (직접수금)	신용카드, 기금관리, 금융 거래장소 관리, 자금결산, 자금정산 등 제공을 포함
	(3) 보험서비스	생명보험서비스와 재산보험서비스를 포함
	(4) 금융상품 양도	외환, 유가증권, 비화물선물과 기타 금융상품 소유권의 업무활동을 포함
6. 현대서비스 (9항)	(1) 연구개발과 기술 서비스【6%】	연구개발 서비스, 에너지관리 서비스, 공사탐사 서비스, 특수기술 서비스(예 : 기상, 지진, 해양, 측량, 도시기획, 환경과 생태감측 서비스 등 특수기술 서비스)를 포함
	(2) 정보기술서비스 【6%】	소프트웨어 서비스, 전기회로 설계 및 테스트 서비스, 정보 시스템 서비스, 비즈니스성과관리 서비스를 포함
	(3) 문화/창의 서비스 【6%】	설계 서비스, 지적소유권 서비스, 광고 서비스와 회의 전시회를 포함. 【참조】모텔, 여인숙, 여관, 리조트 및 기타 영리숙박장소에서 회의장소 및 기타 일체의 서비스를 제공하는것은 "회의/전시 서비스"에 따라 증치세를 납부한다.
	(4) 물류보조 서비스 【6%】	항공서비스, 항구부두서비스, 여객화물운송역 서비스, 인양구조서비스, 하역운반서비스, 창고서비스 收派 등을 포함
	(5) 임대서비스 【9%, 13%】	(1) 형식은 금융리스와 운용리스를 모두 포함하며, 동산과 부동산을 모두 포함 (2) 운용리스 중 　① 원양운송의 光租, 항공운송의 干租(17%) 　② 부동산 혹은 비행기, 차량등 동산의 일정부분을 기타 법인 혹은 개인에게 임대하여 광고에 사용하게 하는 행위 　③ 차량주차서비스, 도로통행료 포함

과세행위	구체항목	구체내용
6. 현대서비스 (9항)	(6) 인증(鉴证)자문 서비스【6%】	인증서비스, 감정서비스와 자문서비스를 포함 예 : 기술자문, 회계/세무/법률, 공사감독관리, 자산 평가, 환경평가, 부동산토지 평가, 건축도면심 사, 의료사고감정등을 포함한다.
	(7) 방송영상서비스 【6%】	방송영상프로(작품)의 제작 및 방영(상영포함) 서 비스를 포함
	(8) 업무보조서비스 【6%】	기업관리서비스, 중개대리서비스, 인력자원서비스, 안전보호서비스(예 : 무장압송서비스)를 포함 예 : 금융대리, 지적재산권대리, 화물, 운송대리, 대 리통관, 법률대리, 부동산중개, 혼인중개, 대리 기장, 번역, 경매 등
	(9) 기타(其他)	【6%】
7. 생활 서비스 (6항)【6%】	(1) 문화체육서비스	문화공연, 유람장소제공 등 참조 납세인이 유람장소에서 케이블카, 셔틀버스, 전기차, 유람선 등을 경영하여 취득한 수입, 유람장 소 제공 등
	(2) 교육/의료 서비스	학력제공 교육서비스, 비학력 교육서비스, 교육보조 서비스의 업무활동 등
	(3) 여행/오락 서비스	여행서비스와 오락서비스를 포함
	(4) 요식업 서비스	참조 요식업서비스를 제공하는 납세인이 매출하 는 배달식품은 "요식업 서비스"에 따라 증치세를 징 수한다. 납세인이 현장에서 식품을 만들어서 직접 소비자에 게 판매할 경우 요식업서비스에 따라 증시세를 납부 한다.
	(5) 주민일상 서비스	가사관리, 혼례식, 양로, 장례, 호리, 미용미발, 안마, 사우나, 목욕, 세탁염색, 촬영 및 현상 서비스를 포함
	(6) 기타	납세인이 식품양식보호서비스를 제공할 경우 등

참조1 ▶ 원양운송의 경우 배를 임대하는 방식이 여러 가지 있다. 예를 들면 이번 항해는 알래스카까지 갔다오는 일정인데 이 일정에 해당하는 배와 기타 모든 사항을 함께 임대하는 경우라면, 이것을 程租라고 하며, 일정기간 배와 모든 사항을 함께 임대하는 것을 期租라고 한다. 이런 경우에는 "교통운수업"으로 과세한다. 그러나, 단순히 배만을 임대하는 것을 光租라고 하며, 이와 같은 경우에는 "임대서비스"로 보아 과세한다. 각각의 경우에 해당되는 세율이 다르니 주의를 요한다.

참조2 > 항공운수의 경우에도 원양운송의 경우와 마찬가지로 **湿租**는 "교통운수업"으로 적용하
여 과세하고, 단순히 비행기만 임대하는 **干租**는 "임대서비스"로 보아 과세한다. 이러한
구분이 중요한 이유는 어느 규정의 적용을 받는지에 따라 세율이 달라지기 때문이다.

주의1 서로 다른 업종의 "대리업무"는 각각 그 적용이 다르므로 유의해야 한다.
우편업중(11%) – 우편대리

주의2 현대서비스업 중 중개대리업무(6%), 금융대리, 광고대리, 지적소유권대리, 화물운
송대리서비스, 대리통관서비스, 법률대리, 부동산중개, 혼인중개, 대리기장 등은
서로 각각 다른 업종의 "대리업무"이므로 이에 유의하여 적용한다. 또한 우편대리
(邮政代理)는 11%의 세율이 적용되는 "우편업"에 해당하므로 유의한다.

주의3 서로 다른 업종의 교육서비스
현대서비스업(6%) : 기술양성, 항공교육
생활서비스업(6%) : 교육서비스는 학력제공 교육서비스, 비학력 교육서비스,
교육 보조서비스 등 업무활동

단일선택

다음 중 증치세 현대서비스업 징수범위에 속하지 않는 것은?
A. 택시회사에서 받는 기사관리비용
B. 항공운송의 干租
C. 부동산 평가업무
D. 광고대리 업무

답 A

해설 택시회사에서 본 회사의 택시를 사용하는 택시기사에게서 받는 관리비용은 "육상운송
서비스" 항목으로 증치세를 징수한다.

---

4. 무형자산 양도(6%, 9%)

(1) 양도의 범위 : 무형자산의 소유권 양도, 사용권 양도

(2) 무형자산의 범위 : 기술, 상표, 저작권, 자연자원 사용권과 기타 권익성 무형
자산(예 : 공공사업 특허권, 특허경영권, 할부권, 대리권, 회원권, 초상권 등)
자연자원 사용권에는 토지사용권, 해역 사용권, 광산탐사권, 광산채굴권, 용
수권(取水权)과 기타 자연자원 사용권이 포함된다.

5. 부동산 양도(9%)

(1) 범위 : 부동산소유권을 양도하는 업무활동

참조 부동산 사용권 임대는 현대서비스업에 속하며 세율도 9%다.

(2) 다음의 항목은 "부동산 양도"에 따라 증치세를 납부한다.

1) 건축물의 유한 재산권 또는 영구 사용권을 양도하는 경우
2) 건설중에 있는 건축물 또는 구조물의 소유권을 양도할 경우
3) 건물 또는 구조물을 양도할 때 그가 차지한 토지의 사용권을 동시에 양도할 경우

단일선택 ○

택시회사가 자사의 택시를 사용하는 운전기사로부터 관리비용을 받을 경우 증치세를 납부해야 한다. 증치세 과세 범위에 속하는 것은?

A. 물류보조서비스
B. 교통운송서비스
C. 주민일상서비스
D. 상무보조서비스

답 B

해설 택시회사가 자사 소유의 택시를 이용하는 택시운전사로부터 받는 관리요금을 육로운송서비스에 따라 증치세를 납부한다.

다중선택 ○

금융기업이 금융서비스를 제공하고 얻은 소득 중 대출서비스에 따라 납부하는 항목은?

A. 화폐자금의 투자로 취득한 원가보장이윤
B. 판매후금융리스(融资性售后回租)로 취득한 이자소득
C. 금융상품(返售金融商品)의 매입 이자소득
D. 금융상품 보유기간에 취득한 비원가보장수익

답 A, B, C

해설 D 비원가보장수익은 증치세를 징수하지 않는다.

다중선택 ○

다음 각 항에 해당하는 대상이 증치세 현대서비스 징수범위인 것은?

A. 식물양식보호서비스

B. 인터넷교육서비스

C. 부동산 평가업무

D. 혼인중개

답 C, D

해설 A 납세자가 제공 식물양식보호서비스는 '기타 생활서비스'에 따라 증치세를 납부한다

　　　 B 인터넷교육서비스는 '생활서비스 - 교육의료서비스'로 증치세를 납부한다.

Ⅱ 증치세 징수범위의 조건

1. 과세행위는 아래 4개 조건을 구비한 행위

(1) 과세행위는 중화인민공화국 경내에 발생한 것(경내)

(2) 과세행위는 《서비스매출, 무형자산, 부동산주석》 범위내의 업무활동에 속할 것(열거범위)

(3) 과세서비스는 타인을 위하여 제공하는 것(경영성 활동)

(4) 과세행위는 유상일 것(유상)

2. 과세조건을 만족하나 증치세를 납부할 필요가 없는 경우

(1) 행정單位에서 수금하는 조건을 만족하는 정부성기금(전용자금) 혹은 행정사업성 수금

(2) 은행예금 이자

(3) 보험가입자가 취득한 보험금

(4) 부동산 주관부문 혹은 그 지정한 기구, 공적금관리센터(公積金管理中心), 개발기업 및 물업(物業)관리단위(單位)에서 대리 수금한 주택수리전용자금

(5) 자산재조정 과정 중 합병, 분할, 매출, 교환 등 방식을 통하여 전부 혹은 부분적 실물자산 및 그와 관련된 채권, 부채와 노동력을 함께 기타 단위와 개인에게 양도할 때, 그에 관련된 부동산, 토지사용권을 양도하는 행위

> 물업(物業)관리단위 : 한국의 아파트단지에도 관리사무소가 있듯이, 중국은 이러한 서비스를 제공하는 것을 물업관리(우예관리)라고 한다.

3. 과세조건을 동시에 만족하지 않으나 증치세를 납부하여야 하는 경우

(1) 단위(單位) 혹은 개인사업자(个体工商户)가 기타 단위 혹은 개인에게 무상으로 서비스를 제공하는 경우. 그러나 공익사업 혹은 사회공중을 대상으로 한 것은 제외(면세)

(2) 단위(單位) 혹은 개인이 기타 단위 혹은 개인에게 무상으로 무형자산 혹은 부동산을 양도하는 경우. 그러나 공익사업 혹은 사회공중을 대상으로 한 것은 제외(면세)

(3) 재정부와 국가세무총국에서 규정한 기타 상황

4. 증치세를 납부하지 않는 비경영활동

(1) 행정단위(單位)에서 수취한 규정된 조건을 만족하는 정부성전용자금 혹은 행정사업성 수금

(2) 단위(單位) 혹은 개체업자가 채용한 직원이 본단위 혹은 고용주를 위하여 제공하는 급여를 취득하는 서비스

(3) 단위(單位) 혹은 개인사업자(个体工商户)가 채용한 직원을 위하여 서비스를 제공하는 경우

(4) 재정부와 국가세무총국에서 규정한 기타의 경우

5. 과세행위가 중화인민공화국 경내에서 발생한 것으로 보는 구체적 상황

(1) 서비스(부동산 임대 제외) 혹은 무형자산(자연자원 사용권 제외)의 매출측 혹은 구매측이 경내에 있는 경우

(2) 매출하였거나 임대한 부동산이 경내에 있는 경우

(3) 자연자원 사용권을 매출한 자연자원이 경내에 있는 경우

❑ 경내 서비스 매출에 관한 판정원칙

(1) 경내 단위(單位) 혹은 개인이 매출한 서비스(부동산 임대를 포함하지 않음) : 경내 서비스 매출에 속함. 증치세를 납부 대상

(2) 경외 단위(單位) 혹은 개인이 경내 단위 혹은 개인에게 매출한 경우로서 해당 서비스가 경외에서 완전히 경외에서 발생하지 않은 경우 : 경내 서비스 매출에 속하며 증치세 납부 대상

(3) 경외 단위(單位) 혹은 개인이 매출한 완전히 경외에서 발생한 서비스 : 경내 서비스 매출에 속하지 않음. 증치세 납부대상이 아님.

❑ 4가지 사례

경외의 단위(單位) 혹은 개인이 경내 단위(單位) 혹은 개인에게 매출한 것은 모두 경내 무형자산매출 혹은 서비스매출에 속한다.(부동산 임대를 포함하지 않음) : 증치세 납부 대상

① 경내에서만 사용하는 무형자산

    예 : 경외 A회사가 경내 B회사에 A회사의 경내 체인점 경영권을 양도하는 경우

② 경외에서만 사용하는 것이 아닌 무형자산

    예 : 경외 C회사가 경내 D회사에 특허기술을 양도하며 본 기술은 동시에 D회사의 경내와 경외의 생산라인에 사용하는 경우

③ 완전히 경내에서만 발생한 서비스

    예 : 경외의 모 공정회사에서 경내의 모 단위에 공사탐사 서비스를 제공한 경우

④ 완전히 경외에서만 발생한 것이 아닌 서비스

    예 : 경외의 모 자문회사와 경내의 모 회사가 컨설팅 합동을 체결하며 본 경내회사의 경내, 경외 시장개척에 관하여 현장조사를 진행하고 합리한 관리건의를 제출하기로 하였다. 경외 자문회사에서 제공한 컨설팅 서비스는 경내와 경외에서 동시에 발생하며 경내 서비스 매출에 속한다.

6. 경내 서비스 혹은 무형자산 매출에 속하지 않는 경우

(1) 경외 단위 혹은 개인이 경내 단위 혹은 개인에게 완전 경외에서 발생한 서비스를 매출하는 경우

(2) 경외 단위 혹은 개인이 경내 단위 혹은 개인에게 완전 경외에서 사용하는 무형자산을 매출하는 경우

(3) 경외 단위 혹은 개인이 경내 단위 혹은 개인에게 완전 경외에서 사용하는 유형자산을 임대하는 경우

(4) 재정부와 국가 세무총국에서 규정한 기타 상황

① 외국으로 발송하는 우편, 소포를 위하여 경외에서 제공한 우편서비스

② 경내 단위 혹은 개인에게 시공지가 경외에 있는 건축서비스, 공정감독관리서비스를 제공하는 경우

③ 경내 단위 혹은 개인에게 제공한 공정이나 광산자원이 경외에 있는 공정탐사서비스

④ 경내 단위 혹은 개인에게 제공한 회의전시지점이 외국에 있는 회의전시서비스

다중선택 ●

다음 중 증치세의 과세대상에 속하는 것은?

A. A회사가 주택을 갑회사의 토지와 교환한 경우

B. B은행에서는 건물을 을식당에 임대하였으나 을식당에서 장기적으로 임대료를 지급하지 않았으며 사후 쌍방이 협상하여 은행이 식당에서 식사하는 것으로 채권을 정산하는 경우

C. C부동산개발기업에서는 병공정회사에 위탁하여 건물을 건축하는 경우. 쌍방이 대금을 결산할 때 부동산 기업에서는 몇 채의 가옥을 병건축회사에 양도하여 공정대금을 정산하기로 한 경우

D. D운송회사와 정차동차 수리회사에서 협상하여 운송회사에서 자동차 수리회사에 무료로 운송서비스를 제공하며, 자동차 수리회사에서는 그를 위하여 무료로 자동차를 수리해 주기로 한 경우

답 A, B, C, D

과세범위의 특수항목

1. 증치세 납부대상

(1) 화물선물(Futures)(상품 선물과 귀금속 선물을 포함한다)은 선물의 실물 결제 시점에 납세한다.

(2) 전력공급기업에서 전압을 조정하며 동시에 전량에 따라 전력발전소에서 수금하는 전력망편입비(幷網服務費)

(3) 중고차 판매업무

(4) 벌금 등으로 몰수한 물품을 영리기업 등에서 경매로 구매하여 다시 매출하는 물품

(5) 항공운송기업에서 티켓을 매출하였으나 항공운송서비스를 제공하지 않아 취득한 연체티켓 수입은 "항공운송서비스" 항목으로 증치세를 징수한다.

2. 증치세를 징수하지 않는 항목

(1) 벌금집행부문과 단위가 조사처리한 일반 상업부문이 경영하는 상품으로서 경매조건이 갖추어진 자는 그 경매수입을 벌금과 몰수에 의한 수입으로 재정에 상납하며, 세금을 징수하지 않는다.

(2) 각 액체연료발전소에서 정부 재정 전용구좌에서 취득한 발전보조금은 증치세에 규정한 가격외비용에 속하지 않는다.

(3) 납세인이 취득한 중앙재정보조금

(4) 판매후금융리스 업무 중 임차인이 자산을 매출하는 행위

(5) 약품생산기업에서 자체 생산한 創新藥를 매출한 매출액은 구매자로부터 수금한 전부금액과 가격외비용이며, 환자에게 제공한 후 후속적으로 무료로 사용하는 동일한 創新藥은 간주매출로 보지 아니한다.

(6) 국가의 명령에 따라 무상으로 제공한 철로운송서비스, 항공운송서비스, 공익활동을 목적으로 한 서비스

(7) 예금이자

(8) 피보험자가 취득한 보험배상금

(9) 부동산 주관부문 혹은 그의 지정기관, 주택기금관리센터(公积金管理中心), 개발기업 및 물업관리단위에서 대리 수금한 주택전용수리자금

(10) 납세인이 자산재조정 과정 중 합병, 분할, 매출, 교환 등 방식을 통하여 전부 혹은 부분 실물자산 및 그와 관련된 채권, 채무와 노동력을 함께 기타 단위와 개인에게 양도하는 경우

3. 지급기관 선급카드(다용도카드) 업무

(1) 지급기관

1) 다용도카드 판매, 다용도카드 충전은 증치세를 납부하지 않으며 증치세전용파표(增值税专用发票)를 발급하지 못한다.

2) 지급기관에서 다용도카드를 발급 혹은 수리하며 동시에 해당 자금수불 결산업무를 진행하여 취득한 수수료, 결산요금, 서비스비용, 관리비 등 수입은 반드시 현행 규정에 따라 증치세를 납부한다.

(2) 특약점포

1) 카드소지자가 다용도카드를 사용하는 경우, 특약점포는 반드시 현행 규정에 따라 증치세를 납부하며 카드소지인에게 증치세파표(增值税发票)를 발급하지 못한다.

2) 특약점포는 지급기관에서 결산한 매출대금을 받을때 반드시 지급기관에 증치세보통파표(增值税普通发票)를 발급하여야 한다.

4. 단일용도 선불카드("단일용도카드") 업무

(1) 카드발급기업 혹은 카드판매기업 : 단일용도카드 매출 혹은 단일용도카드 소지인이 충전하여 취득한 선수금은 증치세를 납부하지 않으며 증치세전용파표(增值税专用发票)를 발급하지 못한다.

(2) 카드판매자 : 단용도카드를 발행하거나 혹은 매출하며 동시에 해당 자금수불 결산업무를 진행하여 취득한 수수료, 결산요금, 서비스비용, 관리비용 등 수입은 반드시 현행 규정에 따라 증치세를 납부한다.

(3) 매출자 : 카드소지인이 단일용도카드를 사용하여 물건 혹은 서비스를 구입

하는 경우, 판매자는 반드시 현행 규정에 따라 증치세를 납부하며, 카드소지
인에게 증치세파표(增值税发票)를 발급하지 못한다.

> 매출측≠카드판매자일 경우, 매출자가 카드판매자가 결산한 매출대금을 취득할
> 때 반드시 카드판매자에게 증치세보통파표(**增值税普通发票**)를 발급하며, 증치
> 세전용파표(**增值税专用发票**)를 발급하지 못한다.

Ⅳ 간주매출행위

1. 위탁매출

화물을 타인에게 교부하여 대리매출하게 하는 행위(위탁자)

(1) 납세의무 발생시간 : 대리매출 정산표를 취득하거나 대리매출 대금을 받은
날 중에 빠른 날로 하며, 둘 다 수령하지 못한 경우에는 출고 후 180일이 되
는 날에 증치세를 납부한다.

(2) 위탁자와 수탁자는 모두 증치세를 납부한다. 위탁자가 대리매출정산표를 받
을 때 증치세전용파표(增值税专用发票)를 수탁자에게 발급하며, 수탁자는
증치세매입세액이 발생한다.

 사례 2-1

A자동차 생산기업에서는 대리매출 회사에서 대리매출한 소형자동차 10대의 대리매출
정산표 및 대금 158.2만원을 수령하였다. (소형자동차 한 대의 원가는 20만원이며 대
리매출 회사와의 증치세 불포함 결산가격은 28만원이다. 기업회계상 수령한 금액은 모
두 선수금으로 처리하였다. 납세인의 회계처리가 적절하지 않다면 적절한 처리는? (소
비세율 9% 가정)

> **답** 납세인의 처리는 적절하지 않다.
> 증치세 납부세액 = 28 × 10 × 13% = 18.2만원
> 소비세 납부세액 = 28 × 10 × 9% = 12.6만원
> 적절한 회계처리는

차)	은행예금 – 차량 대리매출금액	3,276,000
대)	매출	2,800,000
	미지급세금 – 미지급증치세(매출세액)	476,000

---

2. 대리매출

위탁자의 위탁을 받아 대리 매출하는 행위(수탁자)

> ❏ 요점
> (1) 매출시점에 증치세 납세의무가 발생한다.
> (2) 실제 매출가격에 따라 매출세액을 계산한다.
> (3) 위탁자의 증치세전용파표를 취득하여 증치세매입세액를 공제할 수 있다.
> (4) 수탁자가 받는 대리매출 수수료는 반드시 "현대서비스" 세목에 따라 6%의 세율로 증치세를 징수한다.

 사례 2-2

A기업(일반납세인)에서는 B회사를 위하여 물품을 대리 매출하였으며 소매가격의 5%에 따라 수수료 5,000원을 수금하였다. 갑회사에서 발급한 증치세전용파표(增值税专用发票)를 받지 못하였다면, 본 기업의 대리매출업무로 지급할 증치세는?

답 (1) 소매가격 = 10,000 ÷ 5% = 200,000(원)
　　　(2) 물품대리매출 증치세 매출세액
　　　　 = 100,000 ÷ (1 + 13%) × 13% = 11,504.42원
　　　(3) 수수료 증치세 매출세액 = 5,000 ÷ (1 + 6%) × 6% = 283원

❑ 증치세전용파표(增值税专用发票)

파표는 앞에서 설명한 바와 같이 중국에서 세무행정을 집행함에 있어 반드시 필요한 것이며, 파표 없이는 기업회계상/세무상 비용처리도 인정되지 않는다.

특히 "증치세전용파표"는 한국의 "세금계산서"와 같이 매입세액을 공제받기 위해서 반드시 수령하여야 하며, 수령하지 못하거나 전용파표가 아닌 보통파표를 수령한 경우에는 매입세액을 공제받을 수 없다.

3. 본사와 지사(같은 县市에 있지 않은 경우)간 물량을 매출용도로 이송 : 한국의 직매장반출과 유사 : 이송 당일에 증치세 납세의무가 발생

4. 자가생산 혹은 위탁가공한 물품을 비과세 항목에 사용한 경우(면세전용)

5. 자가생산 혹은 위탁가공한 물품을 단체복리 혹은 개인소비에 사용한 경우

6. 자가생산, 위탁가공 혹은 구매한 물품을 투자로 기타 단위 혹은 개인사업자에게 제공한 경우(현물투자)

7. 자체생산, 위탁가공 혹은 구매한 물품을 주주 혹은 투자자에게 배당한 경우

8. 자체생산, 위탁가공 혹은 구매한 물품을 기타 단위 혹은 개인에게 무상으로 증여한 경우

9. 법인 혹은 개인사업자가 기타 법인 혹은 개인에게 무상으로 과세서비스를 매출, 무형자산 혹은 부동산을 무상으로 양도한 경우. 그러나 공익사업 혹은 사회대중을 대상으로 하는 경우는 예외로 한다.

10. 재정부와 국가세무총국에서 규정한 기타 상황

❑ 참조

1. 외부구매 화물

항 목		회계	증치세	기업소득세
위탁매출을 위해 수탁자에게 매출		○	○	○
대리매출(수탁자 입장)	수수료 방식	×	○	×
	매입/매출 방식	○	○	○
지점으로 반출(직매장 반출 유사)		×	○	×
면세전용		×	×	×
직원 복리 사용(개인에게 증여)		×	×	○
단체복리(식당 등)에 사용		×	×	×
외부투자(자가생산, 위탁가공, 외부구입)		○	○	○
배당(자가생산, 위탁가공, 외부구입)		○	○	○
증여(자가생산, 위탁가공, 외부구입)		×	○	○
접대비		×	×	○
판촉비 사용		×	○	○

납세인이 취득한 부동산을 매출하는 것과 기타 개인이 부동산을 임대하는 증치세는 국가세무국에서 잠시 지방세무국에 위탁하여 대리징수한다.
① 부동산 소재지 – 지방세 세무기관 – 세금 선지급
② 기구 소재지 – 국세 세무기관 – 납세신고

2. 자가생산 화물

항 목		회계	증치세	기업소득세
위탁매출을 위해 수탁자에게 매출		○	○	○
대리매출(수탁자 입장)	수수료 방식	×	○	×
	매입/매출 방식	○	○	○
지점으로 반출(직매장 반출 유사)		×	○	×
면세전용		×	○	×
직원 복리 사용(개인에게 증여)		○	○	○
단체복리(식당 등)에 사용		×	○	×
외부투자(자가생산, 위탁가공, 외부구입)		○	○	○
배당(자가생산, 위탁가공, 외부구입)		○	○	○
증여(자가생산, 위탁가공, 외부구입)		×	○	○
접대비		×	○	○
판촉비 사용		×	○	○

단일선택

다음 행위 중 간주매출로 증치세가 과세되는 것은?
A. 구매한 물품을 단체복리에 사용한 경우
B. 구매한 물품을 개인소비에 사용한 경우
C. 구매한 물품을 비증치세 과세항목에 사용한 경우
D. 구매한 물품을 대외투자에 사용한 경우

답 D

해설 구매한 물품을 대외투자, 배당, 무상증여에 사용하는 경우는 간주매출로 보아 증치세를 납부한다.

Q 사례 2-3

A회사(일반납세인)는 생수를 구매하였으며, 취득한 증치세전용파표에 기재된 공급가액은 2만원, 증치세 0.26만원이다. 그 중 70%는 고객에게 증정하였으며 30%는 회사 직원단체복리에 사용하였다.

본 회사의 증치세 매입세액와 매출세액은 각각 얼마인가?

답 증치세 매입세액 = 0.26 × (1 - 30%) = 0.182만원
증치세 매출세액 = 2 × 70% × 13% = 0.182만원

참조 간주매출은 증치세만 납부할 뿐만 아니라 기업소득세의 납부에도 영향을 미친다.

	총기구-본기구 거래 (직매장 반출과 유사)	증여	투자, 배당, 직원복리 사용
증치세(화물)	○	○	○
기업소득세	×	○	○
회계상 수입	×	×	○

Ⓥ 혼합판매과 겸영행위

1. 혼합매출행위

(1) 혼합매출의 정의

하나의 매출행위가 재화매출과 관련서비스에도 관련되면 혼합매출이라 한다.(예 : 커튼을 매출하면서 설치용역도 같이 제공해주는 행위 등)

(2) 세무처리

사업으로 화물의 생산, 도매 혹은 소매에 종사하는 법인과 개인사업자의 혼합매출은 화물매출로 보아 증치세를 납부한다. 기타 법인와 개인사업자의 혼합매출은 서비스매출로 보아 증치세를 납부한다. 즉, 본업이 무엇이냐에 따라 과세의 방식이 달라지는 점에 주의하여여 한다.

(3) 사례

① 마루용목재생산기업에서 자체 생산한 마루목재를 매출하며 동시에 설치도 해주는 경우(혼합매출, 전체를 화물로 보아 납세한다. 일반 재화매출세율인 13% 세율로 과세한다)
② 건축시공기업의 해당 원자재와 도급공사를 동시에 진행하는 경우(혼합매출, 전체를 서비스매출로 보아 납세한다. 건축서비스 세율 9%로 과세한다)

2. 겸업행위

(1) 겸업행위의 정의

납세인이 동시에 화물매출, 과세노무제공, 과세행위에 해당하는 사업을 동시에 경영하는 경우 겹업행위라 하며, 서로 다른 세율 혹은 징수율을 적용하여 과세한다.

(2) 세무처리

서로 다른 세율 혹은 징세율을 적용하는 매출액을 각각 기장하여야 하며, 매출액을 각각 기장하지 않은 경우에는 그 중 높은 세율을 적용한다.

① 서로 같지 않은 세율의 화물, 가공수리정비서비스, 기타서비스, 무형자산 혹은

부동산 매출을 겸영하는 경우 그 중 가장 높은 세율부터 적용한다.

② 서로 같지 않은 징세율의 화물, 가공수리정비서비스, 기타서비스, 무형자산 혹은 부동산 매출을 겸영하는 경우 그 중 가장 높은 징수율부터 적용한다.

③ 서로 같지 않은 세율과 징세율의 화물, 가공수리정비서비스, 기타서비스, 무형자산 혹은 부동산 매출을 겸영하는 경우 높은 세율부터 적용한다.

(3) 사 례

① 모 가전제품 생산기업에 자가 생산한 가전을 매출하면서, 운송자격이 있는 운송부문에서 운송을 책임지는 경우

② 모 부동산중개회사에서 중고주택을 매매하며, 동시에 관리대행서비스를 제공하는 경우

❑ 참조

납세자는 자가생산 판자, 기계설비, 철강구조품 등을 판매하며 건축, 설치 서비스도 제공하는 경우 → 겸영행위에 따라 증치세를 납부(혼합판매에 속하지 않음)

(1) 자체생산품일 경우 : 13%

(2) 건축, 설치서비스 9%, 설치서비스에 대해 간이계산 방법으로 3%의 세금을 납부할 수 있다.

(3) 기사용 중 수리 및 수리부품 : 13%(노무)

(4) 기사용 중의 점검관리 : 6%(현대서비스)

 납세의무자과 원천징수의무자

1. 증치세 납세의무자

제품매출 혹은 가공수리정비서비스 제공, 서비스제공, 무형자산 혹은 부동산 및 수입제품을 매출하는 법인과 개인

2. 원천징수의무자

중화인민공화국 경외 법인 혹은 개인이 경내에서 과세행위가 발생하며 경내에 경영기구를 설립하지 않은 경우에는 구매자를 증치세 원천징수자로 한다. 재정부와 국가세무총국에 별도로 규정이 있는 경우에는 예외로 한다.

참조 원래 대리인이 증치세를 원청징수하는 기존 규정은 삭제되었음.

3. 증치세 납세인의 특수상황

(1) **법인이 총괄수주(承包), 임차, 挂靠방식으로 경영하는 경우**

총괄수주인이 발주인의 명의로 대외경영하며 동시에 발주인이 해당 법률책임을 부담하는 경우에는 본 발주인을 납세인으로 한다. 그렇지 않은 경우에는 총괄수주인을 납세인으로 한다.

(2) 자금 및 자산수탁(资管产品) 운영과정 중에 발생한 증치세 과세행위는 자금 및 자산수탁사관리인(资管产品管理人)을 증치세 납세인으로 한다.

(3) 두 개 혹은 두 개 이상의 납세인은 재정부와 국가세무총국의 비준을 거쳐 하나의 납세인으로 간주하며 합병하여 납세할 수 있다.

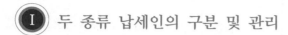

I 두 종류 납세인의 구분 및 관리

일반납세인과 소규모납세인, 두 종류의 납세인이 존재한다.

1. 구분기준

(1) 경영규모(연간과세매출액)

1) 연간과세매출액 : 납세인이 연속 12개월을 초과하지 않는 경영기한내 누계 증치세 과세매출액을 말한다.

2) 상기 매출액 포함항목 : 신고 매출액, 세무조사 보충매출액, 납세조정 매출액, 세무기관에서 영수증을 대리발급한 매출액과 면세매출액

납세자가 우연히 무형자산 판매하거나 부동산 양도 판매액은 연간 과세판매액에 산입하지 않는다.

(2) 결산수준

경영규모로 아래와 같이 두 종류의 납세인으로 구분한다.

시효	소규모납세인	일반납세인
2018년 5월 1일 전	업종별 연간과세매출액 확정 (50만원, 80만원, 500만원 이하) 아래표 참조	연간과세매출액이 표준 이상
2018년 5월 1일부터	연간과세매출액이 500만원 이하로 통일함	연간과세매출액이 표준 이상

[중요한변화-등기변경] 원 규정에 따라 증치세 일반납세인으로 등록된 단위와 개인은 2019년 12월 31일 전에 소규모납세자로 등록변경하거나 계속 일반납세인을 유지할 수 있다.

참조 ▶ 2018년 5월 1일 이전 납세인 구분

납세인	소규모납세인	일반납세인
재화생산 혹은 납세노무 제공에 종사하는 납세인 및 재화생산 혹은 과세노무 제공을 위주로 하며 동시에 화물도매 혹은 소매를 겸영하는 납세인	연간과세매출액 50만원 이하(50만원 포함)	연간과세매출액 50만원 이상
재화의 도매 혹은 소매 납세인	연간과세매출액 80만원 이하(80만원 포함)	연간과세매출액 80만원 이상
과세행위를 제공하는 납세인	연간과세매출액 500만원 이하(500만원 포함)	연간과세매출액 500만원 이상

(3) 연간 과세매출액이 규정된 표준을 초과하는 기타 개인

참조 ▶ 납세인이 제품매출, 가공수리정비노무 제공 및 과세서비스를 제공하면 과세화물 및 노무 매출액과 과세서비스 매출액을 각각 계산하며, 각각 증치세 일반납세인 자격 인정표준을 적용한다.

2. 두 종류의 납세자 사이의 전환

□ 법규

납세자가 일반납세인으로 등록한 후 소규모납세인으로 전환하지 못한다. 다만, 국가세무총국이 따로 정한 것은 이에 속하지 않는다. 이미 증치세 일반납세인으로 등록된 단위와 개인은 2019년 12월 31일 전에 소규모납세인으로 (일반납세인의 소규모납세인으로 전환은 단 1회)로 전환할 수 있다.

(1) 조건과 기한

1) 전환등기 전 연속 12개월 증치세 과세매출액이 누계 500만원을 초과하지 않은 일반납세인
2) 기한 : 2019년 12월 31일 이전에 소규모납세인으로 전환등기하는 방식을 선택할 수 있다.

(2) 세무처리

1) 일반납세인이 소규모납세인으로 이전등기한 다음 등기일의 다음기부터 간이세금계산방법에 따라 증치세를 납부한다.
2) 전환등기한 납세인이 아직 신고하지 않은 매입세액 및 전환등기한 당기의 미공제잔액은 전출처리한다.
3) 일반납세인이 그 기간에 발생한 증치세 과세판매행위가 증치세파표를 발부하지 않아 보충발급해야 하는 경우에는 원 적용세율 또는 징수률에 따라 증치세파표를 보충 발급한다.

(3) 전환등기후 소규모납세인에서 일반납세인으로 전환(재등기)

전환등기일의 다음 기부터 연속 12개월을 초과하지 않거나 연속 4분기를 초과하지 않는 경영기간내 전환등기 납세자의 과세매출액이 재정부, 국가세무총국이 정한 소규모 납세인 과세판매액 기준을 초과할 경우, 담당 세무기관에 일반납세인 등기를 해야 한다.

> 참조 〉 전환등기납세자가 규정에 따라 일반납세인으로 재등록된 후 소규모납세인으로 재등기하지 못한다.

3. 일반납세자 등기를 불허하는 경우

(1) 정책규정에 따라 소규모납세인을 선택하여 세금을 납부하는 경우(주관세무기관에 서면으로 설명을 제출하여야 한다).

> 참조 〉 비기업성단위는 소규모납세인 형식을 선택하여 세금을 납부할 수 있다.

(2) 연간 과세매출액이 규정된 표준을 초과하는 기타 개인

> 참조 〉 납세인이 제품매출, 가공수리정비노무 제공 및 과세서비스를 제공하면 과세화물 및 노무 매출액과 과세서비스 매출액을 각각 계산하며, 각각 증치세 일반납세인 자격 인정표준을 적용한다.

Ⅱ 일반납세인 등기와 관리

1. 일반납세인자격 등기를 진행하는 절차

(1) 납세인이 주관세무기관에 《증치세 일반납세인 자격등기표》를 작성하여 제
출하며 동시에 세무등기증을 제공한다.

(2) 납세인이 작성한 내용과 세무등기 정보가 일치하면 주관 세무기관에서는 즉
시에서 등기한다.(등기 확인)

(3) 납세인이 작성한 내용과 세무등기 정보가 일치하지 않거나 작성요구에 부합
되지 않으면 세무기관에서는 반드시 납세인에게 해당 내용을 고지하여야 한
다.(자료 보충)

2. 일반납세인 자격을 신청하는 조건

(1) 표준에 도달하면 반드시 주관세무 기관에 일반납세인 자격인정을 신청하여
야 한다.

(2) 표준에 도달하지 못하거나 새로 개업한 납세인은 신청서를 제출하며, 동시에
다음 조건에 부합되면 주관세무기관에서는 반드시 일반납세인 자격등기를
진행하여야 한다.

　① 고정된 생산경영 장소가 있을 것

　② 국가의 통일 회계제도 규정에 따라 장부를 설립하며, 합법적이고 유효한
　　 증빙서류에 근거하여 결산하고, 정확한 세무자료를 제공할 수 있을 것

3. 일반납세인 자격신청을 진행할 필요가 없는 경우

(1) 개인사업자(个体工商户) 이외의 기타 개인

참조▷ 기타 개인이 연간과세매출액이 규정된 표준을 초과한 것은 주관 세무기관에 서면 설명을
제출할 필요가 없다.

(2) 소규모 납세인에 따라 납세할 것을 선택한 비기업성단위, 과세행위가 경상적
으로 발생하지 않는 기업

(3) 경상적으로 과세행위가 발생하지 않는 비기업성단위, 기업과 개인사업자는
소규모 납세인에 따라 납세할 것을 선택할 수 있다.

(4) 시범시행 실시 전에 이미 증치세 일반납세인 자격을 취득하였으며, 동시에
과세행위가 있는 시범납세인은 중복하여 신청할 필요가 없다.

4. 일반납세인 자격등기 관리의 소재지와 권한

납세인은 그 소재지 주관 세무기관에 일반납세인 자격등기를 신청하여야 한다.
일반납세인 자격등기의 권한은 현(시, 구) 국가세무국 혹은 동일한 등급의 세무분
국에 있다.

> 참조 › 국가세무총국에 별도로 규정이 있는 경우를 제외하고는 납세인이 이미 일반 납세인으로
> 등기된 후 소규모납세인으로 전환하지 못한다.

5. 세금납부 리스크에 대한 관리를 강화

세금납부 준수도가 낮은 일반납세인에 대하여 주관세무기관은 납세지도기간에
대한 관리를 실시할 수 있다.

6. 일반납세인 자격 시범

종합보세구 증치세 일반납세인자격시범을 실시하고, 등록(备案)관리를 실시한다.

제3절 세율과 징수율

 증치세 세율

1) 세율 : 일반납세인에 한함.
2) 총 4가지 세율 : 13%, 9%, 6%, 영세율

일반납세인 증치세 세율표

세율	적용범위
13%	재화의 매출 혹은 수입, 과세노무제공, 유형동산 임대서비스 제공
9%	교통운송서비스, 우편서비스, 기초통신(电信)서비스, 건축서비스, 부동산임대, 부동산매출, 토지사용권 양도 특정화물을 매출 또는 수입하는 경우
6%	현대서비스업 제공(임대 제외), 부가통신(电信)서비스, 금융서비스, 생활서비스, 무형자산매출(토지사용권 양도 제외)
영세율	납세인의 재화 수출, 열거된 국제거래서비스 및 무형자산

1. 9% 세율을 적용하는 열거화물

(1) 양식 등 농산품, 식용식물유, 식용소금
(2) 수도물, 난방, 냉방, 뜨거운물(热水), 가스, 석유액화가스, 천연가스(天然气), 메탄가스, 주민용 석탄제품
(3) 도서, 신문, 잡지(경외도서 포함)
(4) 사료, 화학비료, 농약, 농업기계, 농업용비닐
(5) 국무원 및 그의 해당부문에서 규정한 기타 화물

예를 들면 농산품은 재배업·양식업·임업·목축업·수산업 생산 등 각종 식물·동물의 1차 제품을 말한다.

참조1 ▷ 농산품은 서로 다른 판매 단계(环节)에 따라 구분해야 한다.

참조2 ▷ 다음과 같은 몇 가지 물품에 주의를 해야 한다.

- 9% 세율 : 말린 국수, 말린생강, 생강, 옥수수배아, 동물뼈 입자, 멸균우유 등이다.
- 13% 세율 : 조제우유, 전분, 엑폭시 콩기름 등.

2. 서비스, 무형자산, 부동산

(1) 3가지 세율: 13%, 9%, 6%

(2) 임대업무

임대	일반과세 : 세율	간이계산방법 : 징수율
부동산 임대	9%	5%
동산 임대(운용리스+금융리스)	13%	3%

(3) 무형자산 중

1) 대부분 6%

2) 토지사용권 9%

3) 납세자가 성급 토지행정주관부서가 설립한 거래플랫폼을 통하여 경작지 보충지표(补充耕地指标)를 양도할 경우 무형자산양도 항목에 따라 증치세를 납부하며 세율은 6%이다.

 다중선택

현행 정책에 따라 다음 중 6%의 세율을 적용하는 경우는?

A. 임대운수수단

B. 상표사용권의 양도

C. 식용소금

D. 인터넷접속서비스

답 B, D

해설 A는 동산임대서비스에 속하며 13%의 세율을 적용한다. C는 낮은 세율의 품목이고, 9%의 세율이 적용된다.

3. 영세율

(1) 화물수출

(2) 경내단위와 개인이 제공하는 국제 운송서비스

(3) 항공운송서비스

(4) 경외 단위에게 제공하는 열거된 완전히 경외에서 소비하는 서비스

예 : 디자인 서비스, 방송영상프로(작품)의 제작과 발행 서비스 등

(5) 경내단위와 개인이 발생한 홍콩, 마카오, 대만과 관련된 과세행위이며, 별도로 규정이 있는 것은 제외한다. 상술한 규정을 참조하여 집행한다.

해설 1 국제운수서비스는 경내에서 여객 혹은 화물을 운송하여 출국하거나, 경외에서 여객 혹은 화물을 운송하여 입국하거나, 경외에서 여객 혹은 화물을 말한다.

해설 2 영세율은 면세와 같지 않음에 유의해야 한다.

 사례 2-4

A민영여객운송회사에서는 우수직원 50명을 선정하여 심천/홍콩 5일 여행을 보내기로 하였다. 회사에서는 자체 소유의 버스로 우수직원을 심천 모항구까지 운송하였으며, 다음 국제업무에 종사하는 심천 갑여행사에 위탁하여 추후의 일정을 담당하게 하였다. 비용은 8,000원/인이며 모두 40만원의 여행비를 갑여행사에 지급하였다. 심천 B렌트카에서 심천/홍콩 지역의 운영자격이 있는 버스 2대를 임대하여 홍콩에서의 운송에 사용하였다. B렌트카에서 기사를 배치하며 모두 10만원을 지급하였다.

A민영여객운송회사와 B렌트카의 증치세는 각각 얼마인가?

답 (1) A여객운송회사는 증치세를 납부하지 않는다. 본 단위(单位)직원이 본 단위(单位)를 위하여 노무를 제공하는 것은 비영업활동에 속하며 증치세를 징수하지 않는다.

(2) B렌트카에서 제공한 국경을 넘는 국제운송의 증치세 적용세율은 영세율이며, 증치세를 납부하지 않는다.

Ⅱ 증치세의 징수율

현행 증치세의 징수율(소규모사업자 또는 간이방법) : 3%, 5%

적용범위	징수율
1. 소규모납세인 증치세 납부(부동산업무 제외)	3%
2. 일반납세인이 간이방법을 채용하여 증치세를 납부하는 경우(열거한 재화 및 과세행위)	
3. 2016년 5월 1일부터 2016년 4월 30일 전에 취득한 부동산, 토지사용권을 매출/임대하는 경우, 부동산기업에서 기존 부동산(老项目)을 매출하는 경우, 간이 과세방법을 선택한 부동산 운용리스.	5%

주의 ▷ 소규모납세인이 2016년 5월 1일 후에 취득한 부동산을 매출 또는 임대하는 경우 5% 징수율을 적용

1. 5% 징수율의 특수상황(비부동산 항목)

(1) 소규모납세인이 노무파견 서비스를 제공하며 차액납세를 선택한 것

　　1) 소규모납세인이 취득한 가격금액전액과 가격외비용을 매출액으로 하며, 3%의 징세율에 따라 증치세를 계산납부한다.

　　2) 소규모납세인도 차액납세를 선택할 수 있으며, 취득한 가격금액전액과 가격외 비용에서 용역업체를 대신하여 노무파견직원에게 지급한 급여, 복리후생비와 그를 위하여 지급한 사회보험 및 주택적립금을 공제한 나머지 잔액을 매출액으로 5%의 징수율에 따라 증치세를 계산납부한다 (용역업체(用工单位)에는 증치세전용파표(增值税专用发票)를 발급하지 못하며 보통파표(普通发票)를 발급할 수 있다).

(2) 일반납세인이 시범납세전에 시공을 시작한 1급도로, 2급도로, 다리, 댐통행료를 수금하며 간이세금계산방법을 선택한 것

(3) 일반납세인이 인력자원 외주서비스를 제공하며 간이세금계산방법을 선택한 것

2. 5% 징수율, 1.5% 세율로 세액을 계산하는 경우(개인이 임대한 주택)

$$증치세 = 임대료 ÷ (1 + 5\%) × 1.5\%$$

참조 1 ▷ 임대료는 반드시 세금 불포함 수입이다.

참조 2 기타개인이 임대한 비주택은 5% 세율로 세액을 계산한다.

3. 3% 징수율의 특수상황(차액세금계산)

물업관리(物業管理)서비스를 제공하는 납세인이 서비스 제공받는 자로부터 취득한 수돗물 수입은 그가 외부에 지급한 수돗물 비용을 공제한 잔액을 매출액으로 하며 3%의 징수율에 따라 증치세를 계산납부한다.

> □물업관리(物業管理)
> 예를 들어 한 아파트단지가 있다면, 한국도 그 단지를 운용하는 관리사무소가 있다. 이처럼 관리를 대행하는 서비스를 중국에서는 물업관리(物業管理, 우예관리) 라고 한다.

4. 3% 징수율을 적용하여 2% 세율로 증치세 징수

$$증치세 = 매출가격 ÷ (1 + 3\%) \times 2\%$$

(1) 일반납세인이 자신이 이미 사용한 매입세액불공제한 고정자산을 매각하는 경우
  납세인은 감세를 포기하고 간이세액방법으로 3%의 징수율에 따라 증치세를 납부할 수 있으며, 또한 증치세전용파표(增値税专用发票)를 발급할 수 있다.
(2) 소규모납세인(기타개인 제외)이 자신이 사용하던 고정자산을 매각
(3) 납세인이 구제품(旧货)을 매출

사례 2-5

(1) 2019년 10월, 2008년 10월에 구매한 설비 한 대를 매각하였으며, 수입 59,000원을 취득하였다(2008년 매입세액을 공제하지 못함).
(2) 2019년 12월, 2015년 12월에 구매한 설비 한 대를 매각하였으며, 수입 100,000원을 취득하였다(2015년 매입세액을 공제하였음).

답 (1) 증치세액 = 59000 ÷ (1 + 3%) × 2% = 1145.63원
(2) 증치세액 = 49,000÷(1 + 13%)×13% = 5637.17원

Q 사례 2-6

모 회사는 증치세 일반납세인이며 이달의 업무는 다음과 같다.

(1) 국내에서 복장을 판매하고 고객에게 발급한 증치세파표에 그 금액이 300만원이라고 명기하고 있다.

(2) 원금보장 이재상품의 이자수입이 10.6만원이다.

(3) 100% 지배하고 있는 한 비상장회사의 지분을 양도하였으며, 투자원가는 2,000만원이고 양도가격은 5,000만원이다.

(4) 경내에서 체인경영을 하여 세금포함 상표권사용료 106만원을 취득하였다.

(5) 시내구역에 위치한 한 창고를 양도하여 세금포함금액 1,040만원을 취득하였다. 해당 창고는 2010년에 구입, 구입대금 200만원에 간이계산납세방법으로 증치세를 계산하였다.

(6) 소규모납세자에게 기사용 구설비 1대를 판매하였고 해당 설비를 구입할 때 규정에 따라 매입세액을 공제하지 않았으며, 세금포함 10.3만원을 취득하였고, 증치세일반파표를 발급하였다.

각 항의 세율 또는 징수율은?

답 (1) 화물세율 13%
(2) 금융서비스세율 6%
(3) 지분의 양도는 증치세 징수범위에 속하지 않으며 증치세를 징수하지 않는다.
(4) 무형자산 사용료 세율 6%
(5) 부동산양도 간단방법 징수률은 5%
(6) 3%징수율을 적용하여 2%세율로 하향조정하여 증치세를 계산징수한다.

제4절 증치세의 세액계산 방법

1. 일반납세인 납부세액의 계산

- 당기 납부증치세 = 당기 증치세 매출세액 − 당기 증치세 매입세액
- 당기 증치세 매출세액 = 매출액(일반, 특수, 차액과세, 간주매출) × 세율
- 당기 증치세 매입세액 = 파표공제 + 계산공제 + 분할공제 − 매입세액 전출

2. 간이세금계산방법(주로 소규모납세인)

（1）계산공식

당기 납부증치세 = 당기 매출액(세금 불포함) × 징수율

（2）일반납세인이 국가세무총국에서 규정한 특정된 화물을 매출하거나 과세노무를 제공하거나 과세행위가 발생하면 간이 세금계산 방법을 선택하여 세금을 계산할 수 있다. 그러나, 증치세 매입세액를 공제하지 못한다.

　예 : 수돗물회사에서 수돗물 매출, 약품경영기업에서 생물제품 매출, 공공교통 운송서비스, 영화상영서비스, 창고서비스, 하역운송서비스, 문화체육서비스; 清包工(순수 일꾼만 사용하는 도급방식) 방식으로 제공한 건축서비스, 부동산 구항목 매출/임대, 노무파견서비스 제공 등

（3）일반납세인이 재정부와 국가세무총국에서 규정한 특정된 화물을 매출하거나 과세노무를 제공하거나 과세행위가 발생한 것에 대하여 이미 간이 세금계산 방식을 선택한 경우에는 36개월내에는 변경하지 못한다.

3. 원천징수 세금계산 방식

경외 단위 혹은 개인이 경내에서 과세행위가 발생하며 경내에 경영기구를 설립하지 않은 경우, 원천징수의무자는 다음 계산공식에 따라 세금을 원천징수하여야 한다.

> 원천징수할 세액 = 지급한 금액 ÷(1+세율)× 세율

 사례 2-7

외국의 A회사는 중국의 B회사를 위하여 내부통제 자문서비스를 제공하기로 하였으며, 이를 위하여 A회사는 B회사의 소재지에 사무장소를 임차하였고, 외국에서 업무인원을 파견하여 B회사에서 작업하며 서비스는 모두 중국경내에서 이루어졌다. 쌍방이 체결한 서비스계약에는 서비스 기간이 8개월, 서비스 비용이 800만원(세금포함)이며 해당 세금비용은 세법에서 정하는 납세인측에서 납부하는 것으로 하였다. A회사의 증치세는?

답 800 ÷ (1 + 6%) × 6% = 45.28만원

제5절 일반납세인의 세액계산방법 및 세액계산

일반납부세액의 계산 적용

(1) 일반납세인에 적용(당기매입세액공제법)

(2) 당기 납부할 세액 = 당기 증치세 매출세액 − 당기 증치세 매입세액

증치세 매출세액은 화물매출액 혹은 과세노무와 과세행위를 제공한 수입과 규정된 세율로 계산하여 구매측에서 수취한 증치세세액이다.

> 증치세 매입세액은 납세인이 화물구입, 과세노무와 과세행위를 제공받고 지급하거나 부담한 증치세이다. 그와 판매자측에서 취득한 증치세 매출세는 서로 대응관계이다.

 매출액의 일반규정

1. 매출가격 전액과 가격외비용

매출액은 납세인이 화물매출 혹은 과세노무와 과세행위를 제공할 때 구매측에서 수금한 가격금액 전액과 가격외비용이다(즉, 가격외수입은 위약금, 체납금, 배상금, 연체지급이자, 포장비, 포장물 임대료 등을 포함한다).

(1) 매출액에 포함되는 항목

가격과 가격외수입

> 참조 가격외수입은 일반적으로 증치세포함 수입으로 간주하며, 반드시 세금 불포함 수입으로 환산하여 매출액에 합산하여야 한다.

(2) 매출액에 포함되지 않는 항목

1) 소비세 과세소비품을 수탁가공하여 원천징수하는 소비세

2) 조건에 부합되는 대리 수금한 정부성기금 혹은 행정사업성 수금

3) 위탁자의 명의로 파표(发票)를 발급하며 위탁자를 대리하여 수금한 금액

4) 화물을 매출하는 동시에 보험 등을 대행해주기 위해 구매자측으로부터 수금한 보험비 및 구매측에서 대리 수금하여 납부한 차량구입세, 차량번호판비 등

(3) 세금포함 매출액의 환산

세금불포함 매출액 = 세금포함매출액 / (1 + 세율)

세금포함가격(세금포함수입)의 판단

1) 서술표현으로 판단(세금포함수입, 세금불포함수입)

2) 파표(发票)에 의거 판단(보통파표(普通发票)는 환산하여야 함)

3) 업종분석(소매, 요식업등 최종소비영역은 환산하여야 됨)

4) 업무분석(가격외수입 등)

2. 간주 화물매출과 과세행위가 발생한 경우 매출액의 확정

반드시 다음 순서대로 매출액을 확정한다.

(1) 납세인의 최근납세기간에 동일류형의 화물 혹은 과세행위의 평균 매출액

(2) 다른 납세인의 최근납세기간에 동일류형의 화물 혹은 과세행위의 평균 매출액

(3) 상기 두 동일류형의 가격이 없으면 계산공식에 따른 금액으로 한다.

1) 계산공식에 따른 금액의 특수사용 : 판매가격이 있으나 판매가격이 현저히 낮으며 정당한 사유가 없으면 추계액을 산정하거나 위의 매출액 확정 순서대로 확정하여야 한다.

현행 규정에 따라 외부구매 화물의 간주매출의 증치세 매출세액은 구매가격 × 13%로 한다.

가격 = 원가 + 이윤 + 세금(소비세 등, 증치세 ×)

```
┌─ 소비세 과세대상이 아닌 경우 = 원가 + 이윤
│                            = 원가 × (1 + 원가이익률)
└─ 소비세 과세대상인 경우 = 원가 × (1 + 원가이익률) + 소비세
```

2) 과세구성가액(추계가액)

① 증치세 공급가액

② 소득세법상 수입

③ 접대비, 광고비 한도액계산시 기준이 된다.

 단일선택

모 선박운수회사는 증치세 일반납세인이며, 2019년 12월에 선박부품을 구입하여 취득한 증치세전용파표에 대금 360만원과 세액 46.8만원이 명시되어 있다. 일반파표를 발급하여 취득한 세금포함수입은 국내운송수입 1,276만원, 기한임대(期租)업무수입 253만원, 인양수입 116.6만원이다. 이 회사가 12월에 납부해야 할 증치세는?

A. 46.35

B. 55.1

C. 86.05

D. 103.25

답 C

해설 증치세액 = (1276 + 253) ÷ (1 + 9%) × 9% + 116.6 ÷ (1 + 6%) × 6% − 46.8
= 86.05(만원)

 사례 2-8

A상점은 증치세 일반납세인이며 2019년 12월 당월에 구입한 식품의 60%를 재해지역에 구호품으로 증정하였다. 구입시 취득한 증치세전용파표(增值税专用发票)에 명시된 공급가액은 60만원이며, 증치세는 7.8만원이다.

상점의 증치세 매출세액과 매입세액은 각각 얼마인가?

답 구입시 매입세액 = 7.8만원
증정시 매출세액 = 60 × 60% × 13% = 4.68만원

Ⅱ 특수한 매출 방식에서의 매출액 확정

1. 할인방식 매출

매출방식	세무처리	설명
할인매출 (상업할인)	상업할인액은 매출액에서 공제할 수 있다. (해당 发票의 "금액"란에 원 매출액과 할인액을 각각 명시하여야 매출액에서 공제할 수 있다)	상업할인의 목적 : 판촉목적 실물할인 : "사업상증여"로 간주매출로 처리하며 실물가격은 원 매출액에서 공제하지 못한다.
(현금할인)	현금할인액은 매출액에서 공제하지 못한다.	목적 : 제품을 매출한 후에 발생하며 일종의 융자행위에 속한다.
(매출할인)	매출할인액은 매출액에서 공제할 수 있다.	목적 : 거래의 신용을 보장하며 이미 매출한 제품에 품종, 품질 등의 문제가 발생하는 경우 구매자에게 보상한다.

 사례 2-9

2019년 12월 A설비생산기업 설비의 증치세불포함 가격은 800만원이며 구매자측과의 장기파트너쉽을 고려하여 5%의 가격할인을 적용하였다.(发票 한장으로 발급) 구매자측에서 정해진 시기에 대금을 지급하여 2%의 현금할인을 해주었으며 실제로 279.3만원을 수금하였다. 이러한 경우 A기업의 증치세 매출세액은 얼마일까?

답 증치세 매출세액 = 800 × (1 - 5%) × 13% = 98.8만원

2. 구제품교환방식(以旧换新)매출

구제품교환방식(以旧换新)의 매출은 구제품회수방식의 매출을 뜻하며, 신제품을 매출하면서 구제품을 회수하고 그 금액만큼 구매자로부터의 수금액을 감해주는 방식의 매출을 말한다.

(1) 일반적인 재화

신품의 동기 매출가격에 따라 매출액을 확정하며 구제품의 수금액을 매출액에서 공제하지 못한다.

(2) 금은장신구

실제 받은 세금 불포함 매출가격으로 매출액을 확정한다(즉, 구제품의 가격을 매출액에서 공제한 순매출액을 매출세액계산의 근거로 한다).

참조 ▷ 금은장신구의 소매단계에서 납부하는 소비세도 같은 방식으로 매출액을 확정한다.

 사례 2-10

모 시내의 A백화점은 증치세 일반납세인이다. 2019년 12월 금은장신구를 소매로 매출한 금액은 증치세불포함 20.88만원이며, 그 중 구제품회수방식(以旧換新) 장신구의 증치세포함 매출액 9.85만원을 포함되어 있다. 구제품회수방식 업무 중 구제품의 증치세포함 가격은 3.88만원이며 백화점에서 실제로 수금한 금액은 5.97만원이다.

이 경우에 백화점의 증치세 매출세액과 소비세액는 각각 얼마일까? (소비세율은 5% 가정)

답 ▷ A백화점에서 3월에 금은장신구를 매출하여 납부할 증치세 매출세액

$= (20.88 - 9.85) \div (1 + 13\%) \times 13\% + 5.97 \div (1 + 13\%) \times 13\% = 1,956만원$

A백화점에서 3월에 금은장신구를 소매하여 납부할 소비세액

$= (20.88 - 9.85) \div (1 + 13\%) \times 5\% + 5.97 \div (1 + 13\%) \times 5\% = 0.752만원$

3. 원금상환매출

원금상환매출은 재화를 판매한 후에 일정시점까지 판매자가 구매자에게 원금의 일부를 상환하는 방식으로, 실제로는 자금융통의 한 방법이다. 이러한 경우 매출액은 제품의 매출가격이며 원금상환지출액을 매출액에서 공제하지 못한다.

4. 물물교환방식

이 경우에 세법은 두 거래가 동시에 일어난 것으로 본다. 즉, 한쪽에서 보면 물건을 팔고 또 다른 물건을 사온 경우에 해당한다. 또한 상대방측도 마찬가지로 본다.

따라서, 쌍방이 모두 매매로 처리하며 각자가 출고한 재화에 대해 매출액세을 계산하며 동시에 받은 재화에 대해 증치세전용파표(增値税专用发票)를 취득하여 매입세액을 공제할 수 있다. 따라서, 쌍방 모두 서로에게 증치세전용파표(增値税专用发票)를 발행하여야 상대방이 매입세액을 공제받을 수 있다.

 사례 2-11

모 자동차 생산기업은 증치세 일반납세인이다. 2019년 12월 중 발생한 사항은 다음과 같다.

(1) 생산한 1,600대의 차량을 두 번에 걸쳐 매출하였다. 그 중 600대의 증치세전용파표(增値税专用发票)상의 공급가액은 9,000만원이며 세액은 1,170만원이다. 1,000대의 증치세전용파표(增値税专用发票)에 공급가액은 13,000만원이며 세액은 1,690만원이다.

(2) 생산한 200대의 소형자동차를 생산원료와 교환하였다. 자동차의 대당 원가는 24만원으로 서로 파표를 발급하며 증치세전용파표(增値税专用发票)상 공급가액은 2,400만원이며 세금은 312만원이다.

이 경우에 당월의 증치세 납부세액은 얼마일까?

답 (1) 평균 매출가격 = (9,000 + 13,000)/1,600대 = 13.75만원
  (2) 증치세 매출세액 = 1,170 + 1,690 + (200 × 13.75 × 13%) = 3,217.5만원
  (3) 증치세 매입세액 = 312만원
  (4) 증치세 납부세액 = 3,217.5 - 312 = 2,905.5만원

5. 포장물 보증금 처리

(1) 포장물 보증금은 포장물 임대료와 혼돈하기 쉬우므로 특히 주의를 요한다.

(2) 물품을 매출하여 취득한 포장물 보증금은 별도로 기장하여 계산하며 매출액에 산입하여 징수하지 않는다. 다만, 기한이 만기되었는데도 포장물이 회수하지 못하여 해당보증금을 상환하지 않는 경우에는 매출액에 산입하여 징수한다.

참조1 "만기"는 계약의 약정에 따른 기간 또는 1년을 기한으로 한다.

참조 2   만기도래한 포장물의 보증금은 세금포함 수입이며 세금 불포함 가격으로 환산하여 매출액에 산입하여야 한다. 세율은 포장한 화물의 적용세율을 이용한다.

(3) 주류제품

    1) 맥주, 황주는 만기도래 여부에 따라 처리방법을 달리한다.

    2) 맥주, 황주 이외의 기타 주류제품은 수금한 보증금의 만기도래 여부에 상관없이 수령시점에 일괄적으로 매출액에 기입하여 징수한다.

A상점은 증치세 일반납세인이다. 6개월 전 B음식점의 맥주포장물 보증금 80,000만원을 수령하였으며 월초에 만기가 도래하였다. 음식점에서는 포장물을 반환하지 않았으며, 따라서 매출시점의 약정에 따라 해당 보증금은 상점의 소유로 하며 상점의 회계처리는 다음과 같다.

차) 기타미지급금 – 보증금   80,000

    대) 매출 – 기타영업수입   80,000

상술한 사항에 근거하여 상점의 장부처리와 해당 세무처리에 문제는 없는지?

답   증치세 매출세액 = (88,800 + 8,000) ÷ (1 + 13%) × 13% = 11,136.28원

A상점은 증치세 일반납세인이다. 6개월 전 B음식점의 맥주포장물 보증금 80,000만원을 수령하였으며 월초에 만기가 도래하였다. 음식점에서는 포장물을 반환하지 않았으며, 따라서 매출시점의 약정에 따라 해당 보증금은 상점의 소유로 하며 상점의 회계처리는 다음과 같다.

차) 기타미지급금 – 보증금   80,000

    대) 매출 – 기타영업수입   80,000

상술한 사항에 근거하여 상점의 장부처리와 해당 세무처리에 문제는 없는지?

답   상점의 회계처리와 세무처리는 적절하지 않다. 만기 도래한 맥주포장물의 보증금에 대하여는 증치세를 납부하여야 하며, 다만 수금한 금액은 증치세 포함 금액이므로 실

제 매출세액 계산시에는 불포함금액을 근거로 매출세액을 계산하여야 한다.

따라서, 수정분개를 하면,

① 일단 기존분개를 취소하고,

    차) 매출—기타영업수입   80,000

        대) 기타미지급금 - 보증금   80,000

② 다시 적정한 분개처리,

    차) 기타미지급금 - 보증금   80,000

        대) 매출 - 기타영업수입   70,796.46

          미지급세금 - 미지급증치세(매출세)   9,223.54

증치세 매출세액 = 80,000 ÷ 1.13 × 13% = 9,223.54원

6. 직접판매기업(직영) 증치세 매출액의 확정

(1) 직판기업 → 직접판매원 → 소비자 로 매출되는 경우 : 매출액은 직판원에게서 수령한 전부금액과 가격외비용이다.

(2) 직판기업(직판원) → 소비자 로 매출되는 경우: 매출액은 소비자에게서 수령한 전부금액과 가격외비용이다.

7. 대출서비스

대출서비스를 제공하여 취득한 이자 전액 및 이자성질의 수입액을 매출액으로 한다.

참조 1 ▶ 이자지출액을 이자수입액에서 공제하지 못한다.

참조 2 ▶ 은행에서 제공한 대출서비스는 기한에 따라 이자를 계산하여 수령한다. 이자 결산일로부터 90일 내에 발생한 미수이자는 현행규정에 따라 증치세를 납부한다. 이자 결산일로부터 90일 후에 발생한 미수이자는 잠시 증치세를 납부하지 않고, 실제 이자를 받는 시점에 규정에 따라 증치세를 납부한다.

8. 금융서비스로 직접 수령하는 수입

직접 수령하는 금융서비스를 제공하여 받은 수수료, 커미션, 사례금, 관리비, 서비스비, 중개료, 가입비, 명의변경비, 결산비, 수탁비 등 각종비용을 매출액으로 한다.

❏ 특수매출의 총정리

판매상황	세무처리
할인매출	공제할 수 있는 것과 없는 상황을 구분하여야 한다.
구제품교환방식매출	일반적으로 새물품의 동기매출가격으로 한다. 금은장신구는 실제 수금한 금액대로 한다.
원금상환판매	원금상환한 부분을 공제하지 못한다.
물물교환판매	쌍방이 각각 매매로 처리한다.
포장물 보증금처리	일반적으로 기한이 만료되면 증치세를 납부하며, 특수한 수금시 세금을 납부한다.
직접판매기업 매출	가격 전부의 금액과 가격외 비용
대출서비스	전액과세
직접비용을 받는 금융서비스	전액과세

 Ⅲ 매출액의 차액 확정(營改增 열거항목)

1. 금융업(6%)

(1) 금융상품양도 : 매출액 = 판매가격 − 매입가격

1) 매매거래중 발생하는 기타 세금과 비용을 매출액에서 공제하지 못한다.

2) 금융상품을 양도하여 발생한 차액은 상계한 후 잔액을 매출액으로 한다. 만약 상계한 후 부수(−)차액이 발생하면 다음 납세기한에 이월하여 양도한 금융상품 매출액과 상계한다. 그러나 연말에 여전히 부수(−)의 잔액이 나타나면 다음 회계년도로 이월하지 못한다.

   사례 납세인이 2019년 1~4월에 양도한 금융상품이 (−)차액이 나타나면 다음 납세기한에 이월할 수 있으며, 2019년 5~12월에 양도한 금융상품의 매출액과 상계할 수 있다.

3) 금융상품의 매입가는 가중평균법 혹은 이동가중평균법으로 계산할 수 있다. 선택한 방법은 선택 후 36개월내에 변경할 수 없다.

4) 금융상품의 양도는 증치세전용파표(增值税专用发票)를 발급하지 못한다.

5) 개인이 양도하는 금융상품은 증치세를 징수하지 않는다.

A금융회사는 증치세 일반납세인이다. 2017년 4분기 채권을 양도한 총 매출가는 200,000원(증치세 포함)이며 구체적 내용은 다음과 같다. 채권은 2016년 9월에 구입하였으며 매입가는 160,000원이다. 2017년 1월에 이자 6,000원을 취득하였으며 증치세를 납부하였다. 본 회사에서 2017년 4분기 이전에 금융상품을 양도한 손실은 25,000원이다. 증치세 매출세액은 얼마일까?

답 채권양도 매출액 = (200,000 – 150,000) – 25,000 = 25,000원

증치세 매출세액 = 25,000 ÷ (1 + 6%) × 6% = 1,415.09원

(주의) 매매할 때 우선 매출가에서 매입가를 차감한 차액을 계산한 후 그 차액에 따라 공급가액과 세액을 분리한다.(매출가와 매입가 모두 세금포함가격)

(2) 금융리스와 판매후금융리스(融资性售后回租)

참조1 전면적인 "营改增" 이후 업무유형의 변화

① 금융리스는 "현대서비스중 임대서비스"에 속함(13%)

② 판매후금융리스(融资性售后回租) 업무

ⅰ) 2016 – 4 – 30일 전에는 "현대서비스 – 임대서비스"에 속함

ⅱ) 2016 – 5 – 1일 후 "금융서비스 – 대출서비스"에 속함(6%)

참조2 전면적인 "营改增" 이후 차액세금계산 공제항목의 변화

중국인민은행, 상무부, 은행업감독관리위원회 비준을 거쳐 금융리스업무에 종사하는 시범납세인(금융리스 업무종사를 등기한 것을 포함)은 다음 서비스를 제공한다.

2. 교통운수서비스(9%)

매출액 = 취득한 가격 전부의 금액과 가격외비용 – 대리수금한 공항건설비 – 기타 항공운송기업의 티켓을 대리판매하여 대리수금하여 지급한 금액

3. 건축업

> 간이 세금계산방법(3%)을 적용하는 경우 매출액
> = 취득한 가격 전부의 금액과 가격외비용 − 지급한 하청금액

참조 일반세액계산방법은 세액을 차액으로 계산하지 못하며 하도급대금 (증치세전용파표 취득)으로 매입세액을 공제한다.

> 매출액 = 취득대금 및 대금외 비용−하청금 (하청측에 지불한 전부의 대금 및 대금외 비용을 말한다.)

4. 현대서비스(6%)

(1) 여객운송장소제공 서비스

> 매출액 = 취득한 전부의 금액과 가격외 비용 − 운송측에 지급한 운송비

(2) 중개인 대리서비스

> 매출액 = 취득한 전부의 금액과 가격외비용 − 위탁방에서 취득하여 대리 지급한 정부성기금 혹은 행정사업성수금

해설 위탁인에서 수취한 정부성기금 혹은 행정사업성 수금액에 대해서는 증치세전용파표를 발급하지 못한다.

(3) 납세인이 제공한 노무파견서비스

1) 일반납세인 간이과세방법(5%)

> 매출액 = 가격 전부의 금액과 가격외비용 − 용역업체를 대리하여 파견된 직원에게 지급한 급여, 복리와 그를 위하여 지급한 사회보험 및 주택공적금

2) 소규모납세인(3%)

차액납세를 선택하여 5%의 징수율로 증치세를 계산납부할 수도 있으며, 매출액은 상기의 일반납세인 간이과세방법과 같음.

5. 생활서비스 중 여행서비스(6% 차액과세)

매출액 = 취득한 가격 전부 금액과 가격외비용 − 여행서비스 구매측에서 취득하여 기타 단위 혹은 개인에게 지급한 숙박비, 급식비, 교통비, 비자취 급비용, 입장료 − 기타 여행기업에 지급한 여행비용

상술한 방법을 선택하여 매출액을 계산하는 시범납세인이 여행서비스 구매측에서 취득하고 지급한 상술한 비용은 증치세전용파표(增値稅专用发票)를 발급하지 못하며 보통파표(普通发票)를 발급할 수 있다.

6. 부동산개발기업에서 자체 개발한 부동산을 매출(9%)

부동산개발기업 중의 일반 납세인이 그가 개발한 부동산 항목을 매출하는 경우. (간이세금계산 방법을 선택한 기존 부동산 항목(즉 시공개시일이 2016년 4월 30일 전의 항목)은 아래의 차액과세방법을 사용할 수 없다.

(1) 매출액 = 취득한 가격 전부의 금액과 가격외비용 − 토지를 양수받을때 정부부문에 지급한 토지대금

"정부부문에 지급한 토지대금"은 토지 양수인이 정부부문에 지급한 토지수용 금액과 철거보상금, 토지개발착수비용과 토지출양(出让)수익 등을 포함한다.

(2) 토지를 취득할 때 기타 단위와 개인에게 지급한 철거보상금도 매출액 계산에서 공제할 수 있다. 납세인이 상술한 규정에 따라 철거보상금을 공제할 때 반드시 철거협의, 철거쌍방이 지급 혹은 취득한 철거보상비용 증빙서류 등 철거비용의 진실성을 증명할 수 있는 자료를 제공하여야 한다.

□ 참조

출양(出让)과 좐랑(转让)

중국의 토지에 대한 소유권에 대하여는 중국은 다음과 같이 규정하고 있다. 중화인민공화국 헌법(1982)에서는 중국 토지에 대하여는 공유제(公有制)를 채택하고 있으며, 국가소유 즉 전국민 소유와 농촌집체의 소유토지의 두 가지 형식을 취한다. 토지소유인은 법률의 규정범위내에서 점유, 사용, 처분할 권리가 있으며, 토지로부터 이익을 획득할 권리가 있다. 즉 중국에서는, 토지의 소유권은 모두 국가 또는 농촌집체(农村集体)에게 있으며, 일반인이나 기업 및 행정단위 등에게는 사용권에 대해서만 인정한다.

"출양(出让)"이라 함은 국가 또는 자치단체가(토지관리부문) 최초로 사용권자에게 사용권을 허여하는 경우를 말하며, 그 후에 사용권을 가진 자가 다른 이에게 사용권을 재양도하는 경우를 "좐랑(转让)"이라고 한다. 한국어로 번역을 하자면 둘 다 "양도"가 되겠지만, 중국 세법에서는 이 두 가지를 엄격히 구분하고 있고, 또 세무효과도 다르므로 반드시 구분하여야 한다. 그냥 양도로 번역해서는 오해를 불러올 수 있고, 이 두 가지 용어는 이후에도 무수히 많이 등장하는 용어이므로 꼭 기억하여야 한다.

7. 부동산양도

납세인이 2016년 4월 30일 전에 취득한 자가 건설하지 않은 부동산(주택은 불포함)은 간이세금계산방식을 선택하여 5%의 세율로 납부할 수 있다.

> 매출액 = 취득한 가격 전부금액과 가격외비용 - 본 부동산의 구매원가 혹은 부동산 취득시의 인정가격

8. 기타

납세인이 가격 전부의 금액과 가격외비용중에서 공제하는 금액은 법률, 행정법규와 국가세무총국의 규정에 부합되는 유효한 증명자료를 취득하여야 한다. 그렇지 않은 경우 이를 공제하지 못한다.

(1) 유효한 증명자료 : 파표, 경외에서 수령한 관련서류, 납세증명서, 재정전표 등

(2) 납세인이 취득한 상술한 증빙이 증치세 세금공제 서류에 속하면 그 매입세액
은 매출세액에서 공제하지 못한다.

 공제할 수 있는 증치세 매입세액

공제방법	세부사항
파표로 공제	법정 세금공제증빙에 적혀 있는 증치세 세액
계산 공제	면세 농산품을 외부에서 구입
특수항목	1. 부동산구입 : 2019년 4월 1일 이후에 구입한 것에 대하여 할부 공제 취소(신설규정)
	2. 도로통행료 공제
	3. 여객운송서비스 매입세액 공제(신설규정)
계산추가공제 (신규 증가)	납세인은 당기 매입세액 중 생산성 서비스업은 10%, 생활성 서비스 15%를 가산하여 납세액을 공제한다.

1. 파표에 따라 공제하는 증치세 매입세액

(1) 매출자 혹은 노무제공측으로부터 취득한 증치세전용파표(增值税专用发票)
(자동차매출통일파표(税控机动车销售统一发票), 세무기관에서 대리 발급한
전용파표(专用发票) 포함)에 기재된 증치세 매입세액

참조 1 증치세보통파표(增值税普通发票)는 매입세액공제의 근거로 사용할 수 없음.

참조 2 일반납세인 증치세전용파표, 세관수입증치세전용납부서, 자동차판매통일파표, 도로통행
료증치세전자일반파표를 취득할 경우 증치세파표 선택확인플랫폼에서 확인을 진행(인
증확인, 검사비교, 신고공제기한에 대한 규정 취소)

(2) 해관에서 취득한 해관수입증치세납세신고서(海关进口增值税专用缴款书)에
기재된 증치세금액

(3) 경외의 단위 혹은 개인에게서 구입한 서비스, 무형자산 혹은 부동산은 세무
기관 혹은 원천징수의무자가 취득한 세금납부증명서에 기재된 증치세액

2. 계산에 의한 매입세액 공제 항목(면세농산품 구매)

이와 같은 경우 매입자는 증치세전용파표(增值税专用发票)를 교부받을 수 없지만, 아래와 같이 계산된 금액을 매입세액으로 공제할 수 있도록 규정하고 있다.

(1) 기본규정

항목	내용
세법규정	농산품의 구매는 증치세전용파표(增值税专用发票) 혹은 해관수입증치세납부증명서(海关进口增值税专用缴款书)를 취득한 외 농산품매입파표(农产品收购发票) 혹은 매출파표(销售发票)에 기재된 농산품 구매가격과 9%의 공제율에 따라 계산한 금액을 증치세 매입세액으로 공제한다. 2017년 6월 30일까지 : 13% 2017년 7월 1일 ~ 2019년 3월 30일 : 11% 2019년 4월 1일부터 : 9%
계산공식	1. 일반적인 경우 : 매입세액 = 구매가격 × 9% 2. 특수상황 : 담뱃잎 구매의 경우 　담뱃잎의 가격외보조금(10%)과 연엽세(20%)를 고려하여야 함.

사례 2-15

모 식품공장에서는 2019년 10월 농업생산업자에게서 면세농산품을 구입하였으며 구매금액은 구매서류에 50,000원으로 기재되었다. 또한, 운송비를 지급하였으며 취득한 운수기업 증치세전용파표(运输企业增值税专用发票)에 기재된 운송비 공급가액은 2,000원이다. 식품공장의 증치세매입세액과 구매원가는?

답 매입세액 = 50,000 × 10% + 2,000 × 9% = 5,180원
구매원가 = 50,000 × 90% + 2,000 = 47,000원

3. 일반 납세자인이 이미 세금을 납부한 농산품을 구입하여 판매할 경우

파표에 의해 매입세액을 9% 공제한다.

(1) 증치세전용파표 또는 세관의 수입 증치세전용세금납부서를 취득 : 법정세금공제증빙에 명기된 매입세액(9%)

(2) 소규모납세인 주관세무국이 대리발행한 증치세전용파표를 취득한 경우 전용
파표에 기재된 금액의 9% 공제율로 매입세액을 계산한다.
예 : 슈퍼마켓(일반납세인)이 과일제품회사(소규모납세인)로부터 과일을 구
입하여 판매하고 세무국에서 증치세전용파표를 대리발행한 경우
매입세액 = 전용파표에 기재된 세전 판매액 ×9%

4. 일반납세인이 면세 농산품을 구입한 경우

매입세액 계산(9%, 10%)

(1) 9%로 계산하여 매입세액을 공제하는 경우(면세 농산품을 매입하여 판매)
일반납세인이 농업생산자로부터 면세농산품을 구입하여 농산품판매파표 또
는 농산품구매파표를 취득한 경우 파표에 명기한 농산품구매가격과 9%의
공제률로 매입세액을 계산한다.
예 : 슈퍼마켓 (일반납세인)이 과수원에서 과일을 구입하여 판매하는 경우
매입세액 = 과일 매입가 × 9%

(2) 10%로 계산하여 매입세액을 공제하는 경우
면세농산품을 구입하여13% 세율의 제품을 생산가공하여 판매하는 경우,
10%로 계산하여 매입세액을 공제한다(실무에서 9% + 1%로 계산한다).
예 : 식품가공기업 (일반납세인)이 과수원에서 과일을 구입하여 과일즙을 생산하여 판매하
는 경우
매입세액 = 과일 매입가격 ×10%

참조 ▷ 9% 또는 10%를 구분하려면 농산품의 원천지와 용도를 구분해야 한다.

원천지	용도와 세율	매입세액공제	정책
외부구입 세금기납부 (수입납세서, 증치세 전용파표, 대리전용파 표를 취득), 외부구입 면세(농산품판매파표, 구입파표를 취득)	직접판매 : 세율 9%	9%	2019년 4월 1일부터 10%를 적용하던 공제율을 9%로 조정하고 13% 세율의 상품을 생산 또는 위탁가공하는데 사용하는 농산물을 매입할 경우에는 10%의 공제율에 따라 매입세액을 계산한다.
	연속가공 13% 물품판매	9% +1%	

5. 납세자가 유통단계에서 전부 면세된 농산물을 구입

납세자가 도매와 소매에서 증치세 면제가 적용되는 채소나 일부 미가공 육류 알류를 구입하고 수령한 보통파표는 매입세액을 계산하는 증빙으로 사용할 수 없다.

> **참조** 판매는 면세하고 구매세액은 공제하지 않는다.

6. 담뱃잎(烟叶) 구매에 대한 규정

(1) 일반농산품 : 매입가격 × 9%

(2) 담뱃잎

- 매입세액 = 총매입금액 × (1 + 보조금) × (1 + 연엽세) × 9%(또는 10%)

  = 총매입금액 × (1 + 10%) × (1 + 20%) × 9%(또는 10%)

- 매입원재료금액 = 총매입금액 × (1 + 10%) × (1 + 20%) × 91%(또는 90%)

Q 사례 2-16

A기업에서는 농업생산자로부터 담뱃잎 120톤을 매입하였으며, 동시에 보조금을 지급하였다. 매입금액은 총 220만원이었다. A기업의 관련 매입세액은 얼마일까?

답 매입세액 = 220 × (1 + 20%) × 9% = 23.76만원

Q 사례 2-17

모 담배생산기업 (일반납세자)은 2019년 9월에 연초회사(일반납세인)로부터 담뱃잎 120톤을 구입하여 담배생산에 사용하였고 증치세전용령수증에 판매액 310만원, 세액 27.9만원으로 표시되어 있다.

답 담배생산기업의 매입세액 = 27.9 + 310 × 1% = 31만원

7. 농산품 증치세 매입세액의 추계방법

(1) 시범적용 시행 범위

2012년 7월 일부터 구입한 농산품을 원료로 액체유 및 유제품, 술 및 알콜, 식물유를 생산매출하는 증치세 일반납세인은 농산품 증치세 매입세액 추계 공제 시행 범위에 속하며, 구입한 농산품이 상술한 제품생산에 사용되었는지 여부에 상관없이 증치세 매입세는 모두 《农产品增值税进项税额核定扣除试点实施办法》(财税 〔2012〕 38호)의 규정에 따라 공제한다.

(2) 추계방법

추계공제의 핵심은 제품매출을 중심으로 매입세액을 추정한다.(매출세금공제)
1) 시범납세인(试点纳税人)이 구입한 농산품을 원료로 재화를 생산한 경우, 농산품 증치세 매입세액은 다음이 3가지 방법에 근거하여 추계한다.
　① 투입산출법 : 국가표준, 산업별표준을 참조하여 단위매출수량이 소모하는 외부구매 농산품의 수량을 근거로 추계한다.(농산품 단위 소모수량)

> 당기에 공제할 수 있는 농산품 증치세 매입세액
> = 당기농산품소모수량 × 평균구매단가 × 공제율 / (1 + 공제율)

참조》 공제율은 제품매출의 적용세율임.

> 당기농산품소모수량 = 당기 완성품 매출수량 × 농산품 단위 소모수량
> 즉, 투입산출법에 의한 매입세액 공제액은
> 당기 농산품 매입세액
> = 당기 완성품 매출수량 × 완성품단위당농산품소모수량 × 구매단가 × 공제율/(1＋공제율)

Q 사례 2-18

갑기업에서는 농민으로부터 수수 140,000kg을 구매하였으며(3원/kg), 총금액은 42만원이다. 매입한 수수 전부를 사용하여 소주 35,000kg을 생산하였다.
투입산출법으로 수수의 공제 가능한 매입세액은 얼마일까?

답 수수 매입세액 = 35,000 × (140,000 ÷ 35,000) × 3 × 13% ÷ (1 + 13%)
= 48,318.58(원)

② 원가법 : 시범납세인의 연간 회계결산자료에 근거하여 농산품을 소모하는 외부구매 금액이 점유하는 생산원가 비율을 계산확정한다.(농산품 소모율)

> 당기 공제할 수 있는 농산품의 증치세 매입세액
> = 당기영업매출원가 × 농산품소모율* × 공제율/(1 + 공제율)
> * 농산품소모율 = 전연도 생산에 투입한 농산품 외부구매금액/전연도 생산원가

③ 참조법 : 새로 설립한 시범납세인 혹은 시범납세인이 새로 제품을 런칭한 경우 시범납세인은 소속된 산업 혹은 생산구조가 비슷한 기타시범납세인을 참조하여 농산품 단위 소모수량 혹은 농산품 소모율을 계산한다.

2) 시범납세인이 농산품을 구입하여 직접 매출하는 경우 농산품 증치세 매입세는 다음 방식에 따라 추계공제한다

> 당기 공제할수 있는 농산품 증치세 매입세
> = 당기 매출한 농산품수량/(1−소모율)* × 농산품 평균구매단가 × 13% /(1 + 13%)
> * 소모율 = 소모수량/구매수량

3) 시범납세인이 구입한 농산품을 생산경영에 사용하며 또한 화물 실체를 구성하지 않는(포장물, 보조재료, 연료, 저가소모품 등) 경우 증치세 매

입세액은 다음 방법에 따라 추계공제한다.

당기에 공제할수 있는 농산품 증치세 매입세
= 당기에 소모한 농산품 수량 × 농산품 평균 구매단가 × 13% /(1 + 13%)

농산품 단위소모수량, 농산품 소모률과 손실율을 통일하여 농산품 증치세 매입세액 공제표준이라 칭한다.

(3) 시범납세인이 농산품을 구입하여 취득한 농산품 증치세전용파표와 해관 수입 증치세 전용납세증명서(海关进口增值税专用缴款书)는 기재된 금액과 증치세를 함께 원가계정에 기입한다. 자체 발급한 농산품구매파표(收购发票)와 취득한 농산품매출파표(农产品销售发票)는 기재된 매입가에 따라 직접 원가에 기입한다.

 특수항목에 대한 매입세액 처리

1. 부동산 매입세액 공제

(1) 2년에 걸쳐 나누어 공제(분할공제)

2016년 5월 1일 이후 취득하였으며 동시에 회계상 유형자산(固定资产)으로 결산하는 부동산 혹은 2016년 5월 1일 이후에 취득한 건설중인부동산(不动产在建工程)의 매입세액은 취득한 일자로부터 2년에 걸쳐 분할하여 매출세액에서 공제한다.(제1차 연도 60% 공제, 제2차 연도 40% 공제)

(2) 일회성 공제

분할공제규정은 2019년 4월 1일부터 그 집행을 중지한다. 이전에 상술한 규정에 따라 아직 공제가 끝나지 않은 공제매입세액은 2019년 4월 세액납부소속기간부터 매출세액에서 공제할 수 있다.

> ❑ 2년에 걸쳐 공제하는 방법
> (1) 제1차 연도 : 60%는 세금공제 서류를 인증(认证)한 당월
> (2) 제2차 연도 : 40%는 세금공제 서류를 취득한 당월부터 13번째가 되는 달
> (3) 세금공제 서류 : 2016년 5월 1일 후에 발급된 합법적이고 유효한 증치세 세
>   금공제서류

 사례 2-19

2016년 7월 5일 모 증치세일반납세인은 오피스텔을 구입하였으며 본 오피스텔은 회사 사무용으로 사용하고 있어 회계상 유형자산에 기입하였으며 그 다음달부터 감가상각을 진행하였다. 7월20일 본 납세인은 본 오피스텔의 증치세전용파표를 취득하였으며 동시에 인증하였다. 전용파표에 기재된 증치세금액은 1,000만원이다.

답 2016년 7월의 매입세액 600만원, 2017년 7월의 매입세액 400만원

2. 도로, 다리, 수문통행료 증치세 공제(전자보통파표 취득)

지급항목	항목	매입세액
도로통행료	(1) 기본규정	2018년 1월 1일부터 납세자가 지불하는 도로, 다리, 수문통행료는 유료도로 통행료 증치세 전자보통파표에 명시된 증치세액에 따라 매입세액을 공제한다.
	(2) 고속도로통행료	매입세액＝파표에 기록된 세전금액×3%
	(3) 1급, 2급 도로통행료	매입세액＝파표에 기록된 세전금액×5%
다리, 수문통행료	매입세액 = 파표에 기록된 세전금액 × 5%	

3. 국내여객운송서비스 사용

납세자가 2019년 4월 1일부터 국내 여객운송서비스를 사용한 매입세액은 매출세액에서 공제하는 것을 허용한다.

참조 1 ▶ 국내여객운송서비스 매입은 공제할수 있다. 다만, 국제여객운송료를 지급할 경우 매입
세액을 공제하지 못한다. (경내단위가 제공하는 국제운수는 영세율)

참조 2 ▶ 납세자의 국내여객운송서비스를 구입하고 취득한 증빙을 참조해야 하며 증치세파표가
아닌 공제 가능한 매입세액은 계산하여야 한다.

참조 3 ▶ 국내여객운송서비스세율은 9%, 간이납세방법은 3%이다.

납세자가 증치세전용파표를 취득하지 못한 경우 잠시 아래의 규정에 따라 매입
세액을 확정한다.

취득증빙	공제근거	매입세액 확정
증치세전자보통 파표취득	증치세전자보통파표	파표에 기록된 세액
여객운송파표	여객신분정보가 기록된 항공 운수여객파표 일정표(行程單)	항공여객운송 매입세액 = (표면가격 + 유류할증료) ÷ (1 + 9%) × 9%
	여객신분정보가 기록된 철도표	철도여객운송 매입세액 = 표면 가격 ÷ (1 + 9%) × 9%
	여객신분정보가 기록된 도로, 수로 등 기타 여객파표	도로, 수로 등 기타 여객운송 매입세액 = 표면금액 ÷ (1 + 3%) × 3%

4. 보험서비스를 제공하는 납세자

(1) 실물배상방식으로 차량보험책임을 부담해야 할 경우, 스스로 차량수리 노무
제공측이 구매한 차량수리노무에 대하여 매입세액은 규정에 따라 보험회사
의 매출세액에서 공제할 수 있다.

(2) 현금배상방식으로 차량보험책임을 부담할 경우 피보험자에게 지불해야 할
배상금을 직접 차량수리노무제공자에게 지불하는 것은 보험회사가 차량수
리노무서비스를 구매하는 것에 속하지 않으며, 그 매입세액은 보험회사의
매출세액에서 공제하지 못한다.

5. 자산재조정(资产重组)

증치세 일반납세인이 자산을 재조정하는 과정에서 모든 자산, 부채 및 노동력을 다른 증치세 일반납세인에게 일괄 양도하고 절차에 따라 세무등록을 취소할 경우 등록취소 전에 공제한 매입세액을 새 납세자가 이월하여 공제받을 수 있다.

 Ⅵ 매입세액의 계산추가공제(加计扣减)정책(신설)

1. 기본규정

2019. 4. 1에서 2021. 12. 31까지는 생산, 생활성 서비스업 납세자에게 당기 매입세액 계산추가공제를 허용한다.

생활성 서비스업은 가산 적용 비율이 2019. 4. 1~2019. 9. 30의 기간은 10%이며, 2019. 10. 1.부터는 15%를 적용한다.

2. 적용요건

(1) 4가지 서비스

우편서비스, 통신서비스, 현대서비스, 생활서비스

(2) 매출비례

4가지 서비스판매액이 전체 매출액의 50%를 초과하여야 한다.

> **참조 1** ▶ 납세자가 재화와 노무를 수출하거나 국제과세행위가 발생하였을 경우 계산추가공제정책을 적용하지 못하며, 그 상응한 매입세액은 추가공제하지 못한다.

> **참조 2** ▶ 증치세차액징수하는 항목은 차액 후의 판매액에 추가공제정책을 적용한다.

(3) 매출액비율 경과규정

1) 2019. 3. 31. 전에 설립된 납세자의 매출액은 2018. 4.부터 2019. 3.까지의 기간에 상기 규정조건에 부합되어야 한다.

2) 2019. 4. 1. 후에 설립한 납세자는가 설립일로부터 3개월 동안 상기 조건

에 부합되는 경우에는 일반납세인으로 등록한 날부터 계산추가공제정
책을 적용한다.

3. 가산공제액(A)의 계산

(1) 당기 계산추가공제액(A) = 당기 공제할 수 있는 매입세액 × 10% 또는 15%
(2) 당기 가산공제액(B) = 지난 기말 추가공제액 잔액 + 당기 추가공제액(A) –
　　　　　　　　　　　　당기 가감공제액

해설 1　현행 규정에 따라 매출세액에서 공제하지 못하는 매입세액은 계산추가공제액
을 계산하여 공제하지 못한다. 이미 추가하여 공제액을 계산한 매입세액은
규정에 따라 공제세액을 전출(转出)하고, 매입세액의 전출당기에 상응한 추가
공제한 세액을 가감하여야 한다.

4. 당기 추가공제할 수 있는 공제액(B)의 운용

납세자는 현행규정에 따라 일반세액계산방법으로 납부세액(공제하기 전의 납부
세액)을 계산한 후 다음 각 항에 따라 공제액에 가산한다.

공제 전의 납부세액 X	당기 공제할 수 있는 추가공제액 B	공제 후의 납부세액 Y
(1) X=0	전부 이월하여 다음기에 공제	Y=X=0
(2) X>0, X>B	전액 공제	Y=X-B, 차액 납부
(3) X>0, X≤B	공제 후 납부세액이 0 공제하지 못한 당기 추가공제액은 다음기로 이월할 수 있다.	Y=X-B의 일부분 =0

참조　추가공제액은 X와 B 둘 중에서 작은 수치이다.

사례 2-20

모 생활서비스기업(일반납세인), 2018년 10월부터 2019년 9월 기간 생활서비스 매출
액이 2,000만원, 화물 매출액이 400만원이다. 2019년 10월의 생활서비스 매출액은
200만원이고 화물 매출액은 30만원이며 매입세액은 10만원이다. (이상의 매출액은
모두 증치세가 포함되지 않음)

2019년 10월 납부해야 할 증치세(상기이월 가산공제액이 없음)는?

답 (1) 해당 납세자가 2018년 10월부터 2019년 9월까지 전체 매출액에서 차지하는 생활서비스판매액비율 = 2,000 ÷ (2,000 + 400) × 100% = 83%, 50%를 초과하면 수입세액의 계산추가공제정책을 적용한다.

(2) 공제전의 납부해야 할 증치세 = 200 × 6% + 30 × 13% − 10 = 5.9(만원)

(3) 당기에 공제할 수 있는 추가공제액 = 10 × 15% = 1.5(만원)

(4) 10월분 공제 후의 납부해야 할 증치세 = 5.9 − 1.5 = 4.4(만원)

매입세액 불공제

《증치세잠행조례增值税暂行条例》와 "营改增"의 규정에 따라 다음 항목의 매입세액은 매출세액에서 공제하지 못한다.

참조 증치세의 원리로부터 이해

공제하지 못하는 항목	이해
1. 간이세금계산방법으로 세액을 계산하는 항목, 증치세 면세항목, 단체복리 혹은 개인소비에 사용되는 구입제품, 가공/수리/정비 업무, 서비스, 무형자산과 부동산	【해설1】 개인소비는 납세인의 접대비를 포함한다. 【해설2】 고정자산, 무형자산, 부동산은 이 항목에만 전용으로 사용되는 고정자산, 무형자산, 부동산을 가리킨다. 상술한 항목에 겸용되는 것은 공제할 수 있다.
2. 비정상손실의 구입화물 및 해당 가공/수리/정비 업무와 교통운송서비스	【해설1】 비정상손실은 (1) 관리부실로 인한 화물의 절도, 분실, 변질 (2) 법률규정을 위반하여 조성된 화물의 법에 따라 몰수, 소멸된 경우
3. 비정상손실의 생산중제품, 완제품이 소모한 구입화물, 가공/수리/정비 업무와 교통운송서비스	【해설2】 비정상손실화물은 증치세 : 매입세액불공제(증치세전출(转出)), 기업소득세 : 비준을 거쳐 재산손실로 처리하여 손금에 산입할 수 있다.

공제하지 못하는 항목	이해
4. 비정상손실 부동산 및 본 부동산이 소모한 구입화물, 디자인과 건축서비스	【해설】비정상손실은 법률법규를 위반하여 부동산이 법에 따라 몰수, 소멸, 철거당한 경우를 말한다.
5. 비정상손실 부동산 건설중자산이 소모한 구입화물, 디자인과 건축서비스	【해설】납세인이 부동산을 신축, 개조, 확장건축, 수선, 인테리어하는 것은 모두 부동산 건설중자산에 속한다.
6. 구입(지급)한 대출서비스, 요식업서비스, 주민일상서비스, 오락서비스(4항목)	【해설1】개인을 주요대상으로 하며, 최종소비자에 속한다. 【해설2】대출서비스 중 대출측에 지급한 본 대출과 직접 관련된 투자융자고문비, 수수료, 자문비 등 그의 매입세액은 매출세액에서 공제하지 못한다. 【해설3】숙박서비스와 여행서비스는 열거되지 않았으며 공제할 수 있다. 2019년 4월 1일부터 납세자가 국내여객운송서비스를 구입할 경우 매입세액은 매출세액에서 공제할 수 있다.

다중선택 ●

다음 중 공제하지 못하는 매입세액은?

A. 회계사 사무소에서 지급한 직원교통비
B. 생산기업에서 생산과정에 발생한 폐기제품
C. 통신기업에서 경영관리에 사용하는 사무용품
D. 상업기업에서 지급한 대출이자

답 A, D

해설 구입한 여객운송서비스, 대출서비스, 요식업서비스, 주민일상서비스, 오락서비스의 매입세는 공제하지 못한다.

 매입세액 전출(转出)

> ❑ 매입세액 전출(转出)
>
> 이미 공제한 매입세액에 대하여 불공제를 적용하기 위하여 이미 공제한 매입세액을 추가 납부하는 것. 앞서 소개한 매입세액불공제는 매입시점에 불공제를 바로 적용하는 것이라 매입세액에 산입하지 않으면 그만이지만, 매입세액전출은 이미 공제했던 매입세액을 취소하는 것이므로 당기 납부세액이 증가하게 된다. 본 서에서는 중국에서 사용하는 용어인 전출(转出)을 그대로 사용하기로 한다.

1. 구입한 화물 혹은 서비스의 생산경영용도를 변경한 경우의 매입세액불공제

구매시점에 이미 매입세액을 공제한 이후, 용도변경이 필요한 경우에는 용도변경 당기에 매입세액을 전출(转出)하여야 한다.

위에서 말하는 용도 변경이란, 다음의 용도로 사용하는 것을 말한다.

① 간이방법징수

② 집체, 개인적 사용

③ 면세항목에 사용

④ 비정상손실

2. 매입세액 전출(转出)방법

(1) 당초 공제한 매입세액의 전출(转出)

 사례 2-21

A주류생산기업은 증치세 일반납세인이다. 당월 외부에서 식용알콜 100톤을 구매하였으며 톤당 세금불포함 가격은 8,000원이며 취득한 증치세전용파표의 공급가액은 800,000원, 세액은 104,000원이다. 취득한 운수업증치세전용파표(运输业增值税专用发票)상 공급가액은 50,000원, 세금은 4,500원이다. 취득한 증치세전용파표 공급가액 하역비는 30,000원, 세금은 1,800원이다.

월말 재고실사때 관리부실로 인하여 당월에 구입한 알콜 2.5톤이 도난당한 것을 발견하였으며 주관세무기관의 확인을 거쳐 영업외지출로 처리하였다.

전출(转出)될 매입세액은?

답 비정상손실 알코올로 인하여 전출(转出)할 매입세액

(1) 전출할 구입금액에 포함된 증치세 = 2.5 × 8000 × 13% = 2,600원

(2) 전출할 운수 증치세 = 4500 ÷ 100 × 2.5 = 112.5원

(3) 전출할 하역비 증치세 = 1800 ÷ 100 × 2.5 = 45원

(4) 총 전출할 매입세액 = 2600 + 112.5 + 45 = 2,757.5원

❑ 운송비의 각기 다른 세무처리(营改增 후)

1) 운수기업이 수취한운임 / (1 +9%) × 9% = 매출세액

2) 재화매출기업이 수취한 기타수입 / (1 + 13%) × 13% = 매출세액

3) 지급한 세금불포함 운임 × 9% = 매입세액

4) 지급한 세금불포함 운임 × 9% = 매입세액 전출액

(2) 해당 매입세액을 정확하게 확인할 수 없는 경우, 당기의 실제원가에(즉 매입가 + 운송비 + 보험비 + 기타 해당비용) 따라 공제할 매입세액을 계산한다.

> 매입세액 전출금액 = 당기 실제원가 × 세율

(3) 공식이용

> 매입세액 불공제 = 구분할 수 없는 전체 매입세액 × (면세 또는 간이매출액) / 전체매출액

Q 사례 2-22

A제약공장(증치세 일반납세인)에서는 2020년 3월에 항생제를 매출하여 세금포함 수입 226만원을 취득하였고, 면세약품 100만원을 매출하였다. 당월에 생산용 원재료를 구입하였으며 증치세전용파표상 세액은 13.6만원이다. 항생제약품과 면세약품의 원자재 소모상황을 구분할 수 없는 경우, 본 공장의 당월 증치세 납부세액은?

답 항생제 세금불포함 매출액 = 226 ÷ (1 + 0.13) = 200만원
공제하지 못하는 매입세액 = 12 × [100 ÷ (100 + 200)] = 4만원
증치세 납부세액 = 200 × 13% - (12 - 4) = 18만원

Q 사례 2-23

모 그룹 본부는 증치세 일반납세인이며 2019년 6월의 업무는 다음과 같다.

(1) 국내에서 의류를 판매하고 고객에게 발행한 증치세파표의 금액에 각각 대금 300만원과 할인액 30만원을 명시하였다.

(2) 대여금의 이자수입(统借统还利息收入)은 50만원, 원금보장이재상품의 이자수입은 10.6만원이다.

(3) 경내에서 체인경영을 하여 세금포함상표권사용료 106만원을 취득하였다.

(4) 시내에 위치한 한 창고를 양도하여 세금포함금액 수입 1,040만원을 취득하였고 그 창고는 2010년에 구입, 구입대금 200만원에 간이방법으로 증치세를 계산한다.

(5) 용도를 정확히 구분할 수 없는 기타 지출이 발생하고 증치세전용파표를 취득한 세액이 22.6만원이다.

본 기업이 이달에 공제할 수 없는 매입세액을 계산하면?

답 업무 (2) 중 취득한 이자수입은 증치세의 면세항목이다.
(4) 부동산양도에는 간이과세방법을 적용한다.
따라서, 공제할수 없는 구입세액은
22.6 × (50 + 800) ÷ [(300 - 30) + 50 + 10 + 100 + 800] = 15.62 (만원)이다.

참조 업무 (4)의 매출액 = (1,040 - 200) ÷ (1 + 5%) = 800만원

146

3. 부동산의 매입세액 전출

매입세액을 공제한 부동산의 비정상손실이 발생하거나 혹은 용도를 변경하여 전문적으로 간이 세금계산 방식으로 세금을 계산하는 항목, 증치세 면세항목, 직원복리 혹은 개인소비에 사용되는 것은 다음 공식에 따라 매입세액 불공제액을 계산한다.

> 공제하지 못하는 매입세 = (이미 공제한 매입세액 + 미공제매입세액) ×부동산순가치율
> 부동산 순가치율 = (부동산순가치÷부동산 원가치) ×100%

(1) 공제하지 못하는 매입세액 ≤ 본 부동산이 이미 공제한 매입세액

반드시 본 부동산이 용도를 변경한 당기에 불공제액을 매입세액에서 차감

사례 2-24

2016년 5월 A납세인은 건물 한 채를 구입하여 사무용으로 사용하였다. 전용파표의 공급가액은 1,000만원이며 매입세액는 110만원이다. 따라서, 2016년 5월에 66만원을 공제하였으며, 2017년 5월에 44만원을 공제할 예정이다. 그러나 2017년 4월에 납세인은 본 사무용건물을 직원식당으로 개조하였고, 만약 2017년 4월에 부동산의 순가치율이 50%라고 가정하면 증치세 세무처리는?

답 공제하지 못하는 매입세액 = 55(만원) 〈 66(만원)이므로, 매입세액 55만원을 전출하며, 2017년 5월에 나머지 44만원의 매입세액을 공제할수 있다.

(2) 공제하지 못하는 매입세>본 부동산이 이미 공제한 매입세액

반드시 본 부동산이 용도를 변경한 당기에 이미 공제한 매입세를 매입세에서 차감하며, 동시에 본 부동산의 미공제매입세액(待抵扣进项税额)에서 공제하지 못하는 매입세와 이미 공제한 매입세의 차액을 공제한다.

[사례 2-24]에서 계속

만약 2017년 4월 본 부동산의 순가치율이 80%라면, 공제하지 못하는 매입세액은 88만원이다. 매입세액 전출 = 66 + (88 - 66) = 88만원

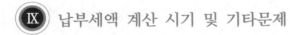 납부세액 계산 시기 및 기타문제

1. 매출세액의 귀속시점(계산시기)

기본적으로 증치세 납세의무 발생시기(제 10절 참조)와 동일

□ 매출화물에 대한 매출세액 귀속시점
(1) 직접수금방식 매출 : 매출 대금을 받거나 혹은 매출대금을 수금한 근거서류를 취득한 당일
(2) 托收承付와 은행위탁수금방식 매출 : 제품발주와 위탁수금 수속을 진행한 당일
(3) 외상매출과 할부수금방식 매출 : 서면계약에 약정한 수금당일, 서면계약이 없거나 서면계약에 수금일을 약정하지 않은 경우 재화출고 당일
(4) 선수금 방식 매출 : 일반적으로 재화출고 당일
(5) 타인에게 위탁대리로 매출하는 화물 : 수탁자의 대리매출 명세서를 수령하거나 대금의 전부 혹은 부분을 받은 당일. 대리매출 명세서와 대금을 받지 못한 경우에는 대리매출 화물을 출고한 지 180일이 되는 당일.

 사례 2-25

A기업은 증치세 일반납세인이다. 2020년 3월에 B상점에 TV를 매출하였으며 세금 불포함 매출액은 100만원이며 위탁수금 방식으로 결산하기로 하였다. 물량은 이미 출고하였으며 위탁수금 수속은 완료하였으나 B상점에 증치세전용파표(增値稅专用发票)는

아직 발급하지 않았다. 별도로 운송비 8만원을 지급하였으며 전용파표(专用发票)를 취득하였다. 매출세액과 매입세액은 각각 얼마일까?

답 매출세액 = 100 × 13% = 13만원
매입세액 = 8 × 9% = 0.72만원

2. 매입세액 공제시기

일반납세인 증치세 전용파표 , 세관수입 증치세 전용 납부서, 자동차 판매 통일파표, 도로통행료 증치세 전자 일반파표를 취득할 경우 증치세파표종합서비스플랫폼(增值税发票综合服务平台)에서 확인을 진행한다.

(1) 과세액을 계산할 때 매입세액이 공제되지 않을 경우의 처리

두 가지 방식 : 다음 기로 이월, 공제세액잔액 반환

1) 공제세액잔액을 다음기에 공제

증치세에 대하여 매입공제세법을 실시하기 때문에 당기 매입세액이 공제하기에 부족한 부분은 다음기에 이월하여 계속 공제할 수 있다.

2) 공제세액잔액은 당기 환급【신설】

참조1 2018년에는 일부 업종(장비제조 등 선진제조업, 연구개발 등 현대서비스업, 전력망 기업)에 대해 공제세액 반환을 허용한다. 2019년 6월부터 증가분 공제세액환급을 실시한다.

참조2 2019년 4월부터 일반업종에 대해 증가분 공제세액을 환급한다.

1. 증가된 공제세액을 반환받는 납세자는 다음조건에 동시에 부합되어야 한다.
   (1) 2019년 4월 세금납기로부터 연속 6개월간 증가분 공제세액이 0보다 많고 또한 6개월간 증가분 공제세액이 50만원 이상일 것
   해설 2019년 3월말에 비해 증가한 기말미공제세액이다.

   (2) 납세신용등급이 A 등급 또는 B 등급일 것
   (3) 세금환급을 신청하기전 36개월 동안 세금환급금, 수출세금환급금을 사취하거나 증치세전용파표를 허위발행한 경우가 없었을 것

(4) 세금환급을 신청하기전 36개월 동안 탈세로 인하여 2차이상 세무기관의 처벌이 없을 것

(5) 2019년 4월 1일부터 징수 즉시 반환정책(即征即退), 징수한 후에 환급(先征后返)하는 정책을 향유하지 못했을 것

2. 환급할 증가분 공제세액 계산공식

당기 환급할 수 있는 증가분 공제세액＝증가분 공제세액×수입액 구성비율×60%

해설 구입액 구성비율은 2019년 4월부터 세금환급 전 세금납부기내에 이미 공제된 증치세전용파표(자동차 판매 통일파표 포함), 세관수입 증치세전용납부서, 세금완납증서에 명기한 증치세액이 같은 기간 전부 공제된 매입세액에서 차지하는 비중

3. 납세자는 증치세 납세신고기간내에 주관 세무기관에 공제세액잔액의 반환을 신청하여야 한다.

4. 2019년 6월 1일부터 부분 선진제조업 납세자에 대하여

(1) 범위 : 비금속광물제품, 통용설비, 전용설비 및 컴퓨터, 통신과 기타 전자설비 매출액이 전체 매출액에서 차지하는 비중이 50%를 넘는 납세자

(2) 조건 : 동시에 구비되는 5가지 조건, 4가지 조건이 일반기업과 같으며 첫번째 조건이 다르다. 증가분 미공제세액이 0보다 클 것

일반기업 : 0보다 크고 + 월증가분 미공제세액이 50만원 이상이어야 한다.

(3) 2019년 7월 및 그 후의 납세신고기간에 주관 세무기관에 증가분 미공제세액의 반환을 청구할 것

환급을 허용한 증가분 미공제세액＝증가분 미공제세액 × 구입액 구성비율

비교 구입액 구성비율은 일반기업과 계산방법이 같으나 반환비율이 없다. 즉 공식에 따라 계산하여 100% 반환한다.

 사례 2-26

모 일반납세인 갑회사(비선진적제조업)의 경우 2019년 3월 증치세
공제세액잔액이 60만원, 4~10월 증치세 세액은 각각 (단위:만원) 다음과 같다.

4월	5월	6월	7월	8월	9월	10월
55	65	70	75	80	100	115

(1) 어느 달이 증가분 공제세액 잔액 환급의 조건에 부합되는지?
(2) 매입구성비례가 90%라면 당기에 환급을 허용하는 증가분 공제세액은 얼마인가?

답 (1) 10월에 증가분 공제세액 잔액 환급의 조건에 부합된다.
(2) 당기에 환급할수 있는 증가분 공제세액 = (115 - 60) × 90% × 60% = 29.7(만원)

3. 세액계산의 기타문제

(1) 매입세액을 당기에 전부 공제하지 못하는 경우

다음기로 이월 공제

(2) 공제발생기의 매입세액에 관한 규정

매입세액 전출

(3) 매출반품 혹은 할인(折让)

매출자측의 매출세액을 감소시키며 구매자측의 매입세액을 감소시킨다.

(4) 화물공급자에게서 취득한 수입반환 세무처리

상업기업이 물량공급측에서 취득한 제품매출수량, 매출액과 관련된 각종 수
입 반환은(예를 들어 일정한 비례, 금액, 수량으로 계산) 모두 수입금액반환
(平销返利) 행위의 규정에 따라 당기의 증치세 매입세액을 감소시킨다.

차감할 매입세액 = 당기 취득한 반환금 ÷(1+적용세율)× 적용세율

(5) 일반납세인 말소시의 매입세액 처리

일반납세인이 말소(혹은 과도기에 일반납세인의 자격을 취소 당하여) 소규모납세인으로 전환되면 그의 재고물량은 매입세액 전출처리를 하지 않으며, 미공제세액도 퇴세처리하지 못한다.

(6) 금융기관의 개인 실물황금거래 업무

地市급분행(分行), 지행(支行)은 규정된 선징수율(預征率)에 따라 증치세를 선급한다. 성급분행(省級分行)과 직속된 일급분행(一级分行)은 통일하여 증치세를 정산납부한다.

 부동산양도 증치세 징수관리

□ 《납세인 부동산 양도에 관한 증치세 징수관리 임시시행방법》에 근거하여 (국가세무총국공고 2016년 제14호)
(1) 일반납세인이 취득한 부동산을 양도하는 경우
(2) 소규모납세인이 취득한 부동산을 양도하는 경우
(3) 개인이 구매한 주택을 양도하는 경우
(4) 기타 개인 이외의 납세인이 취득한 부동산을 양도하는 경우

1. 적용범위

(1) 적용

납세인이 그가 취득한 부동산을 양도하는 경우 직접구매, 수증, 투자자의 현물출자, 자가건설 및 채무상계 등 각종 형식으로 취득한 부동산을 포함한다.

(2) 적용되지 않는 경우

부동산개발기업에서 자체 개발한 부동산을 매출하는 경우

2. 세금계산 방법 및 미지급세금 계산

(1) 일반 납세인이 취득한 부동산을 양도

1) 2016년 4월 30일 전 취득한 건(구항목)에 대하여는 간이세금계산방법을 선택할 수 있다.

① 자가건설이 아닌 것 : 취득한 전부가격과 가격외 비용으로 부동산 구매원가를 공제하거나 부동산을 취득할 때의 가격을 공제한 후 잔액을 매출액으로 하며 5%로 세금을 계산하여 부동산소재지 세무기관에 세금을 선급한다.

② 자가건설 : 취득한 전부 가격과 가격외비용을 매출액으로 하며 5%로 세금을 계산하여 부동산소재지 세무기관에 세금을 선급한다.

❑ 구항목 간이세금계산 방법 선택

항목성질	부동산소재지에 선납	기구소재지 신고
비자가건설	증치세 = 양도차액÷(1+5%)×5%	좌동
자가건설	증치세 = 양도가÷(1+5%)×5%	좌동

참조▶ 양도차액 = 취득한 전부가격과 가격외비용에서 부동산 구매원가 혹은 부동산을 취득할 때의 가격을 공제한다.(다음은 동일하다)

2) 2016년 4월 30일 전 취득 분 (구항목) (일반 세금계산 방법을 선택)

① 자가건설하지 않은 것 : 취득한 전부가격과 가격외 비용을 매출액으로 미지급세금을 계산한다. 취득한 전부가격과 가격외 비용에서 부동산 구매원가 혹은 부동산을 취득시 가격을 공제한 후 잔액을 5%의 선징수율(預征率)로 부동산소재지 주관세무기관에 세금을 선납한다.

② 자가건설한 것: 취득한 전부가격과 가격외 비용을 매출액으로 미지급세금을 계산한다. 반드시 취득한 전부가격과 가격외 비용을 5%의 선징수율(預征率)로 부동산소재지 주관세무기관에 세금을 선납한다.

❑ 구항목 일반세금 계산방법 선택

항목성질	부동산소재지에 선납	기구소재지 신고
비자가건설	증치세 = 양도차액 ÷ (1 + 5%) × 5%	증치세 = 양도가 ÷ (1 + 9%) × 9% – 매입세액 – 선납세금
자가건설	증치세 = 양도가 ÷ (1 + 5%) × 5%	

3) 2016년 5월 1일 후 취득 분(신항목) – 일반 세금계산 방법을 적용

   ① 비자가건설 : 취득한 전부가격과 가격외 비용을 매출액으로 미지급 세금을 계산한다. 취득한 전부가격과 가격외 비용에서 부동산 구매원 가 혹은 부동산을 취득할 때의 가격을 공제한 후 잔액을 5%의 선징수 율(預征率)로 부동산소재지 주관세무기관에 세금을 선납한다.

   ② 자가건설 : 취득한 전부가격과 가격외 비용을 매출액으로 세액을 계 산한다. 납세인은 반드시 취득한 전부가격과 가격외 비용을 5%의 선 징수율(預征率)로 부동산소재지 주관 세무기관에 세금을 선납한다.

❑ 신항목 일반 세금계산 방법 적용

항목성질	부동산소재지에 선납	기구소재지 신고
비자가건설	증치세＝양도차액÷(1+5%)×5%	증치세 = 양도가 ÷ (1 + 9%) × 9% – 매입세액 – 선납세금
자가건설	증치세＝양도가÷(1+5%)×5%	

(2) 기타개인 이외의 소규모 납세인이 취득한 부동산을 양도 : 5%의 징수율

기타개인 이외의 소규모납세인이 부동산소재지 주관세무기관에 세금을 선납하며, 납세인의 기구소재지 주관세무기관에 신고한다.

항목성질	부동산소재지에 선납	기구소재지에 신고
비자가건설	증치세＝양도차액÷(1＋5%)×5%	좌동
자가건설	증치세＝양도가÷(1＋5%)×5%	좌동

(3) 개인이 자신이 구매한 주택을 양도

기타개인이 주택소재지 주관 지방세세무기관에 납세신고한다.

항목성질	주택소재지 신고납부
1) 차액과세(4개 지역, 2년 이상, 비보통주택) 【참조】4개 지역, 2년 이상, 보통주택 양도는 증치세 면세	증치세＝양도차액÷(1＋5%)×5%
2) 전액과세(각지, 2년 이내)	증치세＝양도가÷(1＋5%)×5%

참조⟩⟩ 위 4개지역은 북경, 상해, 광주, 심천을 가리킨다.

3. 차액납세의 합법적인 유효 증거 서류

(1) 세무기관에서 감독/제작한 파표(发票)

(2) 법원판결서, 재정서(裁定书), 화해서(调解书) 및 중재의결서, 채권공증문서

(3) 국가 세무기관에서 결정한 기타 증거서류

특수사항 납세인의 부동산양도에 대하여 해당 규정에 따라 차액에 따라 증치세를 납부하는 경우, 만약 분실등의 원인으로 부동산 취득시의 파표를 제공하지 못하는 경우 세무기관에 기타 계세(契税) 금액을 증명할수 있는 납세증명서 등 자료를 제공하여 차액을 공제한다.

부동산을 취득할 때의 파표(发票)와 기타 계세(契税) 세금계산금액을 증명할 수 있는 납세증명서 등 자료를 모두 보유한 경우, 파표(发票)에 따라 차액납부 공제한다.

납세인이 계세(契税) 세금계산 금액으로 차액공제를 진행한 경우, 다음 공식에 따라 미지급 증치세를 계산한다.

계세(契税)납부시기	세금계산
2016년 4월 30일 및 이전에 계세(契税)납부	증치세 납부세액 = [전부거래금액(증치세포함) − 계세 세금계산표준액(영업세포함)] ÷ (1 + 5%) × 5%
2016년 5월 1일 및 이후에 계세(契税)납부	증치세 납부세액 = 전부거래금액(증치세포함) ÷ (1 + 5%) − 계세세금계산표준액(증치세 불포함)] × 5%

4. 파표(发票) 발급

(1) 소규모납세인이 그가 취득한 부동산을 양도하고 스스로 증치세파표를 발급하지 못할 경우, 부동산 소재지 주관 지방세세무기관에 대리 발급을 신청할 수 있다.

(2) 납세인이 기타개인에게 그가 취득한 부동산을 양도하는 경우, 증치세전용파표(增值税专用发票)를 발급하거나 대리발급을 신청하지 못한다.

사례 2-27

A회사에서는 2016년 7월 30일에 그가 2013년 9월 1일에 구매한 오피스텔 1층을 양도하였다. 양도수입은 2,500만원(세금 포함)이고 구매시 가격은 1,200만원이며, 합법/유효한 파표를 보유하고 있다.(간이 세금계산방법을 선택)

답 미지급증치세 = (2,500 − 1,200) ÷ (1 + 5%) × 5% = 61.9만원

 부동산 운용리스를 제공하는 경우 증치세 징수관리

1. 적용범위

(1) 적용

• 납세인이 취득한 부동산을 임대하는 경우
• 취득한 부동산은 직접구매, 수증, 현물출자, 자가건설 및 채권상계 등 형

식으로 취득한 부동산을 포함한다.

(2) 적용되지 않는 경우

납세인이 도로통행 서비스를 제공하는 경우

2. 세금계산 방법과 미지급 증치세 계산

(1) 일반납세인이 부동산을 임대하는 경우

1) 2016년 4월 30일 이전에 취득한 부동산

간이 세금계산 방법을 선택하여 적용할 수 있으며 5%의 징수율로 미지급 세금을 계산하여, 납세인 기구소재지 주관세무기관에 신고한다.

선납세금 = 증치세포함매출액 ÷ (1 + 5%) × 5%

2) 2016년 5월 1일 후에 취득한 부동산

일반 세금계산 방식으로 세금 계산

참조▷ 2016년 4월 30일 전에 취득한 부동산은 일반 세금계산 방법을 선택하여 세금을 계산할 수 있다.

납세인의 부동산소재지와 기구소재지가 동일한 현(시, 구)에 있지 않으면 납세인은 3%의 선징수율(預征率)에 따라 부동산소재지 주관 세무기관에 세금을 선납하며 기구소재지 주관세무기관에 납세신고한다.

선납세금 = 세금포함매출액 ÷ (1 + 9%) × 3%

❑ 일반납세인의 서로 다른 세금계산 방법의 세무처리

세금계산방법	부동산소재지 선납	기구소재지 신고
간이(2016년 5월 1일 이전 취득시 선택 가능)	증치세 = 세금포함매출액 ÷ (1 + 5%) × 5%	좌동
일반(2016년 5월 1일 이후 취득)	증치세 = 세금포함매출액 ÷ (1 + 9%) × 3%	증치세 = 세금포함매출액 ÷ (1 + 9%) × 9% − 매입세액 − 선납세금

(2) 소규모납세인의 부동산 임대

납세인의 임대한 부동산소재지와 기구소재지가 동일한 현(시, 구)에 있지 않는 경우 부동산소재지 주관세무기관에 세금을 선납하며, 기구소재지 주관세무기관에 납세신고한다.

1) 단위(单位)와 개인사업자(个体工商户)가 부동산(주택을 포함하지 않음)을 임대하는 경우, 5%의 징수율과 세율에 따라 미지급세금을 계산한다.

선납세금 = 세금포함매출액 ÷ (1 + 5%) × 5%

2) 개인사업자(个体工商户)가 주택을 임대하는 경우 5%의 징수율로 1.5% 세율을 적용하여 미지급 세금을 계산한다.

선납세금 = 세금포함매출액 ÷ (1 + 5%) × 1.5%

(3) 기타개인이 부동산을 임대하는 경우, 부동산소재 세무기관에 납세신고한다.

1) 주택임대

세액 = 세금포함매출액 ÷ (1 + 5%) × 1.5%

2) 비주택임대

세액 = 세금포함매출액 ÷ (1 + 5%) × 5%

☐ 간이세금계산방법의 여러가지 세무처리

세금계산방법	부동산소재지 선납	기구소재지 신고
소규모납세인, 개인사업자, 개인이 비주택을 임대	선납세금 = 세금포함매출액 ÷ (1 + 5%) × 5%	좌동(개인은 부동산소재지 세무국에서 납부)
개인, 개인사업자가 주택을 임대	납부세액 = 세금포함매출액 ÷ (1 + 5%) × 1.5%	

3. 선납과 신고

(1) 납세인 부동산소재지와 기구소재지가 동일한 현(시, 구)에 있으면, 납세인 기구소재지 주관 국세세무기관(国税机关)에 납세신고한다.

(2) 단위(单位)와 개인사업자(个体工商户)가 부동산을 임대하는 경우, 부동산 소재지 주관 국세세무기관에 증치세를 선납하며 당기 증치세 미지급 세금에서 공제할 수 있다. 전부 공제하지 못한 부분은 다음기로 이월하여 계속 공제할 수 있다. 납세인이 선납세금으로 미지급 세금을 공제하는 경우 반드시 세금납부증명서를 합법적/유효한 근거자료로서 한다.

4. 파표(发票)의 발급

(1) 증치세파표를 대리발급 신청할수 있는 경우

1) 소규모납세인중 단위와 개체업자가 부동산을 임대하며 스스로 증치세파표(增值税发票)를 발급하지 못하는 경우, 부동산 소재지 주관 국세세무기관(国税机关)에 증치세파표의 대리발급을 신청할 수 있다.

2) 기타개인이 부동산을 임대하는 경우, 부동산소재지 주관 지방세세무기관에 증치세发票의 대리발급을 신청할 수 있다.

(2) 증치세전용파표(增值税专用发票)를 발급하거나 대리발급신청할 수 없는 경우 : 납세인이 기타 개인에게 부동산을 임대하는 경우

Q 사례 2-28

북경의 A회사는 증치세 일반납세인이며 2020년 9월에 천진의 오피스텔 한 채를 구입하여 임대하였다. 월 임대료는 세금포함하여 20만원이다.

답 천진 부동산소재지 세무기관에 세금을 선납한다.

선납세금 = 200,000 ÷ (1 + 9%) × 3% = 5,504.59원

북경기구소재지 세무기관의 당월 신고납부세액 = 200,000 ÷ (1 + 9%) × 9% + 기타매출세액 - 매입세액 - 5504.59

XII 현(시, 구)를 넘는 건축서비스 증치세 징수관리

> 《납세인 현(시, 구)를 넘어 제공하는 건축서비스 증치세 징수관리 임시 시행방법 纳税人跨县(市、区)提供建筑服务增值税征收管理暂行办法 》
> (총국공고 2016년제17호)에 근거

1. 적용범위

(1) 적용 : 단위(单位)와 개인사업자가 그의 기구소재지 이외의 현(시, 구)에서 건축서비스를 제공하는 경우

① 건축서비스 발생지에 세금선납

② 기구소재지 세무기관에 납세신고

(2) 적용되지 않는 경우 : 기타개인이 현(시, 구)를 넘어 건축서비스를 제공하는 경우

2. 선납과 세금납부

납세인	세금계산방법	노무발생지 선납	기구소재지 신고
일반납세인	일반세금계산방법	차액÷(1+9%)×2%	증치세＝세금포함매출액 ÷(1+9%)×9% – 매입세액 – 선납세금
	간이세금계산방식 선택 (구항목)	차액÷(1+3%)×3%	
소규모	간이세금계산방식		증치세＝세금포함매출액 ÷(1+3%)×3% – 선납세액

> **해설 1** 차액 ＝ 매출액전액과 가격외비용 – 지급한 도급비용
> **해설 2** 건축공사 도급계약에 명시된 기공일이 2016년 4월 30일 이전인 건축공사 항목은 구항목이며, 간이세금계산방식을 선택할 수 있다.

3. 납세인이 차액으로 세금계산하는 경우 다음 증거자료를 취득하여야 한다.

(1) 하도급측(分包方)으로부터 취득한 2016년 4월 30일 전에 발급된 建筑业营税发票는 2016년 6월 30일 전에 세금선납 공제증빙서류로 사용할수 있다.

(2) 하도급측(分包方)에서 취득한 2016년 5월 1일 후에 발급한 비고란에 건축서비스 발생지 현(시, 구), 항목명칭을 명시한 증치세파표

(3) 국가세무총국에서 규정한 기타 증거서류

4. 파표(发票)

소규모납세인이 현(시, 구)를 넘어 건축서비스를 제공하며 스스로 증치세파표(增值税发票)를 발급하지 못하는 경우, 건축서비스 발생지 주관 세무기관에 그가 취득한 전부금액과 가격외비용에 따라 증치세파표(增值税发票)를 대리 발급할 것을 신청할 수 있다.

5. 기타사항

(1) 납세인이 현(시, 구)를 넘어 건축서비스를 제공하는 경우, 건축서비스 발생지 주관 국세세무기관(国税机关)에 선납한 증치세액은 당기 증치세 미지급세금에서 공제할 수 있으며, 전부 공제하지 못한 금액은 다음기에 이월하여 계속하여 공제할 수 있다.

(2) 선납해야 하는 일자로부터 6개월을 초과하여 세금을 선납하지 않은 경우, 기구소재기 주관국세세무기관에서 《중화인민공화국 세수징수 관리법》 및 해당 규정에 따라 처리한다.

 부동산개발기업에서 자가개발 부동산항목을 매출하는 경우 증치세 징수관리

> 《부동산개발기업이 자가개발한 부동산 항목을 매출하는 경우 증치세 징수관리 임시 시행방법 房地产开发企业销售自行开发的房地产项目增值税征收管理暂行办法》 (총국공고 2016년18호)에 근거

1. 적용범위

부동산개발기업에서 자가개발한 부동산 항목을 매출(토지개발과 건물개발을 포함)하는 경우

2. 일반납세인 징수관리

(1) 일반세금계산방법(11%) : 신규 부동산 항목

1) 매출액 = (전부가격 및 가격외비용 - 당기에 공제할수 있는 토지가격)
　　　　　÷ (1 + 9%)

　　해설　당기에 공제할수 있는 토지가격 = (당기 매출한 부동산 건축면적
　　　　　÷ 부동산항목 매출가능 건축면적) × 지급한 토지금액

2) 매입세액 : 부동산개발기업 중 일반납세인이 자가개발한 부동산 항목은 매입세액 이연공제정책을 적용하지 않으며, 그의 매입세액은 일회성으로 공제할 수 있다.(예를 들어 구매한 디자인 서비스, 건축서비스 등)

3) 선납세액 : 일반납세인이 선수금 방식으로 자가개발한 부동산 항목을 매출하는 경우 반드시 선수금을 받는 시점에 3%의 预征率에 따라 증치세를 선납한다.

$$선납세금 = 선수금 ÷ (1 + 9\%) × 3\%$$

(2) 간이세금계산방법을 적용(5%) : 일반납세인이 자가개발한 부동산 구항목을 매출하는 경우 매출액은 취득한 전부가격과 가격외비용이며, 대응된 토지가격은 공제하지 못한다.

$$선납세금 = 선수금 ÷ (1 + 5\%) × 3\%$$
$$납부세액 = 선수금 ÷ (1 + 5\%) × 5\%$$

(3) 파표(发票)발급

기타개인에게 자가개발한 부동산항목을 매출하는 경우 증치세전용파표(增值税专用发票)를 발급하지 못한다.

3. 소규모납세인의 징수관리

부동산개발기업중 소규모납세인이 자가개발한 부동산 항목을 매출하면(새항목이든 구항목이든 구분없음) 모두 5%의 징세율에 따라 미지급 세금을 계산한다.

(1) 선납세금

소규모 납세인이 선수금 방식으로 자가개발한 부동산 항목을 매출하면, 선수금을 받는 시점에 3%의 선징수율(预征率)에 따라 증치세를 선납한다.

$$선납세금 = 선수금 ÷ (1 + 5\%) × 3\%$$

(2) 미지급세금

$$미지급세금 = 매출액 ÷ (1 + 5\%) × 5\% - 선납세금$$

(3) 소규모납세인이 자가개발한 부동산 항목을 매출하는 경우

1) 스스로 증치세보통파표(增值税普通发票)를 발급

2) 주관국세세무기관(国税机关)에 증치세전용파표(增值税专用发票) 대리
발급을 신청

3) 기타개인에게 자가개발한 부동산 항목을 매출하는 경우, 증치세전용파표
(增值税专用发票) 대리발급을 신청하지 못한다.

❏ 정리

납세인	세금계산방법	항목소재지 선납	기구소재지 신고
일반 납세인	일반세금계산방법적용	차액÷(1+9%)×3%	증치세=세금포함매출액÷(1+9%)×9% – 매입세액 – 선납세금
소규모 납세인	간이세금계산방법선택 (구항목 老项目)	차액÷(1+5%)×3%	증치세=세금포함매출액÷(1+5%)×5% – 선납세금
	간이세금계산방법		

제6절 간이세금계산방법 납부세액의 계산

I 간이세금계산방법 세액계산

1. 간이방법으로 증치세 납부세액 계산

> 납부세액 = 세금포함매출액 ÷ (1 + 징수율) × 징수율

해설 1 위 공식중의 징수율은 두 종류임 : 3%, 5%

해설 2 이세금계산방식에서는 매입세액을 공제하지 못한다. 그러나 특수업무의 매출액은 차액으로 세금계산할 수 있다.(제3절 참조)
예) 부동산관리서비스, 노무파견서비스, 자가건설하지 않은 부동산 구항목을 매출

해설 3 납세인이 간이세금계산방식으로 세금을 계산하는 경우, 매출할인, 중지 혹은 반품으로 인하여 구매측에 반환하는 매출액은 당기매출액에서 공제하며, 당기 매출액에서 공제한 후에도 여전히 공제하지 못한 잔액이 있어 세금을 초과 납부한 부분은 이후의 미지급세금에서 공제할 수 있다.

해설 4 우대혜택 : 2019-1-1부터 소규모납세자의 월 과세액이 10만원(분기 판매액이 30만원 미만인 경우)을 초과하지 않을 경우 증치세를 면제한다.

사례 2-29

A 소규모납세인은 모항목의 과세서비스만 경영한다(3%). 2016년 7월에 매출액이 1,000원인 업무가 발생하였으며, 이에 관하여 증치세를 납부하였다. 8월 상기사항에 대하여 합리적인 원인으로 인한 반품이 발생하였다.

8월 본 기업의 과세서비스 매출액이 600원이며 7월 본기업의 과세서비스 매출액이 5,000원인 경우, 8월과 9월의 납부세액은 얼마일까?(매출액은 모두 세금불포함 금액)

답 8월 최종 공급 매출액 = 600 - 600 = 0원
8월 증치세 납부세액 = 0×3% = 0원
8월 매출액에서 전부 공제하지 못한 부분은 (600 - 1,000) = 400원이며,

초과 납부한 세금 12원은 이후 납부기간의 납부세액에서 공제할 수 있다.

9월 실제 납부 증치세 = 5,000 × 3% - 12 = 138원

---

2. 간이세금계산방법에 관한 특별문제

(1) 특수업무판매액은 차액계산방법으로 계산할 수 있다(제3절 참조)

예하면 물업관리서비스, 로무파견서비스, 비자체건설부동산구항목(老項目)의 판매 등이다.

(2) 초과납부 세금부분의 차감

납세자가 간이세금계산방법을 적용하여 세금을 계산할 경우 매출할인, 중지 또는 반품으로 인하여 구매자에게 반환하는 판매액은 당기판매액에서 공제하여야 한다. 당기판매액을 공제한 후에도 여전히 초과납부한 세금이 있을 경우 그 후의 과세액에서 공제할 수 있다.

Q 사례 2-30

모 소규모 납세자는 6월에 당해 기업의 과세서비스 매출액이 11만원이었는데 5월에 120,000원의 매출액이 발생함과 동시에 증치세를 납부하였다. 6월 당월 업무는 합리적인 원인으로 반품되었다.(매출액에는 세금이 포함되지 않았음)

답 6월 최종세금계산 매출액 = 110,000 - 110,000 = 0원

6월의 증치세액은 0 × 3% = 0(원)

6월 판매액에서 공제하지 못한 부분(110,000 - 120,000원)에서 초과납부한 세액은 300원(10,000 × 3%)으로서 이후의 납세기간의 과세액에서 공제할 수 있다.

---

(3) 자금 및 자산 수탁사(资管产品管理人)

1) 자산관리제품운영업무 발생 : 3% 간이과세방법 적용

2) 기타 증치세업무 : 현행 규정에 따라 납세한다(일반적 세율 6%).

3. 간이계산방법 경감 징수

(1) 3% 징수율을 적용하여 2% 세율로 경감 징수

납세인(기타개인 이외)이 자신이 사용하였던 매입세액공제를 받지 않은 고정자산을 매출하는 경우

미지급증치세 = 매출가액 ÷ (1 + 3%) × 2%

> 참조 ▶ 기타개인(자연인을 가리킨다)이 자신이 사용하였던 물품을 매출하는 경우는 면세
>   예) 자연인A가 자신이 사용하던 핸드폰 혹은 자동차를 파는 경우 증치세 면제

(2) 5% 징세율을 적용하여 1.5%로 경감 징수

개인이 주택을 임대

미지급증치세 = 매출가격 ÷ (1 + 5%) × 1.5%

Q 사례 2-31

A식품상점은 증치세 소규모납세인이다. 2016년 8월 식품을 매출하여 세금포함 매출액 80,000원을 취득하였으며, 자신이 사용하던 고정자산을 매출하여 세금포함 매출액 18,000원을 취득하였다. 본 상점의 납부세액은 얼마인가?

답 증치세 = (80,000 ÷ (1 + 3%) × 3%) + (18,000 ÷ (1 + 3%) × 2%)
= 1,950 + 332 = 2,700.90원

단일선택

모 부식품상점은 증치세 소규모 납세인이었으며 2019년 12월에 식품을 판매하여 얻은 세금포함 매출액은 66,950원이었고, 자기가 사용하였던 고정자산을 판매하여 얻은 세금포함매출액은 17,098원이었다. 당해 상점이 납부할 증치세는?

A. 2282

B. 2291.96

C. 2448

D. 2477.88

답 A

해설 납부해야 할 증치세 = 66,950 ÷ (1 + 3%) × 3% + 17,098 ÷ (1 + 3%) × 2%
= 1,950+332 = 2,282(원)

4. 두 종류 납세인(일반납세인, 소규모납세인) 사이의 업무관계

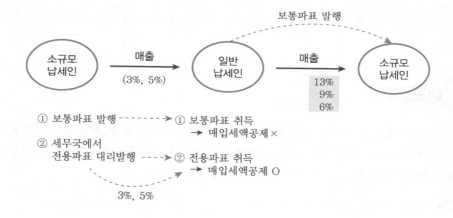

Ⅱ 일반납세인의 간이세금계산방법 선택(제4절과 연결)

일반납세인이 재정부와 국가세무총국이 규정한 특정화물매출, 과세용역, 과세행위가 발생하여 이미 간이세금계산방식을 선택한 경우 36개월 내에는 변경하지 못한다.

1. 일반납세인의 특정화물 매출(3%)

(1) 현급 및 현급 이하 소형수력발전단위(単位) (수력발전용량이 5만킬로와트 이하)가 생산한 자체생산전력

(2) 자가건축용 및 건축재료 생산에 사용되는 모래, 흙, 자갈

(3) 자체 채굴한 모래, 흙, 자갈 혹은 기타 광물로 연속 생산한 벽돌, 기와, 석회 (점토를 포함하지 않은 实心砖, 기와)

(4) 미생물, 미생물 대사산물, 동물독소, 사람 혹은 동물의 혈액 혹은 조직으로 자체 제조한 생물제품

(5) 자가 생산한 수돗물

(6) 수돗물회사에서 판매하는 수돗물

(7) 자가 생산한 상품콘크리트(시멘트를 원료로 생산한 시멘트 콘크리트)

(8) 혈장만 재취하는 곳에서 매출하는 비임상용 인체 혈액

(9) 위탁판매 상점에서 위탁판매 물품을 대리매출(거주자 개인이 위탁판매한 물품도 포함한다)

(10) 전당포에서 매출하는 死当物品(찾아가지 않는 물품)

(11) 약품경영기업에서 매출하는 생물제품

(12) 항암제와 희귀병약을 생산, 판매, 도매, 소매에 대하여 간이세금계산방법을 선택할 수 있다.

2. 일반납세인의 특정 과세서비스(3%, 5%)

(1) 교통운송업(3%)

1) 공공 교통운송서비스(철도 여객운송을 포함하지 않음)

2) 포함 : 轮客渡, 공공버스 여객운송, 지하철, 도시경전철, 택시, 장거리 여객운송, 통근차

(2) 건축서비스(3%)

1) 清包工방식으로 제공한 건축서비스

2) 甲供工程을 위하여 제공한 건축서비스

3) 건축공사의 구항목(老项目)에 제공하는 건축서비스

4) 엘리베이터를 판매하는 동시에 설치서비스를 제공하며 그 설치서비스는 갑공급공사(甲供工程)에 따라 간이세금계산방법을 선택하여 세금을 계산한다.

5) 엘리베이터를 판매하는 동시에 설치서비스를 제공하는 경우 그 설치서비스를 甲供工程 방법에 따라 제공하는 경우 간이세금계산방법을 선택하여 세금을 계산한다.

> **참조** 납세자는 설치운행 후 엘리베이터에 제공하는 유지보수서비스에 대하여 "기타 현대서비스"에 따라 증치세를 납부한다.

(3) 금융서비스

자금 및 자산 수탁사(资管产品管理人)에게 자산관리운영업무가 발생한 경우 증치세의 간이세금계산방법(3%)을 잠시 적용한다.

> **참조** 기타 증치세업무는 현행규정에 따라 증치세를 납부한다.

(4) 현대서비스업

애니메이션기업이 애니메이션 제품을 개발하기 위하여 제공한 애니메이션 극본편찬, 배경디자인, 동화디자인, 음향효과합성, 자막제작 및 경내에서 애니메이션 저작권 양도(3%)

1) 영화상영서비스, 창고서비스, 하역운반서비스, 收派서비스(3%)

2) "营改增"이전에 취득한 유형동산을 목적물로 제공한 운용리스, 체결후 아직 집행이 완료되지 않은 유형동산 임대계약(3%)

3) 인력자원 외주서비스(5%), 노무파견서비스 제공(차액세금계산, 5%)

(5) 생활서비스(3%)

1) 문화체육서비스

2) 교육보조서비스 제공, 비학력교육서비스를 제공(학력교육서비스 제공은 면세)

3. 부동산임대와 판매(5%)

(1) 모든 일반납세인

1) 2016년 4월 30일 전에 취득한 부동산을 임대

2) 2016년 4월 30일 이전에 취득한 부동산을 판매

(2) 부동산개발기업

1) 자체 개발한 부동산구항목(老項目)을 판매

2) 간척(围填海方)방식으로 토지를 취득하여 개발한 부동산 프로젝트와 공사 도급계약에 명시된 간척지의 착공일이 2016년 4월 30일 전의 것은 부동산구항목(老項目)와 같다.

(3) 시범 실시전에 착공한 1 급도로, 2 급도로, 다리, 수문 통행료의 징수

> **참조** 시범실시전에 착공한 고속도로 통행료는 3%로 계산한다.

(4) 2016년 4월 30일 이전에 체결한 부동산 금융리스계약 또는 2016년 4월 30일 이전에 취득한 부동산으로 제공하는 금융리스서비스

4. 무형자산 양도(5%)

2016년 4월 30일 전에 취득한 토지사용권을 양도

단일선택

증치세 일반납세인이 자가생산한 다음 화물을 매출한 경우, 간이계산방법으로 증치세를 계산/납부할 수 없는 것은?

A. 건축재료 생산에 사용한 모래, 흙

B. 시멘트를 원료로 생산한 시멘트콘크리트

C. 미생물로 제작한 생물제품

D. 현급 이하의 소형 화력발전단위(單位)에서 생산한 전력

답 D

해설 D : 현급 및 현급이하 소형 수력발전단위에서 생산한 전력은 간이방법으로 3%의 징세율에 따라 증치세를 계산납부한다.

제7절 수입증치세(해관에서 대리징수)

Ⅰ 수입증치세의 납세인, 징수범위, 세율

1. 수입증치세의 징수범위

(1) 모든 중국해관 경내에 신고되어 수입한 화물

해설 국외산인지 중국에서 수출한 후 다시 국내에 매출한 제품인지에 상관없이, 수입자가 자체 수입하거나 국외에서 증정받은 화물이인지에 상관없이, 수입자가 자체 사용하거나 무역 혹은 기타 용도에 사용하는 상관없이, 모두 규정에 따라 수입증치세를 납부한다.

(2) 신설규정

국제 온라인거래 소매수입상품은 화물로서 증치세를 징수한다.
(《국제 온라인거래 소매 수입상품 명세 跨境电子商务零售进口商品清单 》의 범위 참조)

2. 수입증치세의 납세인

(1) 일반규정

수입제품의 수령인(수취인) 혹은 통관수속을 진행하는 단위(单位)와 개인

(2) 대리수입화물에 대하여는 해관에서 발급한 납세증명서상의 납세인을 증치세 납세인으로 한다.

(3) 신설규정

국제 온라인거래로 소매수입제품을 구매하는 경우
1) 납세의무자 : 구매한 개인
2) 원천징수 의무자 : 온라인거래 기업, 온라인거래 플랫폼기업 혹은 물류기업

3. 수입제품의 적용세율

(1) 국내화물 세율과 같은 13%, 9%

참조1 ▶ 화물을 수입하는 소규모납세인, 비기업단위(单位), 개인에 모두 적용한다.

참조2 ▶ 항암제 또는 희귀병약품 수입에는 3%로 하향조정하여 징수한다.

(2) 국제 온라인거래 소매수입상품

매차례 인민폐 5,000원 이내, 개인의 연간 인민폐 26,000원 이내로 수입한 국
제 온라인거래 소매수입 상품의 관세 세율은 잠시 0%를 적용한다.

Ⅱ 수입증치세 계산 및 징수관리

1. 수입증치세 세금계산 근거 : 세액과세표준의 구성

> 세액계산 과세표준 = 관세납부 표준금액(完税价格) + 관세 (+ 소비세)

(1) 일반무역의 수입제품

관세 세금납부 금액은 해관에서 심사결정한 거래가격을 기초로 CIF가격을

(2) 국제 온라인거래 소매수입상품

실제거래 가격(제품의 소매가격, 운비와 보험비 포함)을 납세과세표준금액
으로 한다.

2. 수입제품의 증치세액의 계산

> 수입증치세 = 관세납부 표준금액(完税价格) × 세율

1) 수입환경의 증치세를 계산할 때에는 어떠한 세금도 공제하지 못한다. 즉, 중국
경외에서 발생한 각종 세금은 과세표준금액 계산시 공제할 수 없다.

2) 납세인이 제품을 수입하여 취득한 합법적인 해관납세증명(海关完税凭证)은 증치세 매입세액공제의 근거자료이며, 그 가격차이 부분 및 외국 공급상으로부터 취득한 환급 및 반환한 자금은 매입세액 전출(转出) 처리하지 못한다.

3) 국제 온라인거래 소매 수입상품

① 제한 한도내 : 증치세, 소비세는 법정 증치세액의 70%로 징수한다.

   해설 제한 한도내 : 매회 거래 한도는 5,000원이며, 개인의 연간 거래한도는 인민폐 26,000원이내

② 제한 한도 초과 : 매회 공제한도 또는 누계로 합계한 개인의 연간한도액을 초과한 거래의 수입과세표준액이 인민폐 5,000원의 한도액을 초과한 분리할 수 없는 상품에 대하여는 증치세, 소비세를 모두 일반무역 방식으로 전액 징수한다.

Q 사례 2-32

A수출입회사는 2020년 9월에 사무용설비 500대를 수입하였다. 한대당 수입 CIF가격은 1만원이며 운송회사에 위탁하여 사무용설비를 해관으로부터 회사로 운송하였다. 운송회사에 세금불포함 운송비 9만원을 지급하였으며 운송회사에서 발급한 증치세전용파표(增值税专用发票)를 취득하였다. 당월에 대당 1.8만원의 증치세포함 가격으로 400대를 매출하였다. 또한, 갑회사에 2대를 증정하였으며, 대외로 20대를 현물출자하였고, 4대는 자가사용한다. 별도로 매출운송비 1.3만원을 지급하였으며 증치세전용파표(增值税专用发票)를 취득하였다.

본 기계의 수입관세율이 15%라고 가정한다면 본 회사의 증치세액은 얼마일까?

답 (1) 수입제품의 수입단계의 증치세액 = (1 × 500 + 1 × 500 × 15%) × 13%
$$= 74.75만원$$

(2) 매출세액 = (400 + 2 + 20) × 1.8 ÷ (1 + 13%) × 13% = 87.39만원

(3) 매입세액 공제액 = 74.75 + 9 × 9% + 1.3 × 9% = 75.68만원

(4) 증치세 납부세액 = 87.39 − 75.68 = 11.71만원

3. 수입제품의 세수관리

(1) 법률근거

《세수징수관리법》, 《해관법》, 《수출입관세조례》와 《수출입세칙》의 해당 규정에 따라 집행한다.

(2) 제품수입의 증치세는 해관에서 대리 징수하며 관리 규정

1) 납세의무 발생시점 : 수입통관 당일

2) 납세지 : 수입제품 통관지역의 해관

3) 납세기한 : 해관에서 海关进口增值税专用缴款书를 발급한 일자로부터 15일내

(3) 국제 온라인거래 소매수입상품

1) 해관에서 수입증치세를 대리징수한다.

2) 통관한 일자로부터 30일내에 반품한 것은 퇴세를 신청할 수 있으며, 동시에 해당 개인 연간 거래총액을 조정한다.

3) 국제 온라인거래 소매 수입상품의 구매인(주문인)의 신분정보는 인증(认证)하여야 하며, 인증(认证)하지 않은 구매인(주문인)의 신분정보는 반드시 지급인과 일치하여야 한다.

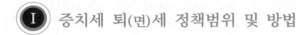

I 증치세 퇴(면)세 정책범위 및 방법

> **□ 참고**
> 수출화물, 노무와 국제과세행위에 대하여 이미 부담하였거나 부담하여야 하는 증치세와 소비세 등 간접세에 대하여 반환 혹은 면세를 실시하는 것은 각국의 수출을 독려하기 위해 국제사회에서 일상적인 관례이다.

> **□ 중국 증치세 수출 퇴(면)세의 기본정책**
> (1) 퇴(면)세 정책 : 수출면세 ○, 퇴세 ○
> (2) 면세정책 : 수출면세 ○, 퇴세 ×
> (3) 징수정책 : 수출면세 ×, 퇴세 ×

1. 증치세 퇴(면)세 정책을 적용하는 범위

> **□ 증치세 퇴(면)세 정책**
> 수출 화물, 노무 및 국제 과세행위는 영세율을 적용하며, 수출 전단계에서 실제 부담한 세수부담을 환급한다. 즉, 규정된 퇴세율에 따라 계산된 금액을 환급한다.

정책	내용
1. 수출기업의 수출화물	(1) 수출기업 (증치세 일반납세인인 생산기업, 대외무역기업을 포함) (2) 수출화물은 자체 경영 수출화물과 위탁 수출화물 2가지로 나눈다. (3) 외선 공급회사, 원양 운송 공급회사가 외선, 원양 국선에게 판매하는 화물, 국내 항공 공급회사가 국내와 국외 항공사의 국제 항공편에 생산 판매하는 항공 식품

정책	내용
	(4) 금융리스방식으로 수출되는 재화(비행기, 비행기엔진, 철도열차객실칸, 선박 및 기타재화로 리스기간이 5년 이상인 것)
2. 자체 생산한 수출화물로 간주	(1) 조건에 부합하는 기업 참조 위 조건 : 일반납세인이 기업 경영 2년 이상, 납세신용이 A등급, 연매출액이 5억원 이상, 외부구매의 수출화물과 본 기업 자체생산된 화물이 같은 유형이거나 연관성이 있을 것 (2) 외부구매 화물열거 : 대외고급공사항목에 사용되는 화물, 경외투자에 사용되는 화물, 대외지원에 사용되는 상품 등 　1) 대외 도급공정 항목에 사용되는 수출화물, 경외투자에 사용되는 수출화물, 대외원조에 사용되는 수출화물 　2) 수출기업이 수출가공구, 보세물류원구, 보세항구, 종합보세구, 주해마카오변경공업구, 종하차얼봐스국제변경합작센터, 보세물류센터(B형)(이하 통일하여 "특수구역"이라 칭한다)에 진입하여 특수구역내의 단위 혹은 경외단위, 개인에게 매출하는 화물 　3) 면세품경영기업이 매출하는 화물 　4) 수추기업 혹은 기타단위가 국제금융조직 또는 외국정부에 매출하여 국제입찰건설프로젝트에 사용되는 낙찰 기계제품 　5) 수출기업 혹은 기타단위가 국제운수기업에 매출하여 국제운수도구에 사용하는 화물(잠시 외국선박에 공급하는 회사 및 원양운수기업이 외국선박과 원양선박에 공급하는 화물, 국내항공회사가 국내외항공회사에 생산 매출하는 항공식품 에만 적용) 　6) 수출기업 혹은 기타단위가 특수구역내 생산기업이 생산에 소모하는 해관신고하지 않은 물, 전력, 가스
3. 수출기업에서 대외로 가공/수리/수선(修配)노무를 제공	수입후 재수출하는 화물(進境复出口貨物) 혹은 국제운송에 종사하는 운송도구에 대하여 진행한 가공/수리/정비
4. 경내 단위(單位)와 개인이 영세율적용 과세서비스를 제공	(1) 영세율서비스(제3절 참조) 　경내 단위와 개인이 제공 : 국제 운송 서비스, 우주 운송 서비스, 그리고 경외 업체에 제공하는 경외에서 소비된 서비스(예를 들어 연구개발서비스, 설계서비스, 기술 양도 등)

정책	내용
	(2) 증치세 영세율 적용을 포기한 후 36개월 내에는 증치세 영세율을 다시 신청하지 못한다.

2. 증치세 퇴(면)세 방법

(1) "면저퇴"(免, 抵, 退) 방법

❏ 참조

"면저퇴"(免、抵、退)라는 용어가 어렵게 보일 수 있으나, 실제로는 ① 수출증치세 매출세액을 면제하고(면免) ② 해당 매입세액은 미지급증치세에서 공제하며(저抵) ③ 전부 공제하지 못한 부분은 환급(퇴세)(퇴退)하는 한국의 기본 영세율제도와 거의 같다. 다만, 중국은 한국에는 없는 "퇴세율"이라는 제도 때문에 계산상 다소 복잡해지는 것뿐, 기본 원리는 한국의 영세율제도와 같다. 이후에는 한자표기를 생략하고 면저퇴, 면퇴 등으로 표시한다.

❏ 퇴세율 제도

한국에서는 예를 들면 한 재화의 세율이 10%라면 매입세액을 환급할 때도 동일하게 10%를 적용한다. 하지만 중국에서는 한 재화의 증치세율이 17%라면 퇴세율은 13%(예시임)를 적용하는 경우도 있어 그 적용을 달리하고 있다. 구체적 계산방법은 후에 소개되는 사례를 참조하고, 비교적 복잡할 수 있으므로 실무에 적용할 시에는 전문가의 조언을 얻는 것이 좋다.

1) 생산기업이 자체 생산한 화물과 간주자체생산화물을 수출하며 명단에 열거된 생산기업이 비자체생산한 화물을 수출하는 경우

2) 대외로 가공, 수리, 수선(加工修理修配) 용역을 제공하는 경우

3) 영세율을 적용하는 국제과세행위 : 영세율의 서비스와 무형자산을 포함

(2) 면퇴세 방법 : 매출증치세를 면제하며 해당 매입세액을 반환한다.

1) 생산능력을 구비하지 않은 수출기업 혹은 기타 단위(単位)의 화물수출 및 해외 노무 제공 : 대외무역기업의 화물 혹은 노무 수출

2) 대외무역기업이 외부에서 구매한 연구개발 서비스와 디자인 서비스를 수출하는 경우

3. 증치세 수출퇴세율

일반규정 : 별도의 규정이 있는 이외에 수출화물의 퇴세율은 그의 적용 징세율로 한다.

> 참조 ▶ 일반적으로 수출하는 화물의 퇴세율은 13%, 9%

다만, 서로 다른 퇴세율을 적용하는 화물, 노무 및 과세서비스는 반드시 나누어서 통관신고하고 퇴(면)세를 계산하여 신청한다. 그렇지 않은 경우 낮은 퇴세율을 적용한다.

4. 증치세 퇴(면)세의 세금계산 근거

법정 파표(发票)에 근거한다.

예를 들어, 화물수출과 노무 및 과세서비스의 외부파표(出口发票), 기타보통파표(普通发票), 수출화물과 노무 및 과세서비스의 매입증치세전용파표(增值税专用发票), 해관수입증치세전용납세증명서(海关进口增值税专用缴款书)에 따라 확인한다.

수출기업	수출항목	퇴(면)세 세금계산방법
1. 생산기업	화물, 노무 및 과세서비스 수출 (원재료 수입후 가공하여 재수출하는 화물은 제외)	화물, 노무를 수출하는 실제 FOB가격
	원재료 수입후 가공하여 재수출하는 화물	수출화물의 FOB가격에서 수출화물이 소모한 보세수입재료 금액을 공제한 후 금액

수출기업	수출항목	퇴(면)세 세금계산방법
1. 생산기업	국내에서 구입한 매입세액이 없으며 또한 매입세액을 납부하지 않은 면세 원재료를 가공한 후 수출한 화물	수출화물의 FOB가격에서 수출화물이 포함한 국내에서 면세 원재료를 구입한 금액을 공제한 후의 금액
2. 대외무역기업	수출화물(위탁가공수리정비 화물은 제외)	수출화물을 구입한 증치세전용파표(增值税专用发票)에 기재된 금액 혹은 해관수입증치세 전용납세증명서(海关进口增值税专用缴款书)에 기재된 공급가액
	위탁가공수리정비화물 수출	가공수리정비비용 증치세전용파표(增值税专用发票)에 기재된 금액
3. 국제(영세율) 과세행위	방법 실행	1) 철도운송, 항공운송 : 실제운송수입 2) 기타: 과세서비스액을 제공

 증치세 퇴(면)세 계산

1. 생산기업 면저퇴세 계산(원리)

(1) "면저퇴" 계산공식

1) 당기 미지급세금의 계산

= 당기매출세액 − (당기매입세액 − 당기 공제불능매입세액)*

* 당기 공제불능매입세액 = 당기 수출화물의 FOB가격 × 인민폐 외화환율 × (수출화물의 적용세율 − 수출화물의 퇴세율) − 당기 공제불능세액 감소액**

** 당기 공제불능세액 감소액 = 당기 면세로 구입한 원재료가격 × (수출화물의 적용세율 − 수출화물 퇴세율)

2) 당기 "면저퇴"세액의 계산

당기 "면저퇴"세액 = 당기 수출화물의 FOB가격 × 외환인민폐 환율 × 수출화물퇴세율 − 당기 "면저퇴"세금 공제액*

* 당기 "면저퇴"세금 공제액 = 당기 면세로 구입한 원재료 금액×수출화물의 퇴세율

3) 당기 퇴세금액과 면세와 공제하는 세금액의 계산

당기 퇴세금액은 "당기 기말 이월공제세액"과 "당기 면세와 공제하는 퇴세액" 중 작은 것

당기 면저세액은 계산한 차액을 의미한다.

❑ 면저퇴 세액 계산기업의 계산순서

1) 공제하지 못하는 세액계산 : 수출액 × (세율 − 퇴세율)
2) 당기 미지급세금 계산(抵) : 매출세액 − 매입세액
3) 수출화물의 면저퇴세액 계산(한도액) : 수출액 × 퇴세율
4) 퇴세액계산 : 2)항목과 3)항목 중 작은 것
5) 공제하지 못하는 세금은 이월공제

(2) 계산사례

 사례 2-33

자체 수출경영하는 A생산기업은 증치세 일반납세인이다. 수출화물의 세율은 17%이며 퇴세율은 13%이다. 2016년 6월 원재료를 구입하였으며, 취득한 증치세전용파표(增值税专用发票)에 기재된 공급가액은 500만원이며 세액은 85만원이다. 6월에 국내 매출하여 취득한 세금 불포함 매출액은 150만원이며 수출하여 취득한 매출액은 인민폐로 200만원이며, 전월에 이월공제세액은 10만원이다. 당월 공제하지 못하는 "면저퇴"세액은 얼마인가?

답　(1) 당기 "면저퇴"로 공제하지 못하는 세액 = 200 × (13% − 11%) = 4만원
　　(2) 당기 납부세액(퇴세가능액) = 100 × 13%(26 − 4) − 3 = 13 − 22 − 3 = − 12만원
　　(3) 수출화물의 "면저퇴" 세액(퇴세한도액) = 200 × 11% = 22만원
　　(4) 본기 퇴세금액 = min((2), (3)) = 12만원
　　(5) 당기 면세와 공제하는 세액 = 당기 면세와 공제하는 퇴세액 − 당기 퇴세액
　　당기 면세와 공제하는 세액 = 22 − 12 = 10만원

Q 사례 2-34

A기업은 제품을 생산/수출하는 증치세 일반납세인이다. 수출화물의 세율은 13%이며 퇴세율은 11%이다. 2019년 8월 발생한 사항은 다음과 같다.

원재료를 구입하였으며 증치세전용파표(增值税专用发票)에 기재된 공급가액은 400만원이며, 외부구매한 화물의 공제할 수 있는 매입세액은 52만원이며 모두 인증완료하였다. 전월 월말 이월공제 증치세액은 5만원이다. 당월 국내 매출한 세금불포함 매출액은 100만원이며 113만원 전액을 수금하였다. 당월 수출화물의 매출액은 인민폐로 200만원이다. 본기업의 당월 "면저퇴"세액은?

답

(1) 당기 "면저퇴"로 공제하지 못하는 세액 = 200 × (13% − 11%) = 4만원
(2) 당기미지급세금(퇴세가능액) = 100 × 13% − (52 − 4) − 5 = 13 − 48 − 5 = −40만원
(3) 수출화물의 "면저퇴"세액(퇴세한도액) = 200 × 11% = 22만원
(4) 당기 퇴세금액 = 22만원
(5) 당기 이월공제하는 증치세액 = 22 − 22 = 0만원
(6) 8월말 이월공제세액 = 18(40 − 22)만원

Q 사례 2-35

자체 수출경영하는 A생산기업은 증치세 일반납세인이다. 수출화물의 세율은 17%이며 퇴세율은 13%이다. 2016년 6월 원재료를 구입하였으며, 취득한 증치세전용파표(增值税专用发票)에 기재된 공급가액은 500만원이며 세액은 85만원이다. 6월에 국내 매출하여 취득한 세금 불포함 매출액은 150만원이며 수출하여 취득한 매출액은 인민폐로 200만원이며, 전월에 이월공제세액은 10만원이다.

당월 공제하지 못하는 "면저퇴"세액은 얼마인가?

답 당기 공제하지 못하는 "면저퇴"세액 = 200 × (17% − 13%) = 8만원

(3) 수출화물이 면세로 구입한 원재료를 소모한 경우

1) 수출화물이 면세(혹은 보세保税)로 구입한 원재료를 사용한 경우, 수출화물에 포함된 면세(혹은 보세保税) 원재료 금액을 공제하여야 한다.

2) 당기의 재료를 구입하여 가공하는 보세수입재료의 가격은 재료를 구입하여 가공하는 수출화물이 소모한 보세수입재료의 금액이다. (실제소모법)

재료를 구입하여 가공하는 수출화물이 소모한 보세수입재료의 금액
= 재료를 구입하여 가공하는 수출화물의 인민폐 FOB가격 × 재료를 구입하여 가공하는 계획 배당률

수출업을 경영하는 A생산기업은 증치세 일반납세인이다. 수출화물의 세율은 13%이며 퇴세율은 11%이다. 2019년 10월 발생한 업무는 다음과 같다.

원재료를 구입하였으며 증치세전용파표(增值税专用发票)에 기재된 공급가액은 200만원이며, 공제할 수 있는 세금 26만원은 인증 완료하였다. 당월 구입한 면세수입자재의 과세표준가격은 100만원이며 전월말 이월공제세액은 6만원이다. 당월 국내화물매출액은 세금불포함 가격 100만원이며 113만원은 모두 수금하였다. 당월 수출화물의 매출액은 인민폐로 200만원이다.

본기업의 당기 "면저퇴" 세액은?

답 (1) "면저퇴"로 면제/공제하지 못하는 세금
  $= 200 \times (13\% - 11\%) - 100 \times (13\% - 11\%) = 100 \times (13\% - 11\%) = 2$만원

(2) 미지급세금(퇴세가능액) $= 100 \times 13\% - (26 - 2) - 6 = 13 - 24 - 6 = -17$(만원)

(3) 수출화물의 "면저퇴"세액(퇴세한도액)
  $= 200 \times 11\% - 100 \times 11\% = 100 \times 11\% = 11$(만원)

(4) 퇴세금액 $= 11$만원

(5) 당기 면세/공제 가능 세금 $= 0$만원

(6) 10월말 이월 공제하는 세금 $= 6 \ (17 - 11)$만원

2. 국제 영세율 과세행위의 증치세 퇴(면)세 계산

"면저퇴" 방법을 적용한다.

A국제운송회사는 일반납세인 등기를 진행하였다. 본기업은 "면저퇴"세 관리방법을 실행하며 2019년 8월에 본기업이 실제 발생한 업무는 다음과 같다.

(1) 본기업에서는 당월에 3건의 국제운송업무를 수행하며 취득한 수입은 60만원이다.

(2) 기업소득세 납세신고시 기말 이월공제세금 잔액은 15만원이다.

A기업의 당월 퇴세액은 얼마일까?

답 (1) 당기 영세율 과세서비스의 "면저퇴" 세액

= 당기 영세율 과세서비스의 "면저퇴" 세금 세금계산근거×영세율 과세서비스의 증치세 퇴세율

= 60 × 9% = 5.4만원

당기기말 이월공제세액 15만원 > 당기 "면저퇴" 세액 5.4만원

(2) 당기 퇴세액 = 당기 "면저퇴" 세액 = 5.4만원

퇴세 신고 후 다음기에 이월되는 세액은 9.6(15 - 5.4)만원

3. "면, 퇴"세 계산

대외무역기업의 화물, 노무 수출

(1) 대외무역기업에서 위탁가공수리정비화물 이외의 화물을 수출

증치세 퇴세금액 = 증치세 퇴(면)세 세금계산 근거×수출화물 퇴세율

퇴세율이 적용세율보다 낮은 계산차액부분의 세금은 수출화물의 노무원가에 기입한다.

(2) 대외무역기업에서 위탁가공수리정비화물 수출

> 위탁가공수리정비화물을 수출하는 증치세 퇴세금
> =위탁가공수리정비화물의 증치세 퇴(면)세 계산근거 × 수출화물의 퇴세율

 사례 2-38

A수출입회사에서는 2019년 10월에 청바지원단을 구입하며 가공하여 수출한다. 청바지원단 증치세파표(增值税发票)를 취득하였으며 공급가액은 10,000원, 취득한 의류가공비 공급가액은2,000원이며 가공회사에서 원단원가에 가공비용을 더하여 증치세전용파표(增值税专用发票)를 발급하였다. 퇴세율이 13%이라면 본기업의 퇴세금액은?

답 퇴세금액 = 10,000 × 13% + 2,000 × 13% = 1,560원

(3) 금융리스 수출화물의 퇴세계산

증치세퇴세금액＝금융리스 화물을 구입한 증치세전용파표(增值税专用发票)의 공급가액 혹은 해관(수입증치세)전용세금납부증명서(海关(进口增值税)专用缴款书)의 과세표준액×금융리스 화물에 적용되는 증치세 퇴세율

 수출항목 증치세 면세와 징수정책

1. 수출화물과 노무 및 과세서비스 증치세 면세정책

(1) 수출면세를 적용하는 화물 : 14항 열거

1) 증치세 소규모납세인이 화물을 수출하는 경우

2) 피임약품과 공구, 낡고 오래된 도서

3) 소프트웨어 제품

4) 황금, 백금성분을 포함한 화물과 다이아몬드 및 그 장식품

5) 국가계획에 근거해 수출한 담배(卷烟)

6) 비수출기업에서 위탁 수출한 화물

7) 농업생산자가 자가생산한 농산품

8) 규정된 수출면세 화물(기름, 땅콩알, 검은콩 등)

9) 대외무역기업에서 취득한 보통파표(普通发票), 농산품 매입파표, 정부 비과세수입전표(非税收入票据) 화물

10) 내료가공(来料加工)으로 재수출하는 화물

단일선택 ○

다음 수출화물중 증치세 면세정책을 적용하지 않는 것은?

A. 가공기업에서 재료를 수입하여 가공한 후 재수출하는 화물
B. 경외 도급항목에 사용되는 화물
C. 소규모 납세인에 속하는 생산성기업이 자체 수출을 경영하는 자체생산화물
D. 농업생산자가 자체 생산한 농산품

답 B

해설 경외도급항목에 사용되는 화물은 면세 및 퇴세 정책을 적용한다.

---

(2) 경내의 단위(单位)와 개인이 제공한 다음 과세서비스는 증치세를 면제한다(영세율은 제외).

1) 다음 8종 서비스

① 공사항목이 경외에 있는 건축서비스

② 공사항목이 경외에 있는 공사감독관리서비스

③ 공사, 광산자원이 경외에 있는 공사탐측 탐사서비스

④ 회의 전시회 지점이 경외에 있는 회의전시회 서비스

⑤ 저장장소가 경외에 있는 창고서비스

⑥ 목적물을 경외에서 사용하는 유형동산 임대서비스

⑦ 경외에서 제공한 방송영상품(작품)의 방영서비스

⑧ 경외에서 제공한 문화체육서비스, 교육의료서비스, 여행서비스

2) 수출화물을 위하여 제공한 우편서비스, 收派서비스, 보험서비스(수출화
   물의 보험과 수출신용보험을 포함)

3) 경외 단위에 제공한 오로지 경외에서 소비하는 다음 서비스와 무형자산
   ① 통신(电信)서비스
   ② 물류보조서비스(창고서비스, 收派서비스 제외)
   ③ 인증(鉴证)/자문 서비스
   ④ 특허기술(专业技术)서비스
   ⑤ 상업보조(商务辅助)서비스
   ⑥ 광고방영지가 경외인 광고서비스
   ⑦ 무형자산
   ⑧ 경외 단위(单位)간 화폐자금 융통 및 기타 금융업무를 위하여 제공하
      고 직접 수금하는 금융서비스로, 본 서비스와 경내의 화물, 무형자산
      및 부동산과 관련이 없는 것

해설 완전 경외에서 소비란?
   ① 서비스의 제공받은 자가 경외에 있으며, 경내의 화물 및 부동산과
      관련이 없다.
   ② 무형자산을 완전히 경외에서 사용하며, 경내의 화물 및 부동산과 관련
      이 없다.

참조 다음의 경우는 경외에서 완전히 소비되는 감정자문서비스가 아니다.(면세 아님)
   ① 서비스의 실질적인 접수 측이 경내의 단위 또는 개인인 경우
   ② 경내의 화물 또는 부동산에 대한 인증서비스, 감정인증서비스, 자문서비스

2. 수출화물 증치세 징수정책

(1) 적용범위

1) 수출기업이 수출 또는 간주수출 재정부와 국가세무총국이 국무원의 결정
   에 근거하여 수출퇴(면)세를 취소한 화물을 수출 또는 간주매출하는 경우
2) 수출기업 또는 기타단위가 특수구역내로 생활소비용품 및 교통운수도구
   를 매출하는 경우

3) 수출기업 또는 기타단위가 수출퇴세를 편취하여 세무기관으로부터 받은 증치세퇴(면)세 정지기간동안 수출하는 화물

4) 수출기업 또는 기타단위가 화물에 대하여 허구의 등록서류를 제공하는 경우

5) 수출기업 또는 기타단위가 화물에 대하여 증치세 퇴(면)세 증빙이 위조되었거나, 그 내용이 부실한 화물

6) 수출기업 또는 기타단위가 국가세무총국이 규정한 기간 내에 면세심사를 신고하지 않았거나, 관할 세무기관의 삼사에서 면세하지 않기로 한 담배를 수출하는 경우

7) 다음중 하나에 해당하는 수출화물 및 용역

- 공란의 수출화물통관서, 수출대금회수명세서 등 퇴(면)세 증빙을 위탁계약한 화물운송회사, 통관사 혹은 해외수입자가 지정한 화물운송회사 이외 기타단위나 개인에게 제공하여 사용한 경우

- 수출기업이 자기명의로 수출하였으나, 실제로는 그 기업과 그 기업의 투자회사 이외의 단위와 개인이 명의를 차용하여 수출한 경우

- 수출재화가 해관의 검사 통과 후 스스로 혹은 위탁화물운송인이 화물의 운송증서상의 품명과 규격 등을 수정하여 수출화물통관증과 운송증서 등과의 내용이 불일치하는 경우

- 자기명의의 수출이나 수출재화의 품질, 수출대금의 수령 또는 환급위험 중 하나를 부담하지 않을 경우 즉, 수출재화의 품질문제에 매입자의 배상책임을 부담하지 않을 경우, 규정된 기한 내 수출대금을 수령하지 않아 결산을 할 수 없는 책임을 부담하지 않을 경우, 증치세퇴(면)세의 자료와 증빙 등의 문제로 인한 불퇴세 책임을 부담하지 않을 경우

- 실질적으로 수출활동을 하지 않고 중개인 역할을 하는 수출업무로서 자신의 명의로 수출하는 경우

8) 국제과세용역행위 중 증치세 영세율과 면세정책의 규정을 적용하지 않는 수출용역 및 무형자산

(2) 세액계산

1) 일반납세인이 화물, 노무와 과세행위를 수출

매출세
= (수출화물, 노무와 과세행위의 FOB가격 − 수출화물이 소모한 재료수입가공의 보세(保税)수입재료의 금액) ÷ (1 + 적용세율)×적용세율

수출화물, 노무와 과세행위가 만약 징퇴세율의 차액으로 면제와 공제하지 못하는 세금을 원가에 기입한 경우 해당 금액은 매입세액을 조정하여야 한다.

2) 소규모납세인이 화물, 노무와 과세행위를 수출

미지급세금 = 수출화물, 노무와 과세행위의 FOB가격 ÷ (1 + 세율) × 세율

화물, 노무와 국제과세행위에 수출 증치세 퇴(면)세와 징수제도 적용

 주중국 대(영)사관 및 그의 관원이 경내에서 화물과 서비스를 구매한 퇴세 및 외국여행객의 물품구매 후 출국 퇴세

1. 외국주중국 대(영)사관 및 그의 관원이 경내에서 화물과 서비스를 구매한 퇴세

❑ 주요근거

《재정부 국가세무총국이 외국 주중국 대(영)사관및 그의 관원이 중국에서 화물과 서비스를 구매한 증치세 퇴세정책에 대한 통지, 财政部 国家税务总局关于外国驻华使(领)馆及其馆员在华购买货物和服务增值税退税政策的通知 》
(재세[2016]51호)

(1) 퇴세를 적용하는 인원범위

외국 주중국 대(영)사관 및 그의 관원

> 참조 중국공민 혹은 중국에서 영주하는 인원은 제외

(2) 퇴세를 적용하는 화물과 서비스 범위

증치세를 징수할 것을 규정하였으며 합리적인 사용범위내의 생활사무용류의 화물과 서비스

> 참조 공업용 기계설비, 금융서비스 및 재정부와 국가세무총국에서 규정한 기타 화물과 서비스는 생활사무용류 화물과 서비스에 속하지 않는다.

❑ 증치세 퇴세정책을 적용하지 않는 경우
1) 비합리적 자체 사용범위내의 생활사무용류 화물과 서비스를 구매;
2) 구매한 파표 한 장의 매출금액(세금포함가격)이 인민폐 800원(수돗물, 전기, 가스, 난방, 휘발유, 디젤유 제외) 이하인 화물, 구매한 파표 한 장의 매출금액이(세금 포함 가격) 인민폐 300원 이하인 서비스
3) 개인이 차량외의 화물과 서비스를 구매하며 매 개인이 매년 퇴세를 신고한 매출금액이(세금 포함 가격) 인민폐 18만원을 초과하는 부분
4) 증치세 면세화물과 서비스

(3) 퇴세의 계산

1) 신고 퇴세금액은 증치세파표(发票)상의 세액
2) 증치세파표(增值税发票)에 세금이 기재되지 않은 경우 다음 공식에 따라 퇴세금액을 계산한다.

퇴세금액
= 영수증 혹은 여객운송전표에 열거한 금액(증치세포함) ÷ (1 + 증치세세율) × 증치세세율

(4) 퇴세신고기한

분기별로 외교부(礼宾司)에 퇴세서류와 자료를 제출하며, 제출시간은 매년 1월,

4월, 7월, 10월이다. 본연도의 신고는 늦어도 다음해 1월을 초과하지 못한다.

2. 외국여행객이 쇼핑출국 퇴세정책

❑ 주요근거

《재정부의 외국여행객의 쇼핑출국퇴세정책의 실시에 관한 공고, 财政部关于实施境外旅客购物离境退税政策的公告》(재정부공고 2015년 제3호)

출국퇴세 정책은 외국여행객이 출국항구에서 (항공항구, 수상운송 항구와 육로항구를 포함한다) 출국할 때 그가 퇴세상점에서 구매한 퇴세물품의 증치세를 반환하는 정책이다.

(1) 퇴세물품

경외 여행객 본인이 퇴세상점에서 구매하였으며 퇴세조건에 부합되는 개인물품을 가리킨다. 다음 물품은 포함하지 않는다.

1) 《중화인민공화국에서 수출입을 금지, 제한하는 품목표》에 열거한 출국을 금지, 제한하는 물품

2) 퇴세상점에서 매출하는 증치세 면세정책을 적용하는 물품

3) 재정부, 해관총서, 국가세무총국에서 규정한 기타 물품

(2) 외국 여행객

중국 경내에 연속 거주한 지 183일을 초과하지 않은 외국인과 홍콩, 마카오, 대만 국적소유자를 가리킨다.

외국 여행객이 퇴세를 신청하려면 동시에 다음 조건에 부합되여야 한다.

1) 동일한 외국 여행객이 동일한 일자, 동일한 퇴세상점에서 구매한 퇴세물품의 금액이 인민폐 500원에 도달

2) 퇴세물품을 사용하지 않았거나 소비하지 않았을 것

3) 출국일자와 퇴세물품의 구매일자 사이가 90일을 초과하지 않을 것

4) 구매한 퇴세물품은 외국 여행객 본인이 휴대하거나 여행물품과 같이 탁

송하여 출국할 것

(3) 퇴세물품의 퇴세율(11%, 8%)

13%의 세율을 적용하는 경외여객의 쇼핑출경 세금환급물품은 환급세율은 11%이며, 9%의 세율을 적용할 경우 8%의 환급률을 적용한다.

(4) 증치세 퇴세금액의 계산공식

증치세 퇴세금액 = 퇴세물품의 **销售发票**금액(증치세포함) × 퇴세율

(5) 출국퇴세 절차

퇴세물품구매 → 해관검사확인 → 대리기구 퇴세 → 세무부문 결산

(6) 퇴세 화폐종류

인민폐. 퇴세방식은 현금퇴세와 은행송금 포함.
퇴세금액이 10,000원을 초과하지 않으면 퇴세방식을 선택할 수 있다. 퇴세금액이 10,000원을 초과한 경우 은행송금 방식으로 퇴세한다.

Ⅴ 수출화물, 노무와 과세행위 퇴(면)세 관리

> ❑ 주요 근거
> 《수출화물 퇴(면)세 관리방법 出口货物退(免)税管理办法(试行)》의 통지(국세발[2015년] 51호), 2016년 9월 1일에 시행한 《수출퇴(면)세 기업 분류 관리방법, 出口退(免)税企业分类管理办法》

1. 수출퇴(면)세 기업분류관리

수출기업 관리유형: 1류, 2류, 3류, 4류

유형	해당기업	요 건
1류	다음 요건을 모두 갖춘 제조수출기업	1) 생산능력이 전연도의 수출환급규모와 비슷 2) 최근 3년간 허위의 증치세전용파표 또는 기타 매입증빙 및 환급이 없을 것 3) 전연도말 순자산이 전연도의 수출환급세액보다 클 것 4) 평가시 납세신용등급이 A등급이나 B등급일 것
	다음 요건을 모두 갖춘 외국무역기업	1) 최근 3년간 허위 증치세전용파표 또는 기타 매입증빙 및 환급이 없을 것 2) 전연도말 순자산이 전연도의 수출환급세액보다 크고 계속하여 5년 이상 사업을 영위하였을 것 3) 평가시 납세신용등급이 A등급이나 B등급일 것 4) 평가시 해관의 기업신용관리유형이 고급인증기업 또는 일반인증기업일 것 5) 평가시 외환관리등급이 A등급일 것 6) 기업 내부에 수출환급 위험통제제도를 구비하고 있을 것
	다음 요건을 모두 갖춘 외국무역종합 서비스기업	1) 최근 3년간 허위 증치세전용파표 또는 기타 매입증빙 및 환급이 없을 것 2) 전연도말 순자산이 전연도의 수출환급세액보다 크고 계속하여 5년이상 사업을 영위하였을 것 3) 전연도 외국무역종합서비스업에 종사한 수출환급세액이 전체 수출환급세액의 80% 이상일 것 4) 평가시 납세신용등급이 A등급이나 B등급일 것 5) 평가시 해관의 기업신용관리유형이 고급인증기업 또는 일반인증기업일 것 6) 평가시 외환관리등급이 A등급일 것 7) 기업 내부에 수출환급 위험통제제도를 구비하고 있을 것
2류	1류, 3류, 4류에 속하지 않는 수출기업	
3류	다음에 해당하는 수출기업	1) 처음 수출환급(또는 면세)을 신고한 뒤 만 12개월이 되지 않은 경우 2) 평가시 납세신용등급이 C등급이거나 아직 납세신용등급을 받지 않은 경우 3) 전연도에 계속하여 6개월간 수출환급(또는 면세)를 신고하지 않은 경우 4) 처음 수출환급(면세)를 신고한 뒤 만 12개월이 되지 않은 경우 5) 평가시 납세신용등급이 C등급이거나 아직 납세신용등급을 받지 않은 경우

유형	해당기업	요 건
		6) 전연도에 계속하여 6개월간 수출환급(면세)를 신고하지 않은 경우
		7) 성 국가세무국이 규정한 기타 신용이 없거나 위험한 상황
4류	다음에 해당하는 수출기업	1) 평가시 납세신용등급이 D등급인 경우 2) 전연도 세무기과 수출환급(면세)와 관련된 장부, 원시증빙, 신고자료 및 서류 등의 제출을 거절한 경우 3) 전연도 수출환급(면세)의 규정을 위반하여 세무기관으로부터 행정처벌이나 사법기관의 처분를 받은 경우 4) 평가시 수출환급세액을 부당하게 환급받아 수출환급권이 정지되어 2년이 경과되지 않은 경우 5) 4류 수출기업의 대표자가 새로 설립한 수출기업 6) 국가연합징계대상에 포함된 신용이 없는 기업 7) 해관의 기업신용관리등급에서 신용 없는 기업으로 인정된 경우 8) 외환관리등급이 C등급인 경우 9) 성 국가세무국이 규정한 기타 신용이 없거나 위험한 상황

2. 인증과 신고

(1) 예비신고

기업이 화물과 용역을 수출하는 경우, 수출환급을 정식으로 신청하기 전에 관할 세무기관에 예정신고하여야 한다.

(2) 신고사항 검토

관할 세무기관은 수출환급(면세) 예정신고를 접수한 후, 지체없이 심사하여 그 결과를 기업에게 알려주어야 하며, 심사과정에서 신고서의 내용과 전산자료가 맞지 않는 경우 아래와 같이 처리한다.

구 분	처 리
증빙의 정보가 착오로 입력된 경우	수정 후 다시 예정신고
중국 전자항구수출환급시스템에서 수출재화의 통관명세의 확인작업을 하지 아니하였거나 증치세전용파표의 인증작업을 하지 않은 경우	해당 작업을 완료한 후 다시 예정신고

(3) 자료가 불완전한 경우

신고기한 종료 전 기업이 수출한 재화와 용역의 증빙이 관리부문의 전산자료와 다른 경우로서 예정신고를 완료할 수 없는 경우, 기업은 신고종료일까지 관할 세무기관에 아래의 자료를 제출하여야 한다.

1) 전산정보가 아닌 수출환급증빙 신고표 및 전산자료
2) 환급(면세)신고 증빙 및 자료

3. 결산

대외무역기업은 단독으로 장부를 구비하여 수출화물의 구매금액과 매입세액을 결산하여야 한다. 물량을 구입할때 수출사용 여부를 확인하지 못하면 우선적으로 수출재고장부에 기입하며 기타 용도에 사용할때 수출재고장부에서 차감한다.

4. 수출화물, 노무와 과세행위 퇴(면)세 일상관리

수출화물, 노무와 과세행위의 퇴(면)세 증거서류, 자료는 반드시 10년간 보존하여야 한다.

제9절 세수우대

I 《증치세잠행조례 增值稅暫行条例》에 규정한 면세항목 : 7항

(1) 농업생산자가 매출하는 자가 생산 농산품

포함 : "회사+농가"형식의 가축가금사양

> **참조** 단위와 개인에게 매출한 외부구매 농산품 및 단위와 개인이 농산품을 외부에서
> 구입하여 생산, 가공후 매출한 경우, 그 제품이 농업제품의 범위에 속하는 경우
> 라도 면세범위에 속하지 않으며 정상적으로 징세한다.

(2) 피임약품과 용구

(3) 고서 : 구매한 오래되거나 낡은 책

(4) 직접 과학연구, 과학실험과 학습에 사용되는 수입기기, 설비

(5) 외국정부, 국제조직이 무상으로 원조한 수입물자와 설비

(6) 장애인조직에서 직접 수입하여 장애인에게 제공한 전용물품

(7) 자가 사용하였던 물품을 매출하는 경우 : 자체사용하였던 물품은 기타개인
(其他个人)이 자체사용하였던 물품을 가리킴

다중선택

다음 중 증치세를 면제하는 것은?

A. 임목장에서 매출하는 나무묘목

B. 개인 장모씨가 자가용 승용차를 매출

C. 회사에서 가지고 있던 건물을 매각

D. 장애인 조직에서 직접 수입하여 제공한 장애인 전용물품

답 A, B, D

해설 A : 임장은 생산자에 속하며 생산자가 매출한 농산품은 면세한다.
B : 기타 개인이 자체 사용하였던 동산을 매출하는 것은 면세한다.
D : 장애인 조직에서 직접 구입하여 제공한 장애인 전용물품은 면세한다.

Ⅱ "营改增"에 규정한 세수우대정책

1. 증치세를 면세하는 항목

(1) 탁아소, 유아원에서 제공한 보육과 교육서비스

(2) 양로기구에서 제공한 양로서비스

(3) 장애인 복지기구에서 제공한 양육서비스

(4) 혼인중개 서비스

(5) 장례서비스

(6) 장애인 본인이 사회를 위하여 제공한 서비스

(7) 의료기구에서 제공한 의료서비스

(8) 학력교육에 종사하는 학교에서 제공한 교육서비스

(9) 학생이 제공하는 아르바이트 노무

(10) 농업기계경작, 배수관개, 병충해 예방치료, 식물보호, 농업축산업보험 및 해당 기술교육업무, 가금, 가축, 수산동물의 교배와 질병 예방치료

(11) 기념관, 박물관, 문화관, 문물보호단위 관리기구, 미술관, 전람관, 서화원, 도서관이 자체 장소에서 문화체육 서비스를 제공하여 취득한 정문입장료(第一道门票) 수입

(12) 사원, 도관, 이슬람 사원과 교회당에서 시행한 문화, 종교활동의 입장료수입

(13) 행정单位 이외의 기타 单位에서 수금한 규정된 조건에 부합되는 정부성 기금과 행정사업성 수금

(14) 다음 이자수입은 증치세를 면제한다.

    1) 국가 학자금대출

    2) 국채, 지방정부채권

    3) 인민은행의 금융기구에 대한 대출

    4) 주택 적립금 관리중심에서 주택 적립금이 지정된 위탁은행을 이용하여 발급하는 개인 주택대출

    5) 외환관리국에서 국가외환보유경영에 종사하는 과정에 금융기관에 위탁하여 발급한 외환대출

    6) 统借统还업무 중 기업집단 혹은 기업집단 중의 핵심기업 및 집단에 속하는 재무회사가 금융기관에 지급하는 차입금 혹은 지급한 채권표면 이자 수준보다 높지 않은 수준으로 기업그룹 혹은 집단내 산하기업에서 취득한 이자

    7) 경외기구가 경내채권시장에 투자하여 취득한 채권이자수입

    9) 금융기구가 소형기업과 초소형기업, 개입사업자에게 소액을 대출하고 취득한 이자수입

    10) 사회기금회, 사회보험기금투자관리인인 사회보험기금투자과정 중 대출 서비스를 제공하고 취득하는 이자성 수입

(15) 금융업종간 이자수입 면세

    1) 금융기구와 인민은행간 발생한 업무

    2) 은행연행(银行联行) 거래업무

    3) 금융기구간의 자금거래업무

    4) 금융기구간 어음수표할인 업무 등

(16) 규정에 동시에 부합하는 담보기구가 취득하는 중소기업신용담보 혹은 재담보 수입(신용평가, 자문, 교육 등은 포함하지 않음)은 3년간 증치세를 면제한다.

(17) 보험업무

    1) 회사에서 일년 이상의 생명보험 제품을 개설하여 취득한 보험료수입

    2) 경내 보험회사가 외국 보험회사에 제공한 완전외국에서 소비하는 재보험 서비스

(18) 다음의 금융상품 양도수입

    1) 적격경외투자자(QFII)가 경내회사에 위탁하여 경내에서 증권매매 업무에 종사할 경우

    2) 홍콩시장투자자(单位와 개인을 포함)가 후강통(沪港通)을 통하여 매매하는 상해증권거래소에 상장된 A주식, 基金互认(해외에 등록하여 현지의 감독기관의 감독을 받아 현지인에게 공개 매매하도록 허용)을 통한 기금 배정액을 매매

3) 증권투자 기금관리인이 기금을 운용하여 주식, 채권을 매매하는 경우

4) 개인이 금융상품 양도업무에 종사

(19) 납세인이 기술양도, 기술개발과 그와 관련된 기술자문, 기술서비스를 제공

(20) 정부에서 설립한 학력교육을 진행하는 학교에서 연수반, 양성반을 개최하여 취득하는 전액 본 학교소유로 귀속되는 수입

(21) 정부에서 개최한 직업학교에서 설립한 주로 학교학생을 위하여 실습장소를 제공하며 또한 학교에서 자체 경영하는 경영수입이 학교에 귀속되는 기업이 "현대서비스(現代服務)"(금융리스, 광고서비스와 기타 현대서비스 제외), "생활서비스(生活服務)"(문화체육서비스, 기타 생활서비스와 사우나 등) 등 업무활동에 종사하여 취득한 수입

(22) 가사관리 서비스 기업의 직원제 가사관리원이 가사관리 서비스를 제공하여 취득한 수입

(23) 복지복권, 체육복권의 발행수입

(24) 군대에서 빈 건물을 임대한 임대수입

(25) 토지사용권을 농업생산자에게 농업생산용으로 양도하는 경우

(26) 토지소유자가 토지사용권을 출양(出让)하는 것과 토지사용자가 토지사용권을 토지소유자에게 반환하는 경우

(27) 현급 이상 지방인민정부 혹은 자연자원 행정주관부문이 자연자원사용권을 출양 및 양도(出让, 转让) 혹은 회수(토지사용권을 포함하지 않음)하는 경우

(28) 각 당파, 공청단, 공회, 부녀연합회, 중국과학기술협회, 청년연합회, 대만동포연합회, 화교연합회에서 당비, 단원비, 회비를 수취하고 정부간 국제조직에서 회비를 수취할 경우 증치세를 징수하지 않는다.

(29) 중국우편그룹(邮政集团公司) 및 그에 속하는 우편기업이 제공하는 우편일반서비스, 우편특수서비스, 금융기관의 금융보험 업무를 대행하여 취득한 대리수입

(30) 군인 전직 간부, 종군 가족 취업

1) 개인경영을 하는 군대 전역간부, 종군가족은 세무등록증을 받은 날부터 3년 동안 증치세를 면제받는다.

2) 직업을 자체적으로 선택하는 군대 전직간부의 취업을 위해 새로 창업한 기업, 종군가족의 취업을 정착시키기 위해 새로 창업한 기업은 세무등기 증서를 받은 날부터 3년 동안은 증치세를 면제한다.

(31) 경외교육기구와 경내의 학력교육에 종사하는 학교가 중외합작하여 학교를 운영하고 학력교육서비스를 제공하여 취득한 소득은 증치세를 면제한다.

(32) 도서 도매, 소매의 증치세의 징수를 면제한다.

(33) 과학기술보급단위의 입장권수입 및 현급 및 그 이상 당정부서와 과학기술 협회가 진행하는 과학기술보급활동의 입장권수입은 증치세를 면제한다.

(34) 국가급, 성급 과학기술기업 인큐베이터, 대학과학기술원과 국가등록대중창조 공 간이 인큐베이트 대상자에게 서비스를 제공하여 얻은 소득은 증치세를 면제한다.

(35) 신설규정 : 납세자가 취득한 재정보조수입이 화물의 판매, 노무, 서비스, 무 형자산, 부동산의 수입 또는 수량과 직접 관련될 경우 반드시 규정에 따라 증치세를 납부해야 한다. 납세자가 취득한 기타 상황의 재정보조수입은 증 치세과세소득에 속하지 않으며 증치세를 징수하지 않는다.

2. 증치세 납부후 즉시환급(即征即退)

아래 사항에 대하여 13%로 증치세를 징수한 후 증치세 실제 조세부담이 3%를 초과한 부분에 대하여 증치세 납부후 즉시 환급하는 정책을 시행

(1) 일반납세인이 자체개발 생산한 소프트웨어 제품을 매출

(2) 에니메이션 기업 증치세 일반납세인이 자체적으로 개발제작한 에니메이션 소프트웨어를 판매한 경우

(3) 일반납세인이 수송관운송(管道运输) 서비스를 제공

(4) 비준을 거쳐 금융리스업무에 종사하는 일반납세인이 유형동산의 금융리스나 판매후금융리스(融资性售后回租) 서비스를 제공

(5) 납세자(장애인을 안치하는 단위와 개인사업자)는 장애인 증치세 납부후 즉 시환급(即征即退) 혜택을 받는다.

> 월 증치세액 환급 = 납세자 이달 장애인안치인 수 × 이달 최저월급기준의 4배

> **참조** 납세자가증치세 납부 후 즉시환급(即征即退) 정책의 혜택을 받을 경우 납세신용등급조건에 대한 요구가 있을 경우 납세자가 세금환급을 신청한 세금납부기간의 납세신용등급에 따라 확정한다.

3. 증치세 공제(경감)규정

3년간 호당 연간 12,000원으로 한도액을 정해 실제 납부해야 할 증치세, 도시유지건설세, 교육비부가, 지방교육비부가, 개인소득세를 차례로 공제한다. 한도액 표준은 최고 20%까지 증가시킬 수 있다.

(1) 퇴역군인의 창업취업

(2) 중점군체의 창업취업

4. 증치세 선징수 후 반환(先征后退)에 관한 규정

(1) 열거한 출판물의 출판단계에서의 증치세는 징수하고 100% 퇴세한다.

(예를 들면 기관신문과 기관간행물, 중소학교의 학생교과서, 노인을 위해 출판, 발행하는 신문과 간행물 등)

(2) 기타 각 종류의 도서, 잡지, 음향영상제품, 전자출판물은 출판단계에서 증치세를 먼저 징수하고 50% 반환한다.

(3) 열거한 인쇄, 제작 업무에 대한 증치세는 먼저 징수하고 100% 반환한다.

(예를 들면 소수민족문자로 된 출판물의 인쇄 또는 제작 업무)

5. 금융기업 대출업무

대출을 발급한 후, 이자결산일로부터 90일 내에 발생한 미수이자는 현행 규정에 의거 증치세를 납부한다. 이자결산일로부터 90일 후에 발생한 미수이자는 잠시 증치세를 징수하지 않으며 실제 이자를 취득할 때 규정에 따라 증치세를 징수한다.

6. 개인의 주택 매각(5%로 증치세를 납부)

(1) 북경, 상해, 광주, 심천 4개 도시(주택성질, 구매시간을 구분)

구매시간	보통주택	비보통주택
2년 이하	매출액 / (1 + 5%) × 5%	매출액 / (1 + 5%) × 5%
2년 초과	면세	양도차액 / (1 + 5%) × 5%

(2) 기타 도시(주택성질, 구매시간을 구분)

개인이 구매한 지 2년 이하의 주택을 대외로 매출하는 경우 5%의 세율에 따라 전액을 증치세 납부한다. 개인이 구매한 지 2년 이상(2년 포함)된 주택을 대외로 매출하는 경우 증치세를 면세한다.

구매시간	주택양도(보통, 비보통)
2년 이하	양도가액 ÷ (1 + 5%) × 5%
2년 초과	면세

다중선택

다음 중 증치세가 면세되는 것은?
A. 개인이 구매한 지 2년 이상된 주택을 매각
B. 개인이 금융상품을 양도
C. 의료기구에서 제공한 의료서비스
D. 장애인 기업에서 사회에 제공한 과세서비스

답 B, C

해설 북경, 상해, 광주, 심천 4개 지역의 개인이 구매한 지 2년 이상인 일반주택을 매출하면 증치세를 면세하며, 비일반주택은 양도차액에 따라 납세한다. 장애인 개인이 사회에 과세서비스를 제공하는 경우 증치세를 면세한다.

Ⅲ 재정부, 세무총국에서 규정한 기타 증치세 우대

1. 재정부, 국가세무총국에서 규정한 면세항목 : 23항

(1) 자원 종합이용 제품과 노무

재세[2015]78호에 인쇄 발행한 《자원종합이용제품과 노무의 증치세 우대목록, 资源综合利用产品和劳务增值税优惠目录》 통지의 규정에 대하여 납세인이 자체 생산한 자원종합이용제품을 매출하고 자원종합이용노무를 제공하면 증치세 납세후 즉시 반환 정책을 향유할 수 있다. 퇴세비율은 30%, 50%, 70%, 100% 4등급으로 나눈다.

(2) 야채유통단계 증치세 면세(도매, 소매를 포함)

> 참조〉 썰기, 말리기, 냉장, 냉동절차를 거쳐 가공한 야채를 포함. 단, 야채통조림은 포함하지 않음.

(3) 박류(粕类)제품 : 두박(豆粕)은 과세사료에 속함(13%), 기타 박류사료는 증치세를 면세

(4) 종자제조업종 : 종자제조기업에서 종자를 생산 매출하는 경우 농업생산자가 자체 생산한 농업제품을 매출하는 것으로 보아 증치세를 면제

(5) 유기비료제품 : 유기비료 제품의 생산 판매 및 도매, 소매의 증치세를 면제한다.

(6) 边销茶 생산기업이 자체생산한 차를 판매하거나 중개판매기업이 边销茶를 판매하는 경우 증치세 면제조치를 집행한다.

> 참조〉 **边销茶** : 변방판매차 또 "변차"라고도 하는데 이는 변강(**边疆**)의 소수민족이 마시도록 하는 특수한 차라고 하여 붙여진 이름이다. 흑차류에 속하며 대부분은 눌러준 차이고 일부분은 누르지 않은 차이다.

(7) 부채를 지분으로 전환할 경우 증치세 면제

부채를 지분으로 전환하는 기업과 금융자산관리회사가 체결한 출자전환 협의에 따라 출자전환대상 원법인이 화물자산을 투자하여 출자전환신규법인에 제공하였을 경우 증치세를 면제한다.

(8) 신설규정 : 초소형기업에 대한 증치세 우대

2019년 1월 1일부터 증치세 과세판매행위가 일어났고 월 매출액이 총 10만 원(분기 매출액이 30만원을 초과하지 않았음)을 초과하지 않을 경우에는 증치세를 면제한다.

> 해설 1 당기 발생한 판매액에서 부동산판매액을 공제한 후 10만원을 초과하지 않을 경우 화물, 노무, 서비스, 무형자산 판매액은 증치세를 면제한다.

> 해설 2 증치세 차액징수정책을 적용하는 소규모 납세자는 차액후의 판매액으로 상술한 증치세면제를 향유할 수 있는지를 확정한다.

(9) 난방공급기업이 주민 개인에게 난방공급을 하여 취득한 난방비용소득에 대하여는 증치세를 면제한다.

열에너지제품 경영기업을 통하여 주민에게 열에너지를 공급하는 열에너지제품생산기업은 열에너지제품경영기업이 실제로 주민에게서 취득한 난방비 비율이 당해 경영기업의 난방비수입에서 차지하는 비율에 근거하여 면세수입비율을 확정한다.

(10) 연구개발기구에서 설비구매 증치세 정책

과학연구와 기술개발을 격려하고 과학기술진보를 촉진하기 위하여 내자연구개발기구와 외자연구개발센터에서 구입한 국산설비에 대하여 조건에 부합하는 경우 규정에 따라 전액 증치세를 환급한다.

(11) 도시공공 급수기업이 수자원세를 납부함에 있어서 상응한 수도요금수입은 증치세를 계산하지 않는다.

(12) 납세자가 하도급, 임대, 상호교환, 양도, 출자 등의 방식으로 토지(承包地)를 농업 생산자에게 이전시켜 농업 생산에 사용하는 경우 증치세를 면제한다.

(13) 사회단체가 취득한 회비는 증치세를 면제한다.

(14) 협찬업체 및 협찬에 참가하는 산하 기구가 협찬협의 및 보충협찬협의에 따라 북경동계올림픽조직위원회에 무료로 제공하는, 북경 2022년 동계동계올림픽과 동계장애인올림픽, 시험경기와 관련된 서비스는 증치세를 면제한다.

(15) 신설규정 : 창신(创新)기업이 경내에서 위탁증빙서류(存托凭证)를 발행할 경우 증치세를 면제한다.

(16) 신설규정 : 국내산 에이즈바이러스약품은 생산단계와 유통단계의 증치세를
　　　면제한다.

(17) 신설규정 : 조건에 부합되는 빈곤구제 증여 증치세 면제 처리
　　　단위 또는 개인사업자가 자체생산한 물품을 2019년 1월 1일부터 2022년 12
　　　월 31일까지 공익성사회조직 및 현급 이상 인민정부 및 그 구성부서와 직속
　　　기구를 통해 직접 무료로 기부한 경우 증치세를 면제한다.

(18) 신설규정 : 양로, 탁아, 가사관리 등 서비스를 제공하는 기구는 양로, 탁아,
　　　가사관리 서비스를 제공하여 얻는 소득에 대해 증치세를 면제한다.

(19) 신설규정 : 방송영화 tv의 증치세 면제
　　　포함 : 영화에 대한 주관부서가 각자의 기능 권한에 따라 비준에 종사하는
　　　영화 제작, 발행과 상영 한 영화그룹 회사, 영화 촬영소 및 기타 기업이 취
　　　득 한 영화 복사(디지털 복사를 포함) 소득, 영화 저작권(양도와 허가사용
　　　소득 포함)수입, 영화 발행 수입 및 농촌에서 취득한 영화상영소득

2. 기타 규정

(1) 납세인이 면세, 감세항목을 겸영하는 경우, 면세/감세항목의 매출액을 각각
　　결산하여야 하며, 각각 결산하지 않은 경우 면세/감세하지 못한다.

(2) 납세인의 화물매출, 노무와 과세행위가 면세규정을 적용하며 면세를 포기할
　　수 있다. 《증치세잠행조례增值税暂行条例》의 규정에 따라 증치세를 징수하
　　며 면세를 포기한 후 36개월내에는 다시 면세를 신청하지 못한다.

(3) 납세인의 화물매출, 과세노무 제공과 과세행위의 발생이 동시에 면세와 영세
　　율 규정이 적용되는 경우 영세율을 우선 적용한다.

(4) 납세인의 면세포기

　　1) 증치세 면세화물과 노무를 생산 매출하는 납세인이 면세포기를 요구하려
　　　면 반드시 서면형식으로 면세권포기성명(放弃免税权声明)을 제출하여야
　　　하며, 주관 세무기관에 신고하고 등록하여야 한다. 납세인이 등록자료를
　　　제출한 다음달부터 현행규정에 따라 증치세를 계산납부한다.

　　2) 면세권을 포기한 납세인이 일반납세인 조건에 부합되고 상기 증치세 일반

납세인으로 인증(认定)되지 않은 경우 현행 규정에 따라 증치세 일반납세인으로 인증(认定)하여야 한다. 매출한 화물 혹은 노무는 증치세전용파표(增值税专用发票)를 발급할 수 있다.

3) 납세인이 이미 면세권을 포기하면 그가 생산 매출한 전부의 증치세 과세화물 혹은 노무는 모두 적용세율에 따라 징세한다. 별도의 특정항목만 선택하여 면세권을 포기하지 못하며, 서로 다른 매출 대상에 근거하여 부분 화물 혹은 노무를 선택하여 면세권을 포기하지 못한다.

4) 납세인이 면세기한내에 구입한 면세항목에 사용되는 화물 혹은 과세노무 및 과세서비스에 대하여 취득한 증치세 세금 공제 증빙서류는 일률적으로 세금을 공제하지 못한다.

5) 납세인이 면세권을 포기한 후 36개월 내에는 다시 면세를 신청하지 못한다.

다중선택 ●

다음 중 증치세 납세인 면세포기 규정에 부합되지 않는 것은?

A. 납세인은 서로 다른 매출대상에 근거하여 부분적 화물을 선택하여 면세권을 포기할수 있다.

B. 납세인은 반드시 서면형식으로 면세포기신청을 제출하며 주관 세무기관에 신청하여 심사비준을 받는다.

C. 납세인은 세무기관에 면세포기성명을 수리한 당월부터 12개월내에 다시 면세를 신청하지 못한다.

D. 조건에 부합되며 상기 증치세 일반납세인으로 인증(认定)되지 않은 납세인이 면세권을 포기하면 반드시 증치세 일반납세인으로 인증(认定)하여야 한다.

답 A, B, C

해설 A : 납세인이 이미 면세권을 포기하면 그가 생산 매출한 전부의 증치세 과세화물과 노무는 적용세율에 따라 징수한다.

　　　B : 서면형식으로 면세권 성명을 제출하고 주관 세무기관에 신고하여 등록하면 된다.

　　　C : 납세인은 세무기관에서 그의 면세권포기성명을 수리한 당월부터 36개월내에 다시 면세권을 신청하지 못한다.

제10절 징수관리

Ⅰ 납세시기와 납세지점

1. 납세의무 발생시기

납세인의 화물매출 혹은 과세노무의 대금 결제방식에 따라 다음과 같이 규정한다.

대금결산방식	증치세 납세의무 발생시간	비고
직접 수금하는 방식으로 화물매출	매출액을 수금하거나 매출증빙서류를 취득하며 동시에 출고증을 매입측에 제출한 당일	출고 여부에 관계 없음
은행에 위탁하여 수금하는 방식으로 화물매출(托收承付 포함)	화물을 출고하고 동시에 위탁수금 수속을 진행한 당일	대금수금 여부와 관계 없음
외상매출과 할부수금 방식으로 화물매출	서면계약에 약정한 수금 당일. 서면계약이 없거나 혹은 서면계약에 수금일을 약정하지 않은 경우 출고 당일로 한다.	대금수금 여부와 관계 없음
선수금 방식으로 화물매출	화물출고 당일 특수처리 생산/작업일이 12개월을 초과하는 대형기계설비, 선박, 비행기 등 화물은 선수금을 취득하거나 혹은 서면계약에 약정한 수금일 당일	선수금을 취득할 때가 아님
기타 납세인에게 위탁하여 대리매출	대리매출단위(單位)에서 매출한 대리매출 명세서 혹은 전부(부분) 대금을 취득한 날 중 둘 중 빠른 날 참조 대리매출 상품을 발주한 지 180일 지난 후 여전히 매출명세표와 대금을 취득하지 못하면 간주매출로 일률적으로 증치세를 징수한다. 납세의무 발생시간은 대리매출 상품을 출고한 지 180일이 되는 날	
화물 간주매출	화물이송 당일	—
간주매출에 해당하는 과세행위, 무형자산, 부동산	서비스, 무형자산 양도를 완료한 당일 혹은 부동산 소유권변경 당일	—

대금결산방식	증치세 납세의무 발생시간	비고
임대서비스 제공	선수금을 받은 경우, 선수금을 취득한 당일	화물매출과 다름
금융상품 양도	금융상품 소유권 이전 당일	–

 단일선택

《증치세잠행조례增值税暂行条例》및 그의 세칙 실시의 규정에 근거하여 선수금 방식으로 화물을 매출하는 증치세 납세의무의 발생시기는?
A. 매출자가 대금을 처음으로 취득한 당일
B. 매출자가 대금을 완납받은 당일
C. 매출자가 물량을 출고한 당일
D. 구매자가 물량을 수령한 당일

답 C

해설 선수금 방식으로 제품을 매출하는 증치세 납세의무의 발생시기는 화물을 출고한 당일이다.

2. 납세기한

(1) 증치세의 납세기한

1) 고정기한 : 각각 1일, 3일, 5일, 10일, 15일, 1개월 혹은 1분기

2) 고정된 기한에 따라 납세하지 못하는 경우 횟수에 따라 납세할 수 있다.

3) 분기별 납세기한으로 하는 규정은 소규모납세인, 은행, 재무회사, 신탁 투자회사, 신용사 및 재정부와 국가세무총국에서 규정한 기타 납세인에게 적용된다.

(2) 납부시기

납세인이 1개월 혹은 1개 분기를 한 개의 납세기한으로 하면, 그 기한이 만료된 일자로부터 15일내에 신고/납부한다.

납세인이 제품을 수입하는 경우 해관에서 수입증치세전용납세증명서(进口增值税专用缴款书)를 발급한 일자로부터 15일내에 세금을 납부하여야 한다.

(3) 증치세 원천징수의무 발생시기

납세인이 증치세 납세의무 발생한 당일. 세금을 납부하는 기한은 만기된 일
자로부터 15일내.

3. 납세지

납세인	납세지
고정업자－ 기구소재지	총기구와 지사기구가 동일한 현(시)에 있지 않은 경우 ① 재정부와 국가세무총국의 비준을 거쳐 총기구에서 집계하여 총기구 소 　재지 주관세무기간에 신고 납부 ② 기타 : 각각 각자의 소재지 지방세무기관에 납세신고한다.
비고정 업자	매출지 납세 : 매출지에서 납세하지 않은 것은 기구소재지 혹은 거주지에 서 보충 납부
기타 개인	건축서비스를 제공 : 건축서비스 발생지 부동산을 매출하거나 임대 : 부동산 소재지 자연자원사용권을 양도 : 자연자원 소재지

 신고서식과 총괄납부

1. 증치세납세인의 납세신고 방법

(1) 일반납세인 신고서식 : 1주 8부

주표 : 《증치세납세신고서식(일반납세인 적용)》

총 38항 3부분 : 매출액, 세금계산, 세금납부

부표 :

1) 《증치세 납세신고서식 부가열거자료(一)》(本期销售情况明细 당기 매
출상황명세)

2) 증치세 납세신고서식 부가열거자료(二)》(期进项税额明细 당기 매입세
액명세)

3) 《증치세 납세신고서식 부가열거자료(三)》(服务, 不动产和无形资产扣除

項目明細 서비스, 부동산과 무형자산 공제항목 명세)

4) 《증치세　납세신고서식　부가열거자료(四)》(税额抵减情况表　세액공제
상황표)

5) 《증치세 납세신고서식 부가열거자료(五)》(不动产分期抵扣计算表 부동
산 분할공제 계산표)

6) 《固定资产(不含不动产)进项税额抵扣情况表 고정자산(부동산 불포함)매
입세 공제 상황표》

7) 《本期抵扣进项税额结构明细表 당기 매입세액공제 구조명세표》

8) 《增值税减免税申报明细表 증치세감면 신고명세표》

(2) 소규모납세인 신고서식 : 소규모 납세인용 증치세 납세신고표

2. "营改增" 총괄납부 관리방법

(1) 적용범위

항공운송, 우편기업, 철도운송(외국합자 철도운송 기업을 포함)

(2) 납세방법

비준을 거쳐 총기구는 총괄 납부할 수 있다. 즉, 총기구가 총 지사기구 업무
가 발생한 미지급세금을 집계계산하며, 지사기구 업무가 발생하여 이미 지급
한 증치세세액을 (선지급과 보충납부한 증치세세금을 포함) 공제한 후 총기
구 소재지에서 납부한다.

(3) 지사기구

증치세 업무가 발생하면 증치세징수 매출액과 선징수율(预征率)에 따라 선
납할 증치세를 계산하며, 월별로 소재지 주관세무기관에 신고납부한다. 단,
매입세액을 공제하지 못한다.

우편기업 선납세금 ＝ (매출액＋예약금) × **预征率**(선징수율)
항공 혹은 철도기업의 선납세금 ＝ (매출액－항공 혹은 철도건설기금) × **预征率**(선징수율)

(4) 총기구 집계(분기)

1) 총기구 당기 납부세액 집계 = 당기 매출세액합계 − 당기 집계한 공제할 수 있는 매입세액

　① 총기구 및 그 지사기구가 발생한 과세매출액을 집계하여 증치세 적용 세율에 따라 계산한다.

　② 총기구가 집계한 매입세액 : 총기구 및 그 지사기구가 물량구입 혹은 노무, 서비스를 제공받고 지급하거나 혹은 부담하는 증치세세액

2) 총기구 당기 보충(퇴)세금액 = 총기구가 당기 집계한 납부세액 − 지사기구 당기 기납 증치세

(5) 지사기구가 업무발생 당기에 이미 선납한 증치세를 총기구 당기 증치세 미지급세금에서 전부 공제하지 못하는 경우 다음기로 이월 공제할 수 있다. 총기구가 집계한 매입세액은 반드시 분기가 종결된 후 처음의 신고기한 내에 신고공제하여야 한다.

제11절 증치세 파표(发票)의 사용과 관리

Ⅰ 증치세 파표(发票)

1. 증치세전용파표(增值税专用发票)

(1) 구성과 발급

1) 记账联, 抵扣联, 发票联 세 장이 한 세트

① 记账联 : 판매자가 보관

② 抵扣联, 发票联 : 구매자가 보관

2) 专用发票(전용파표)의 발급

"营改增"관련 전용파표(专用发票)의 발급 규정 주의사항

차액징수방법을 적용하여 증치세를 납부하며 또한 전액을 증치세파표
(增值税发票)를 발급하지 못하는 것, 부동산 임대, 개인이 주택을 임대하
는 경우 우대정책을 적용하여 1.5%의 세율로 징수하는 것 등

(2) 전용파표(专用发票)의 구매

일반납세인은 《发票领购簿》, 税控盘과 취급인의 신분증명에 근거하여 专用
发票를 구매

> 참조▶ 일반 납세인이 전용파표(专用发票)를 구매 및 발급하지 못하는 상황을 참조

(3) 신규납세자의 증치세파표 신규신청 발급 규정

세무기관은 규정에 부합되는 증치세파표를 처음 신청받은 새로운 납세자의 파표
신청항목을 심사결정하고 각 성 세무기관은 범위내에서 납세자의 납세위험정도를
고려하여 새로 발급받은 납세자의 첫 증치세파표 신청항목을 심사결정할 수 있다.

파표 종류	최고개표한도	매월 최고 수령 수량
증치세전용파표	10만원 이하	25장 이하
증치세보통파표	10만원 이하	50장 이하

(4) 전용파표(专用发票)의 발급 범위

1) 일반납세인이 전용파표를 발급하지 못하는 상황
   ① 상업기업 일반납세인이 담배, 술, 식품, 의류, 모자, 신발(劳保전용부분은 제외), 화장품 등 소비품을 소매
   ② 면세 물품을 매출
   ③ 소비자 개인에게 과세서비스를 제공
   ④ 증치세 면세를 적용하는 과세서비스
2) 증치세 소규모납세인(이하 소규모납세인이라 간칭)이 전용파표 발급이 필요하면 주관 세무기관에 대리발급을 신청할수 있다.

(5) 소규모납세인의 증치세전용파표

1) 세무기관 증치세전용파표 대리발급 관리방법
   ① 증치세전용파표 대리발행기관 : 주관세무기관을 말한다. 기타 단위와 개인은 대리발행하지 못한다.
   ② 기타개인이 부동산 중개, 주택임대기업 등에 위탁해 임대인에게 증치세파표를 발급할 경우 수탁업체가 해당 주관지세무기관에 증치세파표를 대신 신청하면 된다.
2) 소규모납세자가 스스로 증치세전용파표 발급(시범)(8업종)
   숙박업, 감정증명자문업, 건축업, 공업, 정보전송업, 소프트웨어 및 정보기술서비스업, 임대업과 상무서비스업, 과학연구와 기술 서비스업, 주민서비스, 수리업과 기타서비스업

   참조▶ 시범납세자가 취득한 부동산을 판매할 때 증치세전용파표를 발급해야 할 경우 세무기관에 신청하여 대리발급한다.

3) 신설규정 : 소규모납세인 증치세전용파표 발급 관리
   税总函[2019]243号 세총함 [2019]243호 : 증치세 소규모납세인(기타 개인은 제외함)에게 증치세과세행위가 발생하여 증치세전용파표를 발부해야 할 경우 증치세파표관리시스템을 자발적으로 사용하여 자체로 발부할 수 있다.

증치세전용파표를 스스로 발부하는 소규모납세인을 선택한 경우 세무기
관은 더 이상 증치세전용파표를 대리발급하지 않는다.

(6) 증치세전용파표(增値税专用发票)의 관리

1) 도주(도망)기업이 발행한 증치세전용파표 인증처리

① 도주(실종)기업이 존속 경영기간내에 다음 상황이 발생하는 경우, 그
기간내에 발급한 증치세전용파표(增値税专用发票)는 불량공제서류
로 취급한다.

(예) 무역기업에서 구매, 매출한 제품의 명칭이 법률에 크게 위배된 것, 직접 실종되
어 납세신고를 진행하지 않은 것 등

② 증치세 일반납세인이 도망(실종)기업에서 발급한 불량증빙서류를 취
득하였으며 상기 세금공제 혹은 수출퇴세를 신고하지 않은 경우, 매
입세액을 공제하지 못하거나 퇴세하지 못한다. 이미 공제를 신고한
경우 일률적으로 매입세액을 전출(转出)하며, 수출퇴세를 진행한 것
에 대하여 세무기관에서는 불량증빙서류에 관련된 퇴세금액에 따라
본기업의 기타 이미 심사 통과한 퇴세에 대하여 수출퇴세를 잠시 늦
추어 진행한다.

2) 증치세 세금공제증서의 비정상 관리

① 증치세전용파표, 이상증빙범위에 산입
예를 들어, 납세자의 분실된 세금통제전용설비(税控专用设备)에서
발급하지 않았거나 이미 발급은 되었으나 신고하지 않은 증치세전용
파표, 비정상 납세자가 세무기관에 신고하지 않았거나 규정대로 세금
을 납부하지 않은 증치세전용파표 등

3) 증치세 일반납세자가 이상증빙서류로 공제를 신고하고 동시에 다음 각
항의 상황에 부합되는 경우 발급한 증치세전용파표를 이상증빙범위에
포함시켜야 한다.

① 이상증빙 매입세액의 누계가 동기 전체 증치세전용파표 매입세액의
70%(포함) 이상을 차지하는 경우

② 이상증빙매입세액이 누계로 5만원을 초과하였을 경우

4) 증치세 일반납세인이 취득한 증치세전용파표를 이상증서의 범위에 산입한 경우 다음의 규정에 따라 처리하여야 한다.

① 증치세매입세액을 아직 신고하지 않은 경우에는 잠시 공제를 허용하지 않는다. 이미 매입세액을 신고하였을 경우에는 별도로 규정한 경우를 제외하고는 일률적으로 매입세액을 전출 처리한다.

② 수출세금환급을 신고하지 않았거나 이미 신고하였으나 아직 수출세금환급을 하지 않은 경우에는 별도의 규정이 있는 경우를 제외하고는 잠시 수출세금환급을 허용하지 않는다.

③ 소비세 공제에 영향이 있는 경우

④ 납세신용 A급 납세자가 이상 증빙서류를 취득하고 이미 증치세 공제, 수출세금환급 또는 소비세 공제 신고를 한 경우, 세무기관의 통지를 받은 날부터 10일 이내에 주관 세무기관에 확인신청을 할 수 있다.

2. 자동차매출 통일파표(机动车销售统一发票)

(1) 파표구성

전산식 6매가 한 세트이며, 그 중 두 번째가 抵扣联(구매단위의 세금공제 증빙서류)이며, 구매단위가 증치세 일반납세인이 아닐 경우 抵扣联은 매출단위(单位)에서 보관한다.

(2) 증치세세액의 계산공식

증치세세금 = 가격과세금 합계 − 세금불포함 가격
세금불포함가격 = 가격과세금 합계 ÷ (1 + 증치세세율 혹은 징수율)

3. 증치세 보통파표(普通发票)와 전자보통파표

증치세 전자보통파표의 발급측과 수령하는측이 종이파표가 필요한 경우, 증치세 전자 보통파표를 프린트할 수 있으며, 그의 법률효력, 기본용도, 기본사용 규정 등은 세무기관에서 감독 제작한 증치세보통파표(增值税普通发票)와 동일하다.

제3장

소비세법

❑ **소비세의 개념**

중국에서 현재 실행하는 소비세는 중국 경내에서 과세소비품의 생산, 위탁가공과 수입에 종사하는 단위와 개인에게 징수하는 세금이다. 한국의 특별소비세와 유사하다.

❑ **중국 소비세의 특징**

(1) 징수범위는 선택적(증치세와 차이)
(2) 징수단계는 단일성(증치세와 차이)
(3) 평균세율이 비교적 높으며 또한 조세부담 차이가 크다.
(4) 징수방법의 융통성

❑ **소비세와 증치세의 차이점**

(1) 징수범위
　　증치세는 일반적으로 면세등으로 규정한 항목을 제외한 거의 모든 화물(재화)과 서비스에 과세를 하는 것에 비하여, 소비세는 열거된 항목에 대해서만 과세한다.
(2) 가격과의 관계
　　증치세는 가격외세금, 즉 공급가액과 증치세로 구분되어 자산의 원가나 비용을 구성하지 않으나, 소비세는 다르다.
(3) 납부단계의 차이점
　　증치세는 모든 단계마다 증가되는 부가가치에 대하여 모두 과세하나, 소비세는 규정된 단계에서만 과세한다.
(4) 세금계산 방법의 차이

□ 소비세와 증치세의 공통점

(1) 두 가지 세금 모두 화물에 대하여 징수하는 세목이다.
(2) 일반적으로 종가율로 소비세를 징수하는 과세소비품에 대하여 증치세와 소
    비세의 세액계산의 근거가 동일하다.

구별	참조
1) 두 가지 세금의 징세범위가 서로 다르다. 2) 두 가지 세금과 가격의 관계가 서로 다르다. 3) 두 가지 세금의 과세되는 유통단계가 서로 다르다(납세단계). 4) 두 가지 세금의 세금계산 방법이 서로 다르다.	1) 두 가지 세금은 모두 화물에 대하여 징세한다. 2) 종가정률(从价定率)로 소비세를 징수하는 과세소비품에 대하여 소비세를 징수하는 동시에 증치세를 징수하며 두 가지 세금의 세금계산 근거는 일치한다.

제1절 납세의무인과 징수범위

I 납세의무인

1. 납세의무인의 일반규정

중국 경내에서 생산, 위탁가공과 수입조례에 규정한 소비품을 수입하는 단위(单位)와 개인은 소비세의 납세의무인이다.

단일선택 ○

다음 회사 중 소비세 납세의무인에 속하지 않는 것은?
A. 소형 자동차 생산기업
B. 실담배(烟丝)를 위탁가공하는 담배공장
C. 와인을 수입하는 무역회사
D. 백주를 수탁가공하는 가공공장

답 D

해설 위탁가공중 위탁자는 소비세의 납세의무인이다.

❏ 烟叶(담뱃잎), 烟丝(실담배), 卷烟(담배, cigarette)

위 세 단어는 소비세법 및 다른 세법에서도 자주 등장하는 단어이므로 간단히 설명하고자 한다.

담배라는 것이 담배나무에서 잎(烟叶)을 따다가, 그것을 실 같은 형태로 잘라서 (烟丝, 실담배로 부르기로 한다) 그것을 가공하여 종이로 싸고 필터를 끼워 담배 (卷烟, cigarette)를 만든다고 한다. 이렇게 담배잎의 가공상태에 따라서 여러 용어가 등장한다. 각각의 단어에 해당하는 과세내용이 서로 다르므로 알고 넘어가기로 한다.

참고로, 1상자는 250보루(표준), 1보루(표준)는 200개피로 구성된다.

2. 납세의무인의 특수규정

(1) 담배(卷烟)를 도매유통하는 단위(单位)

(2) 금은장신구, 다이아몬드 및 다이아몬드 장식품을 소매유통하는 단위(单位) 와 개인

Ⅱ 단일 유통단계의 소비세 납부

1. 단일 유통단계 납세

소비세가 과세되는 유통단계는 4가지가 있다. 생산, 위탁가공, 수입, 소매단계이며, 예외적인 사례를 제외하고는 지정된 유통단계에서 일회성으로 납부하며, 다른 단계에서 다시 납부하지 않는다(증치세와 차이점).

	일반	특수
소비세	생산, 수입, 가공(위탁자)	도매, 도매
증치세	매출, 수입, 가공(수탁자)	도매, 도매

2. 생산단계 소비세 징수

(1) 일반

생산후 매출, 생산후 자가사용

(2) 생산행위로 간주하는 경우

1) 외부에서 구매한 소비세 비과세제품을 소비세 과세제품으로 대외에 매출하는 경우

2) 외부에서 구매한 소비세가 낮은 세율의 과세제품을 높은 세율의 과세제품으로 대외에 매출하는 경우

3. 소매단계

소매단계에서만 소비세를 징수하는 것으로는 금은장신구, 다이아몬드 및 다이아몬드 장식품이 있으며 구체적 사항은 다음과 같다.

요소	규정	주석
징수범위	금은장신구는 金基、银基, 합금장신구 및 금은장신구(镶嵌首饰)로 제한된다.	조건에 부합되지 않는 것은 여전히 생산단계에서 소비세를 납부한다.
세율	5%	금은장신구와 비금은장신구를 동시에 매출하는 생산경영단위는 매출액을 각각 계산한다. 구분이 명확하지 않거나 각각 계산하지 못하는 경우 생산단계에서 매출하는 것은 일률적으로 높은 적용세율로 소비세를 징수하며(10%), 소매단계에서 매출하는 것은 일률적으로 금은장신구로 소비세를 징수한다(5%).
세금계산 근거 일반규정	증치세 불포함 매출액	세금포함금액 ÷ (1 + 17%)
세금계산 근거 구체규정	1. 금은장신구와 가타제품으로 소비품세트를 구성하여 매출	매출액의 전액으로 소비세 징수
	2. 금은장신구를 포장물과 함께 매출	포장가격을 단독으로 계산하는지 상관없이 또한 회계상 어떻게 계산하는지 상관없이 모두 금은장신구의 매출액에 합산하여 소비세 징수
	3. 가공(원재료 제공)한 금은장신구	수탁인의 동일유형 금은장신구의 매출가격에 따라 세금 계산근거를 확정하여 소비세를 징수한다. 동일유형의 금은장신구의 매출가격이 없으면 과세구성가격(공식에 따라 계산)에 따라 계산하여 납세한다.
	4. 구제품 교환방식(낡은 것을 새 것으로 개조 포함)으로 금은 장신구를 매출	실제 수취한 증치세 불포함 전체 가격(사례 3-1 참조)으로 세금 계산근거를 확인하며 소비세를 징수한다.

사례 3-1

A상점에서는 금은장신구를 소매유통하여 세금포함 매출액 30만원을 취득하였다. 그 중 구제품 교환방식으로 한 매출 18만원이 포함되어 있다. 구제품 교환방식매출 중 구제품 장신구의 세금포함 금액은 8만원이며 A상점에서 실제로 수금한 세금포함 금액은 10만원이다. A상점에서 금은장신구를 소매유통하여 납부할 소비세와 증치세는 각각 얼마일까? (증치세 매입세액을 고려하지 않는다)

답 소비세 납부세액 = (30 - 18)÷1.17×5% + 10÷1.17×5% = 0.94만원
　　　 증치세 납부세액 = (30 - 18)÷1.17×17% + 10÷1.17×17% = 3.20만원

Ⅲ 두 가지 유통단계에서 납부하는 소비세

1. 담배(卷烟)

(1) 정상적인 소비세 납부 : 생산, 위탁가공, 수입 단계

(2) 소비세 추가 징수 : 도매단계. "담배"만이 도매단계에서 소비세를 징수한다.
2009년 5월 1일부터 담배는 도매단계에서 5%의 종가세로 징수하였다.

2015년 5월 10일부터 담배의 도매단계의 종가세 세율은 5%에서 11%로 변경하였고, 동시에 250원/박스의 종량세도 과세한다.

해당 내용은 다음과 같다.

요소	규정
납세인	중화인민공화국 경내에서 담배 도매업무에 종사하는 단위와 개인 (1) 납세인이 납세인 이외의 단위와 개인에게 매출하는 담배는 매출시점에 납부한다. (2) 납세인 간의 담배매출은 소비세를 납부하지 않는다(다른 도매업자에게 매출하는 경우임).
세액계산 근거	도매유통하는 모든 규격의 담배는 그 매출액(증치세 불포함)과 매출수량에 따라 소비세를 징수한다(복합세금계산, 종가+종량).

요소	규정
세액계산	소비세 납부세액 = 매출액(증치세 불포함) × 11% + 매출수량 × 250원 / 박스 **주의사항 ① 납세인은 담배매출액과 기타 상품의 매출액을 구분하여 계산하여야 하며, 구분하지 않은 경우 모두 소비세를 징수한다. ② 담배의 소비세를 생산과 도매 두 단계에서 징수한 후, 도매기업에서 납세액을 계산할 때 이미 포함된 생산단계의 소비세 세액을 공제하지 못한다.
납세지	담배 도매기업의 기구소재지, 총기구와 지사기구가 동일한 지역에 있지 않는 경우 총기구에서 납세신고한다.

Q 사례 3-2

담배도매기업 A는 2016년 11월에 담배 500박스를 도매유통하였으며 그 중 기타 담배 도매기업에 350박스를 매출하였고 전문소매매장에 100박스, 개인사업자에게 50박스를 매출하였으며 박스당 세금불포함 도매가격은 10,000원이다. A기업의 소비세액은?

답 소비세 납부세액 = 10,000 × (100박스 + 50박스) × 11% + (100박스 + 50박스) × 250원
= 202,500원

❏ 소비세 유통단계별 과세

	생산단계	수입단계	도매단계	소매단계
일반 소비세 과세품	○	○		
금은장신구				○
담배	○ (복합)	○ (복합)	○ (복합)	

단일선택

현행 세법에 근거하여 다음 소비품 중 증치세와 소비세 모두 징수하는 것이 아
닌 것은?

A. 도매단계에서 매출하는 담배
B. 소매단계에서 매출하는 금은장신구
C. 도매단계에서 매출하는 백주
D. 수입을 신고한 골프채

답 C

해설 증치세를 납부하며 소비세를 납부하지 않는다.

제2절 세목과 세율

 소비세 세목

> 소비세 징수범위는 15개의 항목이 있다.

> ❑ 최근 3년 내의 조정사항
> - 2014년 12월 1일 : 자동차타이어, 알콜에 대한 소비세 징수를 취소
> - 2015년 2월 1일부터 전지, 도료에 대하여 소비세를 징수
> - 2016년 10월 1일 : "화장품"의 세목을 "고급화장품"으로 변경하여 세율을 15%로 조정

1. 담배

담배(卷烟), 씨거(雪茄烟), 실담배(烟丝)를 포함한다.

(1) 담배(수입담배, 흰종이로 포장한 담배, 수공예담배와 국무원의 비준을 받지 않은 기업 및 개인이 생산한 담배 모두 포함)

    1) 생산, 위탁가공, 수입단계에서 소비세를 징수한다.

    2) 도매단계에 소비세를 추가로 징수한다.

(2) 씨거

(3) 실담배

2. 주류

양식(곡류)백주, 薯类(감자류)백주, 황주, 맥주(과일맥주 포함), 기타 주류를 포함한다.

> 2014년 12월 1일부터 알콜에 대한 소비세 징수를 취소하였다.

(1) 맥주의 분류 : 갑류맥주, 을류맥주

> 단위 세액 구별 : 구분 표준 3,000원/톤(맥주공장가격), 포장물 및 보증금 포함, 중복으로 사용하는 비닐과 상자의 보증금을 포함하지 않는다.

(2) 음식업, 상업, 오락업종의 호프집(啤酒屋)에서 맥주 생산설비를 이용하여 생산한 맥주는 소비세를 징수한다.

(3) 배합술 중 기타 주류(10%)과 백주(20%)

(4) 포도주 소비세는 "기타주류"를 적용한다(10%).

 **사례 3-3**

A기업에서 생산한 식용알코올에 식품첨가제를 추가하여 배합술을 제조하였으며 당월에 전부 매출하였다. 增値税专用发票의 공급가액은 20만원이다. 소비세 납부세액은?

답 소비세 납부세액 = 20×10% = 2만원

 **사례 3-4**

A호프집에서는 2016년 8월에 다음과 같은 사항이 발생하였다. 식사주문 소비수입 150,000원이며 병맥주 3톤 매출수입 5,000원, 자체설비로 직접 제조한 맥주 1톤의 매출수입 2,000원 포함되어 있다.

답 (1) A호프집에서 납부할 증치세 = 150,000 ÷ (1+3%) × 3% = 4,368.93(원)
　　　(2) A호프집에서 납부할 소비세 = 250×1톤 = 250원

---

3. 고급화장품

2016년 10월 1일부터 일반미용 화장품의 소비세 징수를 취소하고 "화장품" 세목의 명칭을 "고급화장품"으로 개명하였다. 고급미용 등의 화장품, 고급 피부보호용 화장품과 화장품 세트를 포함하며 생산(수입)단계의 매출(관세세금납부)가격(증치세불포함)이 10원/ml 혹은 15원/조각(장) 및 그 이상의 미용류의 화장품과 피부보호용 화장품이다(개정).

> 참조 ▷ 불포함 사항 : 무대, 연극, 영화배우가 화장에 사용하는 上妝油, 卸裝油, 油彩

4. 귀중 장신구 및 진주옥보석

금, 은, 진주, 옥 등 고가의 희소한 물질 및 기타 금속, 인조보석 등으로 제조한 각종 순금, 은 및 장식품을 포함하며, 채굴, 연마, 가공한 각종 진주, 옥 등을 포함한다. 출국인원이 면세점에서 판매하는 금은장신구는 소비세를 징수한다.

5. 골프공 및 골프용품

골프공, 골프채, 골프가방을 포함한다. 골프채의 헤드, 몸체와 손잡이는 본세목의 징세범위에 속한다.

6. 고급손목시계

판매가격(증치세 불포함)이 10,000원(포함) 이상의 각종 손목시계

7. 요트

길이가 8미터보다 길며 90미터보다 짧은 것. 주로 수상스포츠와 레저, 오락 등 비영리활동의 각종 요트

8. 완제품 오일

휘발유, 디젤유, 석뇌유(石腦油,나프타), 용제유, 항공유(航空煤油), 윤활유, 연료용 기름 등 7가지를 포함한다.

> 항공유는 잠시 징수하지 않으며, 변압기오일(变压器油), 열전도성오일(导热类油)등 절연오일(绝缘油类)류 제품은 소비세를 징수하지 않는다.

9. 일회용 나무젓가락

10. 원목마루(바닥재)

각종 규격의 원목 바닥재, 实木指接地板, 원목복합바닥재 및 벽장식, 천장의 측면 홈, 홈의 원목 장식판에 사용되는 도료 장식을 하지 않은 원나무판을 포함한다.

11. 소형자동차

(1) 포함되는 자동차

　　1) 각종 승용차(최고 9좌석), 중형상용버스(10~23좌석)

　　2) 개조차량 : 배기량이 1.5(포함) 이하인 차량하부 개조한 승용차

(2) 포함되지 않는 자동차

　　1) 전동자동차는 본 세목의 징세범위에 속하지 않는다.

　　2) 차체 길이가 7미터보다 길며(7미터 포함) 좌석은 10~23좌(포함) 이하

　　3) 모래사장카트(沙滩车), 눈카트(雪地车), 카트(卡丁车), 골프카트(高尔夫车)

12. 오토바이(2륜과 3륜 포함)

참조▷ 불포함 항목
　　(1) 설계 최대 시속이 50Km/h를 초과하지 않으며, 엔진 총 작업 용량이 50ml를 초과하지 않는 삼륜 오토바이는 소비세를 징수하지 않는다.
　　(2) 용량이 250ml(불포함) 이하인 소배기량 오토바이는 소비세를 징수하지 않는다.

13. 폭죽, 불꽃

체육에서 사용되는 发令纸, 폭죽도화선을 포함하지 않는다.

14. 전지(2015년 2월 1일부터 4%)

 포함사항 : 일차전지, 축전지, 연료전지, 태양전지, 아연축전지(铅蓄电池)와 기타전지

수은이 없는 일차전지, 니켈수소전지(镍氢蓄电池), 리튬일차전지(锂原电池), 리튬이온축전지(锂离子蓄电池), 태양에너지 전지, 연료전지, 全钒液流电池는 소비세를 면제한다.

15. 도료(2015년 2월 1일부터 4%)

기업에서 생산/매출한 다음 제품 중 소비세 징수범위에 속하는 것은?
A. 전동자동차
B. 체육용 폭죽 도화선
C. 매출가격이 9,000원인 손목시계
D. 아연축전지

답 D

해설 전동자동차, 체육용 폭죽도화선과 가격이 10,000원보다 낮은 손목시계는 소비세 징수범위에 속하지 않는다.

Ⅱ 세율

1. 비례세율

대부분의 과세 소비품에 적용되며 세율은 1%부터 56%이다.

2. 정액세율

3종의 액체 과세소비품에만 적용된다(맥주, 황주, 완제품 오일).

❑ 맥주의 정액세율

맥 주	단위세액	설 명
톤당 공장출고가격이 3,000원 이상	250원/톤	공장출고가격은 포장물 및 포장물 보증금을 포함하며 포장물 보증금은 중복 사용하는 플라스틱 상자의 보증금을 포함하지 않는다.
톤당 공장출고가격이 3,000원 미만	220원/톤	
오락업과 음식업이 자체 제조	250원/톤	−

3. 백주, 담배

백주, 담배(卷烟)는 정액세율과 비례세율을 결합한 혼합세금계산방법으로 과세한다.

과세소비품	과세되는 유통단계	정액세	비례세율
담배	생산, 위탁가공, 수입	150원/상자 0.6원/보루 0.003원/개피	56%(한 보루당 ≥ 70원)
			36%(한 보루당 〈 70원)
	도매	1원/보루, 250원/상자	11%(2015. 5. 10.부터)
백주	생산, 위탁가공, 수입	근당 0.5원	20%

4. 높은 세율을 적용하여 소비세를 징수하는 경우

(1) 납세인이 세율이 같지 않은 둘 이상의 과세소비품을 겸영하고 각각의 매출액을 구분하여 계산하지 않은 경우

(2) 세율이 서로 다른 과세소비품으로 세트를 만들어 매출하는 경우(각기 구분하여 계산하였더라도 높은 세율을 적용한다)

 **사례 3-5**

A주류공장에서는 12월에 백주 10,000근을 매출하였으며 세금불포함 단가가 6원/근이다. 함께 매출한 포장물의 가격은 9,360원이다. 당월에 선물세트 8,000세트를 매출하였으며 세금불포함 단가는 600원/세트이다. 매 세트에는 백주 2근(단가 180원)과 와인 3근(단가80원)이 포함되어 있다. A기업이 12월에 납부할 소비세는?

답 소비세 납부세액 = [10,000근×6원 + 9,360÷(1 + 13%)]×20% + (10,000근×0.5) + (8,000×600×20%) + (8,000×5근)×0.5 = 998,657(원)

5. 소비세 항목별 세율

소비세 과세항목	세율(단위 : 원)
1. 담배류	
(1) 담배(卷烟)	
1) 갑류 담배(가격이 보루당 70원 이상)	56% + 0.003원/개피
2) 을류 담배(가격이 보루당 70원 미만)	36% + 0.003원/개피
3) 도매단계	11% + 0.005원/개피
(2) 시거(雪茄烟)	36%
(3) 실담배(烟丝)	30%
2. 주류	
(1) 백주	20% + 0.5/근(500g)
(2) 황주	240/톤
(3) 맥주	
1) 갑류 맥주	250/톤
2) 을류 맥주	220/톤
(4) 기타 주류	10%
3. 고급화장품	15%
4. 귀금속및보석류	
(1) 금은보석, 백금보석, 다이아몬드 및 그 장신구	5%
(2) 기타 귀금속 및 보석류	10%
5. 폭죽및불꽃	15%

소비세 과세항목	세율(단위 : 원)
6. 석유제품	
(1) 휘발유(汽油)	1.52원/리터
(2) 디젤유	1.2원/리터
(3) 항공유	1.2원/리터
(4) 나프타(石脑油)	1.52원/리터
(5) 용제유(溶剂油)	1.52원/리터
(6) 윤활유(润滑油)	1.52원/리터
(7) 연료용 기름(燃料油)	1.2원/리터
7. 승용차	
(1) 배기량 1.0이하	1%
(2) 배기량 1.0~1.5이하	3%
(3) 배기량 1.5~2.0이하	5%
(4) 배기량 2.0~2.5이하	9%
(5) 배기량 2.5~3.0이하	12%
(6) 배기량 3.0~4.0이하	25%
(7) 배기량 4.0이상	40%
(8) 중형 승합차	5%
(9) 초호화 소형차(소매단계)	10%
8. 오토바이	
(1) 배기량 250이하	3%
(2) 배기량 250이상	10%
9. 골프용품	10%
10. 고급손목시계	20%
11. 요트	10%
12. 일회용 나무젓가락	5%
13. 원목 바닥재	5%
14. 전지	4%
15. 도료	4%

제3절　세액계산

 매출액의 확인

세금계산방법	세금계산공식
종가정률 세금계산	납부세액 ＝ 매출액×비례세율
종량정액 세금계산(맥주, 황주, 완제품오일)	납부세액 ＝ 매출수량×단위세액
복합세금계산(백주, 담배)	납부세액 ＝ 매출액×비례세율 ＋ 매출수량 × 단위세액

1. 매출액의 일반규정

(1) 매출액

납세인이 과세소비품을 매출할 때 구매측으로부터 수령한 전부가격과 가격외비용이다. 전부가격 중에는 소비세 세금을 포함한다. 그러나 증치세 세금은 포함하지 않는다. 가격외비용의 내용은 증치세 규정과 동일하다.

> 과세소비품의 매출액 ＝ 증치세포함 매출액 ÷ (1 ＋ 증치세세율 혹은 징수율)

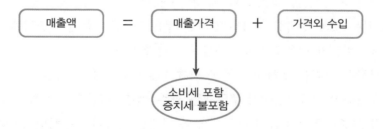

*공급가액 100이라면 증치세 13, 수금액 113(소비세 15% 제품 가정)

원가 ＋ 이익 ＝ 85
소비세 ＝ 15

Q 사례 3-6

A원목바닥재 생산기업은 증치세 일반납세인이며 2019년 12월에 발생한 사항은 다음과 같다.

(1) 원목바닥재 60만 평방미터를 생산하여, 개인소비자에게 50만 평방미터를 매출하였으며 普通发票를 발급하였고, 세금포함 매출액 8,200만원과 포장비용 560만원을 취득하였다.

(2) 원목복합바닥재 80만 평방미터를 생산하여, B회사에 46만 평방미터를 매출하였으며 普通发票를 발급하고 세금포함 매출액 2,470만원과 배송수입 86만원(운송업무는 단독으로 구분기장하지 않음)을 취득하였다.

소비세 납부세액은? (소비세세율은 5%)

답 원목마루 소비세 납부세액 = (8,200+560)÷(1+13%)×5% = 387.61만원
원목복합마루 소비세 납부세액 = (2,470+86)÷(1+13%)×5% = 113.10만원

(2) 포장물

1) 포장물과 제품을 함께 매출 : 포장물은 소비세 과세대상

2) 보증금(押金)만 수령하였으며(주류제품의 포장물 보증금을 수금한 것은 제외), 구분하여 계산한 기한이 만료되지 않은 보증금은 과세소비품의 매출액에 합산하지 않는다.

그러나, 기한이 만료되었으나 돌려받지 못한 포장물의 보증금을 다시 반환하지 않는 것과 수령한 지 1년이 넘는 것은 과세소비품의 매출액에 합산하여 과세소비품의 적용율로 소비세를 징수한다.

3) 포장물은 가격을 정하여 제품과 함께 매출하며 또한 보증금을 받는다.

4) 주류제품의 생산기업에서 주류제품(황주, 맥주 제외)을 매출하여 수금한 포장물 보증금은 보증금의 반환 여부와 회계상 어떻게 결산하였는지와 상관없이 모두 주류제품의 매출액에 합산하여 주류제품의 적용세율로 소비세를 징수한다.

□ 포장물 보증금(押金)의 세무처리

보증금 종류	수납시, 기한만료되지 않은 경우	기한만료시
1. 일반 과세소비품의 포장물 보증금	증치세, 소비세 납부하지 않는다.	증치세, 소비세 납부(보증금은 세금불포함가격으로 환산)
2. 주류제품의 포장물 보증금(맥주, 황주 제외)	증치세, 소비세 납부(보증금은 세금불포함가격으로 환산)	증치세, 소비세를 납부하지 않는다.
3. 맥주, 황주 포장물 보증금	증치세, 소비세 납부하지 않는다.	증시세만 납부하며 소비세를 납부하지 않는다(종량징수하기 때문).

다답형

기업에서 백주를 생산, 매출하여 취득한 다음 금액 중 매출액에 합산하여 소비세를 징수하는 것은?

A. 프리미엄료
B. 포장물 임대료
C. 브랜드 사용비
D. 포장물 보증금

답 A, B, C, D

Q 사례 3-7

A주류공장은 증치세 일반납세인에 속하며 백주와 맥주를 생산한다. 2019년 8월에 발생한 사항은 다음과 같다.

(1) 백주 80,000근을 매출하였으며 세금불포함 매출액 136,000원을 취득하였다. 또, 별도로 브랜드사용비 8,800원을 취득하였으며, 당월 백주를 매출하여 포장물 보증금 7,020원을 수령하였다.

(2) 맥주를 200톤 매출하였으며 톤당 세금불포함 가격은 2,400원이다. 맥주를 매출하여 포장물 보증금 1,170원을 수령하였다.

A주류공장에서 당월에 납부할 소비세액은? (맥주의 단위세액은 220원/톤)

답 (1) 백주의 소비세액 = $80,000 \times 0.5 + 136,000 \times 20\% + 8,800 \div 1.13 \times 20\% + 7,020$
$\div\ 1.13 \times 20\% = 68,865.52$원

(2) 맥주의 소비세액 = $200 \times 220 = 44,000$원

(3) 소비세액 합계 = $68,865.52 + 44,000 = 112,865.52$원

2. 매출액의 특수 규정

(1) 납세인이 설립한 비독립부분(门市部)을 통하여 자체 생산한 과세소비품을 매출하는 경우, 매장에서 외부로 매출한 매출액 혹은 매출수량에 근거하여 소비세를 징수한다.

(2) 납세인이 과세소비품을 생산재료와 소비재료 교환, 투자와 채무상환 등에 사용한 경우, 납세인의 동일유형 과세소비품의 최고매출가격을 계산근거로 소비세를 계산한다.

참조 1 3가지 상황만 적용(교환, 투자, 채무상환)

참조 2 증치세는 이와 같은 규정이 없으며, 증치세는 이러한 경우 평균가격으로 계산한다.

A자동차 생산기업은 주로 소형자동차 생산과 차량개조에 종사하며 증치세 일반납세인에 속한다. 2019년 8월에 다음과 같은 사항이 발생하였다. (소비세율 5% 가정)

(1) 생산한 800대의 차량을 두 번에 나누어 매출하였다. 그 중 250대의 증치세전용파표상 공급가액은 5,000만원이며 세금은 850만원이고, 550대의증치세전용파표상 공급가액은 8,800만원이며 세금은 1,144만원이다.

(2) 생산한 100대의 소형자동차와 생산자료를 교환하였으며 단위당 원가인 12만원으로 서로에게 증치세전용파표를 발급하였다. 증치세전용파표상 공급가액은 1,200만원이며 세금은 156만원이다. 각각의 경우 소비세 납부세액은?

답 (1) 차량 매출관련 소비세 납부세액 = (5,000 + 8,800) × 5% = 690만원
   (2) 차량 교환관련 소비세 납부세액
    1) 동류제품의 평균 가격 = (5,000 + 8,800) ÷ 800 = 17.25만원
    2) 동류제품의 최고매출가격 = 5,000 ÷ 250 = 20만원
    3) 소비세 납부세액 = 20 × 100 × 5% = 100만원

(3) 주류기업의 관계사 특수거래의 소비세 처리

백주생산기업이 상업단계에서 수금한 "브랜드사용료"는 과세백주의 매출에 따라 구매측에서 수금한 것이며 과세백주의 매출가격의 구성부분에 속하므로 기업에서 어떠한 방식 혹은 어떠한 명의로 금액을 수금하였는지 상관없이 모두 백주의 매출가에 합산하여 소비세를 납부한다.

3. 추계과세시 과세가격

(1) 담배(卷烟)

담배소비세 최저과세가격(最低计税价格) 추계범위는 담배생산기업이 생산단계에서 판매하는 모든 브랜드번호과 규격의 담배이다.

추계과세권한 : 국가세무총국이 확정하고, 공표한다.

> 해당 브랜드와 규격의 과세가격 = 도매단계판매가격 × (1 − 도매이윤율)

해설 과세액을 계산하고 납세신고를 할 때 추계가격과 생산기업의 실제 판매가격 중에서 높은 것을 선택하여 과세하는 원칙에 따라 세액계산판매액을 확정한다.

(2) 백주의 최저과세가격 추계

1) 백주 생산업체가 판매업체에 판매하는 백주, 생산업체의 소비세계산 가격이 판매업 체의 대외판매가격(증치세 불포함)보다 70% 이하인 경우 세무기관은 소비세의 최저과세가격에 의해 추계해야 한다.

2) 납세자는 가공을 위탁하여 회수한 백주를 판매업체에 판매 하고 소비세 계산 가격 이 판매업체의 대외판매가격(증치세 불포함)보다 70% 이하인 경우 소 비세 최저과세가격에 의해 추계해야 한다.

해설 1 백주 소비세 최저과세가격은 백주생산업체가 자체로 신고하고 세무기관이 확정하며, 세무총국은 그 중 일부 백주로 소비세 최저과세가격을 추계한다.

해설 2 최저과세가격을 정한 백주의 경우 판매업체의 대외판매가격이 지속적으로 오르거나 내리는 시간이 3개월 이상에 달하고 누적 상승 또는 감소폭이 20% (포함) 이상인 백주의 경우 세무 기관은 최저과세가격을 다시 추계한다.

Ⅱ 매출수량의 규정

1) 과세소비품을 매출한 경우 : 과세소비품의 매출수량
2) 자가생산한 과세소비품을 자가 사용 : 과세소비품의 이송사용수량
3) 과세소비품을 위탁가공한 경우 : 납세인이 회수한 과세소비품의 수량
4) 과세소비품을 수입한 경우 : 해관에서 확인한 과세소비품의 수입수량

종가, 종량의 복합계산방법

1. 적용범위 : 맥주, 담배

2. 세액계산 = 매출액 × 비례세율 + 매출수량 × 단위세액

A백주생산회사의 2019년 12월 발생사항은 다음과 같다.

(1) 백주 80톤을 전문매장에 매출하였으며 톤당 매출가격은 24,000원이며, 세금포함 매출가는 총 1,920,000원이나, 해당 전문매장에서 금액 전액을 선불하였으므로 A 회사에서는 전문매장에 3%의 매출할인을 주었으며, 실제 수금은 1,862,400원이다.

(2) 동일한 브랜드의 백주 60톤을 독립적인 완전출자자회사(매출회사)에 매출하였으며 톤당 매출가격은 16,000원이다.

(3) 직접 소비자에게 백주 25톤을 매출하였으며, 세금포함 819,000원을 취득하였다.

답   소비세 납부세액 = [1,920,000÷(1+13%)+60×24,000+819,000÷(1+13%)]
× 20%+(80+60+25)×2,000×0.5
= 937,778.8원

제4절 납부세액의 계산

> ❏ 소비세 과세
> (1) 생산단계 : 일반매출, 자가사용
> (2) 위탁가공단계 : 위탁자가 납세인, 수탁자는 원천징수의무자
> (3) 수입단계 : 과세구성가격
> (4) 도매단계, 소매단계
> (5) 수출퇴면세 소비세

 생산매출 단계의 소비세액 계산

1. 직접 외부매출의 경우 소비세 납부세액의 계산

세금계산방법	세금계산근거	적용범위	세금계산공식
1. 종가정률계산 소비세	매출액	열거되 항목 이외의 과세소비품	납부세액 = 매출액×비례세율
2. 종량정액계산 소비세	매출수량	3가지 열거 항목 : 맥주, 황주, 완제품 오일	납부세액 = 매출수량×단위세액
3. 복합세금계산 소비세	매출액, 매출수량	2가지 열거 항목 : 백주, 담배	납부세액 = (매출액×비례세율) + (매출수량×단위세액)

사례 3-10

A담배공장에서는 한 보루당 80원의 가격으로(증치세불포함) 800박스의 담배를 B담배도매회사에 매출하였다(1박스=250보루, 미지급 소비세를 계산할 것).

답 소비세 납부세액

(1) 종가세 = 800박스×250×80원×56%(한 보루당 ≥ 70원) = 8,960,000원
(2) 종량세 = 800박스×150원 = 120,000원
(3) 납부세액 = 8,960,000 + 120,000 = 9,080,000원

□ 복합세율 적용 품목 세율표

과세소비품	과세되는 유통단계	정액세	비례세율
담배	생산, 위탁가공, 수입	150원/상자 0.6원/보루 0.003원/개피	56%(한보루당 ≥ 70원) 36%(한보루당 〈 70원)
	도매	1원/보루, 250원/상자	11%(2015. 5. 10.부터)
백주	생산, 위탁가공, 수입	근당 0.5원	20%

2. 자가생산 자가사용품목의 소비세

(1) 본기업의 과세소비품 연속생산에 사용 : 소비세를 납부하지 않음
(2) 기타방면에 사용 : 이송 사용시 소비세 납부

   1) 본기업이 비과세소비품 연속생산에 사용

   2) 건설중인자산, 관리부문, 비생산기구에 사용

   3) 증여, 협찬, 모금, 광고, 샘플, 직원복리, 장려 등에 사용

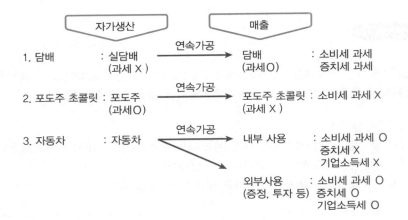

다중선택

다음 중 소비세를 징수하는 것은?

A. 화장품 공장에서 고객에서 샘플로 증정한 고급화장품
B. 골프채 생산기업에서 제품품질검사에 사용한 골프채
C. 백주생산기업에서 백화점에 매출한 백주
D. 건설자재 생산기업에서 비독립매장에서 판매하기 위해 이송한 원목바닥재

답 A, C

해설 B : 소모한 골프채는 매출에 속하지 않으며 소비세를 징수하지 않는다.
 D : 비독립매장으로 반출한 원목바닥재는 매출액이 없으며, 소비세를 납부하지
  않는다.

Q 사례 3-11

A자동차 공장은 증치세 일반납세인이다. 주로 소형자동차를 생산하며 소형자동차의 세금불포함 공장출고가격은 16만원이며, 8월에 발생한 사항은 다음과 같다. 당월 소형자동차 8,800대를 매출하였으며 2대를 본공장의 연구소에 이송하여 충돌실험을 진행하였다. 3대는 광고샘플로 쓰고, 5대는 제2공장으로 이송하여 고급승용차로 재가공하려고 한다(소형자동차의 세율은 9%로 가정).

A기업에서 납부할 소비세액은?

답 납부세액 = (8,800 + 3) × 16 × 9% = 12,676.32(만원)

---

(3) 세액계산 근거 : 동류형 소비품의 매출가격이 있는 경우 납세인이 생산한 동류형 소비품의 매출가격에 따라 세금을 계산하여 납세한다.

참조1 ▶ 당월 동류 소비품의 서로 다른 매출금액이 존재하면 매출수량으로 가중평균하여 계산한다.

참조2 ▶ 만약 당월에 매출이 없거나 당월이 완료되지 않았으면 동류형 소비품의 전월 혹은 최근월의 매출가격으로 세금을 계산/납부한다.

 사례 3-12

A자동차 제조공장의 8월에 다음과 같은 사항이 발생하였다.

(1) 생산한 자동차 800대를 총 두 번에 걸쳐 매출한다. 그 중 250대의 增税专用发票상 공급가액은 5,000만원이며, 세액은 650만원이고 550대의 增税专用发票상 공급가액은 8,800만원이며, 세액은 1,144만원이다.

(2) 생산한 소형자동차 10대를 모범근로자에게 상여로 지급하였다.

(3) 생산한 소형자동차 20대를 B법인 설립에 투자하였다.

소비세 납부세액과 증치세 납부세액은 각각 얼마일까?(소비세 세율은 5% 가정)

답 ▶ 모범근로자에게 소형자동차를 상여금으로 지급한 것에 대하여는 납세인이 생산한 동일유형 소비품의 평균매출가격에 따라 소비세와 증치세를 계산/납부한다.

(1) 일반매출에 대한 소비세 = (5,000 + 8,800)×5% = 690만원
일반매출에 대한 증치세 = 650 + 1,144 = 1,794

(2) 상여로 지급한 10대에 대한 소비세와 증치세
동류제품의 평균 매출가격 = (5,000 + 8,800)÷800 = 17.25만원
소비세 = 17.25×10×5% = 8.625만원
증치세 = 17.25×10×13% = 22.425만원

(3) 외부투자한 20대에 대한 소비세와 증치세
동류제품의 평균 매출가격 = (5,000 + 8,800)÷800 = 17.25만원
동류제품의 최고 매출가격 = 5,000÷250대 = 20만원
소비세 = 20×20×5% = 20만원
증치세 = 17.25×20×13% = 44.85만원

(4) 동일유형 소비품의 매출이 없는 경우 과세구성가격(組成計稅价格)으로 세금을 계산한다.

> **참조** 이렇게 과세표준이 확정적이지 않은 경우에 원가 등으로 과세표준을 역산하여 나온 추정치를 과세표준으로 사용하는데 이를 "과세구성가격(組成計稅价格)"이라고 부르기로 한다.

❏ **과세구성가격의 계산공식**

과세구성가격 = 원가 + 이윤 + 소비세액

$\qquad$ 원가 × (1+원가이윤율) + 소비세액

소비세 납부세액 = 과세구성가격 × 비례세율

> **참조** 과세 소비세 품목의 평균 원가이익률

화물 명칭	이윤율	화물 명칭	이윤율
1. 갑류 담배	10	10. 귀금속 및 보석류	6
2. 을류 담배	5	11. 오토바이	6
3. 시가	5	12. 골프용품	10
4. 실담배	5	13. 고급 손목시계	20
5. 양식(곡류)백주	10	14. 요트	10
6. 감자류 백주	5	15. 일회용 나무젓가락	5
7. 기타 주류	5	16. 원목 바닥재	5
8. 고급화장품	5	17. 승용차	8
9. 폭죽, 불꽃	5	18. 중형 승합차	5

---

3. 과세구성가격공식의 적용

(1) 종가정률에 따라 소비세를 징수하는 과세소비품

Q 사례 3-13

A화장품회사에서는 일부 자체 생산한 고급화장품을 직원복리로 제공하려고 하며 화장품의 원가는 10,000원이다. 본 화장품은 동일유형의 시장매출가격이 없다. 그의 원가이익율은 5%이며 소비세율은 15%이다. 소비세 납부세액과 증치세액은 얼마일까?

답 과세구성가격(组成计税价格) = 10,000×(1+5%)÷(1−15%) = 12,352.94(원)
① 소비세 납부세액 = 12,352.94×15% = 1,852.94
② 증치세 매출세액 = 12,352.94×13% = 1,729.28원

(2) 종량정액으로 소비세를 과세하는 과세소비품

- 소비세의 종량징수는 매출가격 혹은 과세가격과 관련이 없음
- 증치세 : 과세구성가격이 필요할 때 과세구성가격 공식 중의 원가이익율은 증치세법에서 규정한 10%로 하며, 과세구성가격에는 반드시 소비세 금액을 포함한다.

사례 3-14

A맥주공장에서는 자체 생산한 맥주 30톤을 무상으로 맥주이벤트에 제공하였다. 톤당 원가는 2,500원이며 동류제품의 매출가격이 없다. A공장의 소비세와 증치세는 얼마일까? (세무기관에서 인정한 소비세 단위세금은 220원/톤이다)

답 ① 소비세 = 30×220 = 6,600원
② 증치세 = [30×2,500×(1+10%)+6,600원]×13% = 11,583원

(3) 복합 세금계산 방법으로 소비세를 징세하는 과세소비품

과세구성가격 = (원가 + 이윤 + 자가생산 자가사용 수량 × 정액세율)
　　　　　　　÷ (1−비례세율)

Q 사례 3-15

A주류공장에서는 자체 생산한 백주 3,000근을 직원 상여로 사용하였다. 백주 한 근의 원가는 15원이며 동일유형 제품의 매출가격이 없다.
소비세와 증치세 납부세액은 각각 얼마일까?(백주 소비세 원가이익율은 10%로 가정)

답 ① 소비세 납부세액
종량징수 소비세 = 3,000×0.5 = 1,500원
종가징수 소비세 = [15×3,000×(1+10%)+1,500]÷(1-20%)×20%
= 12,750원
(주 : 과세가격에는 종량징수 소비세를 포함한다)
② 증치세 매출세액 = [15×3,000×(1+10%)+1,500]÷(1-20%)×13%
= 8,287.5원

Ⅱ 위탁가공 단계의 과세소비품 소비세액 계산

1. 위탁가공 과세소비품의 개념

위탁가공 과세소비품은 위탁자가 원료와 주요재료를 제공하는 것을 뜻하며, 수탁자는 가공비만 수취하고 부분적 보조재료를 대리 조달하여 생산하는 과세소비품이다.

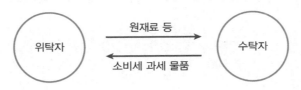

다음은 위탁가공 과세소비품에 속하지 않는다.

(1) 수탁자가 원재료를 제공하여 생산하는 과세소비품

(2) 수탁자가 먼저 원재료를 위탁자에게 매출하고 다시 제공받아 가공을 하는 과세소비품

(3) 수탁자가 위탁자의 명의로 원재료를 구입하여 생산한 과세소비품

2. 위탁가공 과세소비품의 소비세 납부

(1) 수탁자가 가공을 완료하여 위탁자에게 납품할 때 수탁자는 소비세를 원천징수한다. 만약 수탁자가 개인(개인사업자 포함)이면 위탁자는 가공한 과세소비품을 수령한 후 소재지 주관세무기관에 소비세를 납부한다.

단일선택

세무기관에서는 세무조사 중 왕모씨가 본지방의 개인사업자 조모씨에게 위탁하여 원목마루를 가공한 것을 발견하였다. 왕모씨는 원목마루를 수령하여 모두 매출하였다. 그러나, 왕모씨는 장부에 본 사항을 기록하지 않았으며, 소비세 납세증명서도 제출하지 않았다. 다음 세무기관의 징수관리행위에 대한 서술 중 맞는 것은?

A. 조모씨에게 세금을 납부할 것을 요구한다.

B. 왕모씨에게 세금을 납부할 것을 요구한다.

C. 왕모씨에게 소비세액의 0.5배에서 3배의 벌금을 부과한다.

D. 조모씨에게 원천징수하지 않은 소비세액의 0.5배에서 3배의 벌금을 부과한다.

답 B

해설 위탁가공의 납세인은 위탁자이다. 따라서, 납세인이 세금을 보충납부하여야 된다. 조모씨는 개인사업자이므로 원천징수의무를 지지 않으며, 조모씨에게 벌금을 부과하지 못한다. 왕모씨가 세금을 납부하지 않았으므로 0.5배에서 5배의 벌금을 부과한다.

(2) 만약 수탁자가 소비세를 원천징수하지 않은 경우 위탁자가 반드시 세금을 보충 납부하여야 하며, 보충 납부의 세금계산 방법은 다음과 같다.

1) 이미 직접 매출한 것은 매출액에 따라 세금을 계산한다.

2) 매출하지 않았거나 직접 매출하지 못하는 것은 과세구성가격(组价)에 따라 세금을 계산한다(위탁가공 업무의 과세가격).

3. 위탁가공 과세소비품의 납부세액계산

❑ 수탁자가 소비세를 원천징수할 때

(1) 수탁자의 동일유형 과세소비품의 매출가격에 따라 세금을 계산하여 납부한다.

(2) 동일유형의 가격이 없으면 과세구성가격(组成计税价格)에 따라 세금을 계산하여 납부한다.

1) 종가징수하는 과세구성가격의 공식

과세구성가격 = (원재료 등 원가 + 가공비) ÷ (1 − 소비세세율)

면세 농산품을 원료로 하는 경우 재료원가의 확인

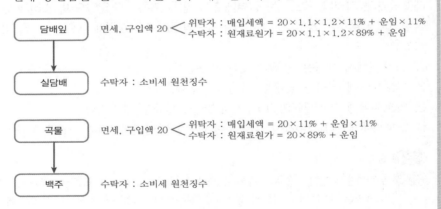

사례 3-16

A기업은 증치세 일반납세인이다. 2016년 1월 외부에서 목재를 구매하였으며 증치세전용파표를 취득하였고 그 공급가액은 80만원, 세금은 13.6만원이다. 본 목재는 B기업으로 인도되어 일회용 나무젓가락으로 가공한다. 세무국에서 대리 발급한 소규모 납세인의 운송업체 전용파표를 취득하였으며, 운송비 금액은 2만원, 세금은 0.06만원이다. 세금 불포함 위탁가공비 10만원을 지급하였고, B공장에는 대외에 매출하는 동류의 제품이 없으며 일회용 나무젓가락의 소비세 세율은 5%라고 가정한다. B공장에서 당월에 원친징수하여야 하는 소비세는?

답 갑기업에서 지급한 운송비용 1만원은 반드시 재료원가에 기입하여야 된다. 을기업에서 당월에 원천징수할 소비세는 = (80＋2＋10)÷(1－5%)×5%＝4.84만원

---

2) 복합징수 과세구성가격의 공식

> 과세구성가격 ＝ (재료원가 ＋ 가공비 ＋ 위탁가공수량 × 정액세율) ÷ (1 － 비례세율)

 사례 3-17

A담배회사는 증치세 일반납세인에 속하며 담배도매허가증을 보유하고 있다. 8월에 실담배(烟丝) 1,000만원(증치세불포함)을 구입하였으며, B기업에 위탁하여 갑류 담배 800박스를 가공하기로 하였다(250보루=1박스, 200개피=1보루). B기업에서는 한 박스에 0.2만원의 세금불포함 가공비를 수령한다. 당월 B기업에서는 정상적으로 가공하여 담배 600박스를 생산하여 그룹회사에 납품하였다.
(실담배의 소비세율은 30%이며 갑류의 담배 소비세는 56% 및 0.003원/개피 로 가정)
B기업에서 당월에 원천징수할 소비세를 계산하면?

답 원천징수 소비세 = (1)＋(2) ＝ 1,127.73만원
  (1) 종가 소비세 ＝ (1,000×600박스÷800박스＋0.2×600박스＋600박스×0.015만원)
      /(1－56%)×56% ＝ 1,118.73만원

  (2) 종량 소비세 ＝ 600박스×0.015만원 ＝ 9만원

Q 사례 3-18

A기업에서는 농민으로부터 수수를 매입하였으며 그 원가는 68만원이다. 매입한 수수는 당월에 모두 B기업에 위탁하여 백주 70,000근를 생산하였다. 백주수령시 B기업에서는 **增值税专用发票**를 발급하였으며, 가공비는 8만원이다.

B기업에서 원천징수할 소비세와 B기업이 납부할 증치세는 각각 얼마일까?

답 (1) 종가 소비세 = (680,000＋80,000＋70,000×0.5)÷(1－20%)×20%
　　　　　　　　　　＝ 198,750원
　　(2) 종량 소비세 = 70,000×0.5 = 35,000원
　　(3) B기업이 원천징수할 소비세액 = 198,750원＋35,000원 = 233,750원
　　(4) B기업 증치세 납부세액 = 80,000×17% = 13,600원

4. 위탁가공한 과세소비품을 수령한 이후의 매출

(1) 직접매출(수탁방의 세금계산 가격보다 높지 않은 경우) : 소비세를 더 이상 납부하지 않는다.

(2) 가격을 추가하여 매출(수탁자의 세금계산가격보다 높은 경우) : 소비세를 추가납부하며 동시에 수탁자가 원천징수한 소비세를 공제할 수 있다.

❑ 위탁가공 업무 중 쌍방의 세무처리

1. 위탁자

수령한 소비세과세대상물품		소비세	증치세
직접매출		×	○
가격을 높여 매출		○	○
자가사용	소비세과세물품의 연속생산	○(공제 가능)	○(공제 가능)
	기타	×	○

2. 수탁자

	원천징수	증치세
개인	원천징수 ×	가공비의 13%
개인이 아닌 경우	원천징수	가공비의 13%

A기업은 골프공과 골프용품 생산기업이며 증치세 일반납세인이다. 8월에 발생한 사항은 다음과 같다.

(1) 탄소재료 및 티타늄합금을 구입하였으며 增值税专用发票의 가격은 280만원, 증치세액은 47.6만원이다. B기업에 위탁하여 본 재료로 골프채를 임가공하였으며 가공비용 8만원, 증치세세금 1.36만원을 지급하였다.

(2) 위탁가공하여 회수한 골프채의 80%를 당월에 매출하였으며, 세금불포함 가격 600만원을 수취하였으며 20%는 아직 창고에 보관하고 있다.

   1) B회사에서 원천징수할 소비세(소비세세율 10%)는 얼마일까?

   2) A기업에서 골프채를 매출하여 납부할 소비세는 얼마일까?

   3) 만약 B기업에서 소비세의 원천징수의무를 이행하지 않았다면 창고에 있는 골프채에 대한 소비세를 납부하여야 하는지?

답 (1) B기업에서 원천징수할 소비세 = (280＋8)÷(1－10%)×10% = 320×10%
　　　　　　　　　　　　　　　 = 32만원

　　 (2) A기업에서 골프채를 매출하여 납부할 소비세 = 600×10% － 32×80%
　　　　　　　　　　　　　　　　　　　　　　　 = 60 － 25.6 = 34.4만원

　　 (3) 만약 B기업에서 소비세를 원천징수하지 않았다면, 창고에 있는 골프채에 대하여도 소비세를 납부하여야 한다.
　　　　 납부할 소비세액 = (280＋8)÷(1－10%)×20%×10% = 6.4만원

 Ⅲ 수입 과세소비품에 대한 소비세 세액의 계산

1. 종가정률방법에 의한 세금계산

소비세 ＝ 과세구성가격(組成計税价格) × 소비세 세율
과세구성가격(組成計税价格) ＝ (관세과세표준가격 ＋ 관세) ÷ (1－소비세 비례세율)

2. 종량정액방법에 의한 세금계산

소비세 = 과세단위 × 정액세

3. 복합방법에 의한 세금계산

소비세에는 3가지 과세구성가격이 있다.
(1) 생산단계 : 과세구성가격(组成计税价格)
        = 원가 × (1 + 소비세원가이익율) ÷ (1 - 소비세세율)
(2) 위탁가공단계 : 과세구성가격(组成计税价格)
        = (재료원가 + 가공비) ÷ (1 - 소비세세율)
(3) 수입단계 : 과세구성가격(组成计税价格)
        = (관세과세표준가격 + 관세) ÷ (1 - 소비세세율)

Q 사례 3-20

A기업에서는 실담배(烟丝)를 수입하였으며 거래가격은 280만원이며 중국 경내 수입지점까지 운송비용은 20만원이며 보험비용은 확인할 수 없다. 실담배를 해관감독관리구역에서부터 본사창고까지 운송하는 데 운송비용 18만원을 지급하였으며, 운송비증치세전용파표(货运增值税专用发票)를 발급받았다.

수입 단계에 납부하는 각종 세금은?(관세율은 10%, 보험료는 화물대금에 운송비를 추가한 금액의 3‰으로 한다. 구체적 내용은 관세 부분 참조)(실담배 소비세 세율은 30%임)

답 관세과세표준가격 = (280+20)×(1+0.003) = 300.9만원
   (1) 수입관세 = 300.9×10% = 30.09만원
   (2) 수입소비세 = (300.9 + 30.09) ÷ (1-30%)×30% = 141.85만원
   (3) 수입증치세 = (300.9 + 30.09 + 141.85)×13% = 61.48만원

Ⅳ 기납부 소비세액 공제

1. 외부에서 구입한 과세소비품에 대한 기납부 소비세의 공제

> ❑ 세법규정
>
> 외부에서 구매한 소비세 기납부 과세소비품으로 과세소비품을 연속 생산하는 경우, 당기 생산을 위하여 사용한 수량에 따라 기납부 소비세액을 공제할 수 있다.

(1) 기납부세액공제 범위

소비세 15개 세목 중 주류(포도주 제외), 소형자동차, 오토바이, 고급손목시계, 요트, 전지, 도료를 제외한 나머지 8개 세목은 세금공제 규정이 있다.

1) 외부에서 구매한 기납부 실담배(烟丝)로 생산한 담배(卷烟)

2) 외부에서 구매한 기납부 고급화장품으로 생산한 고급화장품

3) 외부에서 구매한 기납부 진주, 보석, 옥으로 생산한 장신구 및 진주, 보석, 옥

4) 외부에서 구매한 기납부 폭죽, 불꽃으로 생산한 폭죽, 불꽃

5) 외부에서 구매한 기납부 골프채 헤드, 몸체와 손잡이를 원료로 생산한 골프채

6) 외부에서 구매한 기납부 일회용 나무젓가락을 원료로 생산한 일회용 나무젓가락

7) 외부에서 구매한 기납부 원목마루를 원료로 생산한 원목마루

8) 외부에서 구매한 휘발유, 디젤유, 석뇌유, 연료기름(燃料油), 윤활유를 연속 생산한 과세 완제품 오일

이외에 포도주 생산기업에서 구입, 수입한 포도주로 연속하여 과세 포도주를 생산하는 경우, 포도주 소비세액에서 이미 소모한 기존 포도주에 기납부소비세를 공제할 수 있다.

다중선택

다음 제품 중 소비세를 계산 납부할 때 외부에서 구매한 과세소비품의 기납부 소비세를 공제할 수 있는 것은?

A. 외부에서 구매한 기납부 실담배로 생산한 담배
B. 외부에서 구매한 기납부 원목마루로 생산한 고급원목마루
C. 외부에서 구매한 백주에 향료를 추가하여 생산한 고급백주
D. 외부에서 구매한 고급손목시계에 보석을 추가하여 생산한 최고급손목시계

답 A, B

해설 C, D는 공제하는 규정이 없다.

(2) 세금공제계산

당기에 생산을 위해 사용한 수량에 따라 기납부 소비세를 공제한다(실제소모공제법).

Q 사례 3-21

A담배공장에서는 B기업으로부 실담배를 구매하여 증치세전용파표를 취득하였다. 파표 공급가액은 100만원이며, 60%를 사용하여 고급형담배(갑류형 담배)를 생산하였다. 당월 고급형담배 88박스(표준박스)를 매출하여 증치세불포함 수입 800만원을 취득하였다(갑류 담배의 소비세 세율은 56%, 150원/박스, 실담배 소비세율은 30%).
본공장에서 당월에 납부할 소비세 세액은?

답 외부에서 구매한 기납부 실담배로 연속생산한 담배에 대하여 기납부한 소비세를 공제할 수 있다.

당월 본 담배공장에서 지급할 소비세금액
(1) 종가세 소비세액 = 8,000,000×56% = 4,480,000원
(2) 종량세 소비세액 = (150×88박스) = 13,200원
(3) 소비세 기납부 공제 = 1,000,000×30%×60% = 180,000원
(4) 소비세 납부세액 = 4,480,000 + 13,200 − 180,000 = 4,313,200원

A담배생산기업의 기초재고 실담배는 200만원이다. 당월에 실담배를 구입하여 증치세 전용파표를 취득하였고 공급가액은 300만원, 증치세는 51만원이다. 구입한 실담배 수량은 총 10톤이며 당월 생산에서 사용한 외부구매 실담배는 6톤이다. 당기에 공제할 수 있는 실담배 소비세는?(실담배 소비세율 30%)

답 당기에 공제할 수 있는 실담배 소비세 = 300÷10톤×6톤×30% = 54만원

(3) 기납부세액 공제하는 유통단계

소매단계에서 소비세를 납부한 금은장신구(상감장신구 포함), 보석 및 보석장식품의 기납부 소비세는 공제하지 못한다.

(4) 외부구매 과세소비품을 매출

과세소비품을 자체 생산하지 않으며, 구매한 후 다시 과세소비품으로 매출하는 공업기업은 그가 매출하는 고급화장품, 폭죽불꽃과 진주, 보석, 옥이 직접 최종소비자시장에 진입하지 못하고 추가가공이 필요한 경우, 소비세를 납부하여야 하며, 동시에 상술한 소비품을 외부에서 구매할 때 납부한 소비세를 공제할 수 있다.

2. 위탁가공소비품을 수령하여 과세소비품을 연속 생산하는 경우

(1) 세법규정

위탁가공하여 수령한 소비품에 대해 기납부한 소비세에 관하여 당기 생산에 사용한 수량에 따라 당기의 소비세액에서 공제할 수 있다.

(2) 세액공제범위

세액공제방법은 외부에서 구매한 기납부 소비품을 연속하여 과세소비품을 생산하는 경우와 동일하다.

 소비세 수출퇴세의 계산

1. 수출 면세 및 퇴세

(1) 적용범위

수출경영권이 있는 대외무역기업에서 과세소비품을 구입하여 직접 수출하거나 대외무역기업에서 기타 대외무역기업의 위탁을 받고 과세소비품의 수출을 대리하는 경우

> 주의 〉 대외무역기업에서 비생산성 상업기업(非生产性的商贸企业)의 위탁을 받고 과세소비품의 수출을 대리하는 경우 세금을 퇴세(면세)하지 않는다.

(2) 퇴세의 세액계산

1) 종가정률로 소비세를 계산 징수하는 것 : 이미 징수하였으며, 또한 과세소비품 국내 매출의 소비세에서 공제하지 않은 수출 화물을 구입한 금액
2) 종량정액으로 소비세를 계산 징수하는 것 : 이미 징수하였으며, 또한 과세소비품 국내 매출의 소비세에서 공제하지 않은 수출 화물을 구입한 수량
3) 복합 소비세 계산징수하는 것 : 종가정률과 종량정액의 세금계산 근거에 따라 각각 계산

2. 수출 면세하나 퇴세하지 않는 경우

수출경영권이 있는 생산기업이 자체 수출하거나 생산기업이 대외무역기업에 위탁하여 자체 생산한 과세소비품을 대리 수출하면 그 실제 수출수량에 따라 소비세를 면세하며, 소비세 퇴세를 처리하여 주지 않는다.

3. 수출 면세하지 않고 퇴세도 하지 않는 경우

생산기업, 대외무역기업 이외 기타기업(일반 상업소매기업(商贸企业))이 대외무역 기업에 위탁하여 과세소비품의 수출을 대리하는 것은 일률적으로로 면세(퇴세)하지 않는다.

❑ 수출업무 중의 증치세와 소비세(생산기업)

국내 매출	증치세	매출세액	단독으로 계산하지 않음
		매입세액	
	소비세		종가세, 종량세, 복합세
수출	증치세	면세 및 퇴세	
	소비세	면세 ○, 퇴세 ×	

❑ 수출업무 중의 증치세와 소비세(대외무역기업)

국내 매출	증치세	매출세액	○
		매입세액	○
	소비세		×
수출	증치세	면세 및 퇴세	
	소비세	면세 및 퇴세	

제5절 징수관리

1. 소비세의 납세의무 발생시기, 납부기한

> 증치세의 원리와 같으며 내용도 기본적으로 같다.

(1) 외상 할부수금 결산방식 : 매출계약에 약정한 수금일. 서면 계약에 수금일을 약정하지 않았거나 혹은 서면 계약이 없는 경우 과세소비품을 출고한 당일
(2) 선수금을 수령한 경우 : 과세소비품을 출고한 당일
(3) 托收承付와 은행에 위탁하여 수금하는 방식 : 과세소비품을 출고하고 위탁 수금 수속을 진행한 당일
(4) 위탁가공한 과세소비품 : 납세인이 물량을 인수한 당일

2. 납세지

(1) 납세인이 매출한 과세소비품 및 자가생산 자가사용하는 과세소비품은 국무원 재정, 세무주관부문에 별도로 규정이 있는 경우를 제외하고는 납세인기구 소재지 혹은 거주지의 주관세무기관에 신고납부한다.
(2) 위탁가공업무는 수탁자의 소재지 주관세무기관에 소비세를 원천징수한다. 특수 : 개인에게 위탁하여 가공한 과세소비품은 위탁방이 그의 기구소재지 혹은 거주지 주관세무기관에 납세신고한다.
(3) 수입한 과세소비품은 수입인 혹은 그의 대리인이 통관지역 해관에 납세신고 한다.
(4) 납세인이 외부 현(시)에서 매출하거나 자체 생산한 과세소비품을 외부현(시)에 위탁하여 대리매출하는 경우, 과세소비품을 매출한 후 기구소재지 혹은 거주지 주관세무기관에 신고납부한다.
(5) 납세인이 매출한 과세소비품이 품질 등의 원인으로 구매자가 반품하는 경우, 소재지 주관 세무기관의 심사비준 후 이미 징수한 소비세를 반환할 수 있다.

제**4**장

성시유지건설세(城市维护建设税) 법과
연엽(烟叶)세법

제1절 성시유지건설세법

Ⅰ 납세의무인 및 세율

성시유지건설세는 경영활동에 종사하는 증치세, 소비세를 납부하는 단위(單位)와 개인에게 징수하는 세금이다. 이후 줄여서 "성건세(城建税)"라 칭한다.

> 참조 ▷ 2016년 5월 1일 이전에는 증치세, 소비세, 영업세를 징수하는 단위와 개인이었으나, 영업세가 폐지됨으로써 위와 같이 개정되었다.

> ❑ 성건세의 특징
> (1) 세금은 특별한 분야에 전용
> (2) 일종의 부가세에 속하며, 특정된 과세대상이 없고 그 징수관리방법도 완전히 본세의 해당 규정에 따라 진행
> (3) 도시규모에 따라 다른 비율의 세율을 적용

1. 납세인

증치세, 소비세를 납부하는 단위(單位)와 개인을 납세의무인으로 한다. 즉 "두 가지 세금"을 납부하면 성건세도 같이 납부하여야 한다.

2. 세율

성건세는 지역별 차별비례세율을 적용하며 3개 등급으로 나눈다.

> ❑ 특수상황
> 수탁자가 "두 가지 세금(증치세, 소비세)"을 원천징수하는 납세자인 경우, 수탁자의 소재지 적용세율에 따라 원천징수하는 성건세를 계산한다.

등급	납세인소재지	세율
1	시(市)구역	7%
2	현성(县城), 진(镇)	5%
3	시내, 현성, 진 외의	1%

참조 해양석유자원을 채굴하는 중외합작 유(가스)전의 소재지가 해상에 있는 경우, 도시건설세는 1%의 세율을 적용한다.

Q 사례 4-1

A시에 위치한 B마루공장은 외국인투자기업에 속하며, 2016년 8월에 목재를 구입하였다. 취득한 增值税发票 공급가액은 680,000원이며, 당월에 县城에 위치한 C공장에 위탁하여 원목마루로 가공하였다. 세금불포함 가공비 270,000원을 지급하였으며 C공장에서는 11월에 50%의 원목마루를 납품하였고, 12월에 나머지 부분을 완성하여 납품하였다.

C공장에서 12월에 원천징수할 성건세는? (원목마루의 소비세율은 5%로 가정)

답 소비세 = (680,000+270,000) ÷ (1 - 5%) × 50% × 5%(소비세율) = 25,000원
성건세 = (증치세 납부세액 + 소비세 납부세액) × 지역별세율
= 25,000 × 5%
= 1,250원

과세기준 및 세금계산

1. 과세기준

납세인이 실제 납부한 증치세, 소비세의 합계(이하 "두 가지 세금"이라 한다.)

❑ 주의사항

(1) 납세인이 "두 가지 세금"의 해당 규정을 위반하여 "두 가지 세금"에 대하여 조사받아 보충납부하거나 벌금이 있는 경우, 그가 지급하지 않은 성건세에 대하여서도 세금보충납부와 벌금을 납부한다.

(2) 납세인이 "두 가지 세금"의 해당 규정을 위반하여 추가 징수한 연체가산금(滞纳金)과 벌금(罚款)은 도시건설세의 과세기준에 포함하지 않는다.

(3) "두 가지 세금"이 경감/감면혜택을 받으면 도시건설세도 동시에 경감/감면한다(도시건설세는 원칙상 단독으로 감면하지 않는다).

(4) 성건세는 수출시 퇴세(환급)하지 않으며, 수입시 징수하지 않는다.

(5) 국가세무총국에서 정식으로 심사비준을 받은 당기 "면, 저(免抵)" 증치세 세액은 성건세, 교육비부가와 지방교육비부가의 징수범위에 속하며 각각 규정된 세율에 따라 징수한다.

 다중선택

다음 중 성건세의 과세기준에 포함되는 것은?

A. 납세인이 세무조사 받아 보충 납부하는 "두 가지 세금"의 세금

B. 납세인이 납부할 "두 가지 세금"의 세액

C. 세무기관의 심사비준을 받은 당기 "면, 저(免抵)" 증치세세금

D. 제품수입시 납부한 증치세와 소비세 세액

답 A, C

해설 B : 성건세의 과세기준은 실제 납부한 두 가지 세금의 합계이며, 미지급세금이 아니다.

　　　D : 성건세는 수입단계에서 징수하지 않으며, 수출단계에서 퇴세하지 않는다.

2. 납부세액의 계산

> 납부세액 = (실제 납부한 증치세 + 실제 납부한 소비세) × 적용세율

시(市)에 위치한 A기업에서 2016년 8월에 제품을 매출하여 증치세와 소비세 합계 80만원을 납부하였다. 또한, 세무기관의 조사를 거쳐 증치세 25만원을 보충 납부하며 동시에 8만원의 벌금을 처분받았다. 갑기업에서 8월에 지급할 성건세는?

답 벌금은 성건세의 과세기준에 포함되지 않는다.
성건세 = (80+25) × 7% = 7.35만원

1. 세수우대

(1) 성건세는 감면 후의 실제 납부한 "두 가지 세금"의 세액에 따라 징수한다. 즉 "두 가지 세금"의 감면에 따라 감면한다.

(2) 감세/면세로 인하여 "두 가지 세금"을 환급하는 경우 성건세도 동시에 환급한다.

(3) 해관에서 수입제품에 대하여 대리징수한 증치세, 소비세는 성건세를 징수하지 않는다.

(4) "두 가지 세금"에 대하여 선징수후반환(先征后返), 선징수후퇴세(先征后退), 즉시징수즉시퇴세(即征即退)하는 방법을 실행하는 경우 별도로 규정이 있는 경우를 제외하고는 "두 가지 세금"에 대하여 부가징수한 성건세와 교육비부가는 일률적으로 퇴(반환)세하지 않는다.

(5) 국가의 중대한 수리공정건설기금(水利工程建设基金)은 성건세를 면제한다.

2. 징수관리

기본적으로 "두 가지 세금"과 일치하며 특별한 사항은 다음과 같다.

(1) "두 가지 세금"을 원천징수, 대리수금 대리납부하는 단위(单位)와 개인은 동시에 성건세의 원천징수, 대리수금 대리납부 의무인이다. 그 성건세의 납세지는 원천징수, 대리수금하는 곳으로 한다.

(2) 유동경영 등 고정된 납세지가 없는 단위(单位)와 개인에 대하여 "두 가지 세금"에 따라 경영지에서 적용세율에 근거하여 납부한다.

(3) 신설규정

❏ 납세인이 지역을 넘어(跨地区) 건축서비스를 제공하거나 부동산을 매출, 임대하는 경우

1) 건축서비스 발생지, 부동산 소재지에서 증치세를 선납하는 경우 선납한 증치세 세액, 선납지역의 성건세 세율에 따라 성건세와 부가비용을 계산납부한다.
2) 증치세 납세인이 기구소재지에서 증치세를 신고납부할 때, 실제 납부한 증치세 세액과 기구소재지 성건세 세율에 따라 성건세와 부가비용을 계산납부한다.

 단일선택

다음 성건세의 감면세 규정에 대한 서술 중 옳지 않은 것은?

A. 성건세는 "두 가지 세금"의 감면에 따라 감면한다.

B. 국가의 중대 수리공정건설기금은 도시유지건설세를 면제한다.

C. 해관에서 대리징수한 수입제품의 증치세와 소비세는 경감하여 성건세를 징수한다.

D. 감면으로 인하여 "두 가지 세금"에 대하여 환급한 경우 이미 징수한 성건세도 동시에 환급한다.

답 C

해설 해관에서 수입제품에 대하여 대리 징수한 증치세와 소비세는 성건세를 징수하지 않는다.

제2절 연엽(烟叶)세법

> ❏ 烟叶(담뱃잎), 烟丝(실담배), 卷烟(담배, cigarette)
>
> 본 저자가 담배생산의 전문가는 아니지만, 위 세 단어는 소비세법 및 다른 세법에서
> 도 자주 등장하는 단어이므로 간단히만 설명하고자 한다. 담배라는 것이 담배나무
> 에서 잎(烟叶(담뱃잎))을 따다가, 그것을 실 같은 형태로 잘라서(烟丝(실담배로
> 부르기로 한다.)) 그것을 가공하여 종이로 싸고 필터를 끼워 담배(卷烟(담배,
> cigarette))를 만든다고 한다. 이렇게 담배잎의 가공상태에 따라서 여러 용어가
> 등장한다. 각각의 단어에 해당하는 과세내용이 다르므로 알고 넘어가기로 한다.

Ⅰ 납세인과 징수범위

연엽세는 납세인이 매입한 연엽의 매입금액을 과세기준으로 징수하는 세금이다.

① 납세인 : 중국 경내에서 연엽을 매입하는 단위(单位)

② 징수범위 : 말린 연엽(晾晒烟叶), 구운 연엽(烤烟叶)

Ⅱ 납부세액 계산

1. 연엽을 매입할 때 납부할 연엽세

연엽세액 = 매입가격 × (1+10%) × 20% (10%는 가격외 보조)

2. 연엽을 매입할 때 공제할 수 있는 증치세액

연엽 증치세 매입세액 = 매입가격 × (1+10%) × (1+20%) × 9%(또는 10%)

= 매입가격 × 1.1 × 1.2 × 9%(또는 10%)

Ⅲ 징수관리

1. 납세의무 발생시기 : 납세인이 연엽을 구매한 당일
2. 납세지점 : 구매지 주관세무기관
3. 납세기한 : 납세의무 발생일로부터 15일 내

제3절 교육비부가와 지방교육비부가의 해당 규정

Ⅰ 징수비율 및 계산

1) 교육비부가, 지방교육부가의 납세인. 계산근거, 해당 관리는 성건세와 같다.
2) 교육비부가 납부액 = 실제 납부한 증치세와 소비세 × 3%
3) 지방교육부가 납부액 = 실제 납부한 증치세와 소비세 × 2%

> 참조 월매출액 10만원 이하인 소규모납세인(분기별은 30만)은 성건세, 교육비부가 및 지방 교육비부가를 면제한다. 월매출액 10만원 이하인 일반납세인(분기별 30만)은 교육비 부가 및 지방교육비부가를 면제한다.

제**5**장

관세(关税)법과
선박톤(船舶吨)세법

관세의 징수대상과 납세의무인

❑ 관세소개

관세는 해관에서 법에 따라 입경출경(进出境) 화물, 물품에 대하여 징수하는 세금이다.

해설 1 "경"은 관경을 말하며 또한 "해관경역" 혹은 "관세영역"이라고 부른다. 국가의 《해관법》을 전면적으로 실시하는 영역으로 관세의 변경(关境)과 국경(国境)이 반드시 서로 일치하지는 않는다.

해설 2 해관에서 수입화물, 물품의 관세를 징수하는 동시에 수입증치세와 소비세도 징수한다.

1. 관세의 징수대상

입경출경(进出境)을 허용하는 화물(무역성)과 물품(개인)

2. 납세의무인

관세의 납세인은 수입화물의 수령인, 수출화물의 발송인, 물품을 입경출경(进出境)하는 모든 사람(휴대인, 수령인, 발송인 등)을 말한다.

다음 중 관세의 납세인에 속하는 것은?

A. 수입화물의 수령인
B. 수입화물의 대리인
C. 수출화물의 발화인
D. 수출화물의 대리인

답 A, D

해설 수출입화물의 대리인은 관세납세인이 아니다.

> 수출입세칙은 세율표가 주가 되며, 세칙상품분류목록과 세율 두 가지 부분을 포함한다. 일반적으로 세칙을 실시하는 법령, 세칙을 사용하는 관련설명과 부록 등 수출입세칙 등도 포함한다.

1. 수입관세 세율

(1) 세율설정

중국 수입세칙에는 최혜국세율, 협정세율, 특혜세율, 보통세율, 관세쿼터세율 등 5가지 세율이 있다.

(2) 세율종류와 계산징수방법

1) 종가세 : 제일 보편적인 관세 과세표준이다.

2) 종량세 : 수입상품의 수량, 중량, 체적, 용량 등 계량단위를 과세기준으로 한다(원유, 맥주 등).

3) 복합세 : 모종의 수입상품에 대하여 동시에 종가와 종량을 사용하여 과세하는 일종 관세의 징수방법이다(촬영기기(攝像机), 디지털카메라(数字照相) 등).

4) 선택세 : 일종의 수입상품에 대하여 동시에 종가세와 종량세를 규정하였으며, 징수는 물가수준에 따라 비교적 높은 것을 선택하여 적용한다.

5) 탄력세 : 일종의 관세세율이 수입상품 가격에 따라 세율이 다르게 적용이 되는 것으로서, 가격이 '높은 데서 낮은 데로'에 따라 낮은 것부터 높은 것으로 관세징수를 설정하는 방법이다. 즉, 가격이 싸질수록 관세율은 높아지고, 가격이 비쌀수록 관세율은 낮아진다. 탄력세 상품의 국내시장가격의 상대적인 안정성을 보전하며 국제시장가격 파동의 영향을 감소시킨다.

(3) 잠정세율(暂定税率)과 관세쿼터(关税配额)세율

최혜국세율을 적용하는 수입화물이 잠정세율이 있는 경우, 반드시 잠정세율을 적용하며, 특혜세율, 협정세율을 적용하는 수입화물에 잠정세율이 있는 경우 반드시 낮은 적용세율을 적용하며, 일반세율을 적용하는 수입화물은 잠정세율을 적용하지 않는다.

현재 실행 세칙은 700여 개의 수입상품세목에 대하여 잠정세율을 실시하며, 밀, 옥수수 등 7가지 농산품과 요소(尿素) 등 3가지 화학비료에 대하여 관세쿼터관리를 실시한다.

2. 수출관세 세율

중국에서 실제로 수출관세를 징수하는 상품은 100여 종밖에 안 되며 세율이 비교적 낮다.

3. 특별관세

(1) 보복관세, 반덤핑세와 반보조세, 보장성관세를 포함한다.
(2) 특별관세를 징수하는 화물, 국가별, 세율, 기한과 징세방법의 적용은 국가관세세칙위원회에서 결정하며, 해관총서의 책임하에 실행한다.

4. 세율의 운용

(1) 수출입화물은 해관에서 본화물의 수입 혹은 수출을 신고한 일자에 실시하는 세율을 적용한다.
(2) 수입화물이 도착전 해관의 비준을 받고 먼저 신고하는 경우, 본화물을 적재한 운송수단이 입경을 신고한 일자에 실시하는 세율을 적용한다.
(3) 해관의 비준을 거쳐 집중신고하는 수출입화물은 매차 화물을 수출입할 때 해관에서 본화물에 대한 신고를 접수한 일자에 실시하는 세율을 적용한다.
(4) 수입转关운송화물은 指运地(운송지정지, 도착지)해관에서 본 화물의 수입신고를 접수한 일자에 실시하는 세율을 적용하며, 화물이 指运地에 도착하기 전 해관의 심사비준을 거쳐 우선 먼저 신고한 경우 본화물을 적재한 운송수

단이 指运地에 도달하는 일자에 실시하는 세율을 적용한다.

(5) 수출转关운송화물은 반드시 启运地(출발지)해관에서 본화물의 수출신고를 접수한 일자에 실시하는 세율을 적용한다.

(6) 규정된 기한을 초과하여도 신고하지 않아 해관에서 법에 따라 수입화물을 매각하는 경우, 그 과세는 본화물을 적재한 운송수단이 입경을 신고한 일자에 실시하는 세율을 적용한다.

(7) 납세인이 규정을 위반하여 세금을 추징하여야 하는 수출입화물은 규정을 위반한 행위가 발생한 일자에 실시하는 세율을 적용하며, 행위의 발생일자를 확인하지 못하는 경우에는 해관에서 본행위를 발견한 일자에 실시하는 세율을 적용한다.

(8) 입경을 이미 신고하였으며 동시에 통과한(放行) 보세화물, 감/면세화물, 임대화물 혹은 잠시출경화물이 다음의 한 가지에 해당하는 경우, 해관에서 납세인의 재차 통관서식을 작성하여 납세 및 해당 수속을 접수한 일자에 실시하는 세율을 적용한다.

1) 보세화물이 비준을 거쳐 다시 출경하지 않는 것
2) 보세창고화물이 국내시장에 전입되어 매출된 것
3) 감/면세화물이 비준을 거쳐 양도 혹은 기타에 사용된 것
4) 잠시 세금을 납부하지 않는 잠시수출입화물(暂时进出境货物)이 비준을 거쳐 다시 출경 혹은 입경하지 않는 것
5) 수입화물을 임대하며 세금을 분할하여 납부하는 것

제3절 관세과세표준가격(完税价格)과 납부세액 계산

 Ⅰ 원산지 규정

1. 완전생산지 표준

수입재화가 하나의 국가에서 생산/제조되었음을 의미하며 생산 또는 제조한 국가가 원산지가 된다.

(1) 해당 국가의 영토 또는 영해 내에서 채굴한 광산품

(2) 해당 국가의 영토에서 수확 또는 채집한 식물

(3) 해당 국가의 영토에서 나오거나 해당 국가에서 사육한 동물 및 그로부터 얻은 물품

(4) 해당 국가의 영토에서 수렵 또는 수확한 물품

(5) 해당 국가의 선박에서 하역한 해양획득물 및 해당 국가의 선박이 해상에서 획득한 기타 물품

(6) 해당 국가의 배가 위 (5)에서 열거한 물품을 가공한 물품

(7) 해당 국가에서 수집하여 단순 재가공하여 제조하는 데 사용된 폐자재와 폐기물품

(8) 해당 국가가 위 (1)~(7)에 열거된 제품을 가공하여 만든 완제품

2. 실질적 가공표준

둘 이상의 국가를 거쳐 생산한 재화에 대한 원산지를 확정하는 데 적용되며, 이러한 경우에는 재화에 대해 실질적 최종적 가공을 한 것으로 보는 국가의 원산지로 본다.

제품 가공 후 수출입 세칙 중 4자리수 세무번호 1급의 세칙분류가 이미 변경되었거나 혹은 가공한 후 가치가 증가한 부분이 신제품 총가치의 점유비율이 30% 이상인 것

3. 기타

기계, 측정기기, 기자재 혹은 차량에 사용하는 부품, 부속품, 비품 및 공구를 주요 재료와 함께 수입하며 수량이 합리적인 것은 주요재료의 원산지에 따라 확인한다. 별도로 수입한 것은 각자의 원산지에 따라 확인한다.

단일선택 ●

다음 수입화물의 원산지 확인이 중국 관세 규정에 부합되지 않는 것은?

A. 미국 선박에서 뜻어낸 해양 어획물의 원산지는 미국으로 한다.

B. 러시아에서 채굴하고 한국를 거쳐 운송한 철광석의 원산지는 러시아이다.

C. 한국에서 면사를 제공하고 베트남에서 의류를 가공한후 홍콩을 통하여 포장 운송한 양복의 원산지는 베트남이다.

D. 남아프리카에서 채굴하고 한국에서 가공한 다이아몬드의 가공 후 증가된 부분의 가치가 본 다이아몬드 총가치의 25% 이상이면 그의 원산지는 한국이다.

답 D

해설 증가된 가치가 30%를 초과하지 않았으므로 원산지는 남아프리카이다.
중국 원산지의 규정은 기본적으로 "완전생산지 표준", "실질적 가공표준" 국제 상에서 통용하는 원산지 표준을 채용하고 있다.

Ⅱ 관세 과세가격(完稅价格)과 세액 계산

관세 과세가격(完稅价格)은 해관에서 수출입화물의 실제 거래가격을 기초로 조정한 후 확인한 관세를 징수하는 가격이다.

1. 일반 수입화물의 과세가격(完稅价格)

(1) 거래가격을 기초로 한 과세가격

1) 수입화물의 과세가격은 화물의 대금, 화물을 우리나라 경내의 운송지점까지 운송한 후 하선하기 전까지의 운송비 및 기타 비용, 보험료를 포함한다.

2) 수입화물의 과세가격 = 화물대금 + 구매비용(화물을 중국 관경내의 운송지점까지 운송한 후 하선하기 전까지의 운송비, 보험료와 기타노무비 등 비용을 포함한다.)

일반 수입화물의 과세가격

(1) FOB(화물대금, 본선인도가격) + (운임 + 보험료) = CIF(운임 보험료 포함가격)
(2) CIF + 산입 조정항목(6개항목) – 불산입 조정항목(6개항목)
    = 관세 과세가격(**完税价格**)
(3) 관세과세가격(**完税价格**) × 관세율 = 관세

---

(2) 실제지급 혹은 미지급 가격의 조정

과세가격에 산입하는 항목	과세가격에 산입하지 않는 항목
1) 구매측에서 부담하는 구입커미션 이외의 커미션(佣金)과 대리비(经纪费) 【참조】 구매커미션은 과세금액에 기입하지 않는다. 2) 구매자가 부담하는 본 화물과 일체로 간주하는 용기비용 3) 구매자가 부담하는 포장재료와 포장노무비용 4) 화물의 생산과 중국 경내매출이 관련되는 경외의 개발, 설계 등 해당 서비스 비용 5) 본화물과 관련되며 반드시 구매측에서 직접 혹은 간접적으로 지급하는 특허권사용비 6) 매출자가 직접 혹은 간접적으로 구매자로부터 본 화물을 수입한 후 재판매, 처분 혹은 사용 소득 중에서 취득한 수익	1) 공장, 기계, 설비 등 화물을 수입한 후 발생한 기초건설, 설치, 설치, 수리와 기술서비스 비용 2) 화물을 경내 운송지점까지 운송한 후의 운송비용 3) 수입관세 및 기타 국내세금 4) 경내에서 수입화물을 복제하기 위하여 지급한 비용 5) 경내외 기술교육 및 경외 고찰(考察) 비용 6) 조건에 부합되는 이자비용

(3) 수입화물의 해관 가격추정 방법

1) 동일한 화물의 거래가격 평가방법

2) 유사한 화물의 거래가격 평가방법

3) 역산가격의 평가방법

해관이 수입된 화물에 대하여 같은 또는 유사한 화물로써 국내로 수입되어 판매되고 있는 국내매출가격을 기초로 역산하는 방법이다. 이 방법을 적용하기 위하여는 다음의 5가지 조건을 갖추어야 한다.

대상 화물이 수입과 동시 또는 거의 동시에 같거나 유사한 화물의 경내 매출가격이어야 한다.

① 수입 당시의 그 상태 그대로 판매되는 가격이어야 한다.

② 경내에서 여러 단계중 가장 처음 매출되는 가격이어야 한다.

③ 특수관계 없는 자에게 매출한 가격이어야 한다.

④ 해당 화물의 매출수량합계가 가장 큰 가격이어야 한다.

4) 가격계산 추정 방법

아래 열거된 비용의 합계를 기초로 심사하여 확정하는 방법이다.

① 해당 화물을 생산할 때 사용된 재료원가와 가공비용

② 경내 매출에 동등한 또는 유사한 화물의 통상적인 이윤과 일반비용

③ 해당 화물의 경내 수입지점까지 발생한 운임, 상관비용, 보험료

5) 기타 합리적 방법

객관적 수치자료를 기초로 수입화물의 과세금액을 심사확인하는 평가방법이다.

❏ 참조

해관에서 합리적 방법으로 수입화물의 관세과세가격을 확인할 때 다음의 가격은 사용하지 못한다.

① 경내 생산 화물의 경내 매출가격

② 선택할 수 있는 가격 중 비교적 높은가격

③ 화물의 수출지 시장의 매출가격

④ 계산가격으로 가격을 평가하는 방법에 규정한 해당 각항 이외의 가격 혹은 비용으로 계산한 가격

⑤ 제3국가 혹은 지역에 수출된 화물의 매출가격

⑥ 최저 제한가격 혹은 독단적, 허구의 가격

2. 관세 과세가격(完税价格) 중 운임 및 해당비용, 보험료의 계산

(1) 운임, 보험료

  1) 실제 지급한 운임 보험료

  2) 확정할 수 없을 경우 : 다음의 추정금액

  3) 운임 : 화물 수입 동일시간 정상운임을 심사하여 확정(고지)

  4) 보험료 : (화물가격 + 운임) × 3 ‰

(2) 운송도구를 수입화물로 자체동력을 이용하여 입경한 것은 해관에서 관세 과세금액을 심사확인할 때 별도로 운송비 및 해당비용을 기입하지 않는다.

(3) 우편비용

  수입화물을 우편으로 운송할 때 우편비용은 운임 및 기타비용, 보험료로 한다.

3. 수출화물의 관세 과세가격

수출화물의 과세가격은 해관에서 본화물의 거래가격을 기초로 심사확인하며 또한 화물을 우리나라 경내 수출지점까지 운송하여 적재하기 전까지의 운임 및 기타비용, 보험료이다.

❑ 수출화물의 과세가격에 포함하지 않는 것

1) 수출관세 세금

2) 매출액에는 출경항구에서 경외항구 간의 운송비, 보험료를 포함하며, 공제할 수 있다.

4. 납부세액의 계산

중국 A회사는 2016년 8월에 국내 갑항구에서 철강을 외국에 수출하였다. 화물의 거래금액은 280만원이며(수출관세 불포함), 그 중 화물을 갑항구에 운송하여 적재하기 전까지의 운송비 18만원, 따로 열거한 경외에 지급한 커미션 16만원을 포함되어 있다. 갑항구에서 국외 목적지항구 사이의 운송비용은 20만원이다. 철강의 수출 관세율은 10%라고 가정하면 A회사에서 수출관세는?

> **답** 수출화물의 과세금액은 해관에서 본 화물을 경외에 매출한 거래금액을 기초로 심사확인한다. 동시에 화물을 중국 경내 수출지점까지 운송하여 적재하기 전까지의 운임 및 기타 해당비용, 보험료를 포함한다. 그러나 그 중에 포함된 수출관세세액은 공제하여야 한다. 수출화물의 거래가격 중 포함된 경외에 지급한 커미션은 따로 열거하였으면 공제하여야 한다. 관세 = (280 - 16)×10% = 26.4만원

A회사에서는 경외에서 승용차 80대를 수입하였다. 승용차 한대당 가격은 25만원이며 중국 해관에 도착전에 발생한 운송비, 보험료는 확인할 수 없다. 해관에서 기타 운송회사의 동일한 사항의 화물대금에 대한 운송료의 비율을 조사한 결과 2%로 추정하였다 (관세율은 30%, 소비세 세율은 9%로 가정).
수입단계에서 징수하는 각 세목의 세액을 각각 계산하면?

> **답** 승용차 수입시 수입단계에서 납부할 관세, 소비세, 증치세
> ① 수입승용차의 화물대금 = 25×80 = 2,000만원
> ② 수입승용차의 운임 = 2,000×2% = 40만원
> ③ 수입승용차의 보험료 = (2,000+40)×3‰ = 6.12만원
> ④ 수입승용차의 관세 납부세액
> 　관세의 과세가격 = (2,000+40+6.12) = 2,046.12만원
> 　관세 납부세액 = 2,046.12×30% = 613.84만원
> ⑤ 수입단계에서 승용차 수입으로 납부할 소비세금액
> 　소비세 과세구성가격 = (2,046.12+613.84)÷(1 - 9%) = 2,923.03만원
> 　소비세 납부세액 = 2,923.03×9% = 263.07만원
> 　수입증치세 = 2,923.03×17% = 496.92만원

국제 온라인소매수입 세수정책

1. 징세범위

(1) 모든 해관과 연결된 온라인거래플랫폼을 통하여 거래하는 거래, 지급, 물류의 전자정보 "3단(三单)"이 정리된 국제 온라인거래 소매수입상품

(2) 해관과 연결된 온라인거래 플랫폼을 통하여 거래하지 않았으나, 우편, 우편기업에서 통일적으로 거래, 지급, 물류 등 전자정보를 제공할 수 있으며 또한 해당 법률책임을 부담하여 입경한 국제온라인 소매수입상품

2. 징수한도액

국제 전자온라인소매 수입상품의 한 차례 거래 한도금액은 인민폐 5,000원이며, 개인의 연간 거래한도금액은 인민폐 26,000원이다.

(1) 한도금액내 : 관세율은 잠시 0%로 설정하며, 수입단계의 증치세, 소비세는 잠시 법정 납부세액의 70%로 징수한다.

(2) 단일거래로 한도금액을 초과하였거나 누적 후 개인의 연간한도액을 초과한 거래 및 과세금액이 2,000원의 한도금액을 초과한 분리할 수 없는 상품은 일반무역 방식으로 전액을 징수한다.

3. 징수규정

(1) 국제 온라인소매 수입상품을 해관에서 통과된 일자로부터 30일 내에 반품하는 경우 퇴세를 신청할 수 있다. 동시에 해당되는 개인의 연간거래 총액을 조정할 수 있다.

(2) 국제 온라인소매 수입상품의 구매인(주문자) 신분정보는 인증(认证)을 진행하여야 하며, 인증을 진행하지 않은 구매인의 신분정보는 지급인과 일치하여야 한다.

제4절 관세 감면규정

1. 감면세 분류

(1) 3가지 유형 : 법정감면세, 특정감면세, 임시감면세

(2) 심사비준권한 : 법정감면은 《해관법》을 근거로 하며 기타감면은 국무원에서 규정한다.

(3) 경감하여 징수하는 관세 : 중국이 세계무역기구(WTO)에 가입한 후 최혜국세율(最惠国税率) 혹은 보통세율(普通税率)을 기준으로 한다.

2. 법정관세감면

(1) 관세 세액이 건당 인민폐 50원 이하인 화물

(2) 상업가치가 없는 광고물과 샘플

(3) 외국정부, 국제조직에서 무상으로 증정한 물자

(4) 수출입 운송수단이 적재중에 필요한 연료, 물품과 음식용품

(5) 해관을 통과하기 전에 손실된 화물

(6) 해관을 통과하기 전에 손실된 화물은 손상정도에 따라 세금을 경감

(7) 중국에서 체결하였거나 참여한 국제조약에서 규정한 감면

3. 특정감면관세

(1) 과학교육 용품

(2) 장애인 전용품

(3) 자선기부물자

4. 잠시면세

잠시 입국하였거나 잠시 출국한 다음의 화물을 입국 또는 출국할 때 납세의무자가 세관에 과세액에 해당하는 보증금을 납부하거나 기타 담보를 제공하는 경우에는 관세를 잠시 납부하지 않을 수 있으며, 입국 또는 출국한 날로부터 6개월내에

재출국 또는 재입국하여야 한다. 출국 기한을 연기 또는 입국 기한을 연장하여야 할 경우 납세의무자는 해관총서의 규정에 따라 해관에 연기수속을 하여야 한다.

(1) 전시회, 교역회, 회의 및 이와 유사한 활동에 전시하거나 사용하는 상품

(2) 문화, 체육 교류 행사에서의 공연, 경기용품

(3) 신문보도를 하거나 영화 및 TV프로그램을 제작하는 데 사용하는 기구, 설비 및 용품

(4) 과학연구, 교육, 의료 활동을 진행하는 데 사용되는 기기, 설비 및 용품

(5) 상기 제1호부터 제4호까지에 상기된 활동에서 사용되는 교통수단 및 특수차량

(6) 견본

(7) 장비 설치 및 조정시험 및 테스트에 사용되는 기기와 도구들

(8) 화물을 담는 용기

(9) 기타 비상업적인 목적에 사용되는 상품

참조 〉 상기한 임시출입국화물을 규정기한내에 재출국하지 않았거나 임시출입국화물을 소정기한 내에 재입국하지 않은 경우 해관은 법에 의하여 관세를 징수하여야 한다.

5. 임시감면세

임시감면세란 상술한 규정이거나 특정된 감세면세 이외의 기타 감면세를 말한다. 즉, 국무원이 「세관법」에 근거하여 모 단위, 모 상품, 모 항목 또는 모 수출입화물의 특수상황에 대해 특별배려를 실시하여 매 건당 특별공문으로 내려보낸 감면세를 말한다.

제5절 관세징수관리

1. 관세납부

(1) 신고시기

수입화물은 운송수단이 입경을 신고한 일자로부터 14일 내, 수출화물은 해관의 세금감독관리구역에 운송된 후 화물을 적재하기 24시간 전

(2) 납부기한

관세의 납세의무인 혹은 대리인이 해관에서 세금납부서류를 발급한 일자로부터 15일 내에 지정된 은행에 납부한다.

(3) 기한 내에 세금을 납부하지 못하는 경우 해관총서(海关总署)의 비준을 거쳐 납부를 연기할 수 있다. 그러나 최장 6개월을 초과하지 못한다.

2. 관세강제집행

(1) 관세 연체가산금(滞纳金) 징수

관세 연체가산금 = 체납 관세액 × 체납금 징수비율(만분의5) × 체납일수

(2) 강제징수

납세인이 해관에서 세금납부서류를 발급한 일자로부터 3개월내에 세금을 납부하지 않은 경우 해관관장의 비준을 거쳐 해관에서는 강제로 공제/납부하거나 처분하여 세금을 납부하는 조치를 취할 수 있다.

3. 관세반환

다음 중 한가지 상황인 경우, 세금을 납부한 일자로부터 1년 내에 서면으로 이유를 원래 납세근거(原纳税收据)과 함께 제출하여 해관에 퇴세를 신청할 수 있으며 동시에 동일기간 은행의 보통예금 이자율로 이자를 계산한 이자를 추가로 반환한다.

(1) 이미 수입관세를 징수한 화물이 품질 혹은 규격의 원인으로 원상태로 반품하여 출경하는 경우

(2) 이미 수출관세를 징수한 화물이 품질 혹은 규격의 원인으로 원상태로 반품하여 입경하며 동시에 수출반품으로 인한 국내세금을 징수하는 경우

(3) 이미 수출관세를 납부한 화물이 선적 및 수출되지 않고 관세퇴세를 신고하는 경우

4. 관세 보충징수(补征)와 추가징수(追征)

(1) 관세 보충징수는 납세인이 해관규정을 위반한 것이 아닌 다른 원인으로 과소징수 혹은 징수를 누락한 관세이며, 관세의 보충납부 기한은 세금납부 혹은 화물을 통과한 일자로부터 1년 내이다.

(2) 관세추징은 납세인이 해관의 규정을 위반하여 과소징수 혹은 누락한 관세이며, 관세의 추징기한은 수출입화물이 세금납부일자 혹은 화물을 통과한 일자로부터 3년 내이며 동시에 만분의 5의 연체가산금(滞纳金)을 추징한다.

5. 관세납세 쟁의

쟁의발생시 해관에 심의를 신청할 수 있다. 그러나 동시에 규정된 기한 내에 해관에서 추정한 세액에 따라 관세를 납부하여야 하며, 체납되는 경우 해관에서는 규정에 따라 강제집행할 수 있다.

제6절 선박톤세(船舶吨稅)법

《선박톤세 잠시 시행조례》 2012년 1월 1일부터 시행한다.

1. 징수범위와 세율

(1) 징수범위 : 중국 경외 항구에서 경내 항구에 진입한 선박
(2) 세율 : 정액세율
    1) 우대세율 : 중국 국적의 과세선박, 선박의 국적나라(지역)이 중국과 상호 선박세금비용 최혜국대우를 부여하는 조항을 포함한 조약을 체결하거나 혹은 협정한 과세선박
    2) 보통세율 : 기타 과세선박

2. 납부세액의 계산

톤세는 선박의 순톤수와 톤세 허가증 기한에 따라 징수한다.

> 납부세액 = 선박 순톤수 × 정액세율

참조▶ 예인선(拖船)과 非机动驳船(비기동 바지선, 거룻배)은 각각 동일한 순톤수 선박세율의 50%로 세금을 징수한다. 예인선(拖船)의 매 1천와트 = 순톤수 0.67톤

Q 사례 5-3

B국 운송회사의 화물선 한 척이 중국 모 항구에 입항하였으며 본 화물선의 순톤수는 25,000톤이다. 화물선 책임자는 중국 해관에서 톤세허가증(吨稅执照)을 수령하였으며 항구에서의 체류기한은 30일이다. B국은 우리나라와 상호 선박세 최혜국대우를 부여하는 협의를 체결하였다. 본 화물선의 책임자가 중국 해관에 납부할 선박톤세는 얼마일까?

답 (1) 선박톤세의 해당 규정에 따라 본화물선은 우대세율을 적용하며 매 톤당 3.3원이다.
    (2) 선박톤세 = 25,000×3.3 = 82,500원

3. 세수우대

(1) 직접우대

다음 선박은 톤세를 면제한다.

1) 납부세액이 인민폐 50원 이하의 선박

2) 경외에서 구매, 수증, 계승 등 방식으로 선박소유권을 취득한 후 처음으로 항구에 입항한 적재하지 않은 선박

3) 톤세허가증 기한이 만기된 후 24시간 내에 여객/화물을 싣지 않은 선박

4) 비기동선박(非机动驳船은 불포함)

5) 어획, 양식어선

6) 피난, 방역격리, 수리, 운영종료 혹은 해체되어 승객/화물이 싣지 않는 선박

7) 군대, 무장경찰부대에서 전용으로 사용하거나 징용하는 선박, 경찰용 선박

8) 법률 규정에 따라 면세되는 외국주중국 사령관, 국제조직의 주중국 대표기구 및 그 해당 인원의 선박

9) 국무원에서 규정한 기타 선박

(2) 연기(延期)우대

톤세허가증 기한 내 과세선박이 다음 중 하나의 상황이 발생하면 해관에서는 실제 발생한 일 수에 근거하여 톤세허가증(吨税执照) 기한을 연장한다.

1) 피난, 방역격리, 수리중으로 승객화물을 싣지 않는 경우

2) 군대, 무장경찰부대에 징용되어 사용되는 경우

3) 과세선박이 불가피한 원인으로 해관을 설립하지 않은 곳에 정박하면 선박책임자는 부근의 해관에 즉시 신고하여야 하며, 또한 불가피한 원인이 해소된 후 해관에 신고납부하여야 한다.

4. 징수관리

(1) 징수기관 : 해관

(2) 납세의무 발생시기 : 과세선박이 항구에 입항한 당일

(3) 납부기한 : 과세선박의 책임자는 해관에서 톤세납부서류를 발급한 일자로부터 15일 내에 지정된 은행에 세금을 납부한다.

지정된 기한에 세금을 납부하지 않은 경우 세금을 체납한 일로부터 매일 체납한 세금의 만분의 5의 연체가산금(滯纳金)을 추가징수한다.

제6장

자원세법, 환경보호세법,
성진토지사용세(城镇土地使用税)법,
경작지점용세(耕地占用税)법

제1절 자원세법

 납세의무인과 원천징수 의무인

> ❏ **자원세 소개**
> (1) 자원세는 중국 경내에서 과세광산품 채굴과 소금을 생산하는 단위(單位)와 개인에 대하여 과세하는 세금이다. 자연자원을 점용(占用)하는 행위는 과세 범위에 속한다.
> (2) 자원세 징수 원칙 : 수익원칙, 공평원칙, 효율원칙

1. 자원세의 납세인

자원세의 납세인은 중국영역 및 관할해역에서 과세자원의 광산품을 채굴하거나 혹은 소금을 생산하는 단위(單位)와 개인이다.

> 해설 1 자원세는 중국에서 생산 혹은 과세자원을 채굴하는 단위와 개인에 대하여 징수하며, 과세자원제품을 수입하는 단위와 개인에 대하여는 자원세를 징수하지 않는다.
> 해설 2 자원세는 채굴 혹은 생산한 과세자원에 대하여 매출하거나 혹은 자체사용하는 단위와 개인에 대하여 징수하며, 출고하여 매출하거나 혹은 자체사용할 때 일회성으로 징수한다. 단일 단계의 징수에 속하며 가격내세금에 속한다.
> 해설 3 자원세 납세의무인은 규정에 부합되는 중국기업과 개인을 포함할 뿐만 아니라 또한 외국인투자기업과 외국기업을 포함한다. 각 유형의 기업을 포함할 뿐만 아니라 또한 사업단위, 군사단위, 사회단체 등을 포함한다.

2. 자원세의 원천징수의무인

세금을 납부하지 않은 광산품을 매입한 단위가 자원세 원천징수의무인이다.

포함 독립광산, 연합기업, 기타 세금을 납부하지 않은 광산품을 매입한 단위

단일선택

다음 중 자원세의 납세의무인에 속하지 않는 것은?
A. 석유를 채굴하는 기업
B. 석탄을 채굴하는 개인기업
C. 소금을 생산하는 외국인투자기업
D. 소금을 수입하는 개인

답 D

해설 자원세는 수입 과세자원에 대하여 세금을 징수하지 않으며, 수출 과세자원에 대하여 세금을 환급하지 않는다.

Ⅱ 세목과 세율

1. 세목(징수범위) : 일반적으로 5대 유형

(1) 원유 : 채굴한 천연원유이며 인조석유를 포함하지 않음
(2) 천연가스 : 천연가스만 채굴하거나 원유와 동시에 채굴한 천연가스
(3) 석탄 : 원탄(原煤)과 세금을 지급하지 않은 원탄으로 가공한 洗选煤를 포함
(4) 금속광 : 철광, 금광, 동광, 铝土矿, 납아연광, 니켈광, 주석광, 텅스텐, 몰리브덴, 이름을 열거하지 않은 기타 금속광산품의 원광(原矿) 혹은 정광(精矿)을 포함
(5) 기타 비금속광 : 석회석, 희토, 석탄층가스, 염전염(井矿盐), 호염(湖盐), 지하간수를 말려 제조한 소금과 바다염, 이름을 열거하지 않은 기타 비금속광산품

> **특례** 하북성에서는 수자원세 징수를 시범적으로 시작하였으며, 수자원비를 세금으로 대체하는 방식은 지표수와 지하수를 징수범위에 포함하여 종량 정액으로 세금을 계산, 징수하여 실행한다.

> **설명1** 세목의 변화에 주의 : 원광(原矿) + 정광(精矿), 석탄층가스(煤层气)
> **설명2** 납세인이 주요 광산제품을 채굴하는 과정 중 함께 채굴한 기타 과세광산 품이 단독으로 적용 세액을 규정하지 않은 것은 일률적으로 주요 광산제 품 혹은 주요 광산제품 세목으로 간주하여 자원세를 징수한다.

2. 세율

(1) 주로 비례세율이며 일부는 정액세율을 적용한다.

광산품	세율형식	구체표준
원유, 천연가스	비례세율	6% - 10%
석탄	비례세율	2% - 10%
금속, 비금속	비례세율	1% - 20%
	고정세액	점토, 모래자갈(砂石)원광은 1~5% 또는 톤당 혹은 입방미터당 0.1원~5원

> **참조** 자원세 세율은 대략적으로 위와 같으며 실제로 적용시는 상당히 세분화되어 있으므로 주 의를 요한다.

❏ **참조사항**

1) 명칭을 열거한 자원품목에 대하여 성급 인민정부에서 규정된 세율폭 내에 서 구체적인 적용세율에 대한 건의를 재정부, 국가세무총국에 제출하여 확 정한다.
2) 석탄자원세의 구체적인 적용세율은 성급 재세부문(财税部门)에서 건의하여 성급인민정부에서 입안하며 재정부, 국가세무총국에서 심사비준한다. 성을 넘는 탄전의 적용세율은 재정부, 국가세무총국에서 확정한다.
3) 납세인이 서로 다른 세목의 과세제품을 채굴 혹은 생산한 경우 각각 결산하여 야 하며, 그렇지 않으면 높은 세율을 적용한다.

(2) 원천징수의무인이 세금을 납부하지 않은 광산품을 매입하는 경우

1) 독립광산, 연합기업 세금을 납부하지 않은 광산품을 매입한 경우 본단위 (本單位)의 과세제품의 세금, 세율표준에 따라 자원세를 원천징수한다.

2) 기타 단위에서 세금을 납부하지 않은 광산품을 매입한 경우 세무기관에서 추계(核定)한 과세제품의 세금, 세율표준에 따라 자원세를 원천징수한다.

 **Ⅲ 과세가액**

> 자원세의 과세가액 : 과세제품의 매출액 혹은 매출수량이다.

> 각 세목의 징수대상 : 원광, 정광(혹은 원광가공품), 금괴, 염화나트륨의 초급제 품을 포함한다.

1. 종가정률로 징수하는 과세가액(매출액)

매출액은 납세인이 과세제품을 매출하여 구매로부터 수취하는 전부 금액과 가격 외 비용이다. 증치세 매출세액과 운송잡비를 포함하지 않는다.

> **해설 1** 가격외비용 : 매출액에 포함하며 가격 외에 구매측에서 수취한 수수료, 보조금, 기금, 모급비, 이윤반환, 장려비, 위약금, 연체지급이자, 비축비, 프리미엄비등 을 포함한다(증치세 규정과 같음).

> **해설 2** 운송잡비 : 매출액에 포함하지 않으며, 과세제품을 갱입구 혹은 세척 선택(가 공)지에서 역전, 부두 혹은 구매측에서 지정한 지점까지의 운송비용, 건설기금 및 운송매출에 따라 발생한 상하차, 저장, 항구잡비이다. 운송잡비와 매출액은 별도로 기장하며, 해당 서류를 취득하지 못하였거나 혹은 매출액과 별도로 기장하지 못하는 것은 함께 자원세를 징수한다.

해설 3 외화로 매출액을 결산할 때 매출액이 발생한 당일 혹은 당월 1일의 인민폐 환율 중간 가격을 선택하여 인민폐로 환산할 수 있다.

특수상황 1) 납세인이 과세제품을 채굴하여 그의 관련 단위(单位)로 대외로 매출하는 경우 관련단위의 매출액(关联单位销售额)에 따라 자원세를 징수한다. 대외로 매출할 뿐만 아니라 과세제품을 과세제품의 연속 생산 이외의 기타 방면에 사용하면 자체사용하는 부분의 과세제품은 대외에 매출하는 평균 매출가격에 따라 자원세를 징수한다.

2) 납세인이 그가 채굴한 과세제품을 직접 수출하는 경우 FOB 가격으로(증치세 불포함) 자원세를 징수한다.

다중선택 ○

A광산에서는 2016년 8월에 석탄 600톤을 채굴하였다. 당월에 450톤을 매출하였으며 매출수입 800만원을 취득하였다. 다음 중 매출액에 합산하여 자원세를 징수하는 것은?

A. 수취한 위약금
B. 단독으로 수취한 운송비
C. 수취한 프리미엄비
D. 수취한 증치세

답 A, C

해설 A, C : 가격외비용에 속하며 매출액에 산입한다.
B, D : 증치세와 운송잡비는 매출액에 산입하지 않는다.

---

2. 종량정액으로 징수하는 과세가액(매출수량)

(1) 매출수량은 납세인이 채굴하였거나 혹은 과세제품을 생산한 실제 매출수량과 간주매출의 자체사용수량을 포함한다.

(2) 납세인이 과세제품의 매출수량을 정확하게 제공하지 못하는 경우 과세제품의 산출량 혹은 주관세무기관에서 확정한 환산비율로 수량을 환산하여 자원세를 징수하는 매출수량으로 한다.

 납부세액 계산

1. 두 가지 과세 방법(종가정률 혹은 종량정액)

계세방법	계산공식	적용범위
종가정률징수	납부세액 = (증치세불포함)매출액×세율	원유, 천연가스, 석탄, 금속광, 기타 비금속광
종량정액징수	납부세액 = 과세수량 × 단위세금 원천징수세액 = 세금을 납부하지 않은 광산품 매입수량 × 적용 단위세금	점토, 모래자갈원광

2. 원광 매출액과 정광 매출액의 환산

원광과 정광 사이의 세수부담을 공평하게 하기 위하여 동일한 과세제품에 대하여 다음과 같이 환산하여 과세한다.

과세대상	매출대상	환산	과세근거
원광(原矿)	원광을 자체 채굴하여 가공한 정광	정광 → 원광	원광매출액
정광(精矿)	원광	원광 → 정광	정광매출액

* 환산비율 : 원광매출액과 정광매출액의 선광비율(选矿比), 원광매출액과 가공단계의 평균원가와 이윤

3. 기납부 제품의 세무처리

(1) 납세인이 이미 자원세를 납부한 과세제품을 가공하여 다른 과세제품을 생산/매출하는 경우 자원세를 더 이상 납부하지 않는다.

(2) 납세인이 세금을 납부하지 않은 제품과 이미 세금을 납부한 제품을 혼합매출하거나 혹은 과세제품을 혼합가공하여 매출하면 가공 후의 과세제품의 매출액을 계산할 때 다음과 같이 계산납부한다.

　　1) 이미 세금을 납부한 제품의 구입금액을 정확하게 계산할 수 있는 경우 : 이미 세금을 납부한 제품의 구입금액을 공제할 수 있다.

　　2) 별도로 계산하지 않은 경우 : 모두 자원세를 계산납부한다.

4. 석탄 자원세 계산

(1) 납세인이 원탄을 채굴하여 직접 매출하거나 자체사용하는 경우

1) 채굴한 원탄(原煤)을 직접 대외로 매출한 경우

> 원탄 납부세액 = 원탄매출액 × 적용세율

* 매출액은 갱에서 역전, 부두 등까지의 운송비용을 포함하지 않는다.

2) 채굴한 원탄을 洗选煤의 연속생산에 자체사용하는 경우 원탄 이송/사용 단계에서 자원세를 징수하지 않는다. 기타 방면에 자체사용한 것은 원탄의 간주매출로 이송단계에 자원세를 납부한다.

(2) 납세인이 그가 채굴한 원탄을 洗选煤로 가공하여 대외로 매출하는 경우

> 洗选煤 납부세액 = 洗选煤매출액 × 환산율 × 적용세율

해설 洗选煤의 매출액은 세탁선택한 부산물의 매출액을 포함하며 洗选煤를 세탁선택공장에서 역전, 부두까지 운송하는 운송비용을 포함하지 않는다.

Q 사례 6-1

A기업에서는 2018년 8월에 洗煤 5만 톤을 매출하였으며 증치세전용파표를 발급하였다. 공급가액은 8,000만원이며 따로 석탄세탁공장에서 부두까지의 증치세불포함 운송비용수입 60만원을 취득하였다. 환산율이 80%이며 자원세 세율이 10%라면 본 기업에서 납부할 자원세는?

답 洗选煤 납부세액 = 洗选煤매출액 × 환산율 × 적용세율
洗选煤의 매출액은 부제품을 세탁선택한 매출액을 포함하며 洗选煤를 洗选煤厂에서 역전, 부두까지의 운송비용을 포함하지 않는다.
洗选煤를 매출하여 납부할 자원세 = 8,000 × 80% × 10% = 640만원

(3) 간주매출

1) 납세인이 자체 채굴한 원탄을 직접 혹은 세탁 선택 가공한 후 코코스, 석
   탄가스, 석탄화공, 전력 및 기타 석탄의 심가공제품을 연속 생산하는 경우
2) 매출추정
   ① 납세인의 최근의 평균 매출가격에 따라 확정
   ② 기타 납세인의 최근 동일유형의 평균 매출가격에 따라 확정
   ③ 과세구성가격(组成计税价格)에 따라 확정

> 과세구성가격 = 원가 × (1 + 원가이익율) ÷ (1 - 자원세세율)

(4) 공제액 계산 : 해당 원탄의 외부에서 구매한 구매금액을 공제

1) 자체채굴 원탄 + 외부구매 원탄 → 혼합 매출

> 혼합매출의 과세가액 = 당기 혼합원탄매출액 - 당기 혼합매출에 포함한 외부구매 원탄의
> 구매가격

2) 자체 채굴한 원탄으로 연속 가공한 洗选煤 + 외부구매洗选煤 → 혼합 후
   매출
3) 자체 채굴한 원탄 + 외부에서 구매한 원탄 → 洗选煤 혼합가공

> 혼합洗选煤 과세가액 = 당기洗选煤의 매출액 × 환산율 - 당기 혼합에 사용한 외부 구매
> 원탄의 금액

5. 자원세와 증치세의 관계

(1) 두 세목의 차이점

1) 징수범위

   증치세는 면세 등으로 열거된 품목을 제외한 거의 모든 품목이 과세대
   상인 데 반해, 자원세는 특정자원만을 그 과세대상으로 한다.

2) 과세되는 유통단계

증치세는 모든 유통단계에서 증가되는 부가가치에 대하여 과세하나 자원세는 해당 품목의 채굴/매출되는 시점에 과세하고, 그 이후로는 과세되지 않는 단일유통단계 과세 세목이다.

3) 가격과의 관계가 서로 다름

증치세는 가격외세금으로 화물의 원가나 비용이 되지 못하지만, 자원세는 화물의 원가를 구성하거나 비용처리될 수 있다.

4) 세금계산 방법이 서로 다름

증치세는 종가세이므로 해당매출액에 세율을 곱하여 계산하나 자원세는 종가세도 있으나 종량세도 있으므로 매출액이 아닌 매출수량에 정액세액을 곱하여 계산하는 항목도 있다.

(2) 두 세목의 공통점

자원세 대상 품목을 매출하고 동시에 증치세와 자원세를 납부할 때 종가징수하는 과세가액(매출액)이 일치하는 경우가 있다.

 감면세 항목

1. 면세

원유개발 과정 중 유전범위내 중유 운송 과정 중에 가열, 유정수리에 사용한 원유는 면세한다.

2. 성급 인민정부가 정하는 감면(상황에 따른 감면)

(1) 납세인이 과세제품의 채굴 혹은 생산과정 중에 의외의 사고 혹은 자연재해 등 원인으로 중대한 손실을 입은 경우

(2) 사용장려 저품질 광, 폐석, 미광, 폐기물, 폐수, 폐기 등으로 추출한 광산품

3. 경감 징수

(1) 철광석 자원세는 40%로 경감하여 자원세를 징수한다.

(2) 석유가스전(油气田) : 3차 채유한 자원세는 30%를 경감 징수한다. 존재비 (丰度)가 낮은 석유가스전의 자원세는 잠시 20%를 경감 징수한다. 수심이 깊은 석유가스전의 자원세는 30%를 경감 징수한다.

(3) 실제 채굴연한이 15년 이상인 쇠퇴기 광산에서 채굴한 광산자원은 자원세를 30% 경감 징수한다.

(4) 법에 따라 건물밑, 철로밑, 수체밑에 충전채굴 방식으로 채굴한 광산자원의 자원세는 50% 경감 징수한다.

4. 수출 과세제품 자원세

수출하는 과세제품에 대한 자원세는 퇴(면)세하지 않는다.

연결1 채굴기업에서 직접 수출하는 과세자원제품은 FOB가격에 따라 자원세를 징수한다.

연결2 과세자원제품을 수입하는 경우 자원세를 납부하지 않는다. 본 규정은 성 건세와 같다.

Ⅵ 자원세의 징수관리

1. 납세의무 발생시기

연결 자원세의 납세기한은 증치세, 소비세와 기본적으로 같다.

(1) 납세인이 할부수금 방식을 채용한 경우 : 매출계약에 규정한 수금 당일

(2) 납세인이 선수금을 수취한 경우 : 과세제품을 출고한 당일

(3) 납세인이 과세제품을 자체생산 자체사용 : 과세제품을 사용한 당일

(4) 원천징수의무인이 원천징수한 납세의무 : 첫 대금을 지급하거나 혹은 처음 으로 대금지급전표를 발급한 당일

2. 납세기한

납세인이 1개월 또는 분기를 하나의 기한으로 납세하는 경우 기한이 만료된 일자로부터 15일 내에 납세신고하여야 한다.

3. 납세단계와 납세지

참조1 ▷ 과세하는 유통단계 : 매출, 자체사용 단계에 계산하여 납세한다.

참조2 ▷ 납세지점 : 광산품의 채굴지 혹은 소금의 생산지(본성 범위내에서 납세지점을 조정하여야 되면 성급 지방세무기관에서 결정한다.)

(1) 자체 채굴한 원광으로 정광제품으로 가공한 것은 원광에서 이송 사용할 때 자원세를 납부하지 않으며, 정광을 매출하거나 혹은 자가 사용할 때 자원세를 납부한다.

(2) 납세인이 자체 채굴한 금정광, 粗金의 원광을 매출하거나 혹은 자체 채굴한 원광으로 가공한 금정광, 粗金은 원광 혹은 금정광, 粗金 매출시 자원세를 납부하며 이송사용시 자원세를 납부하지 않는다.

(3) 과세제품으로 투자, 배당, 채무상환, 증여, 물물교환한 경우 간주매출로 처리한다.

(4) 납세인이 납부할 자원세가 성(省)을 넘어 채굴한 것에 속하며 그의 산하생산단위와 결산단위가 동일한 성, 자치구, 직할시에 있지 않은 경우 채굴 혹은 생산한 과세제품은 일률적으로 채굴지 혹은 생산지에서 납부한다.

(5) 원천징수의무인이 원천징수한 자원세는 매입지 주관세무기관에 납부한다.

Ⅶ 수자원세 개혁시범실시방법

하북성은 2017년 7월 1일부터 수자원세 개혁시범대상에 포함시켜 수자원비용을 징수하던 것을 수자원세를 징수하는 것으로 변경하였다. 2017년 12월 1일부터 북경, 천진, 산서, 내몽고, 하남, 산동, 사천, 섬서, 녕하 9개 성, 자치구, 직할시로 확대된다.

1. 납세의무인

지표수, 지하수를 직접 취수하는 단위와 개인은 강, 호수(저수지 포함)와 지하에서 수자원을 직접 취수하는 단위와 개인을 포함한다.

다음 같은 경우 수자원세를 납부하지 않는다.

(1) 농촌 집체경제조직 및 그 구성원들이 본 집체경제조직의 늪, 저수지에서 물을 얻는 경우

(2) 가정생활이나 방목 혹은 가금 가축 등의 마시는 적은 양의 용수

(3) 수리공사관리단위가 수자원을 배치 또는 배치하기 위한 용수

(4) 광정(矿井) 등 지하공사의 시공안전과 생산안전을 보장하기 위해서는 임시적인 응급취수(배수)

(5) 공공안전 또는 공공이익에 대한 위험을 제거하기 위하여 임시적으로 응급조치를 취한 경우

(6) 농업의 가뭄대처와 생태와 환경 수호를 위하여 임시로 응급수를 공급하는 경우

2. 세율과 과세액의 계산

(1) 세율 형식

차액세액(지역에 따라 취득용수의 성격이 다르다).

구체적인 요구 : 지하수 세액은 지표수보다 높고, 지하수초과채취구역은 지하수 세액을 비초과채취구역보다 높게 정하며 특종 업종에서는 높은 세금을 물리고 일정 한도를 넘긴 농업생산용수, 농촌생활 집중식 식수공사 취수에 대해서는 낮은 세금을 징수하는 방식으로 한다.

(2) 납부세액의 계산(종량)

1) 일반용수(一般取用水)

납부세액 = 실제취용수량 × 적용세액

2) 수력발전과 화력발전 냉각수

납부세액 = 실제발전량 × 적용세액

3. 세수징수우대(면세항목)

(1) 정해진 한도내에서의 농업생산의 용수 취득

(2) 오수로 재생수를 처리

(3) 군대와 무장경찰부대가 도시의 공공수도관망에 접속하는 것을 제외하고 기타 방식으로 물을 얻는 경우

(4) 양수 축력 발전 용수

(5) 채유, 배수 작업을 분리하여 정화한 후, 밀봉한 도관에 주입하는 경우

4. 징수관리

(1) 징수관리모델 : 세무징수관리, 수리수량조사, 자진신고, 정보공유

(2) 납세의무 발생시기 : 납세자가 수자원을 취급한 당일

(3) 납세기한 : 농업생산에 물을 취득하는 외에 수자원세는 분기별 또는 월별로 징수하며, 납세기한이 만료되었거나 납세의무가 발생한 날로부터 15일 이내이다.

> 참조 연도별로 순차적으로 징수

(4) 납세지

납세자의 생산경영소재지 : 성(자치구, 직할시) 간에 관리조달한 수자원은 조달지역 소재지의 세무기관이 수자원세를 징수한다.

제2절   환경보호세법

환경보호세는 중국 및 관할하는 기타 해역에서 과세오염물질을 직접 환경에 배출하는 기업, 사업단위와 기타 생산경영자에 대하여 징수하는 세금이다. 이 법은 중국에서 처음으로 생태문명건설을 추진시킨 단일세법이다.

기본규범 : 전인대 상무위원회에서 통과된 "환경보호세법", 국무원이 발표한 "중화인민공화국 환경보호세법 실시조례"는 모두 2018년 1월 1일부터 실시된다.

Ⅰ 납세의무인

중화인민공화국 영역과 중화인민공화국이 관할하는 기타 해역에서 과세오염물질을 직접 환경에 배출하는 기업, 사업단위와 기타 생산경영자

키워드 직접적으로 과세오염물질을 배출하는 기업, 사업단위와 기타 생산경영자 (개인은 제외)

다음의 어느 하나에 해당하는 경우에는 직접 환경에 오염물질을 배출하지 않은 것으로 보아 상응한 오염물에 대한 환경보호세를 납부하지 않는다.
    (1) 기업, 사업단위와 기타 생산경영자가 법에 의해 설립된 오수집중처리, 생활쓰레기집중처리 장소에 과세오염물질을 배출한 경우
    (2) 기업, 사업단위와 기타 생산경영자가 국가와 지방의 환경보호기준에 부합되는 시설, 장소에서 고체폐기물을 저장 또는 처분할 경우
    (3) 성급인민정부가 확정한 규모기준에 도달하고 오염물배출구가 있는 가축가금 사육장은 법에 의해 환경보호세를 납부하여야 하나, 법에 의해 가축가금 사육폐기물을 종합이용하고 무해화처리를 진행하는 경우

세목, 세액계산근거, 세율

1. 기본규정

환경보호세 세목은 크게 대기오염물질, 수질오염물질, 고체폐기물, 소음 4가지로 나누고 정액세율을 적용한다.

설명 환경보호세 세목에 대한 상세한 분류해석은 다음과 같다.

세목		계산근거	세율
대기오염물질	대표적인 것 : 이산화유황, 일반 먼지, 연진 등	오염물질 배출량과 상응하는 오염수량 (汚染当量数)	정액세율(고저차 10배). 구체적인 적용세액의 확정과 조정 - 성, 자치구, 직할시 인민정부가 규정된 세액범위 내에서 제출한다. 동급 인민 대표대회 상무위원회 회의에서 결정하며 이를 전국인민 대표대회 상무위원회와 국무원에 등록한다.
수질오염물질	대표적인 것 : 부유물, 동식물 기름, 불화물, 포름알데히드 등		
고체폐기물	저질탄(煤矸石), 폐석, 위험폐기물, 제련기, 석탄재, 광재, 기타 고체 폐기물(반고체, 액체 폐기물 포함)	고체 폐기물의 배출량(톤)	정액 세율 참조 소음세액:음원이 한 달 내에 규정된 표준을 초과하여 15일이 안될 경우 세금을 반으로 경감한다.
소음	공업소음	표준을 초과한 데시벨수(월)	

2. 과세되는 공기오염물질, 수질오염물질, 고체폐기물의 배출량과 소음의 데시벨 확정방법과 계산순서

(1) 납세자가 국가의 규정과 감시규범에 부합되는 오염물질 자동감시측정설비를 설치, 사용한 경우에는 오염물질 자동감시측정수치에 따라 계산한다.

(2) 납세자가 국가의 규정과 감시규범에 부합되는 오염물질 자동감시측정설비를 설치, 사용하지 않은 경우에는 검측기구가 산출하는 국가규정에 부합하는 검측수치에 의한다.

(3) 오염물질 배출 종류가 많은 등의 이유로 검측 조건이 갖추어지지 않았을 경우에는 국무원 환경보호 주관부서에서 규정한 오물 배출계수, 재료의 측정 방법에 따라 계산한다.

(4) 상기 제1항부터 제3항까지의 방법에 따라 계산할 수 없을 경우에는 성, 자치구, 직할시 인민정부 환경보호주관부서가 규정한 표본추출추산의 방법에 따라 계산한다(자동 감시 데이터 〉 감시기관에서 수치 제시 〉 환경부분 규정방법 〉 견본을 뽑아 계산).

3. 특수상황

발생량을 오염물질배출량으로 보는 경우

납세자가 다음 중의 하나에 해당할 경우 당기 과세대기오염물질, 수질오염물질, 고체폐기물 발생량을 오염물 배출량으로 본다.

(1) 법에 따라 오염물질 자동감시측정설비를 설치하지 않았거나 오염물질 자동 감시측정설비를 환경보호 주관부서의 감시측정설비와 연결하지 않은 경우

(2) 오염물질 자동측정설비를 훼손하거나 무단이동하거나 변경할 경우

(3) 오염물질 감시 데이터를 수정, 위조한 경우

(4) 지하파이프, 침출정, 침출갱, 주입 또는 물밑 배출, 비정상 배출 방지시설의 운영 등을 통해 과세오염물질을 불법 배출한 경우

(5) 허위로 납세신고를 한 경우

 납부세액의 계산

1. 대기오염물의 납부세액의 계산

과세대기오염물의 납부세액 = 오염수량 × 적용세액
과세대기오염물질의 오염수량 = 오염물질의 배출량 ÷ 오염물질의 오염당 수치

> **참조** 과세대기오염물당 배출구 또는 배출구가 없을 경우 오염수량에서 방출량 순위에 따라 앞의 세 가지 오염물에 대하여 환경보호세를 징수한다.

2. 수질오염물 납부세액의 계산

(1) 감시측정수치법을 적용하는 수질오염물의 납부세액 계산(제1류 수질오염물과 제2류 수질오염물을 포함)

> 납부세액 = 오염수량 × 적용세액

> **설명** 과세수질오염물은 오염수량에서 큰 순서로 배열한다.
> - 제1류 수질오염물 – 앞의 다섯 가지에 따라 징수한다.
> - 기타 분류 수질오염물질 – 앞의 세 가지에 따라 징수한다.

사례 6-2

갑화학공장은 환경보호세 납세자로서 이 공장의 오수 배출구 1개만을 하천에 배출하여 국가의 규정과 감시규범에 부합되는 오염물 자동감시설비를 설치하고 사용하고 있다. 검측수치에 따르면 이 배출구는 2018년 2월에 6만톤(약 6만 입방미터)의 오염수를 방출하였는데 과세오염물은 6가크롬, 농도는 6가크롬 0.5mg/L이다.
이 화학공장이 2월에 납부해야 할 환경보호세(이 공장이 소재한 성의 수질오염물 세율은 2.8원/오염수량, 6가크롬의 오염당 수치는 0.02/kg)를 계산하면?

> **답** (1) 오염수량을 계산한다.
>   6가 크롬 오염당량수 = 배출총량 × 농도치 ÷ 오염당 수치
>   = 60,000 × 0.5 ÷ 1,000,000 ÷ 0.02 = 1,500
> (2) 납부세액 = 1,500 × 2.8 = 4,200원

(2) 표본추출계산법을 적용하는 수질오염물의 납부세액의 계산

> 납부세액 = 오염수량 × 적용세액

수질오염물질	과세근거
규모화된 가축양식업의 배출	오염수량 = 가축양식수량 ÷ 오염당 수치
중소기업과 제3산업의 배출	오염수량 = 오수배출량(톤) ÷ 오염당 수치(톤)
병원의 배출	오염당량수 = 병상수 또는 오염수배출량 총액 ÷ 상응한 오염당 수치

3. 고체폐기물 납부세액의 계산

납부세액
= 고체폐기물배출량 × 적용세액
= (당기 고체폐기물의 발생량 당기 고체폐기물의 종합이용량 당기 고체폐기물의 저장량 당기 고체폐기물의 처리량) × 적용세액

4. 소음 납부세액의 계산

납부세액 = 표준을 초과한 데시벨(db)에 해당하는 구체적인 적용세액

 세수혜택

1. 잠시 면세항목

(1) 농업생산(규모화 양식은 포함되지 않음)에서 과세오염물질을 배출한 경우

(2) 자동차, 철도기관차, 비도로이동기계, 선박과 항공기 등 이동오염원이 과세대상 오염물질을 배출하는 경우

(3) 법에 의해 설립된 도시와 농촌의 오염수 집중처리, 생활쓰레기 집중처리 장소에서 상응한 과세오염물질을 배출하여 국가와 지방이 규정한 배출기준을 초과하지 않는 경우

(4) 납세자가 종합적으로 이용하는 고체폐기물이 국가와 지방의 환경보호기준에 부합되는 경우

(5) 국무원이 면세를 비준한 기타 상황

2. 감면항목

(1) 납세자가 배출하는 과세 대기오염물질 또는 수질오염물질의 농도치가 국가 또는 지방에서 규정한 오염물배출기준보다 30% 낮을 경우에는 75%로 계산하여 환경보호세를 부과한다.

(2) 납세자가 배출하는 과세 대기오염물질 또는 수질오염물질의 농도치가 국가 또는 지방에서 규정한 오염물배출기준의 50%보다 낮을 경우에는 그 비중을 50%로 계산하여 환경보호세를 징수한다.

 징수관리

1. 징수관리 방식

(1) '기업신고, 세무징수, 환경보호 협동, 정보공유'의 징수관리 방식이다.

(2) 세무 기관과 환경보호 주관부서 : 정기적 데이터 전달과 비교, 재검토

2. 납세시간

(1) 납세의무 발생시기 : 납세자가 과세오염물질을 배출한 당일

(2) 납세기한

1) 월별 계산하고 분기별로 신고하여 납부한다. 분기가 끝난 날부터 15일 이내에 세금을 납부한다.

2) 고정기한으로 납부를 계산하지 못할 경우 차수로 신고하여 납부할 수 있다. 납세의무가 발생한 날로부터 15일내에 세금을 납부하여야 한다.

3. 납세장소(과세오염배출지)

(1) 과세 대기오염물질, 수질오염물질의 납세지 : 배출구 소재지

(2) 과세 고체폐기물, 과세 소음의 납세지 : 폐기물이나 소음 발생지

제3절 성진토지사용세(城镇土地使用税)법

납세의무인과 징수범위

성진토지사용세(城镇土地使用税)는 국유토지 혹은 집체토지를 징수대상으로 토지사용권을 소유한 단위(单位)와 개인이 징수하는 세금이다. 이후 줄여서 "토지사용세"라 간략히 칭한다.

1. 납세의무자

토지사용세의 납세의무자는 도시, 현성, 建制镇과 工矿区 토지를 사용하는 단위와 개인이다. 내자기업, 외국인투자기업과 외국기업의 재중국 기관, 사업단위, 사회단체, 국가기관, 군대 및 기타단위가 모두 포함되며, 개인사업자 및 개인도 납세인이 된다.

> ❏ 납세인은 일반적으로 다음을 포함한다.
> (1) 토지사용권을 소유한 단위(单位)와 개인
> (2) 토지사용권을 소유한 단위와 개인이 토지 소재지에 없는 경우 : 본 토지의 실제 사용인과 대리 관리인
> (3) 토지사용권을 확인하지 않았거나 소유권 분쟁이 해결되지 않은 경우 : 실제 사용인
> (4) 토지사용권을 공유한 경우 : 공유자 각자가 모두 납세인이며 공유자 각자가 각각 납세

2. 징수범위

도시(城市), 현성(县城), 건제진(建制镇)과 工矿区내 국가소유와 집체소유에 속하는 토지이며, 농촌의 집체소유토지를 포함하지 않는다.

세율, 과세가액과 납부세액 계산

1. 세율 : 정액세율

(1) 성진토지사용세 단위세금은 비교적 큰 차이가 있다. 최고와 최저 세금 간의 차액은 50배이며, 동일한 지역의 최고와 최저 세금액 간의 차이는 20배이다.

(2) 경제가 낙후한 지역의 세금은 적정히 낮출 수 있다. 그러나 그 비율은 세율표 중에 규정한 최저 세액의 30%을 초과할 수 없다. 경제가 발달한 지역의 적용 세액은 적당히 높일 수 있으나 반드시 재정부문의 비준을 받아야 한다.

2. 과세기준(실제 점용 토지면적)

(1) 측정한 면적

성, 자치구, 직할시 인민정부에서 정한 단위조직(单位组织)에서 측정한 토지면적의 납세인

(2) 증서에 확인한 토지면적

아직 토지면적 측량을 하지 않았으나 정부부문에서 발급한 토지사용증서가 있는 납세인

(3) 신고한 토지면적

아직 토지사용증서를 발급하지 않은 납세인에게 적용되며 토지사용증서를 발급한 후 조정한다.

(4) 단독으로 건조한 지하 건축용지

잠시 납부세액의 50%로 토지사용세를 징수

　　1) 토지사용증을 취득하면 증서의 면적에 따라 과세

　　2) 토지사용증을 취득하지 못하였거나 혹은 증서에 토지면적을 명시하지 않은 경우 지하건축물의 수직투영면적(垂直投影面积)에 따른다.

3. 납부세액 계산

> (연간) 납부세액 = 실제 점유한 과세토지면적(평방미터) × 적용세율

 세수우대

1. 법정면세 항목

(1) 국가기관, 인민단체, 군대에서 자체사용하는 토지

(2) 국가재정부문에서 사업경비를 지급하는 단위에서 자체사용하는 토지

(3) 종교사원, 공원, 명승고적의 자체사용 토지

> 주의 ▶ 공원, 명승고적내 리프트 회사의 경영용지는 규정에 따라 토지사용세를 납부한다.

(4) 시정가도(市政街道), 광장, 녹화지대 등 공공용지

(5) 직접 농업, 임업, 목축, 어업에 사용되는 생산용지

> 포함 토지사용세 징세범위 내에 채집, 관광농업을 경영하는 단위와 개인
> 이 직접 채집, 관광에 사용하는 재배, 양식, 사육하는 토지

> 불포함 농부산품 가공장소와 생활 사무용지

(6) 비준을 거쳐 산을 깎거나 간척한(开山填海) 토지와 개조한 황무지는 사용월
부터 5년~10년 토지사용세를 면제한다.

(7) 비영리성 의료기구, 질병통제기구와 부녀자유아(妇幼)보건기구 등 위생기구
에서 자체사용하는 토지

(8) 기업에서 설립한 학교, 병원, 탁아소, 유아원 사용 용지로 본 용지와 기업의
기타 용지를 명확히 구분할 수 있는 경우 토지사용세를 면제한다.

(9) 국가행정관리 직능을 행사하는 중국인민은행본점(국가 외환관리국을 포함)
에 속하는 지사기구가 자체사용하는 토지

(10) 면세단위에서 무상으로 납세단위의 토지를 사용하는 것은(예를 들면 공안,
해관등 단위에서 사용하는 철도, 민항등 단위의 토지) 토지사용세를 면제한

다. 납세단위에서 면세단위와 공동사용, 토지사용권을 공유한 지상의 다층 건물에 대하여 납세단위에서는 그가 점유한 건축면적이 총 건축면적을 차지하는 비례에 따라 성진토지 사용세를 계산징수한다.

(11) 정책적 면세

   1) 석유 천연가스 생산건설 중 지질탐사, 착정, 유정작업, 석유가스전(油气田) 지면공정등 시공에 사용되는 임시용지

   2) 기업의 철도전용선, 도로 등 용지가 공장구역 이외, 사회용지와 격리하지 않은 것

   3) 기업 공장구역 이외의 공공녹화용지와 사회에 개방한 공원용지

   4) 염장(盐场)의 염탄(盐滩), 염광(盐矿)의 矿井용지

(12) 농산품을 전문 경영하는 농산품도매시장, 농산품무역시장의 부동산, 토지는 잠시 방산세와 성진토지사용세를 면제한다. 동시에 기타 제품을 경영하는 농산품도매시장, 농산품무역시장에서 사용하는 부동산, 토지는 기타 제품과 농산품거래장소 면적의 비례에 따라 면세되는 토지사용세를 계산한다.

(13) 물류기업 차제(자체사용과 임대 포함) 대형 상품 창고 저장시설의 용지와 물류기업이 대형상품 창고시설에 사용하는 토지를 임대하는 경우, 소속 토지등급 적용세액기준의 50%로 도시토지사용세를 징수한다.

(14) 생산능력제거 구조조정정책에 따라 생산 및 영업을 중지하거나 폐쇄할 것이 요구된 기업은 생산 및 영업을 중지한 다음 달부터 도시토지사용세를 면제한다.

(15) 국가급, 성급 과학기술기업 인큐베이터, 대학교 과학기술원과 국가등록 대중창조 공간을 스스로 사용 또는 인큐베이트 대상자에게 무상 혹은 임대 등의 방식으로 제공하는 토지는 토지사용세를 면제한다.

(16) 신설규정 : 도시 대중교통 정거장, 도로 여객 운송 정거장, 도시 철도교통 시스템 운영 용지는 토지사용세를 면제한다.

(17) 신설규정 : 주민에게서 난방비를 받는 난방공급기업이 주민에게 난방공급을 위해 사용하는 공장건물 및 토지는 토지사용세를 면제한다. 열공급기업의 기타 공장건물 및 토지는 규정에 따라 토지사용세를 징수하여야 한다.

2. 성, 자치구, 직할시 지방세무국에서 확인한 감면세 항목

(1) 개인이 소유한 거주주택 및 정원용지

(2) 방산관리부문에서 임대료 조정개혁전 임대한 주민주택용지

(3) 면세단위 직공가족의 숙소용지

(4) 집체(集体)와 개인이 설립한 각종 학교, 병원, 탁아소, 유아원용지

 Ⅳ 징수관리

1. 납세기한

토지사용세는 연간 납세, 분기납부징수 제도를 채택하고 있으며, 구체적인 납부 기한 등은 각 성, 자치구, 직할시 인민정부가 결정한다.

2. 납세의무 발생시기

(1) 납세인이 신축 상품건물을 구매한 경우 건물을 교부사용한 다음달부터 토지 사용세를 납부한다.

(2) 납세인이 구매한 *存量房*은 건물소유권 이전수속, 변경등기수속, 부동산 소유권 등기기관에서 건물소유권 증서를 발급한 다음달부터 토지사용세를 납부한다.

(3) 납세인이 임대한 부동산은 임대 교부한 다음달부터 토지사용세를 납부한다.

(4) 출양(出让) 혹은 환랑(转让)방식으로 유상으로 취득한 토지사용권은 양수인 이 계약에 약정한 토지교부시점의 다음달부터 토지사용세를 납부하며, 계약 에 교부시간을 약정하지 않은 경우 양수인이 계약을 체결한 다음달부터 토지 사용세를 납부한다.

❏ **출양(出让)과 좐랑(转让)**

중국에서 토지의 소유권은 모두 국가 또는 자치단체에게 있으며, 일반인이나 기업 및 행정단위 등에게는 사용권에 대해서만 인정한다. 출양(出让)이라 함은 국가 또는 자치단체에서 최초로 사용권자에게 사용권을 허여하는 경우를 말하며, 그 후에 사용권을 가진 자가 다른 이에게 사용권을 재양도하는 경우를 좐랑(转让)이라고 한다. 한국어로 번역을 하자면 둘 다 "양도"가 되겠지만, 중국 세법에서는 이 두 가지를 엄격히 구분하고 있고, 또 세무효과도 다르므로 꼭 구분하여야 한다.

(5) 납세인이 새로 징발하는 경작지는 징발을 비준한 일자로부터 만 1년이 될 때부터 토지사용세를 납부한다.

(6) 납세인이 새로 징발하는 비경작지는 징발을 비준한 다음달부터 토지사용세를 납부한다.

(7) 납세인이 토지의 권리에 변화가 발생하여 법에 따라 토지사용세의 납세의무가 종료되면 그의 납부세액의 계산은 반드시 토지권리에 변화가 발생한 당월 말까지로 한다.

3. 납세지와 징수기관

(1) 토지소재지에서 토지사용세를 납부한다.

(2) 납세인이 사용하는 토지가 동일한 성, 자치구, 직할시 관할에 속하지 않은 경우 납세인은 각각 토지소재지의 세무기관에 토지사용세를 납부한다. 동일한 성, 자치구, 직할시관할 범위 내에 속하며 납세인이 지역을 넘어 토지를 사용하면 그의 납세지는 각 성, 자치주, 직할시 지방세무국에서 확정한다.

제4절 경작지점용세(耕地占用稅)법

I 납세의무인과 징세범위

> 경작지점용세는 경작지를 점용하여 건물을 건축하거나 기타 비농업건설에 종사하는 단위(單位)와 개인이 그가 점유한 경작지면적에 대하여 징수하는 세금이다. 이는 특정된 토지자원 점용에 대한 과세에 속한다.

1. 납세인

경작지점용세의 납세의무인은 경작지를 점용하여 건물을 건축하거나 비농업건설에 종사하는 단위(單位)와 개인이다.

2. 징수범위

건물 건축 혹은 기타 비농업건설에 종사하기 위하여 국가소유와 집체(集體)소유의 경작지를 점용하는 경우도 포함한다.

해설 1 경작지는 농작물을 재배하는 토지를 말한다.

해설 2 어장 및 기타 농업용토지를 점용하여 건물을 건축하거나 혹은 기타 비농업건설에 종사하는 경우 경작지를 점용한 것으로 보아 법에 따라 경작지점용세를 징수한다.

세율, 과세근거, 미지급세금의 계산

1. 세율

(1) 지역별 차별 정액세율을 실행한다(매 평방미터에 5~50원).

(2) 경제특별구, 경제기술개발구와 경제발달, 인당 경작지가 특별히 적은 지역은 적용 세율을 적절히 높인다. 그러나 상술한 규정된 세액의 50%를 초과하지 못한다.

2. 과세기준 및 납부세액의 계산

> 납부세액 = 실제 점용한 경작지 면적(평방미터) × 정액세율

 세수우대와 징수관리

1. 세수우대

면세	1) 군사시절이 점유, 사용하는 경작지 2) 학교, 유아원, 양로원, 병원이 점유, 사용하는 경작지 3) 농촌열사유족, 공공희생군인유족, 장애군인 또는 농촌최하생활 보장조건에 부합하는 농촌주민이 용지표준규정에 따라 신규 건축 및 거주하는 주택
감세	1) 철도, 도로, 비행기 활주로, 비행기 계류장, 항구, 항로가 점용하는 경작지는 평방미터당 2원의 세액으로 경작지점용세를 징수한다. 2) 농촌주민이 경작지를 점유, 사용하여 주택을 새로 건축하면 해당 지역 적용세액의 50%를 감세한다.

2. 징수관리

(1) 경작지점용세는 지방세 세무기관 관할하에 징수한다.

(2) 경작지 점용을 비준받은 단위 혹은 개인은 토지관리부문의 통지를 받은 일자로부터 30일 내에 경작지점용세를 납부하여야 한다.

(3) 기타

　　1) 납세인이 임시로 경작지를 점용하는 경우, 규정에 따라 경작지점용세를 납부하여야 한다. 납세인이 임시 경작지점용을 비준받은 기한 내에 점용한 경작지를 원상회복하면 이미 지급한 경작지점용세의 전액을 반환한다.

　　2) 임지, 목초지, 농지 수리시설용지, 양식수면 및 어업수역간석지 등 기타 농업용지를 점용하여 건물을 건축하거나 비농업건설에 종사하는 경우 조례규정을 참조하여 경작지점용세를 징수한다.

　　3) 직접 농업생산서비스를 위한 생산시설 건설에 전 조항에 규정한 농업용지를 점용한 경우는 경작지점용세를 징수하지 않는다.

제 7 장

방산(房产)세법, 계세(契税)법, 토지증치세(土地增值税)법

방산(房产)세법

□ 방산(房产)

원래 '건물'이라는 뜻으로, 번역을 하면 건물세법이라고 해야 할 것이나, 실제로는 현지에서도 방산세라는 용어가 훨씬 더 많이 쓰이고 있고, 또한 방산이라는 단어에도 독자분들이 익숙해질 필요가 있을 것으로 사료되어 "건물세법"이라 하지 않고 그냥 "방산세법"이라고 하기도 한다.

Ⅰ 납세의무인과 징수범위

- 방산세는 가옥(건물)을 징수대상으로 하며, 가옥(건물)의 과세가치(计税余值) 혹은 임대료 수입에 따라 재산소유권인에게 징수하는 일종의 재산세이다.
- 위의 과세가치(计税余值)는 원가 또는 장부가액에 가까운 개념이나, 실질적으로 이것이 무엇을 뜻하는 지는 후술되어 있다. 즉, 방산세는 건물을 소유하고 있어도 그 가치에 따라 과세되고, 임대를 놓아도 그 임대료에 과세된다.

1. 납세의무인

방산세의 납세의무인은 징수범위내의 건물 재산 소유권자이며 국가소유와 집체, 개인소유 가옥의 재산 소유권자, 담보권자, 대리관리인 혹은 사용인의 3가지를 포함한다.

(1) 재산권이 국가소유에 속하는 것은 경영관리단위에서 납세하며, 재산소유권이 집체와 개인의 소유에 속하는 것은 집체단위와 개인이 납세한다.

(2) 재산으로 전당한 경우 承典人이 납부한다.

참조 ▷ 현재는 찾아보기 힘들지만, 예전에 많았던 전당포를 생각해 보자. 우리가 아는 전당포는 값어치 나가는 물건을 전당포에 맡기고 돈을 빌린 후, 일정기간 후에 그 돈과 이자를 갚으면 해당 물건을 돌려주는 식으로 영업을 하는 곳이다.

여기서 **承典人**이라 함은 전당한 물건을 잡고 있는 자를 말한다. **承典人**은 전당을 한 자(**出典人**)로부터 물건 또는 건물을 점유하고, 사용권 및 수익권을 가지는 자이다. 전당기간 내에 **承典人**은 해당 물건 또는 건물의 사용권만 향유하는 것이 아니라 임대할 권리도 있으며 건물의 수리 등에 대한 의무도 부담한다. 전당기간이 만료된 후 전당을 한 자(**出典人**)는 전당물을 반환받거나 건물가격과 물건값을 치른다.

(3) 재산권 소유인 : 承典人이 건물소재지에 없거나 혹은 재산권이 확인되지 않았거나 임대 또는 전당 분쟁중인 경우 건물대리관리인 혹은 사용인이 납부

(4) 임대료를 지급하지 않고 기타 건물을 사용하는 경우 : 건물사용인이 납부

(5) 외국인투자기업, 외국기업과 조직 및 외국국적 개인

2. 징수대상(건물)

(1) 건물과 분리할 수 없는 각종 부속시설 혹은 단독으로 계산하지 않는 부대시설도 건물에 속하며 함께 방산세를 징수한다.

(2) 그러나 건물 외에 독립된 건축물(예 : 수탑, 담벽 등)은 가옥에 속하지 않으며 방산세를 징수하지 않는다.

(3) 부동산 개발기업이 건축한 상품주택은 매출하기 전에는 방산세를 징수하지 않는다. 그러나, 매출하기 전 부동산개발기업에서 이미 사용하였거나 임대한 상품주택은 규정에 따라 방산세를 징수한다.

3. 징수범위(농촌 불포함)

 단일선택 ●

다음 건축물 중 방산세 징수범위에 속하는 것은?

A. 농촌의 거주용 주택

B. 실외에 설립한 노천수영장

C. 개인이 소유한 시내의 경영성 건물

D. 아직 사용하지 않았거나 임대하지 않은 매출 대기중인 상품주택

답 C

해설 C만 방산세의 징수범위에 속한다. 만약, 자체사용하면 방산세를 면세한다.

세율, 과세기준(计税依据)과 납부세액 계산

1. 세율

(1) 종가징수(건물가치에 과세) : 세율은 1.2%

(2) 임대료에 따라 징수 : 세율은 12%, 개인이 임대하는 경우 4%로 줄여서 징수한다.

2. 과세기준(건물가치 또는 임대료)

(1) 종가징수

과세기준은 건물원가에서 일회성으로 10%~30%의 공제비율을 공제한 잔여가치를 말한다. 각 지방의 공제비율은 당지 성, 자치구, 직할시 인민정부에서 결정한다.

해설 1 건물의 원가는 반드시 국가 해당 회계제도규정에 근거하여 계산한다.

해설 2 건물원가에는 건물과 분리할 수 없는 부속시설을 포함한다.

* 건물을 위주로(载体) 수시로 이동할 수 없는 부속설비와 부대시설(예를 들어 배수, 난방, 소방, 중앙에어컨, 전기 및 지능화 건물설비 등)은 회계상 단독기장과 결산여부에 상관없이 모두 건물의 원가치에 기입하여 방산세를 계산납부한다.

해설 3 납세인이 원 건물에 대하여 개축, 증축하는 경우 해당 건물의 가치를 증가하여야 한다.

해설 4 건물의 원가에 모두 토지가격을 포함하여야 하는 경우

토지용적율이 0.5보다 적은 경우 부동산건축면적의 2배로 토지면적을 계산하며 동시에 이에 따라 건물원가치에 기입하는 토지가격을 결정한다.

❏ 주의사항

1. 건물을 투자(현물출자)하여 공동경영(联营)하는 경우
   (1) 공동으로 경영위험을 부담하는 경우 : 건물가치를 과세기준으로 방산세를 계산/징수한다.
   (2) 경영위험을 부담하지 않고, 다만 고정수입만 취득하는 경우 : 실제로는 공동경영(联营) 명의로 부동산 임대료를 취득하는 것으로 보아 임대인이 임대료수입에 따라 방산세를 계산/징수한다.

---

2. 금융리스 건물

건물가치를 과세기준으로 방산세를 계산징수하며 임대기간내의 방산세의 납세인은 당지 세무기관에서 실제상황에 근거하여 확정한다.

3. 주민주택구역내 업주가 공유하는 경영성 건물

실제 경영하는 대리관리인 혹은 사용인이 방산세를 납부한다.

(1) 자체경영하는 것 : 건물원가에서 10%~30%를 공제한 나머지 가치로 계산/징수한다.

(2) 임대하는 것 : 임대료 수입에 따라 계산/징수한다.

4. 지하건축물 방산세 규정

(1) 방산세 징수범위내 건물의 기능을 구비한 지상건물과 연결된 지하 건축 및 완전지하에 건축한 건물, 지하방공시설 등을 포함하며 모두 해당규정에 따라 방산세를 징수한다.

(2) 서로 다른 용도의 독립지하건축물의 방산세 감세

1) 공업용도 건물 : 건물원가의 50~60%를 과세방산원가로 한다.

2) 상업 및 기타용도 건물 : 건물원가의 70~80%를 과세방산원가로 한다.

(3) 지상건물과 연결된 지하건물 : 건물의 지하실, 지하주차장, 백화점의 지하부분 등을 포함하며, 지하부분과 지상건물을 하나의 총체로 간주하며 지상건물의 해당 규정에 따라 방산세를 계산하여 징수한다.

(4) 임대한 지하건물은 지상건물을 임대하는 해당규정에 따라 방산세를 징수한다.

Q 사례 7-1

A기업에서는 그의 건물의 지하주차장과 또 다른 하나의 독립적인 지하건축물을 지하 생산공장으로 개축하며 2016년 1월에 준공수속을 완료하였고 2월에 사용에 투입되었다. 주차장의 원래 가치는 300만원이며 지하 건축물의 원가는 800만원이다. 본 기업 소재 성 재정부문과 지방세무부문에서는 지하건축물 원가의 환산비율을 50%로 확정하였다. 건물원가치의 공제비율은 30%이다.

A기업에서 이상 두 곳의 지하건축물의 2016년 2월부터 12월까지의 납부할 방산세는?

답 (300 + 800×50%)×(1 - 30%)×1.2%×11개월÷12개월 = 5.39만원

Q 사례 7-2

A회사에서는 2015년에 건물 한 채를 구입하여 2016년 8월 1일 투자하여 공동경영에 사용하였다(고정수입을 취득하며 경영위험을 부담하지 않는다). 투자기한은 5년이며 당해에 월간 고정수입 80만원을 취득하였다. 본 부동산의 가치는 6,000만원이며 당해 지역정부의 공제율은 30%이다. A회사에서 2016년에 납부할 방산세는?

답 방산세 = (80×5개월×12%) + (6,000×(1 - 30%)×7개월/12개월×1.2%)
= 77.4만원

---

(2) 임대료에 따라 징수(과세기준은 건물임대수입)

해설 1 노무 혹은 기타형식을 보수로 임대료를 대체 지급하는 경우 당지 동류형 건물의 임대료수준에 근거하여 표준임대료를 확정하며 임대료에 근거하여 징수한다.

해설 2 임대한 건물에 관하여 임대요금 면제기한을 약정한 경우 임대료 면제 기한 내에는 재산소유인이 건물가치에 따라 방산세를 납부한다.

해설 3 营改增 후의 임대수입은 반드시 증치세 불포함이다.

다중선택 ●

다음 중 임대료를 과세기준으로 방산세를 징수하는 것은?
A. 금융리스방식으로 임대한 건물
B. 운용리스방식으로 임대한 건물
C. 경영위험을 부담하는 방식으로 투자한 건물
D. 고정수입을 취득하며 경영위험을 부담하지 않는 방식으로 투자한 건물

답 B, D
해설 A, C는 건물가치에 따라 방산세를 납부한다.

3. 납부세액의 계산

과세방법	과세기준	세율	세액계산
종가징수	건물가치	1.2%	연간납부세액 = 과세건물원가치×(1 - 공제비율)×1.2%
임대료에 따라 징수	건물임대료	12% (개인은 4%)	연간납부세액 = 임대료수입×12%(개인은 4%)

사례 7-3

A회사는 2015년 8,000만원을 투자하여 건물을 구매하였다. 구매 후 800만원을 지출하여 노천수영장을 신축하였고, 500만원을 지출하여 중앙에어컨시스템을 증설하였으며 600만원의 조명시설을 제거하고 새로 1,800만원을 지출하여 새로운 조명시설과 방음시스템을 설치하였다. 2016년 말에 개축을 완료하였으며 사용하기 시작하였다. 해당지역에서 규정한 건물가치의 공제비율은 30%이며, 2016년 A회사가 납부할 방산세는?

답 2016년 방산세 = (8,000+500 - 600+1,800)×(1-30%)×1.2% = 81.48만원

Ⅲ 세수우대

(1) 국가기관, 인민단체, 군대에서 자체사용하는 건물

> **해설 1** 면세단위에서 임대한 부동산 및 자체업무가 아닌 곳에 사용한 생산, 영업용건물은 면세범위에 속하지 않는다.

(2) 국가재정부문에서 사업경비를 지급하는 단위(학교, 의료위생단위, 탁아소, 유아원, 경로원, 문화, 체육, 예술등 사업단위)가 소유한 업무범위내에 자체사용하는 건물

(3) 종교사원, 공원, 명승고적에서 자체사용하는 건물

(4) 개인이 소유한 비영업용 건물

　　개인이 소유한 비영업용 건물로 주로 주민주택을 가리키며, 면적의 크기를 가리지 않고 일률적으로 방산세를 면제한다.

　　개인이 소유한 영업용 건물 혹은 임대 건물은 면세 건물에 속하지 않는다.

(5) 재정부문에서 면세를 허가한 기타 건물(3항목)

　　① 비영리성 의료기구, 질병통제기구와 부유보건기구 등 위생기구에서 자체사용하는 건물은 방산세를 면제한다.

　　② 정부에서 규정한 가격에 따라 임대한 공유주택(公有住房)과 저가임대주택은 잠시 방산세를 면제한다. 기업, 자체수입지출하는 사업단위에서 직원에게 임대한 단위의 자체소유 주택과 부동산 관리부문에서 주민에게 임대한 공유주택(公有住房) 등을 포함한다.

　　③ 공공임대주택을 경영(经营公租房)하는 임대수입은 방산세를 면제한다.

(6) 생산능력과 구조조정정책에 따른 영업중지 및 폐쇄 요구에 따라 생산을 중지하거나 조업을 중지한 기업은 다음 달부터 방산세를 면제한다. 기업의 면세향유 기한은 누계로 2년을 초과하지 못한다.

(7) 국가급, 성급 과학기술기업 인큐베이터, 대학과학기술원과 국가등록 대중창조 공간을 스스로 사용 또는 인큐베이트 대상자에게 무상 혹은 임대 등의 방식으로 제공되는 부동산에 대해서는 방산세를 면제한다.

(8) 대학생아파트(高校学生公寓, 대학생에게 숙박서비스 제공)에 대해서는 방산세를 면제한다.

(9) 정책연기 : 농산물 도매시장, 농산물 전용시장 부동산, 토지에 대해서는 방산세를 잠시 면제한다. 다른 제품을 함께 경영하는 농산물 도매시장과 농산물 시장에서 사용하는 부동산, 토지에 대해서는 다른 제품과 농산물 거래장 면적의 비율에 따라 방산세를 면제한다.

　　참조 토지사용세의 면세와 일치

(10) 정책연기 : 주민에게서 난방비를 받는 난방기업에 대해서는 주민난방용 공장 건물과 토지에 대해 방산세를 면제한다. 난방공급기업의 기타 공장건물과 토지는 규정에 따라 방산세를 징수하여야 한다.

 징수관리

1. 납세의무 발생시기

납세의무 발생시간 – 당월과 다음달을 구분한다.

건물 용도	납세의무 발생시기
1. 원 건물을 생산경영에 사용	생산경영에 사용한 월부터
2. 자체 신축한 건물을 생산경영에 사용	건축완료 다음달부터
3. 시공기업에 위탁하여 건설한 건물	검수수속을 완료한 다음달부터(그전에 이미 사용하였거나 임대한 신축건물은 그 사용 혹은 임대 당월부터)
4. 납세인이 구매한 신축 상품건물	건물을 교부사용한 다음달부터
5. 存量房을 구매	주택 소유권이전, 변경등기수속, 부동산 재산소유권 등기기관에서 주택소유권증서를 발급한 다음달부터
6. 납세인이 임대한 건물	건물을 교부하여 임대한 다음달부터
7. 부동산개발기업에서 자체 사용, 임대한 자체 건축 상품건물	주택을 사용하거나 교부한 다음달부터
8. 기타	건물의 실물 혹은 권리에 변화가 발생하여 법에 따라 방산세 납세의무가 종료된 경우 그 납부세액 계산은 건물의 실물 혹은 권리상태가 변경된 당월말까지

2. 납세지

방산세는 건물소재지에서 납부한다. 건물이 동일한 지방에 있지 않는 납세인은 건물이 위치한 지점에 따라 각각 건물소재지의 세무기관에 납세한다.

사례 7-4

A기업에서는 2016년 8월에 자체 건설한 공장이 준공되어 사용에 투입하였다. 본 공장의 원가치는 8,800만원이며 그 중 창고로 사용하는 지하실의 가치가 800만원이다. 만약 건물 원가치의 공제비율이 30%이고, 지하실의 납세가치가 원가치의 60%라면 A기업이 2016년에 지급하여야 할 방산세는?

답 방산세 = 8,800×(1 – 30%)×1.2%×5개월/12개월 = 30.8만원

제2절 계세(契税)법

I 계세의 징수대상

계세는 중국 경내 토지, 건물소유권 이전을 징수대상으로 재산권 양수인에게 징수하는 일종의 취득세이다. 契는 "계약"이라는 뜻이지만, 실질적으로는 한국의 취득세처럼 해당재산의 양수인이 취득시 부담하는 세금이다.

1. 징수대상의 일반규정

중화인민공화국 경내에서 토지, 건물소유권 이전하는 행위를 징수 대상으로 한다.

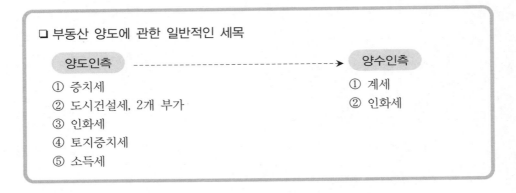

❑ 부동산 양도에 관한 일반적인 세목

| 양도인측 | ──────────────→ | 양수인측 |

양도인측
① 증치세
② 도시건설세, 2개 부가
③ 인화세
④ 토지증치세
⑤ 소득세

양수인측
① 계세
② 인화세

2. 징수대상의 구체적 상황

(1) 국유토지 사용권 출양(出让)

출양(出让)하는 자는 토지증치세를 납부하지 않는다.

국유토지 사용권을 인수하여 지급하는 토지양도금은 계세를 징수한다. 토지출양금을 감면하여도 계세는 감면하지 않는다.

(2) 국유토지 사용권 쫜량(转让)

양도인은 토지증치세를 납부하여야 한다.

토지사용권의 쫜량(转让)에는 농촌집체토지 도급경영권(承包经营权)의 이전을 포함하지 않는다.

❑ **출양(出让)과 쫜랑(转让)**

중국의 토지에 대한 소유권에 대하여 다음과 같이 규정하고 있다.

중화인민공화국 헌법(1982)에서는 중국 토지에 대하여는 공유제를 채택하고 있으며, 국가소유 즉 전국민 소유와 농촌집체의 소유토지의 두 가지 형식을 취한다. 토지소유인은 법률의 규정범위 내에서 점유, 사용, 처분할 권리가 있으며, 토지로부터 이익을 획득할 권리가 있다. 즉 중국에서는 토지의 소유권은 모두 국가 또는 농촌집체(集体)에게 있으며, 일반인이나 기업 및 행정단위 등에게는 사용권에 대해서만 인정한다.

"출양(出让)"이라 함은 국가 또는 자치단체가(토지관리부문) 최초로 사용권자에게 사용권을 허여하는 경우를 말하며, 그 후에 사용권을 가진 자가 다른 이에게 사용권을 재양도하는 경우를 "쫜랑(转让)"이라고 한다.

한국어로 번역을 하자면 둘 다 "양도"가 되겠지만, 중국 세법에서는 이 두 가지를 엄격히 구분하고 있고, 또 세무효과도 다르므로 꼭 구분하여야 한다. 이 두 용어는 이후에도 무수히 많이 등장하는 용어이므로 꼭 기억하기로 한다.

---

(3) 건물매매

참조▷ 조건에 부합하는 양도인은 토지증치세를 납부하여야 한다.

❑ **건물매매로 간주하는 특별한 경우**

1) 건물로 채무를 상환하거나 물물교환하는 경우 : 건물의 折价款(평가가격)에 따라 계세를 납부한다.

2) 건물로 투자하거나 지분양도하는 경우 : (부동산 기업에서 자체 건축한 상품건물로 투자한 경우에는 토지증치세를 납부한다) 자가소유의 건물을 지분으로 투자하여 본인이 독자경영하는 기업에 투입하는 경우에는 계세를 면제한다.

3) 건물을 구입한 후 철거하여 자재를 취득하거나 새건물로 신축하는 경우

---

(4) 건물의 증여

참조 비공익성 증여는 토지증치세를 납부하여야 한다.

> ❑ 참조
> 증여와 상속(継承)을 구분하여야 한다.
> 1) 각종의 부동산 증여행위는 모두 계세 징수범위이다.
> 2) 상속(継承)은 다음과 같은 면에서 구별하여야 한다.
>   법정상속인이 토지, 건물소유권을 상속한 경우 계세를 납부하지 않는다.
>   비 법정상속인이 유서에 따라 사망자가 생전에 소유한 토지, 건물소유권을 인수받는 경우 증여행위에 속하며, 반드시 계세를 납부하여야 한다.

(5) 건물교환

참조 단위(单位)간에 부동산 교환하는 경우 토지증치세 납부대상이다.

(6) 기 타

1) 수상방식(상을 받는 방식, 获奖)으로 토지, 건물의 소유권을 취득한 행위는 계세를 납부하여야 한다.
2) 예매방식 혹은 건물건축자금을 선지급하는 방식으로 얻은 토지, 건물소유권은 계세를 납부한다.

다중선택 ○

다음 중 계세를 납부해야 하는 것은?
A. 개인이 자체 소유한 건물을 무상으로 비 법적상속인에게 증여하는 경우
B. 개인이 자체 소유한 건물과 동일한 가치의 거주주택과 교환하는 경우
C. 개인이 자체 소유한 건물을 본인이 독자경영하는 기업에 투자하는 경우
D. 개인이 자체 소유한 건물로 채무를 상환하는 경우

답 A, D

해설 B : 동일가치의 거주주택과 물물교환하는 경우 계세를 면세하며, C : 자신소유의 부동산을 자신이 독자경영하는 기업에 투자하여 건물소유권에 변화가 없는 경우 계세를 면세한다.

Ⅱ 납세의무인, 세율과 과세기준

1. 납세의무인

계세의 납세의무인은 경내에 토지, 건물소유권을 이전하여 양수한 단위(單位)와 개인이다.

단위(單位)는 내자기업, 외자기업, 사업단위, 국가가관, 군사단위와 사회단체를 포함하며, 개인은 중국공민과 외국국적 인원을 모두 포함한다.

2. 세율 : 3%∼5%의 비례세율

3. 계세의 과세기준(计税依据)

계세는 부동산의 가격을 기준으로 과세한다. 부동산의 소유권이전 방식, 가격결정방법에 따라 계세의 과세기준에는 다음의 몇 가지 주의할 점이 있다.

(1) 국유토지사용권 출양(出让), 토지사용권 매출(出售), 건물매매는 거래가격을 과세기준으로 한다.

(2) 토지사용권 증여, 건물 증여는 징수기관에서 토지사용권매출, 건물매매의 시장가격을 참조하여 결정한다(核定).

(3) 토지사용권 교환, 건물 교환은 교환한 토지사용권과 건물의 가격차액을 과세기준으로 한다(차액을 지급한 쪽이 납세인이 된다).

(4) 划拨방식으로 취득한 토지사용권은 비준을 거쳐 부동산을 양도할 때 부동산 양도인이 계세를 보충납부하며 과세기준은 보충 납부할 토지사용권의 출양비용(出让费用) 혹은 토지수익(土地收益)이다.

(5) 개인이 부동산을 무상증여한 행위(법정 상속인 제외)는 반드시 수증인이 계세 전액을 납부하여야 한다.

(6) 건물부속시설의 계세 과세기준

1) 토지사용권, 건물재산권 변동을 동반하는 경우 계세를 징수한다.

2) 할부방식으로 건물 부속시설의 토지사용권, 건물소유권을 구매하는 경우 계약에 약정한 총금액에 따라 계세를 징수한다.

3) 인수한 건물의 부속시설 소유권이 단독으로 계산되는 경우 해당지역의 적용세율에 따라 징수하며 만약 건물과 함께 가격을 계산한 경우 건물과 동등한 세율을 적용한다.

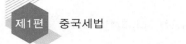
사례 7-5

A회사에서는 2016년 1월에 B기업에 대한 채무 8,000만원을 상환할 수 없어 쌍방이 협의하여 A회사에서는 자신이 소유한 건물로 채무를 상환하기로 하였다. 본 건물의 원가는 6,000만원이며, 장부상순가치는 3,000만원이고, 평가한 현가치는 10,000만원이다. B기업에서는 차액 2,000만원을 지급하였으며 쌍방은 소유권변경 수속을 모두 완료하였다. B기업에서 계세를 지급하는 과세기준은 얼마일까?

답 건물로 채무를 상환하는 경우 건물의 평가가치를 과세기준으로 계세를 납부한다. 따라서, 평가가치인 10,000만원이 과세기준이 된다.

사례 7-6

개인B는 개인A의 280만원을 상환하지 못해 2016년 8월 건물로 본 채무를 상환하기로 하였고, 개인A는 이에 따라 본 건물의 소유권을 취득하였다. 동시에 B에게 차액 80만원을 지급하였다. 성정부(省政府)가 규정한 계세의 세율이 5%라고 가정하면, A가 납부할 계세의 과세가액은 얼마일까?

답 건물로 채무를 상환하는 경우 건물의 평가가격에 따라 재산소유권 인수인이 계세를 납부한다. A가 납부할 계세 = (280+80)×5% = 18만원 다음 중 계세의 과세근거를 징수기관에서 추계(核定)하는 것은?

A. 토지사용권을 매출하는 경우

B. 국유토지사용권을 출양(出让)하는 경우

C. 토지사용권을 증여하는 경우

D. 划拨 방식으로 취득한 토지사용권

답 D

해설 토지사용권 증여의 경우 거래가격이 없으며 징수기관에서 과세근거를 추계한다(核定).

Ⅲ 세수우대 및 징수관리

1. 계세우대

(1) 계세의 세수혜택 일반규정(9항목)

1) 국가기관, 사업단위, 사회단체, 군사단위가 승수받은 토지, 건물을 사무, 교학, 의료, 과학연구와 군사시설에 사용하는 것은 계세를 면제한다.

2) 도시직공(城镇职工)이 규정에 따라 처음으로 공공주택(公有住房)을 구매한 경우 계세를 면제한다.

3) 개인의 주택구매에 대하여

개인의 주택구매		면적	계세 우대세율
첫번째 (유일한 주택의 경우)		90평방미터 이하	1%
		90평방미터 초과	1.5%
두번째 (개선형 주택)		90평방미터 이하	1%
		90평방미터 초과	2%

4) 공공임대주택(公租房)을 경영하는 단위(单位)에서 주택을 구매하여 공공임대하는 주택은 계세를 면제한다.

5) 불가항력으로 인하여 주택이 멸실되어 새로 구매한 주택은 상황에 따라 감면한다(酌情減免).

6) 토지, 건물이 현급이상 인민정부에게 징용(征用), 점용(占用)된 후 새로 토지, 건물소유권을 수령한 경우 성급인민정부에서 감면여부를 확인한다.

7) 황폐한 산(荒山), 황폐한 산골짜기(荒沟), 황폐한 언덕(荒丘), 황폐한 모래사장(荒滩)의 토지사용권을 수령하여 농, 림, 목, 어업의 생산에 사용하는 경우 계세를 면제한다.

8) 면세 외국주중국대사관, 영사관 및 그의 외교대표, 영사관원 등이 토지, 건물소유권을 수령하는 경우

(2) 계세 우대혜택의 특수규정(9항목)

1) 기업개조

비회사형식 기업을 전체 개조하여 유한책임회사(有限责任公司) 혹은 주식회사(股份有限公司)로 바꾸거나 혹은 유한책임회사를 주식회사로 바꾸고, 바꾼후의 회사가 원래 기업의 토지, 건물소유권을 양수(承受)하는 경우 계세를 면제한다.

2) 사업단위(事业单位) 개조

사업단위가 국가의 해당 규정에 따라 기업으로 개혁하고, 원래 투자주체가 존속하며 동시에 체제개혁 후의 기업에 대한 출자비례(지분, 주식)가 50%를 초과하는 경우, 개조 후의 기업이 양수(承受)한 원 사업단위의 토지, 건물소유권은 계세를 면제한다.

3) 기업합병

두 개 혹은 두 개 이상의 회사가 한 회사로 합병되고 또한 원래 투자주체가 존속하는 경우, 합병후의 회사가 양수(承受)한 합병 각자의 토지, 건물소유권은 계세를 면제한다.

4) 기업분할

기업이 법률 규정 혹은 계약의 약정에 따라 두 개 혹은 두 개 이상의 투자주체가 동일한 기업으로 분할되고 파생 혹은 신설 회사가 원래 기업의 토지, 건물소유권을 양수(承受)하는 경우 계세를 징수하지 않는다.

5) 기업파산

① 채권자(파산기업의 직공을 포함)가 파산기업의 채무상환으로 토지, 건물소유권을 수령하는 경우 계세를 면세한다.

② 비채권자가 파산기업의 토지, 건물소유권을 수령하는 경우

원래 기업의 직공 전부를 인수하여 원래 기업의 직공 전부와 근무연한이 3년이상인 노동계약을 체결하는 경우 계세를 면제한다. 원래 기업의 30%를 초과하는 직공과 복무연한이 3년이상의 노동계약을 체결하는 경우 계세를 50% 감면한다.

6) 자산划转

현급 이상 인민정부 혹은 국유자원 관리부문에서 규정에 따라 진행하는 행정성조정, 국유토지划转, 건물소유권을 양수하는 단위는 계세를 면제한다. 동일한 투자주체 내부에 속하는 기업간의 토지, 건물소유권의 划转은 모회사와 완전출자 자회사, 동일한 회사에 속하는 완전출자 자회사 사이, 동일한 자연인과 그가 설립한 개인독자회사, 일인유한회사 사이의 토지, 건물소유권의 划转을 포함하며 계세를 면제한다.

7) 채권을 지분으로 전환(债权转股权)

국무원의 비준을 거쳐 채권을 지분으로 전환하는 기업은 채권 전환후 신설된 회사가 원래 기업의 토지, 건물소유권을 양수하는 경우 계세를 면제한다.

8) 划拨용지 출양(出让) 혹은 출자

출양(出让)방식 혹은 국가가 출자하는 방식으로 재조정기업, 사업단위의 划拨용지를 양수한 경우 양수자가 규정에 따라 계세를 납부한다.

> ❏ 划拨(huabo)
>
> 일부 공공목적을 달성하기 위하여 토지의 사용이 필요할 때 토지사용자가 정부의 허가를 얻어 무상으로 토지사용권을 취득하는 것을 일컫는 말

9) 회사의 지분(주식)양도(转让)로 단위(单位), 개인이 회사의 지분(주식)을 양수한 경우 계세를 납부하지 않는다.

2. 징수관리

(1) 납세의무 발생시기

납세인이 토지, 건물소유권 이전 계약을 체결한 당일 혹은 기타 토지, 건물소유권 이전계약 성질을 구비한 증빙서류를 취득한 당일이 납세의무 발생시기이다.

(2) 납세기한

납세인이 납세의무 발생일자로부터 10일 내

(3) 납세지

토지, 건물 소재지를 납세지로 한다.

(4) 신고 및 징수관리

납세인이 납세사항을 신고(事宜)한 후, 징수기관은 납세인에게 계세납세증빙(完税凭证)을 발급하여야 한다. 납세인은 계세납세증빙(完税凭证)과 기타 규정된 문건으로 토지관리부문, 건물관리부문에 토지, 건물의 소유권변경 등기 수속을 진행한다.

토지관리부문과 건물관리부문은 계세징수기관에 관련자료를 제공하여야 하며, 계세징수기관이 계세를 징수하는 것에 협조하여야 한다.

그리고, 계세를 이미 납부한 건물을 구매한 단위와 개인은 소유권변경 수속을 완료하기 전 해당건물 구매를 취소하는 경우 기납부한 계세를 반환한다. 다만, 소유권 변경 수속을 완료한 후에 해당건물 구매를 취소하는 경우에는 기납부한 계세를 반환하지 않는다.

I 납세인, 징수범위, 세율

토지증치세는 유상으로 국유토지사용권, 지상건축물 및 그의 부착물을 양도하여 수입을 취득한 단위와 개인이 징수하는 세금이다.

참조 토지증치세는 부동산의 양도단계에 납세하는 세목이다.

1. 납세의무인

토지증치세의 납세의무인은 국유토지사용권, 지상건축물 및 그의 부착물을 양도하여 수입을 취득한 단위와 개인이다.

> 위 납세의무인은 자연인과 법인을 불문하고, 경제성질을 불문하며, 내자/외자도 불문하며, 중국공민/외국국적개인인지 여부에 불문하고 납세의무를 부담한다.

다중선택

다음 단위 중 토지증치세의 납세의무인에 속하는 것은?
A. 건축물을 수탁건설하는 시공단위
B. 중외합자 부동산 개발회사
C. 국유토지를 양도한 사업단위
D. 부동산관리회사

답 B, C

해설 A, D는 모두 부동산의 양도행위에 관련이 없으며, 토지증치세의 납세인에 속하지 않는다.

2. 징수범위

(1) 기본규정

토지증치세는 국유토지사용권 및 그의 지상건축물과 부착물을 양도하는 행위에 대하여 징수하는 세목이다.

징수 범위에 속하는 것	징수 범위에 속하지 않는 것
1. 국유토지사용권의 양도는 매출, 교환과 증여를 모두 포함하는 개념 2. 지상건축물 및 그의 부착물을 국유토지사용권과 함께 양도하는 경우 3. 기존부동산(存量房地产)의 매매	1. 국유토지사용권을 출양(出让)으로 취득한 행위를 포함하지 않음 2. 토지사용권, 부동산의 재산권을 양도하지 않은 행위는 토지증치세 납세의무를 지지 않음(부동산의 임대 등)

(2) 구체적인 징수범위

해당사항	징세범위 여부
1. 상속(继承), 증여	(1) 상속 : 징수하지 않음(수입이 없음) (2) 증여 : 공익성증여와 직계존비속 혹은 직접 부양의무를 부담하는 의무인에게 증여한 경우 토지증치세를 징수하지 않음. 비공익성 증여는 토지증치세를 징수함
2. 임대	소유권이 이전되지 않으므로 토지증치세를 징수하지 않음
3. 부동산 저당	저당기간에는 징수하지 않음. 저당권기한이 만료되어 채무의 본금이자를 상환하면 징수하지 않으며, 저당권기한이 만료된 경우 채무를 상환하지 못하여 부동산으로 채무를 상환하면 토지증치세를 징수함
4. 부동산 교환	단위 간의 건물교환은 징수함. 개인간의 자신소유 주택을 교환하는 경우 토지증치세 징수를 면제함
5. 부동산투자, 공동경영	(1) 부동산(부동산기업은 제외)을 공동경영(联营)기업에 양도하여 투자하는 경우 토지증치세를 징수하지 않음. 공동경영(联营)한 부동산을 다시 외부로 양도하는 경우에는 토지증치세를 징수함

해당사항	징세범위 여부
	(2) 투자, 공동경영(联营)하는 기업이 부동산개발에 종사하거나 혹은 부동산 개발기업에서 그가 건설한 상품주택으로 투자하여 공동경영을 진행하는 경우 토지증치세를 징수함
6. 합작하여 부동산을 건축하는 경우	건설 후 자가 사용하는 경우 잠시 토지증치세를 면세함. 건설 후 양도하는 경우 토지증치세를 징수함
7. 합병양도	잠시 토지증치세를 면제함
8. 대리건축 건물	소유권이 이전되지 않으므로 토지증치세를 징수하지 않음
9. 재평가	수입이 없으므로 토지증치세를 징수하지 않음
10. 제도개혁 기업재편	조건에 부합되는 경우 징수하지 않으며, 부동산 개발기업에는 적용되지 않음

단일선택

다음 부동산 거래행위 중 반드시 토지증치세를 계산납부하여야 하는 경우는?

A. 주민 사이에 자가 거주하는 주택을 교환하는 경우
B. 비영리자선조직이 다른회사와 공동건설한 건물을 양도하는 경우
C. 부동산 개발기업에서 고객을 대리하여 부동산을 개발하며 개발완성 후 고객에게서 대리건축수입을 취득하는 경우
D. 부동산 회사에서 고급아파트를 임대하는 경우

답 B

해설 A는 주민 사이에 자체 거주하는 주택을 교환하는 것은 면세로 처리하며, C,D는 부동산소유권이 이전되지 않았으므로 토지증치세를 계산납부하지 않는다.

3. 세율(4단계 초과누진세율)

증치액(A)과 공제액(B)의 비율 = A/B	세율	속산공제비율
0~50%	30%	0%
50% ~ 100%	40%	5%
100% ~ 200%	50%	15%
200% 초과부분	60%	35%

Ⅱ 과세수입과 공제항목

1. 과세수입의 인식

징세범위에 속하는 수입은 화폐수입, 실물수입, 기타수입을 포함하며, 본 수입은 증치세를 포함하지 않는 금액이다.

2. 공제항목의 규정

토지증치액을 계산할 때 양도수입에서 공제할 수 있는 항목은 양도항목의 성질에 따라 다음과 같이 구분한다.

양도항목의 성질	공제항목
새로 건축한 부동산의 양도에 대하여	1) 토지사용권을 취득하기 위하여 지급한 금액 2) 부동산 개발원가 3) 부동산 개발비용 4) 부동산 양도와 관련된 세금 5) 재정부에서 규정한 기타 공제항목
기존(存量)부동산 양도에 대하여	1) 가옥 및 건축물의 평가가격 　평가가격 = 재조정원가 × 공제율(成新度折扣率) 2) 토지사용권을 취득하기 위하여 지급한 토지가격과 국가 통일 규정에 따라 납부한 상관비용 3) 양도단계에서 납부한 세금

(1) 신축 부동산 양도의 공제항목

1) 토지사용권을 취득하기 위하여 지급한 금액

① 납세인이 토지사용권을 취득하기 위하여 지급한 토지가격

② 납세인이 토지사용권을 취득할 때 국가의 통일 규정에 따라 지급한 상관비용(계세 포함)

2) 부동산 개발원가

납세인이 부동산 개발항목을 개발하기 위하여 실제 발생한 원가이며, 다음의 6개 항목을 포함한다.

① 토지수용 및 철거보상비(경작지점용세를 포함)

② 전기(前期) 공정비

③ 건축설치(安装) 공정비

④ 기초시설비

⑤ 공공부대시설비

⑥ 개발 간접비용 등

Q 사례 7-7

A부동산개발회사에서는 2016년 8월에 이미 준공된 부동산 개발항목에 대하여 검수를 진행하였고, 매출할 수 있는 건축면적은 총 48,000평방미터이다. 본 항목의 개발 및 매출 상황은 다음과 같다.

(1) A회사에서 토지사용권을 취득할 때 지급한 토지출양(出让)금은 18,000만원이며 해당 정부는 15%를 경감하여 징수하였다. 본 회사에서는 규정에 따라 계세를 납부하였다(세율 5%).

(2) A회사에서 본 항목을 위하여 발생한 개발원가는 18,000만원이다.

(3) 본 항목을 개발하는 데 발생한 개발비용은 1,800만원이며 그 중 이자비용이 180만원이다. 그러나, 본 이자비용은 양도한 부동산항목에 따라 계산/배분할 수 없다.

(4) 10월에 30,000평방미터의 주택을 매출하였으며 수입 68,000만원을 취득하였다. 그외 10,000평방미터의 주택을 타인에게 임대하였으며, 월간 임대료수입 85만원을 취득하였으며 임대기간은 6개월이다.

A회사에서 토지증치세를 청산할 때 공제할 수 있는 토지사용권 금액과 공제할 수 있는 개발원가를 계산하면?

답 (1) A회사에서 토지증치세 정산시 공제할 수 있는 토지사용권 금액

　① 토지사용권 지급액 = 18,000 × (1 - 15%) = 15,300만원

　② 계세금액 = 18,000 × 5% = 900만원

　③ 총 금액 = 15,300 + 900 = 16,200만원

　④ 공제할 수 있는 비율의 토지사용권 금액

　　= 16,200 × (30,000평방미터 ÷ 48,000평방미터) = 10,125만원

(참조 1) 정부가 토지사용권 금액을 경감하여 징수하더라도, 계세는 경감되지 않은 금액으로 징수하며 원래의 금액을 산입하여 공제할 수 있는 토지사용권 금액을 계산한다.

(참조 2) 임대한 면적은 토지증치세 과세대상이 아니므로 위 계산시 고려하지 않는다.

(2) A회사에서 토지증치세 청산시 공제할 수 있는 개발원가
18,000×(30,000평방미터÷48,000평방미터)= 11,250만원

---

3) 부동산 개발비용(기간비용 즉 영업비용, 관리비용, 재무비용)
① 납세인이 양도(转让)하는 부동산 항목에 따라 이자비용을 배분할 수 있으며 동시에 금융기관의 대출증명을 제출할 수 있는 경우 다음의 금액을 부동산 개발비용으로 공제한다.

> 부동산 개발비용 = 이자비용 + (토지사용권을 취득하기 위하여 지급한 금액 + 부동산개발 원가) × 5% 이내

> ❑ 이자비용 공제시 주의사항 3가지
> ⅰ) 금융기관의 증명을 제공하여야 한다.
> ⅱ) 상업은행의 동기동류형 은행대출 이자율로 계산한 금액을 초과하지 못한다.
> ⅲ) 부가이자(加息), 벌칙금리(罚息)를 포함하지 않는다.

② 납세인이 양도하는 부동산 항목에 따라 이자를 배분할 수 없거나 혹은 금융기관의 대출증명을 제공하지 못하는 경우 다음의 금액을 부동산 개발비용으로 공제한다.

> 부동산 개발비용 = (토지사용권을 취득하기 위하여 지급한 금액 + 부동산개발원가) × 10% 이내

결국, 개발비용은 "이자비용"에 따라 계산방식이 바뀌는 점에 주의한다.

> ⅰ) 단독공제 방식
> 개발비용 = 이자비용 + (토지가격 + 개발원가) × 5% 이내
> ⅱ) 일괄공제 방식
> 개발비용 = (토지가격 + 개발원가) × 10% 이내

 사례 7-8

A부동산개발회사에서는 2016년 8월에 이미 준공된 부동산 개발항목에 대하여 검수를 진행하였고, 매출할 수 있는 건축면적은 총 48,000평방미터이다. 본 항목의 개발 및 매출 상황은 다음과 같다.

(1) A회사에서 토지사용권을 취득할 때 지급한 토지 출양(出让)금은 18,000만원이며 해당 정부는 15%를 경감하여 징수하였다. 본 회사에서는 규정에 따라 계세를 납부하였다(세율 5%).

(2) A회사에서 본 항목을 위하여 발생한 개발원가는 18,000만원이다.

(3) 본 항목을 개발하는 데 발생한 개발비용은 1,800만원이며 그 중 이자비용이 180만원이다. 그러나, 본 이자비용은 양도한 부동산항목에 따라 계산/배분할 수 없다.

(4) 10월에 30,000평방미터의 주택을 매출하였으며 수입 68,000만원을 취득하였다. 그외 10,000평방미터의 주택을 타인에게 임대하였으며 월간 임대료수입 85만원을 취득하였으며 임대기간은 6개월이다. 이상【사례 7-7】과 사례 동일.

공제할 수 있는 개발비용을 계산하면 얼마일까?

답 이자비용을 양도한 부동산 항목에 따라 배분할 수 없으므로 공제할 수 있는 개발비용은 다음과 같이 계산한다.
(1) A회사에서 토지증치세 정산시 공제할 수 있는 토지사용권 금액 = 10,125만원
(2) A회사에서 토지증치세 정산시 공제할 수 있는 개발원가 = 11,250만원
   (1), (2)는【사례 7-7】의 답안
(3) 공제할 수 있는 개발비용 = (10,125 + 11,250) × 10% = 2,137.5만원

---

4) 부동산 양도와 관련된 세금

참조 전면적인 "营改增" 후 증치세는 가격외 세금이므로, 과세수입에 포함되지 않으며, 따라서 공제하지 못한다.

① 부동산개발기업 : 성건세, 교육비부가, 지방교육비부가를 공제한다.

참조 부동산개발기업의 인화세는 개발비용으로 고려한다.

② 비부동산개발기업 : 인화세, 교육비부가, 지방교육비부가를 공제한다.

5) 재정부에서 규정한 기타 공제항목

부동산개발에 종사하는 납세인은 아래와 같이 20%를 추가로 공제할 수 있다.

> 추가공제비용 = (토지사용권을 취득하기 위하여 지급한 금액＋부동산 개발원가) × 20%

단일선택

부동산개발회사에서 지급한 다음 해당 세금비용중 20% 추가공제 범위에 열거할 수 있는 것이 아닌 것은?
A. 건축공인에게 지급한 급여 복리후생비
B. 경작지를 점용하여 지급한 경작지 점용세
C. 매출과정에 발생한 매출비용
D. 아파트단지내의 도로 건설비용

답 C
해설 매출과정에 발생한 매출비용은 부동산 개발비용에 속하며 추가공제범위에 속하지 못한다.

(2) 기존(存量)부동산 양도항목의 공제

1) 가옥 및 건축물의 평가가격

정부의 비준을 받아 설립된 부동산 평가기구에서 평가한 재조정원가에 조정률(成新度折扣率)을 곱한 후의 가격을 공제할 수 있다.

> 평가가격 = 재조정원가 × 조정률(成新度折扣率)

참조 재조정원가는 낡은 가옥 혹은 건축물에 대하여 양도시의 건축재료 가격 및 인건비에 따라 계산한 동등한 면적, 동등한 층, 동동한 구조, 동등한 건축표준의 새 가옥 및 건축물을 건조하는 데 필요한 원가비용을 의미한다.

2) 토지사용권을 취득하기 위하여 지급한 토지가격과 국가의 통일 규정에 따라 지급한 상관비용

3) 양도단계에서 납부한 세금(성건세와 교육비부가, 인화세)

❏ 특수규정

① 평가가격을 제공하지 못하나 주택구매 파표를 제공할 수 있는 경우
구 건물과 건축물의 평가가격은 파표에 기재된 금액에서 구매연도로부터 양도연도까지 매년 5%를 공제한 금액으로 할 수 있다.

② 공제항목을 계산할 때 "매년"은 주택구매 파표에 기재된 일자로부터 해당 주택을 매출하여 파표를 발급한 일자까지 매12개월이 되면 1년으로 계산한다. 1년을 초과한 경우, 12개월 미만이고 6개월을 초과한 것은 1년으로 간주한다.

③ 납세인이 주택을 구매할 때 납부한 계세는 계세의 세금납부증명서(完税凭证)를 제공할 수 있는 경우, "부동산양도와 관련된 세금"으로 공제할 수 있다. 그러나 5% 추가공제의 기초수치로는 사용하지 않는다.

④ 구 건물과 건축물을 양도하며 평가가격 및 주택구매 파표를 제공하지 못하는 경우 지방세무기관에서 추계(核定)과세할 수 있다.

Q 사례 7-9

현(县城)에 위치한 A무역회사는 2016년 8월에 낡은 사무용건물 한 채를 매출하여 증치세 불포함 수입 2,800만원을 취득하였으며, 인화세 1.4만원을 납부하였다. 평가가격을 취득하지 못하여 회사에서는 건물구매 发票를 제공하였다. 본 사무용건물은 2011년 6월에 구입하였으며 구입가격은 1,000만원이고 계세 30만원을 납부하였다. 본 회사에서 사무용건물을 매출하여 토지증치세를 계산할 때 공제할 수 있는 항목의 합계금액은 얼마일까?

답 구 건물 매출증치세 = (2,800 − 1,000)×5% = 90만원
부가세금 = 90×(5%＋3%＋2%) = 9만원
평가가격을 취득하지 못하였으므로 구매发票에 기재한 금액에 따라 구매한 연도로부터 매출한 연도까지 매년 5%를 공제한다. 1,000×(1＋5년×5%) = 750만원
납세인이 건물을 구매할 때 납부한 계세는 세금납부증명서를 제공할 수 있는 경우 "부동산 양도와 관련된 비용"으로 공제할 수 있으나, 5% 추가공제의 기초수치로는 사용하지 못한다.
따라서, 공제할 수 있는 합계 금액 = 750＋9＋30＋1.4 = 790.4만원

 납부세액의 계산

1. 세액계산 일반적 방법

> 납부세액 = 증치액 × 적용세율 − 공제항목금액 × 속산공제비율

❏ 토지증치세 세율 및 속산공제비율표

증치액(A)과 공제액(B)의 비율 = A/B	세율	속산공제비율
0~50%	30%	0%
50% ~ 100%	40%	5%
100% ~ 200%	50%	15%
200% 초과부분	60%	35%

❏ 일반적 세액계산의 순서

(1) 공제항목을 합계
(2) 토지증치액 계산 = 과세수입 − (1)번 항목
(3) 증치율 계산 = (2)번 항목 ÷ (1) 항목
(4) 세액계산 = (2)번 항목 × 세율 − (1)번 항목 × 속산공제비율
  ↓
  * 계산된 세액은 기업소득액에서 공제

❏ 특이사항

납세인이 다음 중 하나에 해당하는 경우, 부동산의 평가가격에 따라 토지증치세를 계산, 징수한다.
(1) 부동산 거래가격을 숨기거나 거짓인 경우
(2) 제공한 공제항목 금액이 실제에 근거하지 않은 경우
(3) 부동산을 양도한 거래가격이 부동산 평가가격보다 낮으며 정당한 사유가 없는 경우
(4) 낡은 가옥 및 건축물의 양도

Q 사례 7-10

2016년 A부동산개발회사에서는 그가 새로 건축한 상품 아파트 한 채를 매출하여 증치세불포함 매출수입 18,000만원을 취득하였다. A회사에서는 상품아파트와 관련된 토지사용료 및 개발원가 6,800만원 지급하였으며, A회사에서는 부동산 항목에 따라 은행이자를 배분하여 계산하지 않았다. 본 상품 아파트 소재지 성(省) 정부에서 토지증치세 징수를 규정할 때 부동산개발비용 공제비율이 제일 높은비율로 하도록 하였다. 또한, 공제할 수 있는 해당 세금은 1,090만원이라면, 본 상품아파트 매출로 납부할 토지증치세는 얼마일까?

답 (1) 공제금액 = 6,800 + 680 + 1,090 + 1,360 = 9,930만원
　　　토지사용료 및 개발원가 = 6,800만원
　　　개발비용 = 6,800×10% = 680만원
　　　공제할 수 있는 세금 등 = 1,090만원
　　　추가공제액 = 6,800×20% = 1,360만원
　　(2) 증치액 = 18,000 - 9,930 = 8,070만원
　　(3) 증치율 = 8,070 ÷ 9,930×100% = 81.3% ,
　　　적용세율은 40%、속산공제비율 5% 적용(세율표 참조)
　　(4) 토지증치세 = 8,070×40% - 9,930×5% = 2,731.5만원

Q 사례 7-11

A제조기업에서는 2016년 8월 1일에 현(县城)에 위치한 오피스텔 한 채를 양도하여 증치세 불포함 매출수입 16,000만원을 취득하였다. 2008년 본 오피스텔을 건축할 당시 토지사용권을 취득하기 위하여 4,800만원을 지급하였으며 건축원가 8,000만원이 발생하였다. 양도할 당시 정부에서 비준한 부동산 평가기구의 평가를 거친 후 본 오피스텔의 재조정원가를 10,000만원으로 확정하였다.

재산 이전 관련 서류의 인화세 세율은 0.5‰이고 조정율 60%이다. 납세인은 간이방법을 선택하여 증치세를 납부한다고 할 때, A기업이 납부하여야 할 증치세, 성건세, 교육비부가와 지방교육비부가, 토지증치세를 계산하면 각각 얼마일까?

답 (1) 공제항목 합계
　　　1) 토지사용권 취득비용 = 4,800만원

2) 토지증치세를 계산할 때 본기업 오피스텔의 평가가격 = 10,000×60% = 6,000만원

3) 토지증치세를 계산할 때 공제할 수 있는 인화세 = 16,000×0.5‰ = 8만원

4) 증치세 = 16,000×5% = 800만원

5) 성건세 = 800×5% = 40만원

6) 교육비부가와 지방교육비부가 = 800×(3%+2%) = 40만원

7) 공제항목 합계 = (1)+(2)+(3)+(5)+(6) = 10,888만원

(2) 증치율 = 증치액÷공제액 = (16,000−10,888)÷10,888 = 47%

(3) 토지증치세 = (16,000−10,888)×30% − (10,888×0%) = 1,533.6만원

증치액(A)과 공제액(B)의 비율 = A/B	세율	속산공제비율
0~50%	30%	0%
50% ~ 100%	40%	5%
100% ~ 200%	50%	15%
200% 초과부분	60%	35%

2. 부동산 개발기업의 토지증치세 청산

(1) 토지증치세의 청산 단위(单位)

토지증치세는 국가 해당부문에서 심사 비준한 부동산 개발항목을 단위로 청산을 진행한다. 각 기별로 개발한 항목에 대하여 기수별 항목을 단위로 청산한다.

개발항목에 동시에 일반주택과 비일반주택을 포함한 경우 각각 증치세를 계산한다.

(2) 토지증치세의 청산조건

1) 다음 중 하나에 속하는 경우 납세인은 반드시 토지증치세를 청산하여야 한다.

① 부동산 개발항목이 전부 준공하여 매출을 완료한 경우

② 준공결산을 하지 않은 부동산 개발항목 전체를 양도한 경우

③ 토지사용권을 직접 좐랑(转让)한 경우

2) 다음 중 하나에 속하는 경우 주관세무기관에서는 납세인에게 토지증치세 청산을 요구할 수 있다.

① 이미 준공/검수한 부동산 개발항목인 경우, 이미 양도한 부동산 건축 면적이 전체 항목의 매출가능한 건축면적의 85% 이상거나 혹은 85%

를 초과하지 않았으나 나머지 매출가능한 건축면적을 이미 임대하였
거나 자체사용한 경우

② 매출(선매출, 预售)허가증을 취득한 지 3년이 지났으나 여전히 전부
매출하지 못한 경우

③ 납세인이 세무등기 말소를 신청하였으나 토지증치세 청산수속을 진
행하지 않은 경우

다중선택

다음 중 납세인이 반드시 토지증치세 청산을 진행하여야 하는 것이 아닌 것은?

A. 직접 토지사용권을 좐량한 경우

B. 부동산 개발항목을 준공하지 못하였으나, 이미 매출한 면적이 80%에 도달한 경우

C. 준공결산을 진행하지 않은 부동산 개발항목의 60%를 양도한 경우

D. 매출(예매)허가증을 취득한지 2년이 되었으나 여전히 전부 매출하지 못한 경우

답 B, C, D

해설 A의 경우 반드시 토지증치세 청산을 진행하여야 한다.

---

(3) 직접 매출하지 않는 것과 자체사용하는 부동산의 수입확인

1) 부동산 개발기업에서 개발한 제품을 직원복리, 장려, 대외투자, 주주 또
는 투자자에게 배당, 채무상환, 기타 단위와 개인의 비화폐 자산 등과 교
환하는 것 등 소유권이 이전되는 경우 부동산 매출로 간주한다.

2) 부동산 개발기업에서 개발한 부분적 부동산을 기업의 자체사용 혹은 임
대 등 상업용도에 사용한 것 등 만약 재산소유권이 이전되지 않은 경우
토지증치세를 징수하지 않으며, 세금청산시 수입으로 산입하지 않으며
해당 원가와 비용도 공제하지 않는다.

3) 토지증치세 청산시

① 전액에 대하여 상품주택매출파표를 발급한 경우 파표에 기재한 금
액에 따라 수입을 확인한다.

② 파표를 발급하지 않았거나 전액에 따라 파표를 발급하지 않은 경우 거래 쌍방이 체결한 매출계약에 기재한 매출가격 및 기타수익에 따라 수입을 확인한다.

③ 매출계약에 기재한 상품주택의 면적과 해당 부문에서 실제 측량한 면적이 일치하지 않은 경우, 청산 전에 이미 부동산 대금을 보충 혹은 환급한 것은 토지증치세를 계산할 때 조정하여야 한다.

(4) 토지증치세의 공제항목

1) 공제하지 못하는 항목

별도로 규정이 있는 경우를 제외하고는 토지사용권을 취득할 때 지급한 금액, 부동산 개발원가, 비용 및 부동산 양도와 관련된 세금을 공제하며, 반드시 유효하고 합법적인 서류를 제공하여야 한다. 유효하고 합법적인 서류를 제공하지 못하는 경우 공제하지 못한다.

2) 계산공제

부동산개발기업에서 토지증치세 청산을 진행할 때 송부한 전기(前期) 공사비, 건축설치공사비, 기초시설비, 개발간접비용의 서류 혹은 자료가 청산요구에 부합되지 않거나 혹은 실제적이지 않은 경우, 지방세무기관에서는 당지 건축공사가격관리부문에서 공표한 공사가격정액 자료를 참조하여 가옥의 구조, 용도, 위치 등 요소를 결합하여 상술한 4개 항목의 개발원가 단위면적 금액표준을 결정하며, 그에 따라 결산공제한다.

3) 공공시설 공제

부동산개발기업에서 개발 건조한 청산항목과 결합된 주민위원회와 파출소에서 사용하는 건물, 회소, 주차장(고), 부동산관리장소, 변전소, 열력소, 정수장, 문화체육장소, 학교, 유아원, 탁아소, 병원, 우편통신 등 공공시설은 다음의 원칙에 따라 처리한다.

① 건축 후 재산소유권이 전체 업주의 소유에 속하면, 그 원가와 비용은 공제할 수 있다.

② 건축 후 무상으로 정부, 공공사업단위에 교부하여 비영리성 사회공공사업에 사용하면 그 원가, 비용은 공제할 수 있다.

③ 건축 후 유상양도한 것은 반드시 수입을 계산하며 동시에 원가, 비용을 공제할 수 있다.

다중선택 ●

토지증치세를 청산할 때 부동산 개발기업에서 개발건축한 청산 항목과 결합된 탁아소 등 공공시설의 원가와 비용을 공제할 수 없는 것은?

A. 건축 후 개발기업에서 자체사용하는 것
B. 건축 후 개발기업에서 임대한 것
C. 건축 후 직접 기타 기업에 증여한 것
D. 건축 후 재산소유권이 전체 업주에게 속하는 것

답 A, B, C

해설 원가, 비용을 공제할 수 있는 것은 다음과 같다.
  (1) 건축 후 재산소유권이 전체 업주에 속하는 것
  (2) 건축 후 무상으로 정부, 공공사업단위에 전이하여 비영리성 사회공공사업에 사용하는 것
  (3) 건축 후 무상으로 양도한 것

---

4) 인테리어 비용

부동산 개발기업에서 이미 인테리어한 주택을 매출하는 경우, 그 인테리어비용은 부동산 개발원가에 기입할 수 있다. 부동산 개발기업의 미지급 비용(预提费用)은 별도로 규정이 있는 경우를 제외하고는 공제하지 못한다.

5) 공동원가비용

여러 개 부동산 항목의 공동원가비용에 속하는 경우, 청산항목에 따라 매출할 수 있는 건축면적이 여러 개 항목의 총 매출 가능한 건축면적의 점유비례 혹은 기타 합리적 방법으로 청산항목의 공제금액을 계산확인한다.

6) 건축설치시공(建筑安装施工) 품질보증금

토지증치세를 계산할 때 건축설치시공기업에서 품질보증금에 대하여 부동산 개발기업에 파표를 발급한 경우 파표에 기재한 금액에 따라 공제할 수 있으며, 파표를 발급하지 않은 경우 유보한 품질보증금을 계산공제하

지 못한다.

7) 개발 납부한 土地閑置費는 공제하지 못한다.

8) 토지사용권을 취득하기 위하여 지급한 계세는 "토지사용권을 취득하기 위하여 지급한 금액"에 기입하여 공제한다.

9) 철거보상비(拆迁安置費)의 공제규정

① 부동산 기업에서 건조한 본 항목의 부동산으로 철거된 가호에 대해 보상한 안치용주택(安置用房)은 간주매출로 처리한다. 동시에 부동산개발항목의 철거보상비로 인식한다. 부동산 개발기업에서 철거된 가호에게 지급한 차액금은 철거보상비용에 기입하며, 철거된 가호에서 부동산 개발기업에 지급한 차액은 본 항목의 철거보상비에서 공제(抵減)한다.

② 개발기업에서 외지(异地)에 보상(安置)해 주는 주택이 자체 개발건조한 경우 건물의 가치를 본 항목의 철거보상비에 기입하며, 외지 보상한 건물이 매입한 것일때에는 실제 지급한 주택구매지출액을 철거보상비에 기입한다.

③ 화폐로 철거비를 보상하는 경우, 부동산 개발기업에서는 유효하고 합법적인 서류에 근거하여 철거보상비에 기입한다.

(5) 토지증치세 청산시 반드시 제출할 자료

참조〉 제2조 (1)항 규정에 부합하는 납세인은, 청산조건을 만족하는 날로부터 90일 이내에 주관세무기관에 청산수속을 하여야 한다. 〈통지〉 제2조 (2)항 규정에 부합하는 납세인은 주관세무기관이 규정하는 기한 내에 청산수속을 진행하여야 한다.

참조〉 제2조 (1)항 규정에 부합하는 납세인 = 반드시 청산을 진행하여야 하는 납세인

참조〉 제2조 (2)항 규정에 부합하는 납세인 = 세무기관이 청산을 요구할 수 있는 납세인

(6) 토지증치세 청산항목의 심사인증

납세인이 세무중개기구에 위탁하여 청산항목을 심사인증하는 경우, 반드시 중개기구에서 제출한 《토지증치세 청산세금 검증보고 土地增值税清算税款鉴证报告》도 제출하여야 한다. 규정된 양식과 요구에 부합되는 검증보고는 세무기관에서 신임/채택할 수 있다.

(7) 추계과세(核定征收) : 5개 조건

부동산 개발기업이 아래 5가지 중 하나에 해당되는 경우, 세무기관은 개발규모와 수입규모, 해당지역기업의 토지증치세 납부현황을 참조하여 선징수율(预征率)보다 낮지 않은 수준으로 토지증치세를 추계과세할 수 있다.

　　1) 법률, 행정법규의 규정에 의거하여 장부를 구비하여야 하나 구비하지 않은 경우

　　2) 무단으로 장부를 훼손하였거나 납세자료를 제출하지 않는 경우

　　3) 장부를 구비하였으나 원가자료, 수입증비, 비용증빙 등이 완전하지 않아 수입과 공제항목을 결정하기 어려운 경우

　　4) 토지증치세 청산조건에 부합하나 규정에서 정한 기한 내에 청산수속을 진행하지 않아 세무기관의 행정처분기간내에도 청산하지 않는 경우

　　5) 신고한 과세근거가 명백히 낮음에도 불구하고 정당한 사유가 없는 경우

(8) 청산 후 부동산을 재양도하는 경우

토지증치세 청산시 아직 양도하지 않은 부동산에 대해 청산한 후 매출 혹은 유상양도하는 경우, 납세인은 규정에 따라 토지증치세를 납세신고하여야 한다. 공제항목의 금액은 청산시의 단위건축면적의 원가비용에 매출 혹은 양도한 면적을 곱하여 계산한다.

> 단위건축면적의 원가비용 = 청산시의 공제항목의 총금액 ÷ 청산 총 건축면적

(9) 토지증치세 청산 후 토지증치세를 보충 납부할 때 납부연체금(滯納 金)을 추가 징수한다.

납세인이 규정에 따라 토지증치세를 선납(預繳)한 후 토지증치세를 청산보충납부하는 경우, 주관세무기관에서 규정한 기한 내에 보충납부한 것은 연체가산금(滯納金)을 추가징수하지 않는다.

 사례 7-12

A부동산개발회사에서 개발한 B항목의 매출가능한 총면적은 80,000㎡이다. 2016년 8월말까지 매출한 면적은 72,000㎡이며 수입 72,000만원을 취득하였다. 토지증치세를 계산할 때 공제항목 금액의 합계는 57,600만원이며, 상기 8,000㎡는 아직 매출하지 못하였다. 2016년 9월 주관세무기관에서는 부동산개발기업에 B항목에 대하여 토지증치세를 청산할 것을 요구하였으며 2017년 1월 말 회사에서는 나머지 8,000㎡를 (打包)매출하였고 금액 8,800만원을 취득하였다. 회사에서 2017년 매출한 8,000㎡에 대한 토지증치세는 얼마일까?

답 건축면적당 원가비용 = 57,600만원 ÷ 72,000㎡ = 0.8만원
공제항목 = 0.8만원 × 8,000㎡ = 6,400만원
증치액 = 8,800 - 6,400 = 2,400만원
증치율 = 2,400 ÷ 6,400 = 37.5%
토지증치세 = 2,400×30% = 720만원

 세수우대와 징세관리

1. 세수우대

(1) 일반표준주택을 건설하는 경우 세수우대

납세인이 일반표준주택을 건설하여 매출하고 증치액이 공제항목금액의 20%를 초과하지 않은 경우 토지증치세를 면제한다. 만약 20%를 초과하는 경우 그 증치액 전액에 대하여 규정에 따라 세금을 계산한다.

(2) 국가건설수요로 정부에게 수용, 회수된 부동산은 토지증치세를 면제한다.

(3) 도시기획, 국가건설수요로 이주하고 납세인이 스스로 원래 부동산을 양도하는 경우 토지증치세를 면제한다.

(4) 기업사업단위, 사회단체 및 기타 조직이 구 가옥(旧房)을 공공임대주택 용도로 양도하고 또한 증치액이 공제항목 금액의 20%를 초과하지 않은 경우 토지증치세를 면제한다.

2. 징수관리

(1) 토지증치세 선징수 방법 개선

보장성주택 외 동부(东部) 지역 성(省)의 선징수율은 2%보다 낮아서는 안 되며, 중부(中部)와 동북(东北) 지역성은 1.5%보다 적어서는 안되며, 서부(西部)지역성은 1%보다 적어서는 안된다.

비교 부동산기업의 증치세 선징수와 비교

(2) 납세지

1) 법인 납세자 : 부동산 소재지

2) 자연인 납세자 : 주소지, 소유권 명의변경수속 진행 소재지
　　　　　　　　　 부동산소재지와 주소지가 불일치하는 경우 부동산 소재지의 세무기관에 신고 납부

(3) 납세신고

토지증치세의 납세인은 부동산은 계약체결 후 7일 이내에 부동산소재지 주관세무기관에 납세신고를 하여야 하며, 세무기관에 주택 및 건축물의 재산권증서, 토지사용권증서, 토지양도 또는 부동산매매계약서, 부동산 평가보고서 또는 기타 부동산양도와 관련된 자료를 제출하여야 한다.

납세인이 부동산 양도가 자주 발생하여 매번 양도 후 신고하는 것이 어려운 경우, 토지증치세를 월간 또는 각 성, 자치구, 직할시 등 세무국이 규정한 기한 내에 신고, 납부할 수 있다. 납세인이 정기신고방식으로 선택한 경우 납세소재지 세무기관에 신고하여야 하며, 정기신고방식을 확정한 후 1년 이내에는 변경하지 못한다.

제**8**장

차량구입세(车辆购置税)법, 차량선박세(车船税)법과 인화세(印花税, 인지세)법

제1절   차량구입세(车辆购置税)법

Ⅰ   납세의무인과 징수범위

차량구입세는 중국 경내에서 규정된 차량을 구입하는 것을 과세대상으로 특정된 단계에서 차량구입자에게 징수하는 세금이다. 본 세목은 2001년부터 징수하기 시작하였으며 성질은 직접세에 속하고, 납세하는 유통단계는 최종소비단계에서 일회성으로 징수한다.

1. 납세의무인

차량구입세의 납세인은 중국 경내에서 과세차량을 구입하는 단위(单位)와 개인이다. 구입이라 함은 취득 및 사용하는 행위를 말하며, 다음의 행위가 포함된다.

(1) 구매사용행위(자가사용하는 국산, 수입 과세차량의 구매를 포함)

(2) 수입하여 사용하는 행위

(3) 수증받아 사용하는 행위

(4) 자가생산하여 차체사용하는 행위

(5) 수상받아(获奖) 사용하는 행위

(6) 경매, 채무상환, 밀수, 벌금몰수 등 방식으로 취득하여 사용하는 행위

다중선택 ○

다음 각항 중 차량구입세의 과세행위에 속하지 않는 것은?

A. 과세차량을 수증받아 사용

B. 과세차량을 수입하여 사용

C. 도매상에서 과세차량을 도매로 매출

D. 채무인이 과세차량으로 채무상환

답   C, D

해설   선택 C, D의 도매상, 채무인에게는 사용행위가 발생하지 않았으며, 차량구입세를 징수하지 않는다.

2. 징수범위

차량구입세의 징수범위는 열거한 차량이며, 열거하지 않은 차량은 세금을 납부하지 않는다.

* 포함되는 차량 : 자동차, 오토바이, 전차, 트레일러(挂车), 농업용운송차

 과세, 면세, 비과세차량을 구분하여야 한다(전동자전거, 농업용3륜운송차, 농업용4륜운송차 등).

Ⅱ 세율, 과세기준 및 납부세액의 계산

1. 세율

통일 비례세율 10%(배기량이 작은 차량 : 2017. 1. 1.~12. 31.까지 7.5%, 2018년부터 10%)

2. 과세기준(计税依据) : 과세차량의 가격

과세차량의 구매 원천에 따라 과세기준(计税依据)의 구성도 다르다.
차량구입세의 과세기준은 다음 몇 가지 상황에 따라 과세한다.

(1) 구매하여 자체사용하는 경우

구매하여 자체사용하는 국산, 수입하여 자체사용하는 과세차량을 포함하며, 과세기준은 납세인이 과세차량을 구매하여 매출자에게 지급한 전부금액과 가격외 비용이다(증치세 불포함).

> **해석** 과세기준에 포함된 가격외수입(예를 들어 기금, 수수료, 보관비, 장식비, 공구, 부속품가격 등)에 대행 납부한 보험료, 번호판비용 대리수금액, 차량구입세 대리수금액은 포함하지 않는다.
> 위탁자의 영수증(票据)을 사용하여 수취하며 수탁자가 대리수금의무만 이행하는 비용은 일반적으로 과세금액에 기입하여 과세하지 않는다.

(2) 수입하여 자가사용하는 경우

과세구성가격을 과세기준(计税依据)으로 한다.

> 과세구성가격 = 관세의 과세가액 + 관세 (＋소비세)

참조 만약 수입하여 자체사용하는 소비세의 징수대상인 승용차의 본 구성가격은 소비세, 증치세의 과세기준이다.

 **사례 8-1**

A자동차무역회사는 2016년 8월에 승용차 20대를 수입하였으며, 해관에서 심사결정한 관세과세금액은 30만원/대이다. 당월에 8대를 매출하였으며 매출수입 300만원을 취득하였다. 2대는 기업에서 자가사용하며 3대는 채무상환에 사용하였으며, 계약에 약정한 세금포함 가격은 30만원이다. A회사에서 납부할 차량구입세는 얼마일까?
(승용차의 관세세율은 28%이며, 소비세는 9%라고 가정)

답 차량구입세 = 2대×(30＋30×28%)÷(1－9%)×10%＝7.03(만원)
납세의무가 있는 차량은 기업에서 자가사용하는 2대이며, 다른 차량에 대하여는 차량구입세 납세의무가 없다.

(3) 기타 자체사용하는 경우

예를 들어 자체 생산, 수증, 수상받는 등과 기타 방식으로 취득하여 자체사용하는 경우 다음과 같이 처리한다.

1) 국가세무총국에서 추계한 최저과세가액을 근거로 한다.
2) 최저과세가액을 추계하지 않은 경우 납세인이 제공한 유효한 가격증명에 기재된 가격에 의한다.
3) 유효한 가격증명에 기재된 가격이 현저히 낮은 경우, 세무기관에서 그 가격에 대하여 추계결정할 권한이 있다.
4) 다음 유효가격증명에 기재된 가격 혹은 세무기관에서 추계한 가격을 과세기준으로 하는 경우는 다음과 같다.

① 중고차(旧车) 수입

② 불가항력에 의해 손상된 차량

③ 재고연한이 3년을 초과한 차량

④ 8만㎞ 이상을 달린 시험차량

⑤ 국가세무총국에서 규정한 기타 차량

5) 감세, 면세 조건이 소실된 차량 : 면세차량을 처음 납세신고할 때 확정한 과세가격(计税价格)을 기준으로 한다.

> 과세기준 = 처음 납세신고할 때 확정한 과세기준 × 〔1 - (이미 사용한 연한 ÷ 규정된 사용
> 연한)〕 × 100%

① 처음 납세신고를 진행한 일자로부터 사용연한이 만 10년이 되지 않은 경우, 매 1년마다 10%를 공제한다.

② 만 1년이 되지 않은 차량의 과세기준은 면세차량의 원 과세가격으로 한다.

③ 사용연한이 10년 이상인 경우 과세금액이 0이다.

6) 최저과세가격을 과세기준으로하는 확정하는 경우

① 기본규정 : 납세인이 구매하여 자체사용하거나 혹은 수입하여 자체사용하는 과세차량은 신고한 과세금액이 동류형 과세차량의 최저 과세금액보다 낮으며 또한 정당한 이유가 없는 것 은 최저 과세금액에 따라 차량구입세를 징수한다.

② 특수상황의 최저과세금액의 규정

ⅰ) 이미 납부하였고 또한 등기등록수속을 진행한 차량이 그의 차대(底盘)를 교체하는 경우, 그 최저과세금액은 동일유형의 신차 최저과세금액의 70%로 계산한다.

> 과세기준(**计税依据**) = 동일유형의 신차 최저 과세금액 × 70%

ⅱ) 비무역경로로 차량을 수입한 최저과세금액은 동일유형의 신차 최저과세금액이다.

3. 차량구입세 납부세액의 계산

과세행위	과세근거	세금계산
(1) 구매하여 자체사용하는 경우(앞에서 열거한 6항)	매출자측에게 지급한 전부가격과 가격외비용(증치세 불포함)	납부세액 = 증치세 불포함가격×10%
(2) 수입하여 자체사용하는 경우	과세구성가격(组成计税价格) = 관세의 과세가격 + 관세 + 소비세	납부세액 = 과세구성가액×10%
(3) 기타 자체사용하는 경우	세무총국에서 추계결정한 최저과세금액	납부세액 = 최저 과세가액×10%

> ❑ 특수상황
>
> 규정에 따라 납부하지 않은 차량의 보충납부세액의 계산
> (1) 차량구매 发票와 차량구매와 관련된 증명자료를 제공할 수 없는 경우, 검사지 세무기관에서 동일유형 과세차량의 최저과세가액(最低计税价格)에 따라 징수한다.
> 　　　　납부세액 ＝ 최저과세가액 × 10%
> (2) 납세인이 입적지(落籍地)에서 차량구입 发票 금액과 지급한 가격외비용의 합계를 제공한 경우, 입적지의 주관세무기은 추계한 최저과세가액보다 높은 차액에 대하여 세금을 보충하여 징수한다.

Q 사례 8-2

왕모씨는 2016년 8월에 모 자동차유한회사로부터 승용차 한 대를 구매하여 자체사용하며 증치세를 포함한 금액 210,600원을 지급하였으며, 별도로 대리 수금하는 임시번호판비용 1,000원, 대리수금한 보험료 1,800원, 공구와 부속품 금액 6,000원, 차량장식비 560원을 지급하였다. 지급한 모든 비용은 본 자동차유한회사에서 "기동차량 매출 통일发票"와 해당 전표를 발급하였다. 왕모씨가 납부할 차량구입세를 계산하면 얼마일까?

답 과세기준 = (210,600 + 1,000 + 1,800 + 6,000 + 560) ÷ (1 + 17%) = 188,000원
　　　납부세액 = 188,000×10% = 18,800원

 사례 8-3

A회사에서는 시장가격이 35만원인 국산차량을 구입하여 자가 사용한다. 구매시 면세조건에 부합되어 차량구입세를 납부하지 않았으며, 구매하여 사용한 지 3년이 된 해에 면세조건이 소실되었다. 만약 면세차량이 처음에 납세신고 하였다면 과세금액이 18만원이고, 차량사용 연한이 10년이라면 A회사에서 본 차량에 대하여 납부할 차량구입세는 얼마일까?

답   납부세액 = 18만원×(1 − 3년÷10년)×100%×10% = 1.26만원

 세수우대와 징수관리

1. 세수우대

(1) 법정감면

1) 외국 주중국대사관, 영사관과 국제조직의 주중국기구 및 그 외교인원이 자가 사용하는 차량은 면세한다.

2) 중국인민해방군과 중국인민무장경찰부대의 군대 무기장비차량은 면세한다.

3) 고정장비를 설치한 비운송차량은 면세한다.

4) 국무원에서 규정한 면세 혹은 감세하는 "기타상황"

① 홍수방지부문과 삼림(森林)소방부문이 지휘, 검사, 배치, 경보, 연락에 사용하는 고정장비가 설치된 지정된 규격의 차량

② 귀국하여 복무하는 유학인원이 환전(現汇)하여 구입한 자가사용하는 승용차 1대

③ 장기적으로 중국에 정착하는 전문가가 수입하여 자가사용하는 승용차 1대

5) 농업용 3륜 운송차

6) 도시공공버스기업에서 구입한 버스, 전차

(2) 퇴세

이미 차량구입세를 납부한 경우 차량등기수속 전에 퇴세하여야 하는 경우 퇴세를 신청할 수 있다.

2. 징수관리

(1) 납세신고 : 차량 한 대에 한 번 신고납부한다(一车一申报).

□ 신고시 제공하는 자료

기본적으로 〈차량구입세납세신고서车辆购置税纳税申报表〉를 기입하여 신고함과 동시에 다음의 자료를 제공하여야 한다.
1) 납세인 신분증명
2) 차량가격증명
3) 차량합격증명
4) 세무기관이 제공을 요구하는 기타자료

(2) 납부하는 유통단계(사용하는 단계에서 납부)

납세인이 반드시 공안기관 등 차량관리기관에 차량등기등록 수속을 하기 전 차량구입세를 납부한다. 즉 최종 소비단계에서 납세한다.

(3) 납세지

1) 납세인이 과세차량을 구매하면 반드시 차량등기지(즉, 차량의 번호등기지 혹은 차량 호구등록지)의 주관세무기관에 신고납부하여야 한다.
2) 차량등기등록수속을 진행할 필요가 없는 과세차량을 구매하는 경우 납세인소재지 주관세무기관에 납세신고한다.

(4) 납부기한

1) 자가사용하는 과세차량을 구매하는 경우, 구매일자(즉 차량구매 发票에 기재된 매출일자)로부터 60일 내에 신고납부한다.
2) 수입한 자가사용 과세차량은 수입한 일자로부터(즉 통관수입한 당일) 60

일 내에 신고납부한다.

3) 자체생산, 수증, 수상(获奖)과 기타 방식으로 취득하였고, 동시에 자가사
용하는 과세차량은 취득한 일자로부터 60일 내에 신고납부한다.

(5) 신고납부방식

1) 자가 신고납부

납세인이 스스로 세액을 계산하여 신고서를 작성하여 상관 자료와 함께
주관세무기관에 신고하여 세무기관의 심의 후 납세증명을 발행하고, 그
납세증명을 가지고 납부를 하는 방식이다.

2) 집중징수납세

두 종류의 납세방식을 포함한다. 첫째는, 납세인이 집중하여 세무기관에
통일하여 신고납세를 하는 방식이다. 이 방법은 차량을 집중구매하는 단
위에 대하여 비준을 거쳐 중개상이 대리하여 납부하는 것이다. 둘째는 세
무기관이 집중하여 세금을 걷는 방식이다. 납세인이 집중징수납부를 실
행하는 세무기관에 신고납부하고, 세무기관은 납세증명을 발행한 후 세
무기관이 총괄납부서를 기입하여 세금을 집중하여 걷는다. 이 방식은 세
원이 분산되어 있거나 세액이 비교적 작고 세무부문이 집중징수관리를
실행하는 지역에서 주로 실시한다.

3) 대리징수, 원천징수, 대리수금

원천징수의무자는 세법규정에 의거하여 원천징수하고, 대리하여 세금을
납부하는 방식이다.

(6) 차량구입세의 퇴세제도

이미 차량구입세를 납부한 차량은 다음 중 하나의 상황이 발생하는 경우 납세인
의 퇴세 신청을 허용한다. 퇴세신청시 〈차량구입세퇴세신청서车辆购置税退税申请
表〉를 기입하여 관련자료와 함께 신고한다.

1) 차량이 생산기업 혹은 도매상에 반품되는 경우

2) 면세조건에 부합되며 고정장비를 설치한 비운송차량이 이미 세금을 납부
한 것

3) 기타 법률과 법규에 의거 퇴세하여야 하는 상황

차량이 생산기업 혹은 도매상에게 반송되어 납세인이 퇴세를 신청할 때 주관세무기관에서는 납세인이 납세신고일자로부터 이미 지급한 세금에 근거하여 매1년에 10%를 공제하여 퇴세금액을 계산하며, 1년이 되지 않은 경우 이미 납부한 세금 전액을 퇴세한다.

제2절 차량선박세(车船税)법

I 납세의무인과 징수범위

차량선박세는 중국 경내의 차량, 선박의 소유인 혹은 관리인이 납부하는 세금이다. 《중화인민공화국차량선박세법》은 2011년 2월 25일에 제11기 전국인민대표상무위원회에서 통과되었고, 2012년 1월 1일부터 실시하였다.

1. 차량선박세(车船税)의 납세의무인

중화인민공화국 경내의 차량, 선박의 소유인 혹은 관리인이 납세의무를 진다.

> **참조** 경내 단위(单位)와 개인이 외국국적의 선박을 임차하는 경우 차량선박세를 징수하지 않으며 경내 단위가 선박을 경외에 임대하는 경우 반드시 법에 따라 차량선박세를 징수한다.

2. 징수범위

(1) 법에 따라 차량선박 관리부문에 등기한 기동차량과 선박
(2) 법에 따라 차량, 선박의 관리부문에 등기할 필요가 없으며 단위(单位) 내부에서 운전하거나 혹은 작업하는 기동차량과 선박

> **참조** 과세 차량선박, 면세 차량선박, 비과세 차량선박을 구분하여야 한다.

과세가액과 세금계산

1. 정액세율과 과세단위

구분	세목	과세단위	연간 기준세액(원)	참조
승용차 배기량	1.0(포함) 이하	매차량	60~360	9인승(포함) 이하
	1.0 이상~1.6(포함) 이하		300~540	
	1.6 이상~2.0(포함) 이하		360~660	
	2.0 이상~2.5(포함) 이하		660~1,200	
	2.5 이상~3.0(포함) 이하		1,200~2,400	
	3.0 이상~4.0(포함) 이하		2,400~3,600	
	4.0 이상		3,600~5,400	
상업용 차	승객용	매차량	480~1,440	9인승 이상(电车 포함)
	화물용	차량무게 톤수	16~120	1) 견인차(半挂牵引车), 트레일러(挂车), 승객화물 겸용차량, 3륜차와 저속화물차량 등 2) 트레일러(挂车)는 화물차세금의 50%로 계산
기타 차량		차량무게 톤수	16~120	트랙터(拖拉机)를 포함하지 않음
오토 바이		매차량	36~180	
선박	기동(동력)선박	순 톤수	3~6	예인선(拖船), 무동력바지선(非机动驳船)은 각각 기동선박 세액의 50%로 계산
	요트	길이(미터)	600~2,000	

❑ 기동(동력)선박에 관한 구체적인 적용세액

기동선박 순톤수	적용 세액
200톤 이하(포함)	톤당 3원
201 ~ 2,000톤	톤당 4원
2,001 ~ 10,000톤	톤당 5원
10,001톤 이상	톤당 6원

❑ 요트에 관한 구체적인 적용세액

요트 길이	적용 세액
10미터 이하	미터당 600원
10~18미터 이하	미터당 900원
18~30미터 이하	미터당 1,300원
30미터 초과	미터당 2,000원
보조동력범선	미터당 600원

❑ 고정세액 주의사항

(1) 예인선(拖船) : 엔진출력 매 1천와트 = 순톤위 0.67톤으로 계산

(2) 차량무게, 순톤수, 선박길이 등 과세단위가 소수점 이하의 나머지(尾数)가 있는 경우 일률적으로 소수점 아래자리를 포함한 과세단위에 따라 사실대로 미지급세금을 계산하며 세액은 소수점 둘째자리까지 계산한다(셋째자리에서 반올림).

(3) 차량선박세와 관련된 배기량, 차량무게, 규정된 승객인수, 순톤수, 마력, 선박길이는 차량선박관리부문에서 발급한 차량선박등기증서 혹은 면허증(行駛证)의 해당 항목에 기재한 수치를 기준으로 한다.

2. 납부세액의 계산

> (연간)납부세액 = 과세단위 × (연)고정세액

(1) 신규로 구입한 차량선박의 구입한 당해에 납부할 세액은 납세의무가 발생한 당월부터 월별로 계산하며 계산공식은 다음과 같다(구입월 산입).

> 납부세액 = (연간 납부세액 ÷ 12)× 납부 월수
> 납부월수 = 12 - 취득월 + 1

A제조공장은 2016년 화물차 3대를 소유하고 있으며 대당 화물차의 톤수(整备质量)는 평균 1.999톤이다. 트레일러(挂车) 2대를 소유하고 있으며 그 톤수는 1.8톤이다. 또한, 승용차 6대를 보유하고 있으며, 소형차 차량선박세 세율은 톤당 연간기준세액이 16원이며, 승용차의 차량선박세 대당 연간기준세액은 360원이다. A공장에서 2016년에 지급할 차량선박세는 얼마일까?

답 트레일러는 화물차 세금의 50%로 납부한다. 차량선박세 및 그 실행조례와 관련되는 차량무게, 순톤수 등 과세단위에 소수점의 나머지가 있는 경우 일률적으로 나머지 자리를 포함하여 과세단위로 하며 사실대로 차량선박세 세금을 계산한다.

차량선박세 = (1.999톤×3대×16원)+(1.8톤×2대×16원×50%)+(6대×360)
= 2,284.75원

A회사에서는 2016년에 예인선(拖船) 2척을 소유하고 있으며, 매척당 엔진출력은 1,800천와트이다. 당년 8월에 새로 기동선박 6척을 구입하였으며 매척의 순톤위는 1,500톤이다. A회사에서 적용하는 연간세액은 순톤수당 201~2,000톤인 것은 매톤당 4원이다. 본회사에서 지급할 차량선박세는 얼마일까?

답 1천와트 = 순톤위 0.67톤로 계산하고, 예인선은 기동선박세액의 50%로 계산한다.
차량선박세 = (2척×1,800×0.67×4원×50%)+(6척×1,500×4원÷12×5개월))
= 19,824원

---

(2) 하나의 납세연도내에 세금을 납부한 차량선박을 절도, 폐기, 멸실당하면 납세인은 해당 관리기관에서 제출한 증명과 납세증명서에 근거하여 납세 소재지 주관세무기관에 절도, 폐기, 멸실된 월로부터 본 납세연도가 끝날 때까지의 세금을 반환할 것을 신청할 수 있다.

(3) 이미 퇴세를 진행한 절도당한 차량선박을 다시 얻으면 납세인은 반드시 공안기관에서 해당 증명을 제출한 당월로부터 계산하여 차량선박세를 납부한다.

(4) 보험기관에서 차량선박세를 대리수금한 것은 더 이상 세무기관에 납세하지 않는다.

(5) 이미 세금을 납부한 차량선박을 양도하여 소유권을 변경하면 별도로 납세하지 않으며, 또한 퇴세하지도 않는다.

 세수우대와 징수관리

1. 세수우대

(1) 법정감면

1) 어획, 양식어선

2) 군대, 무장경찰이 전용으로 사용하는 차량선박

3) 경찰용 차량, 선박 : 공안기관, 국가안전기관, 감옥, 노동교양관리기관과 인민법원, 인민검찰원에서 경찰용 번호판을 취득한 차량과 치안업무를 집행하는 전용선박

4) 법률규정에 따라 면세를 적용하여야 하는 외국 주중국대사관, 영사관과 국제조직의 주중국기구 및 그의 해당 인원의 차량선박

5) 신에너지 차량의 우대
신에너지를 사용하는 차량은 순전동차(纯电动汽车), 연료전지차량(燃料

电池汽车)과 혼합동력차량을 포함한다.

① 에너지자원 절약 차량에 대하여 차량선박세를 절반으로 줄여서 징수한다(기타 혼합동력차량).

② 신에너지를 사용하는 차량에 대하여 차량선박세를 면제한다(순전동차, 연료전지차량).

6) 성, 자치구, 직할시 인민정부에서 당지 실제상황에 근거하여 공공교통 차량선박, 농촌주민이 소유하고 주로 농촌지역에서 사용하는 오토바이, 삼륜차와 저속화물차량는 차량선박세를 정기 감면징수하거나 면제할 수 있다.

7) 국가종합 소방구조차량에서 부대번호판을 응급구조 전용번호판으로 바꾸었을 경우 당해 차량선박세를 면제한다.

(2) 특정감면

1) 비준을 거쳐 임시 입경한 외국차량선박과 홍콩특별행정구, 마카오특별행정구, 대만 지역의 차량선박은 차량선박세를 징수하지 않는다.

2) 규정에 따라 선박톤세를 납부한 기동선박은 차량선박세법을 실시한 일자로부터 5년 내에는 차량선박세를 면제한다.

3) 공항, 항구내부에서 주행하거나 작업하는 차량선박은 차량선박세법을 실시하는 일자로부터 5년 내에는 차량선박세를 면제한다.

다중선택

다음 차량선박 중 법정 면세에 속하는 것은?

A. 특정 작업차량

B. 경찰용 차량선박

C. 무동력바지선

D. 어획, 양식어선

답 B, D

해설 무동력바지선, 특정작업차량은 면세범위에 속하지 않는다.

2. 징수관리

(1) 납세기한

차량선박세의 납세의무 발생시기는 차량선박의 소유권을 취득하거나 혹은 관리권을 취득한 당일이다. 차량선박을 구매한 发票 혹은 기타 증명서류에 기재한 일자의 당월을 기준으로 한다.

(2) 납세지

1) 차량선박세의 납세지는 차량선박의 등록지 혹은 차량선박세의 원천징수의무인의 소재지이다. 법에 따라 등기할 필요가 없은 차량선박의 차량선박세의 납세지는 차량선박의 소유인 혹은 관리인의 소재지이다.

2) 원천징수의무인이 차량선박세를 원천징수하는 경우 납세지는 원천징수의무인의 소재지이다.

(3) 납세신고

1) 차량선박세는 연간으로 신고하며, 월별로 계산하고, 일회성으로 납부한다. 구체적인 납세신고기한은 성, 자치구, 직할시 인민정부에서 규정한다.

2) 차량(机动车) 제3자책임강제보험에 종사하는 보험기구가 차량의 차량선박세의 원천징수의무인이 된다. 반드시 보험료를 수취할 때 법에 따라 차량선박세를 대리징수하여야 하며 동시에 원천징수한 서류를 제출하여야 한다.

3) 교통강제보험(의무보험)을 구매할 필요가 없는 차량의 납세인은 주관세무기관에 차량선박세를 신고하여야 한다.

제3절 인화세(印花税, 인지세)법

Ⅰ 납세의무인, 세목, 세율

인화세(인지세)는 경제활동과 경제거래 중 과세증빙서류의 설립, 수령행위를 과세대상으로 징수하는 세금이다.

인화세는 그가 과세전표에 인화세표(印花税票)를 첨부하는 방법을 채용하여 납세하여 이름을 얻었으며, 행위세에 속한다.

1. 납세의무인

인화세의 납세의무인은 중국경내에서 인화세법에 열거한 증빙서류를 설립, 사용, 수령하며 법에 따라 납세의무를 이행하는 단위와 개인이다. 내자/외자기업의 각류 행정(기관, 부대)과 사업단위의 중, 외국 국적개인을 포함한다.

설립, 사용, 수령한 과세증빙서류에 따라 납세인은 다음 6가지로 구분한다.

(1) 계약당사자

계약서의 계약당사자를 가리키며, 당사자의 대리인은 대리납부의 의무를 지며, 대리인과 납세인은 같은 인화세법상의 의무와 책임을 부담한다.

참조 계약의 담보인, 증인, 검증인을 포함하지 않는다.

(2) 거래당사자

재산권 이전증서의 당사자를 말한다. 토지, 건물 재산권의 이전과정 중 매매당사자

(3) 장부 구비인

영업장부의 납세인은 장부를 구비한 납세인이다.

(4) 수령인

권리, 허가증의 납세인은 그 수령인이다.

(5) 사용인

외국에서 설립, 수령하였으나 국내에서 사용하는 과세증빙서류의 납세인은 사용인이다.

(6) 각종 전자과세증빙 체결 당사자

❑ 인화세의 특징

인화세 과세증빙서류는 쌍방 혹은 쌍방 이상의 당사인이 공동으로 설립한 과세증빙서류이며, 그 당사자 각자가 모두 인화세의 납세인이다. 각자가 보유한 증빙서류의 과세금액에 따라 납세의무를 이행한다.

❑ 특례규정

증권거래인화세(证券交易印花税)는 2008-9-19일부터 쌍방징수를 단일징수로 개정하였다. 즉 매출자에 대하여만(혹은 A주식, B주식 주식을 상속, 증여한 양도인) 증권거래인화세를 징수하며, 매입자(양수인)에 대하여는 더 이상 징수하지 않는다.

다답형

다음 인화세 납세인에 속하지 않는 것은?

A. 차입계약의 담보인
B. 상표등기증을 발급한 국가상표국
C. 외국에서 설립하고 국내에서 기술계약을 사용하는 회사
D. 가공도급계약을 체결한 두 개의 중외합자기업

답 A, B

해설 A는 인화세 계약당사자가 인화세 납세의무자이며, 계약의 담보인, 증인, 검증인을 포함하지 않는다. B의 발급단위는 인화세의 납세인에 속하지 않는다.

2. 세목

유형	세목	세율형식	납세인
계약 혹은 계약성질을 구비한 증빙서류	1. 매매 계약	매매금액의 0.3‰	계약 당사자
	2. 가공도급(加工承揽) 계약	가공 혹은 도급액의 0.5‰	
	3. 건설공사탐사설계 계약	수취한 금액의 0.5‰	
	4. 건축설치공사도급 계약	도급금액의 0.3‰	
	5. 재산임대차 계약	임대금액 1‰	
	6. 화물운송 계약	수취한 운송비용의 0.5‰	
	7. 창고보관 계약	창고보관비용의 1‰	
	8. 차입 계약(금융리스계약 포함)	차입금액의 0.05‰	
	9. 재산보험 계약	수취한 보험료수입의 1‰	
	10. 기술 계약(개발, 양도, 컨설팅, 서비스) 특허신청권양도와 비특허기술양도를 포함하며, 법률, 회계, 감사컨설팅합동을 포함하지 않는다.	기재한 금액의 0.3‰	
문서	11. 재산이전문서 (포함 : 특허실행허가계약, 토지사용권양도계약, 토지사용권양도계약, 상품아파트 매출계약 특허권양도계약, 개인이 무상으로 부동산을 증여하여 체결한 "개인 부동산 무상증여 등기서식")	기재한 금액의 0.5‰	거래 당사자
장부	12. 영업장부 (포함 : 일기장부와 각 명세 분류장부, 불포함 : 내부 비망계정)	금액을 기재한 장부는 자본금과 자본잉여금 합계의 0.5‰, 기타 장부는 건당 5원	장부를 구비한 자
증명서 허가증	13. 권리, 허가증명서 허가증 (포함 : 부동산소유권, 공상영업허가증, 상표등기증, 특허증, 토지사용증)	건당 5원	수령인

A전력회사는 2016년 8월에 발전소와 전력매매계약을 체결하고, 보험회사와 보험계약을 체결하였다. 직접사용자와도 전력공급계약 몇 부를 체결하였으며 이외에 부동산개발회사와 건물구매계약을 체결하였다. 다음 A회사의 인화세 납부 중 틀린 것은?

A. 보험계약을 체결한 것은 보험계약에 따라 인화세를 납부하였다.

B. 전력구매계약을 체결한 것은 매매계약에 따라 인화세를 납부하였다.

C. 직접사용자와 체결한 전기공급계약은 매매계약에 따라 인화세를 납부하였다.

D. 건물구매계약은 재산소유권 이전증서에 따라 인화세를 납부하였다.

답 C

해설 사용자와 체결한 전기공급계약은 인화세의 징수범위가 아니며 인화세를 납부하지 않는다.

3. 세율(비례세율과 정액세율)

구분	과세서류	세율
비례세율	차입계약서	만분의 0.5
	매매계약서, 건축설치(建安)계약서, 기술계약서	만분의 3
	가공계약서, 공사탐사설계계약서, 화물운송계약서, 재산이전문서, 자금을 기재한 영업장부	만분의 5
	임대차계약서, 창고보관계약서, 재산보험계약서	천분의 1
정액세율	기타영업장부, 권리, 허가증명서	매건 5원

□ 특수사항

증권거래인화세(证券交易印花税)는 재산소유권 이전문서에 속하며 1‰의 세율로 세금을 계산한다.

홍콩시장투자자가 沪港通, 深港通을 통하여 상하이증권거래소, 심천증권거래소의 A주식을 매매, 상속(继承), 증여하는 경우, 국내에서 현재 실행하는 세법제도 규정에 따라 증권(주식)거래인화세를 납부하며, 국내투자자가 후강통(沪港通), 션강통(深港通)을 통하여 연합증권거래소(联交所)에 상장된 주식을 매매, 상속,

증여하는 경우, 홍콩특별행정구에서 현재 실행하는 세법규정에 따라 인화세를
납부한다.

 과세기준와 세액계산

> 비례세율 납부대상 : 납부세액 = 과세금액 × 비례세율
> 정액세율 납부대상 : 납부세액 = 증빙서류건수 × 고정세액(5원)

1. 과세기준의 일반규정

대부분 과세증빙서류는 과세기준금액에 따라 납세한다. 과세기준금액은 전액을
기준으로 하며, 차액으로 납세하는 것은 두 가지로 화물운송계약과 기술개발계약이
며 각세목의 과세기준은 구체적으로 다음과 같다.

(1) 매매계약

과세기준은 매매금액

참조▶ 물물교환하는 방식으로 체결한 매매계약의 과세금액은 계약에 기재된 구매와 매출금액의
합계이다. 적용세율은 0.3‰이다.

 사례 8-6

A회사는 2016년 8월에 B회사와 물물교환하는 계약을 체결하였는 바, 880,000원의
원재료로 650,000원의 다른 자재로 교환하였다. A회사에서는 차액 220,000원을 취
득하였다면, A회사가 납부할 인화세는 얼마일까?

답 인화세법에서는 물물교환하는 방식을 채용하여 상품거래를 진행하여 체결한 계약은
구매와 매출의 이중 경제행위를 반영하는 계약으로 본다. 이에 대하여 계약에 기재된
구매와 매출의 합계금액을 기준으로 인화세를 납부한다.
A회사에서 8월에 지급할 인화세 = (880,000+660,000)×0.03% = 462원
한 부의 증빙서류 납세금액이 500원을 초과하면, 반드시 해당지역 세무기관에 세금

납부서(缴款书) 혹은 세금징수서(完税证)를 신청하여 작성한다. 즉 "汇贴" 방법으로 납세한다. 위 사례 증빙서류의 납세액이 500원을 초과하지 않았으므로 "汇贴" 방법을 적용하지 않는다.

(2) 가공도급(加工承揽)계약

과세기준은 가공 혹은 도급수입액

1) 수탁자가 원재료를 제공하여 가공, 주문제작하는 경우

① 계약서 중에 가공금액과 원재료 금액을 각각 기재하면 가공비 금액은 "가공도급계약"으로, 원재료금액은 "매매계약"으로 세금을 각각 계산하며 두 가지 항목의 세금을 합계하여 인지를 붙인다.

② 만약 계약에 가공금액과 원재료 금액을 각각 기재하지 않은 경우 금액 전부를 가공도급계약으로 보아 0.5‰로 세금을 계산하여 인지를 붙인다.

2) 위탁자가 원재료를 제공하는 경우 : 원재료 금액은 세금을 계산하지 않으며, 과세기준은 가공비와 부재료의 합계액이다. 0.5‰로 계산하여 인지를 붙인다.

 사례 8-7

A기술회사와 광고회사가 광고제작계약을 체결하였으며 가공비는 8만원을 기재하였다. 원재료 6만원은 광고회사에서 제공한다. A기술회사가 납부할 인지세는 얼마일까?

답 인화세 = 80,000×0.5‰+60,000×0.3‰=58원
광고회사는 수탁자이며 수탁자가 원재료를 제공하는 경우 원재료 금액은 "매매계약"으로 보아 세금을 계산한다.

(3) 건설공사탐사설계계약

과세기준은 수취한 탐사, 설계비용(즉 탐사, 설계수입)

(4) 건축설치공사도급계약

과세기준은 도급금액이며 아무런 비용도 공제하지 못한다.

> 참조▷ 시공 단위에서 자신이 도급한 건설 항목을 기타 시공 단위에 분할도급, 혹은 하도급을 주어 체결한 분할도급계약, 혹은 하도급계약은 반드시 새로운 분할도급, 혹은 하도급합동에 기재한 금액을 근거로 납부세액을 계산한다.

 사례 8-8

A건설회사와 B기업이 건축도급계약을 체결하였고, 계약금액은 8,000만원이다(상관 비용 50만원을 포함). 시공기간에 A건설회사는 그 중 1,800만원인 설치공사를 C기업에 하도급하였으며 동시에 하도급계약을 체결하였다. A건설회사가 납부해야 할 인지세는 얼마일까?

답 인화세=(8,000 + 1,800)×0.3‰ = 2.94만원

(5) 재산임대계약

과세기준은 임대금액(즉 임대료 전액)

1) 세액이 1원이 미만인 경우 1원으로 인지를 붙인다.
2) 재산임대계약에 (월)일의 임대료만 규정하였고 임대기한이 확정되지 않은 것은 우선 5원 정액으로 인지를 붙이고 다시 결산할 때 실제에 따라 인지를 보충하여 붙인다.

 사례 8-9

A회사에서는 8월에 사용하지 않는 공장을 B회사에 임대하였다. 계약에는 매월 임대료 8,000원으로 정하였으며 임대기한은 결정하지 않았다. 계약을 체결할 때 임대료 선수금 24,000원을 받았으며 쌍방은 정액으로 인지를 붙였다. 12월 말 계약을 해체하였으며 A회사에서는 B회사에게서 나머지 임대료 16,000원을 수령하였다.
A회사가 12월에 보충납부할 인화세는 얼마일까?

답 보충납부할 인화세 = (24,000+16,000)×1‰ - 5원 = 35원

(6) 화물운송계약

1) 일반규정

취득한 운송비금액(즉 운비수입)은 운송한 화물의 금액, 상하차비용과 보험비용을 포함하지 않는다.

A기업과 화물운송회사에서 운송계약을 체결하였으며 기재한 운송비용은 8만원이다 (그중 상하차비 0.8만원이 포함되어 있다). 화물운송계약의 인화세는 얼마일까?

답 화물계약의 인화세 = (80,000 - 8,000)×0.5‰ = 36원

2) 각종 형식의 국내 화물연합운송

운송 시작 지점에서 통일적으로 전체 일정의 운송비를 계산하는 경우, 반드시 전체 일정의 운송비용을 과세기준으로 운송 시작 지점에서 운송비를 결산하는 쌍방이 인화세를 납부한다.

운송비용을 일정에 따라 나누어서 결산하는 경우, 각각 나눈 일정의 운송비용을 과세기준으로 하며 각각 운송비를 결산하는 각자가 인화세를 납부한다.

3) 국제화물운송

중국운송기업이 운송하는 경우, 중국 경내나 경외에서 운송을 시작하거나 중도에 일정을 나누어서 운송하는지에 불문하고 중국운송기업에서 가지고 있는 운송비 결산증빙에 대하여는 본일정의 운송비용에 따라 세금을 계산납부한다. 외국운송기업이 화물을 수출하는 운송에 대하여는 인화세를 면제한다.

4) 창고보관계약 : 과세기준은 창고보관비용(즉 보관비수입)

5) 차입계약 : 과세기준은 차입한 금액이며(즉 차입금 본금) 특이사항은 아래와 같다.

① 차입계약을 체결하였으며 또한 한 차례 혹은 여러 차례로 나누어서 증서(借据)를 발급한 경우, 차입계약에 기재한 금액을 과세기준으로 세금을 계산하며, 차용증만 발급하여 계약서로 사용하는 경우 반드시 차용증에 기재한 금액을 과세기준으로 세금을 계산한다.

② 임대차 쌍방이 체결한 유동자금의 회전성 차입계약은 일반적으로 연(기)에 따라 체결하며 최고 한도액을 규정한다. 따라서, 차입인이 규정된 기한과 최고 한도 내에 수시로 차입하고 환불한다. 대차쌍방의 부담을 가중시키는 것을 피하기 위하여 이런 유형의 계약을 체결하는 경우, 규정한 최고한도액을 과세기준으로 하며 체결할 때 인지를 한 번 붙인다. 한도액 내에 수시로 차입하고 환불하며, 새로운 계약을 체결하지 않은 것은 더 이상 인지를 붙이지 않는다.

③ 차입자가 재산을 담보로 대출자측에게서 일정한 수량의 담보대출을 취득한 경우 반드시 차입계약에 따라 인지를 붙인다. 차입자가 차입금을 상환할 수 없어 담보재산을 대출자측에 이전할 때에는 쌍방이 이전한 재산소유권문서에 대하여 재산소유권이전문서의 해당 규정에 따라 세금을 계산하여 인지를 붙인다.

④ 은행 및 기타 금융조직의 금융리스업무에 대하여 체결한 금융리스계약은 반드시 계약서에 기재한 임대료 총액에 근거하여 잠시 차입계약의 규정에 따라 세금을 계산한다.

사례 8-11

A철강회사는 B기계수출입회사와 가치가 2,800만원인 설비매매계약을 체결하였으며, 본 설비를 구매하기 위하여 상업은행과 2,800만원의 차입계약을 체결하였다. 그 후 부득이한 사유로 매매계약을 파기하였으며 금융리스계약으로 바꿔 체결하였고, 임대료는 1,800만원이다. 상술한 상황에 근거하여 A회사가 납부할 전체 인화세는 얼마일까?

답 본 사례는 총 세 가지의 과세행위와 관련되어 있다.
   (1) 매매계약의 인화세 = 2,800만×0.3‰ = 8,400원
       납세의무가 발생한 뒤 계약의 파기하는 경우 면세하지 못한다.
   (2) 차입계약의 인화세 = 2,800만×0.05‰ = 1,400만원

(3) 금융리스계약은 차입계약에 속하므로
금융리스계약 인화세 = 1,800만×0.05‰ = 900원.
(4) 총 인화세 = 8,400 + 1,400 + 900 = 10,700원

---

6) 재산보험계약 : 과세기준은 지급(수취)한 보험료 금액이며 보험의 목적
물인 재산의 금액을 포함하지 않는다.
7) 기술계약 : 과세기준은 합동에 기재한 금액, 보수 혹은 사용비용이다. 기
술개발계약의 연구개발경비는 과세기준으로 하지 않는다.

사례 8-12

A회사는 기술개발 수탁자로 하는 기술개발계약을 체결하였으며 계약에는 다음과 같이
약정하였다. 기술개발금액 총 1,000만원, 그 중 연구개발비용은 750만원이며, 보수금
액은 250만원이다. A회사가 납부하여야 할 인화세는 얼마일까?

답 기술계약의 인화세 = 250만원×0.3‰ = 750원

---

8) 재산소유권문서 : 과세기준은 문서 중에 기재한 금액
9) 영업장부
① 금액을 기재한 영업장부 : 자본금과 자본잉여금 2개 항목의 합계금액
을 과세기준으로 한다. "자금장부"의 다음 연도의 자본금과 자본잉여
금이 증가하지 않은 경우 그에 대하여 다시 인지를 붙이지 않는다.
② 기타 영업장부 : 과세기준은 과세증빙서류의 건수
10) 권리, 허가증서 : 과세기준은 과세증빙서류의 건수이며 매건에 5원이다.

2. 과세기준(计税依据)의 특수규정

(1) 상술한 증빙서류의 "금액", "수입", "비용"을 과세기준으로 하는 것에는 반
드시 전액으로 세금을 계산하며 아무런 공제도 하지 못한다.

(2) 동일한 증빙서류에 두 개 혹은 두 개 이상의 경제적 사항을 기재하였고 또한 서로 다른 세목의 세율을 적용해야 하는 경우, 각각 금액을 기재한 경우에는 각각 별도로 계산하며 별도로 금액을 기재하지 않은 경우에는 높은 세율에 따라 세금을 계산한다.

(3) 과세증빙서류에 기재한 금액이 외국화폐인 경우, 증빙서류의 성립 당일 외환 환율에 근거하여 인민폐로 환산하여 납부세액을 계산한다.

(4) 어떤 계약을 체결할 때 과세기준금액을 확정하지 못하면 체결할 때 먼저 정 액세율 5원으로 인지를 붙이며, 이후 결산시 재차 실제금액에 따라 과세하며 인지를 보충하여 붙인다.

(5) 과세계약서는 체결할 때 납세의무가 이미 발생하며 계약의 실현 여부 혹은 적시실현 여부에 관계없이 모두 인지를 붙여야 한다. 이미 이행하였고 또한 인지를 붙인 계약에 대하여 기재한 금액과 계약 이행 후 실제 결산한 금액이 일치하지 않은 경우 쌍방이 계약금액을 수정하지 않았다면 일반적으로 다시 납세수속을 진행하지 않는다.

(6) 경영수입이 있는 사업단위(事业单位)의 경영업무를 기재한 장부는 매건당 5원으로 한다.

3. 납부세액의 계산

(1) 비례세율을 적용하는 과세증빙서류는 증빙서류에 기재한 금액을 과세기준으로 로 한다.

> 납부세액 = 과세기준금액 × 비례세율

(2) 정액세율을 적용하는 과세증빙서류는 증빙서류 건수를 과세기준으로 한다.

> 납부세액 = 증빙서류건수 × 고정세액(5원)

Ⅲ 세수우대와 징수관리

1. 세수우대

면세를 적용받는 증빙서류는 다음과 같다.

(1) 이미 인지세를 납부한 증빙서류의 부본 혹은 필사본

그러나, 부본 혹은 필사본을 정본으로 간주하여 사용하는 경우 별도로 인지를 붙인다.

(2) 무이자 또는 贴息(선이자차감방식) 대출계약

(3) 농업, 목축업 보험계약

(4) 부동산에 관련된 인화세 면세 항목

1) 부동산관리부문과 개인이 체결한 생활거주에 사용되는 임대차계약서

2) 고교생과 체결한 고교학생아파트 임대차계약서

3) 공공임대아파트 경영단위(单位)에서 주택을 구매하여 공공임대아파트로 사용하는 경우, 공공임대아파트 임대차 쌍방이 체결한 임대차협의와 관련된 인화세

4) 이주보상주택(安置住房) 개조경영관리단위와 개발상의 이주보상주택의 개조와 관련된 인화세, 이주보상주택을 구매한 개인과 관련된 인화세

(5) 2018년 5월 1일부터 만분의 5 세율로 징수하는 자금장부에 대해 인지세를 절반으로 감면하고, 건별로 5원을 징수하는 기타 장부에 대해서는 인화세를 면제한다.

2. 징수관리

(1) 납세방법

스스로 인지를 붙이며 汇贴 혹은 汇缴, 위탁대리 징수 등이 있다.

1) 스스로 인지를 붙여 납부

납세인이 과세행위가 발생하면 스스로 납부세액을 계산하고 스스로 인화세 수입인지를 구매하여 스스로 일회성적으로 붙이고, 동시에 注销 혹은 划销하면 납세의무 이행을 완료하는 납세방법이다.

注销 혹은 划销 : 수입인지세표 위에 줄을 긋는 것

　　2) 汇贴 혹은 汇缴납세
　　　　① 본 방법은 일반적으로 납세세금액이 비교적 크거나 혹은 인지를 붙이
　　　　　　는 차수가 비교적 빈번한 납세인에게 적용된다.
　　　　② 汇贴납세법 : 한 부의 증빙서류의 미지급 세금이 500원을 초과할 때
　　　　　　반드시 세무기관에　缴款书 혹은 完税凭证를 신청작성한다.
　　　　③ 일괄(汇缴)납세법 : 동일한 과세증빙서류에 빈번하게 인지를 붙일 것이
　　　　　　필요하면 기한에 따라 汇总缴纳 인화세를 신청할 수 있다. 汇总缴纳하
　　　　　　는 기한은 당지 세무기관에서 확인하며 최장 1개월을 초과하지 못한다.

(2) 납부시기

과세문서의 성립 혹은 수령시 인화세를 납부한다.

(3) 납세지

인화세는 실행과 동시 납세하는 세목이다. 따라서 일반적으로 실행하는 지점이
곧 납세지가 된다.

제 **9** 장

기업소득세법

제1절　납세의무자, 과세대상 및 세율

I　납세의무인과 과세대상

기업소득세는 중국 경내의 기업과 기타 수입을 취득한 조직이 생산경영소득과 기타 소득에 대하여 징수하는 일종의 소득세이다.

1. 납세인

중화인민공화국 경내의 기업과 기타 수입을 취득한 조직

참조1▶ 납세인은 기업 외에 수입을 취득한 기타 조직도 포함.

참조2▶ 기업으로 명명하였지만 기업소득세를 납부하지 않는 것도 있다.
(개인독자기업(个人独资企业)과 파트너십기업(合伙企业)의 투자인과 파트너는 개인소득세를 징수한다.)

참조3▶ 속인주의 겸 귀속지의 세수관할권에 근거하며 납세기업은 주민기업과 비주민 기업으로 구분한다. (구분 표준은 회사 등록지 혹은 실제 관리기구 소재지 둘 중 하나)

(1) 주민기업(居民企业)

1) 법에 따라 중국 경내에 설립 되거나

2) 외국의 법에 따라 설립되었으나 실제 관리기구가 중국 경내에 있는 기업

참조▶ 실제관리기구는 기업의 생산경영, 인원, 회계 업무, 재산 등에 관하여 실질적이고 전면적으로 관리하고 통제하는 기관을 말한다.

(2) 비주민기업(非居民企业)

1) 외국의 법률에 따라 설립되었으며 또한 실제 관리기관이 중국 경내에 없으나 중국 경내에 기관, 장소을 설립한 경우

2) 중국 경내에 기관, 장소를 설립하지 않았으나, 중국 경내의 소득이 있는 기업

2. 과세대상

(1) 과세대상

기업의 생산경영소득, 기타소득과 청산소득을 말한다.

❑ 납세의무자와 과세대상

  1) 주민기업 : 소득원천이 중국 경내/경외인 소득

  2) 비주민기업 : 소득원천이 중국 경내인 소득

---

(2) 소득 원천의 확인

소득의 형식	소득 원천지
1. 화물 매출 소득	거래활동의 발생지
2. 노무 제공 소득	노무 발생지
3. 재산양도 소득	(1) 부동산양도소득은 부동산 소재지에 근거하여 확정 (2) 동산양도소득은 동산을 양도한 기업 혹은 기구, 장소 소재지에 근거하여 확정 (3) 권익(权益)성투자자산(지분 등) 양도소득은 피투자 기업의 소재지에 근거하여 확정
4. 주식배당금, 이익배당금 등 권익성투자 소득	소득을 배당하는 기업의 소재지
5. 이자소득, 임대료 소득, 특허권 사용비 소득	소득을 부담하거나 지불하는 기업 혹은 기관, 장소 소재지에 따라 확인
6. 기타소득	국무원 재정, 세무주관 부문에서 확인

다중선택 ●

회사주소지 및 실제 규제기관이 프랑스에 있는 모 은행에서 아래와 같은 각항소득을 취득한 경우, 규정에 따라 중국에서 기업소득세를 납부하여야 할 항목은?

A. 중국에 있는 부동산을 양도하여 얻은 재산양도소득

B. 홍콩 증권거래소에서 중국 모 회사의 주식을 매각한 후 얻은 배당금소득

C. 중국 경내에 설립된 분점에서 중국 모회사에 재정관리 자문서비스를 제공하여 취득한 소득

D. 중국 경내에 설립된 분점에서 일본에 위치한 모 발전소에 유동자금 대출을 제공하여 취득한 이자 소득

답 A, B, C, D

해설 모두 중국에서 기업소득세를 납부하여야 한다.

Ⅱ 세 율

종류	세율	적용범위
기본세율	25%	(1) 주민기업 (2) 중국 경내에 기관/장소를 설립하였으며 소득이 본 기관/장소와 관련이 있는 비주민기업
우대세율	20%	조건에 부합되는 소형박리(小型微利)기업
	15%	(1) 국가에서 중점적으로 장려하는 고신기술(高新技术, 하이테크)기업 (2) 서부 장려유형(西部鼓励类)산업기업(2014년 10월 1일부터 실시) (3) 오염방지를 주업으로 하는 제삼방(第三方)기업
원천징수 의무자가 원천징수	10%	(1) 중국 경내에 기관/장소를 설립하지 않은 비주민기업 (2) 기관 장소를 설립하였으나 취득한 소득이 본 기관/장소와 실질적 연관이 없는 비주민기업

제2절 납세소득액의 계산

 **수입총액**

계산공식 1 (직접법)

납세소득액 = 수입총액 − 비과세수입 − 면세입 − 각항공제액 − 이월결손금

계산공식 2 (간접법)

납세소득액 = 회계상 이윤 + 납세조정증가액(익금산입, 손금불산입) − 납세조정감소액
　　　　(손금산입, 익금불산입)

수입에 해당한 주요사항은 다음과 같다.

수입총액 내용	중요사항
1. 일반수입의 인식	9개 항목
2. 특수수입의 인식	
3. 자산처분 수입의 인식	2개 항목(내부와 외부)
4. 비화폐성 자산투자	소득세 처리
5. 상장회사의 매각제한조건부 유통주 양도	소득세 처리
6. 기업에서 정부와 주주가 편입(划入)한 자산양수	소득세 처리
7. 상관수입 실현	제품매출, 노무제공, 기타

참조 ≫ 비화폐형식으로 취득한 수입은 반드시 공정가치에 따라 수입을 인식한다. 공정가치는 시장
가격에 따라 확정한 가치를 말한다.

1. 일반수입의 확인(9개 항목)

❑ 각 항목 과세수입의 주의사항

1) 회계수입과의 관계
2) 증치세 납부 여부
3) 납부신고서식과의 관계
4) 수입인식시점

참조 ▷ 전면적 營改增 후 영업수입은 모두 증치세불포함 수입금액이다.

(1) 화물매출수입 : 기업이 유형동산을 매출하여 취득한 수입

(2) 노무수입 : 증치세 노무제공 및 營改增 서비스 매출

Q 사례 9-1

A 자동차생산기업은 증치세 일반납세인이다. 2020년도 결산한 내용은 다음과 같다. 연간 제품 매출 총수입은 68,000만원이고, 연간 실현한 회계상 이윤은 5,400만원, 미지급 기업소득세는 1,350만원이다.

회계법인의 감사 결과는 아래와 같은 사항이 발견되었다.

12월 20일 대리 회사에서 차량5대의 대리 매출 정산표 및 대금 162.4만원을 취득하였고 회사는 이를 모두 선수금으로 처리하였다(소형 자동차원가는 20만원/대이며 대리 회사와의 세금 불포함 결산 단가는 28만원).

위 처리방법의 기업소득세에 대한 영향을 계산하면?

답 (1) 회계수입 영향(+) = 28 × 5 = 140만원
(2) 매출관련세금 및 부가비용 영향(+) = (5 × 28 × 13% + 5 × 28 × 9%) × (7% + 3% + 2%) + 5 × 28 × 9% = 16.3만원
(3) 매출 원가 영향(+) = 20 × 5 = 100만원
(4) 이윤총액(법인세차감전이익) 영향(+) = 140 - 100 - 16.3 = 23.7만원
(5) 신청표 제1항 "매출영업수입" = 28 × 5 = 140만원

(3) 재산양도 수입은 기업에서 고정자산, 생물자산, 무형자산, 지분, 채권 등 재산을 양도하여 얻은 수입

❑ 기업의 지분(股权)양도 수입

1) 수입인식시점 : 양도협의의 효력발생 및 지분 변경 수속을 완성할 때, 수입을 인식한다.

2) 양도소득 : 지분 양도 수입에서 지분을 취득하기 위하여 발생한 원가를 공제한 금액을 지분양도소득(股权转让所得)이라고 한다.

기업에서 지분양도소득을 계산할 때, 피투자기업의 미처분이익잉여금 등 주주 이익 잉여금 중 본 지분율에 근거한 배당가능금액은 공제하지 못한다.

(4) 주식배당금, 이익배당금 등 권익성 투자수익

1) 보유기간에 분배 받은 세후수익에 속한다.

2) 수입인식시점 : 피투자기업이 이익배당을 결의한 일자에 수입을 인식한다.

3) 피투자기업에서 지분(주식)의 할증발행으로 인하여 형성된 자본잉여금을 주식 자본금으로 전환하는 경우, 투자기업의 주식배당금, 이익배당금 수입으로 처리하지 않으며 투자기업에서도 본 장기투자의 과세가액(计税基础)을 증가하지 못한다.

4) 내지(경내)기업투자자가 沪港通(후강통)을 통하여 香港联交所에 상장한 주식에 투자한 경우

① 취득한 양도 차액소득은 그의 수입총액에 기입하며 법에 따라 기업소득세를 징수한다.

② 취득한 배당금소득은 그의 수입 총액에 기입하여 법에 따라 기업소득세를 징수한다. 그 중 내지(内地)주민기업이 H주(홍콩시장에 상장된 주식)를 연속 보유한 지 12개월 이상된 주식에 대하여 취득한 배당금수입에 대하여는 기업소득세를 징수하지 않는다.

(5) 이자수입

1) 계약서에 약정한 채무인의 이자지급일자에 수입을 인식한다.
2) 포함 : 저축이자, 채권이자, 연체금이자 등
3) 혼합성 투자업무 : 지분(权益)성과 채권성의 이중적인 특성을 겸비한 투자 항목(피투자기업에서 정기적으로 이자지급 혹은 원금보장이자, 고정이윤, 고정주식배당금을 지급하며 또한 투자기한 완료 혹은 특정된 투자조건을 만족한 후 투자상환 혹은 원금 상환하는 방식)

❑ **혼합성 투자업무의 기업소득세 처리**

1) 피투자기업의 이자
   피투자기업은 이자 지급일자에 이자비용을 확정하며 세전소득에서 손금으로 산입한다(표준 이내). 투자기업은 피투자기업의 이자 지급일자에 수입을 인식하고 당기 납세소득액에 기입하여야 한다.
2) 피투자기업이 상환한 투자금
   투자 쌍방은 상환시 상환 가격과 원가의 차액을 채권채무재조정손익(債務重组損益)으로 인식하여 각각 당기 납세소득액에 기입한다.

---

(6) 임대료수입

1) 기업에서 동산, 부동산 등 유형자산의 사용권을 제공하여 취득한 수입
2) 계약에 약정한 임차인이 임대료를 지급하여야 할 일자에 수입을 인식한다.
3) 임대기한이 한해를 넘길 때 또한 임대료를 사전에 일회성으로 지급하였을 경우 임대인은 상기 인식한 수입에 관하여 임대기간내에 평균적으로 해당연도 수입에 기입한다.

(7) 특허권사용료 수입

1) 기업에서 특허권, 상표권 등 무형자산 사용권을 제공하여 취득한 수입
2) 계약에 약정한 특허권 사용자가 특허권사용료를 지불하여야 할 일자에 수입을 인식한다.

(8) 자산수증익(화폐성자산과 비화폐성자산을 포함)

> ❏ 기업에서 수증(기부)받은 비화폐성 자산
>   1) 납세소득 포함 내용 : 기부받은 자산의 가치와 기부한 기업에서 대리 지급한 증치세
>   2) 납세소득 불포함 내용 : 기부받은 기업에서 따로 지불하였거나 지불하여야 할 해당 세금 및 비용

2020년 A의류생산기업에서는 주주가 아닌 단위(单位)에서 원재료를 기부받았다. 취득한 증치세전용파표의 공급가액은 60만원이며 증치세 매입세액은 7.8만원이다. 회사는 직접 "자본잉여금" 계정에 기입하여 결산하였다.

> **답** 회계이윤을 조정하여야 하며, 납세소득 증가액은 67.8만원이다.

A기업에서 2019년 12월에 설비 한 대를 기부받았으며, 가격 10만원 및 증치세 1.3만원인 증치세전용파표를 교부받았다. 기업에서는 별도로 세금 포함 운송비 0.8만원이고 증치세가 0.072인 운수업증치세전용파표(运输业增值税专用发票)을 교부받았다, 기부받은 자산으로 납부해야 할 기업소득세는?

> **답** (1) 고정자산 원가 = 10 + 0.8 = 10.8만원
>   (2) 공제할 수 있는 증치세 = 1.3 + 0.072 = 1.372만원
>   (3) 납세소득액(과세표준) = 10 + 1.3 = 11.3만원
>   (4) 미지급 기업소득세 = 11.3 × 25% = 2.825만원

(9) 기타수입

기업에서 취득한 상술한 수입 외에 기타수입, 즉 자산잉여, 기한도래 미환급 포장물 보증금수입, 지급할 수 없는 매입채무, 대손 처리한 후 재회수한 매출채권, 채권채무재조정수입, 보조금수입, 위약금수입, 환차손익 등을 포함한다.

 사례 9-4

TV생산기업 A는 증치세 일반납세인이며 2019년 해당 업무는 다음과 같다.

(1) 제품매출 수입 (세금불포함) 8,600만원 취득, 해당 매출원가 5,660만원
(2) 기술양도 매출수입 700만원, 기술소유권 양도와 직접관계되는 원가 및 비용 100만원
(3) 건물 임대료수입 200만원
(4) 원재료를 기부 받았으며 增值税专用发票의 공급가액50만원, 증치세 6.5만원
(5) 국채이자수입 30만원 취득

답 각종수입	신고서식	기업소득세수입	증치세 매출액
1. TV 매출 :	(1)	8,600	8,600
2. 기술 소유권 양도 :	(11)	700−100	면세
3. 건물 임대 수입 :	(1)	200	200
4. 기부받은 수입 :	(11)	50+6.5=56.5	매입세액 6.5
5. 국채 이자 수입 :	(9)	30	관계없음

2. 특수수입의 인식

(1) 증치세 납세의무 발생시기 참조. 예를 들어, 할부수금방식으로 매출하였을 경우 계약서에 약정한 수금일에 수입을 인식한다.

(2) 수탁받아 대형 기계설비, 선박, 비행기 제조 및 건축업, 설치, 조립공정 업무 혹은 기타 용역 등 제공에 종사하며 연속되는 기간이 12개월을 초과하는 경우 납세 연도내에 완성률 혹은 완성된 작업량에 근거하여 수입을 인식한다 (진행기준 수입 인식).

3. 자산처분수입의 인식

내부 자산처분(수입을 확인하지 않음)	타인에게 이송(간주매출로 수입을 인식)
(1) 자산을 다른 제품의 생산, 제조, 가공에 사용	(1) 시장확장 및 매출에 사용
(2) 자산의 형태, 구조 혹은 성능을 변경	(2) 접대에 사용
(3) 자산의 용도변경(예 : 자가건축한 상품주택을 자가 사용 및 경영에 사용)	(3) 직원장려 및 복리후생에 사용
(4) 자산을 총기구 및 지사 사이에 전이(경내에만 제한)	(4) 주식배당에 사용
(5) 상술한 두 가지 혹은 두 가지 이상 상황이 혼재	(5) 대외 기부에 사용
(6) 기타 소유권이 변경되지 않는 용도	(6) 기타 자산의 소유권을 개변하는 용도
	【수입액 측정】 1. 자가제조 자산 : 동류/동기에 대외로 매출한 금액에 근거(이송된 재고원가에 따라 원가계산) 2. 외부구매 자산 : 구매 가격에 따라 매출수입을 확인(구매 가격에 따라 원가계산)

□ 요약

가. 내부처분과 타인이송을 구분한다.
나. 간주매출수입은 접대비와 광고비의 한도액 계산시 기준매출액으로 인정된다.

기업소득세법상 간주매출 수입인식과 회계상 수입, 증치세 관계에 유의하여야 한다.

	회계수입	기업소득세	증치세
자가생산 자가사용			
총/분기구 간 이송			○
타인에게 증여		○	○
복리, 배당, 투자	○	○	○

❏ 다음 상황의 증치세와 기업소득세에 대한 판단 사례

  1) 슈퍼마켓이 외부에서 구매한 화물을 복리로 직원에게 증여하는 경우
  2) 자동차 제조공장에서 자체 생산한 자동차를 모범직원에게 장려품으로 지
     급하는 경우
  3) 건축재료 생산기업이 자가생산한 건축재료를 공장건축에 사용하는 경우
  4) 소프트웨어 회사에서 반제품을 경외의 분공사가 다른 제품을 가공하는 데
     사용하는 경우

❏ 간주매출 종합표

1. 외부구매 화물

항 목		회계	증치세	기업소득세
위탁매출을 위해 수탁자에게 매출		○	○	○
대리매출(수탁자 입장)	수수료 방식	×	○	×
	매입/매출 방식	○	○	○
지점으로 반출(직매장 반출 유사)		×	○	×
면세전용		×	×	×
직원 복리 사용(개인에게 증여)		×	×	○
단체복리(식당 등)에 사용		×	×	×
외부투자(자가생산, 위탁가공, 외부구입)		○	○	○
배당(자가생산, 위탁가공, 외부구입)		○	○	○
증여(자가생산, 위탁가공, 외부구입)		×	○	○
접대비		×	×	○
판촉비 사용		×	○	○

2. 자가생산 화물

항 목		회계	증치세	기업소득세
위탁매출을 위해 수탁자에게 매출		○	○	○
대리매출(수탁자 입장)	수수료 방식	×	○	×
	매입/매출 방식	○	○	○
지점으로 반출(직매장 반출 유사)		×	○	×
면세전용		×	○	×

항 목	회계	증치세	기업소득세
직원 복리 사용(개인에게 증여)	○	○	○
단체복리(식당 등)에 사용	×	○	×
외부투자(자가생산, 위탁가공, 외부구입)	○	○	○
배당(자가생산, 위탁가공, 외부구입)	○	○	○
증여(자가생산, 위탁가공, 외부구입)	×	○	○
접대비	×	○	○
판촉비 사용	×	○	○

단일선택 ●

기업이 경내에서 자산을 처분하는 다음 상황 중 반드시 간주매출로 기업소득세 과세수입으로 인식하는 것은?

A. 자산을 직원 장려와 복리후생에 사용
B. 자산을 다른 제품가공에 사용
C. 자산을 총기구와 지사기구 사이에 이송
D. 자산의 구조 혹은 성능 변경

답 A

해설 선택 B, C, D는 내부 이송에 속하며, 자산소유권을 변경하지 않았으므로 간주매출에 속하지 않는다.

Q 사례 9-5

2020년 A기업에서 자체 생산한 제품을 시장확장용도로 사용하였다. 제품원가는 80만 원이고 세금 불포함 매출가격은 120만원이다. 본 사항은 장부상에 반영되지 않았다. 증치세와 기업소득세, 회계이윤에 미치는 영향은 각각 얼마일까?

답
(1) 증치세 매출세액 = 120 × 13% = 15.6만원
(2) 납세소득액(과세표준) 증가 = 120 - 80 = 40만원
(3) 회계이윤 증가액 = 120 - 80 = 40만원

사례 9-6

2020년 A기업에서 자체 생산한 제품을 대외에 기부하였다. 원가는 17만원, 세금 불포함 매출 가격은 20만원이다. 증치세, 기업소득세, 회계상이윤에 미치는 영향은 각각 얼마일까?

답 (1) 증치세 매출세액 = 20 × 13% = 2.6만원
　　(2) 기업소득세(간주매출) = (20 - 17) × 25% = 0.75만원
　　(3) 회계상 영업외지출 = 17 + 2.6 = 19.6만원
　　(4) 기부금 처리
　　　　1) 비공익성 기부금 : 19.6원을 공제하지 못함
　　　　2) 공익성 기부금 : 한도내에 공제함 = 회계이윤(19.6만원 공제후 금액) × 12%

4. 비화폐성자산의 대외투자

> ❏ 비화폐성 자산투자자의 특징 : 이연납세(5년) 제도
> 　1) 비화폐성 자산은 현금, 은행예금, 매출채권, 받을어음 및 만기 보유 채권 투자등 화폐성자산 이외의 자산을 말한다.
> 　2) 비화폐성 자산 투자는 비화폐성 자산을 출자하여 새로운 주민기업을 설립하거나 비화폐성 자산을 현존하는 주민기업에 투입하는 것을 말한다.

(1) 투자기업(주민기업)

비화폐성 자산을 대외에 투자하여 인식한 비화폐성 자산양도소득은 5년을 초과하지 않는 기한 내에 평균적으로 각 해당 연도의 납세소득액에 기입하여 규정에 따라 기업 소득세를 계산/납부한다.

1) 비화폐성자산의 양도소득 : 비화폐성자산에 대하여 평가를 진행하고 평가한 공정가치에서 세무상가액(计税基础)을 공제한 잔액
2) 양도수입 인식 : 투자협의의 효력발생 및 지분등기 수속을 완료한 때
3) 피투자기업의 지분 : 비화폐성 자산의 원래 과세가액(세무상가액)에서 매년 인식한 비화폐성 자산 양도소득을 추가하여 해마다 조정한다.

사례 9-7

A강철생산기업은 증치세 일반납세인이다. 2019년 자체 생산한 강철을 대외로 투자 하였으며, 제품 원가는 800만원이고 같은 유형 제품의 세금 불포함 매출가격은 1,000만원이다. 본 기업은 회계준칙에 따라 회계처리를 하였다.
증치세 매출세액과 회계손익의 영향은 각각 얼마일까?

답 (1) 증치세 매출세액 = 1000 × 13% = 130만원
(2) 2019년 회계손익 = 1000 − 800 = 200만원
(3) 기업소득세의 처리

연도	소득세 납세조정(세무조정)	투자자산의 세무상가액
2019	−160	800+40=840
2020	+40	840+40=880
2021	+40	880+40=920
2022	+40	920+40=960
2023	+40	960+40=1,000

(2) 피투자기업

취득한 비화폐성자산의 세무상가액은 반드시 비화폐성자산의 공정가치로 인식한다.

(3) 투자기업은 이연납세 정책의 집행을 중지하는 경우

1) 대외투자 5년 이내에 상술한 지분을 양도하거나 투자회수 : 이연기한내에 인식하지 못한 비화폐성 자산 양도소득은 지분양도 혹은 투자회수 당해 기업소득세 확정신고시 일회성으로 기업소득세를 계산/납부한다. 기업에서 지분양도 소득을 계산할 때 지분의 세무상가액을 일시에 조정한다.

2) 대외투자 5년내에 등기 말소(注销) : 이연기한내에 인식하지 못한 비화폐성 자산 양도소득은 회사 등기말소 당해 기업소득세 확정신고시 일회성으로 계산/납부한다.

5. 기업에서 상장 회사의 매각제한유통주(限售股) 양도시의 소득세 처리

(1) 기업에서 개인 대신 보유하고 있는 매각제한유통주를 양도하는 경우

1) 기업에서 매각제한유통주를 양도하여 취득한 수입에서 매각제한유통주의 원가 및 합리적인 세금비용을 공제한 나머지 잔액을 본 매각제한유통주의 양도소득이라 한다.

2) 기업에서 완전하고 진실된 매각제한유통주의 원가 증빙서류를 제공할 수 없으며 본 매각제한유통주의 원가를 정확하게 계산할 수 없을 경우, 주관세무기관은 일괄적으로 양도수입의 15%를 본 매각 제한 유통주의 원가와 합리적인 세금비용으로 추정(核定)한다.

(2) 기업에서 매각제한유통주 금지해제 전에 매각제한유통주를 양도하는 경우

기업에서 증권등기결재기관에 등기한 매각제한유통주를 부분 처분할 때 취득한 전부의 수입을 당해 과세수입에 기입하여 납세한다.

사례 9-8

A기업에서 자연인주주 3명을 대신하여 보유하고 있던 매각제한유통주를 지분 분할로 인하여 양도하여 수입 100만원을 취득하였다. 그러나 회사에서는 합리적인 상기 주식 원가의 증빙서류를 제공할 수 없으며 또한 원가를 정확하게 계산할 수 없어 전액을 투자수익에 기입하였다. 납세조정액은 얼마인가?

답 납세소득액 감소조정액(손금산입) = 100×15% = 15만원

6. 기업이 정부와 주주로부터 받은 자산수증익

(1) 기업이 정부편입자산(政府划入资产)을 수령하는 경우

수령 항목	기업소득세 처리
(1) 정부에서 투자한 자산 수령	수입 범위에 속하지 않으며, 국가자본금으로 처리 자산의 세무상가액은 실제 수증한 가치로 인식
(2) 정부에서 용도를 지정한 자산 수령	재정자금(财政性资金)으로 하며 비과세수입으로 처리
(3) 정부에게서 무상으로 자산 수령	당기 과세수입에 속한다. 만약 정부에서 가격을 확정하지 않았을 경우 공정가치에 따라 과세수입을 인식

(2) 기업이 주주로부터 자산을 수증받는 경우

1) 자본금(자본잉여금 포함)처리 약정 : 정상적인 투자행위로 보아 수입으로 처리하지 않고 공정가치로 세무상가액을 인식한다.
2) 수입으로 처리 : 수증행위에 속하면 공정가치로 수입총액에 기입하여 기업소득세를 계산/납부하며 공정가치로 세무상가액을 인식한다.

7. 수입의 인식시기

(1) 일반적수입의 수입 인식시기

수입 항목	수입 인식시기
1. 제품매출 수입	(1) 위탁수금 방식으로 제품 매출을 진행하였을 경우 위탁수금 수속을 완성한 때 (2) 선수금 방식으로 제품매출을 진행하였을 경우 제품 출고시점 (3) 매출한 제품을 설치 및 검수를 하여야 할 경우 구매측이 제품을 수령하였으며 동시에 설치 및 검수를 완성할 때 수입을 인식하며, 만약 설치 과정이 비교적 간단하면 제품 발주시에 수입을 인식하는 것도 가능 (4) 수수료 방식으로 위탁대리매출을 진행하였을 경우 대리매출 정산표를 받은 때 (5) 콘소시엄방식 생산 : 제품을 분배받을때 수입 확인

수입 항목	수입 인식시기
2. 노무수입	(1) 설치비 : 설치 진행률에 따라 수입을 인식. 설치 작업이 제품매출의 부가 조건일 경우 설치비는 제품매출 인식 시점에 인식 (2) 홍보매체 수금 : 상응한 광고 혹은 상업행위가 대중에게 출현되었을 경우 수입을 인식. 광고제작비는 광고제작 진도에 따라 수입을 인식 (3) 소프트웨어비용 : 특정된 고객을 위하여 소프트웨어를 개발하여 받는 비용이며 개발완공율에 따라 수입을 인식 (4) 서비스비용 : 제품매출가격에 포함되었으며 구분할 수 있는 경우도 포함. 서비스 제공 기한 내에 분할하여 수입 인식 (5) 특허권사용료 : 설비제공 및 기타 유형자산의 특허권 사용비에 속하는 경우 자산 교부 및 자산소유권 이전시점에 수입 인식. 초기 및 후속적인 서비스로 제공하는 특허권사용비는 서비스 제공시 수입 인식
3. 기업의 지분양도 수입	양도협의가 효력을 발생하고 지분 변경 수속을 완성한 때
4. 주식배당금, 이익배당금 등 권익성투자수익	국무원재정, 세무주관부문에서 별도로 규정이 있는 경우를 제외하고, 피투자기업이 이익배당을 결의한 일자에 수입을 인식
5. 이자수입	(1) 계약에 약정한 채무인, 임차인, 특허권사용인이 비용을 지급하기로 한 일자에 수입 인식
6. 임대료수입	(2) 임대료 : 거래 계약 혹은 협의 중 계약 기한이 한해를 넘길 때, 또한 임대료를 사전에 일회성으로 지불하였을 경우 위에 인식한 수입을 임대 기한 내에 평균적으로 나누어 해당 연도의 수입으로 인식
7. 특허권사용료 수입	
8. 자산수증익	기부 자산을 실제 수령한 일자에 수입 인식
9. 기업에서 취득한 재산(각종 자산, 지분, 채권등 포함) 양도수입, 채권채무재조정수입, 지급할 수 없는 채무수입 등	화폐형식이나 비화폐형식의 별도 규정이 있는 경우를 제외하고 전부 일회성으로 수입을 인식

(2) 기타 특수매출의 수입 인식시기

특수업무	수입 인식시기
매출 후 재매입	• 일반적인 경우 : 매출가격에 따라 수입을 인식하며 매입한 상품은 제품구매로 처리 • 융자성 매출 후 재매입(融資回購) : 취득한 금액을 부채로 인식하며, 환수가격이 원래 매출가격보다 큰 부분의 차액은 해당 기간에 이자비용으로 인식
구제품교환 방식 매출 (以旧换新)	신제품 매출을 수입으로 인식하며, 회수한 구제품은 구매한 것으로 처리
매출할인 등	상업할인(商業折扣, 할인매출은 판촉을 위한 것임) 할인금액을 공제한 금액으로 수입을 인식. 현금할인(現金折扣)은 융자성 자금융통으로 보아 할인 전의 금액으로 매출을 인식
하나 사면 하나 더(买一赠一)	기부행위에 속하지 않으며, 총매출금액은 각항 제품의 공정가치의 비례에 따라 안분하여 각 항의 매출수입을 인식

사례 9-9

모 기업에서 2020년에 계약서 2건을 체결하였다. 그 중 하나는 위탁대출 계약이며 계약서에는 계약 만기일에 일회성으로 이자를 받기로 약정하였으며, 그 중 당해에 40만원의 이자수입을 "기타업무수입(其他业务收入)"의 과목에 기장하였다. 두 번째 계약은 상표사용권 계약이며 계약에 약정한 상표사용기한은 4년, 사용비 총금액은 240만원이다. 2년에 한 번씩 비용을 받으며 2020년에 처음으로 사용비 120만원 받았으며, 그중 60만원을 "기타업무수입(其他业务收入)"에 기장하였다.

상술한 업무의 납세조정액을 계산하면?

답 (1) 이자수입 : 조정감소액 40만원(익금불산입)
(2) 상표사용권 : 조정증가액 60만원(익금산입)
(3) 상술한 업무에서 조정해야 할 납세소득액(과세표준)은 = $-40 + 60 = 20$만원

비과세 수입과 면세수입

1. 비과세수입

(1) 재정지출금(財政拨款)

(2) 법에 따라 수금하고 재정관리에 납입하는 행정사업성수금, 정부성기금

(3) 기타 비과세수입

기업이 취득한 국무원재정、세무주관 부문에서 전문용도를 규정한 국무원 비준을 거친 재정성자금(財政性资金)

> ❑ 재정성 자금
>
> 기업이 취득한 출처가 정부 및 유관 부문인 재정보조, 补贴, 贷款贴息 및 기타 각종 재정 전용자금이다. 직접 감면한 증치세와 징수후퇴세(即征即退), 선징수후퇴세(先征后退), 선징수후반환(先征后返)하는 각종세액을 포함한다. 그러나 기업이 규정에 따라 취득한 수출 퇴세금은 포함하지 않는다(수출퇴세금은 손익에 영향을 주지 않는다).

(4) 전용 재정성자금의 기업소득세 처리 규정

특정된 출처지와 구체적인 관리요구가 있는 경우 별도로 기장하여야 한다.

1) 기업의 비과세수입을 지출하여 형성된 비용은 납세소득액에서 공제하지 못한다. 기업의 비과세수입을 지출하여 형성된 자산은 그의 감가상각비는 납세소득액에서 공제하지 못한다.

2) 전용 재정성자금을 비과세수입으로 처리한 뒤 5년 내에 지출/사용하지 않았거나 다시 반납하지 않았을 경우 자금을 취득한 지 6년 되는 해의 과세수입에 기입한다.

Q 사례 9-10

모 기업에서 2015년에 당지 정부재정부문에서 전문용도 재정보조금 500만원을 취득하였으며 재정부문의 정식 문서도 취득하였다. 그 중 400만원을 지출한 경우 정부보조금에 해당한 납세소득액 조정액은?

답 납세소득액 감소조정액(익금불산입) = 500 - 400 = 100만원
　　이유 : 규정에 부합되는 비과세수입은 수입총액으로 기입하지 않으며, 그로 인하여 형성된 지출도 손금에 기입하지 않는다.

2. 면세수입

(1) 국채이자수입

기업에서 국채를 구매하여 취득한 이자수입은 기업소득세를 징수하지 않는다.

1) 기업에서 직접 발행자로부터 구매한 국채를 만기일까지 보유하고 있을 경우 발행자에게서 취득한 국채이자수입 전액은 기업소득세를 면제한다.
　① 국채이자수입 : 면세
　② 국채양도수익 : 납세

2) 기업에서 만기전에 국채를 양도하였거나 혹은 비(非)발행자에게서 구매한 국채는 보유기간 내에 지급받지 못한 이자수입은 기업소득세를 납부하지 않는다.

미수 국채이자수입 = 국채금액 × (적용연이자율 ÷ 365) × 보유일자

3) 기업에서 양도하였거나 만기 도래하여 취득한 금액에서 구매시 국채 원금, 보유 기한 내에 지불받지 못한 이자수입, 거래과정에 발생한 해당 세금비용을 공제한후 잔액을 국채양도수익(손실)로 하며 규정에 따라 납세한다.

사례 9-11

모 기업의 2019년 다음의 사항이 포함되어 있다.

(1) 국채양도소득88만원(액면가 72만원, 발행기간 3년, 연이자율 5%, 양도시 보유일
    수 700일)

(2) 구매한 철도채권이자수입(铁路债券利息收入) 180만원

회계이윤과 기업소득세 영향은?

> **답** 국채보유기간의 이자수익 = 72 × 5% ÷ 365 × 700 = 6.90만원
> 이윤총액에 대한 영향 = (88 - 72) + 180 = 196만원
> 납세소득액 조정 = 6.90 + 180 × 50% = 96.9만원 (익금불산입)

(2) 조건이 부합되는 주민기업간의 주식배당금, 이익배당금 등 권익성수익

주민기업이 직접 다른 주민기업에 투자하여 취득한 투자수익을 뜻한다.

> **참조** 위 수익은 연속으로 12개월 미만 보유한 주민기업이 공개발행한 상장유통주식으로부
> 터 발생한 것은 포함하지 않는다.

사례 9-12

모 기업에서는 2019년에 직접 경내 주민기업에 투자하여 주식배당금 150만원을 취득
하였다. 경내의 피투자기업에 적용되는 기업소득세 세율은 15%이며, 만기가 도래하여
취득한 국채(연이율 6%) 이자수입 80만원이 있다.

회계이윤 및 납세소득액에 대한 영향은?

> **답** 회계이윤 = …… + 150 + 80
> 납세소득액 = 회계이윤 - 150 - 80

(3) 중국 경내에 기관 및 장소를 설립한 비주민기업이 주민기업에서 취득한 그의 기구 및 장소와 실질적인 관련이 있는 주식배당금, 이익배당금 등 권익성투자수익

> **참조** 위 수익은 연속으로 12개월 미만 보유한 주민기업이 공개발행한 상장유통주식으로부터 발생한 것은 포함하지 않는다.

(4) 조건에 부합되는 비영리단체의 수입

> **참조** 상기 비영리단체의 수입에는 비영리단체가 영리성(營利性) 활동에 종사하여 취득한 수입을 포함하지 않는다.

(5) 비영리단체의 아래 수입은 면세수입에 속한다

1) 기타 단위(單位) 혹은 개인의 기부를 받은 수입
2) 《중화인민공화국기업소득세법》 제7조에 규정한 재정지출금(財政撥款) 이외의 기타 정부보조금수입. 단, 정부에서 구매한 서비스수입은 포함하지 않는다.
3) 성급 이상 민정 및 재정부문의 규정에 따라 수취한 회원비(공인회계사협회에서 수취하는 회원비 등)
4) 비과세수입과 면세수입으로 인하여 발생한 은행예금 이자수입
5) 재정부 및 국가세무총국에서 규정한 기타수입

다중선택 ○

기업에서 취득한 아래 수입 중 기업소득세 면세수입에 속하는 것은?
A. 금융채권의 이자수입
B. 국채 양도수입
C. 경내에서 취득한 권익성 투자수익
D. 상장회사의 유통주식을 1년 이상 보유하여 취득한 수익

답 C, D
해설 A, B항목은 기업소득세 과세수입에 속함

공제항목(손금)

내용	항목
1. 세전 공제항목의 원칙	5개 항목
2. 공제항목의 범위	원가, 비용, 세금, 손실과 기타지출
3. 공제항목 및 그의 표준	23개 항목

1. 세전공제항목(손금)의 원칙

1) 권리의무발생주의 원칙(权责发生制原则)

2) 대응 원칙(配比原则)

3) 관련성 원칙(相关性原则)

4) 확실성 원칙(確定性原则)

5) 합리성 원칙(合理性原则)

2. 공제항목의 범위(총 5항목)

(1) 원가 : 생산경영원가

참조> 수출 물품의 면, 저, 퇴세하지 못하는 세금은 원가에 기입한다.

 사례 9-13

수출경영하는 모 생산기업은 증치세 일반납세인이다. 수출화물의 세율은 13%이며 퇴세율은 11%이다. 2019년 원자료를 구입하였으며 취득한 증치세전용파표의 공급가액은 160만원이다. 수출하여 취득한 매출액은 인민폐로 환산하여 200만원이다.

납세소득에 미치는 영향은 얼마인가?

답 영업수입 = 200만원

영업원가 = 160 + 200 × (13% - 11%) = 164만원

(면, 저, 퇴세하지 못하는 세금 = 200 × (13% - 11%) = 4만원을 원가에 기입하여 납세소득액을 감소시킨다.)

납세소득에 미치는 영향 = 200 - 164 = 36만원

(2) 비용 : 영업비용, 관리비용, 재무비용

1) 영업비용 : 그 중 광고 및 업무선전비, 수수료, 매출커미션을 특별히 주의

2) 관리비용 : 접대비, 복리후생비, 노조경비(工会经费), 교육경비, 경영활동을 조직, 관리하기 위하여 제공한 각 항 지원성 서비스를 위하여 발생한 비용을 특별히 주의

3) 재무비용 : 이자지출, 가지급금 및 대여금(借款)을 특별히 주의

❏ 《关于全面推开营业税改征增值税试点的通知》(재세[2016]36호), 《증치세회계처리규정》(재회[2016]22호) 등 해당 규정에 근거

가. "영업세금 및 부가 营业税金及附加" 계정의 명칭을 "세금 및 부가 税金及附加"로 조정하였으며, 본 계정은 기업의 경영활동이 발생한 소비세, 도시건설세, 자원세, 교육비부가 및 방산세, 성진토지사용세(城镇土地使用税), 선박세(车船使用税), 인화세 등 세금을 포함한다(변경).

나. 손익계산서 중 "营业税金及附加" 항목을 "税金及附加" 항목으로 조정한다.

---

(3) 손실 : 기업의 생산경영활동 중 손실과 기타 손실

1) 범위 : 고정자산과 재고자산의 손실, 훼손, 폐기손실, 재산양도손실, 대손금, 자연재해 등 불가피한 요소로 인한 손실 및 기타 손실

2) 세전 공제할 수 있는 손실은 순손실을 의미한다. 즉 기업의 손실에서 책임자 배상금 및 보험회사의 손해배상비를 공제한 나머지 잔액이다.

3) 기업에서 대손처리한 자산을 이후 납세연도에 전부 혹은 부분을 회수하였을 경우 당기수익에 기입하여야 한다.

(4) 공제할 수 있는 기타 지출

원가, 비용, 세금, 손실 외 기업이 생산경영중 발생한 생산경영 활동과 관련된 합리적인 지출은 공제 가능하다.

3. 공제항목 및 한도액 표준(총 23항목)

주의 ▷ 회계처리, 세법처리, 세법과 회계상 차액의 조정에 유의하여야 한다.

> 주요 공제한도액이 있는 일반항목(8항) : 직원 복리후생비, 교육경비, 노조경비, 이자비용, 접대비, 광고비와 선전비, 공익성 기부, 수수료 및 커미션

(1) 급여, 임금 지출

1) 기업에서 발생/지급한 합리적 급여, 임금지출은 손금으로 산입할 수 있다. "합리적 급여, 임금"은 기업에서 주주총회, 동사회, 급여위원회 혹은 관련 관리기구가 제정한 급여, 임금 제도에 근거하여 실제 직원에게 지급한 급여/임금이다.

참조 1 ▷ 일반적으로 원가비용지출이며 복리부문인원의 급여는 복리후생비 지출로 처리한다.

참조 2 ▷ 국영기업의 급여임금은 정부 해당부문에서 제정한 제한된 금액을 초과하지 못하며 초과한 부분은 기업의 급여임금총액에 기입하지 못한다. 또한 기업소득세 납세소득액에서 공제하지 못한다.

2) 기업에서 고용한 계절공, 임시공, 실습생, 복직한 퇴직인원 및 외부용역 파견인원도 기업의 임직 혹은 고용된 직원범위에 속한다. 다만, 급여와 임금 및 복리후생비를 구분하여야 한다. 급여/임금지출에 속하는 것은 기업의 급여임금총액의 기초금액에 기입할 수 있으며, 기타 각항 해당 비용 공제를 계산하는 근거로 사용할 수 있다.

3) 지분장려계획(股权激励计划) 관련 소득세처리

① 지분장려계획 실행 후 즉시 권리를 행사할 수 있는 경우 : 차액을 당해 상장회사의 급여임금 지출로 인식하며, 세법의 규정에 따라 손금으로 인정된다.

> 급여임금지출 = (실제 권리 행사시점 본 주식의 공정가치 - 장려대상이 실제 권리행사시 지급하는 가격) × 수량

② 지분장려계획을 실행한 후 일정한 근무 연한이 되거나 규정된 업적에 도달하여야(等待期) 행사할 수 있는 경우 : 상장회사에서 等待期 내 회계상에서 확인한 해당 원가, 비용은(차변 원가비용, 대변 자본잉여금) 대응된 당해 납세소득액에서 공제하지 못한다.

③ 지분장려계획을 실행한 후 기업에서는 당해 기업의 급여임금액을 계산하여 인식할 수 있으며, 세법의 규정에 따라 세전공제를 한다.

> 급여임금액 = (실제 권리행사시점 주식의 공정가격 – 당해 장려대상이 실제 권리 행사시 지급한 가격) × 수량

 사례 9-14

모 상장회사에서 2019년의 실제 급여 지불액은 4,000만원이며 12월 5일 중등이상 직원들이 회사가 2년 전에 부여한 주식매입선택권 500만 주에 대하여 권리를 행사하였으며 권리행사가격은 6원, 당일 해당주식의 종가는 10원이다.

인식할 급여임금 금액은?

답 2019년 원가, 비용에 기입된 급여총액 = 4000 + 500 × (10 – 6) = 6000만원

4) 기업의 복리성보조금 지출의 세전공제

기업의 급여임금제도에 의거하여 고정적으로 급여임금과 함께 지급하며, 개인소득세를 원천징수하는 복리성보조금은 기업에서 발생한 급여임금 지출항목으로 규정에 따라 세전공제할 수 있다. 그렇지 않을 경우 직원 복리후생비로 한도내에 세전공제할 수 있다.

5) 기업에서 연도확정신고(年度汇算清缴) 전에 직원들에게 실제지급한 미지급급여는 결산연도에 공제할 수 있다.

6) 신설규정 : 외부 노무파견되어 온 인력사용에 실제 발생한 비용

① 외부 노무파견을 받은 회사에 지출한 비용 : "노무비" 지출로 한다.

② 직접 직원개인에게 지급한 비용 : "급여임금" 지출과 "직원복리후생비" 지출로 한다. 그 중 급여임금지출에 속하는 비용은 기업의 급여임금총액의 기초수치에 사용할 수 있으며, 기타 각항 해당 비용을 계산하여 공제하는 근거가 된다.

(2) 직원복리비, 노조경비, 직원교육경비

아래 규정된 한도액과 실제 금액 중 작은 수치를 공제한다.

1) 기업에서 실제 발생한 직원복리후생비 : 급여임금 총액의 14% 이내

참조 1 기업의 직원복리비 지급항목은 난방요금보조금, 폭염보조금(防暑降溫), 직원보조금, 식당경비 보조금, 교통비 보조금 등이다.

참조 2 직원 급여총액은 5대보험과 주택적립금(住房公积金) 및 3항경비를 포함하지 않는다.

 사례 9-15

갑 회사의 2020년 기업소득세 확정신고시 급여총액은 2,000만원이다. 그 중 급여임금에 기입된 복리성지출은 800만원이며, 내역은 아래와 같다.

1) 기업내에 복리부서의 설립비용 100만원
2) 교통보조금 및 주택보조금 400만원
3) 직원에게 발급한 난방보조금 200만원
4) 고위험성 작업을 진행하는 인원들에게 복리성 보조금 100만원 지급

그중 제2항과 제4항은 동사회(이사회)에서 제정한 급여임금 제도에 근거하여 표준에 따라 정기적으로 지급되었으며 갑회사는 법에 따라 개인소득세를 원천징수하였다. 손금불산입 금액은?

답 세무총국공고 34호 공표 후, 교통보조금과 주택보조금 및 고위험성 작업을 진행하는 인원의 복리성보조금은 "복리성보조금"으로 처리한다.

(1) 기업소득세가 허용하는 공제 급여총액 = 1,200+400+100 = 1,700만원
(2) 직원복리비 공제 한도 = 1,700×14% = 238만원
(3) 직원복리비 지출금액 = 100+200 = 300만원
(4) 납세소득액 증가조정액(손금불산입) = 300-238 = 62만원

---

2) 기업의 노조경비(工会经费) 지출 : 급여총액의 2% 이내

기업에서 지급한 급여임금 총액의 2%를 초과하지 않은 노조경비는 공회조직에서 발급한 《工会经费收入专用收据》에 근거하여 공제할 수 있다.

세무기관에 위탁하여 노조경비를 수금하였을 경우 기업에서 지급한 노조경

비는 합법적이고 유효한 노조경비대리수금전표(工会经费代收凭据)에 근거하여 세전 공제할 수 있다.

3) 국무원 재정, 주관 세무부문에 별도로 규정이 있는 경우 이외에, 기업에서 발생한 직원교육 경비지출

급여총액의 8%를 이내의 금액을 공제할 수 있으며, 초과된 부분은 다음 과세연도로 이월 공제할 수 있다. 이후 연도에 한도를 초과하지 않을 경우 납세소득액을 감소조정할 수 있다.(손금산입)

주의1 위 8%의 비율은 2018년 1월 1일부터 실시. 그 이전에는 2.5%

주의2 핵전력발전소(원자력발전소)의 조작인원에 발생한 교육비용(분리기장)은 발전소의 원가로 세전공제할 수 있다.

주의3 핵전력발전소(원자력발전소)의 조작인원에 발생한 교육비용(분리기장)은 발전소의 원가로 전액 세전공제할 수 있다.

❏ (사례) 급여총액 1,000만원 (장애인급여 50만원 포함)

	세법(한도)	비교	회계(실제)	조정액
급여(복리성 보조금 포함)	1,000		1,000	0
복리후생비	140	<	160	+20
노조경비	20	>	150	0
교육경비	80	<	110	+30

① 3개 항목 경비 조정액 +50
② 장애인 급여 조정액 −50

(3) 사회보험료

1) 정부에서 규정한 범위 및 표준에 근거하여 지급한 "五险一金"은 양로보험, 기본의료보험, 실업보험, 산재보험, 생육보험 등 기본사회보험과 주택적립금(住房公积金)이며 세전공제할 수 있다.

2) 기업에서 투자자 및 직원을 위하여 지급한 보충양로보험, 보충의료보험은 국무원재정 및 세무주관 부문에서 규정한 범위와 표준내에 세전 공제할 수 있다. 기업에서 국가 해당규정에 따라 특수업종의 직원을 위하여 지급한 안전보험

과 국무원재정, 세무주관 부문의 규정에 부합되어 세전 공제할 수 있는 상업 보험료는 세전 공제할 수 있다.

3) 기업에서 불입한 규정에 따라 지급한 재산보험료는 세전 공제할 수 있다. 기업에서 투자자 및 직원들을 위하여 지급한 상업보험비는 세전 공제하지 못한다.

4) 책임보험

구분			손금 여부
생명/상해 보험	사회보험		○
	상업보험	주주, 직원 대상	×
		특수업종	○
재산보험	기업재산		○
	임직원 개인재산		×

(4) 이자비용

1) 비금융기업이 금융기업으로부터 차입한 이자지급 및 금융기업의 각 예금이자 지출과 동종간의 이자지급, 기업에서 비준을 거쳐 발행한 채권이자지출은 공제할 수 있다.

2) 비금융기업이 비금융기업으로부터 차입한 이자지출 : 금융기업의 동기 동류 형의 대출이자율로 계산한 금액을 한도로 공제할 수 있다.

> 참조▷ 처음 이자를 지급하여 세전공제할 때, 금융기업의 동기 동류형의 대출이자율 상황설명에 대한 서류를 제공하여야 한다.

사례 9-16

모 주민기업에서 2020년에 재무비용 40만원이 발생하였으며, 그중에는 비금융 기업에서 차입한 250만원에 해당한 이자지출 20만원을 포함한다. (당년 금융기업의 대출이자 연이자율은 5.8%)

재무비용의 납세 조정액을 계산하면?

답 이자 세전 공제액 = 250 × 5.8% = 14.5(만원)

재무비용 납세조정증가액(손금불산입) = 20 - 14.5 = 5.5(만원)

3) 관련기업 이자비용의 공제(두 가지 한도 표준)

참조> 기업이 관련기업에서 수령한 채권성투자와 권익성투자의 비율이 규정된 표준을 초과하여 발생한 이자지출은 손금으로 산입하지 못한다.

① 기업이 관련기업에 지급한 실제이자지출이 아래 비율을 초과하지 않은 부분은 손금으로 인정될 수 있다.

> 관련기업의 채권성투자와 권익성(지분)투자 비율 : 금융기업은 5 : 1, 기타 기업은 2 : 1

② 기업에서 관련기업과의 거래활동이 독립거래 원칙에 부합된다는 사실을 증명할 수 있을 경우 혹은 본기업의 실제조세부담이 경내관련기업보다 높지 않을 경우 실제 관련기업에 지급한 이자 지출은 손금으로 인정될 수 있다.
③ 기업이 관련기업으로부터 지급 받은 규정에 부합되지 않는 이자수입은 기업소득세를 납부하여야 한다(이자소득＝원금×이자율×기한).
ⅰ) 일반기업(1개 표준) : 이자율(은행 동기간 동일유형 이자율)
ⅱ) 관련기업(2개의 한도표준) : 원금(채권 : 권익(지분)성 투자 비율)
× 이자율(은행 동기간 동일유형 이자율)

 사례 9-17

모 기업에서는 투자측 A회사에서 1년 만기 차입금 4,800만원을 차입하였다. A회사가 본기업에 대한 지분투자금액은 2,000만원이며, 동기동류의 은행이자율은 5%이고, 위 차입금의 이자율은 6%라면, 회계상 재무비용과 세무상 인정되는 손금은 각각 얼마일까?

답 (1) 회계상 재무비용 ＝ 4,800 × 6% ＝ 288
(2) 세무상 손금인정 재무비용 ＝ 4,000 × 5% ＝ 200
(3) 재무비용 납세조정증가액(손금불산입) ＝ 288 － 200 ＝ 88만원

A기업이 모회사에서 2,000만원(금융기업의 동기동류의 대출이자율 6%)을 차입하였으며, 연이자율 8%에 따라 이자 160만원을 지급하였다. 본 회사는 본 거래가 독립거래원칙에 부합된다는 것을 증명할 수 없으며, 모회사에 적용되는 기업소득세 세율이 15%이며, A기업에 지분투자한 액수는 800만원이다.

> **답** 세전 공제할 수 있는 이자 한도액 = 800 × 2 × 6% = 96(만원)
> 납세소득액 조정증가액(손금불산입) = 160 − 96 = 64(만원)

4) 기업이 자연인에게서 차입하여 지급한 이자비용

① 기업에서 주주 및 기타 기업과 관련이 있는 자연인으로부터 차입하여 발생한 이자 지출은 규정된 조건에 부합되면 공제할 수 있다.

② 기업에서 상술한 규정 이외의 내부직원 및 기타 인원에게서 차입하여 발생한 이자 지출은 그 차입금이 동시에 아래 조건에 부합되며, 그의 이자지출 금액이 금융기업간 동기동류형의 대출이자율로 계산한 금액을 초과하지 않은 부분은 손금으로 인정될 수 있다.

ⅰ) 기업과 개인의 금전임대차관계(借貸)가 진실되고 유효/합법적이고 또한 불법 자금모음이거나 기타 위법사항이 없어야 한다.

ⅱ) 기업과 개인사이에 차입계약을 체결하여야 한다.

A회사에서 2019년에 기업회계상 순이익 25만원을 실현하였다. "재무비용" 항목 중에는 다음의 두 가지 이자비용이 포함되어 있다.

1. 은행에서 차입한 생산용자금 200만원(차입기간 6개월, 지급이자 5만원),

2. 비준을 거쳐 본회사의 직원으로부터 차입한 생산용자금 60만원(차입기간 10개월, 이자비용 3.5만원)

A기업의 2019년 납세소득액은 얼마일까?

답 (1) 은행 이자율 = (5×12개월/6개월)÷200 = 5%

(2) 세전 공제할수 있는 직원차입이자 = 60×5%÷12×10 = 2.5만원

(3) 한도초과액 = 3.5 - 2.5 = 1만원

(4) 납세소득액(과세표준) = 25 + 1 = 26만원

(5) 이자비용, 차입비용(借款費用)

1) 기업이 생산경영 중 발생한 자본화할 필요가 없는 이자비용은 세전 공제할 수 있다.

2) 기업에서 고정자산 및 무형자산을 구매, 건조하기 위하여 발생한 차입금과 12개월 이상 건조/건설하여야 판매할 수 있는 재고자산을 건조하기 위하여 발생한 차입금에 대한 이자비용은 자본화한다. 자본적 지출은 해당 자산원가에 기입하며, 자산의 교부 사용 후에 발생한 이자비용은 발생 당기에 세전 공제할 수 있다.

3) 채권발행, 대여금취득 등 방식으로 발생한 합리적인 비용은 자본화 및 비용화 처리한다.

Q 사례 9-20

A기업은 4월 1일 은행에서 500만원을 차입하여 공장을 건축하였다. 차입기간은 1년이며 당해 연말에 은행에 30만원을 이자비용으로 지급하였고 해당 비용을 모두 재무비용 처리하였다. 공장은 10월 31일 준공되어 사용/투입되었다. 공장의 내용연수는 20년이고 잔존가액은 없다. 당해 세전 공제할 수 있는 이자비용은 얼마일까?

답 세전 공제할 수 있는 이자비용 = 6.67만원

(1) 한 달치 이자비용 = (30 ÷ 9) = 3.3333원

(2) 11~12월 이자비용 = 3.3333 × 2 = 6.67만원

(3) 납세소득 증가조정액(손금불산입) = (30 ÷ 9) × 7개월(4~10월) = 23.33만원
납세소득 감소조정액(손금산입) = 23.33 ÷ 20 ÷ 12 × 7개월(4~10월) = 0.68만원
23.33만원은 자본화 이자이며, 해당 고정자산에 대응된 4~10월의 감가상각비를 증가 조정한다.

(6) 외환손익

외화환산으로 인한 손실은 세전 공제할 수 있다. 이미 해당 자산의 원가에 기입되었거나 소유자에게 이익배당과 관련된 부분은 공제하지 못한다.

(7) 업무접대비

1) 회계상 "관리비용" 계정에 기입된다.
2) 세법에서는 한도액이내의 금액 손금 인정(2개 한도표준 중 작은 것)
    ① 당해 매출(영업)의 5‰ 이내
    ② 합법적인 실제발생액의 60% 이내

> 접대비 한도액 = min(실제발생액×60%, 매출액×5‰)

사례 9-21

A회사의 당해 매출은 2,000이며, 실제 발생한 접대비 금액이 각각 아래와 같은 경우, 접대비한도초과로 납세조정(손금불산입)할 금액은 각각 얼마일까?

1) 실제발생한 접대비 50만원
2) 실제발생한 접대비 10만원

답
1) 손금인정 한도액 = min(2,000×5‰ = 10, 50×60% = 30) = 10만원
   납세증가조정액(손금불산입) = 50 – 10 = 40만원
2) 손금인정 한도액 = min(2,000×5‰ = 10, 10×60% = 6) = 6만원
   납세증가조정액(손금불산입) = 10 – 6 = 4만원

❑ (주의)한도액 계산의 기준
　① 포함사항 : 제품매출수입, 노무수입, 이자수입, 임대료수입, 특허권사용비수입, 간주매출 등을 포함한다. 그러나 현금할인(現金折扣)을 공제하지 못한다. 즉, 회계상 "매출액(主营业务收入)"＋"기타매출수입(其他业务收入)"＋회계상 수입으로 기장하지 않은 세법상 간주매출(视同销售)수입
　② 불포함 사항 : 증치세 매출세액
　③ 접대비 한도액 계산시 사용되는 매출액과 이후에 소개될 광고선전비의 한도액 계산시 사용되는 매출액은 서로 같음

3) 지분투자 업무에 종사하는 기업(그룹본부, 창업투자기업 등 포함)에 관하여 그가 투자받은 기업으로부터 받은 주식배당금, 이익배당금 및 지분양도수입은 규정된 비율에 따라 업무접대비 공제한도를 계산할 수 있다.

4) 기업 설립기한에 설립준비와 관련된 접대비 지출은 실제 발생액의 60%를 개업비(筹办费)에 기입하여 규정에 따라 세전공제한다.

❑ 설립기간에 발생한 개업비
생산경영 당해에 일회성으로 공제하거나 혹은 장기상각비용(长期待摊费用)으로 3년 이내의 기한 내에 상각한다.

다중선택 ●

다음 중 접대비 세전 공제한도액의 계산근거가 되는 매출액에 포함되지 않는 사항은?
A. 무형자산 소유권 양도수입
B. 자산수증익
C. 무형자산 사용권 양도수입
D. 고정자산 매출수입

답 A, B, D

해설 A, B, D 회계상 모두 영업외수입에 기입되며, 접대비 한도계산시 매출액에 포함되지 않는다.

사례 9-22

A기업에서는 2019년 연간 수입총액 8,000만원을 기록하였으며, 그 중에는 매출할인 (销售折扣) 80만원, 국채이자수입 7만원, 채권이자수입 20만원, 피투자회사로부터 받은 배당금 38만원 등이 포함되어 있다. 회계감사시 회계법인의 감사 결과 아래와 같은 사항을 발견하였다.

(1) 5년 이상된 비독점허가사용권 수입이 700만원이 있고 상응하는 원가 및 관련세금은 100만원이나 이와 관련된 회계처리를 누락하였다.

(2) 12월 자체생산한 공정가격이 47만원인 제품으로 50만원의 매입채무를 정산하였다. 채권자는 공정가격과 채무의 차액을 포기하였고, 채무정산시 직접 매입채무와 재고자산 감소로 처리하였다.

(3) 12월 지역정부기관을 통하여 빈곤지역에 가전용 제품을 기부하였다. 원가는 20만원이며 시장가격은 23만원이다. 기업에서는 원가금액으로 직접 재고를 감소처리하였다.

(4) A기업의 연간 접대비 발생액은 45만원이다.(그 중 5만원은 합법적인 영수증 없음) 접대비의 납세소득액의 조정금액을 계산하면?

답 기업의 당해 매출액 = 8,000 − 7 − 20 − 38 + 700 + 47 + 23 = 8,705만원
접대비 한도액 = min(8,705 × 5‰ = 43.525, (45 − 5) × 60% = 24) = 24만원
납세소득액 증가조정액 = 45 − 24 = 21만원(손금불산입)

(8) 광고선전비

1) 광고선전비는 회계상 "영업비용"에 기입된다.

2) 세법상 한도액 이내의 금액을 손금인정한다. 일반적으로 당해 매출액의 15%를 초과하지 않은 부분을 공제할 수 있다.

다만 별도로 열거한 업종의 공제 비율은 30% : 화장품 제조 및 매출, 의약제조 및 음료수 제조(주류 제조 불포함)

3) 한도액을 초과한 부분은 다음 회계연도로 이월공제할 수 있다(이후 연도에 한도액을 초과하지 않으면 납세소득액 감소조정(손금산입)한다).

4) 기업 설립기간에 발생한 광고선전비는 실제 발생액에 따라 개업비(筹办费)에 기입하며 규정에 따라 세전공제한다.

광고비와 업무선전비, 업무접대비의 세전공제 한도금액의 계산근거는 동일하다. 매출(영업)수입은 제품매출수입, 노무수입, 이자수입, 재산임대수입, 특허권사용비수입, 간주매출수입 등을 포함한다.

그러나 현금할인을 (現金折扣) 공제하지 않은 금액이다. 즉, 회계상 "매출액(主营业务收入)" + "기타매출수입(其他业务收入)" + 회계상 수입에 기입하지 않은 세법상 간주매출(視同销售) 수입이다.

광고비와 업무선전비는 공제표준을 구분하지 않고 통일하여 합계로 계산한다.

참조 1 ▷ 생산경영과 관련이 없는 비광고성의 협찬비는 포함하지 않는다.

참조 2 ▷ 광고선전비 한도초과액은 다음 납세연도로 이월공제할 수 있다. 이 부분은 교육훈련비 처리와 동일하다.

Q 사례 9-23

A제약회사의 2019년 매출액은 2,800만원, 현금할인 200만원, 특허권 사용료수입 400만원, 영업외수입 150만원, 광고비지출 900만원, 판촉선전비지출 140만원일 경우 납세소득 조정액은?

답 광고선전비 공제금액 표준 = (2,800 + 400) × 30%(특수업종) = 960만원
광고선전비 실제 발생금액 = 900 + 140 = 1,040만원
한도초과액 = 1,040 - 960 = 80만원
납세소득 조정증가액(손금불산입) = 80만원

(9) 환경보호 전용자금

기업에서 법률, 행정법규 관련 규정에 따라 적립(提取)한 환경보호, 생태회복 등 방면에 사용되는 전용자금은 세전 공제할 수 있다. 상기 전용자금을 적립한 후 용도를 변경하면 세전공제를 못한다.

(10) 보험료

기업에서 가입한 재산보험에 따라 지급한 보험료는 세전공제할 수 있다.

(11) 임대료(임차인 입장)

방식	임대료	임차한 고정자산의 감가상각비
운용리스	임대기간내 평균적으로 공제	감가상각하지 못하며 상각비를 공제하지 못함
금융리스	공제하지 못함	감가상각을 하여 상각비를 공제

(12) 노동보호비

기업에서 발생한 합리적인 노동보호비 지출은 세전공제할 수 있다.

> **참조** 작업성질의 특징에 따라 기업에서 일률적으로 제작하며 직원들이 근무시간내에 통일하여 입는 작업복비용은 세전공제할 수 있다.

(13) 기부금

1) 회계상 기부금은 "영업외지출"에 기입한다.
2) 세법상 빈곤지역목적 공익기부금(전액공제, 2019년~2022년), 공익성기부금 (한도내 금액 공제)과 비공익성기부금(손금불산입)으로 구분한다.
3) 공익성기부금의 한도액 : 공익성기부 지출은 연간 회계상 이윤총액의 12%를 초과하지 않는 부분을 공제할 수 있으며, 공제하지 못한 초과부분은 이후 3년 간 이월하여 손금산입이 가능하다.

> **참조 1** 공익성 기부금 : 기업에서 공익성 사회단체 혹은 현급이상 인민정부 및 그의 부문을 통하여 《중화인민공화국 공익사업 기부법》에 규정된 공익사업에 대한 기부를 말한다.

> **참조 2** 이윤총액은 기업에서 국가 통일 회계제도의 규정에 근거하여 계산한 연간 회계상 이윤이다.

> **참조 3** 공익성기부금은 화폐성기부와 비화폐성기부를 포함한다.

4) 비화폐성자산의 대외기부
   ① 기업에서 자체 생산한 제품을 기부할 때 공정가격에 근거하여 증치세를 납부한다.
   ② 간주대외매출은 기업소득세를 납부한다.
   ③ 회계상 수입을 인식하지 않으며 매출원가를 구성하지 않는다.
5) 납세인이 직접 수증인에게 기부한 것은 손금으로 인정되지 않는다.

사례 9-24

A제약회사는 증치세 일반납세인이다. 2019년 매출수입 5,000만원, 기타업무수입 400만원, 영업외수입 300만원, 매출원가 2,800만원, 기타업무원가 300만원, 영업외지출 210만원, 영업세금및부가세 420만원, 관리비용 550만원, 판매비용 900만원, 재무비용 180만원, 투자수익 120만원이다.

영업외지출은 대외 현금 기부금 140만원 포함(현급정부를 통한 공익성기부금 120만원, 모교에 직접 20만원을 기부)되어 있다.

상술한 업무의 납세 소득액 조정액은?

답

(1) 회계이윤 = 5500 + 400 + 300 − 2800 − 300 − 210 − 420 − 550 − 900 − 180 + 120
   = 960(만원)

(2) 공익성기부금 공제 한도액 = 960 × 12% = 115.2(만원)
   납세소득액 조정증가액 = 120 − 115.2 = 4.8(만원)(손금불산입)

(3) 직접 학교에 기부한 20만원은 손금으로 인정되지 못한다.

(4) 납세소득액 조정증가액(손금불산입) = 4.8 + 20 = 24.8(만원)

사례 9-25

A기업에서 2019년 2대의 기계설비를 시(市)정부를 통하여 공공시설로 기부하였다. "영업외지출" 중 설비2대의 원가 및 그 증치세 매출세액의 합계 495.2만원을 기부금으로 기입하였다. 대당 시장가격은 280만원(세금 불포함), 당해 회계이윤은 2,000만원이라면, 납세 조정액은 얼마인가?

답

(1) 공익성기부금 공제 한도액 = 2,000 × 12% = 240(만원)
   납세소득액 조정증가액 = 495.2 − 240 = 255.2(만원)

(2) 설비로 지급한 기부금은 간주매출로 처리한다.
   간주매출 매출수입의 납세소득액 조정증가액 = 240 × 2 = 560(만원)
   간주매출 매출원가의 납세소득액 조정감소액 = 200 × 2 = 400(만원)
   간주매출의 납세소득액 조정증가액 = 560 − 400 = 160(만원)

(3) 납세소득액 조정증가액(손금불산입) 합계 = 255.2 + 560 − 400 = 415.2(만원)

(14) 자산관련비용

1) 기업이 각종 고정자산을 양도하여 발생한 비용은 손금으로 인정된다.

2) 기업에서 규정에 따라 계산한 고정자산 감가상각비, 무형자산과 이연자산의 상각비는 손금으로 인정된다.

(15) 총기구(总机构)가 부담한 비용

비주민기업이 중국경내에 설립한 기관, 장소가 중국 경외의 총기구(总机构)에서 발생한 본기관, 장소의 생산경영과 관련된 비용을 총기구에서 범위, 배분근거, 배분 방법 등의 증명 자료를 제공할수 있으며 합리적으로 배분한 것에 대하여는 손금으로 인정된다.

(16) 자산손실

1) 기업에서 당해에 발생한 고정자산과 유동자산의 실사손실, 훼손 등 순손실은 기업이 제출한 재고실사자료를 주관세무기관에서 심사한 후 손금으로 인정된다(제4절 "자산손실 세전공제의 소득세처리" 관련).

2) 기업에서 재고자산 실사손실, 훼손, 폐기 등 원인으로 증치세 매출세액에서 공제할 수 없는 매입세액은 기업의 재산손실로 간주하며 자산손실과 함께 손금으로 인정된다.

❑ 재고자산 손실

(1) 포함 : 재고자산의 가치와 전출할 매입세액(주의 : 매입세액전출은 다만 관리부실 등의 주관적인 요소로 인한 손실에 국한하며, 자연재해와 같은 원인으로 인한 손실은 매입세액을 전출시킬 필요가 없다.)

(2) 불포함 : 배상받는 부분

Q 사례 9-26

A기업에서 2019년 12월에 사고가 발생하여 외부에서 구매한 원재료 32.7만원 (운송비 2.7만원 포함)이 훼손되었으며 보험회사에서 8만원의 배상금을 보상받았다.

세전 공제할수 있는 손실금액은?

답 세전 공제가능한 손실 = 32.7 + (32.7 − 2.7) × 13% + 2.7 × 9% − 8 = 28.84(만원)

(17) 기타항목

회원비, 합리적인 회의비, 출장비, 위약금, 소송비용 등은 손금으로 인정된다.

(18) 수수료 및 용진(佣金)지출

1) 기업에서 발생한 생산경영과 관련된 수수료 및 용진(佣金)지출은 아래 한도를 초과하지 않은 부분은 세전 공제할수 있으며 초과된 부분은 세전 공제할 수 없다.

　① 보험회사 : 연간 보험료수입에서 보험금 지출 등을 공제한 나머지 잔액의 재산보험은 15%를 한도로 계산하며 상해/생명보험은 10%를 한도로 계산한다.

참조 根据财政部税务总局公告(2019년 제72호)

보험기업이 경영활동과 관련하여 발생한 수수료 및 용진지출은 당해연도 보험수입에서 해지환급금(退保金) 등을 공제한 금액의 18%를 한도로 하며, 초과부분은 이후 년도에 이월하여 공제 가능하다.

　② 기타 : 합법적인 경영자격이 있는 중개서비스기구 혹은 개인(거래쌍방 및 그의 고용인원, 대리인과 대표인은 불포함)은 서비스계약에 인식한 수입금액의 5%를 한도로 계산한다.

2) 지급방식 : 합법적인 자격이 있는 중개서비스기구에 지급하는 경우, 반드시 송금으로 지급하여야 하며, 개인에게 지급하는 경우 현금방식으로 지급할수 있으나 합법적인 증빙서류를 구비하여야 한다.

3) 공제할 수 없는 항목 : 이미 고정자산, 무형자산 등 해당 자산의 원가로 기입한 수수료 및 커미션지출 등

4) 특수업종 : 대리서비스업무, 주요 영업수입이 수수료 및 커미션인 기업은 수입을 취득하기 위하여 실제 발생한 영업원가(수수료 커미션 포함)를 사실대로 공제할 수 있다.

(19) 재무회계제도의 규정에 근거하여 실제 재무회계처리상 이미 인식한 지출이 《기업소득세법》과 해당 세수법규에 규정된 세전공제 범위와 표준을 초과하지 않은 것은 기업의 실제 회계처리에 따라 지출을 인식하며, 기업소득세법상 손금으로 공제할 수 있다.

(20) 기업의 개조비지출(維簡費)

실제 발생한 비용은 자본적지출 및 수익적지출로 구분한다. 미지급 비용은 손금으로 인정하지 않는다.

(21) 판자촌(棚戶区) 개조지출

기업이 정부에서 통일적으로 조직한 탄광노동자 판자촌 개조, 임업 판자촌 개조, 개황구역(墾区)의 위험한 건물 개조에 참여하며, 동시에 일정한 조건에 부합되는 판자촌 개조지출은 세전공제할 수 있다.

(22) 금융기업의 농업대출과 중소기업의 대출에 관련된 손실준비금의 세전공제

1) 금융기업이 《대출위험분류안내》에 근거하여 비율에 따라 적립한 대출손실준비금은 납세소득액 계산에서 공제할 수 있다.

2) 농업대출과 중소기업대출손실(연간 매출액과 자산총액이 모두 2억원을 초과하지 않은 기업) 관련하여 우선 세전에 이미 공제한 대출손실준비금을 차감하고 부족한 부분은 납세소득액에서 공제할 수 있다.

(23) 금융기업 대출손실준비금 세전공제 정책

1) 세전 대출손실준비금을 적립할 수 있는 대출자산의 범위 : 각항 대출의 특성

을 가지는 위험자산 등. 대출(저당, 질권, 담보등 대출), 은행카드 초과인출, 어음할인 등 포함

2) 금융기업의 위탁대출, 대리대출, 국채투자, 미수배당금, 중앙에 납부하는 준비금 등 위험과 손실을 부담하지 않는 자산은 대출손실준비금을 적립하지 못하며 세전공제하지 못한다.

3) 금융기업이 당해에 세전공제할 수 있는 대출손실준비금

> 연말 대출손실 준비금을 적립할 수 있는 대출자산 잔액×1% – 전연도 말까지 이미 세전공제한 대출손실준비금의 잔액

금융 기업에서 상술한 공식에 따라 계산한 수치가 부(-)일 경우 당해 납세소득액을 증가조정(손금불산입)하여야 한다.

❏ 세무상 손금한도가 있는 비용항목 정리

항목	한도액
1. 복리 후생비	급여임금 총액의 14%를 초과하지 않은 부분
2. 노조경비(工会经费)	급여임금 총액의 2% 초과하지 않은 부분
3. 교육훈련비	급여임금 총액의 8% 초과하지 않은 부분(특수업종 별도) 한도초과액은 기한제한이 없이 다음 연도로 이월공제할 수 있음
4. 이자비용	금융기업의 동기동류의 대출이자율 이내(관련사 대여금 2가지 한도)
5. 접대비	Min(발생액의 60%, 당해매출액의 5‰)
6. 광고선전비	당년매출(영업) 수입의 15% 이내(특수업종 30%) 한도초과액은 기한제한이 없이 다음 연도로 이월공제할 수 있음
7. 공익성기부금	연간 회계이익의 12% 이내(회계이익 주의, 3년이월공제)
8. 수수료 및 커미션	1) 보험회사 : 재산보험은 15%, 상해/생명보험 10% 2) 기타기업 : 서비스계약에 의한 수입금액의 5%

 손금불산입(공제할 수 없는 항목)

납세소득액을 계산할때 아래 지출은 공제할 수 없다.

(1) 투자자에게 지급한 배당금등 권익(지분)성 투자수익금

(2) 기업소득세 세액

(3) 세금연체료(滯纳金, 연체이자 성격)

(4) 벌금, 범칙금, 몰수당한 재산 손실

참조〉 형사책임, 행정책임, 경영책임을 구분한다.

(5) 규정된 한도액을 초과한 기부금

(6) 찬조(贊助)지출은 기업에서 발생한 생산경영과 관계없는 비광고성질의 지출로 손금으로 인정하지 않는다.

(7) 인정(核定)받지 못한 준비금지출 : 자산감액손실, 위험준비금 등

(8) 기업간 지급한 관리비, 기업내 영업기구간에 지급한 임대료 및 특허권사용비 및 비 은행기업의 영업기관 사이에 지급한 이자지출은 공제할 수 없다.

참조〉 기업간과 기업내 영업기구 사이를 구분하여야 한다.

(9) 수입의 취득과 관계없는 기타지출

 사례 9-27

A회사에서 보유하던 장부가액이 500만원인 단기매매증권(交易性金融资产)의 12월 말 공정가치가 300만원으로 되었다(회사는 공정가치로 결산한다). 또한, 자산감액손실준비금 3,000만원을 설정하였다. 본 자산의 감액손실준비금은 세무기관의 승인을 받지 못하였다.

답 (1) 단기매매증권의 납세소득액 증가조정액 = 500 − 300 = 200만원
(2) 자산감액손실준비금의 납세소득액 증가조정액 = 3,000만원

다중선택

주민기업에서 발생한 다음 지출 중 기업소득세법상 손금으로 인정되는 것은?

A. 은행대출을 연체하여 지급한 벌금이자
B. 투자자를 위하여 지급한 상업보험료
C. 무형자산의 원가를 형성하지 못한 연구개발비용
D. 운용리스방식으로 임차한 고정자산의 임대료

답 A, C, D

해설 개인을 위하여 제공한 상업보험비용은 기업소득세 손금으로 인정되지 못한다.

단일선택

다음 중 소득세 납세소득액을 계산할 때 공제할 수 있는 것은?

A. 기업간 지불한 관리비용
B. 기업 내 영업기구 사이에 지불한 임대료
C. 기업에서 투자자에게 지급한 배당금
D. 은행 내 영업기구사이에 지불한 이자

답 D

해설 비은행기업 내의 영업기구 사이에 지급한 이자는 손금으로 인정되지 않는다.

이월결손금

1. 일반규정

(1) 기업의 납세연도에 발생한 손실은 다음 연도의 소득에서 공제할 수 있다. 다음 연도의 소득으로 보충할 수 없을 경우 그 다음 연도에서 보충할 수 있다. 다만 최장 5년을 초과하지 못한다.

참조 위에서 말하는 손실은 세무상 납세소득액을 의미하며, 회계상 순손실을 의미하는 것이 아니다.

(2) 기업이 종합(汇总)계산하여 소득세를 납부할 경우, 경외영업기구의 손실을

경내 영업기구의 이익에서 차감할 수 없다.

사례 9-28

A기업은 2010년에 설립되어 2016년까지 7년간의 조정 후 납세소득액이 다음과 같을 때 2016년의 납부세액은 얼마일까?

2010년	2011년	2012년	2013년	2014년	2015년	2016년
-200	-30	20	50	40	-10	65

답 (1) 2016년 말 현재 이월결손금 현황
    2010년 발생분 = 200 − 20 − 50 − 40 = 90
    2011년 발생분 = 30
    2015년 발생분 = 10
    이 이월결손금 중 2016년말 현재 2010년 발생분인 90은 5년을 초과하였으므로 2016년 납세소득액에서 공제할 수 없고, 그대로 소멸한다.
(2) 따라서, 2016년 납부세액 = (65 − 30 − 10)×25% = 6.25(만원)

2. 기타규정

(1) 기업의 설립기간(개업기간)은 결손연도로 보지 않는다. 기업에서 생산경영을 시작한 연도부터 기업의 손익년도로 한다.

(2) 세무조사시 증가조정한 이전 연도 미지급소득세는 규정된 기한내의 손실에서 보전할 수 있으며, 여전히 잔액이 있는 경우 세법의 규정에 따라 기업소득세를 계산납부한다.

(3) 이전 연도에 실제 발생한 과소공제액 또는 미공제액은 특정신고(专项申报) 시 설명과 함께 제출하고, 본 항목이 발생한 연도까지 소급하여 공제할 수 있으며, 소급기한은 5년을 초과하지 못한다.

제3절 자산의 세무처리

Ⅰ 고정자산의 세무처리

(1) 자본적지출과 수익적지출

자본적지출은 원가 또는 비용으로 납세인의 수입총액에서 일회성으로 공제하지 못하며 상각기간에 걸쳐 감가상각을 계산하거나 혹은 회수를 나누어 상각하는 방식으로 공제한다.

(2) 세무상 자산가액 : 역사적원가 기준(회계원가와 같지 않을 수 있다.)

(3) 보유기한 내의 자산감액은 규정에 따라 손익을 인식할 수 있는 경우를 제외하고는 본 자산의 가액을 조정하지 못한다.

1. 고정자산

(1) 기본평가원칙 : 역사적원가 (구매가격 + 제세공과금 + 구입관련비용), 공정가격 (+ 제세공과금 + 관련비용), 재조정가액.

(2) 감가상각 등을 통한 세무상가액 조정

재세[2014] 75호《고정 자산의 가속상각에 대한 기업소득세 정책 개선에 관한 통지, 关于完善固定资产加速折旧企业所得税政策的通知》에 근거하여 2014년 1월 1일부터 다음 상황은 고정 자산에 기입하지 않는다.

1) 모든 업종에 대하여 2014년 1월 1일 후 새로 구입한 전문 연구개발에 사용하는 측정기, 설비는 단위당 가격이 100만원을 초과하지 않는 경우 일회성으로 당기 비용으로 기입하여 납세소득액에서 공제할 수 있으며, 단가가 100만원을 초과하면 감가상각기간을 줄이거나 가속상각 방법을 취할 수 있다.

2) 모든 업종의 기업에서 보유하는 단위당 가액이 5,000원을 초과하지 않는 고정자산은 일회성으로 당기 원가, 비용에 기입하여 납세 소득액에서 공제할 수 있다.

참조 ▷ 2018년 1월 1일 ~ 2020년 12월 31일의 기간 동안 새로 구입한 설비 및 기기로서 단위당 500만원 이하인 경우 일회성으로 당기의 비용으로 산입 가능하며, 이후 연도에 다시 상각비로 손금에 산입하지 않는다.

2. 감가상각비를 계산하여 공제하지 못하는 고정자산

(1) 가옥, 건축물 이외 사용에 투입되지 않은 고정자산

(2) 운용리스방식으로 임차한 고정자산

(3) 금융리스방식으로 임대한 고정자산

(4) 감가상각을 완료한 후에도 계속하여 사용하는 고정자산

(5) 경영활동과 무관한 고정자산

(6) 단독으로 평가하여 고정자산에 기입한 토지

(7) 기타 감가상각비를 계산하여 공제하지 못하는 고정자산

3. 고정자산의 감가상각 방법

(1) 시간 : 신규로 증가된 고정자산은 사용에 투입된 다음달부터 감가상각비를 계산한다. 사용을 정지한 고정자산은 사용정지된 다음달부터 감가상각비를 계산하지 않는다.

(2) 잔존가치 : 일단 결정하면 변경하지 못한다.

(3) 방법 : 정액법으로 계산한 감가상각비를 세전 공제할 수 있다.

> 참조 세법규정에 따라 가속상각하는 규정이 있으며, 가속상각액 전액을 세전 공제할 수 있다.

4. 고정자산의 감가상각 기간

별도의 규정이 있는 경우를 제외하고는, 고정자산 감가상각 최소연한은 아래와 같다.

(1) 가옥, 건축물 : 20년

(2) 비행기, 기차, 선박, 기계, 기계와 기타 생산설비 : 10년

(3) 생산 경영과 관련된 기구, 공구, 가구 등 : 5년

(4) 비행기, 기차, 선박이외 운송도구 : 4년

(5) 전자설비 : 3년

> 참조 가속상각으로 상각기간을 단축하는 경우, 단축된 상각기간은 규정된 상각기간의 60% 보다 적어서는 안 된다.

5. 감가상각 연한의 기타 규정

(1) 회계상 상각기간 〈 세법상 최저상각기간인 경우 : 차액 납세증가조정(손금불산입)

(2) 회계상 상각기간 〉 세법상 최저상각기간인 경우 : 회계상 상각기간으로 계산하며 납세조정은 없음.

(3) 회계상각기간 만료시, 세법상 상각비를 전부 공제하지 못하였을 경우 나머지 기간동안 계속하여 납세 감소조정(손금산입)한다.

6. 가옥, 건축물의 상각비를 전부 공제하지 못한 상황하의 개축/증축하는 경우

(1) 초기화 재건(推倒重置) : 잔액을 개/증축 후의 고정자산원가에 기입한다.

(2) 기능개선, 면적증가 : 개/증축 지출을 본 고정자산원가에 기입하며 사용 가능한 기간과 세법에서 규정한 최저상각기간 중 작은 기간을 선택하여 감가상각한다.

> 참조 감가상각을 완료한 고정자산은 장기상각비용(长期待摊费用)으로 처리하여 상각한다.

Q 사례 9-29

A회사(일반납세인)에서 2019년 9월에 부총경리 한 명에게 승용차 한 대를 배치하여 주었으며 기업의 경영관리 업무에 사용된다. 机动车销售统一发票에는 공급가액 80만원 증치세 6.8만원으로 기록되어 있으며, 차량구매세(车辆购置税)와 번호판비용 12.8만원을 지불하였다(본 회사에서 확정한 상각기간은 4년, 잔존가치는 5%). 연말 회계감사시 본 사항의 회계처리가 누락되었음을 발견하였다.

답 납세소득액 감소조정액(손금산입) = 92.8×(1-5%)÷4÷12 × 3개월(10~12월)

= 5.51(만원)

고정자산은 사용에 투입된 다음달부터 감가상각을 계산하며 상각금액은 손금으로 인정된다.

투자자산의 세무처리

투자자산은 기업이 대외로 지분투자와 채권성투자를 진행하여 형성된 자산을 말한다.

1. 투자자산 원가

(1) 투자자산 원가 : 구매가격, 공정가치와 지급한 해당 세금비용을 포함한 금액이다.

(2) 기업이 대외 투자기간내 투자자산의 원가를 납세소득액에서 공제하지 못한다.

(3) 기업이 투자자산을 양도하거나 처분할 때 투자자산의 원가를 세전공제할 수 있다.

> **참조**▷ 지분양도소득을 계산할 때 피투자기업의 미처분이익 등 주주의 유보이익 중 본 지분에 해당하는 배당가능금액은 공제하지 못한다. 즉, 보유기한 내 수익을 지분과 함께 양도하면 양도시 보유기한 내의 손익을 계산하지 않으며 양도시 수익(혹은 손실)만 계산한다.

(4) 비화폐성자산의 대외 투자시 기업소득세 처리(제2절과 일치함)

  1) 투자자 : 비화폐성자산(동산, 부동산, 토지사용권, 무형자산을 포함) 양도소득은 5년을 초과하지 않은 기한 내에 분할하여 납세소득액을 계산한다(이연납부).

  > **참조**▷ 비화폐성자산 투자의 증치세는 당기에 납부한다.

  2) 피투자회사 : 취득한 비화폐성자산의 과세가액은 반드시 해당 비화폐자산의 공정가치로 인식한다.

2. 투자기업의 투자철수 및 투자감소의 세무처리

피투자기업에서 투자를 철수하여 취득한 자산은 세 가지로 나누어 처리한다.

(1) 초기에 출자한 부분에 해당하는 금액은 투자회수로 인식하며, 과세수입에 속하지 않는다.

(2) 피투자기업의 미처분이익과 이익잉여금 누계를 자본금이 감소된 비율에 따

라 계산한 부분은 배당금으로 인식한다. 과세수입이지만 면세에 속한다.

(3) 나머지 부분은 투자자산의 양도수입으로 인식하며 과세수입에 속한다.

> 참조 보유기한의 소득, 양도시 소득을 각각 별도로 인식한다.

3. 피투자기업의 결손금

(1) 피투자기업에서 발생한 경영손실은 피투자기업에서 규정에 따라 이월결손금 공제한다.

(2) 투자기업은 투자자산원가를 줄이거나 투자손실로 인식하지 못한다.

Q 사례 9-30

A투자화사는 2009년 9월에 2,800만원을 비상장 B회사에 투자하여 B회사의 지분 40%를 취득하였다. 2019년 8월 A회사는 그의 B회사에 대한 투자액 전부를 철수하며 B회사로부터 5,000만원을 회수하였다. 투자철수시 B회사의 미분배이익의 누계는 800만원이며 이익잉여금 누계는 200만원이다. A회사가 투자를 철수하여 인식하여야 하는 투자자산 양도소득은?

> **답** A회사가 투자를 철수하여 확인할 투자자산 양도소득
> = 5,000 − 2,800 − (800 + 200) × 40% = 1,800만원

Q 사례 9-31

A회사에서는 2019년에 B기업에 대한 주식투자를 철수하며 85만원을 취득하였다. 투자원가는 50만원이며, 이외에 피투자기업의 미처분이익 누계와 잉여금 누계를 자본금 감소비율에 따라 계산한 15만원이 있다.

투자 철수로 인한 납세 조정액을 계산하면?

> **답** 납세소득액 감소조정금액(손금산입) = 15(만원)(손금산입)

> 참조 만약 B기업에 대한 지분을 양도하여 85만원을 취득하였다면 양도소득 35만원을 조정하지 않는다.

Ⅲ 기타자산, 청산소득의 세무처리

1. 생물자산의 세무처리

> 생물자산 : 여기서 말하는 생물자산이란 생명이 있는 동물과 식물이 회사의 자산을 구성하는 경우 생물자산이라 칭한다.

(1) 생물자산의 감가상각 범위

참조 > 생물자산은 소모성, 공익성, 생산성 3류로 나눈다. 다만 생산성 생물자산만 감가상각을 할 수 있다.

구분	내 용	유사개념	감가상각여부
소모성 생물자산	그 차체를 판매 또는 수확을 위해 보유하는 자산	재고자산	×
생산성 생물자산	장기적 수익을 위해 보유하는 자산	유형자산	○
공익성 생물자산	자연재해예방 또는 환경보호 등		×

참조 > 생산성 생물자산은 경제림(经济林), 시탄장림(薪炭林), 생산가축(产畜)과 역축(役畜) 등이다.

(2) 생물자산의 감가상각방법과 감가상각연한

1) 생산성 생물자산을 정액법(直线法)으로 감가상각한다.

2) 상각기간 : 임목류 생산성 생물자산은 10년, 가축류 생물자산은 3년

 단일선택 ●

> 다음 중 기업소득세 해당 규정에 따라 감가상각을 할 수 있는 생물자산은?
> A. 경제림 B. 방풍방사림
> C. 용재림 D. 매출용 특정 가축
>
> 답 A
>
> 해설 생물자산 중 감가상각할 수 있는 생산성 생물자산은 경제림, 신탄림, 생산가축과 역축 등이다. B는 공익성, C와 D는 소모성 생물자산이다.

2. 무형자산의 세무처리

(1) 손금으로 산입하지 못하는 무형자산의 상각비용

1) 자가개발비 납세소득액 계산시 이미 해당 지출을 공제한 무형자산
2) 자가 창조한 영업권(외부구매하지 않은 영업권)

> 참조 > 외부구매한 영업권의 원가는 지속적 경영단계에는 손금으로 산입할 수 없으며, 전체양도 혹은 청산시 손금으로 산입할 수 있다.

3) 경영과 무관한 무형자산
4) 기타 상각비용을 공제할 수 없는 무형자산

(2) 무형자산의 상각방법 및 상각기간

무형자산은 정액법으로 상각하며, 상각기간은 10년 이상이어야 한다.

❑ 참조

한국에서도 유형자산 등에 적용되는 "감가상각(Depreciation)"이라는 용어와 무형자산 등에 적용되는 "상각(Amortization)"이라는 용어를 구분한다. 이와 마찬가지로 중국에서도 이 두 용어를 구분하는데, 감가상각은 折旧(zhejiu 저쥬), 상각은 摊销(tanxiao 탄샤오)라고 한다. 摊销를 줄이면 摊(tan 탄)이라는 글자로 나타낼 수 있는데, 다음에 소개될 "장기상각비용(长期待摊费用)"의 뜻도 해석하자면 장기적(长期)으로 상각(摊)을 기다리는(待) 비용(费用)이라고 할 수 있다.

---

3. 장기상각비용(长期待摊费用)의 세무처리

납세소득액 계산시 기업에서 발생한 다음의 지출은 장기상각비용으로 하며 규정에 따라 상각한 것은 세전공제할 수 있다.

(1) 감가상각을 완료한 유형자산의 개축/증축건설 지출
(2) 임차한 유형자산의 개축/증축건설 지출
(3) 유형자산의 다음 조건에 모두 만족하는 대수리지출

1) 수리지출이 유형자산 취득시 과세가액(세무상원가)의 50% 이상일 것
2) 수리 후 유형자산의 사용기한이 2년 이상 연장되는 경우일 것

3) 기타 : 기타 장기상각비용으로 지급한 비용은 지출이 발생한 다음달부터 분할상각한다. 상각기간은 3년 이상이어야 한다.

4. 재고자산의 세무처리

> ❑ 회계처리와 같음
>
> 선입선출법, 가중평균법, 개별법 등으로 계산된 금액을 재고자산가액으로 인정한다. 다만, 후입선출법은 회계기준에서도 세법에서도 인정되지 않는다.

기업에서 발생한 다음 지출 중 발생 당기에 전액 기업소득세의 손금으로 인정되는 것은?

A. 유형자산의 개량지출
B. 임차한 유형자산의 개축 비용
C. 유형자산의 일상적인 수리비지출
D. 감가상각을 완료한 유형자산의 개축지출

답 C

해설 A, B, D는 장기상각비용으로 처리하며 3년 이상의 기간에 상각을 통하여 손금으로 산입한다.

5. 세법규정과 회계규정간의 차이 처리

(1) 기업에서 충분하고 적합한 수입, 원가, 비용에 관한 근거서류를 제공하지 못하여 납세소득액을 계산할 수 없는 경우 세무기관에서 그 납세소득액을 추계결정한다.

(2) 기업에서 실제 발생한 원가/비용의 유효한 증빙서류를 각종 원인으로 적시에 취득하지 못한 경우 분기별 중간예납시 장부상 발생액에 따라 결산하고 연도 확정신고시 유효한 자료를 보충할 수 있다.

6. 청산소득의 소득세 처리

(1) 청산소득의 형성 : 청산소득 = 기업 자산 전부의 순실현가치 또는 거래가격
－ 자산의 순장부가액 － 청산비용 － 관련 세금비용

(2) 투자기업이 피투자기업으로부터 분배받은 자산

1) 배당금수입 : 해당 청산기업의 미처분이익 누계와 이익잉여금 누계 중 투자기업이 배당받을 부분(면세수입)

2) 양도소득(혹은 손실) : 나머지 자산에서 배당금수입을 공제한 후 잔액이 투자원가보다 크거나 작은 부분(과세소득)

제4절 자산손실의 소득세 처리

1. 자산손실의 손금 정책

(1) 자산손실 인식

기업에서 대여금류의 채권 외 미수금, 선급금은 회수할 수 있는 금액을 공제한 후 회수하지 못한다고 인정된 부분은 대손처리하며, 미지급세금을 계산시 공제할 수 있다.

⒲ 채무자가 3년이 넘게 상환하지 않았으며 또한 상환할 능력이 없다고 증명할 수 있는 확실한 증명자료가 있는 경우

(2) 지분투자손실(회수할 수 있는 금액을 공제한 후의 실질적으로 회수할 수 없는 지분투자)은 납세소득액을 계산할 때 공제할 수 있다.

1) 피투자기업이 파산선고, 영업폐쇄 혹은 법에 따라 말소된 경우

2) 피투자기업의 재무상황이 중대하게 악화되어 거액의 누계손실이 발생하였으며, 경영을 정지한 지 연속 3년 이상이 되며, 다시 경영을 재개할 계획이 없는 경우

3) 피투자기업에 통제권을 가지고 있지 않으며, 투자기한이 완료되었거나 혹은 투자기한이 10년을 초과하였으며 피투자기업이 연속 3년간 경영손실로 인하여 자본잠식이 있는 경우

4) 피투자자측의 재무상황이 중대하게 악화되어 거액의 누계손실이 발생하였으며, 이미 청산을 종료하였거나 청산기간이 3년 이상을 초과한 경우

(3) 재고자산, 유형자산의 손실

손실원인	손실인식	증치세
훼손 또는 폐기한 유형자산 혹은 재고자산	유형자산의 장부가치 혹은 재고원가에서 잔존가치, 보험배상금, 책임자배상을 공제한 후의 잔액	불공제한 증치세 매입세액은 기업소득세의 손실로 인정
도난당한 유형자산 혹은 재고자산	고정자산의 장부가치 혹은 재고자산의 원가에서 보험배상금과 책임자배상을 공제한 후의 잔액	

Q 사례 9-32

A기업에서 2019년 이외의 사고로 외부에서 구매한 원재료 32.79만원(운송비 2.79만원 포함, 원 영업세 납세를 증치세 납세로 변경후의 정책에 따라 처리)이 손실되었다. 해당한 증치세 매입세액은 이미 공제하였으며 보험배상금8만원을 취득하였다.
손금으로 인정되는 손실은 얼마일까?

답 손금인정 손실 = 32.79 + (32.79 − 2.79) × 13% + 2.79 × 9% − 8 = 28.94(만원)

(4) 기업의 경내, 경외 영업기구에서 발생한 자산손실은 반드시 따로 나누어 계산하여야 한다. 경외 영업기구의 자손손실로 인하여 발생한 손실은 경내의 납세소득액에서 공제하지 못한다.

2. 자산손실의 손금산입(세전공제) 관리

(1) 자산손실

실제자산손실과 법정자산손실을 포함

1) 실제자산손실은 기업이 상술한 자산을 실제로 처분, 양도하는 과정에 발생한 합리적인 손실이다. 실제로 발생하였으며 회계상 이미 손실로 처리한 연도에 손금으로 신고한다.

2) 법정자산손실은 회사에서 실제로 상기 자산을 처분, 양도하지 않았으나 손금

으로 처리하는 조건에 부합되는 손실이다. 기업에서 주관세무부문에 증명자료를 제공하여 본 자산이 법적 자산손실조건에 부합됨을 증명하여야 하며, 회계상 자산손실을 처리한 연도에 손금으로 신고한다.

(2) 이전년도에 공제하지 못한 손실

1) 세무기관에 설명하고 특별신고(专项申报)하여야 한다.
2) 실제자산손실에 속하는 경우 손실이 발생한 연도로 소급하여 공제한다. 소급기한은 5년을 초과하지 못한다. 손실을 소급한 후 손실이 나타나면 우선 발생연도의 결손금을 조정하고, 그 다음 이월결손금규정(弥补亏损的原则)에 따라 이후 연도에 초과 지급한 소득세를 계산하며, 소급하여 미지급세금에서 공제한다.
3) 법정재산손실에 속하는 경우 신고연도에 공제한다.

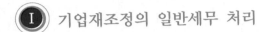

제5절 기업재조정의 소득세 처리

I 기업재조정의 일반세무 처리

1. 기업재조정의 의미 및 형식

(1) 기업재조정

기업의 일상 경영활동 이외에 발생한 법률구조 혹은 경제구조에 중대한 변화를 일으키는 사항을 말한다. 기업의 법률상 형식변경, 채권채무조정, 지분인수, 자산인수, 합병, 분할 등을 포함한다.

(2) 재조정소득(혹은 손실)

1) 양도소득 = 공정가치 − 세무과세가액 − 해당세금 등
2) 과세수입에 속하며 재산양도소득으로 세무처리한다.
3) 세무처리 원칙 : 일방은 재산양도소득으로 납세하며, 다른 일방은 공정가치로 자산을 수령한 것으로 처리한다. 만약 일방의 재산양도소득이 특수재조정요건에 해당되는 경우, 부분 재조정소득은 면세로 처리하며, 다른 일방은 원래의 세무과세가액으로 자산을 수령한 것으로 처리한다.

(3) 대금지불방식(지분지급과 비지분지급)

1) 지분으로 지급 : 기업재조정 중 구매하거나 자산을 취득한 일방이 지불한 대가 중 본기업 혹은 그 지배회사의 지분, 주식을 지급형식으로 하는 것을 말한다.
2) 비지분 지급 : 본기업의 현금, 은행예금, 매출채권, 유가증권, 재고자산, 고정자산, 기타자산 및 채무부담 등을 지급방식으로 하는 것을 말한다.

2. 기업재조정의 일반세무 처리

(1) 법률상 형식의 변경

기업이 법인으로부터 개인독자기업, 파트너기업 등 비법인조직으로 변경되거나,

혹은 주소지를 중화인민공화국 경외(홍콩 마카오 대만지역 포함)로 이전하는 경우 (기업의 청산, 배당, 주주가 새로운 기업을 투자 설립한 것으로 간주)

기업의 자산 전부 및 투자의 세무과세가액(计税基础)은 공정가치를 기초로 인식한다.

(2) 기업의 채권채무재조정

1) 비화폐성자산으로 채무를 상환하는 경우 다음과 같이 처리한다.

① 해당 비화폐성자산의 양도

② 비화폐성자산의 공정가치로 채무상환하는 두 가지 거래가 복합된 것으로 처리한다. 해당자산의 소득과 손실을 인식한다.

사례 9-33

2019년 A기업과 B회사는 채권채무재조정를 협의하였으며 내용은 다음과 같다. A는 재고자산으로 1년 전에 발생한 B회사의 채무 171.2만원을 상환하기로 하였으며, 본 재고자산의 장부가액은 130만원, 시장가격(세금불포함)은 140만원이다.

답 (1) 재산양도소득 = 140 - 130 = 10만원

(2) 채권채무재조정 수입 (기타수입) : 171.2 - 140 - 140 × 13% = 13만원

(3) 본 조정업무의 납세소득으로 인한 기업소득세 = (10 + 13) × 25% = 5.75만원

A기업의 회계처리

차) 매입채무	171.2
대) 영업수입	140
미지급세금 - 미지급증치세(매출세액)	18.2
영업외수입 - 채권채무재조정이익	13
차) 매출원가	130
대) 재고자산	130

2) 채권이 지분으로 변경되는 경우, 채무상환과 지분투자 2가지 거래로 구분하여야 하며 관련 채무상환이익 혹은 손실을 인식하여야 한다.

3) 채무자가 지급하여야 할 채무상환금액이 채무의 과세가액보다 적은 경우

차액은 채무조정소득으로 인식하며, 채권자는 취득한 채무상환액이 채무 과세기준 보다 적은 경우 차액을 채무조정손실로 인식한다.

(3) 기업의 지분인수, 자산인수

1) 피인수자 : 지분양도소득(손실), 자산양도소득(손실)을 인식하여야 한다.
2) 인수자 : 취득한 지분 혹은 자산의 과세가액(计税基础)은 공정가액으로 한다.

(4) 기업합병

1) 합병기업 : 인수한 각종 자산과 부채의 공정가액을 과세가액으로 한다.
2) 피합병기업과 그 주주 : 모두 청산소득세 처리
3) 피합병기업의 이월결손금은 합병기업으로 이전하여 공제하지 못한다.

(5) 기업의 분할

1) 피분할기업에서는 분리된 자산에 대하여 공정가치로 자산양도소득 혹은 손실을 인식한다.
2) 분할기업은 공정가치로 인수한 자산의 과세가액을 인식한다.
3) 피분할기업이 계속하여 존속할 경우 그 주주가 취득한 대가는 분할전기업에서 배당받은 것으로 처리한다.
4) 피분할기업이 계속하여 존재하지 않을 경우 피분할기업 및 그 주주는 모두 청산한 것으로 소득세를 처리한다.
5) 기업분할의 경우 이월결손금은 상호 이전하여 공제하지 못한다.

단일선택 ●

기업에서 합병을 실시하는 경우 기업소득세 일반세무처리 방법을 적용할 때 다음 처리 중 적절하지 못한 것은?
A. 피합병기업의 이월결손금은 합병기업에서 공제하지 못한다.
B. 합병기업은 인수한 피합병기업 부채의 과세가액을 장부가액으로 인식한다.
C. 피합병기업과 그 주주는 모두 청산소득세 처리한다.
D. 합병기업은 인수한 피합병기업 자산의 과세가액을 공정가액으로 인식한다.

답 B

해설 기업재조정의 일반세무처리 방법하의 기업합병 당사자는 다음 규정에 따라 처리한다.

1. 합병기업은 인수한 합병기업의 각종 자산과 부채의 공정가액를 과세가액으로 한다.
2. 피합병기업과 그 주주는 모두 청산소득세를 처리한다.
3. 피합병기업의 이월결손금은 합병기업으로 이전하여 공제하지 못한다.

Ⅱ 기업재조정의 특수세무처리

1. 특수세무처리를 적용하는 5가지 조건

기업재조정이 다음 조건에 동시에 만족하는 경우 특수세무처리를 적용한다.

1) 합리적인 상업목적이 있으며 감세, 면제 혹은 납세지연를 목적으로 하지 않아야 한다.

2) 기업재조정 후 연속 12개월 내 재조정자산의 원래 실질적 경영활동을 변경하지 않아야 한다.

3) 개업재조정 중 지분을 취득한 원 주요 주주는 재조정 후 연속 12개월내에 취득한 지분을 양도하지 않아야 한다.

4) 인수되거나 피합병 혹은 피분할한 부분의 자산 혹은 지분 비율은 규정된 비율(다음 2.에 규정된 비율)에 부합되어야 한다(≧50%).

5) 재조정 거래의 대가 중 지분의 비율이 일정한 비율(다음 2.에 규정된 비율)에 부합되어야 한다(≧85%).

다중선택 ○

기업소득세의 해당 규정에 근거하여 다음 자산인수시 특수세무 처리조건을 적용하는 것은?

A. 지분을 취득한 원 주요 주주는 자산을 인수한 후 연속 12개월 내에 취득한 지분을 양도하지 않는다.

B. 인수기업에서 인수한 자산은 피인수기업의 자산 전부의 85%보다 적지 않다.

C. 피인수기업이 자산인수시 지분으로 지급한 금액이 그의 거래 총 지급금액의 50%보다 적지 않다.

D. 자산을 인수한 후 연속 12개월 내에 인수한 자산의 원 실질적 경영활동을 변경하지 않았다.

> **답** A, D
>
> **해설** B는 기업이 인수한 자산은 양도기업 자산 전부의 50%보다 적어서는 안 되며, C는 인수기업이 자산인수시 지분으로 지급한 금액은 그가 지급한 거래총액의 85%보다 적어서는 안 된다.

2. 5가지 특수세무처리의 규정

(1) 기업의 채권채무재조정

1) 채권채무재조정 : 해당 채권채무재조정으로 인한 납세소득액이 본 기업의 해당연도 연간 납세소득액의 50% 이상일 경우, 5개 납세연도내에 평균적으로 각 연도의 납세소득액으로 산입할 수 있다(재조정납세소득 ≥ 당해 납세소득액의 50%).

2) 채무상환을 지분으로 하는 경우 : 채무상환과 지분투자의 두 가지 거래에 대하여 잠시 채무상환소득과 손실을 인식하지 않는다. 지분투자의 과세가액은 원래 채권의 과세가액으로 인식한다.

(2) 지분인수, 자산인수, 기업합병, 기업분할(세무처리 동일)

방식	특수세무처리 조건	특수세무처리
1) 지분인수 2) 자산인수	가. 구매한 지분(인수한 자산)은 피인수기업의 지분(자산) 전부의 50% 이상 나. 지분으로 지급한 금액이 총 지급금액의 85% 이상	가. 거래 일방이 지분을 취득하였을 때 잠시 자산양도소득 혹은 손실을 인식하지 않음 다른 일방은 원 과세가액으로 신규자산 혹은 부채의 과세가액을 인식 나. 거래 중 지분이 아닌 지급에 대하여 소득과 손실을 인식 비지분지급에 대응한 자산양도소득 및 손실 = (양도자산의 공정가치-양도자

방식	특수세무처리 조건	특수세무처리
		산의 과세가액) ×(비지분지급금액÷양도자산의 공정가치) 다른 일방은 공정가치로 자산 혹은 부채의 과세가액을 인식
3) 합병	가. 지분으로 지급한 금액이 총 지급금액의 85% 이상 나. 또는 기업집단내 대가를 지불할 필요가 없는 기업합병	다. 합병중 결손금 이전 피합병기업의 합병 전 결손금은 합병기업으로 이전 가능 한도 = 피합병기업의 순자산의 공정가치 × 합병 발생 당해 연말 국가에서 발행한 제일 긴 기한의 국채 이자율
4) 분할	가. 지분으로 지급한 금액이 총 지급금액의 85% 이상 나. 피분할기업의 모든 주주는 원 지분 보유비율에 따라 분할기업의 지분을 취득	라. 피분할기업의 결손금이 기한을 초과하지 않았을 경우 분할자산의 전체자산에 대한 점유율에 근거하여 배분된 금액은 분할기업에서 계속하여 공제 가능

 사례 9-34

A기업의 지분 1,000주 중 80%를 B회사가 인수하여 A회사는 B회사의 자회사가 되었다. 만약 인수일 해당 지분의 A회사의 주당순자산(세무상가액)이 7원, 공정가격이 9원이며, 인수 대가로 B회사에서는 지분 형식으로 6,480만원, 예금으로 720만원 지급하였다면, A회사가 취득한 비지분지급분에 관한 소득 또는 손실은?

답 자산양도소득 = (9-7)×1,000×80%×(720÷7,200) = 160만원

사례 9-35

A회사는 80% 지분을 보유한 자회사를 전부 양도하여 대가로 지분 600만원, 현금 40만원을 취득하였다. 본 지분의 역사적원가는 400만원, 양도시 공정가치는 640만원, 본 자회사의 이익잉여금은 100만원이며, 본 재조정은 특수재조정 수속을 진행하였다. 납세조정액을 계산하면?

답 비 지분지급분에 대응한 양도소득 = (640 - 400)×(40÷640) = 15(만원)
납세소득액 감소조정 = (640 - 400) - 15 = 225(만원)

Q 사례 9-36

A기업에서 소형의 B주식회사를 합병하였다. B주식회사의 자산의 공정가치는 6,000만원, 부채는 3,500만원, 기한이 만료되지 않은 결손금 660만원, 합병시 A기업에서 B주식회사에 지분으로 지급한 금액은 2,300만원이고, 예금으로 200만원 지급하였다. 본 합병 특수세무처리 조건에 부합되며 본 방식을 선택하고 집행한다. A기업의 상기 사항을 제외한 납세소득액은 3,000만원이며, 당해 발행한 최장기한 국채의 연이자율은 6%이다.

A기업은 다음과 같이 기업소득세를 계산하였다.

기업소득세 = (3,000 – 650)×25% = 587.5만원

A기업에서 계산한 내역 중 잘못된 점은?

답 기업의 합병이 기업재조정 특수세무처리 조건에 부합되는 경우, 피합병기업의 합병전 결손금은 합병기업으로 한도내의 금액을 이전할수 있다.

한도 = 합병된 기업의 순자산 공정가치 × 합병 당해연도 국가에서 발행한 최장기간 국채이자율 = (6,000 – 3,500) × 6% = 150만원

따라서, A기업에서 650을 모두 공제한 것은 적절한지 못한 세무처리임.

제6절 세수우대정책

 일반적으로 적용하는 세수우대

> 기업소득세법의 세제혜택의 방식은 계산추가공제(加計扣除), 가속상각, 소득감면, 우대세율, 면제, 감세, 세액공제 등으로 구성된다.

1. 면세 및 감세

(1) 농업, 임업, 목축업, 어업 등에 종사하는 소득(면세와 50% 감면)

    1) 면세 : 직접 농업, 임업, 목축업, 어업 등에 종사하는 소득

        ① 채소, 곡물, 과일, 견과류 등의 재배업

        ② 농장물 신규품종의 재배

        ③ 한약재 재배

        ④ 임목의 배양 및 재배

        ⑤ 가축/가금류의 사육

        ⑥ 관개, 농산품의 기초가공, 농업기술 등 농, 임, 축, 어업, 서비스업

        ⑦ 원양어업

    2) 기업소득세 50% 감면

        ① 화초, 차 및 기타 음료작물과 향료작물의 재배

        ② 해수양식, 내륙양식

단일선택 ○

기업에서 다음 항목에 종사하여 취득한 소득 중 기업소득세가 면세되는 것은?

A. 화초재배   B. 야채재배

C. 해수양식   D. 내륙양식

> **답** B
>
> **해설** 기업에서 다음 업종에 종사한 소득은 소득세 50% 감면한다.
> (1) 화초, 차 및 기타 음료 제작물과 향료제작물의 재배 (2)해수양식, 내륙양식

(2) 정기감면(3년 면제, 3년 50% 감면징수)

1) 국가에서 중점적으로 장려하는 공공기초시설 항목의 투자경영소득은 처음 생산경영수입을 취득한 납세연도로부터 3년 면제, 3년 50% 감면한다.

2) 조건에 부합되는 환경보호, 에너지절약, 수원절약 항목에 종사하여 취득한 소득은 처음 생산경영수입을 취득한 납세연도로부터 3년 면제, 3년 50% 감면한다.

□ **참조**

기업의 투자경영이 《공공기초시설 항목의 기업소득세 혜택목록 公共基础设施项目企业所得税优惠目录》에 규정된 조건과 표준에 부합되는 공공기초시설항목은 일회성으로 심사비준하며, 여러 차례로 나누어 건설(예를 들어 부두, 선박정박지, 공항, 활주로, 도로, 발전기조 등)하는 방법을 채용하며, 동시에 아래 조건에 부합되면, 한차례(1次)를 단위로 소득을 계산하며 기업소득세 3년 면제, 3년 50% 감면하는 혜택을 향유할 수 있다.

가. 서로 다른 차수는 서로 공간적으로 독립적이어야 한다.
나. 매 차수마다 자체의 수입취득의 기능을 가지고 있다.
다. 매 차수를 단위로 회계 결산을 진행하며 단독으로 소득을 계산하며, 비용을 합리적으로 배분한다.

---

(3) 조건에 부합되는 기술양도소득

주민기업이 기술소유권을 양도한 소득이 500만원을 초과하지 않은 부분은 기업소득세를 면제한다. 500만원을 초과한 부분은 50% 감면하여 소득세를 과세한다.

참조1 ▷ 기술양도의 범위 : 주민기업의 특허기술, 소프트웨어 저작권, 직접회로 분배도 설계권, 식물 신품종, 생물의약 신품종, 5년 이상 비독점허가사용권(非独占许可使用权)을 양도하는 것을 포함한다.

참조2 ▷ 기술양도소득 = 기술양도수입 − 무형자산 상각비용 − 상관 제세공과금 − 배분되는 기간비용

□ 기술양도수입

설비, 의기, 부속품, 원재료 등 비기술성 수입의 매출 혹은 양도를 포함하지 않는다.

참조3 ▷ 본 혜택에 해당되지 못하는 경우 : 예를 들면, 100% 관련기업 사이의 기술양도 소득, 수출금지와 수출제한하는 기술양도 소득, 기술양도 소득을 별도로 결산하지 않은 경우

2. 고신기술기업(하이테크기업, 高新技术企业)의 세수혜택

(1) 국가에서 중점적으로 장려하는 고신기술기업은 15%의 소득세세율로 징수

(2) 고신기술기업의 경외소득의 우대정책

고신기술기업의 증서를 취득하였고, 현재 기업소득세 15%의 우대세율을 적용받고 있는 기업의 경외소득은 15% 세율로 기업소득세를 징수한다. 경외의 공제/면제 한도를 계산할 때 15%의 혜택세율로 경내외 납부세액 총금액을 계산한다.

□ 최신법규

《고신기술 기업소득세 우대정책을 실시하는 해당 문제에 관한 공고》의 통지 세무총국 공고 2017년 제24호

1. 기업이 고신기술기업 자격을 획득한 후 고신기술 기업증서에 기재된 증서발급 기간의 해당 연도부터 세수우대를 향유하며, 또한 규정에 따라 주관세무기관에 등록(备案)수속을 진행하여야 한다.
2. 기업의 고신기술기업 자격이 만료된 연도에는 갱신인정을 받기 전 본 기업의 소득세는 잠시 15%의 세율에 따라 선납하며, 연말 전에 여전히 고신기술기업 자격을 취득하지 못한 경우에는 반드시 규정에 따라 해당 기간의 세금을 보충 납부하여야 한다.

3. 기술선진형 서비스기업에 대한 혜택

2017년 1월 1일부터 전국적으로 기술선진형 서비스기업으로 인정받은 기업에 대해 세율을 15%로 하향조정하여 기업소득세를 징수한다.

> **참조** 기술선진형 서비스기업 인정의 5가지 조건(동시에 부합되어야 한다)
> (1) 중국경내(홍콩, 마카오, 대만 지역을 포함하지 않음)에 등록한 법인기업일 것
> (2) ≪인정범위≫ 중의 한 가지 또는 여러 가지 기술선진형 서비스업무에 종사하고 선진기술을 채용하였거나 비교적 강한 연구개발능력을 구비할 것
> (3) 전문대학(大专) 이상 학력을 가진 종업원이 기업 종업원 총수의 50% 이상을 차지할 것
> (4) ≪인정범위≫ 중의 기술진보형 서비스업무에 종사하여 취득한 수입이 기업의 당해 총수입의 50% 이상 차지할 것
> (5) 해외서비스 외주업무에 종사하여 얻은 수입이 기업의 당해 총수입의 35%보다 적지 않을 것

4. 소형박리기업의 세수혜택

(1) 20%의 세율로 기업소득세를 징수한다

(2) 세수혜택

시간	연간납세소득액	혜택	세액계산
2019.1.1~2021.12.31	100만원 이하	소득액의 25%로 계산	세액＝소득액×25%×20%
	100만원 초과 300만원 이하	소득액의 50%로 계산	세액＝소득액×50%×20%
	(참조) 구간별 계산 : 0~100만원, 100만원~300만원		

> **참조** 소형박리기업의 조건은 고정이 아니며, 최신정책은 2019.1.1~2021.12.31 "소형박리기업"이라 함은
> (1) 국가가 제한하거나 금지하는 업종이 아니며
> (2) 연간 납세소득액이 300만원 이하이며, 종업원수가 300명 이하, 자산총액이 5,000만원 이하를 동시에 만족하는 기업을 말한다.

5. 추가계산공제(加計扣除) 혜택

❑ 추가계산공제(加計扣除)

이 부분은 때때로 한국의 세무상특정준비금과 혼동하는 사례가 있어 특별히 설명하고자 한다. 준비금은 설정하는 해에 손금으로 인정하고, 추후에 그 준비금이 사용되는 해에는 손금으로 인정하지 않는 방법이다. 즉, 세금을 이연하는 효과만 있는 방법이고 일시적차이인 것에 비해, 계산추가공제(加計扣除)는 영구적차이로 해당연도에 그냥 추가로 손금으로 인정해 주는 것이다. 즉, 추후에 준비금과 같이 추인하는 그런 제도가 아니어서 추후연도에 반대의 세무조정이 나오지 않는다.

(1) 연구개발비

1) 경내 연구개발비 : 2018~2020.12.31기간에 무형자산을 구성하지 못하고 당기 손익에 기입한 부분은 규정에 따라 사실대로 공제한 금액에 75%를 추가하여 공제한다. 무형자산을 구성한 부분은 무형자산 원가의 175%를 상각한다(해당기간 이전에는 50%).

참조▷ 납세 감소조정(손금산입)항목에 속하며, 회계상 이윤에 영양을 주지 않는다.

❑ 추가계산공제가 가능한 부분
1) 인건비(사내인원 및 외부초빙인원 포함)
2) 직접투입비용
3) 감가상각비
4) 무형자산상각비
5) 신제품개발비, 신공예규정제정비, 신약개발임상비, 연구개발현장시험비
6) 기타관련비용(연구개발과 직접 관련된 비용으로, 기술도서자료료비, 번역비, 전문가자문비, 출장비, 회의비 등으로서 총 추가계산공제가 가능한 비용의 10% 이내에서 손금으로 산입 가능)

2) 경외로 위탁한 연구개발비 : 실제발생금액의 80%를 경외위탁연구개발비로 기입하여, 경내의 조건에 부합하는 연구개발비의 2/3를 한도로 손금으로 산입할 수 있다.

(2) 기업에서 지급한 장애인급여

기업에서 장애인에게 지급한 급여비용은 사실대로 공제한 금액에 더하여 장애인 직원에게 지급한 급여의 100%를 추가로 공제한다.

참조 납세감소조정(손금산입) 항목에 속하며, 회계이윤에 영향을 주지 않는다.

6. 가속상각

정책시효	적용범위
2014년 1월 1일 이후(6업종)	(1) 생물약품 제조업 (2) 전용설비 제조업 (3) 철도, 선박, 항공우주와 기타 운송설비 제조업 (4) 컴퓨터, 통신 및 기타 전자설비 제조업 (5) 측정기 등 제조업 (6) 정보전송, 소프트웨어와 정보기술 서비스업 등
2015년 1월 1일 이후	4영역 : 경공업, 방직, 기계, 자동차
2019년 1월 1일 이후	모든 제조업 영역

(1) 가속상각방식을 사용할 수 있는 고정자산

1) 기술진보로 인하여 제품의 갱신이 비교적 빠른 고정자산
2) 장기적으로 강한 진동상태, 고 부식상태에 있한 고정자산

해설1 상각기간을 줄이는 방식을 취한 경우, 상각기간이 규정의 상각기간의 60%보다 짧을 수 없다.

해설2 가속상각의 방법으로는 이중체감잔액법(双倍余额递减法) 혹은 연수합계법을 사용할 수 있다.

(2) 가속상각의 특수규정

《재정부 국가세무총국의 고정자산 가속상각 소득세 정책 개선에 관한 통지》

(재세〔2014〕75호)에 근거

《고정자산 가속상각의 소득세 정책 개선에 관한 통지》(재세〔2014〕75호)
및 【2015】106호

1) 지정된 6개 업종에서 2014년 1월 1일 후 새로 구입한 고정자산은 상각기
   간을 단축하거나 가속상각방법을 사용할 수 있다.
   ① 생물약품 제조업
   ② 전용설비 제조업
   ③ 철도, 선박, 항공우주와 기타 운송설비 제조업
   ④ 컴퓨터(計算机), 통신 및 기타 전자설비 제조업
   ⑤ 측정기(仪器仪表) 등 제조업
   ⑥ 정보전송, 소프트웨어와 정보기술 서비스업 등
2) 모든 업종의 기업 : 2014년 1월 1일 후 새로 구입한 연구개발에 전문적으
   로 사용되는 연구개발 계기, 설비
   ① 단가가 100만원을 초과하지 않는 고정자산은 일회성으로 당기 원가비
      용에 기입하여 납세소득액에서 공제할 수 있으며, 감가상각비를 계산
      하지 않는다.
   ② 단가가 100만원을 초과하는 고정자산은 상각기간을 단축하거나 가속
      상각 방법을 사용할 수 있다(포함 : 6개 업종 소형박리기업에서 새로
      구입한 연구개발과 생산경영 공용기기, 설비).
3) 모든 업종의 기업 : 보유하고 있는 단가가 5,000원을 초과하지 않는 고정자
   산은 일성으로 당기 원가비용에 기입하여 납세소득액에서 공제할 수 있다.

❑ 6개 업종
  (1) 생물약품제조업
  (2) 전용설비제조업
  (3) 철도, 선박, 항공 및 기타운수설비제조업
  (4) 컴퓨터(计算机), 통신 및 기타전자설비 제조업
  (5) 측정기등(仪器仪表) 등 제조업
  (6) 정보처리, 소프트웨어 및 정보기술서비스업 등

□ 4개 영역

   (1) 경공업

   (2) 방직

   (3) 기계

   (4) 자동차

7. 수입감면 혜택

자원을 종합적으로 이용하고 국가에서 제한하거나 금지하지 않는 국가와 업종 관련표준에 부합되는 제품을 생산하여 취득한 수입은 90%로 경감하여 수입에 기입한다.

8. 세액공제/감면

기업에서 구입하고 실제 사용하고 있는 《혜택목록, 优惠目录》에 규정된 환경보호, 에너지절약, 수원절약, 안전생산 등에 관한 전용설비는 본 전용설비 투자액의 10%를 당해 미지급 납부세액에서 공제/감면할 수 있으며, 당해에 공제/감면하지 못한 부분은 이후 5개 납세연도에 이월 공제/감면한다.

> **참조 1** 전용설비의 투자액은 공제할 수 있는 증치세 매입세액을 포함하지 않는다. 공제할 수 없는 증치세 매입세액은 전용설비 투자액에 포함된다.

> **참조 2** 전용설비는 정상적으로 감가상각을 계산한다.

> **참조 3** 기업에서 구입한 상술한 설비를 5년내에 양도, 임대하면 기업소득세 우대정책 적용을 정지하며 동시에 이미 공제/감면한 기업소득세를 추가 납부한다.

9. 비주민기업의 혜택

(1) 경감징수

중국 경내에 기관/장소를 설립하지 않았거나 혹은 기관/장소를 설립하였으나 취득한 수입이 본 기관/장소와 실질적인 관련이 없는 비주민기업은 10%의 세율로 기업소득세를 징수한다.

(2) 면세

1) 외국정부가 중국정부에게 대출을 제공하여 취득한 이자소득
2) 국제금융조직(国际金融组织)이 중국정부와 주민기업에 우대 대출을 제공하여 취득한 이자소득
3) 국무원의 비준을 받은 기타소득

10. 서부 대개발 세수혜택

서부지역에 설립된 국가에서 장려업종(鼓励类)의 산업기업은 2011년 1월 1일부터 2020년 12월 31일까지 15% 세율로 기업소득세를 징수한다.

> ❑ (참조) 적용범위
>
> 1. 서부지역 : 重庆市, 四川省, 贵州省, 云南省, 西藏自治区, 陕西省, 甘肃省, 宁夏回族自治区, 青海省, 新疆维吾尔自治区, 新疆生产建设兵团, 内蒙古自治区和广西壮族自治区
> 2. 湖南省湘西土家族苗族自治州, 湖北省恩施土家族苗族自治州, 吉林省延边朝鲜族自治州, 江西省 赣州市

11. 지방정부채권 이자소득

기업이 취득한 2009년이후에 발행한 지방정부채권 이자소득은 기업소득세를 면제한다.

단일선택 ●

다음 이자소득 중 기업소득세 면세에 속하지 않는 것은?
A. 외국 정부가 중국 정부에게 대출을 제공하여 취득한 이자소득
B. 국제금융조직이 중국 정부에 우대 대출을 제공하여 취득한 이자소득
C. 국제금융조직이 중국 주민기업에 우대 대출을 제공하여 취득한 이자소득
D. 외국은행의 중국지사가 중국주민기업에 대출을 제공하여 취득한 이자소득

답 D

해설 비주민기업이 취득한 다음 소득은 소득세를 면세한다.
(1) 외국정부가 중국정부에게 대출을 제공하여 취득한 이자소득
(2) 국제금융조직이 중국정부에 우대대출을 제공하여 취득한 이자소득
(3) 국무원에서 비준한 기타 소득

특수업종의 세수혜택

1. 창업투자기업

창업투자기업이 지분투자방식으로 상장하지 않은 중소형 고신기술기업에 투자한 지 2년 이상되는 경우, 지분보유 만2년이 되는 해에 투자액의 70%를 본 창업투자기업의 납세 소득액에서 공제할 수 있다. 당해에 공제하지 못한 부분은 다음 납세연도에 이월공제할 수 있다.

2. 소프트웨어(软件)산업과 직접회로(集成电路)산업의 발전을 위한 우대정책

(1) 정기감면 : 수익 연도부터 2년면세, 3년 50%감면(25%의 법정세율의 절반)하는 것
① 직접회로(集成电路) 넓이가 0.8마이크론(포함)보다 작은 직접회로 생산기업
② 경내에 새로 설립한 직접회로 설계기업과 조건에 부합되는 소프트웨어기업
(2) 정기감면 : 수익이 발생한 연도로부터 5년 면제, 5년 50% 감면 징수하는 것
직접회로 선넓이가 0.25마이크론보다 작거나 투자액이 80억을 초과한 직접회로 생산기업은 15%의 세율로 기업소득세를 징수한다. 그 중 경영기간이 15년 이상인 경우 2017년 12월 31일 전 수익년도로부터 5년 면제, 5년 50%로 징수한다(법정세율 25%의 절반).

참조 소트트웨어기업의 소득세 우대정책은 인정받은 장부를 근거로 징수하는 방식을 적용하는 스프트웨어기업에 적용한다.

(3) 국가의 계획 배치내의 중점 소프트웨어기업과 직접회로 설계기업은 당해에 면세 혜택을 적용받지 못한 부분은 10%의 세율로 기업소득세를 납부할 수 있다.

(4) 2018년 1월 1일 이후 설립된 전자집적회로 생산기업 및 항목

조 건		세수혜택
집적회로	경영기한	
130나노미터 이하	10년 이상	2면 3반, 25%
6나노미터 이하 또는 투자액이 150억을 초과	15년 이상	5면 5반, 25%

3. 증권투자기금 우대정책

아래의 세 가지 항목은 잠시 소득세를 징수하지 않는다.

(1) 증권투자기금이 증권시장에서 취득한 수입 : 주식매매, 채권차액수입, 지분 배당금, 이익배당금, 채권이자수입 및 기타수입을 포함한다.

(2) 투자자가 증권투자기금 배당에서 취득한 수입

(3) 증권투자기금 관리인이 기금을 운용하여 주식, 채권의 매매차익

4. 에너지절약 서비스회사의 우대정책

조건이 부합되는 에너지절약 서비스회사에 대하여 3년 면제, 3년 50%로 징수한다.

5. 전기기업의 전기망 신축 항목

기업의 전기망 신축 항목, 조건에 부합하는 항목에 대하여 3년 면제, 3년 50%로 징수한다.

6. 오염방지를 주업으로 하는 제3방 기업

2019~2021연도에 조건에 부합하는 오염방지를 주업으로 하는 제3방 기업은 15%의 세율로 소득세를 징수한다.

제 7 절 납부세액의 계산

 I 주민기업 장부근거(기장)납부 세액계산

1. 주민기업의 세액 계산

기업소득세 세액 = 납세소득액 × 적용세율 − 면제/경감세액 − 공제감면금액
납세소득액 = 회계이윤 ± 납세조정금액

Q 사례 9-37

A 상장회사는 2017년부터 고신기술기업으로 인정되었다. 2019년도 주영업매출수입 45,000만원, 기타업무수입 5,000만원, 영업외수입 1,200만원, 투자수익 300만원을 기록하였고 주영업매출원가 22,000만원, 기타업무원가 4,000만원, 영업외지출 2,500만원, 매출세금 등 3,000만원, 관리비용 5,000만원, 판매비용 8,000만원, 재무비용 2,000만원, 실제 연간이익 총액은 5,000만원이며, 당해에 발생한 구체적 사항은 다음과 같다.

(1) 광고비 지출 9,000만원

(2) 접대비 지출 400만원

(3) 실제 지급한 급여 4,800만원, 당해 8월 8일, 임원이 2년 전 부여받은 주식매입선택권 300만주에 대하여 행사하였음. (행사가격 8원/주, 당일 본회사의 주식 종가는 12원) 그 중 고급관리인 왕모씨가 6만 주를 행사하였고, 왕모의 당월 급여는 9만원

(4) 직원 노조경비 300만원 지급, 직원 복리후생비 800만원, 교육경비 510만원

(5) 신규제품 개발에 사용된 비용은 2,000만원이며 독립 기장하였음

(6) 재산손실준비금 1,200만원 설정, 본 준비금은 세무기관의 확인을 받지 못하였음

(7) 회사에서 취득한 투자수익 중 국채이자수입 200만원, 모 상장회사의 주식을 구매하여 취득한 주식배당금 100만원, 본 주식은 8개월 보유한 뒤 매각하였음

(8) 지역 재정부문으로부터 전용용도의 보조금 500만원을 취득(재정 부문의 정식서류 취득)하였고 400만원을 지출하였음

(9) 정부부문을 통한 공익성기부금 1,000만원

(기타 관련자료 : 각 공제 항목은 모두 유효한 전표를 취득하였으며, 상관 혜택은 필요한 수속 완료)

상술에 자료에 근거하여 다음 순서대로 계산하면?(합계 금액도 계산)

(1) 광고지 지급 관련 납세소득액 조정액 계산

(2) 접대비 관련 납세소득액 조정액 계산

(3) 원가, 비용에 기입하여야 할 급여 총액 계산

(4) 노조경비, 직원복리비와 교육경비 관련 납세 소득액 조정액 계산

(5) 연구개발비용 관련 납세소득액 조정액 계산

(6) 자산손실준비금 관련 납세 소득액 조정액 계산 및 원인 설명

(7) 투자수익 관련 납세소득액 조정액 계산

(8) 재정 보조금 관련 납세 소득액 계산 및 원인설면

(9) 정부부문 기부에 관한 납세 소득액 조정액 계산

(10) 2014년 본회사 미지급 기업소득세 세금 계산

답 (1) 광고비지출 계산의 근거가 되는 매출액 = 45,000 + 5,000 = 50,000만원

광고비 공제 한도 = 50,000 × 15% = 7,500만원

광고비 납세소득액 증가조정액(손금불산입) = 9,000 - 7,500 = 1,500만원

(2) 접대비 공제한도 = min(50,000 × 5‰ = 250, 400 × 60% = 240) = 240만원

접대비 납세소득액 증가조정액(손금불산입) = 400 - 240 = 160만원

(3) 원가/비용에 기입된 급여총액 = 4,800 + (300 × (12 - 8)) = 6,000만원

(4) 노조경비 공제한도 = 6,000 × 2% = 120만원

납세소득액 조정증가액(손금불산입) = 300 - 120 = 180만원

복리후생비 공제한도 = 6,000 × 14% = 840만원

납세소득액 조정증가액(손금불산입) = 800 - 840 = 0(한도초과액 없음)

교육경비 공제한도 = 6,000 × 8% = 480만원

납세소득액 조정증가액(손금불산입) = 510 - 480 = 30만원

납세소득액 조정증가액 합계 = 180 + 0 + 30 = +210만원

(5) 연구개발비는 75% 계산추가공제(加計扣除)

납세조정액 조정감소액(손금산입) = 2,000 × 75% = -1,500만원

(6) 재산손실준비금 납세소득액 조정증가액(손금불산입) = +1,200만원

세법규정에는 승인받지 않은 준비금은 손금으로 산입할 수 없음. 상기 준비금은 상관부문 승인을 받지 못하였으므로 납세조정

(7) 투자수익 납세소득액 조정감소액(익금불산입) = -200만원

국채이자수입 200만원은 비과세소득

(8) 재정보조금 납세소득액 조정감소액(익금불산입) = 500 − 400 = −100(만원)

규정에 부합되는 비과세소득은 수입총액에 기입하지 않으며, 그로 인하여 형성된 지출도 손금에 산입하지 않는다.

(9) 공익성기부의 공제한도 = 5,000 × 12% = 600(만원)

정부부문 기부 납세소득액 조정증가액(손금불산입) = 1,000 − 600 = +400만원

(10) 기업소득세

항목	조정	금액	근거답안
회계상 이익		5,000	
광고비 한도초과액	+	1,500	(1)
접대비 한도초과액	+	160	(2)
노조경비 한도초과액	+	180	(4)
복리후생비 한도초과액	+	−	(4)
교육비 한도초과액	+	30	(4)
연구개발비 추가계산공제	−	1,500	(5)
재산손실준비금 부인액	+	1,200	(6)
국채이자수입 익금불산입	−	200	(7)
재정보조금 조정	−	100	(8)
공익성기부금 한도초과액	+	400	(9)
납부소득액(과세표준)		6,670	
세율		15%	
기업소득세 세액		1,000.50	

2. 부동산개발기업의 소득세 선납세금(중간예납) 처리

부동산개발기업에서 당해 연간 실제이윤에 따라 분기별(혹은 월별)로 기업소득세를 중간예납할 경우, 개발/건축한 주택, 상업용 건물, 기타 건축물, 부착물, 부대시설 등 개발 제품에 대하여 완공 전에 예매하여 취득한 예매 매출수입은 규정된 예상이익율(預計利潤率)에 따라 분기별(혹은 월별)로 예상이익을 계산하여 소득세를 신고납부한다.

□ 부동산개발기업의 선납세금(預繳稅款) 정리

세목		세무처리	선납세금 계산
증치세	일반납세인	일반세금계산방법	선납세금＝예매수입÷(1＋9%)×3%
		간이세금계산방법	선납세금＝예매수입÷(1＋5%)×3%
	소규모납세인	간이세금계산방법	선납세금＝예매수입÷(1＋5%)×3%
성사유지건설세, 교육비 부가와 지방교육비 부가		납세조정(-)	선납세금＝선납증치세×(7%＋3%＋2%)
토지증치세		납세조정(-)	선납세금＝선매출수입(증치세불포함)× 선납징수율(1%－2%)
기업소득세		납세조정(+)	선납세금＝예매수입(증치세불포함)× 예상이익률×25%

 주민기업의 경외소득에 대한 외국납부세액공제

1. 경외소득 세액공제의 원리

□ 경외소득 외국납부세액공제

(1) 주민기업에 관한 세수관할권과 국제이중과세회피

(2) 기업에서 취득한 다음 소득에 관하여 경외에서 소득세를 이미 징수되었을 경우 당기 미지급소득세에서 한도내의 금액을 공제할 수 있다.

(1) 주민기업의 중국경외원천소득(직접공제)

(2) 주민기업이 직접(직접 외국기업의 20% 이상의 지분을 보유함) 혹은 간접적으로 통제(간접적으로 외국기업의 20% 이상의 지분을 보유함)하는 외국기업으로부터 받은 중국경외원천소득인 주식배당금, 이익배당금 등 권익성투자수익은 외국기업이 국외에서 실제 지급한 소득세 중 본소득이 부담하여야 할 부분을 공제(간접공제)

2. 국외소득의 기납부세액(외국납부세액)의 공제방법

국가별(지역별)로 구분하며, 항목을 구분하지 않고, 한도내에서 공제한다.

(1) 공제한도 = 경내, 경외소득을 기업소득세 세법 및 조례 규정에 따라 계산한 미지급 소득세 총금액 × 외국(지역)원천소득인 납세소득액 ÷ 중국경내, 경외 납세 소득액 총금액

> ❑ 간이계산방법
>
> 공제 한도 = 외국(지역)에서 취득한 납세소득액(경외 세전소득액) × 25%

(2) 경외 기납부세액과 공제한도의 관계

1) 경외 기납부세액 〈 한도금액인 경우 : 차액부분을 추가납부

2) 경외 기납부세액 〉 한도금액인 경우 : 차액을 반환하지 않으며 이후 5년 내에 이월공제

Q 사례 9-38

중국경내 A기업의 2019년 경내 납세소득액은 1,000만원(25%의 기업소득세 세율 적용)이고, 별도로 B국와 C국에 지사를 설립하였으며(중국와 B, C국은 이중과세회피 협정국임) B국 지사의 납세소득액은 500만원(세율은 20%), C국 지사의 납세 소득액은 300만원(세율은 30%임)일 경우, A기업이 합산시 중국에서 지급할 기업소득세는 얼마일까?

답 (1) 국내 소득 미지급소득세 = 1,000×25% = 250(만원)

(2) 경외B, C국의 공제한도액

B국의 공제한도액 = 500×25% = 125(만원)

(B국에서 기납부세액이100만원이므로, 차액 추가납부 25만원)

C국의 공제한도액 = 300×25% = 75(만원)

(C국에서 기납부세액이 90만원이므로, 한도액 초과한 15만원은 환급하지 않음)

(3) 중국에서 납부하여야 할 소득세 = 250 + 25 = 275(만원)

주민기업의 추계결정과세 세액계산

1. 추계과세 기업소득세의 범위

본 방법은 주민기업납세인에게 적용되며 납세인이 다음 상황일 경우에 적용한다.

(1) 법률, 행정법규의 규정에 따라 장부를 기장하지 않아도 되는 경우

(2) 법률, 행정법규의 규정에 따라 장부를 기장하여야 하나 기장하지 않은 경우

(3) 이유없이 장부를 훼손하거나 조세자료 제공을 거부하는 경우

(4) 장부를 기장하였으나 장부가 어지럽고 원가자료, 수입증빙, 비용증빙이 완전하지 않아 장부조사가 어려운 경우

(5) 납세의무가 발생하였으나 규정된 기한 내에 납세신고를 하지 않았으며 세무기관에서 제한된 기한 내에 신고할 것을 명령하였으나 규정된 기한이 지나서도 여전히 신고하지 않은 경우

(6) 신고한 과세소득이 현저히 낮고 정당한 이유가 없는 경우

> **참조1** 전문적으로 지분(주식)투자업무에 종사하는 기업은 추계결정과세하지 못한다.

> **참조2** 2020년1월1일부터 종합시범구역내국제전자상거래기업은 추계로 기업소득세를 징수한다.

2. 추계결정과세의 방법

과세소득율(应税所得率)을 추계(核定)하여 계산, 징수하는 방법을 말한다.

(1) 납세소득액 = 과세수입액 × 과세소득율(应税所得率)

혹은, 납세소득액 = 원가(비용)지출액 ÷ (1 − 과세소득율) × 과세소득율

> **참조** 과세소득율 : 납세인의 생산경영 범위, 주영업에 중대한 변화가 발생하였거나 납세소득액 혹은 납부세액의 증감 변동이 20%에 이를 경우, 세무기관에 확정된 납부세액 혹은 과세소득율의 조정을 신고할 수 있다.

(2) 소득세 = 납세소득액 × 적용세율

(3) 추계결정과세기업이 소형박리기업의 조건에 해당되면 우대세율과 50% 감면 소득세우대정책을 적용할 수 있다(2015. 10. 1.~2017. 12. 31., 国家税务总局 公告2015年第17号).

 사례 9-39

A도소매 주민기업에서 2019년도 신고한 영업수입총액은 400만원, 원가비용 총액은 450만원, 연간손실 50만원이며, 세무기관 심사를 거친 본 기업이 신고한 수입총액은 확인할 수 없으며, 원가/비용 계산은 정확하다고 판단된다(본 기업에 대하여 추계결정 과세를 하는 경우 과세소득율은 8%), 본 기업이 2019년에 징수할 기업소득세는?

답 기업소득세 = 450 ÷ (1 - 8%) × 8% × 25% = 9.78만원

Ⅳ 비주민기업의 미지급세금의 계산

1. 중국경내에 기관/장소를 설립하지 않은 비주민기업(우대세율 10%)

(1) 수입총액을 납세소득액으로 하는 경우

주식배당금, 이익배당금 등 권익성투자수익과 이자, 임대료, 특허권사용료 소득

참조 전면적인 營改增 후 비주민기업은 증치세 불포함 수입의 전액을 납세 소득액으로 한다.

(2) 재산양도소득

수입전액 - 순자산가치 = 납세소득액

참조 순자산가치 : 재산의 과세기준에서 규정에 따라 감가상각, 소모, 상각, 준비금 등을 공제한 후의 잔액

참조 토지사용권양도소득, 금융리스소득, 기업지분양도소득은 상술한 방법을 사용한다.

(3) 기타소득

앞의 2가지를 참조로 하여 소득액을 계산한다.

단일선택 ⭕

중국 경내에 기관, 장소를 설립하지 않은 비주민기업이 중국 경내에서 취득한 다음의 소득 중에서 수입총액에 따라 기업소득세를 징수하지 않는 것은?

A. 주식배당금
B. 재산양도소득
C. 임대료
D. 특허권사용료수입

답 B

해설 재산양도소득은 수입전액에서 재산순가치를 공제한 나머지 잔액을 납세소득액으로 한다.

2. 중국경내에 기관, 장소를 설립한 비주민기업(25%)

❑ 소득세 추계과세 방법

비주민기업이 회계장부가 완전하지 않고, 자료가 부실하여 장부심사가 곤란하거나 기타 원인으로 납세소득액을 정확하게 계산하고, 사실대로 신고하지 못할 경우, 세무 기관에서는 아래와 같은 방법을 적용하여 그 납세소득액을 결정할 권한이 있다.

(1) 수입총액으로 납세소득액을 결정하는 경우

납세소득액＝수입총액×세무기관에서 결정한 이익률

참조 전면적 **营改增** 후 비주민기업은 증치세불포함 수입의 전부를 납세소득액으로 한다.

(2) 원가비용으로 납세소득액을 결정하는 경우

납세소득액 ＝ 원가비용총액 ÷ (1 − 세무기관 인정 이익률) × 세무기관 인정 이익률

(3) 경비지출로 수입을 환산하여 납세소득액을 결정하는 경우

> 납세소득액＝경비지출총액 ÷ (1 － 세무기관 인정 이익률) × 세무기관 인정 이익률

Q 사례 9-40

A주민기업이 경외 모회사에 연간 기술자문비 500만원을 지불하였다. 경외 모회사는 장기적으로 전문인력을 파견하여 A회사에 주재하며 그의 업무성과에 대하여 전부의 책임과 위험을 책임지고 그의 업무에 관하여 평가한다. 주관세무기관에서 인정한 기술 자문지도용역의 이익율은 20%이다. 원천징수할 기업소득세는?

답 원천징수할 기업소득세 = (500÷(1＋6%))×20% ×25% = 23.58만원
　　(참조) 수령액은 증치세 포함금액이므로 증치세(6%)를 제외한 금액으로 환산하여 계산한다.

연결 원천징수할 증치세는? 500÷(1＋6%)×6% = 28.3만원

Q 사례 9-41

A외국기업의 상주기구의 2019년도 경비지출은 600만원이며, 세무기관 인정이익율은 15%이다. 본기구의 2019년 기업소득세는?

답 본기구의 2019년도 기업소득세 = 600÷(1－15%)×15%×25% = 26.48(만원)

제8절 원천징수

1. 원천징수의무인

(1) 비주민기업이 중국경내에 기관, 장소를 설립하지 않았거나 기관, 장소를 설립하였으나 취득한 소득이 경내 기관, 장소와 실제 연관이 없는 소득에 관하여 납부하여야 할 기업소득세는 원천징수를 실시하며, 그 지급인이 원천징수의무인이 된다.

(2) 비주민기업이 중국경내에서 취득한 작업공정과 노무소득은 소득세를 납부하여야 한다. 세무기관은 작업공정대금 혹은 노무비용의 지급인을 원천징수의무인으로 지정할 수 있다.

> 연결 증치세 원천징수의무인과 동일(구매자)

2. 원천징수 방법

원천징수의무인이 매회 원천징수한 세액은 원천징수일부터 7일 내에 국고에 납부하며 동시에 소지지 세무기관에 기업소득세 원천징수 보고서식(扣缴企业所得税报告表)을 제출하여야 한다.

제9절 징수관리

1. 납세지

(1) 별도로 규정이 있는 경우를 제외하고 주민기업은 기업등기 주소지를 납세지로 한다(회사등록 주소지). 그러나 회사등록지가 경외에 있을 경우 실제관리 기구의 소재지를 납세지로 한다.

(2) 주민기업이 중국경내에 법인자격이 없는 영업기구를 설립하였을 경우, 총괄 집계(汇总计算)하여 기업소득세를 납부한다.

2. 납부기한

(1) 기업소득세는 연도별로 징수하며 월별 혹은 분기별로 중간예납하고 매년 확정신고한다. 연도 종료일부터 5개월내에 세무기관에 연도 기업소득세 납세신고표(年度企业所得税纳税申报表)을 제출하며, 확정신고하여 지급할 세금과 환급받을 세금을 정산한다.

(2) 기업청산시 전체 청산기간을 하나의 독립적인 과세년도로 청산소득을 계산한다.

3. 납세신고

월 혹은 분기 종료일부터 15일 내에 세무기관에 "기업소득세 중간예납 신고서식(预缴企业所得税纳税申报表)"을 제출하고 세금을 선납(예납)한다. 기업이 "기업소득세 납세신고표(企业所得税纳税申报表)"를 제출할 때 규정에 따라 재무회계보고(财务会计报告)와 기타 관련자료를 같이 제출한다.

4. 둘 이상의 지역에 걸친 경영에 대한 총괄납부 징수관리

(1) 기업에서는 "통일결산(统一核算), 분급관리(分级管理), 당지선납(就地预缴), 집계정산, 재정조절(财政调库)"의 기업소득세 징수관리를 실행한다.

> 참조 ⟩ 적용 : 다른성(省)에 법인자격이 없는 지점을 설립한 주민기업

(2) 총괄납부(汇总纳税)기업에서 집계/계산하는 기업소득세 : 중간예납세액과 연말 확정신고시 납부세액 및 환급세액을 포함

(3) 지사가 부담하는 선납세액 계산

총기구는 전년도 지사의 경영수입, 직원급여와 자산총액 3개 요소와 대응한 가중치로 각지사가 부담할 소득세의 비례를 계산한다.

계산공식은 아래와 같다.

1) 모든 지사가 부담할 세금총액 = 납세기업의 당기납세소득액 합계×50%

2) 모 지사가 부담할 세액=모든 지사가 부담할 세금총액×본지사의 부담비례

3) 모 지사의 부담비례=(본지사의 영업수입/각지사 영업수입합계)×0.35 + (본 지사의 직원급여임금/각지사의 급여임금합계)×0.35+(본지사의 자산총액/각지사의 자산총액)×0.30

5. 파트너십기업(合伙企业)의 소득세 징수관리

(1) 파트너기업은 파트너 각각를 납세의무자로 하며, 파트너기업의 파트너가 자연인일 경우 개인소득세를 납부하며, 파트너가 법인 혹은 다른 조직일 경우 기업소득세를 납부한다.

(2) 파트너기업의 생산경영소득과 기타소득은 "먼저 분배하고 후에 징수(先分后税)"하는 원칙을 채용한다.

(3) 파트너기업의 파트너가 법인이거나 기타 조직일 경우, 파트너는 그가 납부할 기업소득세를 계산할 때 그의 이익에서 파트너기업의 손실을 공제하지 못한다.

6. 주민기업의 경외투자와 소득정보의 관리

(1) 근거 : 국가세무총국 《주민기업의 경외투자와 소득정보 보고 문제의 공고에 관하여, 关于居民企业报告境外投资和所得信息有关问题的公告》(2014년 제38호)

참조 주민기업이 경외투자와 소득정보 보고를 규범화하는 내용과 방식

(2) 주민기업이 외국기업을 설립하거나 외국기업에 지분참여 혹은 보유하고 있는 외국기업의 지분 혹은 의결권이 있는 지분을 처분하는 경우, 다음 중 하나에 부합되고 또한 중국회계제도에 따라 인식할 수 있는 경우 기업소득세 선

납신고시《주민기업이 외국기업의 주식투자에 참여하는 정보보고서식, 居民企业参股外国企业信息报告表》을 작성하여야 한다.

1) 직간접적으로 보유하고 있는 외국기업의 지분 혹은 의결권 있는 지분이 10%(포함) 이상인 경우

2) 피투자 외국기업 중 직간접적으로 지분을 보유하거나 혹은 의결권 있는 지분이 10% 미만의 상태가 10% 이상으로 변경된 경우

3) 피투자 외국기업 중 직간접적으로 보유한 지분 혹은 의결권 있는 지분을 10% 이상인 상태에서 10% 미만으로 변경된 경우

(3) 주민기업이 기업소득세 연도신고(年度申报)를 진행할 때 다음 경외소득과 관련된 자료정보를 첨부하여야 한다.

1)《피통제외국기업의 정보보고표, 受控外国企业信息报告表》을 작성

2) 기업소득세 면제/공제 범위에 속하는 외국기업 혹은 규정에 부합되는 피통제 외국기업이 중국회계제도에 따라 작성한 연간 독립재무제표

7. 납세신고 작성방법

총국공시(总局公告) 2014-63호 :《중화인민공화국기업소득세연간납세신고서식(A류), 中华人民共和国企业所得税年度纳税申报表(A类)》의 공시

❏ 수정 후의 신고서식은 총41장

기초정보서식 1장, 주표(主表) 1장, 수입비용명세표 6장, 납세조정표 15장, 손익보존서식(亏损弥补表) 1장, 세수혜택표 11장, 경외소득공면제표 4장, 집계납세표 2장

❑ 개인소득세

자연인이 취득한 각종 과세소득을 과세대상으로 하는 일종 소득세

❑ 소득세 징수의 3가지 징수방식

1. 분류과세(중국은 개인소득세에 대하여 분류과세를 실시한다.)

  (1) 장점 : 징수관리에 편리

  (2) 단점 : 납세인의 세수부담 형평에 불리

> 참조 ▷ 이 점은 기업소득세와 구별된다. 기업소득세는 어떤 종류의 소득인지에
> 불구하고 모두 합산하여 적용세율을 적용하여 계산하는 반면, 개인소득
> 세는 각 종류의 소득을 구분하고 따로 계산한다.

2. 종합과세(한국의 법인세)

  (1) 장점 : 납세인의 세수부담 형평형에 유리

  (2) 단점 : 상대적으로 복잡

3. 혼합과세 : 중국의 개인소득세 개혁방향은 분류과세와 종합과세를 결합한 형식

제1절 납세의무인과 징수범위

I 납세의무인

1. 납세인의 일반규정

중국공민, 개인사업자(个体工商业户), 개인독자기업(个人独资企业), 파트너기업(合伙企业)의 투자자 및 중국에서 소득을 취득한 외국인과 홍콩, 마카오, 대만 국적 소유자를 개인소득세의 납세의무인으로 한다.

자연인 성질을 구비한 기업을 포함하며 중국 개인독자기업과 파트너기업의 투자자는 법에 따라 개인소득세를 납부하여야 한다.

2. 주민납세인과 비주민납세인

(1) 구분표준

거주지와 거주시간의 두가지 표준을 적용한다.

1) 거주지 표준 : 습관적 거주지

2) 시간표준 : "거주 만1년"은 하나의 납세연도(즉, 양력 1월 1일부터 12월 31일까지, 아래도 같음)내 중국경내에 거주한 지 누적 183일 이상이 되는 경우를 말한다.

> **참조 1** 출입국 회수에 상관 없이, 중국경내에 체류한 기간이 183일 이상인 경우에 거주자로 판정한다.

> **참조 2** 2019년 1월 1일부터 주소가 없는 개인납세자가 한 과세기간내에 중국경내에 체류한 일수는 개인이 중국경내에 체류한 날짜로 계산하며, 중국경내에 체류한 당일이 만 24시간인 경우에 중국경내에 머무른 기간으로 합산한다. 중국경내에 체류한 당일이 만 24시간이 되지 않는 경우에는 경내체류일수로 합산하지 아니한다.

(2) 주민납세인과 비주민납세인

납세의무인	판정기준	과세대상범위
주민납세인 (무한납세의무를 진다)	1. 중국경내에 거주지가 있는 개인 2. 중국경내에 거주지가 없으나 중국경내에 거주한 지 누적 183일 이상이 되는 개인	경내소득 경외소득
비주민납세인 (유한납세의무를 진다)	1. 중국경내에 주소지가 없으며 또한 거주하지 않는 개인 2. 중국경내에 주소지가 없으며 또한 거주한 지 누적 183일 미만인 개인	경내소득

3. 소득 원천지의 확인

다음소득은 지급지가 중국경내에 있는지 여부에 불문하고 모두 중국원천소득으로 본다.

(1) 임직, 고용, 계약이행 등으로 인하여 중국경내에서 노무를 제공하여 취득한 소득

(2) 재산을 임차인에게 임대하여 중국경내에서 사용하여 취득한 소득

(3) 중국경내의 건축물, 토지사용권등 재산을 양도하거나 혹은 중국경내에서 기타 재산을 양도하여 취득한 소득

(4) 각종 특허권의 중국경내 사용에 대하여 취득한 소득

(5) 중국경내의 회사, 기업 및 기타 경제조직 혹은 개인으로부터 취득한 이자, 주식배당금, 이익배당금 소득

단일선택

A 외국국적인 개인이 외국회사의 위탁을 받고 2019년 8월부터 중국에서 그의 주중국대표처의 수석대표를 근무하였으며, 2019년 12월 31일까지 중국을 떠나지 않았다. 본 외국국적 개인이 2019년에 취득한 다음 소득 중 중국경내원천소득이 아닌 것은?

A. 9월에 국내의 모 경제세미나에 참석하여 강의하고 취득한 수입

B. 중국에 근무하고 취득한 외국본사에서 지급한 급여수입

C. 10월 그가 소유한 외국에 있는 부동산을 중국회사 본국에 있는 상설기구에

임대하여 취득한 임대료 수입

D. 11월 그가 소유한 특허기술허가를 외국회사 중국지사에서 사용하게 하고 취득한 수입

 C

해설 A 외국국적 개인은 중국경내에 거주한 지 1년이 되지 않으며, 비주민납세인에 속한다. 따라서 경외소득에 대하여 납세의무를 지지 않는다.

 징수범위(9개 항목)

혼합형 모델	세목	계산 방식
종합과세(거주자개인 적용)	1. 급여, 임금소득	1. 매월, 매횟수 원천징수 2. 연말정산
	2. 노무보수소득	
	3. 원고료소득	
	4. 특허권사용료소득	
분리과세	5. 경영소득	연단위납부, 분기별예납 자율신고납부
	6. 재산임대소득	월별계산, 원천징수
	7. 이자, 배당 소득	횟수별계산, 원천징수
	8. 재산양도소득	
	9. 우연소득	

참조 재산임대소득은 1개월내 취득한 소득을 1회로 본다.

1. 급여, 임금소득

급여, 임금소득은 개인이 임직 혹은 고용되여 취득한 급여, 임금, 보너스, 연말급여, 노동배당금, 보조금(津贴、补贴) 및 임직 혹은 고용으로 취득하는 해당 기타소득(비독립성)

❏ 주의사항

(1) 비과세소득

　　1) 독신자녀 보조금

　　2) 집행공무원의 급여제도중 기본급여에 포함하지 않은 보조금(补贴、津贴) 차액과 가족성원의 부식품 보조금

　　3) 어린이 탁아소 보조금

　　4) 출장비보조 및 식대보조비

(2) "급여, 임금소득"에 속하는 기타 항목

　　1) 회사직원이 취득한 기업국유지분의 구매에 사용된 노동배당금(劳动分红)

　　2) 택시경영단위(單位)에서 택시기사에게 순수차량도급 혹은 도급방식으로 운영하는 택시기사가 여객 화물을 운송하여 취득한 수입

　　3) 노동계약을 해제한 경제보상금, 퇴직인원의 재임직, 기업(직업)연금, 주식매입선택권의 권리행사 등

참조 ▶ 개인의 독립적인 노동소득은 "노무보수소득(劳务报酬所得)"이다. 예를 들어 개인이 겸직하여 취득한 수입 등

2. 노무보수소득(劳务报酬所得)

(1) 노무보수소득은 개인이 독립적으로 각종 "비고용"의 각종 노무에 종사하여 취득한 소득이다.

(2) 개인이 겸직하여 취득한 수입은 "노무보수소득(劳务报酬所得)"의 과세항목으로 개인소득세를 납부한다.

❏ 열거된 27가지 항목

디자인, 장식, 설치, 도면제작, 화학검사(化验), 측정, 의료, 법률, 회계, 컨설팅, 강연(讲学), 설치, 번역, 원고심사, 서화, 조각, 영상, 녹음, 녹화, 연출, 공연, 광고, 전람전시, 기술서비스, 소개서비스, 중개(经纪)서비스, 대리서비스, 기타 노무

> ❑ 주의
>
> 사용인에게서 출장비, 여행비를 받지 않은 영업업적장려금은 "급여, 임금소득"으로 개인소득세를 징수한다.

3. 원고료 소득

원고료 소득은 개인의 작품을 도서, 간행물의 형식으로 출판, 발표하여 취득한 소득이다.

참조 도서, 간행물과 관련된 번역, 원료심사, 서화소득

4. 특허권사용료 소득

저작권의 사용권을 제공하고 취득하는 소득을 말하며, 원고료(稿酬)는 포함하지 않는다.

5. 개인사업자(个体工商户)의 생산, 경영소득

(1) 범위

1) 법에 따라 개인사업자 영업집조를 취득하며 생산경영에 종사하는 개인사업자

참조 예 : 개인이 복권 대리매출, 택시운영 등

2) 정부 해당부문의 비준을 거쳐 학교, 병원, 컨설팅 등 유상서비스에 종사하는 개인

3) 개인사업자는 업주를 납세인으로 한다.

(2) 개인독자기업과 파트너기업(合伙企业)의 생산경영소득은 본 세목을 참조

(3) 개인독자기업, 파트너기업의 개인투자자가 기업의 자본으로 본인, 가족성원 및 그의 해당 인원에게 지급한 생산경영과 관련이 없는 소비성 지출 및 차량, 주택구매 등 재산성지출은 기업에서 개인 투자자에게 이익을 배당한 것으로 보며 투자자 개인의 생산경영소득에 기입하여 "개체업자생산, 경영소득(个体工商户的生产、经营所得)" 세목으로 개인소득세를 징수한다.

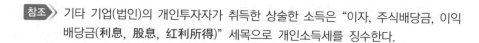

참조 기타 기업(법인)의 개인투자자가 취득한 상술한 소득은 "이자, 주식배당금, 이익배당금(利息, 股息, 红利所得)" 세목으로 개인소득세를 징수한다.

6. 기업사업단위의 도급경영(承包经营), 임차경영(承租经营) 소득

기업사업단위의 도급경영, 임차경영소득은 개인이 도급경영 혹은 임차경영 및 하도급, 전대하여 취득한 소득이다.

❑ **도급경영(承包经营)과 임차경영(承租经营)**

1. 도급경영(承包经营)

   기업소유권이 변경되지 않는 전제하에서, 기업은 경영자에게 경영을 위탁하고, 수탁경영자는 기업의 명의로 경영활동을 수행하며, 계약에 따라 경영성과를 분배하는 계약방식

2. 임차경영(承租经营)

   소유권이 변경되지 않는 전제하에서, 임대자는 기업을 임차인에게 임대하고, 임차인은 임대인에게 임대료를 지급하고 자주적으로 경영할 권리를 가진다. 임대차계약이 종료되면, 임차인은 임대인에게 그 재산을 반환한다.

3. 도급경영(承包经营)과 임차경영(承租经营)의 차이점
   (1) 기본내용상 차이점 : 도급(承包)경영은 상납이윤(上缴利润)과 기타 권리의무관계를 모두 포함하며, 기업임대차(企业租赁)는 임차인이 기업재산을 임차하고 임대인에게 임대료를 지급하는 계약이다. 이윤과 임대료는 근본적으로 다르다.
   (2) 적용범위 : 일반적으로 도급(承包)계약은 중대형 국영기업, 租赁계약은 소형국영기업 또는 집체(集体)기업에 적용된다.
   (3) 담보재산 : 도급(承包)경영의 수탁인은 반드시 담보를 제공하는 것이 계약의 유효조건은 아님에 비하여, 임차경영(承租)의 임차인은 반드시 담보를 제공하여야 한다.
   (4) 손실 발생시 : 도급(承包)기업은 기업의 자금으로 보충하면 되나, 임차경영의 임차인은 반드시 담보제공한 재산으로 보상하여야 한다.
   (5) 신규재산 소유권 : 도급(承包)기간 중 증가한 자산의 소유권은 도급(承包)전 기업의 소유권과 일치하나, 임차경영기간에 증가한 재산은 임차경영인의 소유이다.

7. 이자, 주식배당금, 이익배당금 소득

이자, 주식배당금, 이익배당금은 개인이 채권, 지분을 소유하여 취득한 이자, 주식배당금, 이익배당금 소득이다.

(1) 면세이자(3가지 항목) : 국채와 지방정부 채권이자, 국가에서 발행한 금융채권이자, 은행예금이자

(2) 개인독자기업, 파트너기업(合伙企业) 이외의 기타 기업이 개인투자자에게 기업의 자금으로 본인, 가족 및 기타 해당인원에게 지급한 기업의 생산경영과 관련이 없는 소비성지출 및 차량, 주택자금 등 재산성지출은 기업이 개인투자자에게 이익을 배당한 것으로 보아 "이자, 주식배당금, 이익배당금(利息、股息、红利所得)" 항목으로 개인소득세를 징수한다. 기업의 상술한 지출은 기업소득세법상 손금으로 산입하지 못한다.

(3) 납세연도내 개인투자자가 그의 투자기업으로부터(개인독자기업, 파트너기업 제외) 차입하여 본 납세연도가 완료될 때까지 상환하지 않았거나 생산경영에도 사용하지 않은 경우 그가 상환하지 않은 차입금에 대하여 기업에서 개인투자자에게 이익을 배당한 것으로 보아 "이자, 주식배당금, 이익배당금(利息、股息、红利所得)" 항목에 따라 개인소득세를 징수한다.

8. 재산임대소득

재산임대소득은 개인이 건축물, 토지사용권, 기계설비, 차량선박 및 기타 재산을 임대하여 취득한 소득이다. 개인이 취득한 재산을 재임대(转租)하여 취득한 수입은 "재산임대소득"의 징수범위에 속하며, 재산 재임대인이 개인소득세를 납부한다.

9. 재산양도소득

재산양도소득은 개인이 유가증권, 지분, 건축물, 토지사용권, 기계설비, 차량선박 및 기타 재산을 양도하여 취득한 소득이다.

(1) 재산양도는 소득이 있는 재산

(2) 증치세와도 관련된다.

(3) 주식양도소득 : 주식양도소득에 대하여 잠시 개인소득세를 징수하지 않는다.

(증치세도 면세)

(4) 양적자산(量化资产)의 지분양도

10. 우연(偶然)소득

우연소득은 개인이 수상, 당첨, 복권당첨 및 기타 우연/우발성질의 소득이다.

참조> 예 : 기업에서 누적소비가 일정한 한도에 도달한 고객에게 주는 추첨 등

다중선택

다음 중 노무보수소득에 속하는 것은?
A. 개인의 서화전에서 취득한 보수
B. 저작권을 제공하고 취득한 보수
C. 국외의 작품을 번역 출판하여 취득한 보수
D. 고등학교 교사가 출판사의 위탁을 받고 원고료를 심사하여 취득한 보수

답 A, D

해설 B는 특허권사용료소득에 속하며 C는 원고료소득에 속한다.

다중선택

자연인 A가 올림픽경기 기간에 다음 활동에 참여하여 취득한 수익중 반드시 개인소득세를 납부하여야 하는 것은?
A. 모 온라인 거래상이 개최한 이벤트에 참가하여 원가가 5,000원인 제품을 100원에 구매하였다.
B. 외국에 가서 경기를 관람하기 위하여 국제로밍을 개통하였으며, 시가2,000원인 휴대폰 한 대를 무료로 취득하였다.
C. 모 방송국에서 조직한 경기결과 맞추기 활동에 참가하여 경품으로 시가 6,000원인 항공티켓을 취득하였다.
D. 모 항공회사의 우수회원으로서 추첨활동에 참가되어 3,000원인 경품을 취득하였다.

답 C, D

해설 A, B는 개인소득세를 납부하지 않으며, C, D는 "우연소득" 항목으로 개인소득세를 납부한다.

세율과 납세소득액의 확정

I 세 율

주민(거주자)개인 각항의 소득 적용세율표

과세소득 항목		세율	
	구분	원천징수시	연말확정신고
종합소득 (주민납세인 적용)	1. 급여, 임금소득	원천징수세율표에 의함	7단계 초과누진 세율 3%~45%
	2. 노무보수소득	순차적징수율 : 20%, 30%, 40% 추가징수	
	3. 특허권사용료소득	매회징수율 : 20%	
	4. 원고료소득	매회징수율 : 20%	
5. 경영소득		5단계초과 누진세율	
6. 이자, 주식배당금, 이익배당금		매회세율 : 20%	
7. 재산임대소득		월별세율 : 20%(개인주택임대 10%)	
8. 재산양도소득		매회세율 : 20%	
9. 우연소득		매회세율 : 20%	

제3절 납세소득액(과세표준)에 대한 규정

Ⅰ 각 세목별 공제규정

1. 주민(거주자)개인소득 4항 종합소득

(1) 연도별 종합소득 확정신고납부시

연수입액에서 60,000원 비용을 공제하고, 특별공제, 특별부가공제와 법에 의해 확정한 기타 공제후의 잔액을 연간 납세소득액으로 한다.

1) 연간수입

① 급여, 임금 : 전부 100%

② 노무소득, 특허권사용료 : 수입의 80%

③ 원고료수입 : 수입의 80%로 경감 후 70%, 즉 수입의 56%

2) 연간 항목별 공제

① 고정 "생계비" 공제 : 연간 60,000원

② 항목별공제 : 개인이 국가가 규정한 범위와 표준에 따라 납부하는 "세 가지 보험과 한 가지 연금(三險一金)"(면세소득)

③ 항목별부가공제(6항) : 자녀교육, 계속교육, 중대질병의료, 주택대출 금리 또는 주택임대료, 노인부양 지출

④ 기타 공제 : 개인이 규정에 부합되는 공익기부지출, 개인이 납부한 국가규정에 부합되는 기업연금 및 직업연금, 개인이 납부한 국가규정에 부합되는 상업건강보험(월 200원, 연 2,400원)을 납부한다. 세수이연형 상업양로보험의 지출(시범지역)

참조▶ 항목별부가공제 기준

항목별부가공제	표준	요구사항
1. 자녀교육	매월 매자녀당 1,000원 공제	(1) 3살 이상 – 전일제 학력교육 (2) 부부 1인 공제 혹은 2인 각각 50%씩 공제

항목별부가공제	표준	요구사항
		(3) 경외에서 교육 받을 경우 경외 학교 입학통지서, 유학비자 등 관련된 교육 증명 자료를 제공
2. 노인봉양	독생 매월 2,000원 공제 비독생 최고 1,000원 공제	(1) 60세 이상의 노인 (2) 만60세인 부모 및 자녀가 모두 사망한 만 60세의 조부모와 외조부모
3. 계속교육	매월400원(매년 4,800원)	경내의 비전일제학력평생교육의 정액공제액 동일한 학력(학위)의 계속교육 공제기간은 48개월을 초과하지 못한다.
	증서를 취득한 당해 일시 3,600원	기능인원 직업자격증계속교육, 전업 기술인원직업자격증 계속교육지출
4. 주택대출 (주택임대료공제 안됨)	월 공제액 1,000원 공제기간 최장 240개월 초과할 수 없음	(1) 첫주택 (2) 1인 공제 혹은 쌍방협의
5. 주택임대료 (주택대출공제 안됨)	지방별 월 공제 800원, 1,100원, 1,500원	부부쌍방 직장도시가 같은 경우 일방이 공제 가능
6. 중대의료비	연간 80,000원 한도내에서 실비공제	납세인 개인이 부담하는 기본의료보험 15,000원 초과 부분

(2) 매월/매회예납시

1) 급여, 임금 - 매월예납시 : 월수입액에서 비용 5,000원 공제 후, 특별공제, 특별부가공제(중대질병의료는 제외), 법에 의해 확정한 기타 공제 후의 잔액을 매달 납세소득액으로 한다.

2) 노무소득, 특허권사용료소득, 원고료소득 - 순차적으로 예납할 때 매회의 수입액에서 800원 또는 20%를 차감하여 매회의 납세소득액으로 한다.

참조1 ▷ 매회수입 ≤ 4,000원 = 공제 800원,
매회수입 〉 4,000원 = 공제액은 수입의 20%

참조2 ▷ 원고소득 감면 후의 70%를 매회 예납의 납세소득액으로 한다.

참조3 ▷ 매년 확정신고납부할 때 일정 비율로 연간종합수입에 가산한다.

2. 비주민개인

다음의 4가지 소득에 대하여 분리과세하고 종합과세하지 않는다.

과세항목	과세방법	납세소득액
급여, 임금 소득	매월원천징수	매월 수입액에서 5,000원 비용을 공제 납세소득액 = 매월수입 − 5,000 【제시】항목별공제, 항목별부가공제 등은 없음
노무보수소득 특허권사용료소득 원고료소득	매회원천징수	매회수입액, 20%공제 납세소득액 = 매회수입 × (1 − 20%) 【제】무정액공제

3. 경영소득

매 납세년도의 수입총액에서 원가, 비용 및 손실을 공제한 후의 잔액을 납세소득액으로 한다.

$$연간납세소득액 = 연간소득총액 - 원가, 비용 및 손실$$

참조1》 경영소득을 취득한 개인 [개인사업자(个体工商户), 개인독자기업과 파트너기업(合伙企业)의 자연인 투자자 본인]이 종합소득이 없을 경우 매 과세연도의 납세소득액을 계산할 때 비용 60,000원, 항목별공제, 항목별부가공제 및 법에 의해 확정한 기타 공제를 하여야 한다.

참조2》 기업, 사업단위를 상대로 도급경영(承包经营)소득, 임차경영(承租经营)소득이 있는 경우
납세 소득액 = 납세년도의 수입총액 − 필요경비 60,000원
매 납세연도의 수입총액은 납세의무자가 도급경영(承包经营), 임차경영(承租经营) 계약 규정에 따라 분배받는 경영이익과 급여, 임금 성질의 소득을 말한다.

참조3》 개인 세금이연형 상업양로보험 시범 구역에서 개인사업자(个体工商户)의 생산 경영 소득, 기업 사업 단위의 도급임차 경영 소득을 취득 한 개인사업자, 개인 독자기업투자자, 파트너기업 자연인 파트너와 도급임차경영자는 그가 납부한 세금이연형 상업양로보험료를 당해 신고시 공제할 수 있다. 납세소득액 계산시 한도액내에서 공제하고 공제한도는 당해의 과세수입의 6%와 12,000원 중 작은 것을 말한다.

4. 재산임대소득(정액 혹은 정율)

매회 수입이 4,000원을 초과하지 않을 경우 800원

매회 수입이 4,000원 이상일 경우 20% 공제

5. 재산양도소득

재산양도 소득액은 재산원가와 합리적 비용을 공제한 후의 잔액

6. 이자, 주식배당금, 이익배당금과 우연소득은 매회 수입액이 납세소득액(비용공제 없음)

참조 > 주민개인 납세소득액의 공제 규정 종합

과세항목		공제액 표준
1. 종합소득 : 급여, 임금 소득, 노무소득, 원고소득, 특허권사용료소득	예납시	제1항(급여, 임금) (1) 매월 예납시 고정비용 5,000원 공제 (2) 항목별 공제 (3) 항목별부가비용(최대 4항) (4) 법정에 따른 기타 비용 공제
		후3항 (매회 예납시) (1) 매회수입≤4,000원일 경우 정액 800원 공제 (2) 매회수입 〉4,000원일 경우 수입액의 20% 공제 (3) 원고소득은 수입액의 70%로 계산
	연간확정 신고시	• 고정생계비 60,000원 공제 • 항목별공제 • 항목별부가공제(6항) • 법에 따른 기타 공제항목
2. 경영소득(매년)		• 매 납세연도의 수입총액에서 원가, 비용 및 손실을 공제 • 개인사업자(个体工商户), 개인투자자가 종합소득이 없을 경우 연간 60,000원 공제 • 항목별공제 • 항목별부가공제(5항) • 법정 기타 공제

과세항목	공제액 표준
3. 재산임대소득(매월)	(1) 매월수입≤4,000원 : 정액공제 800원 (2) 매월수입 > 4,000원 : 고정비율 20% (3) 기타공제
4. 재산양도소득(매회)	양도자산의 수입액에서 재산원가와 합리적비용 공제
5. 이자, 주식배당금, 이익배 당금, 우연소득(매회)	• 비용공제 없음 • 매회수입이 곧 납세소득액임

 단일선택

다음 개인소득세 특별부가공제 기한에 대한 설명 중 세법규정에 부합되는 것은?

A. 주택 대출 이자에 대한 공제할 수 있는 기한은 최장 120개월을 초과하지 못한다.

B. 동일한 학력 계속교육에서 공제기한이 최장 24개월을 초과해서는 안 된다.

C. 기능인원 직업자격 계속교육, 관련 증서를 취득한 당해에 공제

D. 중대질병의료에서 공제시간은 의료보장정보시스템에 기록한 의약비용 실제 지출 다음 해

답 C

해설 주택대출의 이자는 최장 240개월을 초과하지 못하며, 동일한 학력의 계속교육은 공제기한이 최장 48개월을 초과하지 못한다. 중대질병의료의 공제시기는 의료보장정보시스템에 기록한 의약비용을 실제로 지출한 당해이다.

 다중선택

다음 각항 중 취득한 수입을 납세소득액으로 직접 개인소득세를 계산하여 징수하는 것은?

A. 원고소득

B. 우연소득

C. 배당소득

D. 특허권사용료소득

답 B, C

해설 선택항 A, D, 고정률과 정액을 결합하여 공제한다.

공익 자선사업 기부의 개인소득세 정책

1. 기본규정

개인이 중화인민공화국 경내의 공익성 사회조직, 현급 이상 인민정부 및 그 부서 등 국가기관을 통하여 교육, 빈곤구제, 구난 등 공익자선 사업에 지급한 공익기부금은 개인소득세법의 관련 규정에 따라 납세소득액 계산시 공제할 수 있다. 기부금액 중 납세소득액의 30%를 초과하지 않는 부분은 그 납세소득액에서 공제할 수 있다. 즉 한도액 내에서 공제가 허용된다.

> **특수** 개인이 베이징 2022년 동계올림픽과 동계장애인올림픽, 시험경기에 기부하는 자금과 물자의 지출은 개인의 납세소득액 계산시 전액을 공제할수 있다.

2. 개인의 공익성기부 지출금액

(1) **화폐성자산기부** : 실제기부금액에 따라 확정한다.

(2) **지분, 부동산 기부** : 개인 지분 보유, 부동산 재산의 원가(原值)에 따라 확정

> **참조** 개인이 주택을 염가임대주택(廉租住房), 공공임대주택(公租房)으로 기부한 경우, 그 기부액이 신고하는 납세소득액의 30%를 초과하지 않는 부분은 그 납세소득액에서 공제를 허용한다

(3) **주식, 부동산 이외의 기타 비화폐성 자산 기부** : 비화폐성 자산의 시장가격에 따라 확정

3. 주민(거주자)개인의 공익기부지출 공제

분류	세목	공익기부의 처리
종합 소득	급여,임금 소득 (선택 가능)	(1) 예납시 공제(누계공제법으로 공제) (2) 종합소득확정신고납부시 공제
	노무소득, 원고료소득, 특허권사용료	예납시 공제를 하지 않고, 종합소득확정신고납부시 공제

분류	세목	공익기부의 처리
분류 소득	경영소득	예납시 공제할 수도 있고, 확정신고납부시 공제할 수도 있다.
	재산양도소득 재산임대소득 이자/주식배당금/ 이익배당금 소득 우연소득	(1) 기부 당월 분류별 소득액에서 공제 (2) 당월 분류별 소득액에서 공제하지 못한 기부금지출은 규정에 따라 추가 공제할 수 있다.

설명 1 주민(거주자)개인은 각종 소득의 수입, 공익성기부금 지출, 적용세율 등을 고려하여 종합소득, 분리소득, 경영소득에서 공제한 공익성기부금 지출 순위를 스스로 결정할 수 있다.

설명 2 주민(거주자)개인의 연간일시상여금, 지분격려(股权激励) 등 소득은 규정에 따라 종합소득에 합산하지 않고 분리과세하는 방식으로 처리한다.

설명 3 경영소득에서 공제하는 공익기부지출은 예납할 때 공제할 수도 있고 확정신고시 공제할 수도 있다. 그러나 추계징수방식(核定征收)을 취하는 경우 공익기부지출을 공제하지 않는다.

4. 비주민개인의 공익성기부금 지출

공익기부지출발생시 당해 납세소득액의 30%를 초과하지 않는 부분은 그 납세소득액에서 공제할 수 있다. 공익기부지출을 전부 공제하지 못한 경우에는 경영소득에서 계속 공제할 수 있다.

사례 10-1

2019년 8월, 왕모씨는 주식양도소득 40,000원을 취득하였다. 그 중 15,000원을 정부부문을 통하여 빈곤지역에 기부하였다. 왕모씨의 소득액의 개인소득세는 얼마인가?

답 기부금중 공제할 수 있는 한도 = 40,000 × 30% = 12,000(원)
납부할 개인소득세 = (40,000 − 12,000) × 20% = 5,600(원)

Ⅲ 매회(每次) 수입의 확인

7개의 과세소득항목은 "회(次)수"에 따라 개인소득세를 계산/징수한다.

1. 노무보수소득(劳务报酬所得)

(1) 일회성으로 수령하는 것은 취득한 본수입을 한 회수(次)로 한다.
(2) 동일한 사항에 대하여 연속으로 취득하는 소득은 1개월내에 취득한 수입을
    한 회수(次)로 한다.

중국인A씨는 5월에 교육센터와 6개월간의 노무계약을 체결하였다. 계약에는 5월부터
매주 수요일에 본교육센터에서 강의하기로 하였으며, 매회 보수는 2,600원이며, 5월
에 총4차례 강의하였다. 교육센터에서 5월에 A씨에게 지급한 금액에 대하여 반드시
원천징수할 개인소득세는 얼마일까?

답 동일한 사항에 대하여 연속으로 취득한 소득에 대하여는 1개월내에 취득한 수입을
한 회수(次)로 한다.
따라서, 교육센터에서 원천징수할 개인소득세
= 2,600 × 4 × (1 - 20%) × 20% = 1,664원

2. 원고료소득

매회(次) 출판, 발표하여 취득한 수입을 한 회(次)로 한다.
(1) 동일한 작품을 재판(再版)하여 취득한 수입은 별도의 횟수로 보아 원고료소
    득으로 개인소득세를 계산/납부한다.
(2) 동일한 작품을 우선 간행물에 연재하고 다음에 재출판하거나 먼저 출판하고
    다시 간행물에 연재하는 경우, 각각을 한 횟수로 보아 2차례의 원고료소득으
    로 징수한다. 즉 연재를 한 차례로 보며, 재출판을 또 다른 한 차례로 본다.
(3) 동일한 작품을 간행물에 연재하여 취득한 수입은 연재 완료 후 취득한 모든
    수입을 병합하여 한 차례(一次)로 개인소득세를 계산/납부한다.

(4) 동일한 작품을 출판/발표할 때, 원고료를 선불 혹은 할부지급하는 형식으로 취득한 원고료 수입은 병합하여 한 차례(一次)로 계산한다.

(5) 동일한 작품을 출판 발표후 추가인쇄로 원고료가 추가되는 경우, 기존의 출판/ 발표로 취득한 원고료와 병합하여 한 차례(一次)로 개인소득세를 계산/ 납부한다.

 단일선택

A작가의 장편소설이 2016년 6월 1일부터 모 간행물에 연재가 시작되어 매일 한 번 게재하며 8월 31일에 연재가 완료되었다. 총92회를 게재하며 매 회의 원고료는 600원이다. 2016년 3월 18일에 A작가는 선수금 3,000원을 취득하였으며, 연재를 시작한 후 매주 한 차례씩 원고료를 취득하였고 8월 31일까지 원고료 전부를 취득하였다.

다음 중 잡지사에서 원천징수할 개인소득세에 대한 서술로 적절한 것은?

A. 매주 지급한 원고료를 한 차례(次)로 개인소득세를 원천징수한다.
B. 매월 지급한 원고료를 한 차례(次)로 개인소득세를 원천징수한다.
C. 실제 지급한 원고료 전부를 한 차례(次)로 개인소득세를 원천징수한다.
D. 선지급한 원고료를 한 차례(次)로 개인소득세를 원천징수한다.

답 C

해설 동일한 작품을 간행물에 연재하여 취득한 소득은 연재한 후 전부의 수입을 합병하여 한 차례(次)로 개인소득세를 계산/납부한다.

---

3. 특허권사용료 소득

모사용권의 일차성 양도소득을 한 차례로 한다. 만약 양도하여 취득한 수익을 할부하여 지급할 경우 즉 각수입을 합계하여 일차로 개인소득세를 계산납부한다.

4. 재산임대소득

1개월내에 취득한 수입을 한 차례(次)로 한다.

5. 이자, 주식배당금, 이익배당금

이자, 주식배당금, 이익배당금을 지급시 취득한 수입을 한 차례(次)로 한다.

6. 우연소득

매 차례(次)의 수입을 각각 한 차례(次)로 한다.

모 외국인이 6월에 모연수원과 6개월간의 노무계약을 체결하였다, 계약규정상 6월부터 매주 토요일에 이 연수원에서 외국어을 한 번씩 가르치기로 하였으며 매회당 보수는 1,200원이다. 6월에 수업을 4번 실시하였다. 연수원에서 6월에 원천징수해야 할 외국인의 개인소득세액은?

답 동일한 사항에 속하여 연속 취득한 소득은 1개월 이내에 취득한 소득을 1회로 한다.
연수원이 원천징수해야 할 개인소득세 = 1,200 × 4 × (1 − 20%) × 20% = 768(원)

1. 개인소득세 면세(33항목)

(1) 성급 인민정부, 국무원부위(国务院部委), 중국인민해방군 군이상 단위(单位) 및 외국조직에서 수여한 과학, 교육, 기술, 문화, 위생, 체육, 환경보호 등 방면의 장려금

> ❏ **国务院部委**(국무원부위 : 총 25개)
>
> 外交部、国防部、国家发展和改革委员会、教育部、科学技术部、中华人民共和国工业和信息化部、国家民族事务委员会、公安部、国家安全部、监察部、民政部、司法部、财政部、人力资源和社会保障部、国土资源部、环境保护部、住房和城乡建设部、交通运输部、水利部、农业部、商务部、文化部、国家卫生和计划生育委员会、中国人民银行、审计署

(2) 국채이자, 국가가 발행한 금융채권이자, 지방정부 채권이자

(3) 국가의 통일 규정으로 지급한 보조금 및 수당(补贴、津贴)(两院院士의 특수 津贴는 인별 매년 1만원)(两院 = 中国科学院,中国工程院)

(4) 복리후생비, 위로금, 구제(구휼)금

(5) 보험배상금

(6) 군인의 전업비, 전역비

(7) 이직/퇴직급여

(8) 주중대사관, 영사관의 인원의 소득은 면세

(9) 중국정부에서 참여한 국제공약 및 체결한 협의 중 규정한 면세소득

(10) 정부 혹은 조건에 부합되는 기구에서 지급한 정의로운 행위(见义勇为) 장려금

(11) 기업과 개인이 성급이상 인민정부에서 규정한 표준에 따른 개인의 급여 중 사회보험은 면세(주택, 의료, 실업, 양로)

개인이 적립한 주택적립금, 의료보험금, 기본양로보험금 등 사회보험을 수령할 때 개인소득세를 면제한다.

(12) 외국국적 개인이 비현금형식 혹은 실비형식으로 취득

    1) 주택보조금, 식대보조금, 이사비, 세탁비

    2) 합리적 표준에 따라 취득한 경내외 출장보조금

    3) 가족방문비, 언어교육비, 자녀교육비 등 해당지역 세무기관에서 심사 비준한 합리적 부분. 그 중 가족방문비는 외국국적개인이 중국에 고용된 지점과 그의 가족주소지 사이에 탑승한 교통수단에만 제한되며, 매년 2차를 초과하지 않는 비용을 말한다.

(13) 개인이 제보, 범죄조사에 협조, 신고하여 취득한 장려금

(14) 개인이 원천징수를 대행한 수수료

(15) 개인이 자가 사용한지 5년 이상이고 유일한 가정주거용 주택을 양도하여 취득한 소득

(16) 이직/퇴직연령에 도달하였으나 직업의 수요상 이직/퇴직을 연기한 고급전문가는 연장한 이직/퇴직기간의 급여, 임금소득은 퇴직급여, 이직급여로 간주하여 개인소득세를 면제한다.

(17) 외국국적 개인이 외상투자기업으로부터 취득한 주식배당금, 이익배당금 소득

(18) 조건에 부합되는 외국국적 전문가의 급여, 임급소득

(19) 지분분할개혁(股权分置改革) 중 비유통주주주가 대가(对价)방식으로 유통주주주에게 지급한 지분, 현급 등 수입은 잠시 유통주 주주의 개인소득세를 면제한다.

> ❑ 지분분할개혁
>
> 지분분할개혁은 현재 중국 주식시장의 주요한 제도적 개혁과제이다. 중국 증권거래소는 동일 상장사의 주식을 유통주와 비유통주로 나누는 특수한 제도를 가지고 있다. 중국의 주식 중 상장사 주주가 보유한, 사회적으로 공개 발행한 주식이 증권거래소에서 상장 거래되고 있는 주식을 유통주라고 부르고, 공개 발행 전 일시 상장 거래될 수 없는 주식을 비유통주라고 부른다. 중국의 상장사 중에는 비유통주와 유통주 2가지 주식이 존재하고 두 주식간은 주식

보유의 원가가 크게 차이가 있고 유통권이 이외에 주당 주식의 기타 권리는 동일하다. 이런 상황에서 주식보유 원가가 큰 차이가 있으므로 두 주식의 주 주간에 심각한 불공평상황이 초래된다. 이러한 불공평한 상황을 개선하기 위해 비유통주를 유통화하여 비유통주 비중을 줄이는 개혁방안을 지분분할개혁이라 한다.   (출처 : Naver 중국어사전)

(20) 철거된 자가 국가의 해당 성진가옥 철거관리 방법(城鎮房屋拆迁管理办法)에 규정한 표준에 따라 취득한 철거보상금은 개인소득세를 면제한다.

(21) 보험 영업인원의 커미션(佣金)

보험영업인원의 커미션은 업무원가와 노무보수로 구성된다

1) 보험영엽원가(커미션의 40%)는 개인소득세를 면제한다.

2) 노무보수 부분은 실제 납부한 세금 및 부가를 공제한 후 세법의 해당 규정에 따라 개인소득세를 계산징수한다.

(22) 증권대리인이 증권회사에서 취득한 커미션수입

"노무보수소득"항목으로 개인소득세를 납부한다. 방법은 상기와 같다.

Q 사례 10-4

증권대리인 왕모씨는 2016년 9월 초에 A증권회사에 신입으로 입사하였으며, 인턴기간은 3개월이다. 인턴기간의 매월 커미션은 1.03만원이며 시용기간이 만기되면 일회성으로 지급한다. 왕모씨가 인턴기간에 취득한 커미션수입의 증치세 및 개인소득세의 납부세액은 각각 얼마일까?

답 (1) 증치세 납부세액 = 10,300 ÷ (1 + 3%) × 3% = 300원

(2) 개인소득세 납부세액 = [10,300 ÷ (1 + 3%) − 300 × (7% + 3% + 2%)] × (1 − 40%) × (1 − 20%) × 20% × 3개월 = 2,869.63(원)

(23) 개인이 공개시장에서 상장회사주식의 주식배당금, 이익배당금 소득을 취득한 경우, 주식보유기간에 따라 각각 전액(1개월내), 50% 경감(1개월에서 1년), 면세(1년 이상)를 납세소득액으로 한다.

Q 사례 10-5

왕모씨는 2017년 1월에 A상장회사의 주식 20,000주를 구입하였으며 구입가격은 매주에 10원이다. 당해 3월에 A상장회사가 2016년도 이익을 배당하여 50,000원의 이익배당금을 취득하였다. 왕모씨가 납부할 개인소득세는?

답 개인소득세 납부세액 = 50,000 × 50%(1개월 이상 1년 이하) × 20% = 5,000원

참조 신규정 : 전국중소기업주식양도시스템 상장된 주식의 배당금은 차별적으로 2019년 7월 1일부터 2024년 6월 30일까지 상기 정책에 따라 집행한다.

Q 사례 10-6

2019년 2월 장모씨는 갑 상장회사에서 주식 100,000주를 구매하였다. 거래가격은 매주 12원, 당해 4월에 갑 상장회사가 2018년 이익배당을 진행하여 35,000원 배당소득을 수령하였다. 장모씨의 개인소득세액은?

답 장모씨 개인소득세 = 35,000 × 50% × 20% = 3,500(원)

(24) 개인이 취득한 당첨소득은 개인소득세를 잠시 징수하지 않으며, 징수 기준은 800원(파표당첨금), 10,000원(체육복권, 복채)이다.

(25) 향진기업(乡镇企业)의 종업원과 농민이 취득한 청묘보상비(青苗补偿费)는 재배업의 수익범위에 속하고 경제손실의 보상성소득에 속하므로 개인소득세를 잠시 징수하지 않는다.

(26) 타지역 빈곤구제 이전 빈곤자(易地扶贫搬迁贫困人口)에 대한 규정에 따라 취득한 주택건설 보조자금(住房建设补助资金), 재개발장려자금(拆旧复垦奖励资金) 등 타지역 빈곤구제 이전과 관련된 화폐성 보상금과 타지역 빈곤구제와 이주안치 주택에 대해서는 개인소득세를 면제한다.

(27) 개인이 규정에 따라 취득한 염가임대주택 화폐성 수당은 개인소득세를 면제한다.

참조 소속단위(**単位**)에서 염가임대주택명의로 지급하는 규정에 부합되지 않는 보조금은 개인 소득세를 징수하여야 한다.

2. 경감 징수하는 개인소득세 항목

(1) 신설규정 : 개인투자자가 2019년부터 2023년에 발행한 철도채권을 보유하여 취득한 이자수입은 50%로 납세소득액으로 계산하여 개인소득세를 징수한다.

(2) 신설규정 : 2019년 1월 1일부터 2023년 12월 31일까지 한 납세년도에 선박의 항행시간이 누계로 183일이 되는 원양선원의 급여, 임금 수입은 50%로 감면 조정하여 납세소득액을 납부한다.

(3) 장애인, 독신노인과 열사가족의 소득

(4) 심각한 자연재해로 중대한 손실을 입은 경우

(5) 기타 국무원 재정부문의 비준을 거친 것

제5절 경외소득의 세금공제

I 주민납세인 경외소득의 세액공제

주민납세인이 중국경외에서 소득을 취득한 경우, 납부세액 중에서 경외에서 납부한 개인소득세를 공제할 수 있다. 그러나 공제액은 본 납세인의 경외소득을 중국 세법의 규정에 따라 계산한 납부세액을 초과하지 못한다.

요점	내용
1. 공제방법	한도액내 금액 공제
2. 한도액계산방법(국가, 항목별)	납세인이 중국경외에서 취득한 소득은 각각의 국가와 각각의 과세항목을 구분하며 중국 세법에 규정한 공제표준과 세율로 납부세액을 계산
3. 한도액 공제방법	경외에서 지급한 개인소득세가 공제한도액보다 적은 경우, 중국에서 차액부분을 추가납부
4. 경외에서 납부한 세금 공제 증빙	경외 세무기관에서 발급한 세금납부증명 원본
5. 주민은 경내외 소득에 대해 납세	각각 비용을 공제하며, 각각 납부세액을 계산

Q 사례 10-7

중국인 왕모씨는 5월 A국가로 출국하여 기술교류를 진행하는 기간에 A국에서 강연수입 15,000원을 취득하였고, B국에서 특허권을 양도하여 80,000원을 취득하였다. 각각 해당국가의 세법규정에 따라 개인소득세를 인민폐로 1,500원과 20,000원을 납부하였다. 왕모가 5월에 외국에서 취득한 수입에 대하여 국내에서 보충 납부할 개인소득세를 계산하면?

답 (1) A국 강연수입의 중국세법 규정에 따른 납부세액 = 15,000 × (1 − 20%) × 20%
= 2,400원

중국에서 추가 납부할 개인소득세 = 2,400 − 1,500 = 900원

(2) B국 특허권양도수입의 중국세법 규정에 따른 납부세액 = 80,000 × (1 − 20%) × 20%
$$= 12,800원$$

외국에서 납부한 세액 20,000원 〉 국내세법에 의한 금액12,800원이므로 추가납부할 세액은 없다.

제6절 납부세액의 계산

I 주민개인의 4항 종합소득 납부세액의 계산

1. 월별/횟수별 원천징수하는 종합소득 세액의 계산

각항소득	징수방식	적용세율	원천징수소득세
급여, 임금소득	월별	급여, 임금 원청 징수세율표	급여, 임금 소득 − 5,000원 − 항목별공제 − 항목별부가공제(매월 1인 최대 4항) − 기타공제
노무보수소득	횟수별	20%, 30%, 40%	(1) 매회수입 4,000원 초과 안할시 800 원 공제
특허권사용료소득	횟수별	20%	(2) 매회 수입 4,000원 이상 : 수입의
원고소득	횟수별	20%	20% 공제[특수]원고소득은 70%로

2. 급여, 임금 소득(월별로 원천징수)

> 당기 원천징수세액 = (누계원청징수 납세소득액 × 세율 − 속산공제액) − 누계감면세액
> − 누계기원천징수계금액)
>
> 누계 원천징수 납세소득액 = 소득누계 − 면세수입누계 − 고정비용누계 − 항목별공제누계
> − 항목별부가공제 − 법에 의해 확정한 기타공제

 사례 10−8

모 주민개인이 2019년 매월 급여, 임금 수입 10,000원 취득, 매월 사회보험표와 주택
적립금 1500원 납부, 본 주민은 전년 주택대출이자 항목별부가공제를 받을 수 있다.

개인소득세 예납세율표

	누계원천징수 납세소득액	세율	속산공제액
1	36,000원 이하	3%	0
2	36,000원 초과 144,000원 이하	10%	2,520
3	144,000원 초과 300,000원 이하	20%	16,920
4	300,000원 초과 420,000원 이하	25%	31,920
5	420,000원 초과 660,000원 이하	30%	52,920
6	660,000원 초과 960,000원 이하	35%	85,920
7	960,000원 초과	45%	181,920

답 누계 원천징수 납세소득액 = 누계소득 − 누계면세 소득 − 누계 기본공제비용 − 항목별 공제누계 − 항목별추가공제누계 − 법에 의해 확정한 기타공제

월	누계 원천징수 납세소득액	당기 예납할 세금
1月	$10,000-5,000-1,500-1,000=2,500(원)$	$2,500 \times 3\% - 0 = 75(원)$
2月	$20,000-10,000-3,000-2,000=5,000(원)$	$(5,000 \times 3\% - 0) - 75 = 75(원)$
3月	$30,000-15,000-4,500-3,000=7,500(원)$	$(7,500 \times 3\% - 0) - 75 \times 2 = 75(원)$
……		
12月	$120,000-60,000-18,000-12,000$ $=30,000(원)$	$(30,000 \times 3\% - 0) -$ 누계감면세액 − 누계예납한 세액 $= 900 - 75 \times 11 = 75(원)$

❑ **속산표를 이용한 계산과 누진세율의 원리에 의한 계산**

위에서 보는 바와 같이, 속산표를 이용한 계산과 누진세율의 원리에 의한 구간별 세율을 적용한 금액은 서로 같다. 다만, 본 저자의 경험으로 보면 처음부터 속산표에 의한 계산만을 반복한 사람의 경우 누진세율이란 게 어떤 것인지 그 원리를 잘 모르는 경우를 몇 차례 보아 왔다. 즉, 누진세율 원리로 계산해보지 않은 사람의 경우에 속산표의 속산공제액이 어떻게 계산된 숫자인지 그 원리조차 모르는 사람도 많이 보았다.

예를 들어, 0~36,000구간세율이 3%이고 36,000~144,000구간세율이 10%이다. 처음 세법을 공부하는 독자분들이 하는 가장 흔한 질문이 "그럼 세전(공제액 없다고 가정)에 36,000원을 받는 것이 37,000을 받는 게 더 좋은게 아니냐?"는 것이다. 그 이유는 세전 37,000원을 받으면 3,700원(37,000×10%)을 세금으로 내야 해서 37,000−3,700=33,300원을 세후소득으로 받는데, 세전 36,000을 받으면

1,080원(36,000×3%)을 세금으로 내서 34,920원을 세후로 받을 수 있는 것 아니냐는 질문이다. 하지만, 이는 누진세율의 속성을 이해하지 못하기 때문에 나오는 질문이다. 누진세율은 이렇게 전액에 대해서 해당세율을 적용하는 것이 아니라, 해당 누적구간에 대해서만 해당세율을 적용한다. 따라서, 누진세율을 적용하더라도 세전소득이 많은 경우에는 항상 세전소득이 적은 경우보다 세액이 많이 나오기 마련이다. 속산표로만 계산하면 이러한 원리를 깨닫지 못하는 경우가 있다. 왜냐하면 속산표에 의한 계산의 경우 일단 모든 소득에 대해서 한 가지 세율로 곱하기 때문이다.

따라서, 본 저자는 일정기간 동안 속산표를 이용하지 말고 누진세율 원리에 의해 계산해 볼 것을 권유한다. 그리고 나서 속산표를 사용한다면 그러한 부작용이 없을 것이다. 두말할 필요도 없이 이런 과정을 거친 분이라면 속산표의 속산공제액이 어떻게 계산되어 나온 숫자인지 이해하는 것은 어렵지 않을 것이다.

2. 노무보수소득(劳务报酬所得)의 납부세액 계산

❑ 노무보수소득의 세율표

매 회당 소득액	세율	속산 공제액
0~20,000	20%	-
20,000~50,000	30%	2,000
50,000~	40%	7,000

참조 ▷ 상기 소득액은 공제액(800원 또는 20%)을 공제한 후의 금액이다.

❑ 주의사항

(1) 정액 혹은 정율공제
    1) 납부소득액 4,000원 이하인 경우는 800원 정액공제
    2) 납부소득액 4,000원 이상인 경우는 20% 정율공제
(2) 차수(次)의 규정을 적용함.
(3) 세율 : 20%, 30%, 40%의 초과누진세율
(4) 보험영업원, 증권대리인 커미션 수입－노무보수소득

 사례 10-9

강사인 왕모씨는 일회성으로 강연수입 45,000원을 취득하였다. 20%의 비용을 공제한 후 납세소득액은 36,000원이다. 개인소득세 납부세액은?

답 납부소득액(과세표준) = 45,000 × (1 − 20%) = 36,000원
납부세액 = 36,000 × 30% − 2,000 = 8,800원
또는, 20,000 × 30% + (36,000 − 20,000) × 30% = 8,800원

3. 특허권사용비 소득의 미지급세금 계산

(1) 매회(次) 수입이 4,000원 미만인 경우

납부세액 = (매회 수입액 − 800) × 20%

(2) 매회(次) 수입이 4,000원 이상인 경우

납부세액 = 매차수입액 × (1 − 20%) × 20%

4. 원고료소득의 납부세액 계산

(1) 공제액 : 정액 혹은 정율공제

1) 납부소득액 4,000원 이하인 경우는 800원 정액공제

2) 납부소득액 4,000원 이상인 경우는 20% 정율공제

(2) 차수(次)의 규정 적용

(3) 세율 : 20% (주의 : 30%를 경감하여 징수)

(4) 여러명이 같이 책을 출판하는 경우 : 먼저 소득을 개인에게 배분하고 그 후에 비용을 공제하며 납부세액을 계산한다.

 사례 10-10

중국인 왕모씨는 프리랜서이다. 2020년 소설을 출판하여 원고료소득 50,000원을 취득하였으며 후에 추가인쇄와 간행물에 연재하여 각각 출판사 원고료 10,000원과 신문사원고료 3,800원을 취득하였다.

답 (1) 소설 출판, 재출판에 대한 납부세액

= (50,000 + 10,000) × (1 - 20%) × 20% × (1 - 30%) = 6,720원

(2) 소설 연재에 대한 납부세액

= (3,800 - 800) × 20% × (1 - 30%) = 420원

연말정산시, 연간 종합소득에 합산되는 원고료 소득

= (50,000 + 10,000 + 3,800) × 80% × 70% = 35,728원

5. 연간종합소득 납부세액의 계산

(1) 주민 개인이 연간종합소득을 정산할 때에는 법에 따라 노무보수소득, 원고료
소득, 특허권사용료소득에 대한 소득액을 계산하여 연간종합소득에 넣고 납
부세액을 계산하며, 세액은 많으면 반환하고 적으면 보충한다.

(2) 종합소득 종합정산세액(확정신고)은 다음과 같이 계산한다.

> 납부세액 = 연간 납세소득액 × 적용세율－속산공제액
> (연간 수입액－60,000원－연간항목별공제－연간항목별추가공제－연간기타공제) × 적용
> 세율－속산공제수

제시 연간수입 중 급여, 임금은 수입전액으로 계산하며, 노무/특허권사용료수입은 수입의
80%로 원고료는 수입의 80%의 70%로 계산한다.

Q 사례 10-11

가령 모 주민 개인납세자가 외동자녀이고 2019년에 사회보험과 주택공적금을 납부한
후 총 20만원의 세전수입, 1만원의 노무보수, 원고료 1만원을 받는다. 이 납세자는 자
녀가 2명이고 모두 자녀교육 항목별추가항목에 해당한다. 납세자 부모는 살아계시고
모두 60세 이상이다. 당해연도 납부해야 할 개인소득세 금액은?

답 (1) 연간납세소득액

= 200,000＋10,000×80%＋10,000×70%×80%－60,000－1,000×12×2－
2,000×12

= 213,600－108,000 = 105,600(원)

(2) 납부해야 할 세금 = 105,600×10%－2,520 = 8,040(원)

만약 기납부세금 4,000원이라면, 종합소득확정신고 추가 납세액 = 4,040(원)

Ⅱ 비주민개인이 취득한 급여, 임금소득, 노무보수 소득, 원고료 소득과 특허권사용료소득 납부세액의 계산

비주민개인의 상술한 4가지 소득은 종합과세를 적용하지 않는다. 원천징수의무자가 있을 경우에는 원천징수의무자가 월별 또는 차수에 따라 세금을 원천징수하고 확정신고하지 않는다.

각항소득	징수방식	납세소득액	세율
급여, 임금소득	월별	월소득액＝급여, 임금소득－5,000원	비주민개인 4항 소득세율표 (아래 사례 10－12 표 참조)
노무보수 소득	매회	실제 취득 수입의 80%	
특허권사용료 소득	매회	실제 취득 수입의 80%	
원고료소득	매회	실제 취득 수입의 80%에 다시 70%로 계산, 즉 실제수입의 56%	

 사례 10－12

모 외상투자기업에서 일하는 미국전문가(비주민납세자라고 가정)가 2019년 2월에 이 기업에서 받은 세금 포함한 급여는 10,400원이고 다른 곳에서 5,000원의 노무보수를 더 받는다. 해당 월에 납부해야 할 개인소득세 납부세액은?

비주민개인 4항 소득적용세율표

	납세소득액(매월)	세율	소속공제수
1	3,000원 이하	3	0
2	3,000원 초과 12,000원 이하	10	210
3	12,000원 초과 25,000원 이하	20	1,410
4	25,000원 초과 35,000원 이하	25	2,660
5	35,000원 초과 55,000원 이하	30	4,410
6	55,000원 초과 80,000원 이하	35	7,160
7	80,000원 초과	45	15,160

답 (1) 해당 비주민개인의 당월 급여, 임금에 대한 납세액
＝ (10,400－5,000)×10%－210 ＝ 330(원)

(2) 해당 미주민개인의 당월 노무소득 납세액
= 5,000 × 80% × 10% - 210 = 190(원)

아래 두 가지 소득의 지급업체가 각각 원천징수할 세액
(1) 비거주개인의 급여, 임금 개인소득세액
= (10,400 - 5,000) × 10% - 210 = 330(원)
(2) 비거주개인의 당월노무보수 소득의 개인소득세액
= 5,000 × 80% × 10% - 210 = 190(원)

경영소득의 납부세액의 계산

> 납부세액 = (연간수입총액 - 원가, 비용 및 손실) × 적용세율 - 속산공제액

❏ 개인사업자 및 기업사업단위(单位)의 생산, 경영소득세 세율표

연간 소득액	세율	속산 공제액
0~15,000	5%	–
15,000~30,000	10%	750
30,000~60,000	20%	3,750
60,000~100,000	30%	9,750
100,000~	35%	14,750

(1) 개인사업자(个体工商户) 생산경영소득

기본원리는 기업소득세와 같다.

1) 공제항목 중 주요 사항

① 생산경영비용, 개인가정비용을 분리하여 결산하여야 하며, 분리하기
어려운 것은 40%를 생산경영비용으로 간주하여 공제할 수 있다.

② 인건비

• 종업인원에게 실제로 지급한 합리적인 급여/임금 지출은 공제할 수
있다.

- 개인사업자 업주의 급여/임금 지출은 비용으로 공제하지 못한다.
- 개인사업자 업주의 비용 공제표준액은 3,500원/월이며, 연간 42,000 원이다.

③ 보험료
- 5대보험과 주택적립금 : 업주와 종업인원이 납부한 것은 공제할 수 있다.
- 보충양노보험, 보충의료보험 : 종업인원은 급여총액을 기준수치로 : 업주 본인은 당지 상년도 사회평균급여의 3배를 기준수치로 한다.
- 업주가 본인 혹은 종업인원을 위하여 지급한 상업보험비는 공제하 지 못한다.

④ 연구개발비및 연구개발을 위하여 구입한 단위가치가 10만원 이하인 측정계기, 실험장치의 구입비는 직접 공제할 수 있다.

2) 공제하지 못하는 항목
① 개인소득세 세액
② 세액 연체료(滯納金)
③ 벌금(罰金), 벌과금(罰款)과 몰수당한 재산손실
④ 규정에 부합되지 않는 기부금지출
⑤ 찬조비(贊助)지출
⑥ 개인과 가정에 사용된 지출
⑦ 기타 경영과 관련이 없는 지출 및 세무총국에서 규정한 지출

(2) 개인독자기업과 파트너기업(合伙企業)의 생산경영소득

두가지 세금계산 방법으로 세액을 계산한다.(장부근거징수, 추계결정징수)

1) 제1방법 : 장부근거 징수
① 개인독자기업과 파트너기업의 투자자 본인의 비용공제 표준은 일률 적으로 3,500원/월로 한다. 투자자의 급여는 세전 공제하지 못한다.
② 투자자 및 그 가정에서 발생한 생활비용은 세전 공제하지 못한다.
③ 기업이 생산경영 투자자와 그 가족의 생활에 공동으로 사용되는 고정 자산에 대하여 구분하기 어려운 경우 주관세무기관에서 기업의 생산

경영유형, 규모 등 구체적인 상황에 따라 세전 공제할 수 있는 감가상각비의 금액 혹은 비율을 결정한다.

④ 기업에서 그 종업원에게 실제 지급한 합리적인 급여, 임금 지출은 세전 공제할 수 있다.

⑤ 기업에서 지급한 노조경비, 발생한 직원복리후생비, 직원교육경비 지출은 각각 급여임급 총액의 2%, 14%, 2.5%의 한도내에 발생액을 공제할 수 있다.

⑥ 기업에서 매 납세연도에 발생한 광고비와 선전비용은 당해 매출(영업) 수입의 15%를 초과하지 않은 부분을 공제할 수 있다. 초과된 부분은 다음 납세연도로 이월공제할 수 있다.

⑦ 기업에서 매 납세연도에 발생한 생산경영업무와 직접 관련된 접대비 지출은 발생액의 60%를 공제할 수 있으나, 당해 매출(영업)수입의 5‰를 초과하지 못한다.

⑧ 기업에서 설정한 각종 준비금은 공제하지 못한다.

⑨ 투자자가 2개 혹은 2개 이상의 기업을 운영하며, 기업 성질이 모두 독립적인 경우, 확정신고시 납세소득액은 다음 방법에 따라 계산한다.

ⅰ) 납세소득액 = Σ각기업의 경영소득

ⅱ) 납부세액 = 납세소득액 × 세율 − 속산공제액

ⅲ) 본 기업의 납부세액 = 납부세액 × (본기업의 경영소득 ÷ Σ각기업의 경영소득)

ⅳ) 본기업이 추가 납부할 세액 = 본기업의 납부세액 − 본기업 기납부세액

Q 사례 10-13

중국공민 왕모씨는 중외합자기업의 직원이며 2019년 1~12월에 4명의 친구와 호프집을 합작경영하였다. 연말 점포의 생산경영소득 30만원을(개인 고정비용을 공제한 후의 금액임) 파트너에게 배당하였다.

답 왕모씨가 배당받은 금액 = 300,000 ÷ 5 = 60,000원

생산경영소득으로 납부할 개인소득세 = 60,000 × 20% - 1,500 = 4,500원

2) 제2방법 : 추계결정 과세

추계과세를 실시하는 투자자는 개인소득세 우대정책을 적용받을 수 없다.

> 납부세액 = 납세소득액×적용세율
> 납세소득액 = 수입총액×과세소득률
> = 원가비용지출액÷(1-과세소득률)×과세소득률

(3) 개인사업자, 개인독자기업과 파트너기업이 납세연도중 개업, 합병, 말소 및 기타 원인으로 본 납세연도의 실제경영기간이 1년 미만일 경우 개인사업자 업주, 개인독자기업의 투자자와 파트너기업의 자연인 파트너의 생산경영소득 개인소득세를 계산할 때 그의 실제 경영기간을 하나의 납세연도로 한다.

투자자 본인의 비용공제 표준은 반드시 그의 실제 경영월수로 하며, 매월 3,500원의 공제표준으로 공제한다.

> 납세소득액 = 당해연도의 수입총액 - 원가, 비용 및 손실-당해연도 투자자 본인의 비용공제액
> 당년 투자자 본인의 비용공제액 = 월공제비용(3,500원/월) × 당해 실제 경영월수
> 미지급세금 = 납세소득액 × 세율 - 속산공제액

(4) 기업사업단위(單位)의 도급경영(承包经营), 임차경영(承租经营) 소득의 납부세액 계산

> 납부세액 = 납세소득액×적용세율-속산공제액
> 혹은, (납세연도수입총액-필요비용) × 적용세율-속산공제액

참조 > 납세연도의 수입총액은 수탁경영인의 개인급여를 포함하며, 지급한 도급비용(上缴的承包费)을 포함하지 않는다.

Ⅳ 재산임대소득의 납부세액 계산

> ❑ 개인의 재산임대소득에 대한 기타 세제
> (1) 증치세 : 개인임대주택을 1.5%로 하향조정하여 납부(월세 10만원 이하 면세)
> (2) 부가되는 세금
> (3) 방산세 : 개인주택을 임대료의 4%로 하향조정하여 납부

(1) 공제액 : 정액 혹은 정률공제
    1) 납부소득액 4,000원 이하인 경우는 800원 정액공제
    2) 납부소득액 4,000원 이상인 경우는 20% 정률공제
(2) 차수(次)의 규정 적용
(3) 부동산임대 특수 공제항목 고려 (아래 참고)
(4) 개인이 시장가격으로 주민주택을 임대하면 10%의 세율로 징세한다.

> ❑ 개인의 부동산 임대소득
> 개인의 부동산임대는 소득세를 계산납부할 때 수입(증치세 불포함)에서 다음 비용을 순서대로 공제한다.
> 1) 재산임대 과정중에 납부한 제세공과금 : 도시건설세, 교육비부가와 지방교육비부과, 방산세는 공제 가능. 단, 증치세는 공제하지 못한다.
> 2) 임대인에 지급한 임대료 : 재임대의 경우
> 3) 실제 지급한 수선비용 : 매회(次)당 800원을 한도로 하며, 일회성으로 공제하지 못한 부분은 다음회에 계속하여 공제하며, 전부 공제할 때까지 이월공제할 수 있다.
> 4) 세법에 규정한 비용공제 표준액 : 800원 혹은 수입금액의 20%

 사례 10-14

중국인 왕모씨는 2019년 5월에 주택 1채를 임차하여 매월 임대료 3,500원을 지급한다. 10월에 본 주택을 다시 재임대하여 매월 임대수입 8,000원(증치세 불포함)을 취득하며 동시에 규정에 따라 증치세 이외의 각항 비용 80원을 지급하였다. 당월 주택 수선비 2,000원이 발생하였으며 정식 파표를 취득하였다. 왕모씨가 주택을 임대한 사항에 대한 납부세액은 얼마일까?

 답   (1) 재세공과금 공제 후 소득액 = 8,000 – 80 = 7,920원
     (2) 지급한 임대료 공제 후 소득액 = 7,920 – 3,500 = 4,420원
     (3) 수선비용 공제 후 소득액 = 4,420 – min(회당 한도 800, 발생액 2,000) = 3,620원
     (4) 정액 또는 정율공제 후 소득액 = 3,620 – 800 = 2,820원
     (5) 납부세액 = 2,820 × 10%(개인의 주택임대) = 282원

 사례 10-15

왕모씨는 2019년 1월 1일부터 주택A를 임대하였다. 해당 세금비용을 공제한 후 매월 임대로 8,000원을 취득하며 연간 96,000원을 취득하였다. 또한, 11월 30일 다른 주택B를 임대하여 반년치의 임대료 42,000원을 수령하였다. 왕모씨의 2019년 개인소득세 납부세액은?

답   주택A 납부세액 = 8,000 × (1 – 20%) × 10% × 12개월 = 7,680원
    주택B 납부세액 =
    (1) 월간임대료 = 42,000 ÷ 6개월(반년치) × 1개월 = 7,000원
    (2) 정액 또는 정율 공제 후 소득 = 7,000 × (1 – 20%) = 5,600원
    (3) 납부세액 = 5,600 × 10% = 560원

재산양도소득의 납부세액계산

1. 일반재산 양도소득의 납부세액 계산

납부세액 = 납세소득액 × 적용세율 = (수입총액 − 재산원가 − 합리적 세금 및 비용) × 20%

2. 부동산, 지분, 유가증권, 소장품

(1) 개인주택 양도소득 납부세액의 계산

① 부동산원가 : 아파트상품(商品房) 구매원가는 실제 지급한 부동산가격 및 해당 세금비용을 합한 금액이다.

② 합리적 비용은 납세인이 규정에 따라 실제 지급한 인테리어비용, 주택대출이자, 수수료, 공증비 등의 비용을 뜻한다. 그 중 인테리어비용은 납세인이 세무통일파표(税务统一发票)를 제공할 수 있어야 하며, 아파트상품 및 기타주택의 최고 공제한도는 주택 원가의 10%이다.

③ 주택양도 과정중에 납부한 세금

  ⅰ) 증치세 : 북경, 상해, 광주, 심천 4개 도시 이외의 개인이 구매한 지 2년 미만의 주택을 대외로 양도하는 경우 5%의 징수율로 전액을 증치세 납부한다.

  개인이 구매한 지 2년 이상인(2년 포함) 주택을 대외로 양도하는 경우 증치세를 면제한다.

  ⅱ) 부가되는 세목

  ⅲ) 개인소득세 : 개인이 자가 사용한 지 5년 이상이며 또한 유일한 가정주거용 주택을 양도하여 취득한 소득은 면세한다.

사례 10-16

중국인 왕모씨는 국내 모 기업의 고급기술자이다. 8월 8일 이전에 구매한 주택을 양도하였다. 주택의 양도가격은 450만원(증치세불포함)이며, 양도과정 중에 지급한 해당 세금비용은 27만원이다. 본 주택의 구매가격은 180만원이며 구매과정 중에 지급한 증치세를 제외한 세금은 5.9만원이다. 모든 세금비용은 모두 합리적인 증빙서류를 취득하였다. 주택양도소득에 대한 왕모씨의 개인소득세 납부세액은?

답 주택양도소득에 대한 개인소득세 납부세액 = (450 - 180 - 27 - 5.9) × 20% = 47.42원

---

(2) 지분양도소득

> 납세소득액 = 지분양도수입 - 지분원가 - 합리적비용

1) 개인의 지분양도 : 매출, 회사환매, 강제명의변경 등을 모두 포함
2) "재산양도소득"에 따라 개인소득세를 납부한다. 지분양도자를 납세인으로 하며 양수인을 원천징수 의무자로 한다. 지분양도계약을 체결한 5개 근무일내 주관세무기관에 신고하여야 한다.
3) 지분양도수입

   위약금, 보상금 및 기타 명목의 대금, 자산, 지분 등을 포함한다. 납세인은 계약에 따라 약정한 조건을 만족한 후 취득한 후속적인 수입을 지분양도수입으로 한다.

주관세무기관은 다음과 같은 방법으로 지분양도수입을 확인할 권리가 있다.
① 순자산 추정법
② 유사사례비교법(类比法)
③ 기타 합리적 방법

* 피투자기업의 토지사용권, 가옥, 부동산기업의 매출하지 않은 부동산, 지적재산권, 광산탐사권(探矿权), 광산채굴권(采矿权), 지분 등 자산이 기업총자산의 점유율이 20%를 초과하는 경우 주관세무기관에서는 납세인이 제공한 자격을 갖춘 중개기구(中介机构)에서 제출한 자산평가보고서를 참조하여 지분양도소득을 확정할 수 있다.

---

4) 개인이 양도한 지분의 원가

지분취득방식	지분원가
현금출자	실제 지급한 금액과 지분취득과 직접 관련된 합리적 세금비용 합계
비화폐성자산 출자	세무기관에서 인정하거나 확정한 투자출자시 비화폐성 자산의 가격과 지분취득과 직접 관련된 합리적 세금비용 합계
무상양도	지분을 취득할 때 발생한 합리적 세금비용과 원 보유인의 지분원가 합계
자본잉여금, 유보이익의 자본전입	자본증가액과 해당 세금비용 합계 (유보이익은 이익잉여금, 미분배이윤을 포함)
기타	주관세무기관에서 개인소득세 이중과세회피 원칙에 따라 합리적으로 확인

> 개인이 양도하는 지분이 완전하고 정확히 계산된 지분원가 증빙서류를 제공하지 않거나 지분원가를 정확하게 계산할 수 없는 경우, 주관세무기관에서 지분원가를 추계결정(核定)한다.
>
> 개인이 동일한 투자받은 기업의 지분을 여러 차례 취득하고 부분 지분을 양도할 때 "가중평균법"을 적용하여 그의 지분원가를 계산한다.

(3) 개인의 채권류의 양도 소득

1) 공제할수 있는 원가와 합리적비용 : '가중평균법'으로 확정

2) 계산공식

> 채권 매각시 해당 1회에 공제할 수 있는 매입가와 비용
> = (납세자가 구매한 본 채권의 매입가격과 구입과정 중 납부한 세금총액 ÷ 납세자가 구매한 본 종류의 채권총수) × 한 번에 판매한 본 종류의 채권수량 + 본 종류의 채권을 판매하는 과정에 납부한 세금비용

사례 10-17

시에 거주하는 중국인 왕모씨는 11월에 장당 288원의 가격으로 3년 전에 구매한 기업채권 800부를 양도하였다. 발생한 해당 세금비용은 880원이며 채권 구입가격은 180원이며 구입시 지급한 세금비용은 380원이다. 왕모씨의 유가증권 양도소득의 개인소득세 납부세액은?

답 유가증권 양도소득의 개인소득세 납부세액
= [(288 - 180) × 800 - 880 - 380] × 20% = 17,028원

(4) 개인이 소장품을 양도하여 얻은 경매수입

1) "재산양도소득" 항목에 속하는지 여부 사례

① 작가가 자신의 문자작품 원본이나 사본을 경매해서 얻은 소득은 '특허권사용료' 소득 항목에 따라 개인소득세를 납부한다.

납부세액 = (양도소득액 - 800원 또는 20%) × 20%

② 문자작품 원고와 사본을 제외한 재산은 개인이 경매하면 '재산양도소득 '항목에 따라 개인소득세를 납부한다.

납부세액 = (양도소득액 - 재산원가와 합리적비용) × 20%

2) 양도소득의 확인

양도수입 = 재산의 최종 경매거래가격

원가 = 판매자가 취득한 경매품의 가격(합법적 유효증빙에 기준함)이며, 구체적으로 다음과 같다.

① 상점, 화랑 등 경로를 통해 구매한 것은 그 경매품을 구매할 때 실제로 지불한 가격

② 경매점을 통하여 경매품을 낙찰받기 위해 실제로 지불한 대금 및 납부한 관련 세금

③ 조상으로부터 전해 내려왔을 경우 그 경매품을 소장하기 위하여 발생하는 비용

④ 증정를 통하여 취득한 경우 증정품을 받을 때 발생한 관련 세금과 비용

3) 납세자가 합법적이고 완전하고 정확한 재산원가의 증빙을 제공하지 못할 경우

① 양도수입액의 3% 징수률에 따라 개인소득세를 납부한다.

납부세액 = 양도소득액 × 3%

② 문물부문이 해외환류문물이라고 인정된 경매품은 양도수입액의 2% 징수율에 따라 개인소득세를 납부한다.

납부세액 = 양도소득액 × 2%

 사례 10-18

왕모씨는 경매시장을 통해 대대로 전해온 서화 한점을 경매로 양도하였는데, 경매로 얻은 수입은 56,000원으로, 서화 원가의 증빙을 제공하지 못했다.

답 경매수입의 개인소득세 납부세액 = 56,000 × 3% = 1,680원

Ⅵ 이자, 주식배당금, 이익배당금 소득의 납부세액 계산

납부세액 = 매회(次)수입액 × 20%

[주의] 2015년 9월 8일부터, 개인이 주식시장에서 구입한 상장회사의 주식은 보유기간에 따라 주식배당금을 각각 전액(1개월내), 50%로 경감징수(1개월부터 1년), 면세(1년 이상)로 나누어 납세소득액으로 한다.

 사례 10-19

왕모씨는 2019년 10월에 모 상장회사의 주식 10,000주를 취득하였다. 2020년 3월에 본 상장회사는 2019년의 배당을 공포하였는 바, 매 10주에 6주를 배당하며 2020년 2월 지급하기로 하였다. 본 주식의 액면가는 주당 2원이다. 상장회사에서 원천징수할 왕모씨의 개인소득세는?

답 무상증자 주식수 = 10,000 ÷ 10 × 6 = 6,000주
무상증자 수식의 액면가치 = 6,000 × 2원 = 12,000원
왕모씨의 인정 납부소득액 = 12,000 × 50%(취득기간이 1개월 이상 1년 미만)
= 6,000원
상장회사에서 원천징수할 왕모시의 개인소득세 = 6,000 × 20% = 1,200원

Q 사례 10-20

왕모씨는 2019년 12월 28일에 모 상장회사의 주식 10,000주를 취득하였다. 2020년 1월 10일에 본 상장회사는 2019년의 배당을 공포하였는 바, 매 10주에 6주를 배당하며 2020년 2월 지급하기로 하였다. 본 주식의 액면가는 주당 2원이다. 상장회사에서 원천징수할 왕모씨의 개인소득세는?

답 무상증자 주식수 = 10,000 ÷ 10 × 6 = 6,000주
무상증자 수식의 액면가치 = 6,000 × 2원 = 12,000원
왕모씨의 인정 납부소득액 = 12,000 × 100%(취득기간이 1개월 이내) = 12,000원
상장회사에서 원천징수할 왕모시의 개인소득세 = 12,000 × 20% = 2,400원

Q 사례 10-21

왕모씨는 2019년 8월에 국채이자 7,600원, 호남성에서 발행한 지방정부 채권이자 240만원, 모 상장회사에서 발행한 회사채권이자 1,800만원을 취득하였다.

답 납부세액 = 1,800 × 20% = 360원
국채이자, 지방정부채권이자는 비과세소득임.

 우연소득, 기타소득의 납부세액 계산

납부세액 = 매회(次) 수입액 × 20%

제7절 **납부세액계산의 특수문제**

참조 실제 법규에는 하기된 사례보다 더 많은 특수문제에 대해 제시되어 있으며, 하기 사례는 그 중 일부분만 발췌한 것이므로 실제로 적용시에는 반드시 전문가의 도움을 받기 바란다.

I 중국공민의 급여 임금 소득

1. 개인이 연간 일회성 장려금, 중앙기업책임자 연도성과급, 연기현금수입 및 임기 장려에 관한 규정

(1) 일회성상여금의 범위

1) 연말보너스

2) 연봉제, 성과급제를 실시하는 기업에서 평가상황에 따라 지불하는 연봉 과 성과급

(2) 과세방법

시간	과세방법	납세방법
2021년 12월 31일 이전	(1) 당해 종합소득에 합산하지 않고 1년 일회성 장려금을 12개월로 나누고 그 상수에 따라 월별 계산후의 종합소득세율표(아래참조)를 찾아 적용세율과 속산공제액을 확정한다. (원래의 계산방법)	(1) 한 납세년도내에 매 납세자에 대하여 이 세금계산방법은 1회만 적용할 수 있다. (2) 원천징수의무자가 지급시 원천징수한다.
	(2) 당해 종합소득에 합산하여 계산하여 납세할 수도 있다.	
2022년 1월 1일 이후	당해 종합소득에 합산하여 개인소득세를 납부한다.	

참조 주민(거주자)개인이 받는 연간 1회성 상여금 외에 반기상여금, 분기상여금, 연장근무상여금, 선진상여금, 출퇴근상여금 등 각종 명목의 상여금은 일괄적으로 그 달 임금, 급여와 합산하여 세법 규정에 따라 개인소득세를 납부한다.

사례 10-22

중국주민 개인 이모씨는 2019년 중국 경내에서 1월부터 12월까지 매월 세후급여가 3,800원이고 12월 31일에 또 일회성 연말상여금 60,000원을 받았다. 이모씨가 연말상여금을 취득할 때 납부해야 할 개인소득세는?

〈월간 환산후의 종합소득세율표〉

구분	납세소득액(월)	세율(%)	속산공제액
1	3,000원 이하	3	0
2	3,000원 초과 12,000원 이하	10	210
3	12,000원 초과 25,000원 이하	20	1,410
4	25,000원 초과 35,000원 이하	25	2,660
5	35,000원 초과 55,000원 이하	30	4,410
6	55,000원 초과 80,000원 이하	35	7,160
7	80,000원 초과	45	15,160

답 당해 종합소득에 합산하지 않도록 선택했다면

(1) 연말상여금에 적용하는 세율과 속산공제액은 12개월로 나눈 후 매달의 상여금
   = 60,000 ÷ 12 = 5,000(원)이다.

(2) 월별로 환산한 종합소득세율표에 따라 적용되는 세율과 속산공제액은 각각 10%와 210원이다.
   연말상여금에 대해 납부해야 할 개인소득세 = 60,000 × 10% - 210
   = 6,000 - 210 = 5,790원

□ 참조

위 과세소득액이 일반적인 급여라고 하고 과세표준액이 15,000원이라면 세율표의 12,000~25,000구간에 해당한다. 이 경우 세액을 한 번 계산해 보자.

• 제1방법 : 15,000× 20% - 1,410 = 1,590원(속산표에 의한 방법)
• 제2방법 : 3,000× 3% + (12,000-3,000) × 10% + (15,000-12,000) × 20%
   = 90 + 900 + 600 = 1,590원(누진세율 원리에 의한 계산)

보는 바와 같이 누진세율의 원리를 이용하여 계산한 세액과 속산표를 이용하여 계산한 세액이 완전히 같다.

그러나, 연간 일회성 장려금의 경우 특별히 12로 나눈 금액에 대한 세율과 속산공제액을 적용한다고 규정하고 있다. 그렇다면 12로 나눈 금액에 누진세율을 적용해서 한 번 계산해 보자.

- 12로 나누기 = 15,000÷12 = 1,250(그럼 이 숫자는 1개월치 평균를 의미)
- 1,250에 대하여 적용될 세율은 3%이며 속산공제액은 0이다.
- 누진세율 적용 = (1,250× 3%) = 37.5원
- 12개월치 적용 = 37.5 ×12개월 = 450원

이 금액은 위 사례의 답안과 차이가 있다. 따라서, 이 경우에는 누진세율 원리에 의하여 계산할 수 없다.

즉, 연간 일회성 장려금에 대하여는 반드시 위 사례의 순서를 적용하여 계산하여야 한다.

왜 이렇게 계산을 하는 것일까? 사실 아무 이론적인 근거는 없다. 그냥 입법기관에서 연간 일회성 장려금에 대해서는 이런 세수혜택을 주고, 경제보상금에 대해서는 그런 수세혜택을 주기로 정했을 뿐, 실질적 이론적 근거는 없다.

세법과 회계는 근본적으로 다르다. 회계처리는 기업회계기준에 그 처리방식의 근거가 있다 하더라도, 일반적으로 회계처리는 이론에 그 바탕을 두고 있다. 즉, 회계처리는 하나의 방법을 규정하였으면, 그 나름대로의 이론적 근거가 있다(물론 모든 회계처리가 그런 것은 아니다). 예를 들어 단기매매증권의 평가손익은 당기손익에 반영하고, 매도가능증권의 평가손익은 자본에 반영하는 식이다. 왜냐하면, 단기매매증권은 그 보유목적이 단기로 단기내에 손익이 실현될 것으로 보나, 매도가능증권은 장기간 후에 그 평가손익이 실현된다고 보기 때문이 아닐까? 그러나 세법은 그렇지가 않다. 세법은 입법기관이 정책의 필요성에 따라 정하고, 그렇게 정했으면 그대로 하는 것이다.

중국회계에 대한 구체적인 내용은 여기서는 다루지 않기로 한다.

사례 10-23

위 사례 중 당해 종합소득에 포함시킬 것인지 포함시키지 않을 것인지, 어느 쪽이 세금을 적게 납부할 수 있는가?

> **답** 만약 당해 종합소득에 합산시키는 것을 선택하고 그 어떤 항목별부가공제도 존재하지
> 않는다고 할 경우
> 납세소득액 = 3,800×12+60,000−60,000 = 45,600(원) 적용세율 10%, 항목별공
>   제액은 2,520원
> 납부세액 = 45,600 × 10%−2,520 = 2,040원

> **주의** 사례에서 제시한 3,800은 세후급여이지만 최저공제기준인 5,000보다 낮기 때문에 세금
> 을 낼 필요가 없어 세금 납부 전 급여라고 봐야 한다.

2. 세금불포함 연간 일회성 장려금 수입을 취득하는 경우

세금불포함금액을 세금포함금액으로 환산하여 계산한다.

3. 기업사업단위(單位)에서 자가 건축한 주택을 건설원가보다 낮은 가격으로 직원에게 양도하는 경우

직원이 적게 지출한 차액부분은 당해 종합소득에 넣지 않고 저가로 인한 차액수입을 12개월로 나눈 액수를 월별세율표에 따라 적용세율과 속산공제액을 확정하고 단독으로 계산하여 납세한다.

4. 개인이 취득한 업무상(公務) 교통비, 통신비보조금 수입

월별로 지급한 경우 일정부분의 공무비용을 차감한 후 당월의 "급여, 임금" 소득에 합산하여 개인소득세를 징수하며, 월별로 지급하지 않은 경우 각 월에 배분하여 해당월의 "급여, 임금" 소득에 병합하여 개인소득세를 징수한다. 공무비용 공제표준은 성급 지방세무국에서 결정한다.

5. 중국 주재 국제 조직, 중국 주재 외국 정부 영사관과 중국 언론 기관의 직원

(1) 중국주재 국제조직, 중국 주재 외국 정부 대사관, 영사관에서 일하는 중국 정부 고용인과 중국 주재 외국 신문기관에 있는 중국 외국 고용인에 대하여는 반드시 중국의 규정에 따라 개인소득세를 납부하여야 한다.

(2) 중국주재 국제조직 및 외국정부 대사관, 영사관에서 근무하는 외국국적고용

원에 한해서는 개인소득세를 징수하지 않는다.

> **참조** 각 주관 세무기관은 외교인원봉사기구에 위탁하여 상술한 중국측 고용인의 개인소득세를 대리징수하게 할 수 있다.

6. 외상투자기업, 외국기업과 외국주중국기구에서 근무하는 중국측 인원이 취득한 급여, 임급소득

(1) 고용단위(单位)와 파견단위(单位)에서 각각 지급한 경우, 고용단위 일방에서만 급여, 임금을 지급할 때 세법의 규정에 따라 비용을 공제하여 개인소득세를 계산/공제한다. 파견단위에서 지급한 급여, 임금은 더 이상 비용을 공제하지 않으며 지급한 금액에 직접 적용세율로 개인소득세를 계산한다.

(2) 유효한 계약서 혹은 해당 증빙서류를 제공하여 중국측 근무인원의 급여, 임급소득의 일부분을 해당 규정에 따라 파견(소개)단위에 상납하였다고 증명할 수 있는 경우, 실제 상납한 부분을 공제할 수 있으며 그 잔액으로 개인소득세를 납부할 수 있다.

7. 개인이 노동계약을 해제하여 취득한 경제보상금의 징세방법

> **참조** 노동계약법의 규정에 따라 노동자 과실이 아닌 다른 이유로 단위(单位)에서 노동자와 노동계약을 해제 혹은 종료한 경우, 법에 따라 노동자에게 경제보상금을 지급하여야 하며, 해당지역 이전연도 직원 평균급여의 3배를 초과하지 않는 금액으로 한다.

(1) 기업파산 : 기업의 직원이 본 파산기업에서 취득한 일회성 수입(安置費)은 개인소득세를 면제한다.

(2) 노동관계 해제 : 취득한 일회성 보상수입(고용회사에서 지급한 경제보상금, 생활보조금과 기타 보조비)은 그 수입이 해당지역 전년도 직원 평균급여의 3배 이내의 부분은 개인소득세를 면제하며, 3배를 초과하는 일회성 수입은 종합소득에 합산하지 않고 단독으로 연간 종합소득세율표에 따라 계산한 금액을 납부한다.

Q 사례 10-24

중국인 왕모씨는 국내 A 회사에 취직하였다. A 회사는 2019년 3월에 왕모씨와 노동관계해제협의를 체결하고 이미 8년간 본 회사에 임직해 온 왕모씨에게 경제보상금 115,000원(회사소재지의 전년도 종업원 평균급여 25,000원)을 일시불로 지불하였다. 회사가 왕모씨에게 지급한 일회성 경제보상금에 대하여 납부할 개인소득세는?

답　1단계 : 면세표준을 초과하는 보상금은 다음과 같다.
　　　　　115,000 − 25,000 × 3 = 40,000원
　　　2단계 : 10% 세율 적용, 속산공제액 2,520
　　　　　원천징수해야 할 개인 소득세 = 40,000 × 10% − 2,520 = 1,480(원)

8. 조기퇴직

(1) 기업의 감원 및 효율성 증가와 행정 사업단위, 사회단체의 기구 개혁 과정에서 내부 퇴직방법을 실행한 인원들의 일회성 수입

면세대상인 퇴직급여에 해당하지 않으며, 소득세는 내부 퇴직수속부터 법정 퇴직연령까지 기간으로 나누어 급여, 임금소득 항목에 따라 개인소득세를 계산해야 한다.

1) 종합 소득신고에 포함시키지 않는다.
2) 1회성 수입의 월평균 후의 상수를 먼저 그 달의 급여과 합산하고 비용을 공제하고 세율을 찾는다(월별로 계산함).
3) 납부세액 = [(내부퇴직 일회성수입 + 당월급여 − 공제 비용) × 세율 − 속산공제액] − 당월급여 납부세액

(2) 개인 조기퇴직시 보조금수입

1) 2019년 1월 1 일부터 개인 조기퇴직수속을 하여 취득한 일회성 보조금수입은 조기퇴직수속을 시작해서부터 법정 정년퇴직연령까지의 실제 연도수를 나눠 평균분배하여 적용세율을 확정하고 속산공제액을 결정하며, 단독으로 종합소득세율표(년도)에 적용하여 납세액을 계산한다. 즉 종합소득에 합산되지 않는다.

2) 세액계산

> 납부세액 = {[(1회성 보조소득 ÷ 조기퇴직할 경우의 법정퇴직연령까지의 실제 연수) − 비용공제기준] × 적용세율 − 속산공제액} × 조기 퇴직수속부터 법정퇴직연령까지의 실제 연수

 사례 10-25

건강상의 이유로 장모씨는 2019년 3월에 조기퇴직 수속을 하고 (정년퇴직연령까지 4년) 단위에서 통일적인 기준에 따라 지급하는 일회성 보조금 100,000원을 받았다. 그 달에 장모씨는 원래의 급여기준에 따라 급여 5,500원을 수령하였다. 매월 노인봉양 특별부가공제 항목은 1,000원이다.

장모씨가 일회성보조금에 대한 납부해야 할 개인소득세는?

답 일회성보조소득 ÷ 조기 퇴직수속부터 법정퇴직연령까지의 실제 연수
= 100,000 ÷ 4 = 25,000원
위 25,000이 공제 기준 60,000원을 초과하지 않았으므로 개인소득세를 납부할 필요가 없다.
장모씨의 납부세액 = 0

9. 기업연금 개인소득세 징수관리

> ❑ 기업연금 : 기업 및 그 직원이 법에 따라 기본양로보험에 가입한 기초에 더하여 자발적으로 건립한 보충 양로보험제도
> ❑ 직업연금 : 사업단위 및 그 직원이 법에 따라 기본양노보험에 가입한 기초에 더하여 건립한 보충 양로보험제도

【해당되는 납세 단계】 납부시점 − 존속기 − 수령시점

(1) 납부시점의 개인소득세 처리

1) 단위(單位)가 불입한 부분 : 개인구좌에 기입할 때 잠시 개인소득세를 납부하지 않는다.

2) 개인이 불입한 부분 : 본인의 비용납부급여과세기준(计税基数)의 4% 표준을 초과하지 않은 부분은 잠시 개인의 당기 납세소득액에서 공제한다.

3) 상술한 표준을 초과하여 단위와 개인이 납부한 부분은 당기 개인의 급여, 임금소득에 합산하여 과세한다.

> 참조 › 본인의 급여과세계산기준는 근무지가 소재한 도시의 전년도 직원 월평균급여의 300%를 초과하지 않는다.

본인의 비용납부급여 과세기준(计税基数) (본인의 전년도 월평균급여 + 직무수장 + 직급수당 합계) : 직원 근무지 소재구역의 도시 전년도 직원 월평균급여의 300%를 초과한 부분은 개인의 비용납부급여의 과세기준에 산입하지 않는다.

(2) 연금기금 투자 운영수익

개인구좌에 배당을 기입할 때 개인은 잠시 개인소득세를 납부하지 않는다.

(3) 연금 수령시

"급여, 임금소득"으로 과세하며 종합 소득에 합산하지 않고 전액 단독으로 납부세액을 계산한다.

1) 월별로 수령 : 전액을 적용세율로 개인소득세를 계산

2) 연도 혹은 분기별로 수령 : 각 월에 평균 배분하여 매월 수령한 금액을 적용세율로 계산하여 개인소득세를 계산

3) 개인이 출국하여 정착하기 위해 일회성으로 수령하거나 개인이 사망한 후 수익자 또는 법정상속인을 지정하여 일회성으로 수령할 경우 개인계좌잔액은 연도별종합소득세율표를 적용하여 납세한다. 상기 특수원인 외에 개인구좌자금 또는 잔액을 일회용으로 수령하는 경우에는 월별세율표를 적용하여 납세액을 계산한다.

10. 보험료(금)에 대한 세금 징수

(1) 근로자 개인을 위한 상업성 보충양로보험 등을 구입한 기업이 보험 가입 절차를 밟을 때 개인소득세 '급여, 임금 소득' 항목으로 세금을 납부하여야 한다.

연결 개인이 규정에 따라 내는 세 보험과 주택적립금(三險一金)은 개인 소득세를 면제한다.

(2) 개인세금이연형 상업양로보험 3개 지역시범 진행

1) 개인이 납부하는 경우 : 과세하지 않는다. 급여,임금 연속성 노무보수를 취득한 개인들이 납입하는 보험료는 그 달 납세소득액 계산시 사실 그대로 공제를 허용한다. 공제한도액은 그 달의 급여, 임금 연속성 노무보수 수입의 6%와 1,000원 중 낮은 금액을 택한다.

2) 계좌자금의 수익 : 잠시 세금을 징수하지 않는다.

3) 수령시 : 급여, 임금 소득에 따라 세금을 징수하며 보험기구가 원천징수 한다.

납부세액 = 수령하는 상업양로금수입 × (1 − 25%) × 10%

(3) 상업건강보험

적용범위 : 급여, 임금소득, 연속적 노무보수소득을 취득한 개인 및 경영소득을 취득한 개인사업자, 개인독자기업 투자자, 파트너기업의 파트너와 도급경영자, 임차경영자

1) 개인이 규정에 부합되는 상업건강보험제품을 구매하는 데 대한 지출은 당해 (월) 납세소득액 계산시 과세전 공제를 허용하며 그 공제한도는 연간 2,400원 /년(200원/월)이다.

2) 단위에서 규정에 부합되는 상업건강보험 제품을 구매하도록 통일적으로 규정한 지출은 종업원 개인의 급여, 임금에 합산하여 개인의 구매와 동등하게 취급하며 상기 한도에 따라 공제한다.

11. 주식증치권(增値权)소득과 제한성주식(限制性股票)소득

개인이 상장회사 (경내외 상장사 포함)에서 취득한 주식증치권 소득과 제한적 주식 소득은 상장회사나 경내기구 (원천징수의무자)가 급여, 임금 소득으로 계산하여 징수한다.

유형	납세소득액	납세의무발생 시기	세액계산
주식증치권	행사 시 : (행사일의 주식가격 – 수권일의 주식가격)×행사주식수	상장회사가 수권대상자에게 주식증치권을 현금화하여 이익을 얻은 날	1. 세액계산 (1) 당해 종합소득에 합산하지 않으며, (2) 그 전액을 연도종합소득 세율표에 따라 단독으로 적용한다. (3) 납부세액＝지분격려소득 　　　×적용세율 – 속산공제액 2. 한 납세년도내에 지분격려를 2차 (포함) 이상 취득한 경우 합산하여 상기 공식에 따라 세금을 계산하여야 한다.
제한성주식	금지 해제시 : (주식등록일 주식시가+본 회수의 주식금지해제 당일 시가)÷2×본 회수의 금지해제 주식수 – 격려상대방에게 실제 지급한 자금총액×(본 회수의 금지해제 주식수÷격려상대자가 취득한 제한성주식 총수)	매 회의 제한성주식 금지해제의 일자	

12. 특수공헌자

(1) 과학기술인원의 직무과학기술성과 현금 장려금 취득

법에 따라 비준을 받고 설립된 비영리 연구개발기구와 대학교는 《중화인민공화국 과학기술성과 전화촉진법》 규정에 따라 직무과학기술성과 전화수입에서 과학기술인력에게 장려한 현금상여금은 50%로 하향조정하여 해당월 급여, 임금 소득에 합산하여 법에 따라 개인소득세를 납부하여야 한다.

(2) 장강학자장려계획(长江学者奖励计划) 개인소득세 관련 규정

1) 특임교수가 취득한 직위수당은 그 달의 급여, 임금소득에 합산하여 개인소득세를 계산하고 소재 학교에서 원천징수한다.

2) 특임교수가 '장강학자공로상'을 취득하고, 교육부로부터 특수채용기간에 받는 '특채교수 성과상'에 대해 개인소득세를 면제한다.

 비주민개인과 거주지가 없는 주민개인에 관한 소득세 정책

1. 외국국적개인의 수당 관련정책

참조1 ▶ 외국국적 개인인 납세주민에게 적용

참조2 ▶ 수당은 '급여, 임금소득'에 속한다.

시간	공제요구사항
2019년 1월 1일부터 2021년 12월 31일까지의 기간 : 둘 중 하나를 선택가능하고, 한 납세년도내에서 변경할 수 없다.	개인소득세 항목별부가공제(专项附加扣除) 선택
	주택보조금, 언어교육비, 자녀교육비 등 보조금의 면세(기존정책 적용)를 선택
2022년 1월 1일부터	항목별부가공제(专项附加扣除)

면세혜택(원래의 정책)을 향유하는 외국적 개인수당에는 다음과 같은 것이 포함된다.
(1) 외국국적의 개인이 비현금이나 실비 지출형식으로 취득한 주택비, 급식비, 이사비, 세탁비
(2) 외국 국적의 개인이 합리적인 표준에 따라 취득한 국내외출장 수당금
(3) 외국국적의 개인이 취득한 가족방문비, 언어교육비, 자녀교육비 등 현지 세무기관이 심사비준한 적정한 부분
(4) 중국경내 기업에 고용된 외국국적인 개인(홍콩, 마카오 주민의 개인을 포함하지 않음)
  1) 가정 등 원인으로 홍콩, 마카오에 거주하고 매일 내륙과 홍콩, 마카오 등 지역을 오가며 경내기업(그 관계사를 포함)이 홍콩이나 마카오에서 주택, 식사, 세탁, 이사 등 비현금 혹은 실비 지출에 근거하여 보조금, 유효 증빙

을 제공할 수 있고 주관세무기관의 심사 확인된 부분

2) 홍콩이나 마카오에서 언어교육, 자녀교육을 하면서 받은 비용보조. 유효 지출증명서 등 자료를 제공할 수 있고 주관세무기관의 심사를 거쳐 합리 적인 것으로 확인되는 부분

2. 중국경내에 주소가 없는 개인이 취득한 급여, 임금소득

주소지가 없는 개인은 주민납세인일 수도 있고, 비주민납세인일 수도 있다. 이것 은 중국 거주시간에 따라 결정되며 그 급여, 임금소득에 소득세를 징수할 때 우 선 납세인의 신분을 판정하여 납세의무를 확인한다.

(1) 급여, 임금소득의 원천지 확인

1) 개인이 실제 중국경내에서 근무하는 기간에 취득한 급여, 임금은 중국경 내 혹은 경외 기업 혹은 개인고용주가 지급하였는지 불문하고 모두 중국 경내원천소득에 속한다.

2) 개인이 실제 중국경외에서 근무하는 기간에 취득한 급여, 임금은 중국경 내 혹은 경외 기업 혹은 개인고용주가 지급하였는지 불문하고 모두 중국 경외원천소득에 속한다.

(2) 중국경내에 주소지가 없는 개인의 급여, 임금소득의 징수규정

거주시간	납세인	경내소득		경외소득	
		경내지급	경외지급	경내지급	경외지급
90일(또는 183일) 이내	비주민	○	면세	×	×
90일(또는 183일)~1년	비주민	○	○	×	×
1~5년	주민	○	○	○	면세
5년 이상	주민	제6차년도부터 거주시간을 다시 계산하여 신분을 판 정한다.			

참조 納세자가 회사의 임원(高管)이라면 거주시간, 경외에서 취득한 소득과 경내에서 지급한 부분을 구분하지 않고 중국에서 납세의무가 있다.

다중선택 ⬤

다음 개인소득세의 설명 중 옳은 것은?

A. 중국경내에 주소가 없고 한 납세연도에 중국경내에 누계로 만 183일 거주한 자는 주민개인이다.

B. 중국경내에 연속 또는 누계로 90일을 초과하지 않는 비주민개인은 그가 취득한 중국경내의 취득하고 경내에서 지불하는 부분은 면세한다.

C. 중국경내에 주소가 없고 한 납세연도에 중국경내에 한 번에 120일 거주한 개인은 그가 취득한 중국경내에서 지불된 경내의 소득부분을 납부한다.

D. 중국 경내에 주소가 없지만 중국 경내에 6년 이상 거주한 개인은 중국 경내 경외에서 취득한 모든 소득에 대해 개인소득세를 납부하여야 한다.

답 A, C, D

해설 B : 중국경내에 연속 또는 누계로 90일을 초과하지 않는 비주민개인으로서 그가 취득한 중국경외에서 지불되는 경내의 소득부분은 면세된다.

3. 경내에 주소가 없는 개인의 개인소득세 계산

(1) 주소가 없는 주민 개인이 취득한 종합소득(종합과세)

연말 연도별로 개인소득세를 계산하며 원천징수의무자가 있는 경우 원천징수의무자가 월별 또는 매회로 세금을 원천징수하며 종합확정신고해야 할 경우에는 규정에 따라 종합확정신고하고 납부세액을 납부한다.

2022년 1월 1일 이전에 급여, 임금소득을 산출할 때 주택수당, 자녀교육비, 어학훈련비 등 8개 수당 등을 차감해 놓은 경우에는 동시에 항목별부가공제(专项附加扣除)를 받을 수 없다.

(2) 주소가 없는 비주민개인소득세 계산의 규정

1) 비주민개인이 당월에 취득한 급여, 임금소득

2) 납세소득액 = 월소득액 - 고정비용 5,000원

   월별로 환산한 종합소득세율표를 적용해 납부세액을 계산한다.

3) 비주민개인이 한달내에 취득한 수개월간의 상여금

   월수입액을 별도로 계산하고 그 달 기타 급여, 임금과 합산하지 않고 6개

월로 배분하여 세금을 계산하며, 비용을 공제하지 않고 월별세율표를 적
용하여 납세액을 계산한다. 당해 연도에는 비주민개인에게는 이 세금계
산방법을 1회만 적용할 수 있다.

 경영소득

1. 중점집단(重点群体)창업 취업 개인경영에 종사

매호당 매년 3년(36개월) 동안 12,000원 한도액에서 그 해에 실제로 납부해야 할
증치세, 부가가치세, 개인소득세를 순차적으로 공제하며, 한도액 기준은 최고 20%
까지 상승할 수 있다.

2. 자주취업을 선택한 군대취역간부와 종군 가족취업, 자주취업 퇴역병사 창업 취업

(1) 개인경영에 종사하는 군대 전업간부와 종군가족에 대하여는 세무등록증을
수령한 날부터 3년 내에는 개인소득세를 면제한다.
(2) 자주취업퇴역 사병이 개인경영을 할 경우 개인공상업자등록수속을 한 그 달
부터 3년(36개월) 동안 매호당 매년 12,000원 한도내에서 그 해에 실제로 납
부해야 할 증치세와 부가세, 개인소득세를 차례로 공제한다. 한도액 표준은
최고 20%까지 상승할 수 있다.

3. 창업투자기업 개인 파트너와 엔젤투자 개인의 개인소득세 관련 규정

파트너창업투자기업이 주식투자방식으로 초창기과학기술형기업에 직접 투자한
만 2년(24개월)이 되면 파트너창업투자기업의 개인파트너는 창업과학기술형기업
투자액의 70%로 개인파트너가 파트너창업투자기업에서 배당받은 경영소득에서
공제할 수 있다. 당해에 공제하지 못한 경우에는 다음 납세년도에 이월하여 공제할
수 있다.

`연결` 기업소득세 관련된 혜택과 일치

Ⅳ 재산양도소득

1. 개인의 비화폐성자산 투자

(1) '재산양도소득' 항목에 따라 개인 소득세를 납부하다.

(2) 납세소득액 = 양도수입 − 자산원가 및 합리적비용

  = 평가 공정가액 − 자산원가와 합리적비용

(3) 양도소득 5년 지연납세 : 납세자가 한꺼번에 세금을 납부하기 어려운 경우 상술한 과세행위가 발생한 날로부터 5개 양력년도내에(포함) 개인소득세를 분할납부할 수 있다.

연결 기업소득세 관련된 혜택과 일치하다.

(4) 우선납부의 경우

  1) 현금가격보상을 취득하였을 경우 현금부분은 우선 세금을 납부하여야 한다. 현금이 납세하기에 부족한 부분은 분할납부할 수 있다.

  2) 분할납세기간에 보유하고 있는 상기 지분의 전부 또는 일부를 양도하고 현금수입을 취득한 경우

(5) 징수관리규정 : 납세자가 주관 세무기관에 자진신고납부한다.

  1) 납세의무 발생시기 : 비화폐성 자산을 양도하고 피투자기업의 지분을 취득한 시점

  2) 납세장소

납세인투자방식	납세장소(지방기관)
부동산투자	부동산소재지
주식대외투자	투자기업 소재지
기타비화폐성자산투자	피투자기업 소재지

2. 개인투자경영 종료 후 회수금액 과세

(1) 개인이 여러가지 원인으로 투자, 연합경영, 합작경영 등 행위를 종료하고 피투자기업 또는 합작프로젝트, 피투자기업의 기타 투자자 및 합작프로젝트의

경영 협력업체가 지분 양도소득 취득, 위약금, 보상금, 배상금 및 기타 명목의 수금 등은 '재산양도소득' 방법에 따라 개인소득세를 납부하여야 한다.

(2) 계산공식

> 납세소득액 = 개인이 취득한 주식양도소득, 위약금, 보상금, 배상금 및 기타 명목으로 회
> 수하는 자금의 합계－당초 실제출자액(투입액) 및 관련 세금과 비용
> 납부세액 = 납세소득액 ×20%

3. 개인이 채권을 구매, 처분하여 취득한 소득

(1) 개인이 입찰, 경매 또는 기타 방식으로 채권을 구입한 후 관련 사법 또는 행정 절차를 통해 채권을 주장하여 얻은 소득은 "재산양도소득" 항목에 따라 개인소득세를 납부한다.

(2) 개인은 위에서 서술한 방식으로 '패키지'채권("打包"债权)을 취득하여 일부 채권만 처분하는 경우 세무처리

Q 사례 10-26

왕모씨는 8월에 150만원을 지급하여 모 기업으로부터 "打包"채권을 구입하였다. 장부 가치는 총 300만원이며, 그 중 A기업 60만원, B기업의 80만원, C기업 160만원으로 이루어져 있다. 10월 왕모씨와 A기업이 협의하여 A기업에 대한 채권 50만원을 회수하였으며 나머지는 면제하기로 하였다. 그 과정에서 2원의 비용이 발생하였다. 왕모씨가 납부할 개인소득세는?(기타비용은 고려하지 않는다.)

답 납부세액 = (50 - 150 × 60 ÷ 300 - 2) × 20% = 3.6만원

❑ "打包(Dabao다바오)"债权(채권)

"打包(Dabao다바오)"채권이란 여러가지 채권을 묶어 보따리 형식으로 하나의 경매목적물 등으로 하는 것을 의미한다. 비록 이러한 자산 또는 채권의 회수 가능성이 낮으나, 현재 중국은 이러한 불량자산에 제한정책이 없으므로, 위험이 존재함에도 불구하고, 투자의 기회로 여겨질 수 있다. 따라서, 대기업이나 개인이 저가로 이러한 채권을 구입하여, 스스로 경영하면서 양도하거나 또는 소송등을 거쳐 일정부분을 회수하여 수익을 창출할 수 있다. 또, 중국 현지에서는 음식점에서 남은 음식물을 싸달라고 할 때 "打包(Dabao다바오)"라고 한다. 연결을 해 보면 왜 "打包(Dabao다바오)" 채권이라고 하는지 알 수 있을 것이다.

일부 책에서는 "打包"债权을 채권담보부증권(CBO)으로 번역된 것을 보았다. 하지만 본 저자는 어떤 과정으로 그렇게 번역이 된 것인지 그 출처를 찾지 못하였다. 채권담보부증권에 대해서는 다음과 같이 'naver 시사상식사전'에 나온 내용을 아래와 같이 첨부한다. 【사례 10-24】를 참조하기 바란다.

❑ 채권담보부증권

투기등급의 고수입-고위험 채권을 담보로 발행하는 증권. 미국 등 선진국에서는 부실위험을 회피하기 위해 오래 전부터 보편화됐다. 자산담보부채권(ABS)의 일종이다. 회사채담보부 증권이라고도 한다.
종류는 크게 우선적으로 담보권을 행사할 수 있는 '선순위채권'과 그렇지 않은 '후순위채권'으로 분류된다.
예를 들어 은행-투신-증권사 등이 소유한 100억원 규모의 BB등급 채권을 모아서, 자산유동화 회사나 신탁기관에 맡기고 이를 담보로 50억원 규모의 '선순위채권(우선 상환받을 권리가 있는 채권)'을 발행하는 것이다.
이렇게 되면 각 저당증권의 2배에 해당하는 담보가 잡혀 있기 때문에 투자자가 안심하고 채권을 구입할 수 있다. 또 필요한 경우 저당증권에 대해 발행한 은행 등이 보증을 하거나 제3자 보증을 통해 안전도를 더욱 높이고 신용 평가기관의 신용평가도 받도록 했다. 안전도가 높은 만큼 수익률은 떨어진다.
반면 나머지 50억원에 대해서는 원리금 보장이 안되는 '후순위 채권'을 발행한다. 대신 이 채권에 대해서는 높은 수익률을 제시하고, 아울러 세제혜택도 제공된다.
[네이버 지식백과] 채권담보부증권 (시사상식사전, 박문각)

4. 개인이 양도하는 매각제한주식(限售股)

'재산양도소득'에 따라 개인소득세를 징수하다.

> 납부세액 = [제한주식양도수입 − (제한주식원가 + 합리적인 세금, 비용) × 20%]

만약 납세자가 완전하고 진실된 매각제한주식의 원가증서를 제공하지 못하고, 매각제한주식의 원가를 정확하게 계산하지 못할 경우 주관세무기관은 일률적으로 매각제한주식 양도수입의 15%에 따라 매각제한주식의 원가 및 합리적 세금을 산정한다.

> **연결** 개인 유통주식 양도에 대하여 개인소득세 잠시 징수 면제

5. 개인이 양도하는 전국중소기업주식양도시스템(新三板) 상장회사 주식

(1) 개인이 신삼판상장회사(新三板挂牌公司)의 비원시주(非原始股)를 양도하여 취득한 소득은 개인소득세를 잠시 징수하지 않는다.

비원시주식이란 개인이 신삼판상장회사가 상장한 후에 취득하는 주식과 상기주식의 과실로 얻어지는 주식을 말한다.

(2) 개인이 신삼판 상장회사의 원시주를 양도하여 취득한 소득에 대하여는 '재산양도소득'에 따라 20%의 개인소득세를 적용한다.

> **참조** 개인이 상장회사의 유통주를 양도하여 취득한 소득은 면세하며 상장회사의 매각제한주식을 양도하여 얻은 소득은 '재산양도소득'에 따라 납세한다.

(3) 2019년 9월 1일 (포함)부터 주식을 위탁관리증권기구를 원천징수의무자로 하고 주식위탁관리증권기구소재지의 주관세무기관이 세금징수관리를 책임진다(이전에는 주권양수자를 세액공제 납부의무자로 하고 피투자기업 소재지의 세무기관이 세금징수관리를 책임진다).

6. 주식격려(股权激励)와 기술출자의 개인소득세 보완

(1) 조건에 부합되는 비상장회사의 스톡옵션(股票期权), 제한성주식과 주식장려에 대한 이연납세정책을 실시한다.

즉, 종업원이 주식격려(股权激励)를 취득할 때 잠시 세금을 납부하지 않고 주식을 양도할 때까지 이연할 수 있다. 주식을 양도할 때는 '재산양도소득'에 따라 납세한다.

> 납부세액 = (주식양도수입－주식취득원가 및 합리적인 세금과 비용) × 20%

(2) 상장회사의 스톡옵션(股票期权)과 제한성주식과 주식장려에 대해 납세기한을 적절히 연기한다. 즉, 개인은 스톡옵션, 제한성주식 해지 또는 주식격려 취득 일로부터 12개월을 넘기지 않는 기간내에 개인소득을 납부할 수 있다.

 V 이자, 주식배당금, 이익배당금

1. 기업의 자금을 이용하여 주주 개인이 자동차를 구매한 경우

(1) 기업은 주주에게 차량을 구매해 주고 차량 소유권을 주주 개인 명의로 한 경우, 실질적으로 기업이 주주에게 이익배당금을 실물 형식으로 한 것으로 보며, '이자 주식배당금, 이익배당금 소득' 항목에 따라 개인소득세를 징수하고, 주주 개인소유의 차량을 기업 경영에 사용하는 것을 고려해서 합리적으로 소득을 차감할 수 있다.

(2) 기업이 개인주주를 위해 구매한 차량은 기업의 자산에 속하지 않으며, 감가상각비를 과세표준계산시 손금으로 산입하여서는 아니된다.

중국주민 장모씨는 모 민영비상장회사의 대주주로 회사는 2019년 2월에 그를 위해 승용차 한 대를 구매하고 차량소유권을 장모씨 명의를 하였으며 구매가격은 35만원이다. 현지 주관세무기관의 개인소득세 원천징수시 공제할 수 있는 금액은 7만원이다. 회사가 장모씨의 승용차를 구매할 때 원천징수하는 개인소득세를 계산하면?

답 원천징수해야 할 개인소득세 = (350,000 − 70,000) × 20% = 56,000(원)

2. 개인투자자가 기업 지분을 매입한 후, 기업이 기존 이익잉여금을 자본전환(무상 증자)

(1) 새로운 주주가 순자산가격보다 낮은 가격으로 기업의 지분을 인수한 후 무상 증자하는 경우, 먼저 과세잉여금(应税的盈余积累)부분으로 증자하고, 후에 면세잉여금(免税的盈余积累) 부분으로 증자한다.

(2) 과세이익잉여금은 새로운 주주의 지분인수가격이 원 소유자권익(순자산)보 다 낮은 차액부분을 의미한다. 따라서 구입가격에 포함되지 않으며, 누적이 익잉여금으로 증자하는 부분은 "이자, 주식배당금, 이익배당금 소득"으로 개 인소득세를 징수한다.

Q 사례 10−28

갑기업의 원 장부상 자산총액은 8,000만원, 부채는 3,000만원, 소유자권익(자본)은 5,000만원이다. 소유자권익(자본)은 자본금 1,000만원, 자본잉여금, 이익잉여금, 미 처분이익 등 누적잉여금은 합계 4,000만원이다. 가령 여러 명의 자연인 투자자(신규 주주)가 갑기업의 원래의 주주로부터 본 기업의 지분 100%를 구매하였으며, 지분 인 수가액은 4,500만원이며, 신규주주가 기업을 인수한 후 갑기업이 자본잉여금, 이익잉 여금, 미처분이익 등 누적잉여금의 합계 4,000만원을 신규주주에게 자본전환하였다. 신규주주가 납부해야 할 개인소득세를 계산하면?

답 신규주주는 4,500만원으로 원 기업의 100%의 지분을 취득하였다. 이때 자본금 1,000만원과 누적잉여금 3,500만원을 포함한다. 그러나 갑기업이 원래 누적잉여금 4,000 만원을 자본으로 전환하는 경우 신규주주는 순자산(5,000만원)보다 낮은 가격 으로 지분을 인수한 후 자본으로 전환한 것이며, 과세잉여금 500만원(원래의 순자산 보다 낮게 매입한 차액 부분)을 먼저 자본전환한 것으로 처리하므로 '이자, 주식배당 금, 이익배당금'에 따라 개인소득세를 징수한다.
납부세액 = 500×20% = 100만원

3. 기업 자본전환

(1) 5년 이연납세

중소 고신기술 기업이 미처분 이익잉여금과 이익잉여금, 자본잉여금을 개인주주에게 자본으로 전환했을 때 개인주주가 개인소득세를 한 번에 납부하기 어려울 경우 5개 양력 년도내(포함)에 분할납부할 수 있다.

(2) 세목

'이자, 주식배당금, 이익배당금'으로 20%의 세율이 적용된다.
상장된 중소형 고신기술기업의 경우 주식배당금, 이익배당금에 대해 개인소득세정책을 차별화한다.

(3) 주주가 주식을 양도하고 현금수입을 취득한 경우 현금수입은 미납한 세금을 우선적으로 납부하여야 한다.

4. 원 도시신용사가 도시합작은행으로 전환하는 과정에서의 개인주식 증치소득

개인이 현금 또는 주식 및 기타 형식으로 취득한 자산평가증치가치액은 '이자, 주식배당금, 이익배당금 소득'에 따라 과세한다.

5. 증권투자펀드

(1) 개인투자자가 펀드를 매매하여 얻은 차익소득은 개인소득세를 잠시 징수하지 않는다.
(2) 투자자들이 펀드에 대하여 분배받은 배당금소득 및 기업 채권의 이자소득은 상장회사와 채권 발행업체가 펀드에게 주식 배당금, 이익배당금, 이자를 분배할 때 개인소득세 20% 원천징수하고, 펀드가 개인투자자들에게 배당 및 이자를 분배할 때에는 개인 소득세를 다시 원천징수하지 않는다.

 종합성소득

1. 기업 자금으로 개인 주택구입에 사용한 경우

(1) 법에 따라 개인소득세를 징수하는 경우

1) 기업이 출자하여 부동산 및 기타 재산을 구매하고 소유권을 투자자 개인, 투자자의 가족 또는 기업의 기타 인원으로 등기하는 경우

2) 기업의 투자자 개인이나 투자자의 가족 혹은 기업의 기타 인원이 기업으로부터 대출을 받아 부동산 및 기타 재산을 구입하였으며, 소유권을 투자자나 투자자의 가족 혹은 기업의 기타 인원으로 등기하였고, 대출년도 종료후 대출금을 상환하지 못한 경우

(2) 세무처리

상황	적용항목
개인독자기업, 파트너기업의 개인투자자 또는 그 가족이 취득한 상술한 소득	경영소득
기타 기업의 개인투자자 또는 그 가족이 취득한 상기 소득	이자, 주식배당금, 이익배당금
기타인원의 상술 소득	급여, 임금소득

2. 창업투자기업 개인파트너 소득세 정책

창업투자기업은 단일투자펀드에 따라 계산하거나 창업투자기업의 연도소득을 총괄적으로 계산하는 두 가지 방식 중의 하나를 선택할 수 있으며, 개인파트너가 창업투자기업으로부터 취득한 소득으로 개인소득세 납세액을 계산한다.

계산방식	납세항목	세율
단일투자펀드에 따라 계산	지분양도소득, 주식배당, 이익배당금 소득	20%
창업투자기업의 총 연간소득에 따라 계산	경영소득	5단계 초과누진 세율

3. 기업의 개조 과정 중 개인이 취득한 양화자산의 징수 문제

시기	세무처리
양화자산을 취득할 때	개인소득세를 징수하지 않는다 포함 : 주식형식으로 취득한 양화자산은 이익배당의 근거로 하고, 소유권을 불포함한 양화자산 또는 소유권을 포함한 양화자산을 포함한다.
주식양도할 때	'재산양도소득'에 따라 징수
배당할 때	'이자, 주식배당금, 이익배당금 소득'에 따라 징수

4. 沪港通(후강퉁)+ 深港通(심강퉁)투자, 내륙과 홍콩 펀드와 서로간의 업무

투자자	소득	개인소득세
내륙 투자자	주식양도차액소득, 펀드 상호매매를 통해 취득한 홍콩 펀드의 양도차익	잠시 면제
	H주식, 비H주식의 주식배당금 펀드 배분 수익	20% 납세 (H주 상장회사, 중국결산시 원천징수, 차별정책을 실행하지 않음)
홍콩시장 투자자 (기업과 개인을 포함)	주식양도차액소득, 펀드 상호매매를 통해 취득한 내륙 펀드의 양도차익	잠시 면제
	주식배당금, 이익배당금 소득 내륙펀드의 배분 소득	10%납세(차별정책을 실행하지 않음)

참조1 ▶ 국내 개인투자자가 국외에서 이미 지급한 세금은 세액공제를 신청할 수 있다.

참조2 ▶ 홍콩시장투자자가 A주식을 구매하는 경우, 증치세를 면제한다.

단일선택

모 내지의 개인투자자는 2015년 6월 후강통(沪港通) 형식으로 홍콩증권거래소에 상장된 H주 주식에 투자하여 주식양도차액 소득과 주식배당금과 이익 배당금 소득을 얻었다. 다음 투자자의 주식투자소득에 대한 개인소득세 계산과 관련한 서술에서 옳은 것은?

A. 주식양도차액 소득에 대하여 10%의 세율로 개인소득세를 징수한다.

B. 주식배당금, 이익배당금 소득은 H주 회사에서 10%의 세율에 따라 개인소득세를 원천징수한다.

C. 취득한 주식배당금, 이익배당금 소득은 중국증권등록결산유한책임회사에서 20%의 세율에 따라 개인소득세를 원천징수한다

D. 주식양도차액 소득에 대한 개인소득세 징수를 면제한다.

답 D

해설 주식양도차액은 개인소득세를 잠시 징수하지 않는다. 중국 내 개인투자자들이 후강통으로 거래시장을 통해 거래한 H주의 주식배당금, 이익배당금에 대해 H주 회사는 중국 증권등록결산회사에 신청하고, H주 회사는 20%의 세율에 따라 개인소득세를 원천징수한다.

5. 개인의 스톡옵션(股票期权)소득의 개인소득세 징수방법

각각의 단계(수권 – 권리행사 – 배당 – 양도)에 규정이 존재한다.

(1) 직원이 스톡옵션(股票期权)을 부여받을 때

일반적으로 납세소득으로 징수하지 않는다.

직원은 일반적으로 권리행사일 전에 스톡옵션(股票期权)을 양도하지 못한다. 특수한 경우 양도하는 경우 스톡옵션(股票期权)의 양도소득을 "급여, 임금소득"으로 개인소득세를 계산하여 납부한다.

(2) 직원 권리행사시

기업으로부터 취득한 주식의 실제구매가격(행사가격)이 구매일 공정시장가격보다(당일 종가) 낮은 경우 차액은 "급여, 임금소득"으로 개인소득세를 계산 납부한다.

> 납부세액 = 주식격려수입 × 적용세율−속산공제액

해석 2021년 전에는 종합소득에 넣지 않고 종합소득세율표를 전액 단독으로 적용한다.

Q 사례 10-29

어느 상장회사의 중급 이상 직원은 2년 전에 부여받은 스톡옵션 500만 주에 대해 권리행사를 하였다. 권리행사 주당 가격이 6원이고 본 회사 주식 종가가 주당 10원이며, 그 중 고위관리자인 왕모씨가 가지고 있는 주식은 6만 주에 달한다.
왕모씨의 권리 행사할 때 납부해야 할 개인소득세를 계산하면?

답 스톡옵션소득 = 60,000 × (10 − 6) = 240,000(원)
스톡옵션소득의 납부해야 할 개인소득세 = 240,000 × 20% − 16,920 = 31,080원

참조 몇차례로 나누어 권리 행사를 해도 계산방법은 같다.

(3) 직원이 권리행사 후의 주식을 재양도하여 얻은 소득이 구매일의 공정시장가보다 높은 경우 차액은 '재산양도소득'에 따라 개인소득세를 징수하거나 면제한다.

참조 개인이 권리를 행사한 후의 경내상장회사의 주식을 다시 양도하여 취득한 소득은 잠시 개인소득세를 징수하지 않는다. 개인이 경외상장회사의 주식을 양도하여 취득한 소득은 세법의 규정에 따라 납세소득액과 납부세액을 계산하고 법에 따라 세금을 납부하여야 한다.

(4) 직원이 지분을 보유하여 기업의 세후이익배당을 받은 소득에 대해 '주식배당금,이익배당금 소득'에 따라 세금을 납부한다(차별화대우 참조).

6. 과학기술성과의 전환을 촉진하는 지분장려의 취득에 대한 개인소득세 규정

(1) 과학연구기구, 대학교의 전환직무 과학기술성과를 주식 또는 출자비율 등의 주식형식으로 과학기술인 개인에게 수여할 때 주관세무기관의 심사를 거쳐

개인소득세를 잠시 징수하지 않는다.

(2) 수상자가 주식, 출자 비율에 따라 배당을 받을 때, 그 소득에 대해 '이자, 주식 배당금, 이익배당금 소득' 과세항목에 따라 개인소득세를 징수한다.

(3) 수상자가 주식, 지분을 양도하는 경우 그 소득에 대해 '재산양도소득' 과세항목에 따라 개인 소득세를 징수하며, 재산원가는 0이다.

7. 변호사사무소 및 종업원이 취득한 수입

사항	납세항목	규정
변호사 개인이 출자하여 설립한 파트너 형식의 변호사사무소의 연도별 경영소득	경영소득	(1) 경영소득을 계산할 때, 변호사 본인의 급여, 임금소득을 공제할 수 없다. (2) 파트너제 변호사사무소는 연도별 경영소득 전액을 기준으로 출자비율 또는 사전에 약정한 비율에 따라 각 파트너에게 분배하여야 할 소득을 계산하며 이에 따라 개인소득세를 징수한다.
변호사사무소가 고용인에게 (변호사 및 행정보조원은 포함하나 변호사사무소의 투자자는 포함하지 않음) 지불하는 소득	급여, 임금 소득	
겸직 변호사가 변호사 사무소에서 취득한 급여, 임금 소득	급여, 임금 소득	변호사사무소가 개인소득세를 원천징수할 때에는 세법이 정한 비용공제기준을 공제하지 않고 수입전액(할당수입을 취득한 것은 사건처리에 따른 지출비용을 공제한 후의 잔액)에 따라 직접 적용세율을 정하여 개인소득세를 원천징수한다.
변호사가 개인명의로 다른 인원을 재고용하여 그 일을 위해 지급한 보수	노무보수 소득	세금은 보수를 지급하는 변호사사무소 또는 그 직무를 맡은 변호사사무소가 공제한다.
변호사가 법률사무서비스를 제공하고 당사자에게서 받은 법률 고문비 또는 기타 보수	노무보수 소득	세금은 보수를 지불하는 단위나 개인이 원천징수한다.

제8절　징수관리

 자진신고납부

1. 자진신고납부해야 하는 내용

자진신고납세하는 것은 납세자가 세법이 규정한 납세기한내에 세무기관에 신고하여 취득한 납세소득 항목과 액수를 개인소득세 납세신고표에 기재하고 세법의 규정에 따라 납부세액을 계산하며 이에 근거하여 개인소득세를 납부하는 방법이다.

다음 중 하나에 해당하는 사유가 있을 경우 납세자는 법에 의하여 납세신고를 하여야 한다.

(1) 종합소득을 취득하여 확정신고를 하는 경우

(2) 과세소득은 취득하였으나 원천징수의무자가 없는 경우

(3) 과세소득을 취득하였으나 원천징수의무자가 원천징수하지 않은 경우

(4) 경외소득을 취득한 경우

(5) 국외이주로 인하여 중국호적을 취소한 경우

(6) 비주민개인은 중국 경내에서 두 곳 이상으로부터 급여, 임금소득을 취득한 경우

(7) 국무원이 규정한 기타 경우

2. 종합소득은 확정신고하여야 한다.

(1) 종합소득을 취득하고 다음 중 하나에 부합되는 납세자는 법에 의하여 확정신고 하여야 한다.

　1) 두 곳 이상으로부터 종합소득을 취득하였고 종합소득의 연간수입액에서 특별공제액을 차감한 후의 잔액이 6만원을 초과한 경우

　2) 노무보수소득, 원고료소득, 특허권사용료소득 중 하나 또는 여러 가지 소득을 취득하고 또 종합소득의 연간소득액에서 특별공제를 제외한 잔액이 6만원을 초과한 경우

3) 납세년도내의 예납세액이 납부세액보다 낮다(세금을 보충하여야 한다).

4) 납세자가 세금 환급을 신청하는 경우

3. 연말 확정신고 시기

(1) 종합소득확정신고를 해야 하는 납세자는 소득을 취득한 다음해 3월 1일부터 6월 30일 이내에 취직, 피고용단위 소재지의 주관세무기관에 납세신고를 해야 한다.

(2) 신설규정

종합소득의 2019년도 업무와 2020년도의 연간확정신고시 2019. 1. 1.~2020. 12. 31. 주민 개인 종합적인 소득이 12만원을 초과하지 않고 연간확정신고하여 세금을 보충납부해야 하거나 확정신고하여 보충 납부금액이 400원을 초과하지 않는 주민개인은 개인소득세 확정신고를 면제받을 수 있다.

4. 경영소득 취득시 납세신고

(1) 경영소득에 대해 납세신고하여야 하는 경우

1) 개인사업자가 생산, 경영 활동에 종사하여 얻은 소득, 개인독자기업 투자자, 파트너기업의 파트너가 경내에서 등록한 개인독자기업, 파트너기업의 생산, 경영으로 얻은 소득

2) 개인이 법에 의하여 학교운영, 의료, 자문 및 기타 유상서비스활동에 종사하여 취득한 소득

3) 개인이 기업, 사업단위의 도급경영, 임차경영 및 하도급, 전대차에 대해 취득한 소득

4) 개인이 기타 생산, 경영 활동에 종사하여 취득한 소득

(2) 납세자가 경영소득을 취득함에 있어서는 연도별로 개인소득세를 계산하되 납세자가 월별 또는 분기별 종료 후 15일내에 예납신고를 하여야 한다. 소득을 취득한 다음해 3월 31일 전까지 경영관리소재지 주관세무기관에 확정신고하여야 한다.

원천징수(전원전액공제(全员全额扣缴) 납세신고)

1. 원천징수의무자와 원천징수의 범위

'경영소득'을 제외한 8개 세목의 원천징수의무자는 법에 따라 전원전액공제신고 (납세자가 회사 소속인지 아닌지를 불문하고)를 해야 한다.

2. 항목별 원천징수 방법

(1) 원천징수의무자가 주민개인에게 급여, 임금소득을 지불할 때에는 원천징수 법에 따라 원천징수액을 계산하고 월별로 원천징수신고를 하여야 한다.

(2) 원천징수의무자가 주민개인에게 노무보수소득, 원고료소득, 특허권사용료소 득을 지불할 때에는 횟수 또는 월별로 세금을 원천징수한다.

(3) 급여, 임금소득을 지급하는 원천징수의무자는 연도가 끝난 후 2개월 내에 납 세자에게 개인소득과 이미 원천징수한 세액 등 정보를 제공하여야 한다. 납 세자가 연도 중간에 상술한 정보를 제공하여야 할 경우 원천징수의무자는 이를 제공하여야 한다.

(4) 원천징수의무자는 다음달 15일 이내에 국고에 납부하고 세무기관에 《个人所得税扣缴申报表, 개인소득세 원천징수신고서》를 제출하여야 한다.

(5) 원천징수의무자의 책임과 의무

원천징수의무자가 규정에 따라 원천징수하는 세액에 대하여 해마다 2%의 수수료를 지급한다. 세무기관, 사법기관 등이 조사하여 추가 납부하거나 지 시에 따라 추가징수한 세금은 포함되지 않는다.

3. 신설규정(2019년도 개인소득세 종합소득확정신고 사항)

(1) 종합소득확정신고를 할 필요가 없는 납세자

납세자가 2019년도에 법에 의하여 개인소득세를 예납하였고 또 다음 중의 하나에 해당하는 경우에는 확정신고할 필요가 없다.

1) 납세자의 연간종합소득이 12만원을 초과하지 않을 경우

2) 납세자의 연도 종합신고에 따른 보충세액이 400원을 초과하지 않는 경우

3) 납세자가 이미 예납한 세액이 연간납부세액과 일치하거나 확정신고시 환급을 신청하지 않은 경우

(2) 종합소득확정신고를 해야 하는 납세자

다음 중의 하나에 해당할 경우 납세자는 종합소득확정신고를 하여야 한다.

1) 2019년도에 이미 예납한 세액이 연간과세액보다 많고 환급을 신청하는 경우

2) 2019년도 종합소득수입이 12만원을 초과하고 보충세액이 400원을 초과하는 경우 또는 두 곳 및 그 이상의 종합소득을 취득하고 합산 후 세율을 적용하여 이미 예납한 세액이 연간납세액보다 작은 경우

왕모씨는 주민개인으로 2019년 매월 급여 10,000원에 개인이 '3 보험 1 금' 2,000원을 납부했다. 소학교에 다니는 두 아이는 규정에 따라 매달 자녀교육 특별추가공제를 받을 수 있지만 예납 절차에서 이를 신고하지 않았다. 2019년 연간 개인소득세 1,080원을 예납하였다. 연간 종합소득확정신고를 진행하면?

답 본 주민납세자는 종합소득확정신고를 할 때 관련 정보를 작성하여 보고한 후 자녀교육 특별추가공제항목에 추가로 24,000원을 공제할 수 있다.

연간 종합소득 납세소득액 = 10,000 × 12 − 5,000 × 12 − 2,000 × 12 − 2,000 × 12
= 12,000원

연간 납부세액 = 12,000 × 3% = 360원

결론 : 연말에 종합소득확정신고하여 720원의 세금환급(1,080 − 360)을 신청할 수 있다.

장모씨는 주민개인으로서 2019년에 매월 한 곳으로부터 노무보수소득 10,000원을 고정적으로 받고 20% 원천징수세율을 적용한 후 개인소득세 1,600원을 예납한다. 장모씨는 기타 수입이 없고 기타 공제항목이 없다. 종합소득확정신고를 하면?

답 연간 종합소득 과세소득액 = 120,000 × 80% − 60,000 = 36,000(원)
연간 납부세액 = 36,000 × 3% = 1,080원
결론 : 종합소득확정신고하여 18,120원 (19,200 − 1,080원)을 환급받을 수 있다.

 기타신고납부 규정

1. 항목별추가공제 조작방법

원천징수의무자는 납세자가 원천징수의무자에게 제출한 ≪공제정보표, 扣除信息表,≫를 원천징수연도의 다음해부터 5년간 보관해야 한다.

2. 조세회피에 대한 규정

(1) 다음 중 하나에 해당하는 상황이 있을 경우 세무기관은 합리적인 방법으로 납세조정을 진행할 권리가 있다.

1) 개인과 그의 관계자간의 업무거래가 독립거래원칙에 맞지 않고 본인 또는 관계자의 납세액을 감소시키며, 이에 정당한 사유가 없을 경우

2) 주민개인이 통제하거나 또는 주민개인과 주민기업이 공동으로 통제하는 실제세금부담이 현저히 낮은 국가(또는 지역)에 설립된 기업에 대하여 합리적인 경영수요가 없으면, 주민개인에게 귀속되는 이윤을 분배하지 않거나 분배액수를 줄여야 한다.

3) 개인이 합리한 상업목적을 갖추지 못한 기타 사항(安排)를 실시하여 부당한 납세상 이익을 얻는 경우

(2) 세액추납 및 추납이자

1) 세무기관이 앞에서 진술한 규정에 따라 납세조정을 하여 세금을 보충징수할 경우 세금을 보충징수하고, 법에 따라 이자를 추가징수하여야 한다.

2) 법에 따라 추가징수하는 이자는 세금 납세신고기한 마지막 1일 중국인민은행이 공포한 세금보충기간과 같은 기간의 인민폐대출기준이자율에 따라 계산하여야 하며, 세금납세신고기한이 만기된 다음날부터 세금보충납

부기한이 만기된 날까지 일수에 따라 추가징수한다.

3. 자연인 납세번호

자연인 납세자가 각종 세금 관련 사항을 처리하는 유일한 코드
(1) 중국공민신분번호가 있을 경우 그 중국공민신분번호를 납세번호로 한다.
(2) 중국공민신분번호가 없을 경우 세무기관이 그에게 납세번호를 부여한다.

4. 신설규정

개인소득세 납세신용관리체제를 구축한다
(1) 개인소득세신고납부 신용보증제를 전면적으로 실시한다.
(2) 개인소득세 납세신용기록을 온전히 수립하고 유지한다.
(3) 자연인의 신용불량행위 인정체제를 구축한다.
(4) 개인소득세 신용을 지키는 납세자에게 더욱 많은 편리와 기회를 제공한다.
(5) 개인소득세의 신용불량행위가 엄중한 당사자에 대해 연합하여 징계를 실시
한다.
(6) 정보 안전과 프라이버시 보호를 강화한다.
(7) 이의신청 해결 및 신용불량행위 복구 체제를 구축한다.

5. 개인소득세 ≪세금완납증명 税收完税证明≫을 ≪납세기록 纳税记录≫으로 조정

납세자는 전자세무국, 모바일 APP을 통해 본인의 개인소득세 ≪납세기록 纳税
记录≫을 발급받을 수 있고, 납세서비스청에 신청하여서도 발급받을 수 있다.

제**11**장

국제조세

제**1**절　국제조세협정(조약)

1. 국제조세협정(조약) 및 모델

국세조세협정은 두 개 혹은 두 개 이상의 주권 국가 혹은 지역이 상호간의 국경 넘어 납세인의 징수사무와 기타 해당 방면의 조세관계를 조정하기 위하여 동등원칙에 따라 정부의 담판소(談判所)를 거쳐 체결한 일종의 서면협정 혹은 조약이다.

(1) 최초의 국제조세협정

1843년 벨기에와 프랑스

(2) 국제조세협정 체결 황금기

20세기 60, 70년대

> 원인 국제 투자가 급속히 늘어나고 소득과 재산의 국제 중복 징수되는 현상이 빈번이 일어남

(3) 모델2개 (OECD모델과 UN모델)

1) 1963년 경제협력개발기구가 처음으로 《소득세와 재산의 이중과세를 회피하는 데 관한 조약 모델》 공개(OECD모델)

2) 1979년 UN에서는 《발달국가와 발전중인 국가 사이의 이중과세를 회피하는 데 관한 조약 모델》을 통과시켰다(UN모델).

□ 두 모델 소개	
동일한 점	전체 구조상 기본적으로 일치한다.
중요 차이	① 《UN 모델》은 수입원천국의 세수관할권을 비교적 중시하며 선진국과 개발도상국 양국 사이의 조세조약의 체결을 촉진시키며 동시에 개발도상국 상호간의 국제조세협정의 체결을 촉진한다. ② 《OECD 모델》은 특정 방면에서는 수입 원천국의 우선 조세징수권을 인정하지만, OECD모델이 강조하는 것은 주민세수 관할권이며, 주로 경제협력개발기구 구성원국 사이의 국제 조세협정체결을 촉진하기 위함이다.

2. 중국 조세협정의 상황

(1) 20세기 60년대 파키스탄과 해상운송기업의 운송비 수입에 관하여 서로 면세하는 조제조약을 체결하였다. 처음으로 전면적인 이중과세를 회피하는 조약은 1983년 일본과 체결하였다.

(2) 2016년 10월 말까지 중국은 대외로 102개의 이중과세를 회피하는 《조약》과 2개의 《안배》(홍콩, 마카오)와 1개 《합작협의》(대만)를 정식으로 체결하였다.

(3) 인민대표대회 상무위원회에서 비준한 《다국 세수징수관리 상호공약》은 2017년 1월 1일에 효력이 발생하였고, 국제 세금도피 행위를 배격하고 공평 조세질서를 유지한다.

3. 국제세수협정의 전형적인 조항

국제조세협정의 주요내용은 적용범위, 기본용어정의, 소득과 재산에 대한 과세, 이중과세 회피방법, 특별규정 및 협정효력발생 혹은 종료시간 등이다.

요점1 주민은 반드시 한 개의 국가에서 전면적인 납세의무가 있는 사람이다 (법인, 자연인).

요점2 "납세의무"는 사실상 징수와 동일하지 않다.

요점3 한 국가에서 납세의무가 있는 사람이 꼭 본 국가의 주민이 아닐 수도 있다.

(1) 세수주민(稅收居民)

조세조약 중 "조약 체결 당사국 주민"의 용어는 해당 조약 체결 당사국의 법률에 따라 주소, 거주지, 관리기관 소재지, 총기구 소재지, 등록지 혹은 임의의 기타 유형 표준에 의하여 본 체약국에 납세의무가 있는 사람을 말한다.

    1) 중국의 개인 주민에 대한 판정 : 주소, 거주기간
    2) 중국의 기업 주민에 대한 판정 : 등록지, 실제 관리기구 소재지

(2) 이중주민(双重居民)

이중 주민신분하에 최종 주민 신분의 판정 표준은 다음과 같다.

1) 개인(4개)인 경우 다음 순서에 의한다.

① 영구적 주소

② 중요 이익중심

③ 습관성 거주지

④ 국적

2) 회사와 기타 단체

동시에 체약국 양국 주민인 경우 반드시 "실제 관리기구" 소재국의 주민
으로 인정하여야 한다.

제2절 비주민기업의 세수관리

Ⓘ 기구를 설립한 비주민기업의 조세관리

1. 외국기업 상주대표기구 세수관리

(1) 세무등기 관리

1) 제출자료의 이해

2) 대표기구의 세무등기내용에 변화가 발생하였거나 혹은 만기가 되거나 사전에 업무활동을 종결한 경우 반드시 《조세 징수관리법》의 해당 규정에 따라 주관 세무기관에 변경등기를 하거나 혹은 말소등기하여야 한다. 대표기구는 반드시 말소등기 전 그의 청산소득을 세무기관에 신고하여야 하며 동시에 법에 따라 기업소득세를 납부하여야 한다.

(2) 기업소득세 계산(25%)

대표기구는 분기가 끝난 일자로부터 15일 내에 주관 세무기관에 기업소득세를 사실대로 신고하고 납부하여야 한다.

장부가 건전하지 못하여 수입과 원가비용을 정확하게 계산하지 못하고 규정에 따라 사실대로 신고하지 못하는 대표기구에 대하여 세무기관은 다음 두 가지 방식으로 기업소득세를 추계결정(核定)할 권리가 있다.

1) 수입 총액에 따라 소득액을 추계

$$기업소득세 = 수입총액 \times 추계이윤율 \times 세율$$

> **참조** 대표기구의 추계이윤율은 15%보다 낮아서는 안된다.

2) 경비지출로 수입을 환산하여 소득액을 추계

$$기업소득세 = 본기 경비지출총액 \div (1-추계이윤율) \times 추계이윤율 \times 세율$$

❑ 경비지출 범위

중국 경내외에서 근무인원에게 지급한 급여임금, 장려금, 보조금, 복리비, 물품구매비(차량, 사무설비등 고정자산 포함), 통신비, 출장비, 임대료, 설비임대료, 교통비, 접대비, 기타 비용 등

* 경비지출에 기입하는 구체사항
  (1) 고정자산을 구매하여 발생한 지출 및 대표기구가 설립시 혹은 이전 등 원인으로 발생한 인테리어비용 지출은 반드시 발생시 일회성으로 경비지출로 수입을 환산하여 과세한다.
  (2) 이자수입은 경비지출액을 공제하지 못하며, 발생한 실제 접대비는 실제 발생액으로 경비지출액에 기입한다.
  (3) 화폐형식으로 사용한 중국 경내의 공익, 구제성질 기부, 체납금과 벌금 및 총기구를 위하여 대지급한 그 본래의 업무활동에 속하지 않는 비용은 경비 지출로 하지 못한다.
  (4) 기타 : 총기구가 중국경내에서 샘플구매를 위하여 지급한 샘플비용과 운송비용, 총기구 인원이 중국을 방문하여 통역을 요청한 비용 등

(3) 증치세, 성건세 계산

증치세법과 관련 법률에 따라 증치세와 성건세를 계산 납부한다.

2. 도급공사작업과 노무제공

비주민기업이 중국경내에서 공사작업의 도급을 맡거나 노무를 제공하는 경우 반드시 프르젝트계약 혹은 협의를 체결한 일자로부터 30일 내에 프로젝트 소재지 주관세무기관에 세무등기수속을 진행하여야 한다.

(1) 증치세 및 부가 세금비용

공제 납부할 세금 = 구매측이 지급한 가격÷(1+세율)×세율

원천징수의무가 발생한 시간은 납세인이 증치세 납세의무가 발생한 당일이다.

(2) 기업소득세

납세소득액 추계	납세소득
1) 수입총액에 따라	납세소득액 = 수입총액×추계이익률
2) 원가비용에 따라	납세소득액 = 원가비용총액÷(1－추계이익률)×추계이익률
3) 경비지출로 수입환산	납세소득액 = 경비지출총액÷(1－추계이익률)×추계이익률

> ❑ **추계이익률**
> ① 도급 공사작업, 디자인과 컨설팅 노무에 종사하는 이익률은 15%~30%
> ② 관리 서비스에 종사하는 이익률은 30%~50%
> ③ 기타 노무 혹은 노무 외 경영활동에 종사하는 이익률은 15%보다 낮아서는
> 안 된다.

Q 사례 11-1

외국의 갑회사는 2016년 중국 을회사를 위하여 내부 통제자문 서비스를 제공하기로 하였으며 이를 위하여 을회사의 소재시에 오피스텔을 임대하였다. 구체적인 업무 상황은 다음과 같다.

(1) 1월 5일 갑회사와 을회사는 서비스 계약을 체결하였으며 내부 통제 자문 서비스 구체내용을 확인하였고 계약에 약정한 서비스 기한은 8개월이며 서비스 비용은 인민폐 600만원(증치세포함)이다. 관련된 세금비용은 세법에 규정한 납세인이 납부한다.

(2) 1월 12일 갑회사는 외국에서 업무인원을 을회사에 파견하여 작업을 시작하였으며 서비스는 모두 중국 경내에서 발생하였다.

(3) 9월 1일 을회사에서는 갑회사의 작업 성과에 대하여 검수하였고, 검수통과 후 프로젝트 완공을 확인하였다.

갑회사가 납부할 증치세와 기업소득세는 각각 얼마가 되는지?

답 (1) 갑회사가 납부할 증치세 = 600÷(1+6%)×6% = 33.96만원
(2) 갑회사가 납부할 기업소득세 = 600÷(1+6%)×15%×25% = 21.23만원

기구를 설립하지 않은 비주민기업 세수관리

□ 기업소득세법 규정

비주민기업이 소득원천이 중국경내인 주식배당금, 이익배당금 등 권익성 투자수익과 이자, 임대료, 특허권사용비소득, 재산양도소득 및 기타 소득을 취득하여 납부하여야 하는 기업소득세는 원천징수를 실시하며 해당 금액을 지급한 단위 혹은 개인을 원천징수의무인으로 한다.

비주민기업이 취득한 상술한 소득은 10%의 세율로 기업소득세를 징수한다.

1. 세무등기

원천징수의무인과 비주민기업이 처음으로 주식배당금, 이익배당금 등 권익성 투자수익과 이자, 임대료, 특허권사용비 소득, 재산양도 소득 및 기타 소득과 관련된 업무활동 혹은 협의를 체결한 경우 원천징수의무인은 계약체결일로부터 30일 내에 그 주관세무기관에 세금 원천징수등기를 신고하여야 한다.

2. 기업소득세 세액계산

원천징수 기업소득세 = 납세소득액 × 실제징수율(10%)

납세소득(과세표준)	적용항목
수입전액계산 (증치세 불포함)	주식배당금, 이익배당금 등 권익성 투자수익과 이자, 임대료 수입(운용리스), 특허권사용료 소득, 담보비용
차액으로 세금계산	재산양도소득 : 이미 규정에 따라 공제한 감가상각, 감모, 상각, 준비금 등을 공제한 후의 잔액
	금융리스소득 : 설비, 물건금액을 공제한 후의 잔액
	토지사용권 양도소득 : 과세기준을 공제한 후의 잔액
	지분양도 : 지분 원가금액을 공제한 후의 잔액

3. 기타 주의할 사항

(1) 중국 금융기구가 경외 외국은행에 지급한 대출이자, 중국 경내 외자 금융기구가 경외에 지급한 대출 이자는 반드시 《기업소득세법》 및 실시 조례 규정에 따라 기업소득세를 원천징수한다.

(2) QFII, 후강통(沪港通)거래 업무

경외투자자	소득	기업소득세
합격 경외기구투자자, 인민폐 합격 경외기구투자자	경내주식 등 권익성 투자자산 양도 소득	잠시 면세
	경내의 주식배당금, 이익배당금 수입	10% 납세(주식배당금, 이익 배당금을 지급하는 기업에서 원천징수한다)
후강통(沪港通)거래 업무의 홍콩투자자(기업과 개인)	A주(A股) 양도차액 소득	잠시 면세
	A주(A股) 주식배당금 이익 배당금 소득	10% 납세(A주 상장회사에서 대리 공제하며 차별화 대우를 실행하지 않는다)

(3) 만기에 지급되지 않은 소득에 대한 기업소득세 문제

중국경내기업과 비주민기업이 체결한 이자, 임대료, 특허권사용비 등 소득과 관련된 계약 혹은 협의

1) 미지급, 혹은 계약 변경, 수정, 혹은 연기지급을 협의하였으나 기업의 당기 원가, 비용에 기입하여 세전 공제한 경우, 지급하지 않았더라도 기업소득세를 원천징수하여야 한다.

2) 해당 자산의 원가에 기입하였거나 혹은 기업 설립비는 자산을 사용에 투입하였거나 혹은 생산경영을 시작한 후 상각하여 원가, 비용에 기입하고 연도별로 기업소득세 세전공제한 경우, 해당 자산을 기입한 해에 기업소득세 전액을 원천징수한다.

3) 계약 혹은 협의에 약정한 지급일 전에 지급하는 경우, 실제 지급 시 규정에 따라 기업소득세를 원천징수한다.

4) 외화로 지급한 경우, 기업소득세 원천징수 납부를 신고할 때 공제 당일 국가에서 공포한 인민폐 환율의 중간환율(재정환율)로 환산한다.

경내기구와 개인이 대외로 외화를 지급하는 경우 조세관리

1. 경내기구와 개인이 경외로 외화 지급시 등록(备案)

(1) 경내기구와 개인이 경외에 건당 5만 달러 이상에 해당하는 외화 자금을 지급 하는 경우(등록할 필요가 없는 경우는 제외)에 등록(备案)하여야 한다.

(2) 등록(备案)지점

소재지 주관 세무기관에서 세무등기를 진행한다.

(3) 등록(备案)범위

① 경외기구 혹은 개인이 경내에서 취득한 운송, 여행, 통신, 건축설치 및 노 무도급, 보험서비스, 금융서비스, 계산기와 정보서비스, 전유권(专有权) 사용과 특허, 체육문화와 오락서비스, 기타 상업서비스, 정보서비스 등 서비스 무역수입을 포함한다.

② 경외 개인이 경내에서의 근무보수, 경외 기구 혹은 개인이 경내에서 취득 한 주식 배당금, 이익 배당금, 이익, 직접 채무이자, 담보비 및 비자본전이 기부, 배상, 세수, 우발성 소득 등 수익과 경상이전 수입

③ 경외 기구와 개인이 경내에서 취득한 금융리스 임대료, 부동산양도수입, 지분 양도 소득 및 외국 투자자의 기타 합법소득

④ 외국투자자가 경내에 직접투자한 합법적인 소득으로 경내에서 재투자한 것으로 건당 5만 달러 이상인 경우 반드시 규정에 따라 세무등기를 진행 하여야 한다.

2. 세무등기를 진행할 필요가 없는 경우

(1) 경내기구가 경외에서 발생한 출장비, 회의비, 상품전시회 비용

(2) 경내기구 경외 대표기구의 사무경비

(3) 경내기구가 경외에서 발생한 수출입무역 커미션, 보험비, 배상금

(4) 경내 개인이 경외에서 유학, 여행, 친척방문 등 사적인 송금

> ❏ 법률근거
>
> 1. 《기업소득세법》 규정 : 주민기업 및 비주민기업이 중국경내에 기구, 장소를 설립한 경우, 이미 경외에서 지급한 소득세는 그의 당기 납부세액에서 공제할 수 있다. 공제한도는 본 소득에 본법 규정에 따라 계산한 납부세액이며, 공제한도를 초과한 부분은 이후 5개 년도 내에 매년 공제한도액으로 당해의 납부세액을 공제한 나머지 잔액으로 보충하여 공제한다.
> 2. 국가세무총국공고 2010년 제1호 : 《기업 경외소득 조세 공제 운영지침 企業境外所得税收抵免操作指南》 발표에 관한 공고

Ⅰ 경외소득의 기납부세액의 공제면제 범위와 공제면제방법

1. 경외소득 기납부세액의 공제면제범위

(1) 주민기업

경외법률에 따라 설립되었으나 실제 관리기구가 중국에 있는 중국 조세주민으로 판정된 기업을 포함한다.

> 1) 원천이 중국경외인 과세소득은 취득한 경외소득을 포함하며, 직접납부와 간접부담한 경외 기업소득세 성질의 세금을 공제한다.
> 2) "경외소득(세금 포함)", "分回소득(세금불포함)"의 구분

경외소득(세금 포함) = 순소득(세금불포함) + 경외 기납세금

> ❏ 예
>
> 경외 주식배당금, 이익배당금소득 = 경외 주식배당금, 이익배당금 세후 순소득 + 본 소득에 대하여 직접납세와 간접부담한 세금의 합계

(2) 비주민기업(중국경내에 기관 장소 설립)

1) 경외소득은 본 기구, 장소와 실질적 관계가 있는 소득에 대하여 직접 납부한 경외소득세 성질의 세금을 가리킨다.

2) 경외세액의 공제는 직접공제만 해당된다.

2. 경외소득 기납부세액의 공제방법(직접공제와 간접공제)

(1) 직접공제

1) 정의

기업이 직접 납세인으로 그의 경외소득에 대하여 경외에서 납부한 소득세를 중국 납부세액에서 공제하는 것을 말한다.

2) 적용범위

① 원천이 경외인 영업이익 소득에 대하여 경외에서 기업소득세를 납부(경내 총회사, 경외 분공사 사이에 적용)

　해설　주민기업이 경외에 설립한 지사기구는 독립납세지위를 구비하지 않으며, 이익배당기능을 구비하지 않는다.

② 원천이 경외이거나 혹은 경외에서 발생한 주식배당금, 이익배당금 등 권익성 투자소득, 이자, 임대료, 특허권사용비, 재산양도 등 소득에 대한 경외 원천징수 소득세(경내 모회사, 경외 자회사 사이의 주식배당금, 이자 등 소득에 대한 기납부세액에 적용)

3) 계산응용

　요점　국가와 항목을 구분하여 공제 한도를 계산하여 낮은 금액으로 공제한다.

사례 11-2

모기업의 2016년 경내 납세소득액은 100만원이며 25%의 기업소득세 세율을 적용한다. 별도로 A국에 지사기구를 설립하였으며 지사기구의 납세 소득액은 50만원이며, A국의 세율은 20%이고, 실제 납부한 세금은 10만원이다.

본 기업이 중국에서 납부할 기업소득세는 얼마일까?

답 (1) 경내, 경외소득의 납부세액 = (100 + 50) × 25% = 37.5만원
   (2) A국 공제한도액 = 50 × 25% = 12.5만원
   (3) 중국의 소득세 합계 = 37.5 − min(10만원, 12.5만원) = 27.5만원

(2) 간접공제

1) 간접공제의 정의

경외 기업이 배당전이익에 대하여 납부한 외국소득세(T1) 중 중국 주민기업이 본 항목에 관하여 배당 받을 주식배당금 성질의 소득(T2)에 대하여 간접 부담한 부분은 중국 납부세액에서 공제한다.

2) 적용범위

주민기업이 "지분보유조건"에 부합되는 경외 자회사에서 취득한 주식배당금, 이익배당금 등 권익성 투자수익 소득(경내 모회사, 경외 자회사, 경외 손회사 사이의 "지분보유조건"에 부합되는 주식배당금, 이익배당금 등 권익성 투자수익 소득)

3) 계산응용

중국 주민기업(모회사)의 경외 자회사가 소재국에서 기업소득세를 납부한 후 세후 이익의 일부분을 주식배당금, 이익배당금으로 모회사에 배당하였으며, 자회사가 경외에서 본 과세소득에 대하여 실제 납부한 기업소득세 세금 중 모회사가 취득한 주식배당금이 세후 이익의 비율에서 차지하는 부분은 본 모회사가 간접부담한 경외 기업소득세 세금에 속한다.

 사례 11-3

갑 회사는 을국에 24%를 투자한 회사(을 회사로 칭함)를 가지고 있으며, 해당을 회사의 세전이윤총액은 2,000만원, 기업소득세율은 20%이다. 을 회사는 세후이윤전액을 배당하였다.

답 (1) 직접 납부한 을국 세금(T2 계상소득세) = (2,000 − 400)×24%×10% = 38.4만원
  (2) 간접부담한 을국 세금(T1 회사소득세) = 2,000×20%×24% = 96만원
  (3) 갑회가 을회사로부터 실제 취득한 금액 = 384 − 38.4 = 345.6만원
  (4) 갑회사에서 주식배당금 배당으로 부담한 외국 을회사의 세금
    = 38.4 + 96 = 134.4만원

 경외소득 기납부세액 공제액 계산

항목	내용
1. 경외 납세소득액	직접공제 : 경외 세전소득으로 환원한다. 간접공제 : 경외 주식배당금, 이익배당금 세후 순소득과 본 소득의 직접 납부와 간접 부담의 세금합계
2. 경외소득 기납부세액	중국 납세연도 마지막 날 인민폐 환율의 중간환율(재정환율)로 환산한다.
3. 경외소득 기납부세액의 공제한도	간이공식 : 공제한도 = 해당국가 원천 납세소득액(경외 세전소득액) × 25%
4. 공제할 수 있는 경외소 득세	경외소득이 중국세법규정에 따라 납부하여야 하며, 또한 이미 실제 납부한 기업소득세 성질의 세금

1. 경외 납세소득액의 계산

❑ 구분
(1) 경외 순소득(세후 회계수익)
(2) 경외 세전소득(과세기준, 과세표준)

(3) 경외에서 배당받은 경외 주식배당금, 이익배당금을 세전소득으로 환원하여
야 된다.

❑ 참조

소득액은 소득세액을 포함하여야 하며, 순수익과 소득액의 이중조정으로 확인
한다.

(1) 경외세금을 적용하여 직접 공제 : 직접 환원

경외소득＝배당받은 수익＋기납세금

＝배당받은 수익÷(1－소득세 세율)

경외세금을 적용하여 간접공제

경외 주식배당금, 이익배당금 소득을 예로 들면,

경외소득＝배당 받은 경외 주식배당금, 이익배당금 세후 순소득＋본 소득에
해당하여 직접 납부한 세금＋간접 납부한 세금

(3) 상술한 세금을 환원한 후 경외 세전소득은 반드시 다시 기업 납세 소득총액
을 계산할 때 세법의 규정에 따라 공제한 해당 원가비용 중 경외소득과 관련
된 부분에 대하여 조정 공제한 후 경외 납세소득액으로 계산한다.

(1) 주민기업이 경외에서 지사기구를 설립하여 각항 경외소득을 취득(독립적 납세 지위가 없다.)

1) 경외원천소득 ＝ 경외수입총액 － 경외 수입 취득과 관련된 합리적 지출

> 참조 ▶ 합리적 지출 범위는 통상적으로 경외 지사기구가 발생한 인원급여, 자산
> 감가상각, 이자, 해당 세금비용과 배당하여야 하는 총기구의 지사기구 관
> 리에 사용한 관리비용 등을 포함한다.

2) 경외에 지사기구를 설립하여 취득한 각 항의 경외소득은 중국 경내로 송
금 여부에 관계없이 모두 본기업의 해당 납세연도의 경외 납세소득액에
기입하여야 한다.

(2) 주민기업이 취득한 경외 원천 주식배당금, 이익배당금 등 권익성 투자수익 및 이자, 임대료, 특허권사용비, 재산양도 등 수입

1) 경외로부터 받은 주식배당금, 이익배당금, 이자 등 경외 투자성 소득은
일반적으로 毛所得으로 표현되며, 반드시 주민기업의 총소득액을 계산할

때 이미 통일적으로 공제한 원가 비용 중에서 경외소득과 관련된 부분을 본 경외소득에서 대응 조정한 후에서야 경외납부세액공제 한도를 계산하는 경외 납세소득액으로 할 수 있다.

2) 공제항목과 수입확인

경외소득	공제항목	수입확인
주식배당금, 이익배당금	경외투자업무와 관련된 항목연구, 금융원가와 관리비용	피투자측이 이익배당을 결정한 일자
이자	상응하는 금융원가와 해당 비용	계약에 약정한 거래 대가를 지급하기로 한 날
임대료	금융리스 업무 : 금융원가	
	운용리스 업무 : 임대물에 해당하는 감가상각 혹은 소모	
특허권사용비	특허사용을 제공하는 자산의 연구, 상각 등 비용	
재산양도	양도한 재산의 원가 순가치와 해당 비용	

 사례 11-4

중국 A은행은 갑국의 B기업에 500만원을 대출하였으며 계약에 약정한 이자율은 5%이다. 20××년 A은행은 갑기업의 이자 25만원에 해당하는 갑국에서 원천징수한 소득세 2.5만원(원천징수소득세율 10%)을 공제한 후 22.5만원의 세후 이자를 취득하였다. A은행의 납세 소득액 총액은 1,000만원이며, 이미 납세소득액에서 공제한 본 대출의 금융원가는 원금의 4%이다.

본 은행의 납세소득액 총액 중 경외 이자수입의 납세소득액은?

답 원천이 경외인 이자수입 납세소득액은 반드시 경외 원천 상계 소득세를 기납부하기 전 계약에 약정한 이자수입 총액이며, 다시 해당 자금조달원가 등을 조정 공제한다.

(1) 경외 이자수입총액 = 세후이자22.5 + 공제한 세금 2.5 = 25만원
(2) 해당 원가비용을 조정 공제한 후의 납세소득액 = 25 - 500 × 4% = 5만원
(3) 본 경외 이자수입으로 경외 세금 공제 한도를 계산하는 납세소득액은 5만원이며 납세소득액 총액은 여전히 1,000만원이다.
(4) 경외 이자에 대해 기납부세금의 공제 한도액 = 납세소득액5 × 25% = 1.25만원

경외 갑국에서 원천징수한 소득세는 2.5만원이며 경내에서 보충 납부할 필요가 없다.

(3) 기업에서 경내외 소득을 취득하기 위하여 경내외에서 발생한 공동지출(배분공제, 分攤扣除)

1) 공동지출

경외소득의 취득과 관련되나 직접 경외 납세소득액에 기입하지 않은 원가 비용지출을 가리키며 일반적으로 직접 경외소득에 기입하지 않은 영업비용, 관리비용과 재무비용 등의 지출을 포함한다.

2) 배분비례

경내, 외 납세소득 사이에 다음 한 가지 혹은 여러 가지의 합리적 비례로 배분한 후 공제한다(자산비례, 수입비례, 직원급여 지출비례, 기타).

> **연결** 경내의 지역을 넘는 경영지사기구의 세금 배분 3가지 요소

(4) 기업의 경외 지사기구 손실처리(내부이익, 외부손실)

> **참조** 경내의 납세소득을 공제하지 못하며 국가를 초월하여 손실보전하지 못한다.

1) 경내 혹은 타국의 납세소득액을 공제하지 못하나, 동일한 국가(지역)의 기타 항목 혹은 이후 연도의 소득으로 규정에 따라 손실보전할 수 있다.

2) 손실보전기한

① 실제손실(경내+경외<0) : 경외손실 5년 내 이월결손금 공제

② 비실제 손실(경내+경외≧0) : 경외손실은 무기한으로 이월결손금 공제

3) 두 가지 상황에 대한 처리

① 만약 기업의 본 납세연도의 경내외 이익과 손실의 합계액이 영(Zero) 혹은 정수(正數)인 경우, 그 납세연도 경외 지사기구의 비실제손실액(非实际亏损额)은 무기한으로 손실보전할 수 있다.

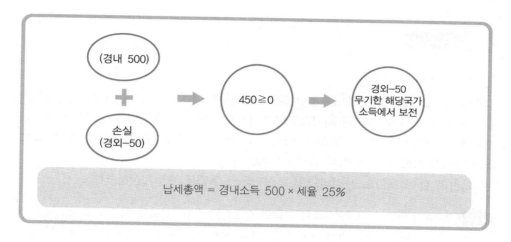

② 만약 기업 본 납세연도의 경내외 이익과 손실을 합계한 후 총액이 부수(-)인 경우, 경외 지사기구의 손실액이 기업 이익부분의 실제 손실액을 초과하는 부분은 이후 5년 내 손실보전할 수 있으며, 기업의 이익액 부분을 초과하지 않은 비실제손실액(非实际亏损额)은 여전히 무기한으로 손실보전할 수 있다.

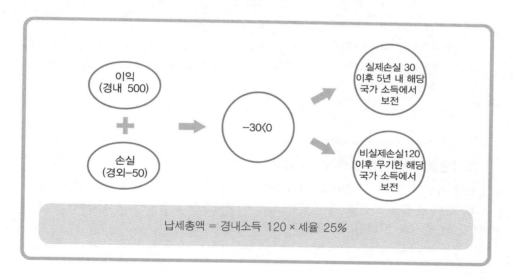

사례 11-5

경외 지사기구 손실보전

중국주민기업 A의 연간 경내외 순소득은 160만원이며, 그 중 경내소득의 납세소득액은 300만원, 갑국에 설립한 지사기구의 본 납세연도의 납세소득액은 100만원, 을국에 설립한 지사기구의 본 납세연도의 납세소득액은 -300만원, A기업이 본 납세연도내 을국에서 취득한 이자 소득의 납세소득액은 60만원이다.

본 기업의 본 납세연도의 경내외 소득의 납세소득액을 조정계산하면?

답 (1) A기업의 본 납세연도내의 경내외 순소득은 160만원이다. 그러나 경외손실을 경내 혹은 타국의 이익 중에서 공제하지 못하는 규정에 따라 을국의 지사기구에서 발생한 본 납세연도의 손실 300만원은 단지 해당국가에서 취득한 이자소득 60만원으로 손실보전할 수 있으며, 보전하지 못하는 비실제손실 240만원은 본 납세연도내 기업의 기타 이익중에서 손실보전하지 못한다.

소득원천		납세소득액
경내		300만원
경외	갑국	100만원
	을국	지사기구 -300, 이자 60, 비실제손실액 -240만원

A기업의 본 납세연도의 납세소득 총액＝400만원

(2) A기업의 본 납세연도내 경외 을국에서 손실보전하지 못한 비실제손실은 총 240만원이며, A기업이 을국의 이후 연도의 소득으로 무기한으로 손실보전하는 것을 허용한다.

□ 【연결】 경내손실 경외이익의 경우

만약 기업의 경내가 손실이고 경외에서 이익이 각각 여러 국가에서 발생하는 경우, 경내 손실을 보전할 때 기업은 스스로 경내손실 보전의 경외소득내원 국가(지역) 순서를 선택할 수 있다.

경외 이익으로 경내 손실을 보전하는 경우

항목	경내기업	경외영업기구	경외기납세금	공면제한도	이월이후 연간 공면제 잔액
세율	25%	30%			
제1년 이윤	-100	100	30	0	30
제2년 이윤	100	100	30	25	35

해설 (1) 제1년 : 납세소득액 = -100+100 = 0, 공제 한도 0, 경외 기납부세금 중 다음
　　　　　　　연도로 이월하는 공제 잔액은 30만원

(2) 제2년 : 납세소득액 = 100+100 = 200만원
　　　　본 납세연도 경외소득세 세금 = 30만원
　　　　공제한도 = 200×25 %×[100÷200] = 25만원(30만원)
　　　　실제 공면제 경외소득세 세금 = 25만원
　　　　이월되어 공제할 수 있는 세금 = 30-25+30 = 35만원

2. 공제할 수 있는 경외소득세의 확인

　공제할 수 있는 경외소득세 세액은 기업의 중국 경외원천소득이며 중국경외 세수법률 및 해당 규정에 따라 납부하여야 하며, 또한 실제 납부한 기업소득세 성질의 세금을 가리킨다.

(1) 경외소득세 공제의 기본조건

　1) 원천이 중국경외이며 또한 외국 세법에 근거하여 계산 납부한 세금

　2) 납부한 것이 기업소득세 성질의 세금에 속하며 명칭에 관계되지 않는다.

　3) 기업이 반드시 납부하여야 하며 또한 실제 납부한 세금에 제한된다.

　4) 기업에 대하여 징수한 소득세 세금에 속하는지 판정할 수 없으면 국가세무총국에 신고하여 재정(裁定)한다.

(2) 공제할 수 있는 경외소득세 세금에 해당하지 않는 경우

1) 경외소득세 법률 및 해당 규정에 따라 과오납부 혹은 과오징수한 경외소득세 세금

2) 조세조약 규정에 따라 징수하지 말아야 하는 경외소득세 세금

3) 경외소득세를 과소 납부 혹은 지연 납부하여 추가된 이자, 체납금 및 벌금

4) 경외소득세 납세인 혹은 그 이해관계인이 경외 징세주체에서 취득한 실제 반환 혹은 보상받은 경외소득세 세금

5) 국무원 재정, 세무주관 부문의 해당 규정에 따라 이미 기업의 경외 납세소득액 중에서 공제한 경외소득세 세금

3. 경외소득 간접납부세액 계산

(1) 간접납부세액

주민기업이 간접 부담하는 경외소득의 세금에 대하여 조세 공제를 진행할 때, 그가 취득한 경외 투자수익에 대하여 실제 간접부담한 세금은 직접 혹은 간접적으로 지분을 보유하는 방식으로 합계 지분보유 비율이 20% 이상(20% 포함)인 규정된 단계(층, 層級)의 외국기업지분을 보유하여 배당받은 주식배당금, 이익배당금 등 권익성 투자수익 중 최저층 외국기업부터 시작하여 단계별로 기업이 부담하는 세금을 계산하는 것을 가리킨다.

(2) 계산공식

(본층기업 이윤과 투자수익의 실제납부세액 + 규정에 부합하는 본층기업의 간접납부세액)
× (본층기업의 상층에 분배한 배당 / 본층 기업소득세 세후이윤)

해설 예를 들어 "자"를 본층으로 하면, 상층은 "모"이며 상층 "모"가 부담하는 세금은 "자A"가 이윤과 투자수익에 대하여 실제 납부한 갑국세금 + 규정에 부합되는 "자A"가 간접 부담한 "손A1", "손A2"에서 주식배당금을 배당받아 납부한 을국기업소득세 세금이다. 그런 후에 "모회사"가 점유한 "자A"의 지분을 고려한다.

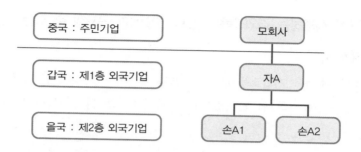

중국 : 주민기업		모회사
갑국 : 제1층 외국기업		자A
을국 : 제2층 외국기업	손A1	손A2

4. 간접면제를 적용하는 외국기업의 지분보유 비율의 계산

규정에 부합되는 "지분보유조건"은 주민기업이 직접 혹은 간접적으로 20% 이상의 지분을 보유한 외국기업으로 다음 지분 보유방식에 부합되는 3단계 외국기업에 제한된다(지분보유 20% + 최대 3단계).

1) 제1단계 : 단일 주민기업이 직접 20% 이상 지분을 보유한 외국기업(직접 20% 이상 보유)

2) 제2단계 : 단일한 제1단계 외국기업이 직접 20% 이상의 지분을 보유하며 또한 단일 주민기업이 직접 보유하거나 또는 하나 혹은 여러 개의 본 조항 지분보유조건에 부합되는 외국기업을 통하여 지분을 간접보유한 총합계가 20% 이상에 도달한 외국기업(직접 보유20% 이상 또한 간접보유 20% 이상)

3) 제3단계 : 단일한 제2층 외국기업은 직접 20% 이상의 지분을 보유하며 또한 단일한 주민기업이 직접 보유하거나, 하나 또는 여러 개의 규정한 지분 보유 조건에 부합되는 외국기업을 통하여 지분을 간접 보유한 합계가 20% 이상인 외국기업(직접보유 20% 이상 또한 간접보유 20% 이상)

> **강조** 규정에 부합되는 "지분 보유 조건"은 각 층 기업이 직접보유, 간접보유 및 주민기업의 간접지분보유 총합계 비율을 계산하는 매 하나의 단일한 지분 보유가 모두 20%의 지분보유 비율에 도달하여야 함을 가리킨다.

5. 간접면제를 적용하는 경외소득의 공제 한도액과 공제할 수 있는 세금

(1) 공제한도액

중국 경내외 소득을 기업소득세법과 조례의 규정에 따라 계산한 납부세액 총액 × 원천이 특정국가(지역)인 납세소득액 ÷ 중국경내외 납세소득액 총액

> ❏ 간략형식
>
> 공면제 한도액 = 원천이 특정국가(지역)의 납세소득액 × 세율

(2) 실제공제세금을 비교하여 한도액내에서 확정

상호면제제도(税收饶让)와 간이계산

1. 조세 상호면제제도의 납부세액

주민기업이 중국정부와 조세협정 등을 체결한 국가(지역)에서 취득한 소득이 본국(지역)의 세수법률에 따라 면제 혹은 감세 대우를 향유하였으며 또한 본 면세 혹은 감세한 금액이 조세협정의 규정에 따라 기납부세금으로 간주하여 중국의 납부세액에서 공제한 경우, 본 면세 혹은 감세금액은 기업이 실제 납부한 경외소득세액으로 공제할 수 있다.

 사례 11-7

조세 상호면제 공/면제 계산
중국주민기업A는 갑국에서 B회사를 투자설립하였다. 갑국정부에서는 경외투자를 장려하기 위하여 B회사의 최초 이익실현연도에 기업소득세(소득세세율은 20%) 면세하였다. A회사는 B회사의 면세연도에 배당한 이익 2,000만원을 취득하였다. 중국과 갑국정부가 체결한 조세협의 규정에 따라 중국주민이 갑국에서 취득한 소득에 대하여 갑국에 납부한 세금은 주민에게 징수하는 중국 조세중에서 공제할 수 있다. A회사가 공제한 간접 부담한 경외 세금은 얼마일까?

> **해설** A회사의 면제한 간접경외세금 = B회사의 면제금액 = 2,000×20% = 400만원
> A회사의 경외소득의 중국 납부세액 = 2,000×25% − 400 = 100만원
> 만약 상술한 조세상호면제가 없으면 A회사의 경외소득으로 중국에서 납부할 세금은
> = 2,000×25% − 0 = 500만원

2. 간이방법에 의한 공제액 계산

(1) 적용소득

경외에서 취득한 영업이익소득, 경외세금 간접공면제 조건에 부합되는 주식배당금 소득

(2) 조건

소득원천국가(지역) 정부기관에서 발급한 납세성질을 구비한 증빙 혹은 증명이 있으나 객관적으로 납부세액과 실제 납부한 경외소득세를 진실하고 정확하게 확인하지 못하는 경우

(3) 간이방법의 공제한도액 = 경외 납세소득액 × 12.5%

(4) 소득원천국가에 대한 요구

소득원천국가의 실제 유효세율이 중국에서 규정한 세율보다 50% 낮은 경우(즉 12.5%)는 제외한다(즉 실제 유효세율이 12.5%보다 높아야 한다).

> ❏ 법정 세율이 중국보다 현저히 높은 경외소득내원국(지역)명단
> 미국, 아르헨티나, 쿠바, 프랑스, 일본, 파키스탄, 쿠웨이트, 방글라데시, 시리아, 요르단, 라오스 등

(5) 경외소득이 간이방법을 채용하여 공제액을 계산하는 경우 조세상호면제를 적용하지 않는다.

3. 경외 지사기구와 중국의 대응 납세연도의 확인

(1) 기업의 경외지사기구가 생산, 경영소득을 계산하는 납세연도와 중국에서 규정한 납세연도와 불일치한 경우, 중국 납세연도 당연도와 대응되는 경외 납세연도를 중국 해당 납세연도 중 임의의 하루가 끝나는 경외납세연도로 한다.

(2) 상술한 이외의 경외소득 : 실제 납부 혹은 간접부담한 경외소득세는 본 경외소득 실현일자에 해당되는 중국의 대응 납세연도의 납부세액 중에서 계산공제한다.

사례 11-8

경외 지사기구 납세연도의 판정

A주민기업 미국 분공사의 당기 이윤계산 연도는 미국의 법률 법규에 따라 매년 10월 1일부터 다음해 9월 30일까지이다. 미국 분공사가 2015/2016년 중국의 세수공제 연도를 확인하면?

해설 본 분공사가 미국의 규정에 따라 계산한 2015년 10월 1일부터 2016년 9월 30일 기간의 영업이익 및 그의 기납부세액은 중국 2016년도에 납세 및 경외세금 공 면제를 계산한다.

제4절 국제조세회피와 조세회피의 방지

 BEPS계획, 일반 발퇴방지, 특별 납세조정

1. 과세기반 잠식과 소득이전 항목

《과세기반 잠식과 소득이전 항목 행동계획》('BEPS행동계획'이라 약칭)는 20개 국가 그룹(G20이라 약칭) 지도자가 OECD(경제협력개발기구)에 위탁하여 추진하는 국제 세제개혁 프로젝트로, 각국이 협력하여 국제조세회피에 대응하고 공동으로 세계 경제성장에 유리한 국제 조세규칙 체계와 행정협조체계를 만드는 중요한 조치이다.

(1) BEPS행동계획의 분류 : 5류 15항

종류(5류)	실행계획(15항 Action Plan)
디지털경제의 도래에 대응	디지털 경제
각국 기업소득세 세제를 조정	혼성불일치, 피통제(피지배)외국회사규칙, 이자 공제, 유해한 세수혜택의 검토
현행 실행중인 조세협정과 이전가격 국제규칙을 개조	세수협정남용, 상설기구, 무형자산, 위험과 자본, 기타 고위험 거래
조세 투명도와 정확성을 제고	데이터통계분석, 강제공시원칙, 이전가격동기자료, 분쟁해결
다자간(여러국가)의 협의도구를 개발하여 행동계획실시를 촉진	다자간 협약

(2) 과세기반잠식과 소득이전(BEPS; Base Erosion and Profit Shifting) 항목의 영향

❏ 세원잠식을 가능하게 만드는 Tax Scheme
  (1) 혼성불일치 거래(Hybrid Mismatching)
  (2) 과대지불이자의 공제
  (3) 캡티브 보험의 이용
  (4) 국제적 사업재편 등 무형자산의 일괄이전을 이용한 소득이전
  (5) 조세회피처(tax haven) 대책세제의 무효화, 적용제외의 이용
  (6) 영토주의과세(국외소득면제)방식과 조세회피처의 이용
  (7) 고정사업장(PE)에 대한 이익 귀속 및 과세권의 회피
  (8) 내국세법 상의 우대세제의 이용
  (9) 조세조약의 남용
  (출처) OECD BEPS 프로젝트 추진에 따른 이전가격세제 대응방안 (이장우, 국회도서관)

1) 본 프로젝트의 중점은 이중비과세를 소멸시키는 것이다.
2) 3개 단계별 규칙 협조가 발생
   ① 각국 국내 조세 입법에 대한 건의(입법주권에 관련)
   ② 소득세 영역의 국제 규칙을 수정한다(주로 OECD 조세협의 범문 및 주석, OECD 이전가격 지침이며, 양국의 담판권에 관련).
   ③ 다변(여러 국가)적 법률 도구를 형성하며 다변적인 조세협조를 진행한다(참여국에게 각자의 입법주권과 담판권을 양도할 것을 요구).

❏ 요점
3개 단계는 모두 주로 국제거래의 소득세 정책 제정에 관련되며 자본, 기술과 인원 등 생산요소의 국제배치에 직접 상관된다.

2. 일반 조세회피방지

(1) 일반 조세회피방지

> *법률근거 : 《기업소득세법》제6장 특별납세조정에는 6항의 조정 조치를 규정
> 하였다(이전가격, 사전가격, 원가배분협의, 자본약화(과세자본세제), 피통제외
> 국기업, 일반 탈세방지).
> *직접근거 : 국가 세무총국에서 《일반 조세회피방지 관리방법(시행)》제정 (국
> 가세무총국령 32호, 2015. 2. 1.부터)
> *기본정신 : 세무기관에서는 기업소득세법 해당 규정에 따라 기업이 실시한 합
> 리적 상업목적을 구비하지 않고 세수이익을 취득하기 위한 조세회피행위에 대
> 하여 특별납세조정을 실시한다.

1) 적용범위 : 국제간 거래 혹은 지급

　다음 상황은 적용하지 않는다.

　① 국제간 거래 혹은 지급과 무관한 것(예 : 경내)

　② 납세 도피, 추징세액납부 도피, 세금 편취, 세금 항거 및 파표허위발급
　　 등 세수위법행위

2) 세금탈세의 특징

　① 세수이익을 취득할 것을 유일한 목적으로 하거나 혹은 주요 목적으로
　　 한다.

　② 형식이 세법 규정에 부합되나 그의 경제실질과 부합되지 않는 방식으
　　 로 세수이익을 취득한다.

　　 해설 세수이익은 기업소득세 납부세액을 감소, 면제 혹은 지연납부
　　　　 하는 것을 가리킨다.

3) 세무기관은 반드시 합리적 상업목적을 구비한 것과 경제 실질의 유사점
　을 기준으로 하며 실질우선원칙에 따라 특별납세조정을 진행한다. 조정
　방법은 다음의 방법을 포함한다.

　① 해당 전부 혹은 부분 거래에 대하여 다시 규정한다.

② 세수상 거래측의 존재를 부정하거나 혹은 본 거래측과 기타 거래측을 동일한 실체로 간주한다.

③ 상관 소득, 공제, 세수우대, 경외세수공제에 대하여 다시 규정하거나 혹은 거래 각방 사이에 다시 배분한다.

④ 기타 합리적 방법

4) 기업의 안배가 이전가격, 원가배분, 피통제외국기업, 자본약화(과소자본 세제) 등 기타 특별납세조정 범위에 속하는 것은 우선 기타 특별납세조 정 해당 규정을 적용한다.

> 해설 먼저 특별 탈세방지 조치를 고려하고, 그 후에 일반 탈세방지 조 치를 고려한다.

5) 일반 조세회피방지 조사

주관 세무기관에서 일반 조세회피방지 조사를 실시하는 경우 피조사기 업에 《세무검사통지서》를 송달하여야 하며, 피조사기업에서 그 사항이 조세회피에 속하지 않는다고 인정하면 《세무검사통지서》를 받은 일자 로부터 60일 내에 자료를 제공하여야 한다.

(2) 간접 재산양도

1) 근거

국가세무총국의 《비주민기업이 재산을 간접 양도하는 기업소득세 문제 에 대한 공고》(총국공시 2015년 제7호)

□ 작용

일반 조세회피방지 규칙은 중국 과세 재산을 간접 양도하는 거래 방면에서의 구 체적 응용이며, 국가 세수 주권과 권익을 유지하는 중요한 도구이다. 또한 국가 세무총국에서 G20세제개혁에 적극 참여하여 BEPS에 대응하는 최신 조치이다.

---

2) 《공고》의 적용범위

① 합리적 상업목적을 구비하지 않고 중국 기업소득세 납세의무를 회피 하는 간접 중국 과세재산 양도 거래

② 피양도 경외기업이 중국에서 소유한 특정 과세재산(중국에서 설립한 기구장소, 중국에서 소유한 부동산 혹은 부동산 회사, 중국에서 소유한 권익성 투자재산)상황

> **참조** 지분양도소득과 지분 양도측이 중국 경내에 설립한 기구, 장소와 실질적 연관이 있는 경우에는 적용되지 않는다.

3) 실질 내용

비주민기업이 합리적 상업목적을 구비하지 않은 거래를 통하여 간접적으로 중국 주민기업지분 등 재산을 양도하고 기업소득세 납세의무를 회피하는 경우, 기업소득세법의 규정에 따라 본 간접 양도거래를 다시 규정(定性)하며 직접 중국 주민기업 지분등의 재산을 양도한 것으로 확인(确认)한다(즉, 중국 과세재산은 기업소득세법에 따르고, 간접적으로 중국 과세재산을 양도하는 것도 직접 양도로 확인되는 것은 마찬가지로 기업소득세법에 따른다).

① 중국과세재산 : 비주민기업이 직접 보유하며 또한 양도하여 취득한 소득을 중국세법의 규정에 따라 중국에서 기업소득세를 납부하여야 하는 중국경내 기구, 장소재산(场所财产), 중국경내 부동산, 중국 주민기업의 권익성 투자자산 등이다.

② 간접양도 중국과세재산 : 비주민기업이 직접 혹은 간접적으로 소유한 중국과세재산의 경외 기업지분 및 기타 유사한 권익을 양도하여 발생한 중국 과세 재산을 직접 양도한 것과 동등하거나 비슷한 실질 결과를 발생시킨 거래이다. 비주민기업 재조정으로 인하여 발생한 경외기업 주주변화상황을 포함한다.

4) 지분 양도측이 경외기업 지분을 양도하여 취득한 소득이 중국과세재산에 속하는 금액

소득액	과세항목	징수대상
경외기업에 귀속되거나 혹은 직접 혹은 간접적으로 중국 과세재산을 소유한 예속기업이 중국경내에 설립한 기구, 장소 재산액	간접적으로 기구, 장소를 양도한 재산소득	설립한 기구, 장소와 실질적 관련이 있는 소득
중국 경내 부동산에 귀속되는 금액	간접 부동산 양도 수입	경내 부동산 양도 소득
중국 주민기업의 권익성 투자자산에 속하는 금액	간접 지분양도 수입	경내 권익성투자 자산 양도소득

> 5) 합리적 상업목적을 판단하며 전체적으로 중국 과세 재산 간접 양도 거래와 관련된 모든 사항을 고려하여 실제 상황에 맞게 종합적으로 해당 요소를 분석한다.

3. 특별납세조정

> ☐ 근거 – 《기업소득세법》 특별납세조정
>
> 《특별납세조정 실시방법(시행)》 국세발 [2009] 2호, 세무기관이 기업에 대한 이전가격, 사전확정가격, 원가배분협의, 피통제외국기업, 자본약화 및 일반 탈세방지등 특별납세조정사항의 관리에 적용된다.

(1) 이전가격

이전가격 관리는 세무기관에서 세법규정에 따라 기업과 그의 관계자 사이의 업무 거래가 독립거래 원칙에 부합되는지 심사평가와 조사, 조정 등 작업을 진행하는 작업의 총칭이다.

이전가격을 대체가격책정이라고도 하며, 거래 각방에서 확인한 거래가격이다. 일반적으로는 관계자 사이에 내부 양도거래로 확인한 가격이다. 이러한 내부거래 가격은 일반적으로 일반 시장가격과 같지 않다.

(2) 원가배분협의

기업과 그의 관계측에서 원가배분협의를 체결하여 공동개발, 무형자산인수 혹은 공동으로 제공 또는 제공받는 노무 등의 경우 반드시 본 규정에 부합되어야 한다.

1) 원가배분협의의 참여자는 개발, 양수하는 무형자산 혹은 노무활동에 참여하여 수익권을 향유하며 동시에 해당 활동원가를 부담한다. 관련사가 부담한 원가는 반드시 비관련사와 비교되는 조건하에서 상술한 수익권과 취득하기 위하여 지급한 원가는 비례하게 된다. 참여측이 원가배분협의를 사용하여 개발 혹은 양수한 무형자산은 특허권 사용비를 별도로 지급할 필요가 없다.

2) 노무와 관련된 원가배분협의는 일반적으로 그룹구매와 그룹마케팅전략에 적용된다.

3) 기업과 그 관계사에서 원가배분협의를 달성하는 경우, 다음 상황 중 하나가 있으면 그가 자체 배분한 원가를 세전에 공제하지 못한다.

① 합리적 상업목적과 경제실질을 구비하지 않은 경우

② 독립거래원칙에 부합되지 않은 경우

③ 원가와 수익 배당 원칙을 준수하지 않은 경우

④ 본 방법의 해당 규정에 따라 해당 원가배분협의의 동기자료(同期资料)를 등기 혹은 등록(准备), 보존, 제공하지 않은 경우

⑤ 원가배분협의를 체결한 일자로부터의 경영기한이 20년보다 적은 경우

(3) 피통제(피지배)외국기업

1) 피통제외국기업(受控外国企业)

주민기업 혹은 주민기업과 주민개인이 통제하는 실제 세수부담이 25%의 기업소득세 세율수준보다 50% 낮은 국가 혹은 지역(12.5%보다 적음)에 설립되어 합리적 경영수요로 이윤을 배당하지 않거나 적게 배당하는 외국기업

2) 관리요구

중국주민기업의 주주는 반드시 연간 기업소득세 납세 신고시 대외 투자정보를 제공하여야 하며 《대외투자상황표》를 첨부 제출하여야 한다. 중국주민기업주주의 당기 간주 피통제외국기업의 지분배당소득을 계산한다(주식배당금으로 간주하여 납세).

> 참조 중국주민기업주주의 당기에 기입한 소득에 대하여 경외에서 납부한 기업소득
> 세는 소득세법 혹은 조세협의의 해당 규정에 따라 공제한다.

3) 중국주민기업주주가 당기에 기입한 피통제외국기업의 간주 주식배당금 소득

> 중국주민기업주주 당기소득 = 간주 주식배당금 금액×실제 지분보유 일수 ÷ 피통제외국기업의 납세연도 일수 × 주주지분보유비율

중국주민주주가 보유한 다층 간접 지분의 비율는 각층의 지분보유비율을 서로 곱하여 계산한다.

4) 중국주민기업이 자료를 제공하여 그가 통제하는 외국기업이 다음 조건 중 하나를 만족시킨다는 것을 증명할 수 있는 경우, 외국기업에 배당하지 않거나 배당을 감소시키 이윤을 주식배당금으로 간주하지 않으며 중국주민기업주주의 당기소득으로 기입한다.

① 국가세무총국에서 지정한 비저세율국가(지역)에 설립

영국, 미국, 독일, 오스트랄리아, 일본, 캐나다, 싱가포르, 노르웨이 등 11국을 포함한다.

② 적극적인 경영활동소득을 주로 취득한다.

③ 연간이윤총액이 500만원(인민폐)보다 적다.

(4) 자본약화(과소자본세제, 이자비용 공제의 원금제한)

《기업소득세법》에 규정한 기업이 그의 관계사에서 취득한 채권성투자와 권익성투자 비율이 규정된 표준을 초과하여 발생한 이자 지출은 납세소득액을 계산할 때 공제하지 못한다.

> 참조 "기업소득세법"의 기본요구와 일치하며, 더욱 세부적이다. 그러나 단지 이자계산의 원금 한도에만 관련된다.

1) 관계사 채권성투자와 권익성 투자비례

금융기업은 5:1, 기타 기업은 2:1

관계사 채권성투자와 권익성 투자비례의 구체 계산방법은 다음과 같다.

① 관련사 채권성투자와 권익성 투자비례

= 연간 매월 평균 관련 채권투자합계 ÷ 연간 각월 평균 권익투자합계

② 매월 평균 관련 채권투자

= (관련 채권투자 월초 장부상 잔액+월말 장부상 잔액) ÷ 2

③ 매월 평균 권익성투자

= (권익 투자 월초 장부상 잔액+월말 장부상 잔액) ÷ 2

2) 납세소득액을 계산할 때 공제하지 못하는 이자지출은 다음 공식에 따라 계산한다.

> 공제하지 못하는 이자지출 = 연간 실제 지급한 관계사 이자 전액
> × (1－표준비례 ÷ 관계사 채권성투자와 권익성 투자비례)

3) 이자지출은 직접 혹은 간접 관련 채권투자 실제 지출한 이자, 담보비용, 저당비용과 기타 이자성질의 비용을 포함한다.

 사례 11-9

모기업에서는 모회사에 2000만원을 가불하여 연이자율 9%(금융기관의 동기 동류형의 대출 이자율은 6%)로 이자 180만원을 지급하였다. 본기업은 본 거래가 독립거래원칙에 부합된다는것을 증명하지 못한다. 모회사는 15%의 기업소득세 세율을 적용하며 또한 본기업의 권익성 투자금액은 800만원이다.

답 (1) 이자지출 한도 = 2,000×6% = 120만원

공제하지 못하는 이자지출 = 180 - 120 = 60만원

(2) 원금한도

관련 권익성투자와 채권투자비례 = 2,000/800 = 2.5

공제하지 못하는 이자지출 = 120×(1 - 2/2.5) = 24만원

(3) 공제하지 못하는 이자지출 합계 = 60+24 = 84만원

제5절　이전가격(转让定价)

I 관계사, 동기자료관리, 이전가격 방법, 이전가격사전합의 가격

> 국가세무총국《관련 신고 완벽화와 동기자료 관리 해당 사항에 관한 공고》국가
> 세무총국 2016년 제42호

1. 관계사의 관계신고

(1) 관련관계 기본 판정

관계자는 기업과 다음 관련 관계 중 하나가 있는 기업, 기타 조직 혹은 개인을 말한다. 구체적으로 자금, 경영, 매매 등 방면에 직접 혹은 간접 통제관계가 있거나, 직접 혹은 간접적으로 동일한 제3자에게 통제되거나 이익상 서로 관계되는 기타 관계가 있는 경우(예들어 부양, 봉양, 친척관계, 실질상 기타 공동이익이 있는 경우)

> ❑ 각 비율에 주의
> (1) 지분통제 비율 25%
> 　　일방이 직접 혹은 간접적으로 다른 일방의 지분을 보유한 지분총액이 25% 이상에 도달하는 경우. 쌍방이 직접 혹은 간접적으로 보유한 제3자의 지분이 25% 이상인 경우
> 　　둘 이상의 부부, 직속 친족, 형제자매 및 기타 부양, 봉양관계가 있는 자연인이 공동으로 동일한 기업의 지분을 보유하는 경우, 관련 관계를 판정할 때 지분보유 비율은 합병하여 계산한다.
> (2) 대차자금 통제 비율 50%
> 　　일방과 다른 일방(독립금융기구 제외) 사이의 대차 자금이 일방의 납입 자본금의 50% 이상을 점유하거나 혹은 일방의 대차 자금 총액의 10% 이상을 다른 일방(독립금융기구 제외)이 담보하는 경우
> (3) 관리층 통제 비율
> 　　일방의 50% 이상의 고급관리인원(상장회사의 이사회비서, 경리, 부경리, 재무책임자와 회사 정관에 규정한 기타 인원을 포함) 혹은 최소 한 명의 이사회

를 통제할 수 있는 이사회 고급구성원이 다른 일방에서 위임파견된 경우 등
(4) 부부, 직계존비속, 형제자매 및 기타 부양, 봉양관계가 있는 두 자연인이 각
각 관련관계 여부를 판정할 때 지분보유관계, 자금대차관계, 특허권거래에
의거한 생산경영활동, 통제관계 및 이사 혹은 고급관리인원의 임면이 관련
관계를 구성하는 경우, 판정하여야 하는 쌍방도 관련관계를 구성한다.

> **예** 남편과 A회사가 관련관계이고, 그 아내와 B회사가 관련관계가 되는
> 경우, A회사와 B회사도 관련관계가 된다.

(2) 관련거래 유형

유형	사례
유형자산의 사용권 혹은 소유권의 양도	상품, 제품, 가옥건축물 등
금융자산의 양도	미수채권, 지분투자, 채권투자, 파생금융상품 등
무형자산의 사용권 혹은 소유권의 양도	매출경로, 특허경영권, 정부허가 등
자금융통	장단기 대차자금(그룹 자금고를 포함), 담보비용, 각종 이자를 계산하는 선불금과 연기수불금 등
노무거래	시장조사, 마케팅전략, 대리, 법률서비스, 재무관리, 회계감사, 구인, 교육, 집중구매 등

(3) 국별보고(国別报告, 국가별보고표)

국별보고는 BEPS제 13항 행동계획《이전가격 문서와 국별보고》중의 중요한
내용이다.

1) 내용

국별보고는 주로 최종 지배기업이 속하는 다국적 기업그룹의 모든 구성 실
체의 전세계 소득 및 세수와 업무활동의 국별 분포 상황을 공시하는 것이다.

2) 보고제출 주체(중국주민기업)

주민기업이 다음 상황 중 한가지가 존재하면《연간 관련업무 왕래 보고
서식》을 보고 제출할 때 국별보고를 작성하여야 한다.

① 해당 주민기업이 다국적 기업그룹의 최종 지배기업이며, 또한 전연도 연간 연결재무제표중의 각종 수입금액 합계가 55억원을 초과하는 경우

② 해당 주민기업이 다국적 기업그룹에 의하여 국별보고 신고기업으로 지정된 경우

③ 다음 조건 중 하나에 부합되면 세무기관에서는 특별납세조정시 기업에 국별보고를 제출할 것을 요구할 수 있다.

ⅰ) 다국적 기업그룹이 어떠한 국가에도 국별보고를 제출하지 않은 경우

ⅱ) 비록 다국적 기업그룹이 다른 국가에 국별보고를 제출하였으나 중국과 해당 국가가 상기 국별보고 정보교환체제를 마련하지 않은 경우

ⅲ) 비록 다국적 그룹기업이 기타 국가에 국별보고를 제공하였고, 중국과 해당 국가가 이미 국별보고 정보교류 기제를 설립하였으나, 국별보고가 실질적으로 중국과 교환되지 못한 경우

2. 동기자료(同期资料) 관리

《기업소득세법 실시조례》의 해당 규정은 기업의 납세연도에 따라 준비, 보관 및 세무기관의 요구에 따라 그의 특수거래의 동기자료를 제공한다.
《관련신고 완벽화와 동기자료 관리 해당 사항에 관한 공고》 국가세무총국공고 2016년 제42호(동기자료의 준비요구에 대한 수정), 동기자료는 각각 마스터파일, 로컬파일과 특수사항문서의 세 가지로 나눈다.

(1) 마스터파일(주체문서, 主体文档, Master File)

1) 마스터파일 제공 조건

① 연도내 국제 관련 거래가 발생하였으며 또한 본 기업의 재무제표를 합병하는 최종 지배기업의 소속 기업 집단이 이미 미스터파일을 준비한 경우

② 연간 관련거래 총액이 10억원을 초과하는 경우

2) 마스터파일의 주요내용

최종 지배기업 소속 기업집단의 전세계 업무의 전체 상황을 공시한다.

포함사항 조직구조, 기업그룹업무, 무형자산, 융자활동, 재무와 세무상황

(예를 들어 기업그룹 최근 한 개 회계연도의 합병재무보고 등)

(2) 로컬파일(본지문서, 本地文档, Local File)을 준비해야 하는 기업

1) 연간 관련거래 금액이 다음 조건 중 하나에 부합되는 기업은 반드시 로컬파일을 준비하여야 한다.

① 유형자산 소유권 양도금액(원료제공 가공업무는 연간 수출입 통관 금액에 따라 계산)이 2억원을 초과하는 경우

② 금융자산 양도금액이 1억원을 초과하는 경우

③ 무형자산 소유권 양도금액이 1억원을 초과하는 경우

④ 기타 관련거래금액 합계가 4,000만원을 초과하는 경우

2) 로컬파일의 주요내용

기업 관련거래의 상세한 정보를 공시

포함사항 기업상황, 관련관계, 관련거래(관련거래 상황, 가치사슬분석, 대외투자, 관련지분양도, 기타 세수재정), 비교성분석, 이전가격 방법의 선택과 사용

(3) 특수사항 문서(2가지)

1) 기업이 원가배분협의를 체결 혹은 집행하면 원가배분협의 특수사항 문서를 준비하여야 한다.

2) 기업 관련 채권투자와 권익투자 비율이 표준비율을 초과하고 독립거래원칙에 부합된다는 것을 설명할 필요가 있는 것은 자금약화(資本弱化, 과세자본세제) 특수사항 문서를 준비하여야 한다.

(4) 면제되는 상황

1) 기업이 단지 경내의 관계사와만 특수거래가 발생한 경우 마스터파일, 로컬파일과 특수사항 문서를 준비하지 않아도 된다.

2) 기업에서 이전가격 사전합의가격(預约定价)을 집행하는 경우 사전합의 가격과 관련된 특수거래의 로컬파일과 특수사항 문서를 준비하지 않아도 된다.

(5) 시간제한 및 기타 요구

1) 시간제한

마스터파일은 반드시 기업그룹 최종 통제기업의 회계연도가 마감된 일자로부터 12개월 내에 준비하여야 하며, 로컬파일과 특수사항 문서는 반드시 특수거래 발생연도의 다음해 6월 30일까지 준비하여야 한다. 동기자료는 반드시 세무기관에서 요구한 일자로부터 30일 내에 제공하여야 한다.

동기자료는 세무기관에서 준비할 것을 요구한 일자로부터 10년간 보존하여야 한다.

2) 기타 요구

세무기관에서 특별조사를 실시하여 세금을 조사 보충징수할 때 세금의 해당 납세연도의 중국인민은행에서 공포한 세금보충기간의 동기 인민폐 대출 기본이자율에 따라 이자를 추징한다(연체가산금(滞纳金)는 없음).

3. 이전가격 방법

❑ **법률의거**

《기업소득세법 실시조례》규정의 이전가격 방법은 비교가능 비관계사간 거래 가격법(可比非受控价格法), 재판매가격법(再销售价格法), 원가가산법(成本加成法), 거래순이익법(交易净利润法), 이익분할법(利润分割法)과 기타 독립거래원칙에 부합되는 방법을 포함한다.

기업에서 특수거래가 발생하였거나 세무기관에서 특수거래를 심사, 평가하는 경우 모두 독립거래원칙을 준수하여야 하며, 합리적 이전가격 방법을 선택하여야 한다.

(1) 비교가능 비관계사간 거래가격법(可比非受控价格法)

관련관계가 없는 거래 각방이 동일하거나 유사한 업무의 거래금액에 따라 결정하는 방법이다.

(2) 재판매가격법(再销售价格法)

관계사에서 상품을 구입하여 다시 비관계사에 매출하는 거래가격에 따라 동일하거나 유사한 업무의 매출이익을 공제하여 결정하는 방법이다.

> 공평한 거래가격＝비관련측에 재매출하는 가격×(1－비관련회사간 매출이익률)

적용범위 일반적으로 상품에 대하여 외형, 성능, 구조 혹은 상표 교환 등을 동반하지 않는 실질적인 가치증가가 있는 간단한 가공 혹은 단순한 매매업무

(3) 원가가산법(成本加成法)

> 공평한 거래가격＝특수거래의 합리한 원가×(1＋비교가능한 비관련 거래의 원가가산율)

적용범위 일반적으로 유형자산의 매매, 양도와 사용, 노무제공 혹은 자금을 융통하는 특수거래에 적용된다.

(4) 거래순이익법

비교가능 비관련거래(可比非关联交易)의 이윤율로 특수거래의 순이익을 확인한다.

적용범위 일반적으로 유형자산의 매매, 양도와 사용, 무형자산의 양도와 사용 및 노무제공 등 특수거래에 적용된다.

(5) 이익분할법(利润分割法)

기업과 그의 관계사가 특수거래에 대한 합병 이윤의 기여에 따라 각자가 배당하야야 하는 이윤액에 대하여 계산한다.

적용범위 일반적으로 각 참여자의 특수거래가 고도로 통합되어 있으며, 또한 단독으로 각자의 거래 결과를 평가하기 어려운 상황에 적용된다.

4. 이전가격조사 및 조정

세무기관은《세수징수관리법》및 그 실시세칙의 해당 세무검사 규정에 따라 조사기업을 확정하며 이전가격 조사, 조정을 진행한다.

(1) 절차

1) 중점조사기업 확인
2) 안건심사(案头审核)
3) 현장조사(조사 인원은 반드시 2명 이상)
4) 자료수집
5) 정보 확인 등

(2) 중점조사기업

1) 특수거래 금액이 비교적 크거나 혹은 유형이 비교적 많은 기업
2) 장기 손실, 이익이 미미하거나 혹은 비약적(跳跃性)인 이익이 있는 기업
3) 같은 업종보다 이윤수준이 낮은 기업
4) 이윤수준이 그가 부담하는 기능위험에 비해 현저히 부합되지 않는 기업
5) 조세피난처의 관련사와 업무 거래가 발생한 기업
6) 규정에 따라 관련 신고 혹은 동기자료를 준비하지 않은 기업
7) 기타 현저히 독립거래 원칙을 위반한 기업

(3) 추적관리기간

1) 세무기관은 기업에 대하여 이전가격 납세조정을 실시한 후 반드시 기업이 조정된 최후 연도의 다음 년도부터 5년내 추적관리를 실시한다.
2) 추적관리기간 내의 기업은 반드시 추적년도의 다음 해 6월 20일 전 세무기관에 추적 연도의 동기자료를 제공하여야 한다.

(4) 경외관련사에 지급하는 비용의 이전가격 관리

《기업에서 경외 관련사에 비용을 지급하는 기업소득세 해당 문제에 관한 공고》
총국공고 2015년(16호)

1) 특별납세조정권 부여

기업에서 경외 관계사에 비용을 지급하는 경우 반드시 독립거래 원칙에 부합되어야 한다. 경외 관계사에 비용을 독립거래 원칙에 따라 지급하지 않은 것은 세무기관에서 조정할 수 있다.

2) 불공제 항목

① 기업에서 기능이행 및 위험을 부담하지 않은 실질성 경영활동이 없는 경외 관계사에 비용을 지급하는 경우 기업의 납세소득액을 계산할 때 공제하지 못한다.

② 기업에서 경외 관계사에서 제공한 노무를 제공받아 경외로 비용을 지급하고 본 노무가 기업으로 하여금 직접 혹은 간접적인 경제이익을 취득하지 못하는 경우, 지급한 비용은 기업의 납세소득액을 계산할 때 공제하지 못한다.

③ 기업이 단지 무형자산의 법률소유권을 소유하고 그 가치창조에 기여하지 못한 관계사에 지급한 특허권사용비는 독립거래원칙에 부합되지 않으며, 기업의 납세소득액을 계산할 때 공제하지 못한다.

> 예 경내 광고기업이 경외 관계사의 상표 혹은 브랜드를 사용하며, 본 상표와 브랜드가 경내기업의 광고추진 과정에서 점진적으로 시장의 인정을 받았으며 또한 경내기업에서 유지하고 발전시켜 가치가 제고된 경우, 경내 광고기업이 경외 관계사에 지급한 특허권사용비는 기업의 납세소득액을 계산할 때 공제하지 못한다.

④ 기업에서 융자상장(融資上市)을 주요 목적으로 경외에 지주회사 혹은 융자회사를 설립하여 융자상장 활동으로 인하여 발생한 부가이익

이 경외 관계사에 지급한 특허권사용비는 기업의 납세소득액을 계산
할 때 공제하지 못한다.

3) 기한

기업이 경외 관계사에 지급한 비용이 독립거래 원칙에 부합되지 않으면
세무기관에서는 본 업무가 발생한 납세연도로부터 10년 내에 특별 납세
조정을 실시할 수 있다.

> **해설** 《조세징수관리법 실시 세칙》의 특수상황에 대하여 해당 업무
> 거래가 발생한 납세연도로부터 10년 내에 조정한다.

5. 사전합의가격(預約定价)

> ❏ 관련근거
> 국가세무총국 2016년 제64호(간칭 : 사전합의가격 또는 사전확정가격)

사전합의가격은 기업의 미래 특수거래의 가격 원칙과 계산방식을 가리키며 세무
기관에 신청을 제출하여 세무기관과 독립거래원칙에 따라 협상, 확인한 후 달성한
협의이다.

사전합의가격은 일방, 쌍방, 다국의 3가지 유형이 있다.

(1) 적용범위

1) 미래연도

주관세무기관이 기업에 송달한 《세무사항통지서》의 일자가 속하는 해
당 납세연도부터 3~5개 연도의 관련거래이다.

2) 소급기간은 최장 10년이다.

3) 거래금액

주관 세무기관에서 기업에 《세무사항통지서》를 송달한 일자의 해당 납
세연도 전 3개 연도에 매년 발생한 특수거래 금액이 인민폐 4,000만원 이
상인 기업

(2) 사전합의가격의 단계

1) 예비회담
2) 체결의향 면담
3) 분석평가
4) 정식신청
5) 협상체결
6) 감시 및 집행

(3) 사전합의가격의 우선 접수

다음 상황 중 하나에 해당하면 세무기관은 우선적으로 기업이 제출한 정식신청을 수리할 수 있다.

1) 기업의 관련신고와 동기자료가 완비되었고 합리적이며 공시가 충분한 경우
2) 기업의 납세신용등급이 A급인 경우
3) 세무기관이 기업에 대하여 특별납세조사조정을 실시하였으며 이미 안건이 완료된 경우
4) 체결한 사전합의가격 집행기간이 만기되어 기업에서 재계약을 신청하였고 또한 사전합의가격이 서술한 사실과 경영 환경에 실질성 변화가 발생하지 않은 경우
5) 기업이 제출한 신청자료가 완비되었으며 가치사슬 혹은 공급사슬에 대하여 분석이 완전하고 명확하며 원가절약, 시장할증 등 지역 특수 요소를 충분히 고려하였으며 채용하려는 가격결정원칙과 계산방법이 합리적인 경우
6) 기업이 세무기관과 적극적으로 협조하여 사전확정가격 체결작업을 전개하는 경우
7) 양국 혹은 다국 사전합의가격을 신청하는 경우 관련된 조세협정체결 상대방 세무주관 당국이 비교적 강한 체결 의사가 있으며, 사전합의가격에 대한 중요도가 비교적 높은 경우
8) 기타 사전합의가격 체결에 유리한 요소

(4) 기타사항

1) 조직협조기관

사전합의가격이 동시에 두 개 혹은 두 개 이상의 성, 자치구, 직할시와 계획단열시 세무기관과 관련되거나 혹은 동시에 국가세무기관과 지방세무기관과 관련되는 경우 국가세무총국에서 통일적으로 조직하여 조정한다. 단일측 사전합의가격이 하나의 성, 자치구, 직할시와 단열시 내의 두 개 혹은 두 개 이상의 주관 세무기관과 관련되며 또한 국세세무기관과 지방세세무기관과 관련되면 성, 자지구, 직할시와 계획단열시 상응하는 세무기관에서 통일적으로 조직하여 협조한다.

2) 비밀유지의무

① 세무기관과 기업이 사전합의가격 담화체결 과정 중에 취득한 모든 정보 자료는 쌍방 모두 비밀유지의무가 있다.

② 세무기관과 기업이 사전합의가격를 달성하지 못하며 세무기관이 협상 과정 중에서 취득한 기업과 관련된 제의, 추리, 관념과 담판 등 비사실성 정보는 본 사전합의가격과 관련된 특수거래의 특별납세조사 조정에 사용하지 못한다.

제6절	국제세수징수관리

1. 조세정보 교환

(1) 정보교환 유형

특별정보교환, 자동정보교환, 자발정보교환, 동기세무검사, 수권대표방문, 업종범위 정보교환 등

(2) 조세정보 교환 범위

1) 국가의 범위

중국과 정식으로 정보교환 조항을 포함한 조세협의를 체결하고 동시에 효력발생 및 집행하는 국가에만 제한된다.

2) 세목의 범위 : 소득(과 재산)성질을 구비한 세목이다.

3) 사람 및 단위의 범위 : 조세협의 체결국 일방 혹은 쌍방 주민의 정보를 교환한다.

4) 지역범위 : 체결국 쌍방이 세수관할권의 지역을 유효하게 행사한다.

(3) 비밀유지기간 : 30년(절대비밀유지급), 20년(기밀급), 10년(비밀급)

(4) 소송증거

1) 중국이 체약국 주관당국에서 취득한 조세정보는 조세법률집행의 행위근거로 할 수 있으며 또한 소송절차 중 제출할 수 있다.

2) 세수정보를 소송절차중 증거로 사용할 때 세무기관은 반드시 행정소송법 등 법률 규정에 따라 개정(開庭)하지 않을 때 공개대질할 것을 신청할 수 있다.

(5) 중국 정보교환은 국가세무총국을 거쳐 진행한다.

2. FATCA

미국의 FATCA의 주요 목적은 글로벌적으로 미국 부자들의 탈세 행위를 추적조사하는 것이다. 이는 미국 국내법에 속하나 실제 적용범위는 미국을 훨씬 초월한다. FATCA는 외국기구에 미국세무기관에 미국계좌 소지인의 정보를 보고할 것을 요구하고 있으며, 만약 외국기구가 준수하지 않으면 미국은 외국기구의 미국원천소득과 수입에 대하여 30%의 징벌성 원천소득세를 공제납부한다.

미국은 정부간의 합작방식으로 FATCA의 두 가지 협의모델을 실시할 것을 공표하였다.

형식 1 정부를 통하여 정보교환을 전개하며 호혜적과 비호혜적 두 가지 형식을 포함한다(중미 정부간 협의형식).

형식 2 금융기구는 직접 미국세무기관에 정보를 보고한다.

3. 금융계좌 세금관련정보 자동교환 표준

(1) G20의 위탁을 받아 OECD는 2014년 7월에 《금융계좌 세금관련 정보 자동교환 표준》(AEOI표준이라 간칭)을 발표하여 각국의 국제조세협조를 강화하며 국제탈세를 막기 위하여 강력한 도구를 제공하였다.

(2) 내용 : 두 개 부분으로 구성

1) 《관리당국협의 교본》: 호혜형식으로 각국 세무당국 사이에 전개하는 금융계좌 세금관련 정보를 자동교환하는 문서를 규범화하였다.

2) 《통일보고표준》: 금융기관이 외국의 조세주민 개인과 기업계좌 정보를 수집 및 보고하는 해당 요구와 절차를 규정하였다.

3) 중국에서의 실시 : AEOI 표준은 2016년 2월에 중국에서 효력이 발생하였다. 2017년 1월 1일부터 자산실사 절차를 이행하기 시작하였으며, 처음 대외로 비주민금융계자 세금관련 정보를 교환하는 시기는 2018년 9월이다.

제12장

세무행정법제

제1절　세무행정처벌

세무 행정처벌의 설정, 주체, 권력명세서, 집행

세무행정처벌은 공민, 법인 혹은 기타 조직이 세수징수 관리질서를 위반한 위법행위가 상기 범죄를 구성하지 않는 경우 법에 따라 행정책임을 부담하여야 하는 세무기관에서 집행하는 행정처벌을 가리킨다.

1. 세무행정처벌의 설정

현재 실행하는 중국 세수법제의 원칙은 세권집중, 세법통일이며 세법의 입법권은 중앙에 집중되어 있다.

(1) 전국인민대표대회 및 그 상무위원회는 법률형식으로 각종 세무행정처벌을 정할 수 있다.

(2) 국무원에서는 행정법규의 형식을 통하여 인신자유를 제한하는 것 이외의 세무행정 처벌을 정할 수 있다.

(3) 국가세무총국은 규장(規章) 형식으로 경고와 벌금을 정할 수 있다.
비경영활동 중 위법행위에 대하여 설정한 벌금은 1,000원을 초과하지 못한다.

❑ **경영활동 중 위법행위에 대하여**

1) 위법소득이 있는 경우 설정한 벌금은 위법소득의 3배를 초과하지 못하며 또한 30,000원을 초과하지 못한다.

2) 위법소득이 없는 경우 설정한 벌금은 10,000원을 초과하지 못한다. 한도액을 초과하면 반드시 국무원의 비준을 받아야 한다.

---

2. 세무행정처벌의 종류

(1) 벌금

(2) 재산과 위법소득 몰수

(3) 수출퇴세권 정지

3. 세무행정처벌의 주체

세무행정 처벌의 실시주체는 현급 이상 세무기관이 주가 된다. 각급 세무기관의 내설기관, 파출기관은 처벌의 주체자격을 구비하지 않는다. 세무서(税务所)는 처벌액이 2,000원 이하의 세무행정처벌을 할 수 있다.

4. 세무행정처벌의 절차

(1) 간이절차

간이절차의 적용조건은 다음과 같다.

1) 안건이 간단하며 사실이 명확하며 위법후과가 비교적 경미하며 또한 법정근거가 있는 처벌대상인 위법행위

2) 처벌이 비교적 가벼우며 단지 공민에게 50원 이하, 법인 혹은 기타 조직에 1,000원 이하의 벌금에 해당하는 위법 안건에만 적용된다.

(2) 일반절차

1) 조사와 심사

2) 증언청취(听证)

3) 결정

증언청취 범위는 중국공민에 대하여 2,000원 이상 혹은 법인 혹은 기타 조직에 대하여 10,000원 이상을 벌금한 안건이다.

국가 비밀, 상업 비밀 혹은 개인 프라이버시에 관련된 것에 대하여 공개적으로 증언 청취하지 않는 것을 제외하고는, 공개적으로 증언 청취하는 안건은 반드시 사전에 안건과 증언 청취시간, 지점을 공시하며, 또한 대중이 경청하는 것을 허용한다.

---

5. 세무행정처벌 권한

국가세무총국은 법률, 행정법규와 부문 규정에 설정한 세무행정처벌 권력사항에 대하여 정리와 확인을 진행하며 《제1차례 세무행정처벌 권력명세서에 관한 공시 关于第一批税务行政处罚权力清单的公告》를 발표하였다(국가세무총국 공시 2015년 제10호).

명세서는 모두 3류 8항의 처벌 권력 사항을 포함하며 2부의 세수 법률, 행정법규 9개 조항에서 의거한다. 그 중 장부 증빙 관리류 3항, 납세신고류 2항, 세무검사류 3항이다.

(1) 장부, 증빙서류 관리류

1) 규정에 따라 장부자료를 설정, 보관하지 않았으며 제출한 재무, 회계제도의 방법에 따라 시스템 결산, 세무통제 장치를 설치 사용하지 않은 경우(납세인이 규정에 따라 장부를 설립 보관하지 않았거나 기장증빙과 해당 자료를 보관하지 않은 경우, 납세인이 규정에 따라 재무제도 혹은 재무회계 처리방법과 회계결산 시스템을 세무기관에 등록하지 않은 경우, 납세인이 규정에 따라 세무통제 장치를 설치, 사용하지 않은 경우 혹은 세무통제 장치를 사사로이 훼손하거나 변경한 경우를 포함한다)세무기관에서 제한된 기한 내에 개정할 것을 명령하고 2,000원 이하의 벌금에 처할 수 있다. 사안이 중대한 것은 2,000원 이상 1만원 이하의 벌금에 처할 수 있다.

2) 원천징수의무인이 규정에 따라 원천징수, 대리수금 대리납부 세금 장부를 설립, 보관하지 않았거나 원천징수, 대리수금 대리납부 세금기장증빙 및 해당 자료를 보관하지 않은 경우 세무기관은 제한된 기한 내에 개정할 것을 명령하고 2,000원 이하의 벌금에 처할 수 있다. 사안이 중대한 것은 2,000원 이상 5,000원 이하의 벌금에 처한다.

3) 세금납부증명(完税凭证)을 불법으로 인쇄, 전차(转借), 전매, 변조 혹은 위조한 경우 세무기관에서 그에게 개정할 것을 명령하고 2,000원 이상 1만원 이하의 벌금에 처한다. 사정이 중대한 것은 1만원 이상 5만원 이하의 벌금에 처하고, 범죄를 구성한 경우 법에 따라 형사책임을 추궁한다.

(2) 납세신고류

1) 규정된 기한에 따라 납세신고와 납세자료를 신고하지 않은 경우(납세인이 제한된 기한 내에 납세신고하지 않았으며 납세자료를 제출하지 않은 경우, 원천징수의무인이 규정된 기한 내에 세무기관에 원천징수, 대리수금 대리납부 세금 보고표와 해당 자료를 규정된 기한 내에 세무기관에 제출하지 않은 경우를 포함한다), 세무기관은 제한된 기한 내에 개정할 것을 명령하고 2,000원 이하의 벌금에 처할 수 있다. 사안이 중대한 것은 2,000원 이상 1만원 이하의 벌금에 처할 수 있다.

2) 납세인, 원천징수의무인이 허위로 세금계산근거를 변조하면 세무기관에서 제한된 기한 내에 개정할 것을 명령하며 동시에 5만원 이하의 벌금에 처한다.

(3) 세무검사류

1) 납세인, 원천징수의무인이 도피, 거절 혹은 기타 방식으로 세무기관의 검사를 저해하는 경우(허구 자료제공, 사실대로 상황을 반영하지 않거나 해당 자료 제공을 거절, 혹은 세무기관에서 안건과 관련된 상황과 자료를 기록, 녹음, 녹화, 촬영, 복제하는 것을 거절하거나 저지하며 검사 기간 내에 납세인, 원천징수 의무인이 해당 자료를 전이, 은닉, 소각하며, 법에 따라 세무조사를 받지 않는 기타 상황을 포함한다) 세무기관에서는 그에게 개정할 것을 명령하고 1만원 이하의 벌금에 처할 수 있다. 사안이 중대하면 1만원 이상 5만원 이하의 벌금에 처한다.

2) 납세인, 원천징수 의무인의 계좌개설은행 혹은 기타 금융기관이 세무기관에서 법에 따라 납세인, 원천징수인의 예금계좌를 검사하는 것을 거절하거나 세무기관에서 예금을 동결하거나 혹은 세금을 공제 납부하는 결정에 대한 집행을 거절하며 세무기관의 서면통지를 받은 후 납세인, 원천징수의무인을 도와 예금을 이전하여 세금이 유실되게 한 것에 대하여 세무기관에서는 10만원 이상 50만원 이하의 벌금에 처하며, 직접 책임이 있는 주관인원과 기타 직접적인 책임인원에 대하여 1,000원 이상 1만원 이하의 벌금에 처한다.

3) 세무기관에서 세수징수관리법 제54조 제(5)항의 규정에 근거하여 역전, 부두, 공항 우정기업 및 그의 지사기구에서 납세인의 해당 상황을 검사할 때 해당 단위에서 거절하면 세무기관에서는 개정할 것을 명령하고 1만원 이하의 벌금에 처할 수 있다. 사안이 중대하면 1만원 이상 5만원 이하에 처한다.

6. 세무행정처벌의 집행

세무기관이 당사자에 대하여 벌금 행정 처벌을 결정하며, 당사자는 반드시 행정 처벌 결정서를 받은 일자로부터 15일 내에 벌금을 납부하여야 한다. 기한이 되어도 납부하지 않으면 세무기관에서는 당사자에 대하여 매일 벌금의 3%을 추가로 벌금한다.

제2절 세수행정심의(复议)

Ⅰ 세수행정심의 안건수리 범위, 관할, 신청과 수리, 화해와 조정

세무행정심의(税务行政复议)는 당사인이 세무기관 및 그의 직원이 내린 세무 구체 행정 행위에 불복하여 법에 따라 상급 세무기관(심의기관)에 신청을 제출하고 심의기관에서 심리를 거쳐 원 세무기관의 구체 행정행위에 대하여 법에 따라 유지, 변경, 취소 등을 결정하는 활동이다. 한국의 불복절차로 이해하면 될 것이다.

1. 세무행정 불복절차 안건수리 범위

내용	구체항목
(1) 세무기관에서 내린 징세행위 (반드시 심의(复议)에 의하여야 함)	《구체적 행정행위》 납세주체 . 징수대상, 징수범위, 감세, 면세및 퇴세, 적용세율, 과세근거, 납세유통단계, 납세기한, 납세지점 및 세금징수 방식 등 구체 행정행위, 세금징수, 체납금 추가징수 및 원천징수 의무인, 세무기관의 위탁을 받고 징수하는 단위에서 진행하는 원천징수, 대리수금 대리납부, 대리징수행위 등을 확인한다.
(2) 행정허가, 행정심사비준	
(3) 세금계산서 관리행위	매출, 수납, 세금명세서 대리발급
(4) 세수보전조치, 강제집행조치	《세수보전조치》 ① 서면으로 은행 혹은 기타 금융기관에 통지하여 예금 지급을 잠시 정지 ② 상품, 화물 혹은 기타 재산을 압류, 차압 강제집행조치 《강제집행조치》 ① 서면으로 은행 혹은 기타 금융기관에 통지하여 그의 예금에서 세금을 공제납부 ② 압류, 차압한 상품, 화물 혹은 기타 재산을 경매
(5) 행정처벌행위	① 벌금 ② 재산과 불법소득을 몰수 ③ 수출퇴세권을 정지

내용	구체항목
(6) 법에 따라 다음 직무를 이행하지 않는 행위	① 세무등기증 발급 ② 세금납부증명서, 외부(外出)경영활동 세수관리증명 발급 및 제출 ③ 행정벌금 ④ 행정장려 ⑤ 기타 법에 따라 직책을 이행하지 않는 행위
(7) 자격인정 행위	
(8) 법에 따라 납세담보를 확인하지 않는 행위	
(9) 정부 정보 공개 작업중 구체적 행정행위	
(10) 납세신용등급 평가행위	
(11) 출입경 관리기관에 통지하여 출경을 저지하는 행위	
(12) 기타	

2. 세무행정심의(行政复议)의 관할

(1) 각급 국가세무국의 구체적 행정행위에 불복하는 경우 상급 국가세무국에 행정심의를 신청한다.

(2) 각급 지방세무국의 구체적 행정행위에 불복하는 경우 상급 지방세무국 혹은 본 세무국의 본급 인민정부를 선택하여 행정심의를 신청할 수 있다.

(3) 국가세무총국의 구체적 행정행위에 불복하는 경우 국가세무총국에 불복행정을 신청한다. 행정심의 결정에 불복하면 신청인은 인민법원에 행정심의를 제출할 수 있으며, 또한 국무원에 판결을 신청할 수도 있다. 국무원의 판결은 최종판결이다.

(4) 다음 세무기관의 구체적 행정행위에 불복하는 경우 다음 규정에 따라 행정심의를 신청한다.

　　1) 계획단열시(计划单列市)의 국가세무국의 구체적 행정행위에 불복하면 국가 세무총국에 행정심의를 신청하며, 계획단열시 지방세무국의 구체적 행정행위에 불복하는 경우 성(省)지방세무국 혹은 본급 인민정부를 선

택하여 행정심의를 신청할 수 있다.

2) 세무소(분국), 각급 세무국 사찰국(稽査局)의 구체적 행정행위에 불복하는 경우 그의 주관 세무국에 행정심의를 신청한다.

3) 두 개 이상의 세무기관에서 공동으로 내린 구체적 행정행위에 불복하는 경우 공동 상급 세무기관에 행정 심의를 신청하며, 세무기관과 기타 행정기관이 공동으로 내린 구체 행정행위에 불복하는 경우 그의 공동 상급 행정기관에 행정심의를 신청한다.

4) 세무기관의 기한이 지나도 벌금을 납부하지 않은 추가 처벌금 결정에 불복하는 경우 행정 처벌 결정을 내린 세무기관에 행정심의를 신청한다. 그러나 처벌금과 추가벌금에 모두 불복하는 경우 함께 행정처벌을 결정한 세무기관의 상급 세무기관에 행정심의를 신청한다.

3. 세무행정심의 신청인과 피선청인

(1) 신청인

1) 파트너기업(合伙企業)이 행정심의를 신청하는 경우, 반드시 공상행정관리기관에 비준 등기한 기업을 신청인으로 하며 합작사무를 집행하는 파트너가 본 기업을 대표하여 행정심의에 참여한다. 기타 파트너조직이 행정심의를 신청하면 파트너가 공동으로 행정심의를 신청한다.

앞 조항에 규정한 이외의 법인자격을 구비하지 않은 기타 조직이 행정심의를 신청하는 경우, 본 조직의 주요 책임자가 본 조직을 대표하여 행정심의에 참여하며, 주요 책임자가 없으면 공동으로 추천한 기타 구성원이 본 조직을 대표하여 행정심의에 참여한다.

2) 주식회사의 주주총회, 주주대표대회, 의사회에서 구체적 세무행정행위가 기업의 합법적인 권익을 침범하였다고 여기면 기업의 명의로 행정심의를 신청할 수 있다.

(2) 피신청인

1) 신청인이 구체적 행정행위에 불복하여 행정심의를 신청하는 경우, 본 구체 행정행위의 세무기관을 피신청인으로 한다.

2) 신청인이 원천징수의무인의 세금공제행위에 불복하는 경우, 본 원천징수 의무인을 주관하는 세무기관을 피신청인으로 하며 세무기관의 위탁단위 와 개인의 대리징수행위에 불복하는 경우 위탁 세무기관을 피신청인으로 한다.

3) 세무기관과 기타 조직이 공동 명의로 구체적 행정행위를 진행하는 경우, 세무기관을 피신청인으로 한다.

4) 세무기관에서 법률, 법규와 규장의 규정에 따라 상급 세무기관의 비준을 거쳐 구체적 행정행위를 진행한 경우 비준기관을 피신청인으로 한다.

5) 세무기관에서 설립한 파출기구, 내부설립기구 혹은 기타 조직이 법률, 법 규의 수권을 받지 않고 자신의 명의로 대외에 진행한 구체적 행정행위는 세무기관을 피신청인으로 한다.

6) 피신청인은 본 기관 이외의 인원에게 위탁하여 행정심의에 참여하지 못 한다.

4. 세무행정심의 신청

(1) 신청인은 세무기관에서 구체 행정 행위를 진행한 것을 알게 된 일자로부터 60일 내에 행정심의신청을 제출할 수 있다.

(2) 반드시 심의를 거쳐야 하는 것과 선택적으로 심의를 신청할 수 있는 것

1) 신청인이 "징세행위"에 대하여 불복하는 경우 반드시 먼저 행정심의 기 관에 행정심의를 신청하여야 하며, 행정심의결과에 불복하는 경우 인민 법원에 행정소송을 제기할 수 있다(반드시 심의를 거쳐야 함).

2) 신청인이 "징세행위"이외의 기타 구체적 행정행위에 대하여 불복하는 경 우 행정심의를 신청할 수 있으며 또한 직접 인민법원에 행정소송을 제기 할 수 있다(선택적 심의).

(3) 세무행정심의의 전제조건

    1) 행정심의신청은 신청인이 반드시 세무기관에서 법률, 법규에 근거하여 확정한 세액과 기한에 따라 우선 납부 혹은 세금과 체납금을 납부하거나 상응하는 담보를 제공하여야 한다.

    2) 신청인이 세무기관에서 내린 기한이 지나 납부하지 않은 벌금에 처벌금 추가 결정에 불복하는 경우, 반드시 먼저 벌금과 추가 처벌금을 납부하고 다시 행정심의를 신청하여야 한다.

(4) 신청인의 행정심의 신청은 서면으로 신청할 수 있다.

5. 세무행정심의 수리

행정심의기간내에 구체적 행정행위는 집행을 정지하지 않는다. 그러나 다음 상황 중 하나에 속하면 집행을 정지할 수 있다.

(1) 피신청인이 집행을 정지할 필요가 있다고 인정하는 것

(2) 행정심의기관에서 집행을 정지할 필요가 있다고 인정하는 것

(3) 신청인이 집행정지를 신청하고 행정심의기관에서 그의 요구가 합리적임을 인정하여 집행정지를 결정한 것

(4) 법률규정에 집행을 정지한 것

6. 세수행정심의 증거

다음 근거자료는 안건의 결정 근거로 하지 못한다.

(1) 법정 절차를 위반하여 수집한 증거자료

(2) 몰래 촬영, 몰래 녹화, 도청 등 수단으로 취득한 타인의 합법적 권익을 침해한 증거자료

(3) 이익을 미끼로 유혹, 사기, 위협, 폭력 등 정당하지 못한 수단으로 취득한 증거자료

(4) 당사자가 정당한 이유없이 증거 제출 기한을 초과하여 제공한 근거자료

(5) 당사자가 정당한 이유없이 원본, 원물의 제공을 거절하고 기타 증거 인증이 없으며 또한 상대방 당사자가 인정하지 않는 증거 복사본 혹은 복제품

(6) 진위를 변별할 수 없는 증거자료

(7) 정확하게 의지를 표명할 수 없는 증인이 제공한 증언

(8) 합법성과 진실성을 구비하지 않은 기타 증거자료

7. 세무행정심의 심사와 결정

(1) 심의 기관은 신청을 수리한 일자로부터 60일 내에 행정심의 결정을 내려야 한다. 상황이 복잡하여 규정된 기한 내에 행정 심의를 결정하지 못하는 경우, 심의기관 책임자의 비준을 거쳐 적절히 연장할 수 있으나 30일을 초과하지 못한다. 행정심의 결의서는 일단 발송하면 즉시 법률 효력을 발생한다.

(2) 구체적 행정행위가 다음 중 하나에 속하는 경우, 취소나 변경을 결정하거나 혹은 본 구체적 행정행위가 위법이라고 확인하며 취소를 결정하거나 혹은 본 행정행위가 위법이라고 확인한 경우, 피신청인에게 일정한 기한 내에 다시 구체적 행정행위를 진행할 것을 명령할 수 있다.

1) 주요 사실이 불명확하며 증거가 부족한 것

2) 적용한 근거가 착오인 것

3) 법정 절차를 위반한 것

4) 직권을 초월하거나 혹은 직권을 남용한 것

5) 구체적 행정행위가 현저히 부당한 것

(3) 세무행정심의 중지(中止, 잠시 정지)상황

1) 신청인인 공민이 사망하였으며, 그의 근친이 행정심의 참여 여부를 아직 확인하지 않은 경우

2) 신청인 공민이 행정 심의 참여 능력을 상실하였으며, 법정대리인이 행정 심의 참여 여부를 아직 확인하지 않은 경우

3) 신청인인 법인 혹은 기타 조직이 종료되었으며, 권리의무 수취인을 아직 확인하지 않은 경우

4) 신청인인 공민이 행방불명이거나 혹은 실종 선고된 경우

5) 신청인, 피신청인이 불가항력으로 인하여 행정 심의에 참여하지 못하는 경우

6) 행정심의 기관이 불가항력의 원인으로 잠시 직책을 이행하지 못하는 경우

7) 안건이 법률 적용문제에 관련되며, 임의의 기관에서 해석 혹은 확인이 필요한 경우

8) 안건 심리가 기타 안건의 심리 결과를 근거로 할 것이 필요하나 기타 안건이 아직 심사결정되지 않는 경우

9) 기타

상술한 1), 2), 3)항이 60일이 만기되어도 행정심의 중지의 원인이 소멸되지 않으면 행정심의를 종료(终止)한다.

---

(4) 세무행정심의 종료상황

1) 신청인이 행정심의 신청을 취소할 것을 요구하고, 행정심의기구에서 취소할 것을 허용한 경우

2) 신청인인 공민이 사망하였으며 근친이 없거나 그의 근친이 행정심의 권리를 포기한 경우

3) 신청인인 법인 혹은 기타 조직이 종료되었으며 그의 권리의무 수취인이 행정심의 권리를 포기한 경우

4) 신청인과 피신청인이 규정에 따라 행정 심의 기관의 허가를 거쳐 화해에 이른 경우

5) 행정심의 수리 후 기타 행정심의기관에서 이미 본 기관보다 먼저 수리하였거나 인민법원에서 이미 수리한 것을 발견한 경우

8. 세무행정심의 화해와 조정

신청인과 피신청인이 행정심의기관에서 행정심의결정을 내리기 전 화해할 수 있으며 행정심의기관이 조정할 수도 있다.

(1) 자유재량권을 행사하여 내린 구체적 행정행위(예를 들어 행정처벌, 세액확정, 납세소득률 확인 등)

(2) 행정배상

(3) 행정장려(奖励)

(4) 기타 합리적 문제가 존재하는 구체적 행정행위

제**3**절   세무행정소송

세무행정소송은 공민, 법인과 기타 조직이 세무기관 및 그의 작업인원의 구체적 세무 행정행위가 위법 혹은 부당하여 그의 합법적 권익을 침범하였다고 인정하는 경우 법에 따라 인민법원에 행정소송을 제출하고 인민법원에서 구체 세무행정행위의 합법성과 적정성에 대하여 수리 및 판결을 내리는 사법활동이다.

1. 세무행정소송의 특징과 원칙

(1) 세무행정소송의 특징

1) 피고는 반드시 세무기관이거나 혹은 법률, 법규의 수권을 받은 세무행정 관리권을 행사하는 조직이며 기타 행정기관 조직이 아니다.
2) 분쟁은 세무행정 관리과정 중에 발생한다.
3) 세금징수납부 문제로 인하여 발생한 쟁의는 당사인이 인민법원에 행정 소송을 제출하기 전 반드시 세무기관의 행정심의 절차를 거쳐야 한다(즉 심의를 전제로 한다).

(2) 세무행정소송의 원칙

1) 인민법원의 특정 주관원칙
2) 합법성 심사원칙
3) 조정을 적용하지 않는 원칙
4) 소송제기가 집행을 정지하지 않는 원칙
5) 세무기관의 증거제시 책임 원칙
6) 세무기관의 책임배상 원칙

2. 세무행정소송의 안건수리 범위

(1) 세무기관에서 진행한 징세행위(심의가 전제)
(2) 세무기관에서 납세인에게 명령하여 납세보증금 혹은 납세담보를 제출하게 하는 행위
(3) 세무기관에서 내린 행정처벌 행위

(4) 세무기관에서 출경관리기관에 통지하여 출경을 저지하는 행위

(5) 세무기관의 세수보전조치

(6) 세무기관의 세수 강제집행 조치

(7) 세무기관의 세무등기증 발급과 파표매출신청에 대하여 법정조건에 부합된다고 인정하나 세무기관에서 발급과 매출을 거절하거나 답변하지 않는 행위

(8) 세무기관의 심의행위

3. 세무행정소송의 제기와 수리

(1) 세무행정소송의 제기

세무행정소송 등 행정소송 중 소송제기권은 일방적 권리이며 세무기관은 소송제기권을 향유하지 않고 단지 응소권만 있다. 즉 세무기관은 단지 피고로만 되며, 민사소송과 다르다. 피고인 세무기관은 반소하지 못한다.

(2) 소송제기한 측의 조건

납세인, 원천징수의무인 등 세무관리 상대인이 세무행정소송을 제기할 때 반드시 다음 조건에 부합되어야 한다.

1) 원고는 구체적 세무행위가 그의 합법적 권익을 침범하였다고 인정하는 공민, 법인 혹은 기타 조직이다.

2) 명확한 피고가 있어야 한다.

3) 구체적인 소송 청구와 사실, 법률근거가 있어야 한다.

4) 법원의 안건수리 범위이어야 하며 소송제기된 인민법원 관할에 속한다.

(3) 세무기관의 징세행위에 대하여 소송을 제기하는 경우, 반드시 심의를 거쳐야 하며, 심의 결정에 불복하는 경우 심의결정서를 접수한 일자로부터 15일 내에 인민법원에 소송을 제기할 수 있다.

기타 구체 행정 행위에 불복하는 경우, 당사자가 통지를 수령하거나 알게 된 날로부터 15일 내에 직접 인민법원에 소송을 제기할 수 있다.

4. 세무행정소송의 심리와 판결

중대한 세무 안건은 중대 세무 행정처벌안건과 공안기관에 이송하여 처리하여야 하는 안건 등을 포함한다.

제**2**편

중국 상법

제**13**장

회사법

□ 본 회사법의 규정은 다음과 같은 내용으로 구성되어 있다.

1. 회사법개요
    (1) 회사법인격과 주주의 유한책임
    (2) 회사의 설립제도
    (3) 주주출자의 제한
    (4) 주주의 자격 및 권리와 의무
    (5) 이사, 감사, 고급관리인
    (6) 주주총회(사원총회 또는 주주회)와 이사회 결의
2. 회사의 유형
    (1) 유한책임공사(有限責任公司)
    (2) 주식회사(股份有限公司)
3. 회사의 운영
    (1) 설립
    (2) 조직구조
    (3) 재무회계
    (4) 중대변경
    (5) 해산, 청산

본 장은 위에서 보는 바와 같이 실질적으로 한국의 상법 중 회사편에 해당하는 내용으로 구성되어 있다.
또한, 개인독자기업과 파트너기업에 대한 법률은 중국에 진출한 한국기업들이 자주 접하는 회사의 형태가 아니므로 생략하였다.

제1절 회사법률제도 개요

Ⅰ 회사법 중 기본개념

1. 지배주주, 실제통제인

지배주주라 함은 주주 중에 실질적으로 회사를 지배하는 주주를 말하며, 실제통제인이라 함은 지분율 또는 그 명칭 여하에도 불구하고 회사에 대하여 실질적인 통제를 하는 자를 말한다.

2. 고급관리인원

(총)경리(经理), 부경리, 재무책임자, 상장회사의 이사회비서(董事会秘书)와 회사정관에 규정한 기타 인원을 말한다.

> ❏ 주의 1
>
> 회사법에서는 일반적으로 우리가 중국현지에서 부르는 "총경리(总经理)"를 "경리(经理)"라고 표현하고 있다. 또한, 중국 현지에서는 "경리"라는 직책을 더 흔하게 접하는데, 팀장급의 직책을 바로 "경리"라고 칭한다. 즉, 중국 현지에서는 "총경리"와 "경리"를 엄격하게 구분하여 사용하고 있는데, 다만 회사관련법규에서 "경리"라 함은 바로 "총경리"를 의미하며 팀장급의 "경리"를 의미하는 것이 아니다.

> ❏ 주의 2
>
> 총경리는 일반적으로 "대표이사"라고 번역하기도 하는데 이는 엄밀히 말하면 꼭 같은 의미라고 할 수는 없다. 앞서 소개한 "제1편 중국세법편"에서 "파표(发表)"에 대해서도 소개하였지만(중국세법편 참조), 모든 중국의 주요단어를 번역할 수는 없다. 왜냐하면, 그가 내포하고 있는 뜻이 다르기 때문이다. 한국의 "대표이사"에 적합한 단어로는 중국에서 "동사장(董事长)"이 있으며, "이사회(董事会)"의 장(长)"이라는 뜻으로 총경리보다 위의 직급에 해당한다. 총경리는 내부의 관리 등

을 총괄하는 직책으로서 동사장의 아래에 위치한다. 총경리는 한국의 주식회사 제도에서는 딱히 부를 만한 명칭이 떠오르지 않아 본 교재에서도 그냥 "총경리"라고 표시하기로 한다. 또한, 동사장도 그대로 동사장으로 표현하기로 한다.

❏ 주의 3

구동(股东) : 지분권을 가진 주인이라는 뜻이다. 그러나, 한국에서는 유한회사의 지분권을 가진 자를 "사원"이라는 용어를 사용하고 있고, 주식회사의 "주주"와는 별도의 용어를 사용한다. 즉, 한국의 유한회사에서는 "주주총회"가 없고 "사원총회"가 있다. 중국에서는 유한공사에는 "구동회(股东会)", 주식회사에는 "주주총회 (구동대회股东大会)"라고 한다. 다만, 현지에서는 이를 크게 구분하고 있지 않으나 실제로는 큰 법률적 차이점을 가진다. 먼저, 회사법을 소개하기에 앞서 용어를 통일하기로 한다. 이후로는 유한공사는 "주주회(股东会)", 주식회사는 "주주총회"라고 표현하기로 한다. 또한, 한국의 유한회사의 "사원"과 주식회사의 "주주"가 용어가 다른 점에 구애받지 않고, 중국은 모두 "구동(股东)"으로 표현하고 있으므로, 본 교재에서도 모두 "주주"라고 표현하기로 한다. 독자분들은 오해가 없기 바란다.

❏ 주의 4

중국의 회사법에서는 有限公司(유한회사)와 股份有限公司(주식회사)로 크게 두 종류가 있는데, 실제로 발음대로라면 "유한공사", "구펀유한공사"이지만, 본 교재에서는 편의상 유한공사를 유한회사 또는 유한책임회사, 구펀유한공사는 주식회사로 표현하기로 한다.

회사법인자격과 주주의 유한책임

1. 회사법인자격과 주주의 유한책임

회사법인 자격	회사는 독립적 법인자격이 있으며, 주주와 독립적으로 권리능력과 행위능력을 갖고, 독립적으로 자산을 소유할 수 있으며, 자기가 가진 재산에 대하여 민사책임을 부담할 수 있다. 다만, 개인독자기업(个人独资企业), 파트너기업(合伙企业)은 다르다.
주주의 유한책임	유한책임회사 : 주주는 그의 "출자액(认缴的出资额)"을 한도로 회사에 대하여 책임을 부담하며, 회사는 그의 "전부재산"으로 회사의 채무에 대하여 책임을 부담한다.
	주식회사 : 주주는 그의 "인수한 지분(认购的股份)"을 한도로 회사에 대하여 책임을 부담하며, 회사는 그의 "전부재산"으로 회사의 채무에 대하여 책임을 부담한다.

2. 회사의 법인격 부인

회사법인격 부인	회사의 주주가 회사법인 독립직위와 주주유한책임을 남용하여 채무를 회피하거나 채권자의 이익을 중대하게 손상시키는 경우 회사의 채무에 대하여 연대책임(连带责任)을 부담한다.
	일인유한책임회사(一人有限责任公司)의 주주가 회사의 재산이 주주자신의 재산과 독립되어 있음을 증명하지 못하면 회사의 채무에 대하여 연대책임을 부담한다.

3. 회사 권리능력의 제한

(1) 대외투자의 제한

결의기구	회사의 정관(章程, zhangcheng)으로 이사회, 주주회, 주주총회 결의사항으로 정할 수 있다.
투자액	회사정관의 제한에 근거한다.
투자대상	법률에 별도로 규정이 있는 경우를 제외하고는 투자한 기업의 채무에 대하여 연대책임을 부담하는 출자인이 되지 못한다.

(2) 담보제공의 제한

결의기구	회사정관에 이사회 혹은 주주회, 주주총회 결의로 규정할 수 있다.
담보액수	회사정관의 제한에 근거한다.
주주 또는 실제 통제인을 위하여 담보를 제공하는 경우	반드시 주주회 혹은 주주총회의 결의를 거쳐야 한다. 담보를 제공받는 주주 혹은 실제통제인은 결의에 참여하지 못하며, 본 결의는 회의에 출석한 기타 주주가 보유한 의결권의 과반수로 통과한다.

(3) 금전대여(借款) 제한

1) 일반적인 상황 : 회사의 정관에 규정이 있거나 혹은 주주회(주주총회)의 비준을 거친 경우를 제외하고는, 회사의 이사, 경리는 사사로이 회사의 자금을 타인에게 대여하지 못한다.

2) 주식회사 : 직접 혹은 자회사를 통하여 이사, 감사, 고급관리인에게 자금 대여를 제공하지 못한다.

Q 사례 13-1

왕모씨는 A상장회사의 총경리를 담당하고 동시에 본회사의 주식 10만 주를 보유하고 있는 주주이다. 전모씨는 A회사의 동사장 겸 법인대표이다. 2016년 12월 23일 왕모씨가 중국증권감독관리위원회에 서면으로 신고한 내용은 다음과 같다.

• A회사의 자회사 B회사는 A회사의 전체 이사에게 주택구매 용도로 낮은 이자의 차입금을 제공하였다.

• 2016년 4월 1일 회사에서 이사회를 소집하여 모회사인 AA회사가 은행에서 대출하는데 대하여 담보를 제공할 것을 결의하였으며 A회사는 본 담보사항에 대하여 공시하지 않았다.

(1) B회사가 A회사의 모든 이사에게 낮은 이자율의 차입금을 제공하여 주택을 구매한 행위에 문제는 없는지?

답 B회사가 A회사의 모든 이사에게 낮은 이자율의 주택구매자금을 제공한 것은 합법적이지 않다. 회사법률제도의 규정에 따라 회사에서는 직접 혹은 자회사를 통하여 회사의 이사, 감사, 고급관리인원에게 자금대여를 제공하지 못한다.

(2) 2016년 4월 1일 A회사가 이사회에서 통과한 AA사를 위하여 담보를 제공하는 결의에 문제는 없는지?

답 2016년 4월 1일 A회사가 이사회의 AA회사를 위하여 담보를 제공하는 결의는 합법적이지 않다. 회사는 회사의 주주를 위하여 담보를 제공하는 경우 반드시 주주회 혹은 주주총회의 결의를 통과하여야 한다.

단일선택 ○

A회사의 완전출자자회사 B회사와 기타 4명의 자연인 주주가 함께 출자하여 C주식회사를 설립하였다. B회사는 60%의 지분을 보유하며 B회사의 이사 갑을 파견하여 주주권을 행사한다. 나머지 4명의 주주는 각각 10%의 지분을 보유하고 있다. C회사에서 주주총회를 소집하였고 회의에서 갑과 기타 2명의 주주가 동의하고, 나머지 2명의 주주는 반대의견을 표시한 경우 다음 중 통과될 수 있는 것은?

A. A회사가 은행대출을 진행하는 데 대하여 담보를 제공
B. B회사가 은행대출을 진행하는 데 대하여 담보를 제공
C. C회사의 자금을 갑에게 대여
D. C회사의 누적잔여이익으로 새로운 유한책임회사를 설립

답 D

해설 회사에서 주주 혹은 실제통제인을 위하여 담보를 제공하는 경우 반드시 주주회 혹은 주주총회의 결의로 통과하여야 하며 담보를 수령하는 주주 혹은 실제통제인의 지배를 받는 주주는 결의에 참여하지 못한다. 본 결의는 회의에 출석한 기타 주주가 보유한 의결권의 과반수로 통과한다. 또한, 회사는 직접 혹은 자회사를 통하여 이사, 감사, 고급관리인에게 차입금을 제공하지 못한다.

회사설립제도

1. 설립절차

발기설립	(1) 발기인 협의 (2) 회사명칭 사전 심사비준(유효기한은 6개월이며, 경영활동을 하지 못하며 양도하지 못한다) (3) 사전 영업허가(유효기간 90일) (4) 기타 설립사항 준비(주소, 정관, 출자, 조직기구 등) (5) 설립등기 신청
모집설립	(1) 설립준비사항(출자금납부, 자금모집, 자본금납부증명(验资) 등) (2) 창립대회 소집(30일 내) (3) 설립등기

2. 사전(前置) 영업허가

설립허가	주관부문 비준 : 증권회사, 보험회사 등
항목허가	경영범위 중의 항목 심사비준 : 담배연초(烟草), 위험품목 등

3. 설립등기

회사 등기사항	명칭, 주소, 법인대표인 성명, 등기자본, 회사유형, 경영범위, 영업기한, 유한책임회사의 주주 혹은 주식회사의 발기인의 성명 혹은 명칭
신청인	(1) 유한책임회사 : 전체 주주가 지정한 대표 혹은 위탁 대리인 (2) 국유독자회사 : 국유자산 감독관리기구 (3) 주식회사 : 이사회

4. 설립단계의 채무

계약상의 채무	(1) 발기인이 자신의 명의로 체결한 계약 : 회사성립 후, 채권자는 상대 또는 회사가 책임을 부담하도록 선택할 수 있다. (2) 발기인이 회사의 명의로 체결한 계약 : 회사성립 후, 회사가 부담 (참조)회사설립 실패 : 발기인이 연대책임을 부담한다.

권리침해에 의한 채무	발기인이 회사설립으로 인하여 타인에게 손해를 입힌 경우 (1) 회사 설립 : 회사에서 책임을 부담한다. (2) 회사 미설립 : 침해받은 자는 발기인이 연대책임을 부담하여 배상할 것을 요구할 권리가 있다. 회사 또는 연대배상한 과실이 없는 발기인은 배상후에 과실이 있는 발기인에게 구상권(追償)을 행사할 수 있다.

 IV 주주 출자제도

1. 출자방식

화폐, 실물, 지적재산권, 토지사용권 및 기타 화폐로 가격을 평가하고 법에 따라 양도할 수 있는 비화폐재산으로 출자할 수 있다. 다만 노무, 신용, 자연인성명, 영업권, 특허경영권 혹은 담보가 설정된 재산으로는 출자하지 못한다.

2. 출자 중 특수사항

(1) 지분출자

❏ 출자하지 못하는 지분
1) 이미 질권이 설정된 지분
2) 정관에 양도하지 못한다고 규정된 지분
3) 양도할 때 반드시 법에 따라 신고하여 비준을 받아야 하나 비준을 받지 않은 지분(예 : 중외합자경영기업지분의 양도)

(2) 비화폐성 자산 출자

1) 가격평가문제

① 평가하지 않은 것 : 평가하여야 한다.

② 평가하였으나 평가액이 확실히 적은 것 : 출자가 부족한 것으로 인정됨.

주의 》 그러나, 출자한 후 시장가격 혹은 기타 객관적인 요소의 변화로 재산의 가치가 하락한 경우 주주의 출자가 부족한 것으로 인정하지 못한다.

2) 비화폐자산의 출자 완료

    ① 등기변경이 필요한 것은 등기를 완료하여야 한다(예 : 토지, 건물).

    ② 비화폐자산에 하자가 존재하는 것 : 하자를 제거해야 한다(담보해제 등). 그렇지 않은 경우 출자금액이 부족한 것으로 인정한다.

 사례 13-2

2016년 10월 사모지분투자기금(사모형식으로 비상장회사에 권익성투자를 진행) "AA 자본"에서 BB유한책임회사에 지분투자를 진행하려 한다. AA자본이 조사한 결과 BB유한책임회사는 2008년 8월에 설립되었으며 등기자본은 1,000만원이고, 자연인 주주 갑, 을과 법인주주인 A회사가 있다. A회사에서는 현금 200만원과 500평방미터의 평가가치가 200만원인 사무용건물로 출자하였으며, A회사에서는 처음 200만원의 현금을 납부하였다. 사무용건물은 2008년 8월에 BB유한책임회사에 교부사용하였으나 소유권변경등기를 하지 않았다.

주주협의의 약정에 따라 A회사는 반드시 2008년 8월 이전에 전부 출자를 납부하여야 한다. 상술한 사항에 근거하여 AA자본은 A회사가 실물출자의무를 완료하지 않은 것으로 여겨, A회사가 사무용건물의 소유권을 BB유한책임회사로 변경할 것을 요구하였다. 이 경우 AA자본에서 A회사가 실물출자의무를 이행하지 않은 것인지 법률고문에게 문의하였다.

답 AA자본에서 A회사가 실물출자의무를 이행하지 않았다는 관점은 성립된다. 회사법률 제도의 규정에 따라 출자인이 건물로 출자하며 이미 회사에 교부사용하였으나 소유권변경수속을 진행하지 않은 것은 출자의무를 이행하였다고 인정하지 못한다. 따라서, A회사에서 건물의 소유권을 BB유한책임회사로 변경하기 전에는 출자의무를 이행하였다고 인정하지 못한다. 따라서, A회사에서 소유권을 BB유한책임회사로 변경하기 전에는 그의 실물출자의무가 이행되지 않았다.

(3) 처분권이 없는 재산으로 출자

회사가 선의취득	원 권리인은 단지 처분인에게 배상할 것을 요구할 수 있다.
회사가 선의취득한 것이 아닌 경우	원 권리인은 재산을 반환할 것을 요구할 수 있으며 본주주(처분인)가 출자의무를 이행하지 않은 것으로 인정한다.

(4) 위법소득으로 인한 출자(권리침해, 횡령 등)

사법기관은 위법행위에 대하여 추궁, 처벌시 출자하여 형성된 지분을 경매 등(拍賣變賣)의 방식으로 처분한다.

A회사의 정관에는 갑이 현금 30만원, 을은 가치가 10만원인 빌려온 설비로, 병은 가치가 50만원인 토지사용권으로, 정은 보유하고 있는 가치가 10만원인 타회사 지분으로 출자하여 A유한회사를 설립하였다. A회사는 8개월 경영한 후 부채를 상환할 수 없는 상태이고, 을이 출자한 설비는 가격평가를 진행하지 않았으며, 또한 빌려준 사람이 반환할 것을 청구하는 소송을 제기하였고, 병이 출자한 토지사용권은 상기 소유권변경을 진행하지 않았으며, 정이 출자한 지분은 이미 그의 은행대출을 위하여 질권이 설정되어 있는 것을 채권자가 발견하여 법원에 주주의 출자가 부족하다고 판결할 것을 청구하였다. 을, 병, 정의 출자행위를 어떻게 처리하여야 하는지에 대하여 법률고문에게 문의하였다.

답   (1) 을: 회사에서는 상황을 알지 못하였으므로 선의취득요건을 만족한다. 빌려준 사람은 단지 을에게 배상할 것을 청구할 수 있을 뿐이며, 다만 설비는 가격을 평가하여야 하므로 평가한 결과가 10만원이 되지 않으면 출자가 부족한 것으로 인정한다.
    (2) 병: 토지사용권은 반드시 변경수속을 진행하여야 한다. 그렇지 않으면 출자가 부족한 것으로 인정한다.
    (3) 정: 반드시 지분에 대한 질권을 해제하여야 한다. 그렇지 않으면 출자가 부족한 것으로 인정한다.

3. 출자의무 위반의 책임

(1) 출자부족(不足)의 책임(출자의무를 이행하지 않았거나 전면적으로 이행하지 않은 경우)

회사에 대하여	해당주주는 반드시 전액을 보충하여야 하며, 회사설립시 기타 주주는 연대책임을 부담한다.

기타 주주에 대하여	유한책임회사의 기타 주주 : 위약책임을 부담 주식회사의 발기인이 출자가 부족한 경우 발기인의 협의에 따라 위약책임을 부담한다.
채권자에 대하여	채권자는 주주가 납부하지 않은 출자금의 원금과 이자범위내에서 회사의 미상환채무에 대하여 보충배상할 책임을 부담할 것을 요구할 권리가 있다. 채권자는 발기인에게 이로 인하여 연대책임을 부담할 것을 요구할 권리가 있으며, 발기인은 책임을 부담한 후 주주에게 구상권을 행사(追償)할 수 있다.

(2) 증자시 출자부족 책임

해당주주의 책임	반드시 전부를 보충해야 한다.
이사, 고급관리인의 책임	회사, 기타 주주 혹은 채권자는 이에 대하여 과실이 있는 해당 이사, 고급관리인이 해당 책임을 부담할 것을 요구할 권리가 있으며 이사, 고급관리인이 책임을 부담한 후 본 주주에 대하여 구상권을 행사(追償)할 수 있다.

❏ 고급관리인 : 고급관리인의 줄임말로 이하 고관으로 표현하기로 한다.

참조1 ▶ 원 주주가 출자의무를 이행하지 않거나 전면적으로 이행하지 않은 경우 또는 출자한 자금을 도피한 경우, 회사는 정관 또는 주주회결의에 의한 이익분배청구권, 신주인수권, 잔여재산분배권에 대하여 상응한 권리를 합리적으로 제한하며, 해당주주의 해당 제한의 무효 확인청구를 인민법원은 지지하지 않는다.

참조2 ▶ 주주가 출자의무를 이행하지 않거나 전면적으로 이행하지 않은 경우 또는 출자한 자금을 도피한 경우, 회사 또는 기타주주가 회사에 대하여 전면적인 출자이행을 청구하는 경우 피고주주는 소멸시효를 근거로 대항하지 못한다.

(3) 부족출자한 지분을 양도한 경우

양도인 (원래 주주)	반드시 전부를 보충해야 한다.
양수인이 알고 있는 경우	회사는 그 출자를 전부 보충하도록 연대책임을 부담할 것을 요구할 권리가 있다. 채권자는 부족출자한 주주에게 보충책임을 부담할 것을 요구할 때 양수인에게 이에 대하여 연대책임을 부담할 것을 요구할 권리가 있다.

단일선택 ○

A유한책임회사의 주주 갑은 그가 보유한 전부의 지분을 본회사의 주주 을에게 양도하려고 한다. 을은 본지분을 인수할 때 갑이 70%의 출자금을 제때에 납부하지 않은 것을 알고 있다. 다음 갑이 규정에 따라 출자하지 않은 책임의 서술 중 회사법률제도의 규정에 부합되는 것은?

A. 갑은 계속하여 회사에 전부 출자를 납부할 의무를 부담하며 을은 이에 대하여 책임을 부담하지 않는다.

B. 갑은 계속하여 회사에 전부 출자를 납부할 의무를 부담하며 을은 이에 대하여 연대책임을 부담한다.

C. 을은 갑을 대신하여 회사에 전부 출자를 납부할 의무를 부담하며 갑은 이에 대하여 더이상 책임을 부담하지 않는다.

D. 을은 갑을 대신하여 회사에 전부 출자를 납부할 의무를 부담하며 갑은 이에 대하여 보충청산책임을 부담한다.

답 B

해설 《회사법》의 규정에 따라 유한책임회사의 주주가 출자의무를 이행하지 않았거나 전면적으로 이행하지 않고 지분을 양도하는 경우 양수인이 이에 대하여 알았거나 알 수 있었던 경우 회사에서 본주주에게 출자의무를 이행할 것과 양수인이 이에 대하여 연대책임을 부담할 것을 청구하면 인민법원에서는 이를 지지하여야 한다. 따라서 B는 옳다. 갑은 계속하여 회사에 출자의 전액을 납부할 의무를 부담하며 을은 이에 대하여 연대책임을 부담한다.

(4) 명의주주가 출자한 경우 출자부족에 대한 책임

채권자에 대하여	명의주주는 그가 명의주주인 것을 이유로 채권자에게 대항하지 못한다.
실제출자인에 대하여	명의주주는 책임을 부담한 후 실제출자인에게 구상권을 행사할 수 있다.

(5) 출자도피(抽逃) 책임

1) 출자 도피로 인정되는 경우

① 허구의 채권채무관계를 만들어 출자금을 도피하는 경우

② 거짓 재무회계보고표를 작성하여 이윤을 증가시켜 배당하는 경우

③ 관계사와 관련거래를 이용하여 출자를 도피하는 경우

④ 기타 법정 절차를 거치지 않고 출자금을 회수한 행위

2) 출자도피의 책임

주체		책임	
		회사에 대하여	채권자에 대하여
	출자도피 주주	본금, 이자 반환	도피 범위 내의 보충 배상 책임
	그를 협조하여 출자를 도피한 기타 주주, 이사, 고관, 실제통제인	연대책임	연대책임

(6) 출자의무를 위반한 후의 효과

주주자격문제	① 출자가 부족하거나 혹은 출자액을 도피하는 경우, 회사는 그의 주주권리를 제한할 권리가 있다. ② 합리적 기한 내에 여전히 납부하지 않거나 반환하지 않는 경우 회사는 그의 주주권리를 해제(解除)할 권리가 있다. (주주회 결의, 전액을 납부하지 않았거나 출자도피한 주주)
소멸시효	① 회사 혹은 기타주주가 그 출자의무를 이행할 것을 요구하는 경우 해당 주주는 소멸시효를 이유로 항변(抗辯)하지 못한다. ② 소멸시효가 지나지 않은 채권자가 책임을 부담할 것을 요구하는 경우 해당주주는 소멸시효를 이유로 항변(抗辯)하지 못한다.

다중선택 ●

A유한책임회사에서 주주의 자격해제와 인정에 관한 다음 행위 중 회사법률제도의 규정에 부합되는 것은?

A. 주주 갑이 정관의 규정에 따라 출자를 납부하지 않았으며 이사회가 결의를 통하여 그의 주주자격을 해제하였다.

B. 주주 을이 병사한 후 그의 부인이 합법적인 후계자로 그의 주주자격을 상속할 것을 요구하였고 회사는 정관에 규정한 주주자격은 상속하지 못한다는 규정에 따라 이를 거절하였다.

C. 주주 병이 일부 출자를 도피시켰으며 주주회에서는 결의를 통하여 그의 주주자격을 해제하였다.

D. 실제출자자인 정이 회사에 명의주주 무의 주주자격을 해제하며 동시에 자신을 주주로 등기할 것을 청구하였으며 회사의 기타 주주 반수이상의 동의를 받지 못하였기에 회사에서는 이를 거절하였다.

답 B, D

해설 유한책임회사의 주주가 출자의무를 이행하지 않았거나 전부의 출자를 도피시켰으며, 회사가 납부 혹은 반환할 것을 최고하였으나 그가 합리적 기한 내에 출자를 납부하지 않았거나 반환하지 않으면 회사에서는 주주회의 결의를 통하여 본 주주의 주주자격을 해제할 수 있다.

Q 사례 13-4

2016년 8월 8일 갑, 을, 병, 정은 공동으로 출자하여 유한책임회사를 설립하였다(회사라 칭한다). 을은 설립시 기계설비의 가격을 30만원으로 정하여 출자하였다. 그러나 본 기계설비의 실제 가치는 10만원이다. 2017년 9월 회사는 무의 채무 100만원을 청산할 수 없으며 무는 을에게 보충청산책임을 부담할 것을 요구하였다. 그러나 을은 그의 출자납입이 부족한 문제는 소멸시효가 지났다는 이유로 출자를 거부하였다. 이와 같은 사항에 대하여 법률고문에게 다음과 같이 문의하였다.

(1) 을의 출자가 부족한 것에 대하여 갑, 을, 병, 정이 책임을 부담하는가?
(2) 무는 을에게 보충청산책임을 요구할 권리가 있는지?
(3) 을이 소멸시효가 지났다는 이유로 출자를 거부하는 것이 합법적인지?

답 (1) 부담하여야 한다. 을의 부족출자행위는 반드시 을이 차액 전부를 보충 납부하여야 하며 갑, 병, 정은 이에 대하여 연대책임을 부담한다.

(2) 요구할 권리가 있다. 채권자는 주주에게 출자하지 않은 부분의 본금이자 범위내에 회사에서 청산하지 못하는 채무에 대하여 보충배상책임을 부담할 것을 요구할 권리가 있다.

(3) 합법적이지 않다. 회사 혹은 기타 주주가 그에게 이행할 것을 요구하거나 혹은 채권자가 그에게 책임을 부담할 것을 요구하는 경우 소멸시효의 제한을 받지 않는다.

Ⅴ 주주의 자격과 권리, 의무

1. 명의주주와 실제출자인의 관계

명의주주와 실제출자인 간	계약에 따라 처리한다(계약이 무효가 되는 상황은 제외). 실제출자인을 보호하며, 그의 합법적 권익을 인정한다.
회사에 대하여	실제출자인이 회사의 주주가 되기를 주장하면 반드시 유한회사 지분양도 절차에 따라 진행한다(회사보호).
제3자에 대하여	명의주주가 자기명의의 지분을 처분하는 경우, 제3자는 선의취득 규정에 의거하여 처리한다. 제3자가 선의취득요건에 해당하는 경우 해당주식의 소유권은 제3자에게 있고 실제출자인은 명의주주에게 손해배상을 요구할 수 있다.

 단일선택

회사법의 규정에 따라 명의주주와 실제출자인 사이에 투자권익의 귀속을 확정할 때 다음 중 근거로 적절한 것은?
A. 주주명부의 기재
B. 회사등기기관의 등기
C. 기타 주주 반수 이상의 의견
D. 명의주주와 실제출자인 사이의 계약 약정

답 D

해설 실제출자인과 명의주주 사이의 실제 출자인의 투자권익은 반드시 쌍방의 계약에 따라 확정하며 보호한다.

다중선택

갑, 을 쌍방이 협의를 체결하여 갑을 명의주주로 을의 병유한책임회사의 지분을 대리 보유하기로 하였다. 그러나 투자수익은 실제투자인 을이 향유하며 협의에는 기타 위법상황이 없다. 후에 갑은 을의 동의를 거치지 않고 그가 대리 보유한 일부 지분을 합리적 가격에 병회사의 주주 정에게 양도하였다. 정이 갑이 명의주주인 사실을 알지 못한 경우, 다음의 회사법률제도의 규정에 대한 서술 중 옳은 것은?

A. 갑, 을 사이의 지분 대리보유 협의는 무효이다.

B. 갑, 을 사이의 지분 대리보유 협의는 유효하다.

C. 만약 을이 갑, 정사이의 지분양도를 반대하면 정은 갑이 양도한 지분을 취득하지 못한다.

D. 을이 갑, 정사이의 지분양도를 반대하여도 정은 합법적으로 갑이 양도한 지분을 취득한다.

답 B, D

해설 유한책임회사의 실제출자인과 명의출자인이 계약을 체결하여 실제출자인이 출자하여 투자권익을 향유하고 명의출자인을 명의주주로 한다고 약정한 경우, 실제출자인과 명의주주가 계약의 효력에 대하여 분쟁이 발생하였고 《계약법》 제52조 (무효의 상황)에 규정한 상황이 없으면, 인민법원은 본 계약이 유효하다고 인정한다. 따라서 B는 옳다. 명의주주가 자신의 명의로 등기된 지분을 양도, 저당 혹은 기타 방식으로 처분하는 경우, 실제출자인이 자신이 지분에 대하여 실제 권리를 향유하는 것을 이유로 지분 처분 행위가 무효임을 확인할 것을 청구하면 인민법원은 《물권법》 제 106조(선의취득)의 규정에 따라 처리한다. 즉, 양수인이 선의취득 요건을 만족하면 거래한 지분은 최종적으로 그가 소유한다. 가격이 합리적이고 정이 사실을 모르는 선의의 제3자이므로 본 지분을 취득할 수 있다.

2. 주주의 권리

(1) 주주권의 분류

분류표준	유형	구체권리
수익자가 주주개인인지 전체이익에 관한 것인지 여부	자익권 (자산수익권)	주식배당금청구권, 잔여재산분배권, 신주인수권, 지분의 질권설정, 양도권
	공익권 (관리참여권)	주주회의 참가권, 제안권, 질문권, 의결권, 누적투표권, 회의소집청구권과 소집권, 알권리, 소송제기권

(2) 주주권의 구체적 내용

의결권	주식회사의 주주가 주주총회에 출석하는 경우 보유한 매 한주의 주식은 한표의 의결권이 있다. 그러나 회사에서 보유한 본회사의 주식은 의결권이 없다.

알권리	유한회사의 주주는 장부를 열람, 복사할 권리가 있다. 회사정관, 주주회 회의록, 이사회 의사록, 감사회 회의결의와 재무회계보고 및 회사회계장부를 열람할 것을 요구할 수 있다.
	주식회사의 주주는 장부를 열람할 권리가 있다. 상술한 유한회사의 회계장부의 내용 + 주주명부, 회사채권부본
증자시 신주인수권	(1) 유한회사 : 회사에서 자본을 새로 증가할 때 주주는 우선적으로 실제납부한 출자비례에 따라 신주를 인수할 권리가 있다. 그러나 전체 주주가 약정으로 실납출자비례에 따라 증자하지 않을 것을 약정한 경우는 제외한다. (2) 주식회사 : 회사에서 신주를 발행시 주주총회에서는 반드시 원래 주주에게 발행하는 신주의 종류 및 금액에 대하여 결의하여야 한다. 이것은 주식회사에서 신주를 발행할 때 원래 주주가 우선인수권을 향유하는 것이 당연한 것이 아니라는 것을 의미한다. (3) 회사가 흡수합병으로 인하여 주책자본이 증가될 경우, 원래의 주주는 신주 우선인수권을 향유하지 않는다.
주식배당금 배당청구권	주주는 출자비례 혹은 지분보유비례에 따라 주식배당을 청구한다. 그러나, 유한회사의 전체주주는 출자비례에 따라 이익을 배당하지 않는다고 약정할 수 있다. 주식회사는 정관에 출자비례에 따라 이익을 배당하지 않는다고 규정할 수 있다. 이익배당의 주주(총)회의 결의 시간은 회사 정관에 의하며, 정관에 기재되어 있지 않거나 1년 이상으로 기재되어 있는 경우 회사는 결의일로부터 1년 이내에 이익배당을 완료하여야 한다. 이익배당 완료시간이 회사 정관의 규정을 초과한 경우 주주는 법원에 해당 결의 중 시간에 대하여 결의취소를 청구할 수 있다.

사례 13-5

A주식회사의 (A회사라 간칭) 등기자본은 8,000만원이다. 갑은 A회사의 지배주주이며 지분보유비율이 35%이다. 을은 A회사의 지분 192주를 보유하며 2016년 8월 28일 을이 A회사가 구조조정한다는 소식을 듣고 A회사에 전화하여 최근 1년간의 이사회 회의결의를 열람할 것을 요구하였다. 다음날 A회사에서는 을이 서면으로 청구하지 않은 것을 이유로 거절하였다. 이에 대하여 A회사에서 을이 이사회 회의결 열람 청구를 거절한 이유가 합법적인지 법률고문에게 문의하였다.

> **답** A회사에서 을의 이사회 회의결의 열람요구를 거절할 수 없다. 회사법률제도의 규정에 따라 주식회사의 주주는 이사회회의 결의를 열람할 권리가 있다. 그러나 반드시 서면 형식을 채용한다고 요구하고 있지는 않다.

(3) 주주소송

1) 주주 대표소송

원인	구체적 행사	
회사의 이익이 손해를 받은 경우	회사의 이사, 고급관리인이 손해를 끼친 경우	감사회 혹은 감사가 소송을 제기할 것을 요구, 거절되거나 또는 소송제기를 해태하거나 혹은 상황이 긴급하면 주주대표(아래 참조)가 소송을 제기
	감사가 손해를 끼친 경우	이사회 혹은 집행동사가 소송을 제기할 것을 요구, 거절되거나 또는 소송제기에 해태하거나 긴급상황인 경우 주주대표가 소송을 제기
	타인이 손해를 끼친 경우	감사회 혹은 감사(이사회 혹은 집행동사)가 소송을 제기할 것을 요구. 또는 주주대표가 소송을 제기
	주주대표 자격 ① 유한회사 주주 ② 주식회사의 연속 180일 이상 단독 혹은 합계로 1% 이상의 지분을 보유한 주주	

2) 주주 직접소송

원인	구체적 행사
주주 자신의 이익이 손해를 받은 경우	회사의 이사, 고급관리인이 법률, 행정법규 혹은 회사정관의 규정을 위반하며 주주의 이익에 손해를 끼치는 경우, 주주는 법에 따라 인민법원에 소송을 제기할 수 있다. (소송제기시에 회사에 통지할 필요 없음)

사례 13-6

H회사에서 소집한 임시주주총회에서 자산재조정과 회사채권발행에 대하여 각각 결의를 진행하였다. 상술한 2개 결의안 중 지분보유비율이 0.1%인 주주 A가 모두 반대표를 투표하였다. 그 후 A는 서면으로 감사회에 회사의 전체 이사가 자산재조정 중 회사의 주요업무자산의 가치를 적게 평가하였으며, 근면의무를 다하지 못하여 회사에 중대한 손실을 입혔으며, 반드시 배상책임을 부담하여야 한다고 소송을 제기할 것을 청구하였으나 거절당하였다. A는 직접 인민법원에 주주대표 소송을 제출하였으며 인민법원에서는 수리하지 않기로 판정하였다. 이에 인민법원에서 A의 소송제기를 수리하지 않기로 판정한 것이 법률규정에 부합되는지 법률고문에게 문의하였다.

답 인민법원에서 A의 소송제기를 수리하지 않기로 판정한 것은 법률규정에 부합된다. 회사법률제도의 규정에 따라 단독 혹은 합계로 회사의 1% 이상의 지분을 보유한 주주만이 주주대표소송을 제출할 권리가 있다. A의 지분보유비율은 0.1%이며, 상술한 요구에 도달하지 못하였다.

사례 13-7

AA주식회사는 A주 상장회사이다. 2015년 8월 3일 BB유한책임회사는 중국증권감독관리위원회, 증권거래소에 그가 2015년 7월 20일부터 AA회사의 지분을 보유하고 있으며 8월 1일까지 공개시장을 통하여 이미 본회사에서 발행한 지분의 5%를 보유하고 있다는 내용을 지분변동보고서를 제출하였고 BB회사에서는 동시에 본 상황을 AA회사에 통지하였고 동시에 공시하였다. 8월 16일과 9월 3일 BB회사는 연속 2번 그가 보유한 AA회사의 지분이 각각 5% 증가한 것을 공시하였다. 9월 3일까지 BB회사는 AA회사의 제1대주주가 되었으며 지분보유비율은 15%이다.

2015년 11월 1일 AA회사는 이사회회의를 소집하여 DD유한책임회사와 AA회사의 자산재조정방안을 심의하였다. AA회사의 이사회에는 11명의 이사가 있으며 7인이 회의에 참석하였고 상술한 재조정방안을 토론할 때 2명의 이사(非执行董事)는 본 재조정방안으로 구입하는 자산에 대한 가격이 너무 높게 평가되었다고 생각하였다. 따라서 원래 주주의 권익을 중대하게 침해한다고 생각하여 기타 이사와 격렬한 논쟁 후 본 2명의 이사(非执行董事)는 자리에서 일어나 회의장을 떠났으며 결의에 참여하지 않았다. 나머지 5명의 이사는 모두 찬성표를 투표하였으며 2015년 12월 25일 임시주주총회를 소집하여 본 방안을 심의하기로 하였다.

2015년 11월 5일 BB회사는 서면으로 AA회사의 감사회에 상술한 재편방안을 통과한 5명의 이사가 충실과 근면의무를 위반한 것에 대해 소송을 제기할 것을 청구하였으나 거절당하였다. 따라서 BB회사는 자신의 명의로 직접 인민법원에 5명의 이사에 대하여 소송을 제기하였다. 이에 대하여 인민법원이 BB회사의 소송제기를 수리할 것인지에 대하여 법률고문에게 문의하였다.

답 인민법원에서는 BB회사의 소송제기를 수리하지 않는다. 규정에 따라 이사, 고급관리인원의 행위가 회사의 이익을 침범하면 주식회사는 연속 180일 이상 단독 혹은 합계로 지분을 1% 이상 보유한 주주는 서면으로 감사회가 인민법원에 소송을 제기할 것을 청구할 수 있다. 감사회가 규정된 주주의 서면 청구를 접수한 후 소송을 거절하면 규정에 부합되는 주주는 회사의 이익을 위하여 자신의 명의로 직접 인민법원에 소송을 제기할 수 있다. 위 BB회사의 지분보유는 180일이 안 되며 따라서 요구에 부합되지 않는다.

VI 회사이사, 감사, 고급관리인원 제도

1. 회사이사, 감사, 고급관리인원의 자격

다음 인원은 이사, 감사, 고관이 되지 못한다.

(1) 민사행위능력이 없거나 혹은 민사행위능력이 제한되는 자

(2) 횡령, 뇌물, 재산침범, 재산횡령 혹은 사회주의 시장경제질서를 파괴하여 형벌을 판결받아 집행기한이 만료된 지 5년이 초과하지 않았거나 혹은 범죄로 정치권리를 박탈당하고 집행기한이 만료된 지 5년이 초과하지 않은 자

(3) 파산하여 청산한 회사 또는 기업의 이사 혹은 공장장, 경리를 담당하였고 해당 회사 또는 기업의 파산에 대하여 개인적 책임이 있는 경우, 해당 회사 또는 기업의 파산 청산일자로부터 3년을 초과하지 않은 자

(4) 위법으로 영업허가증이 취소되거나 영업중지명령을 받은 회사 또는 기업의 법인대표를 담당하였고 동시에 개인책임이 있는 경우, 해당 회사, 기업이 영업허가증을 취소당한 일자로부터 3년을 초과하지 않은 자

(5) 개인이 비교적 큰 금액의 채무를 부담하고 기한 내에 상환하지 않은 자

사례 13-8

AA회사에서는 이사를 선임할 때 다음의 네 사람에 대하여 분쟁이 발생하였는데, 이 사항에 대하여 네 사람이 이사로 선임될 수 있는지 법률고문에게 문의하였다.

• 갑은 횡령으로 징역형을 판결받았으며 3년 전에 출옥하였다.

• 을은 정치범으로 4년 전에 출옥하였다.

• 병은 위법으로 영업허가증을 회수당한 기업의 법인대표를 담당하였으며 기업은 5년 전에 이미 말소되었다.

• 정은 파산된 기업의 공장장을 담당하였으며 기업의 파산에 대하여 개인 책임은 없다. 본 기업은 파산된 지 2년이 되었다.

답 병과 정은 이사 직책을 담당할 수 있다.

해설 《회사법》의 규정에 따라 다음 상황 중 하나가 있는 경우 회사의 이사, 감사, 고급관리인 원으로 선임되지 못한다.

(1) 민사행위능력이 없거나 혹은 민사행위능력이 제한되는 자

(2) 횡령, 뇌물, 재산침범, 재산횡령 혹은 사회주의 시장경제질서를 파괴하여 형벌을 판 결받아 집행기한이 만료된 지 5년이 초과하지 않았거나 혹은 범죄로 정치권리를 박 탈당하고 집행기한이 만료된 지 5년이 초과하지 않은 자

(3) 파산하여 청산한 회사 또는 기업의 이사 혹은 공장장, 경리를 담당하였고 해당 회사 또는 기업의 파산에 대하여 개인적 책임이 있는 경우, 해당 회사 또는 기업의 파산 청산일자로부터 3년을 초과하지 않은 자

(4) 위법으로 영업허가증이 취소되거나 영업중지명령을 받은 회사 또는 기업의 법인대 표를 담당하였고 동시에 개인책임이 있는 경우, 해당 회사, 기업이 영업허가증을 취 소당한 일자로부터 3년을 초과하지 않은 자

(5) 개인이 비교적 큰 금액의 채무를 부담하고 기한 내에 상환하지 않은 자

2. 회사이사, 감사, 고급관리인원의 의무

(1) 충실의무(다음의 행위가 있으면 안 된다)

1) 회사에 손해를 끼치는 각종행위

① 회사의 자금을 횡령

② 회사의 자금을 개인의 명의 혹은 기타 개인의 명의의 계좌에 저축

③ 회사정관의 규정을 위반하여 주주회, 주주총회 혹은 이사회의 동의를

거치지 않고 회사의 자금을 타인에게 대여하거나 혹은 회사의 재산으로 타인을 위하여 담보 제공

④ 타인과 회사가 거래한 커미션을 자신이 소유

⑤ 회사의 상업비밀을 누설

2) 회사정관의 규정을 위반하거나 주주회, 주주총회의 동의를 거치지 않고 본회사와 계약을 체결하거나 거래를 하는 행위(자기거래 금지)

3) 주주회 혹은 주주총회의 동의를 거치지 않고, 직위를 이용하여 자신 혹은 타인을 위하여 회사에 속하는 상업기회를 도모하거나 자기 또는 타인을 위하여 재직 회사와 동일유형의 업무를 경영하는 행위(경업금지)

> **참조** 경업거래 후의 효과 : 상술한 규정을 위반하여 취득한 수입은 반드시 회사의 소유로 하여야 하며, 회사가 입은 손실은 배상책임을 부담하여야 한다.

(2) 근면의무

회사의 직무를 집행할 때 근면책임을 다하여야 한다.

주주총회, 주주회와 이사회 결의제도

주주(총)회 혹은 이사회의 결의를 무효로 하거나 취소할 수 있다.

	법률위반, 행정법규 위반	회사 정관에 위배
표결 내용	무효	취소 가능
소집 절차, 표결방식	취소 가능	취소 가능

(1) 회사의 주주회 또는 주주총회, 이사회의 결의 내용이 법률이나 행정법규에 위반되는 경우에는 해당 결의는 무효

(2) 주주회 또는 주주총회, 이사회의 결의 소집절차, 표결방식이 법률이나 행정법규 또는 회사 정관에 위반되거나 또는 결의 내용이 회사 정관에 위반되는 경우에는 주주는 결의일로부터 60일 이내에 인민법원에 취소를 청구할 수 있다. 이때 인민법원은 주주에게 상응한 담보의 제공을 요구할 수 있다.

회사법의 규정에 따라 유한책임회사에서 발생한 다음 사항 중 회사의 주주가 법에 따라 인민법원에 무효확인을 청구할 수 있는 것은?

A. 주주회의 결의내용이 법률을 위반한 것
B. 이사회의 결의내용이 회사정관을 위반한 것
C. 이사회의 회의소집절차가 법률을 위반한 것
D. 주주회의 결의방식이 회사의정관을 위반한 것

답 A

해설 결의내용이 법률법규를 위반한 경우 해당 결의는 무효이다. A가 옳으며, B, C, D는 모두 취소가능행위에 속한다.

제2절 유한책임회사(有限责任公司)

I 유한책임회사 설립조건

주주 수	50명 이하	
출자	(1) 출자방식 : 화폐, 실물, 지적재산권, 토지사용권 또는 기타 화폐로 가격을 평가할 수 있고 법에 따라 양도할 수 있는 비화폐재산 (2) 출자기한 : 회사정관에 규정	
조직	회사명칭 : ~유한책임회사(有限责任公司, 有限公司)	
	회사주소 : 고정된 생산경영장소	
	정관	유한책임회사 : 전체 주주가 정한다.
		국유독자회사 : 국유자산감독관리위원회 혹은 이사회에서 제정한 후 국유자산감독관리위원회에 보고하여 비준한다.
		일인회사 : 주주자신이 정한다.

II 유한책임회사의 조직기구

1. 주주회

(1) 권 한

1) 회사의 경영방침과 투자계획을 결정한다.

2) 비직공대표가 담당하는 이사, 감사를 선출, 변경하며 이사, 감사의 보수와 관련된 사항을 결정한다.

3) 이사회 혹은 집행동사(执行董事)의 보고를 심의, 비준한다.

4) 감사회 혹은 감사의 보고를 심의, 비준한다.

5) 회사의 연간재무 예산방안, 결산방안을 심의, 비준한다.

6) 회사의 이익배당방안과 손실보전방안을 심의, 비준한다.

7) 회사의 채권발행에 대하여 결의한다.

8) 회사 등기자본의 증가 혹은 감소에 대하여 결의한다.

9) 회사의 합병, 분할, 회사형식변경, 해산과 청산 등의 사항에 대하여 결의한다.

10) 회사의 정관수정

주의▷ 8)~10)은 주주회 특별결의 사항에 속한다(2/3 이상 의결권으로 통과).

(2) 주주회 회의

형식	정기회의	매년 1회
	임시회의	아래의 주주 및 이사, 감사가 소집을 제의 1/10 이상의 의결권을 보유(대표)한 주주 1/3 이상의 이사(동사) 감사회 혹은 감사회를 설립하지 않은 회사의 감사
소집주재	15일 전에 전체 주주에게 통지한다. 이사회가 소집/주재 → 감사회 소집/주재 → 주주 자신이 소집/주재 (1) 동사장-부동사장-반수 이상의 이사가 공동으로 추천한 이사 (2) 감사회 (3) 1/10 이상의 의결권을 보유(대표)한 주주	
결의	일반사항 : 정관에 별도로 규정이 있는 경우를 제외하고는 출자비례에 따라 의결권을 행사한다.	
	특수사항 : 2/3 이상의 의결권을 대표하는 주주의 찬성으로 통과한다. (주의) "출석"한 주주 의결권의 2/3가 아님	
특이사항	주주가 서면 형식으로 모두 동의를 표시하는 경우, 주주회를 소집하지 않고 직접 결의할 수 있으며 동시에 전체 주주가 결의문서에 서명, 날인한다.	

다중선택 ●

회사법률제도의 규정에 따라 다음 인원 혹은 기구 중 유한책임회사가 2개월내에 임시주주회의를 소집할 것을 요구할 권리가 있는 것은?

A. 1/10 이상의 의결권을 대표하는 주주

B. 1/3 이상의 이사

C. 동사장(董事长)

D. 감사회

답 A, B, D

해설 임시주주회의 소집을 제의할 수 있는 것은 ① 1/10 이상의 의결권을 대표하는 주주 ② 1/3 이상의 이사 ③ 감사회 혹은 감사회를 설립하지 않은 회사의 감사가 제의

단일선택

갑, 을, 병 세 사람이 공동으로 500만원을 출자하여 유한책임회사를 설립하였다. 그 중 갑과 을은 각각 40%를 출자하였으며 병은 20%를 출자하였다. 본회사 정관의 다음 조례 중 회사법률제도의 규정에 부합되지 않는 것은?

A. 주주회 결의시 갑, 을, 병은 출자비례에 따라 의결권을 행사한다.
B. 주주회에서 회사의 이사와 총경리 선임에 대하여 결의할 때 반드시 갑, 을, 병이 일치하게 동의하여야 결의가 통과된다.
C. 회사에서 이익을 배당할 때 병은 우선 배당권이 있으며, 회사 연간이윤이 10만원이 되지 않으면 병에게만 배당하며 10만원을 초과한 부분을 갑, 을, 병이 출자비례에 따라 배당한다.
D. 회사가 해산 청산후 만약 나머지 재산이 있으면 갑, 을, 병은 출자비례에 따라 배당한다.

답 B

해설 총경리는 이사회에서 임명하고 면직한다.

다중선택

회사법률제도의 규정에 따라 유한책임회사 주주회의 다음 결의 중 반드시 2/3 이상의 의결권으로 통과되어야 하는 것은?

A. 등기자본을 증가
B. 대외로 담보제공
C. 이익배당방안을 결정
D. 회사정관을 수정

답 A, D

해설 유한책임회사의 특별결의사항은: 회사의 등기자본의 증가와 감소에 대한 결의,

회사의 합병, 분할, 회사형식 변경, 해산과 청산 등 사항에 대한 결의, 회사정관 수정에 대한 결의

2. 이사회(동사회, 董事会)

(1) 권 한

1) 주주회 회의를 소집하며, 동시에 주주회에 보고한다.

2) 주주회 결의를 집행한다.

3) 회사의 경영계획과 투자방안을 결정한다.

4) 회사의 연간재무예산방안, 결산방안을 제정(制订)한다.

5) 회사의 이윤배당방안과 손실보전방안을 제정한다.

6) 회사 등기자본의 증가 혹은 감소 및 회사채권발행 방안을 제정한다.

7) 회사의 합병, 분할, 회사형식변경, 해산방안을 제정한다.

8) 회사내부 관리기구의 설치를 결정한다.

9) 회사 경리의 임직 혹은 해임과 그의 보수사항에 대하여 결정하며 동시에 경리의 제청에 따라 회사 부경리, 재무책임자의 임직 혹은 해임과 그의 보수사항에 대하여 결정한다(경리, 부경리, 재무책임자).

10) 회사의 기본관리제도를 제정한다.

 다중선택

회사법률제도의 규정에 따라 다음 중 이사회 직권에 속하는 것은?

A. 회사정관 수정

B. 이사와 관련된 보수사항에 대하여 결정

C. 회사내부 관리기구의 설치를 결정

D. 회사채권발행을 결정

답 C

해설 A, B, D는 주주회의 직책이다.

(2) 이사회(동사회) 구성 및 회의

구성원	인원수	3~13인 (주주의 인원수가 비교적 적거나 규모가 비교적 작은 유한책임회사는 한 명의 집행동사(执行董事)를 설립하며 이사회를 설립하지 않을 수 있다)
	직공대표	두 개 이상의 국유기업 혹은 기타 두 개 이상의 국유투자주체가 투자설립한 유한책임회사의 이사회 구성원 중에는 반드시 회사의 직공대표가 있어야 한다.
소집, 주재		이사회 소집/주재 : 동사장－부동사장－반수 이상의 이사가 공동으로 한 명의 이사를 추천
회의기록		회의에 출석한 이사가 반드시 회의기록에 서명한다.

3. 감사회(이사와 고급관리인원을 감독)

(1) 직무권한 : 검사, 감독, 제의, 소송

1) 회사의 재무를 검사

2) 이사, 고급관리인이 회사의 직무 집행행위에 대하여 감독하며 법률, 행정법규, 회사 정관 혹은 주주회 결의를 위반한 이사, 고급관리인원에 대하여 파면건의를 제출할 수 있다.

3) 이사, 고급관리인의 행위로 회사의 이익에 손해를 끼치는 경우 이사, 고급관리인에게 교정할 것을 요구할 수 있다.

4) 임시주주회 회의소집을 제의하고, 이사회에서 법률에 규정한 주주회 회의소집과 직책을 이행하지 않으면 주주회 회의를 소집, 주재할 수 있다.

5) 주주회 회의에 제안을 제출한다.

6) 회사를 대표하여 이사, 고급관리인에 대하여 소송을 제기할 수 있다.

(2) 감사회 구성 및 회의

구성원	인원수가 3명보다 적어서는 안 된다. (주주 인원이 비교적 적거나 규모가 비교적 작은 유한책임회사는 감사회를 설립하지 않아도 되며 한 명 내지 두 명의 감사를 둘 수 있다) 직공대표 : 반드시 있어야 하며 인원비율이 1/3보다 적어서는 안 된다.

회의소집	매년 최소 1회 이상 소집한다.
결의	감사회 회의결의는 반드시 반수 이상의 감사로 통과한다.

다중선택 ○

BB유한책임회사는 감사회를 설립하지 않았으며 한 명의 감사 A가 있다. A의 다음 행위 중 회사법 규정에 부합되지 않는 것은?

A. 임시주주회 소집을 제안한다.

B. 회사의 이익배당 방안을 제정하며 주주회에 제출하여 토론한다.

C. 회사를 대표하여 위법으로 회사에 손실을 조성한 이사에 대하여 소송을 제출한다.

D. 회사정관을 위반한 이사직무를 해임한다.

답 B, D

해설 B는 이사회 권한이며 D는 주주회 권한이다.

Ⅲ 일인(一人)회사의 특별규정

주주	하나의 자연인 혹은 하나의 법인(등기시 반드시 기재) 【주의】 하나의 자연인은 하나의 일인회사만 투자, 설립할 수 있으며, 본 일인회사는 다시 일인회사를 투자설립하지 못한다.
조직기구	주주회를 설립하지 않으며 주주결의는 반드시 서면형식을 채용하며 주주가 서명한 후 회사에 보관한다.
강제감사	매 회계연도가 끝날때 재무회계보고를 작성하며 동시에 회계사사무소의 감사를 받는다.
연대책임	주주가 회사의 재산이 주주개인 재산과 독립되어 있음을 증명하지 못하면 회사의 채무에 대하여 연대책임을 부담하여야 한다.

단일선택 〇

회사법률제도의 규정에 따라 다음 일인유한회사에 관한 서술 중 옳은 것은?

A. 일인유한회사 등기자본의 최저한도는 5만원이다.

B. 일인유한회사는 반드시 매개 회계연도 종료시 회계재무보고를 작성하며 회계사 사무소의 감사를 받을 필요가 없다.

C. 일인유한회사의 주주는 자연인일 수도 있고 법인일 수도 있다.

D. 회사의 채권자가 주주에게 회사의 채무에 대하여 연대책임을 부담할 것을 요구하는 경우 채권자는 본 회사의 재산이 주주 자신의 재산과 독립되어 있지 않다는 것을 증명할 의무가 있다.

답 C

해설 A : 회사법에는 등기자본의 최저액에 대한 제한이 없다.

　　　 B : 회사는 반드시 매 회계연도 종결시 재무회계보고를 작성하며 동시에 회계사사무소의 감사를 받아야 한다.

　　　 D : 반드시 주주자신이 증명하여야 한다.

Ⅳ 국유독자회사의 특별규정

정관규정	국유자산감독관리기구에서 제정하거나 이사회에서 제정하여 국유자산감독관리기구에 신고하여 비준한다.
주주회	주주회를 설립하지 않으며 국유자산감독관리기구에서 주주회 직권을 행사한다. 회사 이사회에 주주회의 권한 일부를 수권하여 행사할 수 있다.
	회사의 합병, 분할, 해산, 등기자본의 증감과 회사채권발행은 반드시 국유자산감독관리기구에서 결정한다.
이사회	(1) 구성원 구성 　① 국유자산감독관리기구에서 위탁파견한다. 　② 직공대표는 민주선거를 통하여 선출한다. (2) 동사장, 부동사장, 동사, 고급관리인은 국유자산감독관리기구의 동의를 거치지 않고 기타 경제조직에서 겸직하지 못한다.
감사회	(1) 인원수 : 5명보다 적지 않으며 직공대표가 1/3 이상 (2) 구성 　① 국유자산감독관리기구에서 위탁파견한다. 　② 직공대표는 민주선거를 통하여 선출한다.

> ❑ 회사의 조직기구 중 반드시 직공대표가 있어야 하는 경우
> (1) 이사회 : 두 개 이상의 국유기업 혹은 국유투자 주체가 투자설립한 유한회
>   사의 이사회와 국유독자회사의 이사회
> (2) 감사회 : 모든 회사의 감사회

다중선택

다음 회사조직기구의 서술 중 회사법률제도의 규정에 부합되는 것은?

A. 감사회는 유한책임회사의 필수기구가 아니다.

B. 유한회사의 이사회 중 반드시 직공대표가 있어야 한다.

C. 일인회사는 다시 일인회사를 투자설립하지 못한다.

D. 국유독자회사는 주주회를 설립하지 않으며 국유자산감독관리기구에서 주주
   회 직권을 행사한다.

답 A, D

해설 두 개 이상의 국유기업 혹은 국유투자주체가 투자설립한 유한회사의 이사회; 국
유독자회사의 이사회. 선택 B는 틀렸다. 하나의 자연인은 다만 하나의 일인회사
를 투자설립할 수 있으며, 그 일인회사는 다시 일인회사를 투자설립하지 못한다.

 유한책임회사의 지분 양도

1. 양도의 제한

내부양도	자유양도는 기타 주주에게 통지하면 된다.
대외양도	주주가 주주 이외 자에게 지분을 양도하는 경우, 반드시 기타 주주의 과반수 동의를 얻어야 한다. 서면으로 의견을 청구하며 기타 주주가 서면통지를 수령한 날로부터 30일이 될 때까지 답하지 않은 경우 양도에 동의한 것으로 간주한다.
	주주의 동의를 얻은 지분양도의 경우, 동등한 조건하에 기타 주주에게 우선구매권이 있다. 둘 이상의 주주가 우선구매할 것을 주장하는 경우 협상하여 각자의 인수비례를 확정하며, 협상하여 도달하지 못한 경우 각자의 출자비례에 따라 우선구매권을 행사한다.

참조 ≫ 회사정관에 지분양도에 대하여 별도로 규정이 있는 경우 그 규정에 따른다.

2. 지분강제집행과 상속(继承)

강제집행	(1) 법원에서 지분을 강제집행하는 경우 반드시 회사 및 전체 주주에게 통지하여야 하며, 동등한 조건하에 기타 주주는 우선구매권이 있다. (2) 기타 주주가 인민법원에서 통지한 일자로부터 20일이 될 때까지 우선구매권을 행사하지 않으면 우선구매권을 포기한 것으로 간주한다.
상속	자연인 주주가 사망한 후 그 합법적인 상속인은 주주자격을 승계할 수 있다. 그러나 회사정관에 별도의 규정이 있는 경우에는 제외한다.

단일선택 ◐

A유한책임회사는 갑, 을, 병 3명의 주주로 구성되어 있다. 갑이 개인의 채무를 제때에 상환하지 못하였으며 인민법원은 강제집행 절차로 그의 지분을 매각하여 채무를 상환하려고 한다. 회사법률제도의 규정에 따라 다음 서술 중 옳은 것은?

A. 인민법원은 반드시 을, 병의 동의를 받아야 하며, 동등한 조건하에 을, 병은 우선인수권이 있다.

B. 인민법원은 반드시 을, 병에게 통지하여야 하며, 동등한 조건하에 을, 병은 우선인수권이 있다.

C. 인민법원은 반드시 회사, 을, 병의 동의를 받아야 하며, 동등한 조건하에 을, 병은 우선인수권이 있다.

D. 인민법원에서는 반드시 회사와 전체 주주에게 통지하여야 하며, 동등한 조건하에 을, 병은 우선인수권이 있다.

답 D

해설 법원에서 강제적으로 지분을 집행하면 반드시 회사와 전체주주에게 통지하여야 하며 기타 주주의 동의를 받을 필요가 없다. A, B, C는 옳지 않다.

갑, 을, 병, 정은 공동으로 출자하여 유한책임회사를 설립하였으며, 회사 정관에는 지분양도에 대하여 규정하지 않았다. 다음 지분양도와 관련된 사항이 회사법률규정에 부합되지 않는 것은?

A. 갑이 지분을 무에게 양도하려 하며 을은 동의를 표시하였고 병은 반대를 표시하였다. 정은 서면통지를 받은 일자로부터 30일이 될 때까지 답변하지 않았다. 이 경우 갑은 지분을 무에게 양도할 수 있다.

B. 만약 을의 지분을 법원에서 강제집행하면 법원은 집행 전에 회사에게만 통지하며 갑, 병, 정에게 통지할 필요가 없다.

C. 만약 병이 출자의무를 전부 이행하지 않은 사실을 알고 있는 정에게 양도하면 회사는 병에게 출자의무를 계속하여 부담할 것을 요구할 권리가 있으며, 또한 정에게 이에 대하여 연대책임을 부담할 것을 요구할 권리가 있다.

D. 만약 정이 사망하면 그의 유일한 합법적인 상속인인 부인이 정의 주주자격을 승계할 수 있다.

답 B

해설 법원에서 지분을 강제집행하려면 반드시 회사 및 전체 주주에게 통지하여야 한다.

3. 하나의 지분을 두 번 양도한 경우의 처리

발생원인	지분을 양도한 후 제때에 공상변경등기를 진행하지 않은 경우
처리결과	제3자가 선의취득 요건에 해당하는지가 관건이 된다. (1) 제3자가 선의취득한 것이 아닌 경우 : 원래 주주가 지분을 처분한 행위는 무효이며, 양수인은 지분을 취득할 수 있다. (2) 제3자가 선의취득한 경우 : 양수인은 원래 주주에게 배상책임을 부담할 것을 요구할 수 있으며, 동시에 과실이 있는 이사, 고관, 실제통제인에게 해당책임을 부담할 것을 요구할 권리가 있다. 그러나, 양수인이 적시에 변경등기를 진행하지 않은 과실이 있는 경우 상술한 이사, 고관, 실제통제인의 책임을 적절히 경감할 수 있다.

4. 지분환매(回购)(지분 매수청구권)

조건	주주회의 다음 결의에 반대표를 투표한 주주는 회사가 합리적 가격으로 그의 지분을 인수할 것을 요구할 수 있다. (1) 회사에서 연속된 5년 동안 연속 이윤을 달성하였고 법률규정상 이윤분배조건에 부합됨에도 불구하고 지난 연속 5년 동안 주주에게 이익을 배당하지 않은 경우 (2) 회사가 합병, 분할, 주요재산을 양도하는 경우 (3) 회사정관에 규정한 영업기한이 만료되었거나 혹은 정관에 규정한 기타 해산사유가 발생하였으나, 주주회 결의를 거쳐 정관을 수정하여 회사가 존속하도록 한 경우
절차	결의를 통과한 일자로부터 60일 내 주주와 회사는 협의하여 매수할 수 있다. (소송제기 : 협의를 달성하지 못한 경우 주주는 결의가 통과한 일자로부터 90일 내에 인민법원에 소송을 제기하여 주주가 소유한 회사의 주식을 회사가 매수할 것을 요구할 수 있다.)

단일선택

다음 중 유한책임회사의 주주가 회사에 그의 지분을 환매(지분매수청구권)할 것을 요구할 수 있는 경우는?

A. 주주 갑은 회사가 그를 주주회의에 참여하지 못하게 하여 자신의 주주이익을 손상받았다고 여긴다.

B. 주주 을은 회사의 주주회의에서 회사합병에 대하여 반대를 표시하였다.

C. 주주 병은 주주회의에서 회사가 연속 3년간 이익을 보았으나 이익을 배당하지 않는 결의에 반대를 표시하였다.

D. 주주 정은 주주회의에서 회사의 증자에 대하여 반대를 표시하였다.

답 B

해설 지분환매(지분매수청구권)의 상황 : 회사에서 연속 5년 동안 이윤을 달성하였으나 주주에게 이익을 배당하지 않았으며 또한 법률에 규정한 이익배당조건에 부합되는 경우, 회사에서 합병, 분할, 주요재산을 양도하는 경우, 회사정관에 규정한 영업기한이 만료되었거나 혹은 정관에 규정한 기타 해산사유가 발생하였으나 주주회 회의결의를 거쳐 정관을 수정하여 회사가 존속하게 하는 경우

유한책임회사를 주식회사로 변경

(1) 주주회 특별결의 사항에 속한다.

(2) 자본금총액은 회사의 순자산을 초과할 수 없다.

(3) 변경 후의 회사가 원래 회사의 채권, 채무를 승계한다.

A유한회사는 B주식회사로 변경하려 한다. 다음 중 옳은 것은?

A. A회사는 반드시 주주회의를 소집하여야 하며 동시에 전체주주의 동의를 받아야 한다.

B. A회사가 B회사로 변경될 때 등기자본을 증가하지 못한다.

C. A회사가 B회사로 변경될 때 환산한 주식자본금은 회사의 순자산보다 높아서는 안 된다.

D. B회사는 반드시 A회사의 모든 채권채무를 부담하여야 된다.

답 C, D

해설 유한책임회사가 주식회사로 변경하는 경우는 주주회 특별결의에 속하며 2/3 이상의 의결권으로 통과하면 된다. 회사의 조직 변경과정에 증자행위가 있을 수 있다.

제3절 주식회사(구편유한공사,股份有限公司)

Ⅰ 주식회사의 설립

1. 설립조건

발기인	2~200명이며, 그 중 반수 이상의 발기인이 중국경내에 주소가 있어야 한다.	
출자	출자방식	화폐, 실물, 지적재산권, 토지사용권 등 화폐로 가격을 평가할 수 있으며 법에 따라 양도할 수 있는 재산상의 권리
	납부기한	발기설립 : 회사정관규정
		모집설립 : 반드시 일회성으로 지급한다. 그 중 발기인이 인수한 지분이 회사지분총액의 35%보다 적어서는 안 된다.
조직조건	명칭 : 股份有限公司, 股份公司	
	정관 : 발기인이 제정하며 모집설립은 반드시 창립총회를 거쳐 통과하여야 한다.	
	완전한 조직기구, 고정된 생산경영장소	
설립절차	(1) 발기설립 　　1) 발기인협의 　　2) 주금납부 　　3) 설립등기 (2) 모집설립 　　1) 발기인 협의 　　2) 발기인 주금납입 　　3) 주금을 공개모금 　　4) 자본금납부증명(验资) 　　5) 창립총회 소집 　　6) 설립등기 (창립총회 : 주금을 전부 납부한 후 30일 내에 소집한다. 지분총액의 과반수를 대표하는 발기인, 주식인수인이 출석하면 성립한다. 결의는 회의에 참석한 주식인수인이 보유한 의결권의 과반수로 통과한다)	

2. 설립실패의 법률책임

(1) 설립실패 : 회사가 설립되지 못한 경우

(2) 모집설립 실패시 발기인의 책임

발기인이 설립시 발생한 채무와 비용에 대하여 연대책임을 부담한다.

이미 납부한 주금 및 은행의 동기이자를 가산하여 반환할 책임을 부담한다.

회사법률제도의 규정에 따라 주식인수인이 출자를 납부한 후 출자를 반환할 것을 요구할 권리가 있는 경우는?

A. 회사에서 적시에 전부 지분을 모금하지 않은 경우

B. 발기인이 적시에 창립대회를 소집하지 않은 경우

C. 창립총회에서 회사를 설립하지 않기로 결의한 경우

D. 회사의 발기인이 출자를 도피시켰으며 그 사실이 중대한 경우

답 A, B, C

해설 회사설립이 실패한 경우 주식인수인은 출자를 반환할 것을 요구할 수 있다. D는 설립실패 상황에 속하지 않는다.

Ⅱ 주식회사의 조직기구

1. 주주총회(股东大会)

(1) 권한 : 유한회사와 같음

(2) 주주총회 회의

형식	정기회의	매년 1회 : 소집 20일 전에 통지
	임시회의	다음 중 하나의 상황이 있는 경우 2개월내에 임시주주총회를 소집하며 15일 전에 통지하여야 한다. 1) 이사의 인원수가 《회사법》에 규정한 인원수 혹은 회사정관에 규정한 인원수의 2/3 미만일 때

임시회의	2) 회사의 누적결손금이 자본금의 1/3에 달한 때 3) 단독 혹은 합계로 회사의 10% 이상의 지분을 보유한 주주의 청구가 있을 때 4) 이사회에서 필요하다고 인정할 때 5) 감사회에서 소집을 제안할 때 6) 회사정관에 규정한 기타 상황	
소집주재	주주총회는 이사회(동사회)가 소집하고 동사장이 진행한다. 동사장이 직책을 이행할 수 없거나 이행하지 않는 경우 부동사장이 진행하며, 부동사장이 이행할 수 없거나 이행하지 않는 경우, 반수 이상의 이사가 공동으로 추천한 이사 1인이 진행한다. 이사회(동사회)가 주주총회의 소집을 할 수 없거나 하지 않는 경우에는 감사회가 지체없이 소집 및 진행하며, 감사회가 소집을 할 수 없거나 하지 않는 경우, 단독 혹은 합하여 10% 이상의 지분을 연속으로 90일 이상 보유한 주주가 스스로 소집 및 진행할 수 있다. (이사회가 소집, 주재 → 감사회가 소집, 주재 → 주주가 소집, 주재) 【참조】회의 진행자는 다음과 같은 순서로 정한다. 1) 동사장, 부동사장, 반수 이상의 이사가 공동으로 추천한 이사 1인 2) 감사회 3) 연속 90일 이상 단독 혹은 합계로 회사의 10% 이상의 지분을 보유한 주주	
임시제안	단독 혹은 합계로 3% 이상의 지분을 보유한 주주는 주주총회 소집 10일 전에 임시제안을 서면으로 이사회에 제출할 수 있으며, 이사회에서는 2일 내에 기타 주주에게 통지하여야 하며, 동시에 주주총회에 제출하여 심의한다.	
결의	보통결의사항 : 회의에 출석한 주주가 보유한 의결권의 과반수로 통과	
	특별결의사항 : 회의에 출석한 주주가 보유한 의결권의 2/3 이상 통과	

Q 사례 13-9

B는 AA회사의 지분 3%를 보유하였다. A회사는 4월 1일에 연간주주총회를 소집하려 이를 공시하였다. 2010년 3월 24일 B는 AA회사의 이사회에 서면으로 연간주주총회에 임시제안을 제출하여 A의 이사직무를 해임할 것을 요구하였다. AA회사의 이사회는 본 제안을 연간주주총회의 의결사항으로 하는 것을 거절하였다. 3월 25일 B는 AA주식회사의 지분 8%를 보유한 주주 C와 연합하여 공동으로 4월 1일 동일한 지점에서 AA회사의 임시 주주총회를 소집할 것을 공시하였다. 4월 1일 AA회사의 두 개의 "주주총회"는 동일한 호텔에서 소집되었다.

"연간주주총회"에 출석한 주주가 보유한 AA회사의 지분총액은 35%이며, "임시 주주총회"에 출석한 주주가 보유한 지분총액은 40%이다. 후자는 A의 이사해임안을 통과시켰으며 동시에 D를 이사로 선출하였다.

위와 같은 사항에 대하여, 을이 제출한 임시제안이 AA회사의 주주총회의 의결사항으로 할 수 있는지와 4월 1일 B와 C가 공동으로 AA회사의 임시주주총회를 소집한 절차에 문제가 없는지 법률고문에게 문의하였다.

답 ① B의 임시 제안은 주주총회의 의결사항으로 할 수 없다. 규정에 따라 단독 혹은 합계로 회사의 지분 3% 이상을 보유한 주주는 주주총회 소집 10일 전에 임시제안을 서면으로 이사회에 제출하여야 하며, 이사회는 반드시 제안을 받은 후 2일 내에 기타 주주에게 통지하여야 한다. 동시에 본 임시 제안을 주주총회에 제출하여 의결한다. 사례 중 B의 제안은 "주주총회 소집 10일 전"에 제출한 것이 아니므로 주주총회의 의결사항에 열거할 수 없다.
② B과 주주C가 AA회사의 임시 주주총회를 소집한 절차는 합법적이지 않다. 회사법률제도의 규정에 따라 임시주주총회는 반드시 회의소집 15일 전에 각 주주에게 통지하여야 하며, B가 통지한 일자는 임시 주주총회 소집 일자의 15일 전이 아니다.

2. 이사회(동사회, 董事会)

구성	5~19인으로 구성. 직권은 유한회사와 같다.
소집	매년 2회 이상 소집하며, 10일전에 전체 이사, 감사에게 통지한다. (참조) 임시이사회 소집권자 ① 1/10 이상의 의결권을 대표하는 주주 ② 1/3 이상의 이사 ③ 감사회 제의
출석	과반수 이사가 출석하여야 회의를 진행할 수 있다. 이사는 반드시 직접 출석하여야 하며, 출석하지 못하는 경우 서면으로 기타 이사에게 위탁하여 대리 출석할 수 있다.
결의	결의는 전체 이사의 과반수 동의로 통과한다. 회의에 출석한 전체 이사는 회의기록에 서명하여야 한다.
책임	이사는 반드시 이사회의 결의에 대하여 책임을 지며, 이사회의 결의가 법률법규 혹은 회사정관을 위반하여 회사가 중대한 손실을 입은 경우 결의에 참여한 이사는 회사에 대하여 배상책임을 부담한다. 그러나, 이사회 결의시 이의를 표시하였고 동시에 회의기록에 기록된 경우 책임을 면제할 수 있다.

다음 주식회사 이사회의 서술 중 회사법률제도의 규정에 부합되는 것은?

A. 이사회의 구성원은 5-19명이며 인원수는 반드시 홀수여야 한다

B. 이사회의 구성원 중 반드시 일정비율의 독립이사가 있어야 한다.

C. 이사회 회의는 반드시 과반수 이사가 출석하여야만 진행할 수 있다.

D. 이사회 결의는 반드시 전체 이사의 과반수로 통과하여야 되며, 이사회의 결의는 1일 1표제를 실행한다.

답 C, D

해설 상장회사의 이사회 구성원 중 반드시 일정비율의 독립이사가 있어야 한다.

3. 감사회

(1) 직권은 유한책임회사와 동등하다.

(2) 유한책임회사의 감사회는 적어서 매년 1차례의 회의를 소집한다.

(3) 주식회사의 감사회는 최소 매 6개월에 한차례의 회의를 소집한다.

Q 사례 13-10

A주식회사는 B그룹에서 통제하며 2000년 8월에 상해증권거래소에 상장한 상장회사이다. 본 회사의 이사회는 2011년 3월 28일에 회의를 소집하였으며 본회의를 소집한 상황은 다음과 같다. A회사의 이사회는 7명의 이사로 구성되어 있다. 본 회의에 출석한 이사로는 장모, 이모, 왕모, 정모이며, 이사 손모는 출국하여 회의에 출석하지 못하였고, 이사 진모는 인민대표대회에 참석하여 결의에 참여하지 못하여 전화상으로 이사 종모에게 위탁하여 대리 출석 및 결의하였다. 이사 유모는 병으로 회의에 출석하지 못하여 이사회비서 동모에게 위탁하여 대리출석 및 결의에 참여하였다. 동시에 A회사의 감사 하모가 본회의에 참석하였으며, 이사회에서 토론한 후 전체 이사와 총경리의 급여를 인상할 것을 만장일치로 통과하였다. 위의 회의기록에는 회의에 출석한 전체 이사와 회의에 참석한 감사가 서명한 후 보관하였다. 위와 같은 절차에 대하여 법률고문에게 문의하여 문제가 없는지 자문을 받기로 하였다.

답 (1) 본 회의에 출석한 이사의 인원수가 법률규정에 부합되는지에 대한 검토
본 회의에 출석한 이사의 인원수는 과반수 이상이 출석하였으므로 합법적이다.
(2) 이사 진모와 유모가 타인에게 위탁하여 본 이사회의에 출석한 것이 유효한지에 대한 검토
이사회의 위탁출석 및 결의는 반드시 서면으로 기타 이사에게 위탁하여야 한다. 따라서 진모는 유선상으로 위탁하였으므로, 유모는 이사가 아닌 다른 사람에게 위탁하였으므로 합법적이지 않다.
(3) 이사회의 결의에서 이사와 총경리의 급여를 인상한 것이 합법적인지에 대한 검토
이사의 보수는 주주총회에서 결의하는 사항이며, 총경리의 급여는 인상할 수 있다. 따라서 이사의 급여를 이사회에서 결의한 것은 합법적이지 않다.
(4) 이사회의 회의기록에 문제가 없는지에 대한 검토
이사회의 회의기록은 반드시 출석한 전체이사가 서명하여야 한다.

4. 상장회사 조직구조의 특별규정

상장회사는 다음의 사항에 대하여 주주총회의 결의로 하도록 규정하고 있다.

담보관련	(1) 단일 매 건당 담보액이 최근 감사받은 순자산의 10%를 초과하는 경우 (2) 상장회사 및 그 자회사가 대외에 담보제공한 총액이 최근 감사를 받은 순자산의 50%에 도달하거나 초과한 후에 제공하는 모든 담보 (3) 회사가 대외로 담보제공한 총액이 최근 감사를 진행한 총자산의 30%에 도달하거나 초과한 후에 제공하는 모든 담보 (4) 자산부채율이 70%을 초과한 담보대상에게 제공하는 담보 (5) 주주, 실제통제인, 관련사에 제공하는 담보
원래 이사회의 결의사항 (관련사항의 의결권 배제)	상장회사 이사가 회의결의사항과 관련된 기업과 관계가 있는 경우, 본 결의에 대하여 의결권을 행사하지 못하며, 다른 이사를 대리하여 결의권을 행사하지도 못한다. 본 이사회 회의는 과반수의 관계가 없는 이사가 출석하며 동시에 과반수의 관계가 없는 이사의 결의로 통과하여야 한다. 관계가 없는 이사 인원수가 3인이 되지 않는 경우 반드시 주주총회에 제출하여 결의하여야 한다.
특별결의사항	1년 내에 구매, 매출한 중대자산 혹은 담보금액이 회사 자산총액의 30%를 초과하는 경우 반드시 주주총회 회의에 출석한 의결권의 2/3 이상으로 통과하여야 한다.

5. 상장회사의 독립이사(사외이사, 独立董事) 제도

> □ 참조
>
> 独立董事(Independent Director)는 사외이사의 개념이지만 중국에서는 "독립동사"의 용어를 사용하고 있다. 따라서, 여기서도 그냥 "독립이사"라고 부르기로 한다.

(1) 독립이사의 자격

적극적 조건	독립이사는 다음의 요건을 갖추어야 한다. 1) 법에 따라 상장회사의 이사를 담당할 자격이 있어야 한다. 2) 법에 따라 "독립성"을 구비하고 있어야 한다. 3) 상장회사를 운영하는 기본지식을 구비하고, 법률, 법규 및 규칙에 숙련되어야 한다. 4) 5년 이상의 법률, 경제 혹은 기타 독립이사 직책을 이행하는 데 필요한 근무경험을 구비하여야 한다. 5) 회사정관에 규정한 기타 조건
소극적 조건	다음에 해당하는 자는 독립이사를 담당할 수 없다. 1) 상장회사 혹은 그의 부속기업에서 재직하고 있는 인원 및 그의 직속친족, 주요사회관계가 있는 자 2) 직접 혹은 간접적으로 상장회사에서 발행한 지분의 1% 이상을 보유하거나 상장회사의 앞에서부터 10명까지의 주주 중 자연인주주 및 그의 직계친족인 자 3) 직접 혹은 간접적으로 상장회사에서 발행한 지분 5% 이상을 보유한 주주단위(單位) 혹은 상장회사의 앞에서부터 5위까지의 주주단위(單位)에 재직하고 있는 인원 및 그의 직계친족인 자 4) 최근 1년 내에 상기 서술한 3개 항목에 열거한 상황이 있는 경우 5) 상장회사 혹은 그의 부속기업에 재무, 법률, 컨설팅 등 서비스를 제공하는 자 6) 회사정관 혹은 증권감독관리위원회에 규정한 기타 인원

(2) 독립이사의 제청, 선거

이사회, 감사회, 단독 혹은 합하여 상장회사에서 발행한 지분의 1% 이상을 보유한 주주는 후보를 제청할 수 있다. 독립이사는 주주총회에서 선거로 결정한다.

(3) 독립이사의 임기

연임 6년을 초과하지 못한다.

(4) 독립이사는 지분장려(股权激励)대상이 되지 못한다.

 단일선택

A상장회사에서는 독립이사 한 명을 임용하려 한다. 갑은 본회사 인력자원총감의 대학동창생이며, 을은 본회사의 지분 7%를 보유한 국유기업의 책임자이다. 병은 본 회사의 재무경리를 담당하였으며 6개월 전에 퇴직하였다. 정은 모 대학교의 법학원교수이며 본회사의 법률고문을 겸임하고 있다. 회사법률제도의 규정에 따라 회사의 독립이사로 선임할 수 있는 사람은?
A. 갑
B. 을
C. 병
D. 정

답 A

해설 다음 인원은 독립이사로 선임하지 못한다.
  1) 상장회사 혹은 그의 부속기업에서 재직하고 있는 인원 및 그의 직속친족, 주요 사회관계가 있는 자
  2) 직접 혹은 간접적으로 상장회사에서 발행한 지분의 1% 이상을 보유하거나 상장회사의 앞에서부터 10명까지의 주주 중 자연인주주 및 그의 직계친족인 자
  3) 직접 혹은 간접적으로 상장회사에서 발행한 지분 5% 이상을 보유한 주주단위(单位) 혹은 상장회사의 앞에서부터 5위까지의 주주단위에 재직하고 있는 인원 및 그의 직계친족인 자
  4) 최근 1년 내에 상기 서술한 3개항목에 열거한 상황이 있는 경우
  5) 상장회사 혹은 그의 부속기업에 재무, 법률, 컨설팅 등 서비스를 제공하는 자
  6) 회사정관 혹은 증권감독관리위원회에 규정한 기타 인원

(5) 독립이사의 특별직권

  1) 중대한 관련거래(상장회사에서 관계사(관계인)과 총금액이 300만원 혹은 상장회사의 최근 감사받은 순자산의 5%를 초과한 관련사와의 특수거래)는 반드시 독립이사가 인가(认可)한 후 이사회에 제출하여 토론한다.

2) 이사회에 회계사사무소의 임용과 해임을 제안할 수 있다.

3) 이사회에 임시주주총회의 소집을 제청할 수 있다.

4) 이사회 소집을 제의할 수 있다.

5) 독립적으로 외부 감사기구와 컨설팅기구를 고용할 수 있다.

6) 주주총회 소집전 공개적으로 주주에게 투표권을 모집할 수 있다.

(6) 독립이사가 독립적으로 의견을 발표해야 하는 중대사항

1) 이사의 제청, 임면

2) 고급관리인원의 선임 및 해임

3) 회사의 이사, 고급관리인원의 급여

4) 상장회사의 주주, 실제통제인 및 그의 관련기업이 상장회사에게 대여한 현재 존재하거나 혹은 새로 발생하는 총액이 300만원보다 높거나 혹은 상장회사에서 최근 감사한 순자산의 5%보다 높은 대여금 혹은 기타자금 왕래와 회사가 유효한 대책을 채용하여 조치를 취하였는지 여부

5) 독립이사가 중소주주의 권익에 손해가 된다고 여기는 사항

6) 회사정관에 규정한 기타 사항

(7) 독립이사의 대체(撤換)와 사직

대체	독립이사가 연속 3회 직접 이사회에 출석하지 않은 경우, 이사회는 주주총회에 제청하여 대체하여야 한다. 독립이사가 면직되면 상장회사에서는 반드시 특별 공시하여야 한다.
사직	독립이사는 이사회에 서면으로 사직할 수 있다. 만약 사직으로 인하여 독립이사의 비율이 최저요구보다 낮아지는 경우, 사직은 다음의 독립이사가 그의 공석을 메운 후에 그 효력이 발생한다.

주식회사의 지분발행과 양도

1. 우선주발행

발행주체	1) 상장회사, 비상장공중회사(非上市公众公司)만이 우선주를 발행할 수 있다. 2) 상장회사는 우선주를 공개발행할 수 있다.
우선성	우선주 주주는 보통주 주주에 비하여 2가지의 우선권을 향유한다. 1) 회사의 이윤을 우선 배당한다. 2) 우선적으로 회사의 잔여재산을 배분한다.
발행금액	회사에서 발행한 우선주는 보통주의 지분총수의 50%를 초과하지 못하며, 모집금액은 발행전 순자산의 50%를 초과하지 못한다.
의결권 제한	우선주 주주는 일반적으로 의결권이 없으며, 다음 상황이 있는 경우는 제외한다. 1) 회사정관에 우선주와 관련된 내용을 변경 2) 일차 혹은 누계로 10% 이상 감자 3) 회사 합병, 분할, 해산 혹은 회사형식의 변경 4) 우선주 발행 5) 회사정관에 규정한 기타 상황 　상술한 사항은 회의에 출석한 보통주주, 우선주 주주 각각의 의결권 2/3 이상으로 통과한다.
의결권 회복	누계로 3개 회계년도 혹은 연속 2개 회계연도 동안 약정에 따라 우선주 주식배당금을 지급하지 않은 경우, 우선주 주주의 의결권이 회복되며 회복된 의결권은 미지급 주식배당금을 전부 지급할 때까지 계속된다.
전환과 환매	회사정관에 규정
보유비율계산	지분보유비율을 계산할 때 보통주와 의결권이 회복된 우선주만 계산한다. 1) 주주총회 관련 : 임시주주총회의 소집을 청구, 주주총회를 소집하고 주재, 주주총회에 임시제안을 제출 2) 지배주주 인정(认定)

2. 주식회사의 지분양도 제한

제한대상	제한내용
발기인	발기인이 보유한 본회사의 지분은 회사설립일로부터 1년 내에는 양도하지 못한다.
지분을 공개발행 하기 전에 발행한 지분	회사의 주식을 증권거래소에서 상장거래한 일자로부터 1년 내에는 양도하지 못한다.
이사, 감사, 고관	1) 회사의 이사, 감사, 고급관리인원이 재직기간내에 매년 양도하는 지분은 그가 보유한 본 회사의 총 지분수의 25%를 초과하지 못한다. 2) 보유하고 있는 본회사의 지분은 본회사의 주식이 상장거래한 일자로부터 1년 내에 양도하지 못한다. 3) 상술한 인원은 퇴직 후 반년 이내에 그가 보유한 본회사의 지분을 양도하지 못한다(상장회사). 4) "상장회사의 경우" 보유한 지분이 보유한 지분이 1,000주를 초과하지 않으면 일회성으로 전부 양도할 수 있다. 5) 상장회사의 이사, 감사, 고관은 아래의 경우 본회사 주식을 매매하지 못한다. 　① 상장회사 정기보고 30일 전 　② 상장회사 업적보고 10일 전 　③ 주식가격에 영향을 줄 수 있는 중대사항을 공시한 후 2교역일 내

3. 주식회사의 자기주식 매입 제한

회사의 자기주식 매입 상황	원칙
① 등기자본을 감소	① 주주총회의 특별결의 통과 ② 매입일로부터 10일내에 말소해야 한다.
② 본 회사의 지분을 소유한 기타회사와 합병	① 주주총회 특별결의 통과 ② 매입일로부터 6개월 내에 양도 또는 말소해야 한다.
③ 주주가 주주총회에서 결의한 회사합병, 분할 결의에 이의가 있는 경우, 회사가 그의 지분을 매입할 것을 요구할 수 있으며 이 요구에 따라 회사가 매입하는 경우	6개월 내에 양도 또는 말소해야 한다.

회사의 자기주식 매입 상황	원칙
④ 지분으로 본 회사의 직원 장려	① 주총회 결의 통과 등
⑤ 지분으로 상장회사가 발행한 전환사채의 전환에 사용	② 회사가 보유하는 본 회사의 지분은 기발행지분의 10%를 초과하지 못한다.
⑥ 상장회사가 기업가치와 주주권익을 위해 필요한 경우	③ 상장회사는 공개집중교역방식 진행
	④ 3년내 양도 또는 말소하여야 한다.

다중선택

다음 주식회사가 자신의 지분을 매입하여 본회사의 직원에게 장려하는 규칙 서술 중 회사법률제도의 규정에 부합되는 것은?

A. 반드시 주주총회의 결의를 거쳐야 한다.

B. 매입비율은 본회사에서 이미 발행한 지분총액의 5%를 초과하지 못한다.

C. 인수에 사용되는 자금은 반드시 회사의 자본잉여금에서 지급한다.

D. 인수한 지분은 반드시 1년 내에 직원에게 양도한다.

답 A, B, D

해설 주식회사에서 자신의 지분을 매입하여 본회사의 직원에게 장려하는 것은 주주총회의 직권에 속한다. 주식회사가 자신의 지분을 매입하여 직원에게 장려하는 매입비율은 본 회사에서 이미 발행한 주식의 5%를 초과하지 못한다. 인수에 사용되는 자금은 반드시 회사의 세후이익에서 지급하여야 한다. 매입한 지분은 반드시 1년 내에 직원에게 양도하여야 한다.

단일선택

다음의 주식회사의 주식양도 제한 서술 중 회사법 규정에 부합되는 것은?

A. 주주가 그의 지분을 양도하는 것은 반드시 법에 따라 설립된 증권거래소에서 한다.

B. 발기인이 보유한 본회사의 지분은 회사설립 일자로부터 1년 내에 양도하지 못한다.

C. 회사에서 공개발행 전 이미 발행한 지분은 회사의 주식이 상장거래한 일자로부터 3년 내에 양도하지 못한다.

D. 회사의 이사, 감사, 고급관리인원은 퇴직한 지 1년 내에 보유하고 있는 본회사의 지분을 양도하지 못한다.

답 B

해설 주주가 그의 지분을 양도하는 것은 반드시 법에 따라 설립된 증권거래소에서 진행하거나 국무원에서 규정한 기타 방식으로 진행한다. 발기인이 보유한 본회사의 지분은 회사설립된 일자로부터 1년 내에 양도하지 못한다. 회사에서 공개발행 전이미 발행한 지분은 회사의 주식이 상장거래한 일자로부터 1년 내에 양도하지 못한다. 회사의 이사, 감사, 고급관리인원은 퇴직후 6개월내에 보유하고 있는 본회사의 지분을 양도하지 못한다.

Q 사례 13-11

H회사는 최근 소집한 임시주주총회에서 자산재편과 회사채권발행 사항에 대하여 각각 결의하였다. 본 주주총회에 출석한 주주의 의결권은 총 4.5억주이다. 자산재편 사항에 대하여 3.1억주의 찬성표를 취득하였으며 회사채권발행 사항에 대하여 2.3억의 찬성표를 취득하였다. 본 주주회의에서 의결한 2가지 결의안은 전부 통과되었다. 상술한 두 가지 결의안의 의결 중 지분보유 비율이 0.1%인 손모가 반대표를 투표하였다. 앞에 서술한 결의결과에 근거하여 손모는 두 가지 찬성표가 모두 법정비율에 도달하지 못하였으며 유효한 주주총회결의를 형성하지 못한다고 생각하였다.

손모는 또한 H발전에서 대체방식으로 주요업무자산을 양도하는 것에 대하여 반대 의견을 제출하였고 회사에게 자신이 보유한 H발전의 지분 전부를 매입할 것을 요구하였으나 회사는 이를 거절하였다. 위와 같은 상황에 대하여 법률고문에게 문의하였다.

답 (1) 임시주주총회에서 결의한 회사채권발행이 법정 결의비율에 부합되는지 검토

임시주주총회에서 결의한 회사채권발행 결의는 법정결의비율에 부합된다. 회사 법률제도의 규정에 따라 회사채권발행은 일반결의에 속하며 회의에 출석한 주주가 보유하고 있는 의결권의 과반수로 통과하면 된다. 본 주주회의에 출석한 주주가 보유한 의결권은 4.5억 주이며 2.3억 주에 해당하는 의결권의 주주가 회사채권발행사항을 찬성하였다. 따라서 결의한 표수는 규정에 부합된다.

(2) H회사가 주주 손모의 지분을 매입할 의무가 있는지에 대한 검토

회사법률제도의 규정에 따라 주식회사의 주주는 단지 주주총회에서 결의한 합병 혹은 분할 결의에 이의가 있는 경우에 회사가 지분을 매입할 것을 청구할 수 있으며 이번거래는 회사의 합병 혹은 분할을 발생하지 않았고 거래 완성 후에도 회사는 계속 존속하므로, H회사는 주주 손모의 지분을 매입(환매)할 의무가 없다.

제4절 회사의 재무회계

Ⅰ 재무회계 보고의 작성 및 공고

(1) 회사의 재무회계보고는 반드시 이사회에서 책임지고 작성하며 동시에 그의 진실성, 완전성과 정확성에 대하여 책임진다.

(2) 주식회사의 재무회계보고는 반드시 주주총회 정기총회 소집 20일 전까지 본 회사에서 작성, 준비하여야 하며 주주에게 열람하도록 제공하여야 한다. 주식을 공개 발행한 주식회사는 반드시 그의 재무회계 보고를 공시한다.

Ⅱ 이익배당

1. 배당순서

배당순서	이익배당비례
(1) 이전연도 결손보전 (2) 소득세 납부 (3) 손익보전 후 여전히 존재 　　하는 손실 보전 (4) 법정적립금 적립 (5) 임의적립금 적립 (6) 이익배당	유한책임회사는 실제 납부 출자비례에 근거한다. 그러나 전체주주가 출자비례에 따르지 않을 것을 약정한 경우는 제외한다.
	주식회사는 지분보유비율에 따라 배당한다. 그러나, 회사 정관에 지분보유비율에 따르지 않는다고 규정할 수 있다.
	회사에서 보유한 본회사의 지분은 이익을 배당하지 않는다.

2. 잉여금, 적립금, 준비금

유형		원천	용도
자본잉여금		주식을 할증발행한 할증금 (주식발행초과금)	손실보전에 사용하지 못한다.
이익잉여금	법정적립금	세후이익에서 적립하며 법정적립금(이익준비금)은 10%로 적립하며, 등기자본의 50%까지 적립하면 더 이상 적립하지 않을 수 있다.	1) 결손금보전 2) 경영확대 3) 증자 (법정적립금으로 증자한 후 잔액은 증자 전 등기자본금의 25%보다 적을 수 없다.)
	임의적립금		

제5절 회사의 중대한 변경

회사합병

합병유형	흡수합병, 신설합병
합병절차	1. 합병협의 체결 2. 대차대조표 및 재산명세서를 작성 3. 합병결의 4. 채권자 보호절차 : 채권자에게 통지 및 공고(회사에서는 합병결의를 한 일자로부터 10일 내에 채권자에게 통지하여야 하며, 30일 내에 신문에 공고한다. 채권자는 통지를 수령한 일자로부터 30일 내에, 통지를 받지 못한 채권자는 공고일로부터 45일 내에 회사에게 채무를 청산하거나 혹은 해당 담보를 제공할 것을 요구할 수 있다. 5. 등기(합병으로 인하여 해산된 회사의 말소등기, 합병으로 신설된 회사의 설립등기)
책임	합병 후의 회사는 합병 각방의 원래 채권채무를 부담한다.

회사분할

분할유형	파생분할, 신설분할
분할절차	합병과 같다. 그러나, 채권자는 담보를 제공할 것을 요구하지 못한다.
책임부담	분할 후의 회사는 원래 회사의 채무에 대하여 연대책임을 부담한다. 그러나, 회사분할 전 채권자와 채무상환에 대하여 체결한 서면협의에 별도로 약정이 있는 경우는 제외한다.

주의 회사가 합병 혹은 분할로 인하여 해산된 경우 청산할 필요가 없다.

□ 회사의 합병 혹은 분할 중 주주권의 보호

특별사항 결의절차	유한회사 : 주주가 보유한 의결권의 2/3이상으로 통과
	주식회사 : 출석한 주주가 보유한 의결권의 2/3이상으로 통과
이의주주의 매수청구권	유한회사 : 주주회의에서 합병 혹은 분할에 대하여 반대표를 투표한 주주는 회사에게 그 주주가 소유한 지분을 매입할 것을 요구할 수 있다. 결의를 통과한 날로부터 60일 내에 회사와 협상할 수 있으며, 협상을 달성하지 못한 경우 결의를 통과한 일자로부터 90일 내에 법원에 소송을 제기할 수 있다.
	주식회사 : 주주가 합병 혹은 분할에 이의가 있는 경우, 회사가 그의 지분을 매입할 것을 요구할 수 있다. 회사는 매입한 후 반드시 6개월내에 양도 혹은 말소하여야 한다.

 증자

증자절차	1. 이사회에서 방안을 제정, 제출 2. 주주회 특별결의 3. 증자인과 협의 체결 4. 필요한 비준절차 이행(예를 들어 국유지분에 관련되는 경우 반드시 국유자산관리부문의 비준을 거쳐야 한다) 5. 회사의 정관 수정(통상적으로 제2항과 동시에 진행한다) 6. 증자주금납입 7. 변경등기

 감자

감자절차	반드시 등기자본의 감소를 결의한 날로부터 10일 내에 채권자에게 통지하며, 동시에 30일 내에 신문에 공고하여야 한다. 채권자는 통지를 받은 날로부터 30일 내, 통지를 받지 못한 채권자는 공고일로부터 45일 내에 회사에게 채무를 청산하거나 혹은 해당 담보를 제공할 것을 요구할 수 있다.

> 참조> 합병과 감자의 채권자는 회사에게 채무의 청산 혹은 담보제공을 요구할 수 있으며, 증자
> 와 분할은 요구하지 못한다.

단일선택 ○

2012년 B회사는 A회사와 합병 협의중 각자의 채무에 대하여 약정하지 않았다. A회사는 원래 AA은행에 대하여 5,000만원의 부채가 있으며 기한이 되어도 상환하지 않았다. 그 후 B회사는 부분적인 우량자산으로 다시 C회사를 설립하였다. 분할 협의 중 B, C는 B회사의 원 D회사에 대한 채무는 B회사에서 책임지며 C회사와 관련이 없다고 약정하였다. 회사의 분할에 대하여 D회사에 통지하지 않은 경우 다음 중 옳은 것은?

A. AA은행은 A, B회사가 채무에 대하여 연대책임을 부담할 것을 요구할 권리가 있다.

B. AA은행은 B에게 채무를 청산할 것을 요구할 권리가 없다.

C. D회사는 B, C회사에서 그의 채무에 대하여 연대책임을 부담할 것을 요구할 수 있다.

D. B, C회사에서 채무부담에 대하여 진행한 결의는 무효이다.

답 C

해설 분할 후의 회사는 원회사의 채무에 대하여 연대책임을 부담한다. 그러나 회사 분할 전 채권자와 채무청산에 대하여 서면협의를 달성하여 별도로 약정한 경우는 제외한다. 상기 사례 중 B, C회사가 달성한 협의는 D회사에 통지하지 않았으며 D회사에 대하여 효력이 발생하지 않는다. 때문에 D회사는 B, C회사가 연대책임을 부담하여 채무를 청산할 것을 요구할 권리가 있다.

제6절 회사의 해산 및 청산

I 회사 해산의 원인

(1) 회사 정관에 규정한 영업기한이 만료되었거나 혹은 회사 정관에 규정한 기타 해산사유 발생(회사정관을 수정하여 계속 존속할 수 있다.)
(2) 주주회 혹은 주주총회 해산결의
(3) 회사의 합병 혹은 분할
(4) 법에 따라 영업허가증이 회수당하거나 영업중지명령 혹은 철수명령
(5) 인민법원에서 법에 따라 해산

II 회사의 사법해산

단독 혹은 합하여 회사의 전부 주주의 의결권 10% 이상을 보유한 주주가 다음 중 하나의 상황이 있는 경우, 회사의 존속이 주주의 이익에 중대한 손실을 입게 하고 기타 방법으로 해결하지 못하는 경우, 회사의 해산소송을 제출하면 인민법원은 이를 수리하여야 한다.

(1) 2년간 회의를 진행할 수 없는 경우 : 회사가 연속 2년간 주주회 혹은 주주총회를 소집할 수 없어 회사경영관리에 중대한 곤란이 발생한 경우
(2) 2년간 결의를 할 수 없는 경우 : 주주 표결시 법정 혹은 회사정관에 규정한 비율에 도달할 수 없으며, 연속 2년간 유효한 주주회 혹은 주주총회 결의를 진행할 수 없어 회사 경영관리에 중대한 곤란이 발생한 경우
(3) 회사의 이사회가 장기적인 충돌이 있으며 또한 주주회 혹은 주주총회를 통하여 해결할 수 없어 회사의 경영관리에 중대한 곤란이 발생한 경우
(4) 경영관리에 기타 중대한 곤란이 발생하여 회사의 존속이 주주의 이익에 중대한 손실을 입힐 수 있는 경우

주주가 알권리, 이익배당청구권 등 권리에 손상을 받거나 혹은 회사의 손실로 인해 재산 전부로 채무를 상환하지 못하는 경우 또는 회사에서 영업허가증을 회수당하고 청산하지 않은 것을 이유로 회사해산소송을 제출하는 경우에는 인민법원은 수리하지 않는다.

 회사청산

1. 청산의무인 및 책임

청산의무인	유한책임회사의 주주, 주식회사의 이사와 지배주주
책임내용	(1) 청산을 해태한 책임 　1) 법정기한 내에 청산팀을 설립하지 않아 회사의 재산가치가 하락, 유실, 훼손 혹은 멸실되도록 한 경우, 발생한 손실 범위내에서 회사의 채무에 대하여 책임을 부담한다. 　2) 의무이행을 해태하여 주요 재산, 장부, 중요문서 등을 멸실하여 청산할 수 없는 경우, 회사의 채무에 대하여 연대책임을 부담한다. (2) 해산 후 악의적으로 재산을 처분하거나 말소등기를 거짓 취득한 경우의 책임 　1) 회사해산 후 악의적으로 회사의 재산을 처분하여 채권자에게 손실을 입힌 경우 　2) 법에 따라 청산하지 않고 허위의 청산보고로 말소등기를 취득한 경우 청산의무인, 실제통제인이 회사의 채무에 대하여 해당 연대책임을 부담한다. (3) 청산하지 않고 말소등기를 진행한 책임 　회사에서 청산하지 않고 말소등기를 진행하여 청산을 진행할 수 없게 된 경우 회사의 청산의무인과 실제통제인이 회사의 채무에 대하여 직접 청산책임을 부담한다.

2. 청산팀 및 그의 구성

구성시간	회사의 해산사유가 발생한 후 15일 내
	유한회사 : 주주가 구성 주식회사 : 이사 혹은 주주총회에서 결정한 인원으로 구성
구성인원	다음 3가지 상황이 있는 경우, 채권자는 인민법원에 지정된 해당 인원으로 청산조를 구성하여 청산을 진행할 것을 신청할 수 있다. 1) 기한이 지나도 청산팀을 구성하여 청산을 진행하지 않는 경우 2) 청산팀을 구성하였으나 청산을 지연한 경우 3) 위법적으로 청산을 진행하여 채권자 혹은 주주의 이익을 중대한 손해를 입힐 수 있는 경우

3. 청산팀의 권한과 책임

직권	(1) 회사의 재산을 정리하여 대차대조표와 재산명세서를 작성한다. (2) 채권자에게 통지, 공고한다. (3) 청산과 관련된 회사의 마감되지 않은 업무를 처리한다. (4) 미납부 세금 및 청산과정 중에 발생한 세금을 청산납부한다. (5) 채권, 채무를 정리한다. (6) 회사의 채무상환 후의 나머지 재산을 처리한다. (7) 회사를 대표하여 민사소송활동에 참여한다.
책임	청산팀의 구성원이 고의 또는 중대한 과실로 회사 혹은 채권자에게 손실을 입힌 경우 배상책임을 부담한다.

4. 청산절차

(1) 채권자에게 통지

(2) 채권자가 채권 신고, 등기

(3) 회사재산정리, 청산방안 작성

(4) 채무상환

(5) 말소등기, 공고

인민법원에서 청산팀을 조직한 경우 청산팀을 구성한 일자로부터 6개월내에 청산을 완료하여야 하며 특수한 경우 연장을 신청할 수 있다. 청산팀이 회사의 재산으로 채무상환을 하기에 부족한 것을 발견한 경우, 인민법원에 파산선고를 신청하여야 한다.

5. 회사의 청산기간 중의 행위제한

(1) 청산과 관련이 없는 경영활동을 하지 못한다.

(2) 청산팀이 회사의 대리기관이 된다.

(3) 법정 절차에 따라 채무를 상환하기 전 주주에게 재산을 배당하지 못한다.

제**14**장

해외경제 법률제도

제1절 외상투자(외국인투자) 법률제도

외국인 투자법 개요

1. 외상투자(외국인투자)의 정의

「외상투자법」에서 외상투자라 함은 외국의 자연인, 기업 또는 기타 조직(이하 외국투자자라고 함)이 직접 또는 간접적으로 중국경내에서 진행하는 투자활동을 말한다.

2. 외상투자의 주요형식

형 식	특 징
외상투자기업 설립	외국인 투자자가 단독으로 혹은 기타투자자와 공동으로 중국 경내에 외상투자기업을 설립할 경우 조직형식, 조직기구는 회사법, 파트너기업법 등의 법률 규정을 적용한다. (내자와 일치함) **주의1** 외상투자기업은 중국법률에 따라 중국경내에 설립한 기업이지 경내에 있는 외국기업의 지점(分支機構)이 아니다. **주의2** 중외 쌍방의 투자자는 자연인, 법인, 비법인 조직일 수 있다.
외자가 중국국내기업을 인수	외국투자자가 중국내 기업의 주식, 지분, 재산지분 또는 기타 유사한 권익을 취득하여 외국인 투자기업을 설립하는 경우, 구체적인 기업 조직형식은 상기와 같다.
신규프로젝트에 투자	외국투자자는 단독으로 또는 기타투자자와 공동으로 중국 경내에서 특정항목건설에 투자하지만, 외국인 투자기업을 설립하지 않으며, 중국 경내 기업의 주식, 지분, 재산지분 또는 기타 유사한 권익을 취득하지 않는 경우이다.
기타방식	법률, 행정법규 또는 국무원이 규정한 기타 방식의 투자, 간접적인 투자도 포함된다.

3. 「외상투자법」에 적용되는 '외상'의 범위

외국의 자연인, 법인, 비법인조직이외에는 규정에 근거한다.

(1) 홍콩특별행정구, 마카오특별행정구의 투자자가 중국 내지에 투자하고 국외에 거주하는 중국공민이 중국경내에서 투자할 때는 《외국인투자법》과 《실시조례》를 참조하여 집행한다. 법률, 행정법규 또는 국무원이 별도로 규정한 것은 그 규정에 따른다.

(2) 대만지역투자자가 대륙에 투자할 때에는 「중화인민공화국 대만동포투자보호법」 및 그 실시세칙의 규정을 적용한다.대만동포투자보호법 및 그 실시세칙에 규정되지 않은 사항은 「외상투자법」과 「실시조례」를 참조하여 집행한다.

Ⅱ 외상투자촉진

1. 외상투자정책의 투명성 제고

(1) 정책 공개

정부 및 그 관련 부서가 제정한 기업발전지원정책은 법에 의하여 공개하여야 한다. 정책실시 중 기업이 신청해야 하는 사항에 대해 정부 및 그 관련부서는 반드시 처리 조건, 절차, 시한 등을 공개하고 심사과정에서 법에 따라 외상투자기업과 내자기업을 평등하게 대해야 한다.

(2) 규범적인 법률문서는 외상투자기업의 의견 청취

외상투자 관련 행정법규, 규칙, 규범성 문건을 제정하거나 또는 정부 및 관련 부서는 외상투자 관련 법률 초안, 지방성 법규 등을 작성할 경우, 실제 상황에 근거하여 서면 의견청취 및 좌담회, 논증회, 청문회 등 여러 가지 형식을 청취하거나 외상투자기업과 상공인협회 등 관련 방면의 의견과 건의 및 외상투자기업의 중대한 권리와 의무에 관계되는 문제를 집중적으로 반영한 의견과 건의를 적정한 방식으로 반영하여야 한다.

(3) 규범성문건 적시 공표

외상투자와 관계되는 규범성문건은 법에 따라 적시에 공표하여야 하며, 공표하지 않은 것은 행정관리 근거로 삼지 못한다. 외상투자기업의 생산경영활동과 밀접

히 관련된 규범성문건은 실제와 결부하여 실시까지의 기간을 합리적으로 확정하여
야 한다.

2. 외상투자기업이 평등하게 시장경쟁에 참여하도록 보장

(1) 공평참여기준을 제정하고 강제성기준을 평등하게 적용

외상투자기업이 법에 의하여 국내자본기업과 평등하게 국가표준, 업종표준, 지방
표준과 단체표준의 제정, 개정 사업에 참여하게 하고 국가가 제정한 강제성기준은
외상투자기업과 내자기업에 평등하게 적용되며, 전문적으로 외상투자기업에 대하
여 강제성기준보다 높은 기술요구를 적용하지 못한다.

(2) 정부구매에 평등하게 참여

국가는 외상투자기업이 법에 의거하여 공평경쟁을 통하여 정부구매활동에 참여
하도록 보장한다. 정부의 구매는 법에 따라 외상투자기업이 중국 경내에서 생산하
는 제품과 제공한 서비스에 관해 평등하게 대한다.

(3) 합법적 융자 가능

외상투자기업은 법에 의거하여 주식, 사채 등의 증권과 기타 방식으로 공개발행
하여 자금융통을 할 수 있다.

3. 외상투자 서비스 강화

국가는 외상투자서비스시스템을 구축, 보완하여 외국투자자와 외상투자기업에
법률법규, 정책조치, 투자항목정보 등 방면의 자문과 서비스를 제공한다.

4. 법과 규정에 따라 외상투자를 장려하고 인도

(1) 국가는 수요에 따라 특수한 경제구역을 설립하거나 일부 지역에서 외상투자
시험성 정책조치를 실시하여 외상투자를 촉진하고 대외개방을 확대한다.

(2) 국가는 국민경제와 사회 발전의 수요에 근거하여 외상투자를 권장하는 산업
목록을 제정하고, 외국 투자자의 투자를 권장, 인도하는 특정 업종, 분야, 지
역을 명시한다. 외상투자장려산업 목록은 국무원 투자 주관 부서에서 국무원

상무주관부서 등의 관련 부서와 함께 작성하고, 국무원에 보고하여 비준을 받은 후 국무원 투자주관부서, 상무주관부서에서 반포한다.

(3) 외국인 투자자, 외상투자기업은 법률, 행정법규 또는 국무원의 규정에 따라 재정, 조세, 금융, 토지사용 등의 혜택을 누릴 수 있다.

 Ⅲ 외상투자보호

1. 외상투자기업에 대한 재산권보호를 강화

(1) 국가는 외국투자자의 투자에 대하여 징수하지 않는다. 특수한 상황에서 국가는 공공이익의 필요에 의하여 법률이 정함에 따라 외국투자자의 투자에 대하여 징수 또는 징용할 수 있다. 징수, 징용은 반드시 법정 절차에 따라 진행해야 하며, 적시에 공평하고 합리적인 보상을 하여야 한다.

(2) 투자자금은 자유롭게 입출금, 송금할 수 있다. 외국투자자가 중국경내에서 취득한 출자, 이윤, 자본수익, 자산처분소득, 지적재산권 사용료, 법에 따른 보상 또는 배상, 청산소득 등은 법에 따라 인민폐 또는 외환의 자유로운 입출금이 가능하다.

(3) 지적재산권 보호
국가는 외국투자자와 외상투자기업의 지적재산권을 보호하며 지적재산권 권리자와 관련 권리자의 합법적권익을 보호한다. 지적재산권의 권리침해행위에 대해서는 엄격히 법에 따라 법적책임을 추궁한다.

(4) 자발적 기술협력 진행
국가는 외상투자과정에 자원원칙과 상업규칙에 근거하여 기술협력을 전개하는 것을 권장한다. 기술협력의 조건은 투자 각 측이 공평의 원칙에 따라 평등하게 협상하여 정한다. 행정기관과 그 업무 인원은 행정수단을 이용하여 외국투자자, 외국투자기업에 기술이전을 강제 혹은 편법으로 강요해서는 안 된다.

해외경제 법률제도 / 제14장

(5) 상업비밀보호

행정기관과 그 업무 인원은 직책을 이행하는 과정에서 알게 된 외국투자자, 외상투자기업의 상업비밀은 반드시 법에 따라 비밀을 지켜야 하며, 타인에게 비밀을 누설하거나 불법적으로 제공해서는 아니된다.

2. 외상투자관련 규범성문건 제정 강화

각급 인민정부 및 그 관련 부서는 외상투자와 관계되는 규범성문건을 제정함에 있어서 법률, 법규의 규정에 부합되어야 한다. 법률, 행정법규에 근거가 없는 경우, 외국인 투자 기업의 합법적 권리와 이익 또는 의무증가, 시장진입 및 퇴출 조건, 외국인투자기업의 정상적인 생산경영활동을 간섭해서는 아니된다.

3. 지방정부의 약속 준수 촉진

지방 각급 인민정부 및 관련 부서는 외국인투자자, 외국인투자기업에 법에 의거한 정책 약속과 법에 의거하여 체결한 각종 계약을 이행해야 한다. 국가이익과 사회 공동이익을 위해 정책약속이나 계약상의 변경을 요구할 경우 법정 권한과 절차에 따라 진행하고, 법에 따라 외상투자자와 외국인투자기업이 입은 손실에 대해 보상해야 한다.

4. 외국투자기업의 신고업무 체제를 구축, 보완

국가는 외상투자기업 신고업무 체제를 구축하여 외상투자기업 또는 그 투자자가 반영한 문제를 적시에 처리하고, 관련 정책과 조치를 조율·보완한다. 국무원 상무 주관부서는 국무원 관련 부서와 함께 외국인투자기업 신고업무부서간 연석회의제도를 구축한다. 외상투자기업 또는 그 투자자가 행정기관 및 그 직원의 행정행위가 자신의 합법적 권익을 침해했다고 인정할 경우, 외상투자기업 소송업무체제를 통해 해결하도록 요청할 수 있으며, 법에 따라 행정 이의를 신청하거나 행정소송을 제기할 수 있다.

5. 외상투자기업은 법에 의거하여 상회, 협회를 설립하고 자발적 참가 가능

상회, 협회는 법률 법규와 정관의 규정에 따라 관련 활동을 전개하여 회원의 합법적인 권익을 보호한다.

 외상투자관리

1. 외상직접투자의 허가 관리

관리모형	[기본모형] 허가전 국민대우 + 부정적 리스트 리스트에 명시된 항목에 대하여 심사비준 등 특별관리조치를 실시하며, 리스트 이외에는 외국투자자와 국내투자자를 동등하게 대우한다. 중국이 체결하였거나 가입한 국제조약, 협정이 외국 투자자의 허가 대우에 대해 더욱 우대되는 규정이 있으면 그 규정에 따라 집행한다. **주의1** 원래의 모든 외상투자기업의 설립, 변경에 대해 모두 심사비준하는 방법을 변경하였다. **주의2** 허가 전 국민대우는 사실상 허가단계와 허가 후의 운영단계를 포함한 전반 투자단계의 국민대우이며, 허가 전 단계에만 해당되는 것이 아니다. **주의3** 외상투자 부정적 리스트는 국무원 투자주관부서가 국무원 상무주관부서 등 관련 부서와 함께 제출하고, 국무원에 보고하여 발표 또는 비준을 거쳐 발표한다.
관리제도	(1) 외국인투자에 대하여 내자와 외자의 일치된 원칙에 따라 감독관리 실시 ① 외상투자기업의 등록은 국무원 시장감독관리부서 또는 그가 위임받은 지방인민정부 시장감독관리부서가 법에 의하여 처리하며 등록자본은 위안화 또는 자유 교환화폐로 표시할 수 있다. ② 외상투자자가 투자항목에 대한 심사비준, 등록을 해야 할 경우, 국가의 관련 규정에 따라 집행한다. ③ 외국투자자가 법에 따라 허가를 받아야 하는 업종, 분야에서 투자를 할 경우, 법률·행정법규에 별도의 규정이 있는 경우를 제외하고 내자기업과 동일한 심사 조건과 동일한 절차를 실행한다.

관리제도	(2) 외국인투자정보 보고제도 외국투자자 또는 외상투자기업은 기업등기시스템 및 기업신용정보공시시스템을 통하여 상무주관부서에 투자정보를 제출하여야 하며, 제출된 투자정보는 진실하고 정확하며 완전하여야 한다.

2. 외상투자 안전심사(외국투자자의 경내기업 인수합병에 대한 안전심사)

인수합병안전심사 내용	① 인수합병거래가 국방안전에 미치는 영향(국방수요에 따른 국내제품생산능력, 국내서비스제공능력과 관련 설비시설에 대한 영향이 포함된다.) ② 인수합병거래가 국가경제의 안정적인 운행에 미치는 영향 ③ 인수합병거래가 사회기본생활질서에 미치는 영향 ④ 인수합병거래가 국가안전에 중요한 기술연구개발능력에 미치는 영향
인수합병안전심사 업무체제	중국은 외국투자자의 경내기업 인수합병에 대한 안전심사 부서간 연석회의제도를 구축하고 인수합병에 대한 안전심사업무를 구체적으로 수행한다. 연석회의는 국가발전개혁위원회, 상무부가 주도하고 외자기업합병과 관련된 업종과 분야에 따라 관련 부문과 합병안전심사를 진행한다.

3. 자유무역구역의 외국인투자 국가안전심사

투자안전심사 범위	① 외국인 투자자가 자유무역구역내의 군수, 군수해당기업과 기타 국방안전에 관계되는 영역 및 중점, 민감한 군사시설 주변지역에 투자하는 경우 ② 외국인 투자자가 자유무역구역내의 국가안전에 관계되는 중요 농산품, 중요 에너지와 자원, 중요 기초시설, 중요 운송서비스, 중요 문화, 중요 정보기술제품과 서비스, 중요 기술, 중대한 장비제조 등 영역에 투자하고 또한 투자한 기업의 실제 통제권을 취득하는 경우
	*외국인투자의 범위 ① 외국인 투자자가 단독 혹은 기타 투자자와 공동으로 신축항목을 투자하거나 기업을 설립 ② 외국인투자자가 인수합병방식으로 이미 설립한 기업의 지분 혹은 자산을 취득 ③ 외국인투자자가 협의를 거쳐 통제, 대리보유, 신탁, 재투자, 경외거래, 임대, 전환사채인수 등 방식으로 투자

투자안전심사 범위	*외국인투자자가 피투자기업의 실제통제권을 취득한 경우(다음 상황을 포함) ① 외국인투자자 및 그의 관련 투자자가 보유한 기업지분의 총액이 50% 이상인 경우 ② 여러 외국인투자자가 보유한 기업지분의 총액합계가 50% 이상인 경우 ③ 외국인투자자 및 그의 관련투자자, 여러 외국인투자자가 보유한 기업지분의 총액이 50%를 초과하지 않으나, 향유하는 결의권이 주주회 혹은 주주총회, 이사회의 결의에 대하여 중대한 영향을 가질 정도로 충분한 경우 ④ 기타 외국인투자자가 기업의 경영책략, 인사, 재무, 기술 등에 대하여 중대한 영향이 있는 경우
투자안전심사 내용	① 외국인투자자가 국방안전에 미치는 영향(국방수요의 국내제품 생산능력, 국내서비스 제공능력과 해당 시설에 대한 영향 포함) ② 외국인투자자가 국가경제의 안정적인 운영에 미치는 영향 ③ 외국인투자자가 사회 기본생활질서에 미치는 영향 ④ 외국인투자가 국가문화안전, 공공도덕에 미치는 영향 ⑤ 외국인 투자가 국가 인테넷 안전에 미치는 영향 ⑥ 외국인투자자가 국가안전 중요기술의 연구개발능력에 미치는 영향(국방, 경제, 사회, 문화, 인터넷, 기술)
투자안전심사 업무체계	업무체계 – 부서간연석회의 자유무역 시험구역의 외국인투자 안전심사업무는 외국인 투자자의 경내기업 인수합병시 안전심사 부서간 연석회의에서 진행한다. 연석회의 체제하에 국가발전개혁위원회, 상무부는 외국인투자와 관련된 영역에 따라 해당 부문과 함께 안전심사를 진행한다.
심사결과	자유무역 시험구역의 관리기관은 직책범위내 외국인투자 등기, 심사비준 혹은 심사수속을 진행할 때 안전심사 범위내에 속하는 외국인투자에게 반드시 적시에 안전심사 신청을 제출할 것을 고지하며, 동시에 해당 수속을 잠시 정지한다.
	국가안전에 영향을 주지 않는 경우 자유무역 관리기관은 계속하여 해당 수속을 진행한다.
	국가안전에 영향이 있거나 영향을 줄 가능성이 있는 경우, 부가조건을 통하여 영향을 제거할 수 있는 투자에 대하여 연석회의에서는 외국인투자자가 보정투자방안에 대한 서면보증을 제출할 것을 요구할 수 있다. 외국인투자자가 서면으로 보증서를 제출한 후 연석회의에서는 부가조건의 심사의견을 제출할 수 있다.

보완조치	만약 외국인투자자가 허구의 정보나 실질적 정보를 누락하거나 안전심사를 통과한 후 투자활동을 변경하거나 혹은 부가조건을 위반하여 국가안전에 대하여 중대한 영향을 조성하였거나 조성할 가능성이 있는 경우, 외국인투자 안전심사가 완료되거나 투자가 이미 실행되었더라도 자유무역 시험구역 관리기관은 반드시 국가 발전개혁위원회와 상무부에 보고하여야 한다.

4. 외상투자계약 효력의 인정

분야		계약효력
부정적 리스트 이외의 투자분야		계약이 체결과 동시에 효력이 발생
부정적리스트에 포함된 투자분야	투자금지항목	계약은 무효. 단, 확정판결이 내려지기 전에 부정적리스트 조정으로 외국투자자의 투자가 더 이상 투자금지 분야에 속하지 않는 경우는 예외
	투자제한항목	제한성 허가관리조치를 위반하면 계약은 무효 그러나 다음과 같은 두 가지 경우에는 효력이 있다. (1) 법원이 판결을 하기 전에 필요한 조치를 취하여 허가특별관리조치의 요구를 만족하는 경우 (2) 효력발생판결이 확정되기 전에 부정적리스트 목록 조정으로 외국투자자의 투자가 더 이상 투자제한 분야에 속하지 않는 경우

여기서 말하는 "투자계약"은 외상투자기업 설립계약, 주식양도계약, 주권양도계약, 재산지분 또는 기타 유사 권익양도계약, 신규프로젝트 계약 등 중국 경내에 직접 또는 간접적으로 투자하는 투자관련계약을 포함한다. 외국인투자자가 증여, 재산분할, 기업합병, 기업분할 등을 통해 권익을 취득하면서 생기는 계약상의 분쟁이다.

 과도기 처리에 관한 규정

「외상투자법」의 규정에 따라 외상투자기업을 신설할 경우에는 「중화인민공화국 회사법」, 「중화인민공화국 파트너기업법」 등 법률의 규정을 적용한다.

「외상투자법」이 시행되기 전 이미 3자기업법(三資企業法)에 따라 설립한 외상투자기업은 「외상투자법」 시행후 5년내(2025년 1월 1일 전)에 원래의 기업조직 형태를 계속 유지할 수 있다. 국가는 「외상투자법」이 시행된 후 5년내에 법에 의하여 변경수속을 하는 것을 권장하며, 시장감독관리 부문은 2025년 1월 1일부터 법에 따라 조직형식, 조직기구 등을 조정하지 않고 변경등기를 하는 기존의 외국인투자기업에 대해 신청한 기타 등기 사항을 처리해주지 않으며, 관련 사항을 공시한다.

결론 외상투자기업을 신설할 경우에는 회사법과 파트너기업법의 규정에 따른다. 기존의 외상투자기업은 5년의 과도기가 있다.

 ## VI 대외직접투자 법률제도

1. 대외직접투자의 개념

개념	중국경내의 투자자가 현금, 실물, 무형자산 등의 방식으로 국외 및 홍콩 마카오 대만지역에 기업을 설립하거나 혹은 경외기업을 구매하며, 동시에 기업의 경영권을 통제하는 투자활동을 말한다.
형식	신설, 합병, 주식투자, 증자, 재투자 등을 포함한다.

2. 대외직접투자 심사비준과 등기

(1) 상무부 심사비준과 등록(备案)(경외투자)

심사비준	상무부와 성급상무주관부문이 기업경외투자의 각각의 상황에 따라 각각 등록(备案)과 심사비준관리를 실시한다. 1) 기업의 경외투자가 민감한 국가와 지역, 민감한 업종과 관련되는 경우 심사비준관리를 실시한다. 2) 심사비준관리를 실행하는 국가는 중국과 외교관계를 설립하지 않은 국가, 국제연합(UN)의 제재를 받는 국가를 가리키며 필요시 상무부에서는 별도로 기타 심사비준관리를 실행하는 국가와 지역의 명단을 공표한다. 3) 심사비준관리를 실행하는 업종 : 중국에서 수출을 제한하는 제품과 기술을 영위하는 업종, 하나 이상의 국가(지역)의 이익에 영향을 주는 업종
등록(备案)	기업의 기타 상황의 경외투자는 등록관리를 실시한다.

투자제한 상황	1) 중국의 국가주권, 안전과 사회공공이익을 위해하거나 중국 법률법규를 위반
	2) 중국과 해당 국가(지역)의 관계에 손상을 주는 경우
	3) 중국에서 체결 혹은 참가한 국제조약, 협정를 위반하는 경우
	4) 중국에서 수출금지하는 제품과 기술을 수출하는 경우
심사비준 관리	중앙기업 : 상무부에 신청
	지방기업 : 성급 상무주관부문을 거쳐 상무부에 신청
등록(备案) 관리	중앙기업 : 상무부에 신고등록(备案)
	지방기업 : 성급 상무주관부문에 신고등록

(2) 국가발전개혁위원회에서 심사비준과 등록(备案)(경외투자항목)

심사비준	국가발전개혁위원회와 성급정부 투자주관부문에서 각각의 상황에 따라 경외투자항목에 대하여 각각 심사비준과 등록관리를 실행한다.
	국가발전개혁위원회 심사비준 : 경외 투자항목이 민감한 국가와 지역, 민감한 업종과 관련되는 경우
등록(备案)	기업 기타 상황의 경외투자항목은 등록관리를 실행한다.
	1) 국가발전개혁위원회 등록
	① 중앙기업의 경외투자항목
	② 지방기업이 실시하는 중국측 투자액이 3억불 이상인 경외투자항목
	2) 성급정부 투자주관부문 등록 : 지방기업이 실시하는 중국측 투자액이 3억불 이하인 경외투자항목

제2절 대외무역 법률제도

Ⅰ 《대외무역법》의 적용범위와 원칙

적용범위	적용대상	중국 대외무역법률제도는 화물수출입, 기술수출입, 국제서비스무역 및 이와 관련된 지적소유권보호에 적용된다.
	적용지역	중국 《대외무역법》은 중국 내륙에만 적용되며 홍콩, 마카오, 대만에는 적용되지 않는다(홍콩, 마카오, 대만지역은 단독 관세구역으로 WTO에 참여하였다).
원칙		1. 통일관리 원칙 : 상무부에서 전국 대외무역업무를 주관한다. 2. 공평자유 원칙 3. 평등상호이익 원칙 4. 구역합작 원칙 5. 비차별화 원칙 6. 호혜대등 원칙

Ⅱ 대외무역경영자

1. 개 념

대외무역경영자는 법인, 기타 조직과 개인을 포함하며, 경영하는 데 전문적인 허가를 받을 필요가 없다.

2. 대외무역경영자의 관리

등록등기 (备案登记)	화물 혹은 기술수출입에 종사하는 대외무역경영자는 반드시 상무부 혹은 그가 위탁한 기관에 등록등기를 실시하여야 한다. 법률, 행정법규와 상무부의 규정에 등록등기를 진행할 필요가 없다고 규정한 경우는 제외한다. 대외무역경영자가 규정에 따라 등록등기를 하지 않은 경우 해관에서는 수출입화물의 통관수속을 진행하여서는 아니된다.

국영무역관리	1) 국가는 부분적 화물의 수출입에 대하여서만 국영무역관리를 실시한다. 2) 국영무역은 일반적으로 수권을 받은 기업에서 경영하며, 동시에 부분적 수량의 수출입 업무는 수권을 받지 않은 기업에서 경영하는 것을 허용한다. 3) 본류의 화물은 반드시 명확하고 공개적이며 목록의 방식으로 공중에게 알려야 한다.

단일선택

다음 대외무역경영자 및 그의 관리에 대한 서술 중 대외무역법률제도의 규정에 부합되는 것은?

A. 대외무역경영자는 법인과 기타 조직을 포함하나 개인을 포함하지 않는다.
B. 대외무역경영은 특허제를 실시하며 경영자는 심사비준을 거쳐 대외무역경영 자격을 취득한다.
C. 부분적 수량의 국영무역관리화물의 수출입업무를 수권을 받지 않은 기업이 경영하는 것을 허용한다.
D. 화물수출입 혹은 기술수출입에 종사하는 대외무역 경영자는 반드시 국가공상총국 혹은 그가 위탁한 기관에 등록등기(备案登记)를 진행한다.

답 C

해설 규정에 따라 대외무역경영자는 법인, 기타 조직과 개인을 포함한다. 2004년 《대외무역법》을 수정할 때 대외무역 특허제를 취소하였으며 법에 따라 공상등기 혹은 기타 개업수속을 진행한 단위와 개인은 모두 대외무역경영에 종사할 수 있다. 화물수출입 혹은 기술수출입에 종사하는 대외무역경영자는 반드시 상무부 혹은 그가 위탁한 기관에 등록등기(备案登记)를 진행하여야 한다. 그러나 법률, 행정법규와 상무부에 등록등기를 진행할 필요가 없다고 규정한 것은 제외한다.

 화물수출입과 기술수출입

1. 일반원칙

국가는 화물과 기술의 자유수출입을 허용한다. 그러나 법률, 행정법규에 별도로 규정이 있는 경우는 그러하지 아니하다.

2. 별도의 상황

(1) 일반적 예외

해당 화물, 기술의 수출입을 제한 혹은 금지할 수 있다.

1) 국가안전, 사회공중이익 혹은 공중도덕을 유지하기 위하여 수출입을 제한 혹은 금지할 필요가 있는 것(국가안전)

2) 사람의 건강 혹은 안전을 보호하며 동물, 식물의 생명 혹은 건강을 보호하며 환경을 보호하기 위하여 수출입을 제한 혹은 금지할 필요가 있는 것(사람, 물건 안전)

3) 황금 혹은 백은의 수출입과 관련된 조치를 실시하기 위하여 수출입을 제한 혹은 금지할 필요가 있는 것(황금, 백은)

4) 국내의 공급이 부족하거나 혹은 사용이 고갈될 수 있는 자연자원을 효과적으로 보호하기 위하여 수출을 제한하거나 금지할 필요가 있는 것(희소한 자원)

5) 운송될 국가 혹은 지역의 시장수요량(市場容量)이 한계가 있어 수출을 제한할 필요가 있는 것(시장제한)

6) 수출경영질서에 중대한 혼란이 발생하여 수출을 제한할 필요가 있는 것

7) 국내 특정된 산업을 건립 혹은 가속 건립하기 위하여 수입을 제한할 필요가 있는 것(산업보호)

8) 각종 형식의 농업, 목업, 어업제품에 대하여 수입을 제한할 필요가 있는 것(농산품)

9) 국가 국제금융위치와 국제 수입지출 형평을 보장하기 위하여 수입을 제한할 필요가 있는 것(수입지출평형)

10) 중국에서 체결하거나 혹은 참가한 국제조약, 협정의 규정에 근거하여 기타 수출입을 제한하거나 금지할 필요가 있는 것(국제조약)

(2) 안전예외상황

1) 국가안전수요 : 국가에서 핵분열, 핵융합 물질 혹은 본 유형의 물질의 파생하는 해당 화물, 기술의 수출입 및 무기, 탄약 혹은 기타 군용물자와 관련된 수출입에 대하여 임의의 필요조치를 취하여 국가안전을 보호할 수 있다.

2) 전쟁 혹은 국제평화의 수요 : 전쟁시 혹은 국제평화와 안전을 유지하기 위하여 국가에서 화물, 기술의 수출입 방면에 임의의 필요한 조치를 취할 수 있다.

3. 화물, 기술무역 관리제도

(1) 화물수출입의 자동허가제도

부분적 자유수출입 화물에 대하여 수출입 자동허가를 실시하며 동시에 그의 목록을 공포한다(신청 = 자동허가).

(2) 기술수출입 등록등기(备案登记)제도

등기의 의의	기술수출입 계약은 성립시 효력을 발생하며 등기가 계약의 효력발생 요건이 되지 않는다. 등기는 등록(备案)의 의미만 있다.
등기기구	상무주관부문

(3) 기술수입계약에 대한 특별규정

기술수입 계약 중 다음의 제한적 조건을 포함하지 못한다.

1) 양수인에게 기술수입에 꼭 필요하지 않은 부가조건을 요구하는 것. 필수적이 아닌 기술, 원재료, 제품, 설비 혹은 서비스 구매를 포함한다.

2) 양수인에게 특허권의 유효기간이 완료되었거나 혹은 특허권이 무효인 기술을 위하여 사용비를 지급하거나 혹은 해당 의무를 부담할 것을 요구하는 것

3) 양수인이 양도인이 제공한 기술을 개발하는 것을 제한하며 또한 양수인이 개발한 기술을 사용하는 것을 제한하는 것

4) 양수인이 기타 원천을 통하여 양도인이 제공한 기술과 유사하거나 혹은 그와 경쟁되는 기술을 취득하는 것을 제한하는 것

5) 불합리하게 양수인이 원재료, 부품, 제품 혹은 설비를 구매하는 경로 혹은 원천을 제한하는 것

6) 불합리하게 양수인의 제품 생산수량, 품종 혹은 매출가격을 제한하는 것

7) 불합리하게 양수인이 수입기술을 이용하여 제품을 생산하는 수출경로를 제한하는 것

(4) 쿼터와 허가증제도

수출입을 제한하는 화물	1) 수량제한 : 쿼터관리(관세쿼터 포함)
	2) 기타제한 : 허가증 제도
수출입을 제한하는 기술	허가증 제도

Ⅳ 국제서비스무역

중국에서 국제서비스무역 방면에 체결 혹은 참가한 국제조약, 협정 중 협의에 근거하여 기타 체결측, 참가측에 부여한 시장진입허가와 국민대우이다.

1. 일반적 예외

(1) 국가안전, 사회공중이익 혹은 공중도덕을 유지하기 위하여 제한 혹은 금지할 필요가 있는 것(국가안전)

(2) 사람의 건강 혹은 안전을 보호하기 위하여 동물, 식물의 생명 혹은 건강을 보호하기 위하여 환경을 보호하기 위하여 제한 혹은 금지할 필요가 있는 것 (사람, 물건보호)

(3) 국내의 특정산업의 건립 혹은 가속건립을 위하여 제한할 필요가 있는 것(산업보호)

(4) 국가의 외화 수입지출 평형을 보장하기 위하여 제한할 필요가 있는 것(수입지출평형)

(5) 중국에서 체결 혹은 참가한 국제조약, 협정의 규정에 따라 기타 수출입을 제한하거나 금지할 필요가 있는 것

2. 안전상 예외 : 국가안전, 전쟁 및 국제평화

 대외무역 구제

1. 반덤핑 조치

(1) 기본개념

"덤핑"은 정상무역과정 중 수입제품을 정상가치보다 낮은 수출가격으로 중국시장에 진입하는 것을 가리킨다.

(2) 반덤핑조사

실시	신청에 지지를 표시하거나 혹은 신청을 반대하는 국내 산업 중 지지자의 생산량이 지지자와 반대자의 총산량의 50% 이상을 점유하면 반덤핑조사를 시작할 수 있다. 그러나, 신청에 지지를 표시하는 국내 생산자의 생산량이 국내 동류 제품의 총생산량의 25%보다 작은 경우 반덤핑조사를 시작하지 못한다.
완료	반덤핑조사는 반드시 안건조사결정을 공시한 일자로부터 12개월내에 완료하여야 하며, 특수상황이 있는 경우 연장할 수 있다. 그러나 연장기한은 6개월을 초과할 수 없다.

(3) 반덤핑조치

임시 반덤핑 조치	다음의 임시 반덤핑 조치를 취할 수 있다. ① 임시 반펌핑세를 징수한다(반덤핑세는 상무부에서 건의하며 국무원 관세세칙위원회에서 결정하고 상무부에서 공시한다). ② 보증금, 보증서 혹은 기타 형식의 담보를 제공할 것을 요구한다(상무부에서 결정 및 공시한다). *기한 임시 반덤핑조치를 공시하여 실시하기로 결정한 날로부터 4개월을 초과하지 못하며, 특수상황이 있는 경우 9개월로 연장할 수 있다. 반덤핑 안건조사를 결정, 공시한 날로부터 60일 내에는 임시 반덤핑조치를 취하지 못한다.
반덤핑세	반덤핑세의 징수기한은 5년을 초과하지 못한다. 그러나 상무부에서 재심하여 적절히 연장할 수 있다.

해외경제법률제도의 규정에 따라 반덤핑세를 징수할 것을 결정할 권리가 있는 기관은?

A. 해관총서
B. 국가세무국
C. 상무부
D. 국무원 관세 세칙위원회

답 D

해설 반덤핑세를 징수하는 것은 상무부에서 건의를 제출하며 국무원 관세세칙위원회에서 상무부의 건의에 따라 결정하고, 상무부에서 공시한다.

2. 반보조금 조치

(1) 기본개념

보조는 수출국정부 혹은 그 공공기관이 제공한 이익을 받는 재정지원 및 임의의 형식의 수입 혹은 가격지원를 가리킨다. 반드시 특정성이 있다.

(2) 반보조금 조사와 반보조금 조치

임시 반보조금 조치 실시기한은 임시 반보조조치 공시의 규정을 실시하기로 결정한 일자로부터 4개월을 초과하지 못하며, 연장하지 못한다.

3. 보장조치(保障措施)

(1) 보장조치와 반덤핑과 반보조금 조치의 구별

보장조치는 수입수량이 대량으로 증가되며 국내의 동류형 산업에 중대한 손해 혹은 위협을 조성하는 경우 국가가 필요한 조치를 취하여 손해와 위협을 해소 혹은 경감하는 것이다.

보장조치	반덤핑과 반보조금 조치
공평무역조건하의 특수상황	덤핑과 보조금 등 불공평한 거래행위

(2) 유형

임시 보장조치	방식 : 관세증가(상무부에서 건의하며 국무원 관세세칙위원회에서 결정하고 상무부에서 공시한다)	
	실시기간 : 임시보장조치 실시기한 ≤ 200일	
최종 보장조치	방식 : 관세증가 혹은 수량제한 등	
	실시기간 : 최종 보장조치 실시기한은 일반적으로 4년을 초과하지 않는다. 만약 연장이 필요한 경우에도 총기한은 10년을 초과하지 못한다.	

제3절 외환관리 법률제도

Ⅰ 외환의 개념

외환은 외화현찰, 외화지급증빙 혹은 지급도구(어음, 은행저금증빙, 은행카드 등), 외화유가증권(채권, 주식), 특별인출권 및 기타 외환자산을 포함한다.

다중선택

다음 중 중국 《외환관리조례》에 규정한 외환에 속하는 것은?
A. 중국은행에서 발급한 유로 본표(本票)
B. 경내기관에서 보유한 나스닥상장회사의 주식
C. 중국정부에서 보유한 특별인출권
D. 중국공민이 보유한 엔화 현금

답 A, B, C, D

해설 외환은 외국화폐현금, 외화지급증빙 혹은 지급도구, 외화유가증권, 특별인출권 및 기타 외환자산을 포함한다.

Ⅱ 《외환관리조례》의 적용범위와 기본원칙

1. 적용범위

속인 겸 속지주의	경내기관과 경내개인의 외환수입지출 혹은 외환경영활동(경내 혹은 경외에서 발생하였는지와 무관) + 경외기구와 경외개인의 경내의 외환
경내개인	중국공민과 중국에서 연속으로 거주한 지 만 1년이 되는 외국인. 외국의 주중국 외교인원과 국제조직의 주중국 대표인원을 포함하지 않는다.

단일선택

외환법률제도의 규정에 따라 다음 외환 수입지출활동 중 반드시 《외환관리조례》를 적용하는 것은?

A. 미국의 주중국대사 A모가 중국에서 근무하는 동안의 임금보수

B. 최근 2년동안 계속 상해에 거주한 미국인 B가 그의 미국의 주택을 임대하여 취득한 임대료

C. 미국은행 런던지사 C가 홍콩에서의 얻은 영업소득

D. 중국에 여행 온 미국인 D가 그가 미국에서 구매한 복권이 300만 불에 당첨

답 B

해설 《외환관리조례》의 규정: 경내기구, 경내개인의 외환수입지출 혹은 외환경영활동 및 경외기관, 경외개인의 "경내" 외환 지급지출 혹은 외환경영활동은 본조항을 적용한다. 경내기구는 중화인민공화국 경내의 국가기관, 기업, 사업단위, 사회단체, 부대 등을 뜻하며 외국주중국 외교영사기관과 국제조직의 주중국대표기관은 제외한다. 경내개인은 중국공민과 중화인민공화국경내에서 연속 거주한 지 1년 이상인 외국인을 가리키며 외국 주중국 외교인원과 국제조직의 주중국대표는 제외한다.

A : 외국 주중국외교인원이다.

B : 경내개인의 외환수입지출이다.

C : 경외기구가 "경외"에서의 외환수입지출에 해당한다.

D : 외국인의 "단기여행"이며 "연속거주한 지 1년"이 되지 않으면 "경내개인"이 아니고 "경내" 외환 수입지출도 아니다.

2. 기본원칙

경상항목과 자본항목 구별관리원칙

경상항목 : 개방 (자유교환)	은행에서는 수요에 따라 거래의 진실성을 심사확인한다.
자본항목 : 부분 관할제한	외환관리부문에서 사전 심사비준과 사후 등록(备案)를 진행한다.

경상항목의 외환관리제도(경상항목의 자유교환)

1. 일반규정

개념	통상적으로 하나의 국가 혹은 지역이 대외 거래중 경상적으로 발생하는 거래 항목을 가리킨다. 무역 수입지출, 서비스 수입지출, 수익과 경상적 이전(단일 방면 이전)를 포함한다. 그 중 무역 및 서비스 수입지출이 제일 주요한 내용이다. 경상항목 하에 발생한 외환은 경상항목외환이다.
일반규정	1) 경상항목의 외환수입은 수의외환결제제도(意愿结汇制)를 실시한다. 경상항목의 외환수입은 국가 해당 규정에 따라 보류하거나 혹은 외환업무를 경영하는 금융기관에 매각할 수 있다. 2) 경상항목의 외환지출은 유효한 증빙서류에 근거하며 심사비준할 필요가 없으며, 은행에서는 거래의 진실성과 외환수입지출의 일치성에 대하여 심사를 진행한다.

단일선택

외환관리 법률제도의 규정에 따라 다음 거래 항목 중 경상항목에 속하지 않는 것은?

A. 무역수입지출

B. 투자수익

C. 대외차입금

D. 단일방면 이전

답 C

해설 경상항목은 무역수입지출, 서비스 수입지출, 수익(직원의 보수와 주식배당금, 이익배당금등 투자수익을 포함)과 경상이전(단일방면 이전)를 포함한다. C의 대외차입금은 자본항목에 속한다.

2. 화물무역 외환관리제도의 절차

	절 차
기업명단관리	기업에서 법에 따라 대외무역 경영권을 취득한 후 반드시 해당 자료를 가지고 국가외환관리국 분지국에서 명단 등기수속을 진행한다. 금융기업에서는 명단에 없는 기업을 위하여 직접 무역 외환 수입지출업무를 진행하지 못한다.
기업분류관리	외환관리국에서는 비현장 혹은 현장검사결과에 근거하여 기업의 외환관리규정 준수여부 등을 종합하여 기업을 A, B, C, 3종류로 분류한다. 분류관리 유효기간 내 A류 기업 무역의 외환수입지출에 대하여 편리화(便利化) 관리조치를 적용하며 B, C류 기업 무역의 외환수입지출에 대하여 건전성 감독관리를 실시한다.
	외환관리국은 무역외환수입지출 전자데이터 검사체계를 구축하고 B류 기업 무역의 외한수입지출에 대하여 전자데이터 검사관리를 실시한다. C류 기업 무역의 외환수입지출업무 및 외환관리국에서 인정한 기타 업무에 대하여 외환관리국에서 사전에 건별로 등기관리를 실행하며 금융기관에서는 외환관리국에 제출한 등기증명에 근거하여 기업을 위하여 해당 수속을 진행한다.

3. 서비스무역 외환관리

(1) 금융기관에서 서류와 외환수입지출의 일치성에 대해 심사할 책임이 있다.

(2) 서류의 보존비치

(3) 외환관리국에서 감독검사를 책임진다.

4. 개인 외환관리제도

(1) 개인의 외환결제와 경내 개인의 외환구매에 대하여 연간총액관리를 실행한다.

(2) 연간총액은 매인 매년 5만불이며, 국가 외환관리국에서는 국제 수입지출상황에 근거하여 연간총액을 조정한다.

(3) 개인의 경영성 외환수입지출 : 화물무역원칙에 따라 관리한다.

(4) 개인의 자본성 외환수입지출 : 자본항목에 따라 관리한다.

다음 경영항목의 외환 수입지출관리에 대한 서술중 외환관리 법률제도의 규정에 부합되는 것은?

A. 중국에서는 경상항목의 외환수입지출에 대하여 한도가 있는 자유환전을 실행한다.

B. 경상항목의 외환 수입지출은 강제외환결제제도를 실시한다.

C. 외환업무를 경영하는 금융기업은 경상항목의 외환 수입지출의 진실성에 대하여 심사를 진행한다.

D. 경내개인의 외환구매 한도는 매인매년 5만불이며 해당하며 해당 무역서류에 근거하여 진행한다.

답 C

해설 경상항목은 환전할 수 있다. A는 옳지 않다. 경상항목의 외환수입은 수의결제제도를 실시한다. 따라서 B도 옳지 않다. D는 반드시 "본인의 유효한 신분증명서류에 근거"하여 은행에서 실행한다.

Ⅳ 자본항목의 외환관리제도(부분 제한)

1. 일반규정

(1) 개념

국제 수입지출 중 대외 자산과 부채 수준의 변화를 일으키는 거래항목이다. 자본이전, 비생산 및 비금융자산의 매수 혹은 포기, 직접투자, 증권투자, 파생상품 투자 및 대출 등을 포함한다.

일반규정	1) 자본항목의 외환수입 : 별도로 규정이 있는 경우를 제외하고, 자본항목의 외환수입을 보류하거나 혹은 외환업무를 경영하는 금융기관에 매출하는 경우, 반드시 외환관리기관의 비준을 받아야 한다. 2) 자본항목의 외환지출 : 유효한 서류에 근거하여 자유롭게 외환지급하거나 외환업무를 경영하는 금융기관에서 외환매입하여 지급한다. 법에 따라 종료(终止)한 외국인투자기업의 청산, 납세후 외국인투자자의 소유

에 속하는 인민폐는 외환업무를 경영하는 금융기관에 외환매입하여 송
금할 수 있다.

3) 자본항목의 외환 및 외환결제자금은 반드시 해당 주관부문 및 외환관리
기관에서 비준한 용도에 따라 사용하여야 한다.

2. 직접투자항목의 외환관리

(1) 외국인 직접투자

1) 직접투자한 입금 또는 송금을 불문하고 외국인투자자는 반드시 외환관리
국에 등기하여야 한다. 만약 등기사항에 변화가 발생하면 외국인투자자
는 반드시 변경등기를 하여야 한다.

2) 외국인투자자가 자본금을 송금하고 그를 결제하여 취득한 인민폐 자금은
반드시 기업의 경영범위내에 사용하여야 하며 동시에 진실한 자가사용
(真实自用)원칙에 부합되어야 한다.

3) 은행에서는 경내 직접투자와 관련된 주체를 위하여 계좌설립, 자금입금,
외환결제, 경내 대체조달 및 대외지급등 업무진행 전 그가 규정에 따라
외환관리국에서 해당 등기를 진행하였는지 확인하여야 한다.

(2) 경외직접투자

1) 국무원 외환관리부문의 규정대로 등기등록(登记备案)수속을 진행하여야
하며, 경외투자 외환자금 원천에 대한 심사제도를 취소하였다.

2) 경내기관은 자체 보유한 외환자금, 규정에 부합되는 국내 외환대출, 인민
폐 외화매입 혹은 실물, 무형자산 및 외환관리국의 심사비준을 거친 기타
외환자산 등을 원천으로 경외 직접투자를 진행할 수 있다.
그 중 자체 보유한 외환자금은 경상항목의 외환계좌, 외국인 투자기업의
자본금 계좌 등 계좌내의 외환자금을 포함한다.

3) 경내기관이 그가 취득한 경외 직접투자이윤을 국내로 송금하는 경우 그
경상항목의 외환계좌에 보존하거나 혹은 결제할 수 있다.

4) 외환관리국에서는 경내기관이 경외 직접투자 및 그로 인해 형성된 자산
과 해당 권익에 대하여 외환등기제도를 실시한다.

3. 간접투자항목 외환관리

적격 경외기관투자자 (QFII) 제도	중국에서 현재 실행하는 QFII제도의 구조는 이중으로 심사결정한다. (1) 시장 진입허가 심사결정 : 중국증권감독위원회 (2) 외환관리 : 국가외환관리국
적격 경내기관투자자 (QFII) 제도	현재 중국 QDII에는 상업은행, 증권회사, 기금관리회사, 보험기관, 신탁회사 등이 포함된다. (1) 금융감독관리부문 : 경외 투자업무의 시장진입 (2) 외환관리국 : 투자액한도와 계좌 및 자금환전관리
경외 상장한 외자주식(H주식) 제도	경내회사는 경외에 상장하여 최초 주식발행이 완료된 후 15영업일 내 그의 등기소재지 외환관리국에서 경외상장등기를 하여야 한다. 경내회사가 경외에 상장한 후 그의 경내주주가 해당 규정에 따라 경외지분을 증가하거나 감소하면 반드시 경내 주주소재지 외환관 리기관에서 경외지분 보유등기를 하여야 된다.
경내상장한 외자주식(B주식) 제도	B주식시장은 경내에서 외환계좌를 보유한 주민개인에게 개방한다.

4. 외채(外債)관리

(1) 외채(外債)는 경내기구가 비주민에 대하여 부담하는 외화로 표시한 채무이다. 경외차입금, 채권발행, 국제금융리스 등을 포함한다. 경내기관에서 대외로 담보를 제공하는 형식의 잠재적인 외화상환의무인 일종의 우발외채도 외채관리에 포함된다.

(2) 국가외환관리국에서 전면적 외채의 통계감독을 책임지며 동시에 정기적으로 외채상황을 공표한다.

(3) 외국인투자기업이 차입한 외채자금은 결제에 사용할 수 있다. 별도로 규정이 있는 경우를 제외하고는 경내금융기관과 중국자본기업이 차입한 외채자금은 결제에 사용하지 못한다.

(4) 단기외채는 원칙상 유동자금에만 사용될 수 있으며 고정자산투자 등 중장기 용도에 사용하지 못한다.

(5) 외부담보 내부대출(外保內貸)

　　1) 계약체결 : 경내비금융기구가 경내금융기구로부터 대출 또는 신용한도를 제공받는 경우 이하의 조건을 동시에 만족하면 경외기구 또는 개인의

담보를 제공받을 수 있으며, 외부담보 내부대출계약을 체결할 수 있다.

① 채무자가 경내의 등기된 비금융기구

② 채권자가 경내의 등기된 금융기구

③ 담보목적은 금융기구가 제공하는 외화대출(위탁대출 불포함) 또는 구속력 있는 신용한도 제공

④ 담보형식은 경내의 법률에 부합

2) 데이터 보고 : 경내금융기구는 외환관리국의 자본항목시스템에 데이터를 보고

(3) 상황고지 : 경내채무자는 채권자에게 기진행된 외부담보 내부대출 업무의 채무 위약, 외채등기 및 채무상환 등의 진실되고 완전한 정보를 제공

(4) 담보이행

(5) 채무상환 : 경내채무자자는 외부담보내부대출로 형성된 대외채무에 대하여 미상황원금잔액이 전연도 말 감사받은 순자산금액을 초과할 수 없다.

 인민폐 환율제도

> ❏ 현행 환율제도
> 시장 수요를 기초로 "一篮子"货币(통화바스켓)을 참조로 조정, 관리하는 변동환율제이다.

(1) 시장수요를 기초로 하는 환율변동으로 환율의 가격신호 작용을 발휘한다.

(2) 경상항목에 근거하여 주로 무역균형상태에 따라 환율변동폭을 동태적으로 조절하며 "관리상"의 잇점이 있다.

(3) "一篮子"货币(통화바스켓)을 참조로 하며 "一篮子"货币 각도에서 환율을 보며 단편적으로 인민폐와 모 단일 화폐의 쌍방 환율을 주시하지 않는다.

Ⅵ 외환시장관리

(1) 외환소매시장

은행과 기업, 개인사이의 업무창구거래

(2) 외환도매시장(은행사이의 외환시장)

참여 주체는 은행업, 금융기관 및 부분적 비은행 금융기관과 비금융기업에만 제한된다.

Ⅶ 인민폐의 특별인출권 편입 및 그의 영향

2015년 12월 국제통화기금(IMF)의 이사회가 정식으로 인민폐가 특별인출권 화폐란에 편입되는 것을 비준하였으며 비중은 10.92%이다. 인민폐는 달러, 유로, 엔화, 파운드와 함께 열거하는 제 5종의 자유 사용이 가능한 화폐가 되었으나 인민폐는 상기 자유환전을 완전히 실현하지는 못하였다(자본항목 부분적 제한).

> ❏ **특별인출권 : SDR (Special Drawing Right)**
> 특별인출권이란 국제통화기금(IMF)의 운영축을 보완하기 위한 제3의 세계화폐를 말한다.
>
> IMF의 운영축은 금과 기축통화인 달러이다. 그런데 국제 유동성의 필요는 급증하는 데 반해 금의 생산에는 한도가 있고, 또 달러의 공급은 미국의 국제수지 적자에 의해서 가능하여 달러의 신인도를 떨어뜨린다는 딜레마를 가진다.
> 그래서 이에 대한 보완책으로 특별인출권이 생겼다.
> 종래 출자를 통해 필요할 때 기금을 인출할 수 있는 권리를 일반인출권(GDR)이라고 한다면, 출자없이 가맹국의 합의에 의해 발행총액을 결정하고 IMF에서의 출자할당액에 비례하여 배분되어 특별히 인출할 수 있는 권리는 갖는 것이다.
>
> 따라서 회원국이 환위기 등에 대응하기 위해 자국 보유의 SDR를 다른 참가국에 양도하여 필요한 외화를 획득하여 위기를 극복하고 대신 이에 대한 이자를 통화 제공국에 제공하게 된다.

*SDR의 통화별 비중 : 달러(41.73%), 유로(30.93%), 인민폐(10.92%), 엔화 (8.33%), 파운드(8.09%)

특별인출권 (시사상식사전, 박문각)

제15장

계약법률제도

제1절 **계약의 일반 법규**

 계약의 기본이론

1. 계약법의 적용

(1) 적용되는 경우

평등한 주체 사이에 민사 권리의무를 발생, 변경, 종료하는 협의

(2) 적용되지 않는 경우

1) 평등하지 않은 주체사이의 관계 : 정부에서는 공권력(국가권리)으로 행정관리를 진행하는 경우(예를 들어 행정장려계약 등)

> 주의 › 정부와 관련된 모든 것이 불평등한 것은 아니다. 정부구매계약, 국유토지 사용권 출양(出让)계약 등은 계약법의 영향을 받는다.

2) 신분관계 : 혼인, 입양, 후견 등 신분관계에 해당한 협의

2. 계약의 종류

법률에 따라 명칭과 규칙에 규정이 있는지 여부	유명계약과 무명계약
당사자가 서로 대가를 부담하는지 여부에 따라	편무계약(单务合同)(예 : 증여계약)과 쌍무계약
목적물의 교부를 성립요건으로 하는 여부에 따라	낙성계약 : 당사자의 의사표시가 일치되면 성립 실천계약 : 당사자의 의사표시가 일치하는 것 외에 반드시 실제 목적물을 교부하여야 성립되는 계약 (주의) 흔히 보는 실천계약 : 보관계약, 자연인 간의 차입계약, 보증금계약 등

> ❏ 실천계약(实践合同) = 요물계약(要物契約)
>
> 한국에서는 당사자의 의사표의 합치로 성립되는 낙성계약의 반대용어로 물건의 인도 기타 급부를 하여야만 성립하는 개념으로 요물계약(要物契約)이라는 용어를 사용한다. 하지만, 중국에서는 이에 대한 용어로 "실천계약(实践合同)"을 사용하므로, 본 교재에서는 그대로 "실천계약"이라는 용어로 표시하기로 한다.

Ⅱ 계약의 상대성 이론

1. 이론분석

계약은 특정 계약의 당사자간에 권리의무를 발생시키는 것으로, 당사자는 계약상 다른 일방의 당사자에게 의무이행을 청구하거나 소송을 제기할 수 있으며, 계약과 관련이 없는 제3자에게 계약상의 청구를 하지 못한다.

(1) 제3자를 위한 계약(涉他合同)

1) 제3자에게 이행하는 계약
2) 제3자가 이행하여야 하는 계약

결론 계약은 상대성을 구비하며 제3자에 대하여 이행하거나 제3자가 이행하는지에 상관없이 책임은 채무자와 채권자에게만 귀속된다.

(2) 제3자로 인하여 발생한 위약책임

당사자 일방이 제3자의 원인으로 위약을 조성한 경우, 상대방에게 위약책임을 부담하여야 하며, 당사자와 제3자의 분쟁은 법률규정 혹은 약정에 따라 해결한다.

2. 구체적 상황

적용	(1) 임대계약 : 임차인은 임대인의 동의를 얻어 임대물건을 제3자에게 전대할 수 있다. 임차인과 임대인의 임대계약은 계속하여 유효하며 제3자가 임대물에 대하여 손실을 조성한 경우, 임차인이 반드시 손실을 배상하여야 한다. (예) A와 B 사이에 임대계약이 있다고 가정하고, B는 임대물을 C에게 전대하였다. C에게 전대한 것은 임대인 A의 동의를 거쳤으며, C가 임대물을 사용할 때 임대물에 손해를 입힌 경우 누가 A에 대하여 책임을 부담하여야 하는가? 계약의 상대성을 고려하며 계약은 A와 B가 체결한 것이므로 B가 A에게 위약책임을 부담한다. (2) 도급계약(承攬合同) : 도급인은 주문인의 동의를 거쳐 그가 도급한 주요작업을 제3자에게 맡겨 완성할 수 있으며, 반드시 본 제3자가 완성한 작업성과에 대하여 책임진다.
예외	(1) 대위권 : 채권자는 계약관계 이외의 제3자에게 소송을 제출하여 권리를 주장할 수 있다. (2) 매매가 임대를 침해할 수 없는 규정 : 임대차계약의 임차인은 자신의 임대권으로 새로운 소유자에게 대항할 수 있다. (3) 연결운송계약 : 모 구역의 운송인과 총운송인은 공동으로 운송위탁인에 대하여 연대책임을 진다. (4) 건설공사계약 : 하도급업자와 도급업자는 공동으로 공정 발주자에게 연대책임을 부담한다. (예) 건설공사계약의 하도급 문제 : A는 공정을 B에게 맡겼으며, B는 그 중 일부분을 C에게(하도급업자)에게 하도급하였다. 책임부담은? B와 C는 함께 연대책임을 부담하며 계약의 상대성 적용을 받지 않는다.

단일선택 ○

갑회사와 을회사는 화물의 매매계약을 체결하였으며 매출인 갑이 화물을 병회사로 운송하기로 약정하였다. 병회사가 검수한 후에 을회사에서는 대금을 지급한다. 갑회사는 발송하기 전 병회사가 파산의 상황에 처할 것을 발견하였으며 적시에 배송하지 않았다. 계약법률제도의 규정에 근거하여 다음 중 옳은 것은?

A. 갑회사는 반드시 을회사에 위약책임을 부담하여야 한다.

B. 갑회사는 반드시 병회사에 위약책임을 부담하여야 한다.

C. 갑회사는 반드시 을회사, 병회사에 각각 위약책임을 부담하여야 한다.

D. 갑회사는 위약책임을 부담하지 않는다.

답 A

해설 채무자가 제3자에게 채무를 이행한다고 약정하였으며 채무자가 제3자에게 채무를 이행하지 않았거나 채무이행이 약정에 부합되지 않으면 채무자는 채권자에게 위약책임을 부담하여야 한다. 파산의 상황에 처할 것은 병회사이며 매수인인 을회사가 아니다. 갑회사는 불안항변권을 향유할 수 없으며, 그가 적시에 배송하지 않은 행위는 위약을 구성하여 을회사(매매계약의 상대인)에게 위약책임을 부담하여야 하며 병회사에게 위약책임을 부담하는 것이 아니다.

Ⅲ 계약체결의 절차

1. 청약

(1) 청약의 개념

1) 정의 : 타인과 계약을 체결할 것을 희망하는 의사표시

2) 요구사항 : 동시에 다음의 2가지 조건을 만족시키는 경우

　① 내용의 구체적 확정(계약의 주요조항을 포함한다. 예를 들어, 물건의 종류, 금액, 수량 등)

　② 청약을 받은자의 승낙을 거쳐 청약인은 본 의사표시의 구속을 받는다.

3) 청약요청과 청약

청약요청은 타인이 자신에게 청약의 의사표시를 할 것을 희망하는 것이며, 법률적인 구속력은 없다.

탁송한 가격표, 경매공고, 입찰공고, 주식모집 설명서 등	반드시 청약요청
상업광고	청약요청 혹은 청약
현상광고	반드시 청약

① 경매과정 : 경매공고(청약요청) → 구매요청(청약) → 낙찰(승낙)

② 입찰과정 : 입찰공고(청약요청) → 입찰응시(청약) → 입찰결정(승낙)

③ 상업광고

 사례 15-1

모 화장품 광고 :

4계절용 A제품은 일본의 선진 기술을 도입한 전문화장품으로 주름살을 없애고 눈밑의 주름을 제거하고 칙칙한 피부를 밝게 해줍니다. 주문 문의전화는6888-8888, 배송비는 무료.

이 광고의 경우 청약인가 청약요청인가?

답 청약요청

 사례 15-2

XX형 컴퓨터를 이번주 토요일에 판촉하며 가격은 2,999원입니다. 수시로 구매할 수 있으며 수량은 제한이 없습니다.

본 광고는 청약인지 아니면 청약요청인가?

답 이것은 청약에 해당하며 접수하면 즉시 구속을 받는 의사표시를 의미한다.

사례 15-3

XX형 컴퓨터를 이번주 토요일에 판촉하며 가격은 2,999원입니다. 수량이 제한되어 있으며 구매할 분들은 속히 구매하시기 바랍니다.

본 광고는 청약인지 아니면 청약요청에 속하는지?

답 이것은 청약요청이며 법률구속력이 없다.

(2) 청약의 효력발생

1) 시점 : 청약 받은자에게 "도달"할 때 효력이 발생한다.

주의1 도달의 의미 : 도달은 청약이 반드시 실제로 청약 받는자(혹은 그의 대리인)의 수중에 도달한다는 뜻이 아니며, 청약을 받는자의 통상적인 주소, 거주지 혹은 통제할 수 있는 곳(예 : 메일)에 송달되면 된다.

주의2 도달≠알았다 : 비록 청약 도달 전 청약을 받은 사람이 그의 내용을 알더라도 청약은 효력을 발생하지 않는다.

Q 사례 15-4

A는 1월 1일 우편방식으로 B에게 청약을 발송하였다. 우편은 1월 3일에 B에게 도달되었으나 업무가 바빠 읽지 못하였으며 1월 5일이 되어서야 읽을 수 있었다. 그러나 본 사항에 대하여 B는 작년 12월 28일에 소식을 들은 적이 있다. 청약의 효력발생 시간은 언제인가?

답 1월 3일

참조 도달≠보다≠알다

2) 전자형식문서의 도달

지정된 특정시스템으로 전자문서를 수령	본 특정시스템에 로그인하는 시간
지정되지 않은 특정시스템으로 전자문서를 접수	수신자의 임의의 시스템에 처음 로그인하는 시간

(3) 청약의 철회, 취소

1) 인정

청약의 철회	가능	청약을 철회하는 통지는 반드시 청약이 청약을 받는 자에게 도달하기 전 혹은 동시에 청약을 받는 자에게 도달하여야 한다.
청약의 취소	가능	청약의 취소 통지는 반드시 청약을 받는 자가 승낙통지를 보내기 전에 청약을 받은 자에게 도달하여야 한다.

2) 청약을 취소하지 못하는 경우

① 승낙기한을 확정한 경우

② 취소 불가를 명시한 경우

③ 청약을 받은 자가 청약을 취소할 수 없다고 인정하는 사유가 있고, 또 한 이미 계약의 이행을 위하여 준비작업을 개시한 경우

(4) 청약의 효력상실

1) 거절

2) 취소

3) 기한이 만료될 때까지 승낙하지 않은 경우

4) 실질적 변경(실질적으로 변경한 내용 자체를 새로운 청약으로 본다)

　보충　실질성 변경 : 계약의 목적물, 수량, 품질, 가격, 이행기한, 장소와 방식, 위약책임과 분쟁해결방식 등의 변경

갑회사는 7월 1일에 을회사에 청약을 발송하여 원재료를 매출하려고 한다. 을회 사에서 1개월 내에 회신할 것을 요구하였으며 본 청약은 7월 2일에 을회사에 도 달하였다. 당월 시장상황의 변화로 인하여 본 원재료의 시장가격이 대폭적으로 상승하였으며 갑회사는 청약을 취소하려 한다.

《회사법》의 규정에 따라 다음 갑회사의 청약취소 여부에 관한 서술 중 옳은 것은?

A. 승낙기한을 확정한 청약이므로 청약을 취소하지 못한다.

B. 본 청약을 취소할 수 있다. 취소통지는 을회사가 승낙통지를 발송하기 전에 을회사에 도착하면 된다.

C. 본 청약을 취소할 수 있다. 취소통지는 승낙기한이 만기되기 전에 을회사에 도착하면 된다.

D. 본 청약을 취소할 수 있다. 취소통지는 을회사가 승낙통지를 발송하기 전에 발송하면 된다.

　답　A

　해설　본 사례는 청약의 취소에 대한 것이며, 청약인이 승낙기한을 확정한 청약은 취소 할 수 없다.

2. 승낙

(1) 승낙기한

1) 개시시기
- 우편 : 우편상의 일자로부터 개시. 우편상 일자가 명확하지 않은 경우 우편이 발송된 인장이 찍힌 날부터 개시
- 전화, 팩스 : 청약을 받는자에게 도달한 때부터 개시

2) 승낙기한의 기간
- 대면 : 즉시(다른 약정이 있는 경우는 제외)
- 비대면방식 : 합리적 기한 내

(2) 승낙의 효력발생

승낙은 통지가 청약인에게 도달한 때부터 효력을 발생한다(일반적으로 이때에 계약이 성립된다).

(3) 승낙의 철회

승낙이 효력을 발생하기 전에 청약인에게 도달하여야 하며, 통지는 반드시 승낙통지가 청약인에게 도달하기 전 혹은 승낙통지와 동시에 청약인에게 도달하여야 한다.

(4) 늦은 승낙과 승낙의 늦은 도착

	일반적	예외적
늦은 승낙 : 승낙기한을 초과하여 발송	신규청약	다만, 청약인이 즉시 승낙이 유효함을 통지한 경우는 예외
승낙의 늦은 도착 : 승낙기한 내에 발송하였으나 기타 원인으로 인하여 늦게 도착	승낙유효	다만, 청약인이 즉시 거절의 의사표시를 한 경우는 예외

(5) 승낙의 내용

실질적 변경	신규청약으로 본다.
비실질성 변경	1) 청약인이 즉시 반대를 표시하거나 청약시 승낙할 때 청약의 내용에 대하여 아무런 변경을 하지 못한다는 것을 표명한 경우를 제외하고는, 본 승낙은 유효하다. 2) 계약의 내용은 승낙한 내용을 기준으로 한다.

다중선택

2015년 2월 1일 갑회사는 서신을 작성하여 을회사에서 A형 나사못 1,000건을 0.5원/건으로 구매하려 한다. 을회사에 10일 내에 회신할 것을 요구하였으나 서신에 명확한 일자를 기재하지 않았다. 서신을 발송한 후 우편도장의 날짜는 2015년 2월 2일이다. 2015년 2월 4일 을회사는 서신을 받았으며 당일 즉시 갑회사에 회신하여 갑회사의 요구대로 발송할 것을 동의하였다. 그러나 우체국의 갑작스런 이사로 본 서신은 2015년 2월 18일에 갑회사에 도착하였으며 갑회사는 본 서신을 받은 후 아무런 의사표시도 없었다.

계약법에 근거하여 다음 서술 중 옳은 것은?

A. 갑회사의 우편이 을회사에 도착한 후 을회사에서 승낙통지를 발송하기 전 갑회사는 본 청약을 취소할 권리가 있다.

B. 승낙기한은 2015년 2월 2일부터 계산한다.

C. 을회사의 회신은 승낙의 지연에 속하며 또한 갑회사가 아무런 표시도 없으므로 새로운 청약으로 간주한다.

D. 을회사의 회신은 승낙이 늦게 도달한 것에 속하며 또한 갑회사가 아무런 표시도 없으므로 유효한 승낙에 속한다.

답 B, D

해설 본 사례는 청약과 승낙에 관한 것이다. 규정에 따라 청약을 서신 혹은 전보로 작성한 경우 승낙기한은 서신에 기재한 일자 혹은 전보를 발송한 일자로부터 계산하며, 서신에 일자를 명기하지 않은 것은 본 서신을 부친 우편도장의 날짜로부터 시작하여 계산한다. 본 사례 중 서신에 명확한 일자를 기재하지 않았으므로 승낙기한은 2015년 2월 2일부터 시작하여 계산한다. 청약인이 제때에 청약 받은자에게 승낙기한이 지나 본 승낙을 접수하지 않는다고 통지하는 경우 이외에는 늦게 도착한 승낙은 유효한 승낙에 속한다.

3. 계약의 성립

(1) 계약의 성립시기

일반적인 경우		승낙이 효력 발생시
서면	계약서 형식	쌍방이 서명 혹은 날인할 때. 기명날인에 선후 순서가 있는 경우, 마지막 일방이 기명날인한 시점 (주의) 당사자가 계약에 지장을 찍는 경우, 서명 또는 날인과 동등한 법률효력이 있다.
	서신, 전자문서	쌍방의 약정이 성립되기전 확인서에 서명한 경우 확인서에 서명한 시점
실제이행원칙		1) 법률, 행정법규규정 또는 당사자가 서면형식을 채용하여 계약을 체결하기로 약정한 경우, 당사자가 서면형식을 채용하지 않았더라도 일방이 이미 주요 의무를 이행하였고, 상대방이 이를 받아들인 경우 본 계약은 성립된 것으로 본다. 2) 계약서 형식을 채용하여 계약을 체결하는 경우, 서명 혹은 날인 전에 당사자 일방이 이미 주요의무를 이행하였고, 상대방이 이를 받아들인 경우 본 계약은 성립된 것으로 본다. 　예) A, B는 서면형식을 채용하여 계약을 체결할 것을 약정하였으나, B회사는 아직 서면계약을 가지고 있지 않다. B회사는 구두상으로 발송을 약정하였으며 A회사는 검수하여 입고하였다. 이때 계약은 A가 B의 화물을 수령할 때 성립된다.

(2) 계약성립의 장소

일반적인 경우	승낙의 효력이 발생한 지점
전자문서	약정 → 수령인(청약인)의 주요 영업지 → 수령인의 경상적인 거주지
계약서형식	1) 쌍방이 서명 혹은 날인한 지점 2) 서명 날인에 전후가 있는 경우 마지막 일방이 서명, 날인한 지점 3) 약정한 체결지와 실제 체결지점가 부합되지 않는 경우 : 약정한 체결지점

단일선택 O

《계약법》의 규정에 따라 다음 각항 중 계약이 성립되지 않는 것은?

A. 갑이 을에게 격식조항의 계약서식을 발송하였으며 을은 계약서에 서명하지 않고 지장만 찍었다.

B. 갑, 을은 서면형식으로 계약체결할 것을 약정하였다. 그러나 서면계약을 체결하기 전 갑은 주요의무를 이행하였으며 을은 그 이행을 접수하였다.

C. 갑은 을에게 청약을 발송하였고 을은 승낙하였다. 본 승낙은 이행지점에 대하여 이의를 제출한 것 이외에 기타 내용은 모두 청약과 일치한다.

D. 을은 승낙을 발송하여 청약의 모든 조항에 대하여 모두 만족한다고 표시하였다. 그러나 청약에 사용한 날짜는 음력이며 자신이 익숙하지 않아 모든 일자를 양력으로 고쳤다.

답 C

해설 본 사례는 계약의 성립에 관한 것이며, 이행지점에 대한 변경은 실질성 변경에 속하고, 신규 청약으로 간주하며, 승낙이 아니다. 따라서 계약은 성립되지 않는다.

Ⅳ 계약체결 중의 기타 문제

1. 격식조항(格式条款)(표준약관)

(1) 설 명

격식조항은 표준조항("표준약관" 정도로 이해)이라고도 하며, 당사자가 중복사용으로 인하여 사전에 지정하고 계약체결시 상대상과 협의하지 않는 조항을 말한다. 계약법에서는 공평성을 기하고 약자를 보호하기 위하여 세 가지 측면에서 제한을 가하고 있다.

첫째, 격식조항을 제공하는 일방이 상대방에게 제시하고 설명하여야 하며, 상대방이 면책 또는 책임의 제한을 두는 것에 주의를 하도록 하여야 하고, 상대방의 요구에 따라 설명하여야 한다.

둘째, 격식조항을 제공하는 일방의 주요의무를 면제하거나 상대방의 주요권리를 배제하는 조항은 무효이다.

셋째, 격식조항의 이해에 분쟁이 있는 경우 통상적인 이해와 해석에 의한다. 격식조항에 두 가지 이상의 해석이 있는 경우 격식조항을 제공한 쪽에 불리한 해석을 한다.

중국 계약법에서 "격식조항(格式条款)"이라는 용어를 사용하고 있으므로 이를 그대로 사용하기로 한다.

(2) 격식조항의 무효

계약 무효	1) 일방이 사기, 협박의 수단으로 계약을 체결하며 국가 이익을 손해를 끼치는 경우 2) 악의로 결탁하여 국가, 집체 혹은 제3자 이익에 손해를 끼친 경우 3) 합법적인 형식으로 불법적인 목적을 취하는 경우 4) 사회의 공공이익에 손해를 끼치는 경우 5) 법률, 법규를 위반하는 강제적 규정	
조항 무효	면책조항 무효	1) 상대방에게 인신상해를 조성한 것 2) 고의 혹은 중대한 과실로 상대방의 재산에 손해를 끼치는 것
	격식조항을 제공한 일방이 그의 책임을 면제하고 상대방의 책임을 가중시키며 상대방의 주요 권리를 배제한 것	

주의 ▶ 조항의 무효가 계약의 무효를 의미하지는 않는다.

(3) 격식조항 해설

1) 격식조항의 이해에 대하여 분쟁이 있는 경우 "글자의 의미 및 통상적인 이해"에 따르며, 2개 이상의 해석이 있는 경우 "격식조항을 제공한 일방에게 불리하게" 해석한다.

2) 격식조항과 비격식조항이 불일치하는 경우 비격식조항을 채용한다.

단일선택

갑운송회사는 고객 을회사와 운송계약을 체결할 때 격식조항계약(표준약관) 한
부를 제공하였다. 본 격식계약에는 "운송방식은 창고 대 창고 운송"이라고 기재
하였으며 쌍방이 본 격식계약에 따라 체결한 후 이행중 분쟁이 발생하였다. 갑
회사는 창고 대 창고는 을회사의 창고에서 배송할 창고까지의 운송으로 이해하
였으며, 을회사는 창고 대 창고는 화물이 있는 창고에서 배송할 창고까지로 이
해하였다.

중국 《계약법》에 근거하여 다음 본 계약의 서술 중 옳은 것은?

A. 본 조항의 함의는 명확하지 않으며 계약은 성립되지 않는다.
B. 본 조항의 함의는 명확하지 않으며 계약은 무효하다.
C. 계약은 효력을 발생하며 을회사의 이해를 기준으로 한다.
D. 계약은 효력을 발생하며 갑회사의 이해를 기준으로 한다.

답 C

해설 본 문제는 격식조항의 효력에 대한 것이며, 격식조항에 대하여 2가지 이상의 해석
이 있는 경우 반드시 격식조항을 제공한 일방에게 불리한 해석을 한다.

2. 계약체결 과실책임

당사자가 계약 체결과정 중 고의 혹은 과실로 계약이 성립하지 못하거나 효력
미발생, 취소되거나 무효가 되어 타인에게 손실을 조성한 경우에는 손해배상책임을
부담하여야 한다.

시간		계약이 성립되기 전(체결중)
행위	상황	1) 허위로 계약을 체결하여 악의적으로 협상한 경우 2) 고의로 계약체결과 관련된 중요한 사실을 숨기거나 혹은 허위 상황을 제공한 경우 3) 당사자가 계약체결 과정에 알게 된 상업비밀을 누설하거나 부당하게 사용한 경우 4) 기타 신의성실원칙을 위반하는 행위
	성질	고의 혹은 과실
결과		계약이 미성립, 미효력발생, 취소 혹은 무효 + 손실조성
배상		신뢰이익 손실

❏ 계약체결 과실책임 VS 위약책임

	계약체결 과실책임	위약책임
단계	계약체결 중	효력발생 후
손실	손실이 있음	확정할 수 없음
배상	신뢰이익 손실	기대이익 손실

 계약의 효력발생

1. 일반적 상황 : 원칙상 성립될 때 효력 발생

❏ 주의 1 : 실천계약(요물계약, 实践合同)

1) 보증금 계약은 실제로 보증금을 지급하는 일자로부터 효력을 발생한다
2) 자연인 사이의 차입계약은 실천계약이며 대출인이 자금을 제공할때 효력을 발생한다.

❏ 주의 2

한 물건을 여러 번 판매한 경우 : 판매인은 동일한 표적물에 여러개의 매매계약을 체결하였고, 만약 계약이 모두《계약법》제52조에 규정한 무효 상황이 없으며 매수인이 계약의 약정에 따라 표적물의 소유권을 취득할 수 없는 경우, 판매자의 위약책임을 추궁할 것을 청구하면 인민법원은 이를 지지하여야 한다.

2. 조건부, 기한부로 효력이 발생하는 계약

조건달성시, 기한기 만료될 때 효력이 발생한다.

3. 반드시 등기, 비준받아야 하는지 여부

(1) 반드시 등기, 비준을 받아야 하나 계약의 효력발생 요건은 아닌 경우

법률, 법규 규정에 반드시 등기수속을 진행하여야 하나 등기후에 효력을 발생한다고 규정하지 않은 경우, 당사자가 등기수속을 진행하지 않은 것은 계약의 효력에 영향을 미치지 않는다.

부동산	당사자 간에 부동산 물권의 성립, 변경, 양도(转让)와 소멸에 해당하는 계약을 체결하는 경우, 법률에 별도로 규정이 있거나 계약에 별도로 약정이 있는 경우를 제외하고는 계약이 성립될 때부터 효력을 발생한다. 물권등기를 진행하지 않은 경우에도 계약의 효력에 영향을 미치지 않는다.
상품주택예매	상품주택예매(商品房预售)계약은 반드시 등기등록(登记备案)수속을 진행하여야 한다. 그러나 본 등기등록수속은 계약의 효력발생 요건이 아니다. 다만, 당사자간에 별도로 약정이 있는 경우는 제외한다.
주택임대	당사자가 주택임대계약을 법률, 행정법규 규정에 따라 등기등록(登记备案) 수속을 진행하지 않은 것을 이유로 계약이 무효임을 확인할 것을 청구하는 경우, 인민법원은 이를 지지해서는 아니된다.
자유수출입기술	등기는 다만 서류등록상 의의만 있으며, 계약은 법에 따라 성립될 때 효력이 발생한다. 등기를 계약의 효력발생 요건으로 하지 않는다.
지분담보	외국인투자기업 주주와 채권자가 체결한 지분담보계약이 질권등기를 하지 않은 경우, 지분담보계약의 효력에 영향을 미치지 않는다. 당사자가 단지 지분담보계약이 외국인투자기업의 심사비준기관의 비준을 받지 않은 것을 이유로 계약의 무효 혹은 효력이 발생하지 않았음을 주장하는 경우, 인민법원은 이를 지지해서는 아니된다.

(2) 등기, 비준을 거쳐 계약이 효력이 발생하는 경우

법률, 행정법규에 반드시 비준, 등기 등 소속을 하여야 효력을 발생한다고 규정한 경우 해당 규정에 따라 비준, 등기 등 수속을 진행한 후에 효력이 발생한다.

> **연결** 외국인투자기업계약 : 당사자가 외국인투자기업이 설립, 변경 등 과정에 체결한 계약은 법률, 행정법규의 규정에 따라 반드시 외국인투자기업 심사비준기관의 비준을 받은 후 비준일자로부터 효력을 발생한다. 비준을 받지 않은 것에 대하여 인민법원은 반드시 본 계약이 효력이 발생하지 않는다고 인정한다.

4. 허가가 필수요건인지 여부

(1) 허가가 필수인 경우

수출입하는 기술을 제한하기 위하여 허가증 관리를 실행한다. 기술수출입허가를 받은 것에 대하여 계약은 허가증 발급일자로부터 효력이 발생한다.

(2) 허가가 필수가 아닌 경우

인민법원에서는 단지 임대인이 행정허가를 받지 않은 것을 이유로 금융리스계약이 무효라고 인정하여서는 아니된다.

 계약 이행의 규칙

1. 약정이 명확하지 않은 경우의 확정 원칙

1) 협의하여 보충한다.

2) 보충협의를 달성하지 못한 경우 계약의 해당 조항 혹은 거래관습에 따라 확정한다.

3) 그래도 확정하지 못하는 것

품질요구	국가표준, 업종표준→일반표준 혹은 계약목적에 부합되는 특정표준
실행기간	1) 채무자는 수시로 이행할 수 있다. 2) 채권자도 수시로 이행할 것을 요구할 수 있다. 그러나 반드시 상대방에게 필요한 준비시간을 주어야 한다.
실행방식	계약의 목적 실현에 유리한 방식
가격, 보수	1) 일반 : 계약체결시 이행지의 시장가격 예) 5월 1일 북경의 A와 남경의 B가 상해에서 계약을 체결하였으며 10월 1일 성도에서 이행하기로 약속하였다. 약정이 불명확한 경우 가격은 어떻게 결정하는가? 답 협의→조항 혹은 거래관습→5월 1일 성도의 가격 2) 정부의 가격고정 혹은 지도가격으로 집행하며 규정에 따라 이행한다.
실행지점	화폐 | 화폐를 수령하는 일방의 소재지 부동산 | 부동산 소재지 기타 목적물 | 의무를 이행하는 일방의 소재지 【분석】동산지급 : 판매측 소재지
실행비용	의무를 이행하는 일방이 부담한다.

단일선택

갑, 을 두 회사의 주소지는 각각 북경과 해남도에 있다. 갑이 을의 해남산 바나나를 구입하며 3개월 후에 물량을 교부하기로 하였다. 그러나 계약에 실행지점과 가격에 모두 명확한 약정이 없다. 쌍방도 해당 내용에 대하여 보충협의를 달성하지 못하였으며 계약의 기타 조항 및 거래습관에 따라 확정할 수도 없다. 계약법률제도의 규정에 따라 다음 계약실행가격의 서술 중 옳은 것은?

A. 계약 체결시 해남도의 시장가격에 따라 실행
B. 계약 체결시 북경의 시장가격에 따라 실행
C. 계약 실행시 해남도의 시장가격에 따라 실행
D. 계약 실행시 북경의 시장가격에 따라 실행

답 A

해설 본 사례는 계약의 실행에 관한 것이며, 바나나 교부에 대하여 의무를 실행하는 일방은 매출인인 을이다. 따라서 이행지점은 해남도이다. 따라서 가격은 계약 체결시 해남도의 시장가격에 따라 실행한다.

2. 특수한 이행

(1) 이행 중지

채권자 분할, 합병 혹은 주소변경을 채무자에게 통지하지 않아 채무실행에 곤란이 있는 경우, 채무자는 이행을 중지하거나 표적물을 공탁할 수 있다.

(2) 사전이행 혹은 부분이행

	사전이행 혹은 부분이행
거절	거절할 수 있으며 채권자 이익을 침해하지 않는 것은 제외 (참조) 차입자가 사전에 차입금을 상환하는 것은 별도로 약정이 있는 경우를 제외하고는 반드시 실제 가불기간으로 이자를 계산하여야 한다.
수락	수락할 수 있음. 그러나, 채권자에게 증가된 비용은 채무자가 부담한다.

3. 항변권

> **연결** 채권자가 유치(留置)한 동산은 반드시 채권과 동일한 법률관계에 속하
> 여야 한다. 그러나 기업 사이에 유치한 것은 제외한다.

동시 이행 항변권	약속을 지킨 일방이 제기	당사자가 서로 채무를 부담하며 선후 이행순서가 없는 경우 당 연히 동시에 이행하여야 한다. 일방은 상대방이 이행하기 전에 그의 실행요구를 거절할 권리가 있다.	
선이행 항변권	후에 이행하는 일방이 제기	당사자가 서로 채무를 부담하며 선후 이행순서가 있는 경우, 먼저 이행하는 일방이 실행하지 않았거나 채무이행이 약정에 부합되지 않는 경우, 후에 이행하는 일방은 그의 실행요구를 거절할 권리가 있다.	

불안
항변권
	먼저 이행하는
	일방이 제기
		의무	1) 다음 중 하나에 해당됨을 증명할 수 있는 증거가 있
			   는 경우 주장 가능
			   ① 경영상황이 중대하게 악화
			   ② 재산이전 또는 자금을 빼돌려 채무를 도피
			   ③ 상업신용을 상실
			   ④ 약정 실행 능력을 상실 혹은 가능하게 상실하는
			     기타상황
			2) 즉시 상대방에게 통지한다.

		권리	1) 첫째 단계 : 이행 중지
			2) 둘째 단계
			   ① 이행능력을 회복하거나 담보제공 : 이행 계속 진행
			   ② 회복하지 않았으며 담보도 제공하지 않는 경우,
			     먼저 이행한 일방은 계약을 해제할 수 있다.

단일선택

갑, 을 쌍방은 석탄매매계약을 체결하였다. 갑이 을의 석탄 1,000톤을 구매하고 4월 1일 을에게 전부의 대금을 지급하면 을은 대금을 받은 한 달 후에 석탄을 발송하기로 약정하였다. 3월 31일 갑은 조사를 거쳐 을의 석탄 경영허가증이 4월 15일에 기한이 만기가 되며 현재 석탄의 재고는 700톤밖에 없는 것을 발견하였다. 또한 재고를 다른 곳으로 발송하고 있어 갑은 잠시 을에게 대금을 지급하지 않기로 결정하였고, 동시에 4월 1일에 잠시 대금을 지급하지 않는다는 결정 및 이유를 을에게 통지하였다.

계약법률제도의 규정에 따라 다음 중 옳은 것은?

A. 갑은 을의 실행기한이 만기되기 전 을의 장래 계약위반 여부를 확인할 수 없기 때문에 잠시 대금을 지급하지 않을 권리가 없다.

B. 갑은 잠시 대금을 지급하지 않을 권리가 없다. 이유는 갑이 만약 을이 계약의 의무를 실행할 수 없다고 의심되면 을에게 담보를 제공할 것을 통지하고, 을이 담보를 제공하지 못하는 상황하에서만 갑은 을의 의무이행을 중지할 수 있기 때문이다.

C. 갑은 선이행항변권(先履行抗辯权)을 향유하기 때문에 잠시 대금을 지급하지 않을 권리가 있다.

D. 갑은 불안항변권을 향유하므로 잠시 대금을 지급하지 않을 권리가 있다.

답 D

해설 본 사례는 불안항변권에 관한 것이며, 먼저 채무를 실행하는 당사자가 상대방이 다음 중 한 가지가 있다는 확실한 증거가 있으면 실행을 중지할 수 있다. 경영상황이 중대하게 악화, 재산이전, 자금도피 채무도피, 상업신용상실 등 채무실행 능력을 상실하였거나 상실할 가능성이 있는 기타 상황이다. 을의 석탄 경영허가증이 4월 15일에 만기되며 채무실행 능력을 상실할 수 있다. 따라서 갑은 불안항변권을 행사할 수 있다.

Ⅶ 계약의 보전

1. 대위권(代位权)

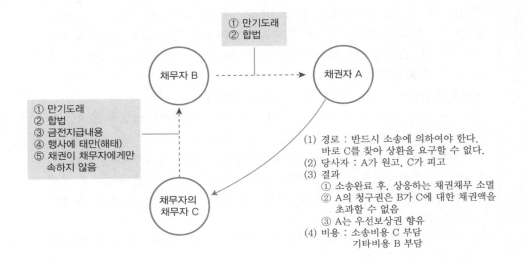

(1) 전제조건

1) 채권이 합법적이어야 한다.

2) 채권이 만기도래하였어야 한다.

3) 채권에 금전 지급내용이 있어야 한다.

4) 채무자가 실행에 태만(소송 혹은 중재 방식을 사용하지 않음)하다.

5) 채권자의 채권에 손해가 있다.

6) 채무자의 채권이 자신에게만 속하지 않는다.

> 주의 채무자 자신에게만 속하는 경우
> ① 가정 신분 관계에 기초 : 부양, 양육, 봉양, 상속관계
> ② 노동보수
> ③ 사회 신분 관계에 기초 : 퇴직금, 양로금, 위로금, 안치비
> ④ 생명보험, 인신상해배상청구권

744

□ 연결

회사 채권자가 출자의무를 실행하지 않거나 혹은 전면적으로 실행하지 않은 주
주에게 출자하지 않은 본금과 이자 범위 내에서 회사채무를 상환할 수 없는 부분
에 대하여 보충 상환책임을 부담할 것을 청구하는 경우, 인민법원은 이를 지지하
여야 한다.

(2) 효 력

경로	대위권 소송 : 중재가 아니며, 직접 채무자의 채무자를 찾는 것도 아니다.	
당사자	채권자가 원고 채무자의 채무자가 피고 채무자는 제3자	
관할	피고 주소지(채무자의 채무자 소재지) 인민법원 관할	
소멸시효	채권자가 대위권소송을 제기하면 채권자의 채권과 채무자의 채권이 모두 소멸 시효가 중단되는 효력이 발생된다.	
효력	채무자에 대하여	해당 채권채무관계 소멸
	채권자에 대하여	1) 우선적으로 배상받을 권리 2) 채권자가 대위권을 행사하는 경우 채무자의 권리범위를 초과하 지 못한다. 3) 채권자가 승소한 경우 소송비용은 채무자의 채무자가 부담하며 실현한 채권 중에서 우선적으로 지급한다. 기타 필요한 비용은 채무자가 부담한다.
		채무자의 채무자가 채무자에 대한 항변은 채권자에게 주장할 수 있다. 예) A는 B은행에게 100만원의 채무가 있고, 동시에 A는 C의 기한이 완료된 합법적인 채권의 실행을 집행하지 않고 있다. B은행에서는 대위소송을 제기하였으며 C회사는 A회사가 교부한 화물의 품질에 문제가 있는 것을 이유로 지급하지 않거나 적게 지급할 것을 요구할 수 있다.

다중선택 ●

을기업에서는 갑기업의 대금 20만원의 채무가 있으며, 기한이 완료되어도 상환하지 않았다. 병이 을에게 있는 채무 20만원도 기한이 완료되었으며 을은 병에게 독촉하는 통지서를 이미 발송하였다. 을과 병 사이의 물량공급계약에는 만약 계약이행에 분쟁이 발생하면 을지역의 법원에 소송을 제기하기로 약정하였다. 다음 중 옳은 것은?

A. 갑은 병에 대하여 채권을 향유하지 않기 때문에 병에게 소송을 제기하지 못한다.

B. 을은 병에게 독촉통지서를 발송하였으므로 갑은 대위권을 행사하지 못한다.

C. 갑은 을을 피고로 병을 제3자로 대위권 소송을 제출하여야 한다.

D. 갑은 병지역의 법원에서 병에게 소송을 제기할 수 있다.

답 D

해설 본 사례는 대위권의 행사에 관한 것이며, 채무자가 집행에 태만한 경우 소송 혹은 중재방식으로 채무자의 채무자에게 주장한 상황이 없어야 한다. 따라서 B는 옳지 않다. 대위권의 행사는 채무자의 채무자를 피고로 채무자를 제3자로 한다. AC는 옳지 않다. 관할법원은 채무자의 채무자 주소지 법원이며, D는 옳다.

2. 취소권

취소권은 채무자이 재산을 감소하는 행위를 실행하여 채권자의 채권실현에 어려움이 있을 때 채권자가 자신의 채권을 보장하기 위하여 인민법원에 청구하여 채무자의 처분행위(재산처분 행위)를 취소할 것을 청구하는 권리를 가리킨다.

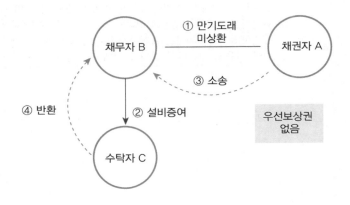

(1) 취소가능행위

1) 기한만료, 기한 미도래 채권포기, 채권담보포기, 악의적으로 채권의 이행기를 연장

2) 무상으로 재산양도

3) 가치가 낮은 것을 고가에 구매, 가치가 높은 것을 저가에 매도 : 현저히 낮은 불합리한 가격으로 재산을 양도하거나 현저히 불합리한 높은 가격에 재산을 매입하여 채권자에게 손해를 조성하고 또한 양수인이 이를 알고 있는 경우(전제는 상대방이 악의)

> **참조** 현저히 불합리한 저가 : 양도가격이 거래지역 시장가격의 70%에 미달

> **참조** 현저히 불합리한 고가 : 양수가격이 거래지역의 시장가격보다 30% 이상 높은 경우

❏ **결론**

1) 무상행위(채권포기, 무상으로 재산양도) : 제3자가 악의/선의에 상관없이 모두 취소할 수 있다.

2) 유상행위(가치가 낮은 것을 고가에 구매, 가치가 높은 것을 저가에 매도) : 제3자가 악의일 때만 취소할 수 있다.

Q 사례 15-5

을은 갑에게 10만원의 채무가 있으며 기한이 되어도 상환하지 않았다. 을의 재산은 15만원 가량의 차량 한 대뿐이다. 을은 이를 병에게 증여하였으며 병은 갑의 채무에 대하여 알지 못한다. 이 경우 갑이 취소권을 행사할 수 있는지 법률고문에게 문의하였다.

답 할 수 있다.

 사례 15-6

을은 갑에게 10만원의 채무가 있으며 기한이 되어도 상환하지 않았다. 을의 재산은 15만원 가량의 차량 한 대뿐이다. 을은 3만원에 병에게 팔았으며 병은 갑의 채무에 대하여 알지 못한다. 이 경우 갑이 취소권을 행사할 수 있는지 법률고문에게 문의하였다.

답 할 수 없다.

 사례 15-7

을은 갑에게 10만원의 채무가 있으며 기한이 되어도 상환하지 않았다. 을은 은행예금 10여만원이 있다. 을은 병에게 차량을 증여하였으며 병은 그의 채무에 대하여 알지 못한다. 이 경우 갑이 취소권을 행사할 수 있는지 변호사사무실에 문의하였다.

답 할 수 없다.

---

(2) 행사

당사자	채권자가 원고, 채무자가 피고, 수익인 혹은 양수인은 소송의 제3자	
효력	처리	수익인에게 이익을 반환할 것을 요구할 수 있으며, 우선 상환받을 권리는 없다.
	비용	채무자가 부담하며, 제3자가 과실이 있는 경우 적절히 분담한다.
	범위	행사 범위는 채권자의 채권을 한도로 한다.
관할	피고(채무자)의 주소지 인민법원에서 관할한다.	
기한	채권자가 취소사유를 알았거나 알 수 있었던 날로부터 1년 내에 행사하여야 하며, 채무자의 행위 발생일자로부터 5년 내에 취소권을 행사하지 않으면 본 취소권은 소멸된다(제척기간).	

❑ (참조) 각종 취소권의 비교

	계약보전의 취소권	취소가능한 계약의 취소권	무권대리의 취소권
당사자	3자관계 : 채권자가 채무자와 제3자의 계약을 취소	쌍방관계 : 취소권자 자신의 계약을 취소	3자관계 : 선의의 상대방이 무권대리인과의 계약을 취소
연한	안날로부터 1년이며 또한 행위 발생일로부터 5년	안날로부터 1년	피대리인이 추인하기 전

❑ 대위권 VS 취소권

	대위권	취소권
행사방식	소송	소송
적용	소극적행위	적극적행위
피고	채무자의 채무자	채무자
금전상 채무가 있는지	○	○/×
채무자의 채무자 채권이 기한이 도래하였는지	○	○/×
채권자의 우선상환권 여부	○	×
비용	소송비 : 채무자의 채무자 기타 : 채무자	채무자, 제3자가 과실이 있는 경우에는 분담

다중선택 ●

갑은 을에게 5,000원의 채무가 있으며 을이 여러 번 독촉하였으나 갑은 상환하지 않았다. 후에 을은 갑에게 반드시 1개월 내에 상환하여야 하며 그렇지 않으면 갑에게 소송을 제기하겠다고 통지하였다. 후에 갑은 가지고 있는 유일한 새 컴퓨터를 200만원의 가격에 이러한 사정을 알고 있는 병에게 팔았으며, 을은 이를 발견하게 되었다.

계약법률제도의 규정에 따라 다음 중 옳은 것은?

A. 을은 서면으로 갑, 병에게 본 매매계약을 취소할 것을 통지할 수 있다.

B. 만약 을이 발견한 일자가 2008년 5월 1일이고 계속 취소권을 행사하지 않았다면, 2009년 5월 2일부터 을은 취소권을 향유하지 못한다.

C. 취소권을 행사하는 것은 병의 소재지 법원에서 관할한다.
D. 만약 을의 취소권이 성립되면 을이 지출한 법률대리비, 출장비는 갑, 병이 부담한다.

답 B, D

해설 본 사례는 취소권에 대한 것이며, 채무자가 재산감소행위를 하여 채권자의 채권 실현을 위협하는 경우 채권자는 자신의 채권을 보장하기 위하여 인민법원에 채무자의 처분행위(재산처분)를 취소할 것을 청구할 수 있다. 따라서 A서술은 옳지 않다. 취소권은 채권자가 취소의 사유를 알았거나 알 수 있었던 일자로부터 1년 내에 행사하여야 한다. 따라서 B는 옳다. 취소권 소송은 피고인 주소지 인민법원에서 관할하고, 이는 을의 소재지이며, 병의 소재지가 아니다. 따라서 C서술은 옳지 않다. 채권자가 취소권을 행사할 때 지급한 변호사대리비, 출장비 등 필요한 비용은 채무자가 부담하며, 제3자가 착오가 있는 경우 적정히 부담한다. 따라서 D는 옳다.

 계약담보의 기본 이론

1. 담보방식

(1) 형식: 보증, 저당권, 질권, 유치권과 딩진(定金)

저당권, 질권과 유치권은 물권담보이며, 보증은 인적담보이며 딩진은 금전적인 담보이다.

□ 딩진(DingJin, 定金)

중국의 계약에는 딩진이란 것이 있다. 쉽게 말하면 계약의 성사를 위하여 계약의 일방이 다른 일방에게 제공하는 일종의 보증금과 같은 성격의 것인데, 보증금과는 또 다른 차이점이 있어서 보증금 또는 계약금 등으로 번역하기가 다소 부담스럽다. 따라서 발음 그대로 일단 "딩진"으로 표시하기로 한다. 그리고 중국에서 계약에 익숙해지려면 이 딩진이라는 단어는 꼭 알아두는 것이 좋다.

또한, 같은 발음으로 订金이라는 것도 있는데 이는 예약금 정도로 이해하면 좋을 것이다. 그러나 반드시 딩진과는 구별하여야 한다. 왜냐하면 법률효과가 크게 다르기 때문이다. 계약서에 같은 발음이라도 订金이라고 표시된 것과 定金이라고 표시된 것이 크게 다르므로 주의하여야 한다.

❑ 딩진(定金)과 보증금(保証金)의 차이

1. 보증금은 계약당사자 일방 또는 쌍방이 계약의 이행을 보증하기 위한 것으로, 상대방 또는 제3자에게 공탁하는 것을 말한다.
2. 실제 경제생활 중에 보증금은 크게 두 종류가 있다. 첫째는 계약당사자가 채권의 실현을 목적으로 상대방에게 보증금을 요구하는 것이고, 둘째는 쌍방이 계약성립시점에 각자의 의무이행을 보증하기 위해 제3자(통상적으로 공증기관)에게 보증금을 공탁하는 형식이다.
3. 보증금도 딩진과 마찬가지로 계약의 실현을 담보하는 효과가 있다. 다만 2배로 반환해야 하는 기능은 없다. 또한 당사자가 스스로 딩진의 기능을 약정할 수도 있다.
4. 보증금은 공탁 또는 교부시 시간 및 금액에 제한이 없다. 당사자 쌍방이 스스로 계약이행 전 또는 계약이행 과정 중에 약정할 수 있다. 보증금의 액수는 채무와 같을 수도 있으며, 딩진은 총 계약액의 20%를 초과할 수 없고 반드시 계약약정시 또는 계약체결 전에 지급하여야 한다.

❑ 딩진(定金)과 선급금(预付款)의 차이

1. 선급금은 제품 또는 노무의 수령자가 계약이행의 성의 또는 상대방의 계약이행을 위해 제공하는 자금이며, 상대방이 계약을 이행하기 전에 부분의 대금 또는 노무의 대가를 지급하는 것이다. 订金, 预付金, 诚实信用金 등은 모두 선급금의 다른 명칭이다.
2. 선급급의 목적은 계약이행의 성의 또는 계약이행자금의 일부분이다. 따라서 선급금은 실제로 계약상 지급해야 할 금액의 일부분이며, 딩진은 그렇지 않다.
3. 딩진의 지급시기는 계약이 정식으로 성립한 때이며, 또한 성립 후에도 가능하다. 선급금은 일반적으로 계약이 정식으로 성립한 후에야 요구할 수 있다.
4. 딩진은 계약이행을 담보하는 기능이 있고, 매매계약의 성립 전에 일반적으로 당사자 쌍방이 적시에 계약체결을 하도록 구속하는 기능이 있다. 계약성립 후 딩진의 주요 목적은 당사자 쌍방이 계약의 이행단계로 진입하도록 촉진한다. 단, 선급급은 계약이 무효 혹은 위약사항이 발생한 경우 해당금액만을 반환하면 되고 징벌적 성격을 띄지 않는다.
5. 만약 지급의 목적이 불분명하거나 법률적으로 딩진을 지급할 수 없는 계약인 경우, 해당금액은 선급금으로 추정한다.

(2) 반담보(反担保)

채무자 혹은 제3자가 담보인에게 담보를 제공하는 것을 말한다.

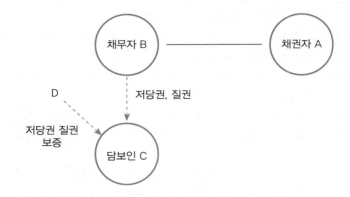

반담보인	반담보방식
채무자	저당 혹은 입질(질권)
채무자 이외의 제3자	보증, 저당 혹은 입질(질권)

주의 > 반담보방식은 유치(留置)와 딩진(定金)을 포함하지 않는다.

2. 담보계약의 무효

(1) 담보계약의 무효상황

주체	국가기관과 공공이익을 목적으로 한 사업단위, 사회단체가 법률규정을 위반하여 담보를 제공하는 경우
재산	법률, 법규에 유통을 금지한 재산 혹은 양도할 수 없는 재산으로 담보를 설정하는 경우

(2) 담보계약이 무효가 아닌 경우

1) 주계약을 해제한 후 담보인이 채무자에 대하여 민사책임을 부담하며, 또한 담보책임을 부담하여야 한다. 다만 담보계약에 별도로 약정이 있는 경우는 제외한다(주계약 해제시 담보계약은 유효).

2) 법인 혹은 기타 조직의 법인대표, 책임자가 월권하여 체결한 담보계약은 오직 상대자가 그가 월권한 것을 알았거나 알 수 있었던 경우 이외에 본 대표행위는 유효하다(월권대표시 담보계약 유효).

(3) 담보계약 무효시 법률책임

주계약	담보계약	채권자	담보인	책임부담
유효	무효	무과실		담보인과 채무자가 연대배상책임을 진다.
		유과실		담보인이 부담하는 것은 채무자가 상환할 수 없는 부분의 1/2를 초과하지 않는다.
무효	무효		유과실	담보인이 부담하는 것은 채무자가 상환할 수 없는 부분의 1/3를 초과하지 않는다.
			무과실	담보인은 책임을 부담하지 않는다.

보증의 의미 및 방식

1. 보증과 보증계약

(1) 보증

제3자가 채무자의 채무이행을 위하여 담보하며, 보증인과 채권자가 약정하여 채무자가 채무를 이행하지 않을 때 보증인이 약정에 따라 채무를 이행하는 행위이다.

(2) 보증계약

성질	편무계약, 무상계약, 낙성계약, 요식계약
형식	1) 별도의 서면 보증계약 2) 주계약에 보증 조항이 있는 경우 보증인이 서명 혹은 날인 3) 주계약에 보증 조항이 없는 경우 제3자가 주계약에 보증인의 신분으로 서명 혹은 날인 4) 제3자가 일방적으로 채권자에게 서면 형식으로 보증서를 제출하고, 채권자가 수락 후 의의를 제기하지 않는 경우

□ (보충) 민간의 대차계약 중 보증조항 인정

당사자가 차용증, 영수증, 차용증서 등 채권증빙서류 혹은 차입계약에 서명 혹은 날인하였으나 그의 보증인 신분 혹은 보증책임을 명확히 하지 않았거나 기타 사실을 통하여 그가 보증인이라는 것을 추정받지 못하는 경우, 대출자가 그에게 보증책임을 부담할 것을 청구하는 경우, 인민법원은 이를 지지하여서는 아니된다.

단일선택 ●

A회사는 건설은행에서 100만원을 차입하였으며, B회사에서 그를 위하여 담보를 제공하려 한다. 담보법률제도의 규정에 따라 다음 중 보증이 성립되지 않는 것은?

A. B회사가 일방적으로 서면형식의 담보서류를 건설은행에 제출하였고 건설은행에서 이를 접수하였으며 의의를 제출하지 않았다.

B. B회사는 A회사와 건설은행이 체결한 보증조항이 규정된 차입계약에 보증인의 신분으로 서명, 날인하였다.

C. B회사와 A회사, 건설은행은 담보를 제공할 것을 구두상으로 약정하였으며 또한 보증기한이 1년이라고 확정하였다. 보증방식은 연대책임보증이다.

D. B회사는 A회사와 건설은행이 체결한 보증조항이 없는 차입계약에 보증인의 신분으로 서명, 날인하였다.

답 C

해설 A는 제3자가 일방적으로 채권자에게 서면담보서를 제출한 것에 속하며 채권자가 접수하였고, 또한 의의를 제출하지 않으면 보증은 성립된다. 주계약에 담보조항이 있으며, 보증인이 보증인의 신분으로 서명, 날인하면 보증은 성립된다. 보증계약은 반드시 서면형식을 채용하여야 하며 C의 보증은 성립되지 않는다. 주계약에 보증조항이 없으며 제3자가 주계약에 보증인의 신분으로 서명(사인) 혹은 날인하면 보증은 성립된다. D의 보증은 성립된다.

2. 보증인

(1) 국가기관

1) 일반적인 경우 : 보증인이 될 수 없다.

2) 예외 : 국무원이 비준하여 외국정부 또는 국제경제기구의 대여금을 사용하여 전대하는 상황

(2) 사업단위, 사회단체

1) 학교, 유아원, 병원 등의 공익목적의 단체 : 보증인이 될 수 없다.

2) 사업으로 경영활동을 하는 경우는 예외

(3) 기업법인의 직능부문 : 보증인이 될 수 없다.

(4) 기업법인의 지점

1) 서면으로 수권받은 경우 : 보증인이 될 수 있다.

2) 수권받지 못하거나 수권받은 범위를 초과하는 경우 : 보증인이 될 수 없다.

> **주의** 보증인은 반드시 채무의 대리상환 능력이 있어야 한다. 그러나 완전대리상환 능력을 구비하지 않은 주체라도 보증인의 신분으로 보증계약을 체결한 후에는 보증책임을 부담하여야 한다.

3. 보증방식

(1) 일반보증과 연대책임보증

	일반보증(선후가 있다)	연대책임보증(선후가 없다)
정의	보증인과 채권자가 약정하여 채무자가 채무를 이행하지 "못할 때" 보증인이 보증책임을 부담한다.	보증인과 채권자가 약정하여 보증인과 채무자는 채무에 대하여 연대책임을 부담한다.
선소송항변권 (先诉抗辩权)	1) 주계약이 심판 혹은 중재를 진행하고 재산에 대하여 강제집행하기 전, 보증인은 보증책임을 부담할 것을 거절할 수 있다. 2) 일반보증은 선소송항변권이 있다.	연대책임보증은 선소송항변권이 없다.
참조	보증방식에 대하여 약정하지 않았거나 약정이 불명확한 경우 연대책임으로 보증을 부담한다.	

> ❑ **"이행할 수 없을 때"와 "이행하지 않을 때"의 차이점**
> - 보증 : 채무자가 채무를 "이행하지 않을 때" 보증인이 채무를 이행한다.
> - 일반보증 : 채무자가 채무를 "이행할 수 없을 때" 보증인이 채무를 이행한다.

(2) 선소송항변권(先诉抗辩权)을 행사할 수 없는 경우

1) 채무자의 주소가 변경되어 채권자가 채무자로 하여금 채무를 이행하게 하는 데 중대한 곤란이 있는 경우(행방불명 또는 외국 이민+ 집행할 재산이 없는 경우)

2) 인민법원에서 채무자의 파산안건을 수리하여 집행절차를 중지한 경우

3) 보증인이 서면형식으로 선소송항변권을 포기한 경우

(3) 공동보증(共同保证)

□ 참조
(1) 연대공동보증(连带共同保证) : 보증인간의 연대
(2) 연대책임보증(连带责任保证) : 채무자와 보증인간의 연대

1) 분할공동보증(按份共同保证)

보증인과 채권자가 약정으로 보증의무를 분할하여 분담한다.

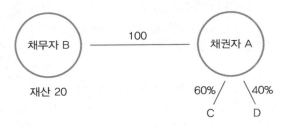

일반보증　　　: (1) B 20, (2) C 80×60%, D 80×40%
연대책임보증 : A → C 100×60%, A → D 100×40%

2) 연대공동보증(连带共同保证)

보증인과 채권자간에 보증의무을 분할하여 분담하는 약정이 없으며, 각 보증인은 모두 주채무에 대한 의무를 부담한다.

3) 보증인이 채무를 상환한 후 구상권(追偿权)의 행사

분할공동보증	오직 채무자에게만 구상권을 행사할 수 있다.
연대공동보증	연대공동보증의 보증인이 보증책임을 부담한 후 채무자에게 구상권을 행사하지 못하는 부분은 각 연대보증인이 내부에서 약정한 비례에 따라 분담한다. 약정이 없는 경우 평균적으로 분담한다(순서가 있음).

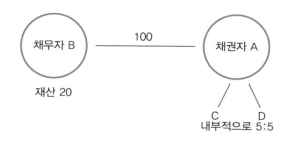

일반보증 : (1) B 20, (2) C 또는 D 80
(만약 C가 부담했다면 C는 D에 40 청구)
연대책임보증 : (1) A → B or C or D
(C가 부담했다면, 먼저 B에 20부담시키고
D에 40 청구 가능)

(4) 공동담보(인적담보+물적담보)

□ 공동보증과 공동담보
공동보증은 "인적담보와 인적담보"가 병존한다.
공동담보는 "인적담보와 물적담보"가 병존한다.

약정이 있는 경우 약정에 따르고, 약정이 분명하지 않은 경우 다음에 따른다.
    1) 담보물을 주채무자가 제공한 경우 : 담보물로 먼저 채무를 상환하고 모자라는 부분을 보증으로 한다.
    2) 담보물을 제3자가 제공한 경우 : 채권자는 보증인에게 채무상환을 요구할 수 있으며 또는 담보물로 채권보전을 요구할 수 있다.

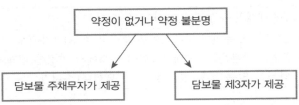

약정이 없거나 약정 불분명

담보물 주채무자가 제공
1. 먼저 주채무자의 담보물 실행
2. 부족한 부분 보증으로 실행

담보물 제3자가 제공
1. 보증인의 보증책임을 먼저 물을 수도 있고 담보물 실행을 먼저 할 수도 있다.
2. 담보물제공 제3자는 실행후 채무자에게 구상권 행사 가능

❑ (정리) 담보의 병존시 처리

1. 인적담보 + 물적담보
   (1) 물적담보를 주채무자가 제공한 경우 : 물적담보를 먼저 집행하고, 인적담보를 나중에 집행한다.
   (2) 물적담보를 제3자가 제공한 경우 : 물적담보나 인적담보 중 무엇이든 먼저 집행할 수 있다. 다만, 채무자에게만 구상권을 행사할 수 있다.
2. 인적담보 + 인적담보
   (1) 분할공동담보 : 약정한 각 금액에 대하여 집행하며, 채무자에게만 구상권을 행사할 수 있다.
   (2) 연대공동담보 : 집행에 선후가 없으며, 구상권은 먼저 채무자에게 행사하고 후에 보증인에게 행사할 수 있다.
3. 물적담보 + 물적담보
   (1) 주채무자의 담보제공을 포기 : 기타의 사람은 상응한 부분은 면책된다.
   (2) 제3자의 담보제공을 포기 : 기타의 사람에 영향이 없다.

단일선택 ○

J는 L에게서 10만원을 차입하였으며 동시에 차입계약을 체결하였다. Z는 일방적으로 L에게 서명한 보증서를 제출하였으며 그중 "만약 J가 기한이 완료된 차입금 본금 이자를 상환하지 않으면 Z가 대신하여 채무를 이행할 것"임을 명기하였다. 차입금이 기한이 완료된 후 J는 차입금 본금이자를 청산하지 않았으며 조사를 거쳐 Z는 대리 상환능력을 구비하지 않았음을 알게 되었다. 담보법률제도의 규정에 따라 다음 담보계약의 효력 및 Z가 보증책임에 대한 서술 중 옳은 것은?

A. Z는 자신이 대리 상환능력을 구비하지 않은 것을 이유로 보증계약의 무효를 주장할 수 있다.

B. Z는 자신이 L과 보증계약을 체결하지 않은 것을 이유로 보증계약이 성립되지 않는다고 주장할 수 있다.

C. Z는 반드시 L에게 일반보증책임을 부담하여야 된다.

D. Z는 반드시 L에게 연대보증책임을 부담하여야 된다.

답 D

해설 완전 대리상환능력을 구비하지 않은 법인, 기타 조직 혹은 자연인은 보증인의 신분으로 보증계약을 체결한 후 또한 자신이 대리상환능력이 없는 것을 이유로 보증책임을 면제할 것을 요구하면 인민법원은 이를 지지하지 않는다. A의 서술은 옳지 않다. 제3자가 일방적으로 채권자에게 서면형식의 담보서를 제출하고 채권자가 이를 접수하고 의의를 제출하지 않으면 담보계약은 성립된다. B의 서술은 옳지 않다. 당사자가 보증방식에 대하여 약정하지 않았거나 약정이 불명확한 것은 연대책임보증으로 보증책임을 부담한다. 따라서 C는 옳지 않다.

단일선택

갑회사는 은행에서 100만원을 차입하였으며 자신의 공장으로 저당권 담보를 설정하였다. 을회사는 자신의 모든 기계설비로 질권을 설정하였으며 J는 연대책임보증을 제공하였다. 차입금이 기한이 완료된 후 갑회사는 은행에 채무를 청산할 능력이 없고 담보권을 실현하는 순서에는 약정이 없다.

담보 관련 법률제도의 규정에 따라 은행에서 담보권을 실시하는 순서는?

A. 먼저 공장에 대하여 저당권을 행사하며 후에 기계설비에 대하여 질권을 행사하고 마지막에 J에게 보증책임을 부담할 것을 요구한다.

B. 먼저 기계설비에 대하여 질권을 행사하며 후에 공장에 대하여 저당권을 행사하고 마지막에 J에게 보증책임을 부담할 것을 요구한다.

C. 먼저 공장에 대하여 저당권을 행사하며 후에 기계설비에 대하여 질권을 행사하거나 J에게 담보책임을 부담할 것을 요구한다.

D. 먼저 J에게 보증책임을 부담할 것을 요구하며 후에 공장에 대하여 저당권을 행사하고 마지막에 기계설비에 대하여 질권을 실행한다.

답 C

해설 담보된 채권에 물질담보가 있고 또한 인적담보가 있으며, 또한 채무자에 이행하지 못하는 경우에 대하여 약정이 없거나 약정이 불명확한 경우, 채무자 자신이 물질담보를 제공한 것에 대하여 채권자는 반드시 본 물질담보에 대하여 채권을 실현하며, 제3자가 제공한 물질담보와 보증이 공존하는 것에 대하여 채권자는 물질에 대하여 채권을 실현할 수도 있고, 보증인에게 담보책임을 부담할 것을 요구할 수도 있다.

 보증책임

1. 책임의 한계

(1) 범위

1) 요구 : 주채권 및 이자, 위약금, 손해배상금과 채권을 실현하는 비용을 포함한다. 보증계약에 따로 약정이 있는 경우 약정에 따라 집행한다.

2) 채무자의 재산 집행포기 : 채권자가 채무자의 집행 가능한 재산의 집행에 대하여 권리행사를 해태하거나 포기하여 집행되지 못하는 경우, "일반보증"의 보증인은 법원에 그가 제공한 집행 가능한 재산의 실제가치 범위내에서 보증책임을 면제할 것을 청구할 수 있다.

(2) 주계약의 변경과 보증책임 부담

1) 주체의 변경

❏ 채권양도
① 조건 : 동의가 필요없다.
② 원칙 : 원래의 보증 범위 내에서 부담한다.
③ 예외 : 채권을 양도할 수 없다고 약정한 경우는 제외한다.

❏ 채무양도
① 조건 : 보증인의 서면동의가 필요하며, 채권자의 동의가 필요하다.
② 사전동의가 없는 경우, 해당 부분에 대하여는 보증책임을 더 이상 부담하지 않는다.

2) 내용의 변경

	동의한 경우	동의하지 않은 경우
수량, 가격 등 내용변동	변경 후에 따라	채무의 경감 : 경감 후에 따라 채무의 가중 : 가중 전에 따라
이행기한 변동	변경 후에 따라	원래 기한에 따라
새로운 대출로 원래의 대출을 교체	새로운 대출에 대해 부담	부담하지 않음. 전후가 동일한 보증인인 경우는 제외

(3) 사기(欺詐)의 경우 보증인의 책임

1) 보증인에게 사기를 친 경우

① 채권자과 채무자가 모의를 한 경우 보증인은 면책

② 채권자가 사기를 친 경우 : 보증인 면책

③ 채무자가 사기를 친 경우 : 채권자가 알고 있었던 경우에는 보증인은 면책되며, 채권자가 알지 못했던 경우에는 보증인은 보증책임을 면할 수 없다.

2) 채권자에게 사기를 친 경우

채무자가 보증인이 공동으로 연대배상책임을 부담한다.

(4) 기타규정

1) 제3자가 전문용도의 자금이 해당용도에 사용하는 것을 감독할 것을 보증하는 경우 감독의무를 다하지 못하여 자금유실이 있는 경우 "보충배상책임"을 부담한다.

2) 보증인이 채무자의 등기자본에 대하여 보증을 제공하는 경우, 만약 채무자의 출자가 실제적이 아니거나 등기자본금을 도피하는 경우 "연대보증책임"을 부담한다.

3) 보증책임이 소멸된 후, 채권자가 보증인에게 서면으로 보증책임 혹은 청산채무를 부담할 것을 통지하고 보증인이 독촉통지서(催款通知书)에 서명한 경우, 인민법원에서는 보증인이 계속하여 보증책임을 부담한다고 인정하지 못한다. 그러나 본 독촉통지서의 내용이 새로운 보증계약이 성

립된 것으로 인정할 수 있는 경우, 인민법원은 보증인이 새로운 보증계약에 따라 책임을 부담할 것을 인정하여야 한다.

2. 보증인의 소송에 관한 문제

(1) 일반보증

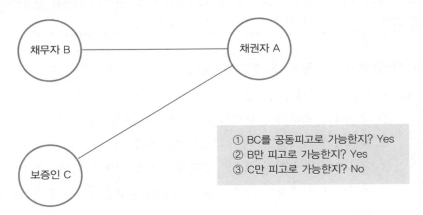

① BC를 공동피고로 가능한지? Yes
② B만 피고로 가능한지? Yes
③ C만 피고로 가능한지? No

방법	관점	법률 내용
차입자와 보증인을 공동피고로 한다.	가능. 그러나 책임에는 선후 순서가 있다.	1) 일반보증의 채권자가 채무자와 보증인에 대해 동시에 소송을 제기하는 경우, 인민법원은 채무자와 보증인을 공동피고로 지정하여 소송에 참여할 수 있다. 2) 판결문 중 명확하게 채무자의 재산에 대하여 법에 따라 강제집행한 후에도 여전히 채무를 이행하지 못하는 경우 보증인이 보증책임을 부담한다.
보증인에 대해서만 소송 제기	불가능. 반드시 차입자를 공동 피고로 추가하여야 한다.	보증인이 차입자를 위하여 일반보증을 제공하며 대출자가 보증인에 대해서만 소송을 제기한 경우, 인민법원에서는 차입자를 공동피고로 추가하여야 한다.
차입자에 대해서만 소송 제기	가능	대출자가 차입자에 대해서만 소송을 제기한 경우, 인민법원은 보증인을 공동피고로 추가하지 않을 수 있다.

(2) 연대책임보증

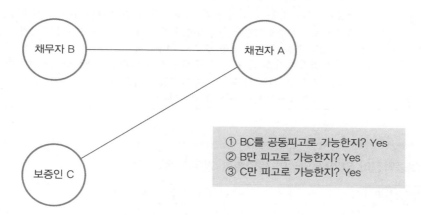

① BC를 공동피고로 가능한지? Yes
② B만 피고로 가능한지? Yes
③ C만 피고로 가능한지? Yes

방법	관점	법률 내용
채무자와 보증인을 공동피고로 한다.	가능	연대책임보증의 채권자는 채무자와 보증인을 공동피고로 하여 소송을 제기할 수 있다.
보증인 또는 채무자 중 하나에 대해서만 소송을 제기	가능	보증인이 채무자를 위하여 연대책임보증을 제공한 경우, 채권자가 채무자에 대해서만 소송을 제기한 경우 인민법원은 보증인을 공동피고로 추가하지 않을 수 있다. 채권자가 보증인에 대해서만 소송을 제기한 경우 인민법원에서는 채무자를 공동피고로 추가할 수 있다.

3. 보증기간

(1) 일반적 상황

보증기간의 작용		채권자가 본기간을 초과하여 권리를 주장하는 경우 보증인은 보증책임을 부담하지 않는다(제척기간).
보증책임 확인	일반보증	채권자가 본 기간에 채무자에게 소송제기 혹은 중재
	연대보증	채권자가 본 기간에 보증인에게 보증책임을 부담할 것을 통지 (提出)
개시		1) 일반적인 경우 : 주채무의 이행기한이 만료되는 날부터 2) 주채무의 이행기한이 약정되지 않았거나 약정이 명확하지 않은 경우 거치기간(寬限期) 만료시점부터

보증 기간	1) 약정이 있으면 약정에 따른다. 2) 약정이 없는 경우 : 주채무의 이행기한이 만료되는 날부터 6개월 　(주의) 보증계약에 약정한 보증기한이 주요 채무 이행기한보다 빠르거나 동일한 경우, 약정이 없는 것으로 간주한다. 3) 약정이 명확하지 않은 경우 : 주채무의 이행기한이 만료되는 날부터 2년 　(주의) 보증책임의 부담을 "주채무의 원금이자를 청산할 때까지" 등의 문구는 약정이 불명확한 것으로 간주한다.

❑ 보증약정이 없거나 약정이 불명확한 경우의 처리 요약

보증방식	약정이 없거나 약정이 불명확한 경우 : 연대책임
보증책임의 범위	약정이 없거나 약정이 불명확한 경우 : 보증인은 전부의 채무에(주채권 및 이자, 위약금, 손해배상금과 채권을 실현하는 비용) 대하여 책임을 부담한다.
보증기간	1) 약정이 없는 경우 : 주채무 이행기간 만료일로부터 6개월 2) 약정이 불명확한 경우 : 주채무 이행기간 만료일로부터 2년

Q 사례 15-8

채무자 A과 채권자 B의 채권은 2016년 1월 1일에 발생하였으며 주채무는 1년 기한이며 C는 보증인이다. 보증인이 부담하는 보증기간은 언제까지이며, 다음 각각의 경우에 보증인이 보증책임을 부담하여야 하는지?

(1) 보증형식이 일반보증이며 2017년 3월 1일 B가 A에게 부담할 것을 요구하였다.

(2) 보증형식이 일반보증이며 2017년 8월 1일 B가 A에게 부담할 것을 요구하였다.

(3) 보증형식이 연대보증이며 2017년 3월 1일 B가 C에게 부담할 것을 요구하였다.

(4) 보증형식이 연대보증이며 2017년 3월 1일 B가 A에게 부담할 것을 요구하였다.

(5) 보증형식이 연대보증이며 2017년 8월 1일 B가 C에게 부담할 것을 요구하였다.

답 보증기간에 대하여 약정이 없으므로, 주채무 이행기간의 만료일인 2016년 12월 31일부터 6개월이 되는 2017년 6월 30일까지가 보증기간이 된다. 각각의 경우에 보증인 C는 다음과 같이 보증책임을 부담한다.

(1) 보증인 C는 보증책임을 부담하여야 한다.

(2) 보증인 C는 보증책임을 부담하지 않는다.

(3) 보증인 C는 보증책임을 부담하여야 한다.
(4) 보증인 C의 보증책임은 영향을 받지 않는다.
(5) 보증인 C는 보증책임을 부담하지 않는다.

(2) 최고액보증

일정한 기한 내에 연속하여 발생하는 채무에 대하여 최고액을 한도로 제공하는 보증 형식

약정이 있는 경우	보증기간은 약정에 따른다.	
약정하지 않았거나 약정이 불명확한 경우	채무청산기한이 있는 경우	기한만료일로부터 6개월
	채무청산기한이 없는 경우	최고액보증 종료일부터 혹은 보증인의 보증종료의 서면통지가 도달한 일자로부터 6개월

(3) 파산절차중의 보증

채권자가 보증인에게 보증책임을 부담할 것을 요구하는 경우, 파산절차 종료후 6개월 내에 제기하여야 한다.

단일선택

2015년 1월 1일 갑회사에서는 을은행에 100만원을 대출하였으며 약정한 만기일은 2015년 8월 1일이고 병회사가 갑회사를 위하여 담보를 제공하였다. 그러나 보증계약 중 보증방식에 대하여 약정이 없으며 약정한 보증기한은 2015년 1월 1일부터 2015년 8월 1일까지이다. 이후 갑회사는 기한이 되어도 상환할 능력이 없으며 기타 약정은 없다. 다음 중 옳지 않은 것은?

A. 병회사가 제공하는 것은 연대책임 보증이다.
B. 병회사의 보증기한은 주요채무 이행기한이 만기되는 일자로부터 6개월이다.
C. 만약 을은행이 2015년 8월 5일에 직접 병회사에 보증책임을 부담할 것을 요구하면 병회사는 거절하지 못한다.
D. 만약 을은행이 2015년 8월 5일에 직접 병회사에 보증책임을 부담할 것을 요구하면 병회사는 선소송항변권으로 거절할 수 있다.

답 D

4. 보증의 소멸시효

> ❑ 소멸시효와 보증기간의 다른점
> 보증기간은 보증인이 보증책임을 부담하는지 확정하는 것이고, 소멸시효는 보증인이 보증책임이 있는 상황하에서 승소권이 있는지 확정하는 것이다.

(1) 기산점

일반보증		"판결 혹은 중재판결이 효력을 발생한 날"로부터 계산한다.
연대보증	채권자 대 보증인	"채권자가 보증인에게 보증책임을 부담할 것을 요구한 날"로부터 계산한다.
	보증인 대 채무자	구상권행사의 소멸시효는 보증인이 채권자에게 "보증책임을 부담한 날"로부터 계산한다.

(2) 소멸시효의 중지, 중단

	주채무의 소멸시효 중단	주채무의 소멸시효 중지
일반보증	보증의 소멸시효 중단	보증의 소멸시효 중지
연대보증	보증의 소멸시효 중단되지 않음	보증의 소멸시효 중지

(3) 항변권

1) 채무자가 채무에 대한 항변권을 포기하는 경우, 보증인은 여전히 항변할 권리가 있다. 그의 보증책임이 면제되지 않았기 때문이다.

2) 보증인은 이미 소멸시효를 초과한 채무에 대하여 보증책임을 부담한 후 다시 소멸시효를 초과한 것을 이유로 항변을 제기하지 못한다.

단일선택 〇

갑, 을 두 회사는 매매계약을 체결하여 갑회사에서 을회사의 기계장치를 구매하기로 약정하였다. 가격은 300만원이며 동시에 병회사에서 을회사에 "병회사가 갑회사에서 을회사에 지급할 300만원의 기계장치금액을 위하여 담보책임을 부담한다"는 내용의 보증서를 제출하였으며 동시에 회사 인감을 날인하였다. 그 후 시장의 변화로 갑, 을 쌍방이 협상하여 가격을 350만원으로 변경하기로 하였으나 병에게 통지하지 않았다. 을회사가 갑회사에게 기계장치를 교부한 후 갑회사는 대출을 제때에 지급할 능력이 없으며 을회사에서는 병회사에 대리 상환을 요구하였다. 계약법률제도의 규정에 따라 다음 중 옳은 것은?

A. 병회사에서 보증서를 제출한 것은 일방적 행위에 속하기 때문에 보증이 성립되지 않는다.

B. 병회사는 300만 범위 내에서 보증책임을 부담하여야 한다.

C. 을회사가 갑회사의 재산을 법에 따라 강제집행하여 채무를 상환하기 전에 병회사는 을회사의 대리상환요구를 거절할 권리가 있다.

D. 병회사에서는 반드시 담보책임을 부담하며 보증기한은 6개월의 단기소멸시효 기간을 적용한다. 채무 이행기간 만기일로부터 계산한다.

답 B

해설 본 사례는 보증계약에 관한 것이며, 제3자가 일방적으로 서면형식으로 채권자에게 담보서를 제출하고 채권자가 접수 혹은 의의를 제출하지 않으면 보증계약은 성립되므로 A는 옳지 않다. 만약 당사자가 보증계약 중 보증방식에 대하여 약정이 없거나 약정이 불명확하면 연대책임보증으로 보증책임을 부담한다. 연대책임의 보증인은 선소송항변권이 없으므로 C는 옳지 않다. 보증기간과 소멸시효기간은 서로 다른 개념이므로 D는 옳지 않다. 보증기간에 채권자와 채무자가 협의하여 계약을 변경한 경우 보증인의 서면 동의를 받아야 하며, 보증인의 동의를 받지 않은 주계약의 변경은 채무자의 채무부담이 가중된 것에 대하여 보증인은 보증책임을 부담하지 않으므로 B는 옳다.

 딩진(定金, DingJin)

□ 딩진(定金)

일반적으로 계약금으로 번역하기도 하나, 실제로 한국에서 쓰이고 있는 계약금과는 약간의 차이가 있기 때문에 계약금으로 번역하기는 좀 부담스럽다. 따라서 그냥 발음대로 "딩진"으로 표시하기로 한다. 같은 발음으로 예약금(订金, dingjin)이라는 단어도 자주 사용되는데 이는 여기서 말하는 딩진(定金)과는 크게 다르므로 주의하여야 한다. 발음과 성조가 모두 서로 같아 헷갈리는 경우가 있지만 반드시 구분하여야 한다.

참조 딩진(定金,dingjin) : 담보적 작용이 없다. 계약불이행 시 수령한 측에서 받은 금액의 2배를 반환
예약금(订金,dingjin) : 담보적 작용이 있다. 계약불이행 시 수령한 측에서 받은 금액을 반환

□ 계약금(定金)과 보증금(保证金)의 차이

1. 보증금은 계약당사자 일방 또는 쌍방이 계약의 이행을 보증하기 위한 것으로, 상대방에게 제공하거나 또는 제3자에게 공탁하는 것을 말한다.

2. 실제 경제생활 중에서 보증금은 크게 두 종류가 있다. 첫째는 계약당사자가 채권의 실현을 목적으로 상대방에게 보증금을 요구하는 것이고, 둘째는 쌍방이 계약의 성립시점에서 각자의 의무이행을 보증하기 위해 제3자(통상적으로 공증기관)에게 보증금을 공탁하는 형식이다.

3. 보증금도 딩진과 마찬가지로 계약의 실현을 담보하는 효과가 있다. 다만 2배로 반환해야 하는 기능은 없으며, 또한 당사자가 스스로 딩진의 기능을 약정할 수도 있다.

4. 보증금 공탁 또는 교부시 금액한도가 없다. 당사자 쌍방이 스스로 약정할 수 있다. 보증금은 채무와 같으며, 딩진은 총 계약액의 20%를 초과할 수 없으며, 또한 반드시 계약 약정시 또는 계약체결전에 지급하여야 한다.

□ 딩진(定金)과 선급금(预付款)의 차이점

1. 선급금(预付款)은 제품 또는 노무의 수령자가 계약이행의 성의 또는 상대방의 계약이행을 위해 제공하는 자금이며, 상대방이 계약을 이행하기 전에 부분의 대금 또는 노무의 대가를 지급하는 것이다. 订金(dingjin), 预付金, 诚实信用金 등은 모두 선급금의 다른 명칭들이다.

2. 선급금의 목적은 계약이행의 성의 또는 계약이행자금의 일부분이다. 따라서 선급금은 실제로 계약상 지급해야할 금액의 일부분이며, 딩진(定金)은 그렇지 않다.

3. 딩진(定金)의 지급시기는 계약이 정식으로 성립한 때이며, 또한 성립후에도 가능하다. 선급금은 일반적으로 계약이 정식으로 성립한 후에서야 요구할 수 있다.

4. 딩진(定金)은 계약이행을 담보하는 기능이 있고, 매매계약의 성립전에 일반적으로 당사자 쌍방이 적시에 계약체결을 하도록 구속하는 기능이 있다. 계약성립후 딩진(定金)의 주요 목적은 당사자 쌍방이 계약의 이행단계로 진입하도록 촉진한다. 단, 선급금은 계약이 무효 혹은 위약사항이 발생한 경우 해당금

액만을 반환하면 되며 징벌적성격을 띄지 않는다.

5. 만약 지급의 목적이 불분명하거나 법률적으로 딩진(定金)을 지급할 수 없는 계약인 경우, 해당금액은 선급금으로 추정한다.

1. 성 질

딩진계약(定金合同)은 실천계약이며 실제 딩진을 지급한 날짜로부터 효력을 발생한다.

2. 처 리

딩진을 지급하는 일방이 약정된 채무를 이행하지 않으면 딩진을 반환할 것을 요구할 권리가 없다. 딩진을 수령하는 일방이 약정된 채무를 이행하지 않는 경우 반드시 두 배로 반환하여야 한다.

3. 금 액

1) 약정한 딩진 금액은 주계약 목표금액의 20%를 초과하지 못하며 초과된 부분은 무효이다.

 사례 15-9

갑과 을이 계약을 체결하였으며 주계약의 목표금액은 100만원이다. 만약 갑이 을에게 30만원의 딩진을 지급하였으며, 후에 을이 계약을 이행하지 않는 경우 갑은 을에게 얼마를 반환할 것을 요구할 수 있는가?

답 100×20%×2+(30−100×20%) = 50만원

2) 만약 당사자 일방이 계약을 완전히 이행하지 않는 경우, 이행하지 않은 부분에 대하여 계약에 약정한 내용의 비례에 따라 딩진 벌칙을 적용한다.

Q 사례 15-10

갑과 을이 계약을 체결하였으며 주계약의 목표금액은 100만원이다. 갑이 을에게 딩진 (定金) 20만원을 지급하였고, 만약 을이 위약하여 이행하지 않은 부분은 60%이다. 이 경우 을이 지급하여야 하는 금액은?

답 20+20×60% = 32만원, 혹은 20×60%×2+ 20×40% = 32만원

4. 적용

일방이 늦게 이행하거나 기타 위약행위가 있어 계약의 목적을 실현하지 못한 경우	적용
불가항력에 의한 원인으로 주계약을 이행하지 못한 경우	비적용
제3자의 과실로 인하여 주계약을 이행하지 못한 경우	적용

5. 두 가지 중 하나를 선택

당사자가 위약금을 약정하였고 동시에 딩진을 약정한 경우, 일방이 위약하면 상대방은 위약금 혹은 딩진 조항을 선택하여 적용할 수 있다.

단일선택 ○

계약법률제도의 규정에 따라 다음 딩진(定金)의 서술 중 옳은 것은?
A. 딩진을 수령한 일방이 계약의무를 이행하지 않으면 반드시 3배로 반환하여야 한다.
B. 딩진을 수령한 일방이 계약의무를 이행할 때 계약금 소유권이 이전된다.
C. 딩진금액은 주계약의 목표금액의 20%를 초과하지 못한다.
D. 딩진과 위약금을 모두 약정하고 일방이 위약한 경우 당사자는 동시에 적용할 것을 요구할 권리가 있다.

답 C

해설 본 문제는 딩진의 규정에 관한 것이며, 딩진을 수령한 일방이 약정된 채무를 이행하지 않으면 딩진을 두 배로 반환하여야 한다. 따라서 A는 옳지 않다. 딩진을 일

단 지급하면 딩진의 소유권은 이전되므로 B는 옳지 않다. 당사자가 위약금을 약정하였고 동시에 딩진을 약정한 경우 일방이 위약하면 상대방은 위약금 혹은 딩진을 선택하여 적용할 수 있으므로 D는 옳지 않다.

단일선택 ○

갑식당은 을의 결혼식을 담당하기로 하였으며, 쌍방은 좌석 20상을 차리고 매 좌석 금액은 2,000원으로 약정하였다. 을은 우선 갑식당에 딩진 1만원을 지급하여야 하며, 임의의 일방이 위약하면 모두 상대방에게 5,000원의 위약금을 지급하기로 약정하였다. 계약이 성립된 후 을은 약정에 따라 갑에게 딩진을 지급하지 않았으며 결혼 1일전 을의 원인으로 갑에게 결혼 연회를 취소한다고 통지하였다. 갑은 을에게 약정에 따라 1만원의 딩진과 5,000원의 위약금을 지급할 것을 요구하였다. 계약법률제도의 규정에 따라 다음 중 옳은 것은?

A. 갑식당은 딩진과 위약금은 동시에 사용하지 못하기 때문에 1만원의 딩진과 5,000원의 위약금 중 한 가지를 선택하여 을에게 주장하여야 한다.

B. 딩진은 주계약 목표금액의 20%를 초과하지 못하기 때문에 갑식당은 을에게 8,000원의 계약금을 지급할 것을 청구할 수 있다.

C. 갑식당은 을에게 딩진을 지급할 것을 요구할 권리가 없다. 원인은 을이 실제적으로 딩진을 지급하지 않았으므로 딩진조항은 효력을 발생하지 않았기 때문이다.

D. 갑식당은 을에게 딩진을 지급할 것을 요구할 권리가 없다. 원인은 계약금이 주계약 목표금액의 20%를 초과하였기 때문에 딩진조항은 무효이기 때문이다.

답 C

해설 딩진계약은 실제로 딩진을 지급하는 시점에 효력이 발생하며, 본 사례에서는 딩진을 지급하지 않았으므로 딩진계약은 효력이 발생하지 않았다.

XII 계약의 변경과 양도

1. 계약의 변경

(1) 개념

계약내용의 변경을 가리키며 계약주체의 변경을 포함하지 않는다.

(2) 당사자가 계약변경의 내용에 대하여 약정이 명확하지 않은 경우 변경하지 않은 것으로 추정한다.

(3) 효력

1) 계약의 변경은 변경 후 이행하지 않은 부분에 대하여 유효하며, 이미 이행한 부분에 대하여는 소급력이 없다.
2) 계약이 효력을 발생한 후 당사자는 성명, 명칭의 변경 혹은 법인대표, 책임자, 주관인의 변동을 이유로 계약의무를 불이행하여서는 아니 된다.

2. 계약의 양도

(1) 채권양도

1) 조건

채권양도 효력발생	채권양도의 효력발생은 단지 제3자와 채권자의 동일한 의사표시가 합치되면 즉시 효력이 발생하며, 채무자의 동의를 얻을 필요가 없다.
채무자에 대한 효력발생	채권자가 채권을 양도하는 경우 채무자의 동의가 필요없다. 그러나 반드시 채무자에게 통지하여야 하며, 통지가 채무자에게 도달할 때 채무자에 대하여 효력이 발생한다. 동의를 거치지 않으면 본 양도는 채무자에 대하여 효력이 발생하지 않는다.

2) 채권양도를 금지하는 경우
① 계약성질에 따라 양도하지 못하는 경우(특정된 신분에 기초하여 성립한 것 : 예를 들어 출판계약, 증여계약, 위탁계약, 고용계약 등)
② 당사자의 약정에 따라 양도하지 못하는 경우
③ 법률규정에 따라 양도하지 못하는 경우

3) 효력

① 소멸시효 중단 : 채권양도 통지가 채무자에게 도달된 날로부터 중단된다.

② 주요 채권을 제3자에게 양도하며 보증채권을 동시에 양도한 경우 보증인은 원 보증범위 내에 보증책임을 부담한다. 그러나 채권자와 사전에 특정된 채권자에 대하여서만 보증책임을 부담하거나 양도를 금지한다고 약정한 경우는 제외한다.

③ 항변권 : 채무자가 채권양도 통지를 받은 후 채무자는 양도인에 대한 항변을 양수인에게 주장할 수 있다. 예를 들어 채권무효, 소멸시효가 지난 것 등을 사유로 항변할 수 있다.

사례 15-11

갑과 을의 채권채무는 2012년 12월 31일에 기한이 완료되었다. 채권자 을은 2015년 1월 5일에 채권을 병에게 양도하였으며 병은 갑에 대하여 소송을 제기하여 채무를 상환할 것을 요구하였다. 이 경우 갑은 병에 대하여 항변할 수 있는가?

답 갑은 소멸시효가 지난 것을 이유로 항변할 수 있다.

④ 상계권 : 채무자가 채권양도 통지를 받은 때 채무자는 양도인에 대하여 채권을 향유하고 동시에 그의 채권이 양도한 채권보다 먼저 기한이 도래하거나 동시에 기한이 도래하는 경우 채무자는 양수인에게 상계할 것을 주장할 수 있다.

(2) 채무부담

1) 조건

계약의무를 제3자에게 이전	① 채권이 합법적 + ② 이전 가능 + ③ 제3자와 협의 + ④ 채권자의 동의가 필요
병존하는 채무부담	병존시 동의가 필요없다.

2) 효력

① 소멸시효 중단 : 채무부담 의사표시가 채권자에게 도달한 일자

② 채권자가 채무자가 채무를 양도하는 것을 허락한 경우, 반드시 보증인의 서면동의를 취득하여야 하며, 보증인은 그의 동의를 거치지 않고 양도한 채무에 대하여 더 이상 보증책임을 부담하지 않는다.

③ 항변권 : 채무자가 의무를 이전한 경우 새로운 채무자는 원 채무자의 채권자에 대한 항변을 주장할 수 있다.

(3) 채권채무의 개괄적 이전

의사결정에 따른 개괄이전		당사자 일방이 다른 일방 당시인의 동의를 거쳐 자신의 계약 중의 권리와 의무를 동시에 제3자에게 양도할 수 있다.
법정 개괄이전	합병	합병후의 법인 혹은 기타 조직이 계약상 권리를 행사하며 계약의무를 이행한다.
	분할	채권자와 채무자가 별도로 약정이 있는 경우를 제외하고는 분할 법인 혹은 기타 조직이 계약의 권리와 의무에 대하여 연대채권을 향유하며 연대채무를 부담한다.

다중선택 ○

Z회사는 W회사에 자신이 생산한 전동기기 20대를 매출하였으며 동시에 교부하였다. W회사는 대금을 지급하지 않았고, Z회사는 B회사에 채권이 있어 협의의 형식으로 W회사에 대한 채권을 B회사에게 양도하여 채무를 상계하였고 동시에 W회사에 통지하였다.

다음 본 채권의 양도사항에 대한 서술 중 옳지 않은 것은?

A. Z회사의 채권양도 통지가 W회사에 도달할 때 에만 W회사에 채권양도 효력을 발생한다.

B. Z회사와 B회사의 양도협의가 효력을 발생할 때 동시에 W회사에 대하여 채권양도 효력을 발생한다.

C. Z회사의 채권이전은 W회사의 동의를 받을 필요가 없이 즉시 법률상의 효력을 발생한다.

D. Z회사와 B회사의 협의는 유효하며, B회사는 Z회사를 통하지 않고 직접 W회사에 채권을 주장할 수 있다.

답 B

해설 본 사례는 채권양도에 대한 것이며, 제3자와 채권자의 의사가 일치할 때 채권양도 협의가 효력을 발생한다. 또한 채무자에게 통지한 후 본 양도는 채무자에 대하여 효력을 발생한다. 따라서 협의의 효력발생과 채무자에 대한 효력발생은 동시에 발생하는 것이 아니다. 채권양도 후 B회사는 W회사의 채권자가 되며, W에게 채권을 주장할 수 있다.

 계약의 종료

□ **계약종료의 사유**

(1) 계약이행완료

(2) 상계

(3) 채무의 면제

(4) 혼동(混同)

(5) 목적물 공탁

(6) 계약해제

(참조) 혼동(混同) : 채권과 채무가 동일인에게 귀속되는 경우, 해당 채권과 채무를 소멸시키는 것을 중국에서는 혼동이라고 표현한다.

1. 상환

(1) 동일한 채권자에게 수 개의 채무가 병존할 때 충당순서

채무자가 지급한 금액이 부족한 경우 동일한 채권자에 대한 여러 건의 동일한 종류의 채무가 있는 경우 우선 순서는 다음과 같다.

1) 약정이 있는 경우 약정에 따른다.

2) 약정이 없는 경우 우선 기한이 도래한 채무를 충당한다.

3) 몇 가지 채무가 모두 기한이 도래한 경우 우선 먼저 채권자에 대하여 담보가 부족하거나 담보금액이 제일 적은 채무를 충당한다.

4) 담보금액이 동일하면 우선 채무부담이 비교적 중한 채무를 충당한다(예를 들어 이자가 높은 자 혹은 위약금이 있는 자).

5) 부담이 동일하면 채무 만료기한의 선후 순서에 따라 충당한다.

6) 채무 완료기한이 동일한 경우 비례적으로 충당한다.

Q 사례 15-12

제1건	100만	1.1만기	담보 있음
제2건	100만	2.1만기	담보 있음
제3건	200만	3.1만기	담보 없음

(질문1) 2월 15일에 150만원 잔액으로 위 채무를 상환할 때 어떻게 상환하여야 하는지?

(질문2) 3월 15일 150만원 잔액으로 위 채무를 상환하면 어떻게 상환하여야 하는지?

답 (질문1) 이때 두 건이 이미 기한이 만료되었고 모두 담보도 있다. 제1건의 완료기한이 먼저 도래하였으므로 먼저 제1건의 100만원을 상환하고, 나머지 50만원은 제2건을 상환한다. 이때 제2건은 아직 50만원을 상환하지 못하였다.

(질문2) 이때 두 건이 모두 기한이 만료되었고 제3건은 담보가 없다. 따라서 먼저 제3건을 상환한다. 150만원은 채무 전부를 상환하기에 부족하고, 이때 제2건 50만원과 제3건 50만원을 상환하지 못한 것이 된다.

(2) 주채무, 이자, 비용의 충당순서

1) 약정이 있는 경우 약정에 따른다.

2) 약정이 없는 경우 채권을 실현하는 비용 → 이자 → 주채무의 순서로 한다.

2. 해제

(1) 법정해제의 구체적 상황

1) 불가항력의 원인으로 계약의 목적을 실현하지 못할 때

2) 예상위약 : 이행기한이 만료되기 전 당사자 일방이 명확히 의사표시하거나 자신의 행위로 주채무의 불이행을 표명한 경우

3) 당사자 일방이 주요채무의 이행을 연체하고, 최고(催告) 후에도 여전히 합리적 기한 내에 이행하지 않는 경우

> **참조** 합리적 기한 : 아파트 매매계약은 3개월, 기술계약은 30일

4) 당사자 일방이 채무이행을 연체하거나 기타 위약행위로 인하여 계약의 목적을 실현하지 못하는 경우

> **주의1** 연체는 필연적으로 해제를 초래하는 것은 아니다. 최고(催告)후의 상황과 계약목적의 실현 여부를 살펴보아야 한다.
>
> **주의2** 불가항력의 원인으로 주계약을 이행하지 못하는 경우 딩진(定金) 벌칙을 적용하지 못한다. 그러나 이행을 연체하거나 기타 위약행위로 인하여 계약목적을 실현하지 못하는 경우 딩진 벌칙을 적용할 수 있다.

5) 법률규정의 기타 상황

① 도급(承攬)계약 : 제작 주문자는 수시로 도급계약을 해제할 수 있으며 도급자에게 조성한 손실은 반드시 손해배상하여야 한다.

② 운송계약 : 운송인이 화물을 수령인에게 교부하기 전 운송위탁인은 운송인에게 운송중지, 화물반환, 도달지점 변경 혹은 화물을 기타 수령인에게 교부할 것을 요구할 수 있다.

③ 위탁계약 : 위탁자와 수탁자는 모두 수시로 위탁계약을 해제할 수 있다.

④ 불안항변권(不安抗辯权) : 당사자가 계약이행을 중지(中止)한 후 만약 상대방이 합리적 기한 내에 이행능력을 회복하지 않았고, 또한 적절한 담보를 제공하지 않은 경우 계약을 해제할 수 있다.

⑤ 임대차계약 : 비정기임대에 대하여 쌍방 당사자는 모두 수시로 계약을 해제할 수 있다.

⑥ 상황에 따른 변경 : 계약이 성립된 후 당사자가 계약을 체결할 때 예견할 수 없는 객관적 상황, 불가항력이 아닌 상업위험에 속하지 않는 중대한 변화가 발생하여 계약의 계속 이행이 일방 당사자에게 현저히 불공평하거나 계약의 목적을 실현하지 못하여 당사자가 법원에 변경 혹은 해제를 청구하는 경우, 인민법원은 안건의 실제 상황에 적합하게 변경 혹은 해제 여부를 확정한다.

(2) 해제권의 절차

통지가 상대방에 도달할 때 계약이 해제된다.

(3) 해제권의 효력

1) 아직 이행하지 않은 것은 이행을 종료한다.

2) 이미 이행한 것에 대하여 당사자는 원상회복, 기타 보완조치를 취할 것을 요구할 수 있으며, 손해배상을 요구할 권리가 있다.

3) 계약의 해제는 계약의 결산조항, 정리조항 및 분쟁해결방안 조항의 효력에 영향을 미치지 않는다.

다중선택 ○

다음 중 매수인이 계약의 해제권을 취득할 수 있는 것은?

A. 불가항력의 원인으로 표적물이 교부 전에 멸실된 것
B. 매도인의 과실로 표적물이 교부 전에 멸실된 것
C. 매도인이 이행기간의 완료 전에 목적물의 교부를 명확히 거절한 것
D. 매도인이 이행기간의 완료에 후 목적물의 교부를 명확히 거절한 것

답 A, B, C, D

해설 본 문제는 계약의 법정해제권에 관한 것이며, 규정에 따라 불가항력의 원인으로 계약의 목적을 실현하지 못하면 당사자 쌍방은 모두 해제권을 행사할 수 있다. 따라서 A는 옳다. 당사자 일방이 채무이행을 연체하거나 기타 위약행위로 계약의 목적을 실현하지 못하면 다른 일방 당사자는 계약을 해제할 수 있으므로 B와 D는 옳다. 이행기간이 완료되기 전 당사자 일방이 주요채무를 이행하지 않는다고 명확히 표시하거나 자신의 행위로 이를 표명하면 기타 일방 당사자는 계약을 해제할 수 있으므로 C는 옳다.

단일선택 ○

2014년 3월 갑과학연구소와 을기업이 설비개조 기술서비스계약을 체결하여 2014년 7월 1일부터 12월 1일까지 갑과학연구소에서 을기업의 자동생산 라인의 기술개조를 책임지기로 하였다. 계약을 체결한 후 을기업에서는 계약을 이행하기 위하여 해당 준비작업을 하였고, 5월 갑과학연구소에서는 을기업에 본 항목을 책임진 기술인원이 퇴직하여 계약을 이행하지 못한다고 통지하였다. 계약법률제도의 규정에 따라 다음 을기업의 권리에 대한 서술 중 옳은 것은?

A. 을기업은 계약을 해제할 권리가 있으며, 동시에 갑 과학연구소에 손실을 배상할 것을 요구할 수 있다.

B. 을기업은 계약의 무효를 주장할 권리가 있으며, 동시에 갑 과학연구소에 계약체결의 과실책임을 부담할 것을 요구할 수 있다.

C. 을기업은 계약을 취소할 권리가 있으며 동시에 갑 과학연구소에 계약체결 과실책임을 부담할 것을 요구할 수 있다.

D. 을기업은 7월 1일부터 갑과학연구소에 위약책임을 부담할 것을 요구할 권리가 있다.

답 A

해설 이행기간이 완료되기 전 당사자 일방이 주요 채무를 이행하지 않는다고 명확히 표시하거나 자신의 행위로 이를 표명한 경우 기타 일방 당사자는 계약을 해제할 수 있다. 동시에 을기업은 이미 계약의 이행을 위하여 해당 준비를 하였으며 일정한 경제적 투입이 발생하였다. 따라서 갑에게 경제적 배상을 요구할 수 있으므로 A는 옳다. 본 사례는 계약무효의 상황에 속하지 않는다. 따라서 B는 옳지 않다. 본 사례는 계약취소의 상황에 속하지 않으므로 C도 옳지 않다. 본 사례는 사전위약의 상황이며, 5월에 을은 이미 계약을 해제할 권리가 있다. 동시에 갑 과학연구소에 위약책임을 부담할 것을 요구할 수 있으므로 D는 옳지 않다.

3. 상계(抵销)

(1) 법정상계

다음 조건에 부합되면 임의의 일방이 자신의 채무와 상대방의 채무를 상계할 수 있다.

1) 조건

서로의 채무	쌍방이 서로 채무를 부담 예) 갑, 을, 병이 파트너기업(合伙企业)A를 설립하였으며 정은 A에게 10만원의 채무가 있고 갑은 정에게 10만원의 채무가 있는 경우 : 상계하지 못한다.
종류	종류, 품질이 동등 예) 갑이 을에게 사과를 줄 의무가 있고 을은 갑에게 바나나를 줄 의무가 있는 경우 : 상계하지 못한다.
기한 도래	주채권의 기한이 도래 : 하나의 채무가 상환기가 도래하였고, 다른 하나의 채무는 상환기가 도래하지 않는 경우 기한이 도래하지 않은 채무자는 상계를 주장할 수 있다. 예) 갑이 을에게 10만원의 채무가 있고 상환기한이 도래하였다. 을이 갑에게 10만원의 채무가 있으며 6개월 뒤에 상환기한이 도래하는 경우 을이 상계를 제기 가능한지? 상계 가능 갑이 상계를 제기 가능한지? 상계 불가능
채권의 효력	효력이 완전하지 않은 채권은 주동적으로 채권의 상계를 주장하지 못한다. 예를 들어 소멸시효기간이 완성된 채권의 채권자는 상계를 주장하지 못한다. 그러나 피동채권으로 상대방이 자신의 채권을 상계하는 것은 허용한다. 예) 갑이 을에게 채무 100만원이 기한이 도래한 지 이미 6개월이 지났다. 을이 갑에게 빚진 100만원은 기한이 완료된 지 이미 3년이 되어 소멸시효가 완성되었다. 갑이 상계를 먼저 제기할 수 있는지? 불가능 을이 상계를 먼저 제기할 수 있는지? 가능
성질	〈상계하지 못하는 경우〉 법률 규정에 따라 상계하지 못하는 것(고의로 권리를 침해한 채무 등) 계약의 성질에 따라 상계하지 못하는 것(노무를 제공하기로 하였으나 이행하지 아니한 채무)

주의1 담보설정 여부, 액수의 동일 여부는 모두 상계의 장애가 되지 않는다.
주의2 상계는 조건부 혹은 기한부로 하지 못한다.

2) 상계의 효력발생 : 통지가 상대방에게 도달할 때 효력을 발생한다(형성권).

(2) 약정상계

당사자가 채무를 서로 부담하며 표적물의 종류, 품질이 동일하지 않은 경우 쌍방의 일치된 협상으로 상계할 수 있다.

단일선택

2015년 2월 2일 갑회사의 은행 100만원의 대출이 기한이 완료되었으며, 은행에서는 갑회사에 인테리어 비용 40만원의 채무를 가지고 있던 것이 발견되었다. 그러나 본 40만원의 채권은 2015년 2월 1일에 소멸시효기간이 완료되었다. 계약법률제도의 규정에 따라 다음 중 옳지 않은 것은?

A. 2015년 2월 3일 은행에서는 법정상계를 주장할 수 있다.
B. 2015년 2월 3일 갑회사에서는 법정상계를 주장할 수 있다.
C. 법정상계권은 형성권이며 통지가 상대방에 도달할 때 효력을 발생한다.
D. 2015년 2월 3일 은행과 갑회사는 약정하여 상계할 수 있다.

답 B

해설 갑의 은행에 대한 40만원의 채권은 이미 소멸시효가 지났기 때문에 본 40만원에 대한 채권효력은 불완전하다. 그러나 은행의 갑회사에 대한 100만원의 채권효력은 완전하기 때문에 A는 옳고 B는 옳지 않다. 통지가 상대방에 도달할 때 효력을 발생하므로 C는 옳다. 당사자가 채무를 서로 부담하며 목적물의 종류, 품질이 동일하지 않은 것은 쌍방의 협상을 거쳐 상계할 수 있으므로 D는 옳다.

---

4. 공탁(提存)

(1) 공탁의 원인

1) 채권자가 정당한 이유 없이 수령을 거절하는 경우

2) 채권자의 행방불명

3) 채권자가 사망하였으며 상속인을 확정하지 않았거나 민사행위능력을 상실하였으나 후견인을 확정하지 않은 경우

4) 법률에 규정한 기타 상황

예를 들어, 저당물제공자가 저당물을 양도하여 취득한 대금은 반드시 저당권자에게 사전에 채권을 상환하거나 공탁하여야 한다.

(2) 공탁의 법률효력

1) 공탁의 목적물

원칙상 채무의 목적물이다. 목적물이 공탁에 적용되지 않거나 공탁비용이 지나치게 높은 경우 채무자는 표적물을 법에 따라 경매등(拍卖或者变卖)을 통하여 매각한 대금을 공탁하여야 한다.

2) 의무

채권자가 행방불명인 경우를 제외하고 채무자는 반드시 즉시 채권자 혹은 채권자의 상속자, 후견인에게 통지하여야 한다.

3) 공탁의 효력

① 훼손, 멸실의 위험은 채권자가 부담한다.

② 표적물의 과실물(孳息)은 채권자의 소유에 속한다.

③ 공탁비용은 채권자가 부담한다.

4) 공탁기간

채권자가 공탁물을 수령할 권리는 공탁일로부터 5년 내에 행사하지 않으면 소멸되고 공탁물에서 공탁비용을 공제한 후의 나머지는 국가소유로 귀속된다.

다중선택

채무자 갑은 채권자 을이 행방불명이 되어 계약 목적물인 양복한 벌을 당지 공증기관에 공탁하였다. 계약법률제도의 규정에 따라 다음 공탁기간내 당사자 사이의 권리의무에 대한 서술 중 옳은 것은?

A. 양복을 공탁한 후 갑은 통지의 의무가 있다.

B. 양복을 보관하여 발생한 보관비용은 을이 부담한다.

C. 만약 양복이 지진으로 멸실되면 손실은 을이 부담한다.

D. 만약 공탁일자로부터 5년 후 을이 여전이 양복을 수령하지 않으면 갑은 보관비용을 지급한 후 양복을 돌려받을 수 있다.

답 B, C

해설 본 사례는 공탁의 법률 효과에 관한 것이며, 규정에 따라 목적물을 공탁한 후 채권자가 행방불명인 경우 이외에 채무자는 반드시 즉각 채권자 혹은 채권자, 후견인에게 통지하여야 한다. 목적물을 공탁한 후 훼손, 멸실의 위험은 채권자가 부담한다. 공탁기간내 목적물의 과실은 채권자의 소유에 속하며 공탁비용은 채권자가 부담하고 채권자가 공탁물을 수령할 권리는 공탁일자로부터 5년 내에 행사하지 않으면 소멸되며, 공탁물에서 공탁비용을 공제한 후 국가소유에 귀속된다. 따라서 A와 D는 옳지 않다.

 계약위반(위약) 책임

1. 위약의 형태

1) 계약위반 행위는 사전위약(預期違約)과 만기위약(届期違約)이 있다.
2) 당사자 일방의 계약위반 행위로 인하여 상대방의 인신, 재산권익을 침해하는 경우, 손해를 받은 일방은 그에게 계약위반책임 혹은 권리침해의 책임을 부담할 것을 요구할 권리가 있다.

> **사 례** A는 성형미용을 하기로 성형외과와 계약을 체결하였다. 그러나 수술결과 성형에 실패하여 완전 실명하였으며 이로 인하여 인신권을 침해당하였다. 따라서 병원의 계약위반책임 혹은 권리침해책임을 추궁에 대해 선택할 권리가 있다.

2. 위약 책임을 부담하는 방식

(1) 계속이행
(2) 구제조치
(3) 손실배상
(4) 위약금 지급
(5) 딩진(定金)

(1) 계속 이행

금전채무	반드시 계속 이행하여야 한다. 당사자 일방이 대금 혹은 보수를 지급하지 않은 경우 상대방은 그에게 대금을 지급할 것을 요구할 수 있다.
비금전채무	약정에 부합되지 않으면 상대방은 이행할 것을 요구할 수 있다. 그러나 다음 상황 중 하나에 속하는 경우는 제외한다. 1) 법률상 혹은 사실상 이행할 수 없는 경우 　(예 : 명화를 훼손, 아파트 소유권을 타인으로 변경) 2) 채무의 목적물이 강제집행을 적용하기 적합하지 않거나 이행비용이 지나치게 높은 경우 3) 채권자가 합리적 기한 내에 이행할 것을 요구하지 않은 경우

(2) 구제조치

계약위반의 책임에 대하여 약정이 없거나 혹은 약정이 불명확한 경우, 손해를 받은 일방은 표적의 성질 및 손실의 크기에 근거하여 상대방에게 수리, 교체, 재작업, 반품, 대금감소 혹은 보수 등 계약위반 책임을 부담할 것을 합리적으로 요구할 수 있다.

(3) 배상손실

1) 적용상황 : 당사자 일방이 계약 의무를 이행하지 않거나 계약의무 이행이 약정에 부합되지 않은 경우, 의무를 이행하거나 구제조치를 취한 뒤 상대방이 여전히 기타 손실이 있는 경우 그 손실을 배상하여야 한다.

2) 매매계약 위약 후 손실계산 규칙

① 예견가능의 원칙 : 당사자 일방이 계약의무를 이행하지 않거나 계약의무의 이행이 약정에 부합되지 않으며 상대방에게 손실을 조성한 경우 손실배상금액은 계약이행 후 취득할 수 있었던 이익을 포함하여야 한다. 그러나 계약을 위반한 일방이 계약체결시 예견하였거나 예견할 수 있었던 원인으로 위약한 손실을 초과하지 못한다.

② 손실감소의 원칙 : 당사자 일방이 계약위반 후 상대방은 반드시 적절한 대책을 취하여 손실의 확대를 방지하여야 하며, 적절한 대책을 취하지 않아 손실이 확대된 경우 확대된 손실에 대하여 배상할 것을 요

구하지 못한다. 당사자가 손실확대를 방지하기 위하여 지급된 합리적
비용은 계약위반측에서 부담한다.

건설도급자가 시멘트공장에서 시멘트를 구입하였고 동시에 약정에 따라 대금 전부를
지급하였다. 그러나 수령한 화물에 문제가 있고, 건설도급상은 시멘트공장이 계약을 위
반하였다고 생각하였다. 따라서 다음날 큰비가 올 때 쌓아놓은 시멘트에 대하여 아무런
대책도 취하지 않았으며 시멘트 전부가 습기를 받아 굳어지게 되었다.
이 경우 건설도급자가 굳어진 시멘트에 대하여 배상을 요구할 수 있는지?

답 굳어진 시멘트의 손실에 대하여 시멘트공장에 배상할 것을 요구하지 못한다.
이것은 적당한 대책을 취하지 않아 손실을 확대시킨 경우에 속하며, 따라서 습기를
받아 굳어진 시멘트의 손실에 대하여 시멘트공장에 배상을 요구하지 못한다.

③ 과실공제 원칙 : 매매계약의 당사자 일방이 계약을 위반하여 상대방
에게 손실을 조성하였고 상대방도 손실의 발생에 대하여 과실이 있으
며 계약위반측이 해당되는 손실배상금액을 공제할 것을 주장하면 인
민법원은 이를 지지하여야 한다.
④ 손익상계 원칙 : 매매계약의 당사자 일방이 상대방의 계약위반으로
인하여 이익을 취득하였고 계약위반측이 손실배상금액에서 해당 부분
의 이익을 공제할 것을 주장하면 인민법원은 이를 지지하여야 한다.

갑은 을에게 1월 1일에 목재를 발송할 것을 요청하였다. 그러나 을은 4월 1일에야 발송
하였고, 또한 갑은 도구들을 수리하는 과정이었기 때문에 3월 1일에야 해당 도구수리를
마쳐 목재를 가공할 수 있는 상태가 되었다. 이 경우 을의 위약으로 인하여 갑은 2개월
의 목재 보관비용을 절약할 수 있었으며, 이 보관비용은 배상액에서 공제할 수 있는지?

답 이 보관비용의 절약은 곧 이익이므로 배상액에서 공제하여야 한다.

사례 15-15

A, B 두 회사는 매매계약을 체결하였으며 A회사는 B회사에게 설비를 매출하였고 그 가격은 100만원이다. B회사에서는 해당 설비를 C회사에 양도하려고 하며 가격은 150만원이고, 운송비용은 10만원이며 B회사에서 부담하기로 하였다. 동시에 B, C회사는 위약금으로 25만원을 약정하였다. 그러나 A회사의 계약위반으로 B회사에서 C회사에 설비를 교부하지 못하게 되었다. B회사에서 A회사에 얼마를 배상할 것을 요구할 권리가 있는지?

답 150-100+25-10 = 65만원

(4) 위약금 지급

조정		1) 약정한 위약금이 손실보다 적으면 당사자는 법원 혹은 중개기구에 위약금을 증가시킬 것을 청구할 수 있다. 2) 약정한 위약금이 손실보다 현저히 높을 경우 당사자는 법원 혹은 중개기구에 적절히 감소시킬 것을 청구할 수 있다. (주의)《상품주택 매매계약 해석》중 현저히 높은 것에 대한 임계치 : 위약금이 손실의 30%를 초과하는 것을 표준으로 한다.
지연 이행으로 인한 위약금	계속	당사자가 지연이행에 대하여 위약금을 약정한 경우 계약위반측에서는 위약금을 지급한 후에도 반드시 계속하여 채무를 이행하여야 한다.
	기산	만약 매매계약의 지급기한에 대하여 변경이 있는 경우 당사자의 연체위약금 약정에 영향을 미치지 아니한다. 그러나 본 위약금의 기산시점은 그에 따라 변경한 시점이 된다.
	무효 항변	매매계약에 연체위약금을 약정한 경우 매도인이 대금을 수령할 때 매수인이 연체위약금을 주장하지 않은 것을 이유로 본 위약금 지급을 거절하는 경우, 인민법원은 이를 지지하여서는 아니된다.
독립		매매계약이 계약위반으로 인하여 해제된 후, 약속을 지킨 측이 계속하여 위약금 조항을 적용할 것을 주장하면 인민법원은 이를 지지하여야 한다.

(5) 딩진(定金)

1) 딩진과 위약금(违约金)은 동시에 적용하지 못한다.

2) 딩진과 배상금은 동시에 적용할 수 있다.

> 매매계약에 약정한 딩진이 일방이 계약을 위반하여 조성한 손실을 보상하기에
> 부족할 경우, 상대방이 딩진을 초과한 부분에 해당한 손실에 대하여 배상할 것을
> 청구하면 법원에서는 동시에 적용할 수 있다.
> 그러나 딩진과 손실배상금액의 합계가 계약위반으로 조성된 손실의 금액보다 높아
> 서는 아니 된다.
> (참조) 계약금 + 손실배상 ≤ 손실액

3. 면책

(1) 면책사유

1) 법정면책사유

불가항력의 원인으로 계약을 이행하지 못하는 경우 불가항력의 영향에
따른 부분 혹은 전부의 책임을 면제한다.

> 주의 〉 당사자가 이행을 지연한 후에 불가항력의 사유가 발생한 경우에는 책임을 면
> 제하지 못한다.

2) 약정한 면책사유 : 면책조항

(2) 불가항력

1) 즉시 상대방에게 이행하지 못하는 상황과 이유를 통지하여야 한다.

2) 합리적 기간내에 증명을 제공하여야 한다.

제2절 수종의 계약 법규

I 매매계약의 일반규정

1. 목적물의 교부

(1) 교부시기

일반적으로 실제 교부한 시간으로 본다.

1) 선 점유 : 목적물이 계약을 체결하기 전에 매수인에게 점유된 경우, 계약이 효력을 발생하는 시점을 교부시기로 본다.

 사례 15-16

8월 15일 갑과 을은 매매계약을 체결하였으며, 매매계약을 체결하기 전 물건은 이미 8월 7일에 을에게 위탁보관 중이었다. 그리고 해당 매매대금은 9월 15일까지 정산하기로 하였다. 이때 물건의 교부시간은 언제로 보는 것인지?

답 8월 15일

선 점유에 해당하며, 목적물이 계약을 체결하기 전에 매수인에게 점유된 경우 계약이 효력을 발생하는 시점을 교부시기로 본다.

2) 전자정보제품의 교부 : 목적물이 형태가 없는 전자정보제품이며, 당사자가 교부방식에 대하여 약정이 불명확하고 또한 계약법 제61조의 규정에 따라 여전히 확정하지 못하는 경우, 매수인이 약정된 전자정보제품 혹은 권리서류를 수령하면 교부한 것으로 본다.

(2) 교부장소

1) 약정이 있는 경우 약정에 따른다.

2) 약정이 없거나 불명확한 경우 보충협의에 따른다.

3) 보충하지 못하는 경우에는 계약 규정 또는 상거래관습에 따른다.

4) 3)에서도 확정하지 못하는 경우, 운송이 필요한 경우 처음의 운송인에게 교부한 지점으로 본다.

5) 3)에서도 확정하지 못하고 운송이 필요 없는 경우, 계약체결시 목적물이 있는 곳을 알았다면 그 장소

6) 3)에서도 확정하지 못하고 운송이 필요 없는 경우, 계약체결시 목적물이 있는 곳을 알지 못한 경우, 매출자의 계약체결시점의 영업지

(3) 교부의 효력

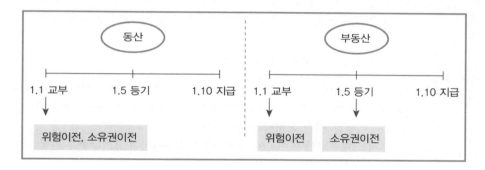

1) 소유권

① 규칙 : 목적물의 소유권은 목적물을 교부할 때 이전된다. 그러나 법률에 별도로 규정이 있는 경우는 제외한다.

❑ (주의) 제외되는 상황

(1) 부동산 : 부동산의 소유권은 등기할 때 이전된다.

(2) 소유권 유보 조항 : 당사자는 매매계약 중에 매수자가 대금지급 혹은 기타 의무를 이행하지 않으면 목적물의 소유권은 매출자에게 속한다고 약정할 수 있다.

---

② 지적소유권이 있는 컴퓨터 소프트웨어 등 목적물을 매출하는 경우,
법률에 별도로 규정이 있거나 당사자가 별도로 약정이 있는 경우를
제외하고는 본 목적물의 지적소유권은 매수자에게 속하지 않는다.
③ 하나의 물건을 여러 차례 매출하는 경우 소유권 귀속은 다음의 규칙
에 따른다.

보통 동산	매출한 자가 하나의 보통 동산에 대하여 여러차례 매매계약을 체결하고 매매계약이 모두 유효한 상황하에서 매수인이 모두 계약을 실제로 이행하기를 요구하는 경우 다음과 같이 처리한다. A. 먼저 교부수령한 매수인은 소유권이 이미 이전되었음을 확인할 것을 청구할 수 있다. B. 모두 교부수령하지 않았으면, 먼저 대금을 지급한 매수인이 매도인에게 목적물을 교부할 것을 청구할 수 있다. C. 모두 교부수령하지 않았고 또한 대금을 지급하지 않았으면, 먼저 법에 따라 계약이 성립된 매수인이 매도인에게 목적물을 교부할 것을 청구할 수 있다. (순서) 교부 → 대금지급순서 → 계약성립순서
특수 동산	매도인이 동일한 선박, 항공기, 자동차 등 특수한 동산에 대하여 여러 차례 매매계약을 체결하였으며 매매계약이 모두 유효하고 매수인이 모두 계약을 실제로 이행할 것을 요구하는 경우, 다음과 같이 처리한다. A. 먼저 교부수령한 매수인이 매도인에게 소유권이전 등기수속을 진행할 것을 청구할 수 있다. (주의) 매도인이 목적물을 매수인 중 한 사람에게 교부하고 또한 기타 매수인을 위하여 소유권이전 등기를 진행하였으며 이미 교부수령한 매수인이 목적물의 소유권등기를 자신의 명의로 등기할 것을 청구하는 경우, 인민법원은 이를 지지하여야 한다. B. 모두 교부수령하지 않았으면, 먼저 소유권이전 등기수속을 진행한 매수인이 매출인에게 목적물을 교부할 것을 청구할 수 있다. C. 모두 교부수령하지 않았고 또한 소유권이전 등기수속을 진행하지 않았으면, 법에 따라 먼저 계약이 성립된 매수인이 매도인에게 목적물을 교부할 것과 소유권이전 등기수속을 진행할 것을 청구할 수 있다. (순서) 교부 → 등기 → 계약성립순서

> **❏ 연결**
>
> 매도인이 동일한 표적물에 대하여 여러 차례 매매계약을 체결하였으며 계약이 모두 계약법 제52조에 규정한 무효의 상황이 없는 경우, 매수인이 계약의 약정대로 목적물의 소유권을 취득하지 못하여 매도인에게 위약책임을 추궁할 것을 청구하면 인민법원은 이를 지지하여야 한다.

Q 사례 15-17

갑은 옥으로 만든 장신구를 가지고 있으며, 이를 양도하려고 한다. 을과 계약을 체결하여 10일 후에 물건을 교부하고 대금을 지급하기로 약정하였다. 그러나 그 이튿날 병이 그 옥장신구를 본 후에 마음에 들어 더 높은 가격에 구매하기를 희망하였다. 따라서 갑은 병과 또 계약을 체결하였으며 병은 그 자리에서 80%의 대금을 지급하였고 3일 뒤에 물건을 교부하기로 약정하였다. 3일째 되는 날 갑은 또 정과 매매계약을 체결하였고 본 옥장신구를 정에게 또 매출하였으며 그 자리에서 옥장신구를 정에게 교부하였다. 그러나 정은 30%의 대금만 지급한 상태였다. 이 경우 누구와의 매매계약이 유효한 것이며, 옥장신구의 소유권은 누구에게 속하는지?

답 각각의 매매계약은 모두 유효하며, 소유권은 물건을 교부받은 정에게 속한다.

---

2) 과실물(孳息) : 목적물을 교부하기 전에 발생한 과실물은 매도인의 소유에 속하며, 교부한 후에 발생한 것은 매수인에게 속한다.

3) 위험

주의 위험은 과실(过错)로 인하여 발생한 것이 아니며, 과실이 있는 것은 책임부담이라고 한다.

일상적 거래	1) 위험은 목적물 교부시에 이전된다. 2) 매도인이 약정에 따라 대리 운송 : 매도인이 계약의 약정에 따라 목적물을 지정된 지점까지 운송하여 운송자에게 교부한 후에는 목적물의 훼손, 멸실의 위험은 매수인이 부담한다. 3) 교부지점을 약정하지 않은 경우 : 교부지점을 약정하지 않았거나 약정이 불명확하고, 목적물의 운송이 필요한 경우, 매도인이 목적물을 첫 번째 운송자에게 교부한 후 위험은 매수인에게 이전된다.
운송중인 물건의 거래	운송자에게 위탁하여 운송중인 목적물을 매매하는 경우, 별도로 규정이 있는 경우를 제외하고는 위험은 계약성립 때부터 매수인이 부담한다. (주의) 매도인이 운송중인 목적물이 계약성립 때 목적물이 훼손, 멸실된 것을 알았거나 알 수 있었던 경우, 매수인에게 통보하지 않았으면 매도인이 목적물의 훼손, 멸실의 위험을 부담한다.
계약일방의 위약	위험은 계약위반 때부터 이전된다. 1) 매수인의 원인으로 목적물을 약정한 기한에 교부하지 못한 경우(예를 들어, 약정대로 교부지점에 도달하였으나 매수인이 약정을 위반하며 수령하지 않는 경우), 매수인은 약정을 위반한 일자로부터 목적물의 훼손, 멸실의 위험을 부담하여야 한다. 2) 목적물의 품질이 요구에 부합되지 않아 계약의 목적을 실현하지 못하는 경우 매수인은 목적물의 수령을 거절하거나 계약을 해제할 수 있다. 매수인이 목적물의 수령을 거절하거나 계약을 해제하면 목적물의 훼손, 멸실의 위험은 매도인이 부담한다.
위험에 영향 주지 않는 경우	1) 매도인이 약정에 따라 목적물에 해당한 서류와 자료를 교부하지 않는 경우, 목적물의 훼손, 멸실위험의 이전에 영향을 주지 않는다. 2) 목적물의 훼손, 멸실의 위험을 매수인이 부담하는 경우, 매도인의 채무이행이 규정에 부합되지 않아 매수인이 매도인에게 위약책임을 부담할 것을 요구할 권리에 영향을 주지 않는다.

다중선택 ●

계약법률제도의 규정에 따라 다음 중 매수인이 목적물의 멸실위험을 부담하여야 하는 것은?

A. 매도인이 약정에 따라 매수인을 위하여 대리 운송하며, 화물을 처음 운송자에게 교부한 후 의외의 상황으로 멸실된 것

B. 매매쌍방이 교부지점을 약정하지 않았으며, 매도인이 목적물을 운송자에게 교부하여 운송하며 화물이 운송도중에 의외의 상황으로 멸실된 것

C. 매도인의 영업지점에서 교부하기로 약정하였으며, 매수인이 약정한 시간에 화물을 인수하지 않았고 화물이 지진으로 멸실된 것

D. 매수인이 행방불명이 되어 매도인이 목적물을 공탁한 후 의외의 상황으로 멸실된 것

답 A, B, C, D

해설 본 사례는 매매계약 중 목적물의 위험부담에 관한 것이며, 당사자가 교부지점을 약정하지 않았거나 약정이 불명확하고 목적물을 운송하여야 하는 것은 매출인이 목적물을 처음 운송자에게 교부한 후 목적물의 훼손, 멸실의 위험은 매수인이 부담한다. 따라서 A, B는 옳다. 매도인이 약정에 따라 목적물을 교부지점에 위치하게 한 후 매수인이 약정을 위반하여 수령하지 않으면 목적물의 훼손, 멸실의 위험은 약정을 위반한 일자부터 매수인이 부담한다. C는 옳다. 목적물을 공탁한 후 위험은 채권자가 부담한다. D는 옳다.

다중선택 ●

2009년 5월 12일 갑은 농번기에 이웃 을의 소 한 마리를 빌려 밭을 3일 동안 갈았다. 5월 14일 갑, 을 두 사람은 2,500원의 가격으로 그 소를 매매하는 계약을 체결하였고 쌍방은 5월 31일 전에 대금을 전부 지급하기로 약정하였다. 그러나 5월 14일 홍수가 일어나 소가 멸실된 경우, 계약법률제도의 규정에 따라 다음 중 옳은 것은?

A. 갑은 5월 12일 소의 소유권을 취득한다.

B. 갑은 5월 14일 소의 소유권을 취득한다.

C. 소가 멸실된 손실은 갑이 부담한다.

D. 소가 멸실된 손실은 을이 부담한다.

답 B, C

> **해설** 본 사례는 동산의 물권변동과 목적물의 위험부담에 관한 것이며,
> (1) 규정에 따라 동산의 물권성립과 양도 전 권리인이 법에 따라 본 동산을 점유하면 물권은 법률행위가 효력을 발생할 때부터 효력을 발생한다("교부라고 간칭"). 동산물권의 성립과 양도는 교부할 때부터 효력을 발생한다.
> (2) 규정에 따라 목적물의 훼손, 멸실의 위험은 목적물을 교부하기 전에는 매도인이 부담하며 교부한 후에는 매수인이 부담한다. 그러나 법률에 별도로 규정이 있거나 당사자가 별도로 약정이 있는 경우는 제외한다.

2. 목적물의 검사

(1) 약정한 검사기간이 있는 경우

검사기간내에 매도인에게 통지하여야 하며, 통지의무를 해태한 경우 약정에 부합되는 것으로 간주한다.

(2) 검사기간을 약정하지 않은 경우

1) 합리적 기간내에 매도인에게 통지하여야 하며 합리적 기간내에 통지하지 않았거나 목적물을 "수령한 일자"로부터 2년 내에 매도인에게 통지하지 않은 경우, 약정에 부합된 것으로 간주한다. 그러나 목적물에 품질보증기간이 있는 경우 품질보증기간을 적용한다.

> **참조** 품질보증기간 → 수령일로부터 2년 혹은 합리적 기한

> **주의** 2년은 가장 긴 합리적 기간이다. 본 기간은 변하지 않는 기한이며 중지, 중단 혹은 연장을 적용하지 않는다.

2) 합리적 기간 혹은 2년을 초과한 후 매도인이 스스로 위약책임을 부담한 후 상술한 기간이 지난 것을 이유로 반언하는 경우 인민법원은 이를 지지해서는 아니된다.

3) 매도인이 목적물이 약정에 부합되지 않는 것을 알았거나 알 수 있었던 경우 매수인은 통지시간의 제한을 받지 않는다.

2014년 3월 3일 갑회사는 을회사에서 도매로 구입한 만년필을 수령하였다. 3월 8일 본 만년필을 여직원의 명절 선물로 제공하였다. 그 후 인사부에서 직원들이 본 만년필을 사용할 수 없다는 이야기가 들렸고, 조사를 해보니 제품설명서에 나와 있는 생산일자는 2014년 1월이며 품질보증기간은 1년이었다. 2015년 2월 갑회사는 을회사에 화물에 품질문제가 있다고 통지하고 을회사가 위약책임을 부담할 것을 요구하였다. 다음 중 옳지 않은 것은?

A. 표적물을 수령한 지 2년 내이기 때문에 갑회사의 통지는 규정에 부합된다.

B. 1년의 품질보증기한을 지났기 때문에 갑회사의 통지는 규정에 부합되지 않는다.

C. 갑회사에서 통지의무를 해태하였으므로 본 만년필의 품질이 약정에 부합된다고 간주한다.

D. 을회사는 스스로 위약책임을 부담한 후 합리적 기간을 지난 것을 이유로 반언하지 못한다.

답 A

해설 검사기간을 약정하지 않은 경우 합리적 기간 내에 매도인에게 통지하여야 하며, 합리적 기간내에 통지하지 않았거나 목적물을 "수령한 일자"로부터 2년 내에 매출인에게 통지하지 않은 경우 약정에 부합되는 것으로 간주한다. 그러나 목적물에 품질보증기간이 있는 경우 품질보증기간을 적용한다. 본 문제의 품질보증기간은 1년이다. 따라서 A는 옳지 않다.

3. 특별해제

주종물	목적물의 주물(主物)이 약정에 부합되지 않아 계약을 해제한 경우, 계약해제의 효력은 종속물(从物)에도 미친다. 목적물의 종속물이 약정에 부합되지 않아 계약을 해제한 경우 해제의 효력은 주물에 미치지 않는다.
수량물	목적물이 수량물(数物)이며 그 중 하나가 규정에 부합되지 않으면 매수인은 그 물건에 대하여 해제할 수 있다. 그러나 본 물건과 타 물건이 분리되어 표적물의 가치가 현저히 손해되는 경우 당사자는 수량물에 대하여 계약을 해제할 수 있다.
로트 (Lot)	단독 해제	한 로트의 목적물을 교부하지 않았거나 규정에 부합되지 않아 계약의 목적을 실현할 수 없으면 본 로트를 해제할 수 있다.

| 로트
(Lot) | 이후 해제 | 한 로트를 교부하지 않았거나 교부가 약정에 부합되지 않아 이후 기타 각 로트의 교부가 계약의 목적을 실현하지 못하게 된 경우 본 로트 및 이후 각 로트의 목적물에 대하여 해제할 수 있다. |
| | 전부 해제 | 본 로트의 목적물과 기타 각 로트의 목적물이 상호 의존하는 경우 이미 교부한 것과 교부하지 않은 각 로트에 대하여 해제할 수 있다. |

 Ⅱ 각종 매매계약

1. 할부매매계약

1) 분할 횟수 : 총 금액은 최소 3번에 나누어 지급한다.
2) 해제 : 할부매수인이 기한 내에 지급하지 않은 금액이 전체금액의 1/5에 도달하면 매도인은 매수인에게 기한이 된 금액과 기한이 도래하지 않은 전부의 금액을 함께 지급할 것을 요구하거나 계약을 해제할 수 있다. 매도인이 계약을 해제하면 쌍방은 반드시 서로 재산을 반환하여야 하며, 매도인은 매수인에게 본 목적물의 사용비를 지급할 것을 요구할 수 있다.

> ☐ (결론)
> 2가지 선택 : 전액을 지급하거나 혹은 해제할 수 있으며, 해제하면 사용비를 지급하여야 한다.

2. 샘플에 근거한 매매계약

샘플에 근거하여 매수한 매수인이 샘플에 숨겨진 하자가 있는 것을 알지 못한 경우, 교부한 목적물과 샘플이 동일하더라도 매도인이 교부한 목적물의 품질은 여전히 동일유형 목적물의 일반표준에 부합되어야 한다.

3. 시용(试用) 매매계약

이는 매도예정자가 매수예정자에게 목적물을 일정기간 사용해 보고 마음에 드는 경우 구매할 수 있도록 하는 매매계약을 말한다.

시용기간	시용기간에 대하여 약정이 없거나 약정이 불명확하며 《계약법》 제61조의 규정에 따라서도 여전히 확정하지 못하는 경우 매도인이 확정한다.
구매로 간주	(1) 시용기간이 완료되어도 매수인이 목적물의 구매 여부에 대하여 의사표시하지 않는 경우 (2) 시용기간내에 일부분의 가격대금을 이미 지급한 경우 (3) 시용기간내에 매수인이 목적물에 대하여 매출, 임대, 담보권설정 등 비시용행위를 한 경우
시용 매매에 속하지 않는 경우	(1) 목적물이 시험 혹은 검사를 거쳐 일정한 요구에 부합되면 매수인은 반드시 구매하여야 한다고 약정한 경우 (2) 제3자의 시험을 거쳐 목적물에 대하여 인가시 매수인이 반드시 구매하여야 한다고 약정하는 경우 (3) 매수인이 일정기간 내에 목적물을 교환할 수 있다고 약정한 경우 (4) 매수인이 일정기간 내에 목적물을 반품할 수 있다고 약정한 경우

4. 상품주택(商品房) 매매계약

(1) 매출광고의 성질

청약요청	일반 상황하에 상품주택의 매출광고와 홍보자료는 청약요청이다.
청약	상품주택 개발기획 범위내의 가옥 및 해당 시설에 대하여 설명하고 승낙에 대하여 구체적으로 확정하며 동시에 계약의 체결 및 가옥가격의 확정에 대하여 중대한 영향이 있는 것은 "청약"으로 간주한다.

(2) 상품주택 예매(預售) 계약의 효력

예매허가가 계약의 효력발생에 영향	매도인이 예매허가증을 취득하지 않고 매수인과 예매계약을 체결하면 계약은 무효이다. 그러나 소송제기 전에 예매허가증을 취득하면 계약은 유효하다.
등기등록(登記備案)과 계약의 효력발생과의 관계	상품주택의 예매계약은 반드시 등기등록(登記備案)수속을 진행하여야 한다. 그러나 본 등기등록수속은 계약의 효력발생요건이 아니다. 당사자가 별도로 약정이 있는 경우는 제외한다.

(3) 피철거인의 우선권

만약 철거인이 본 보상안치가옥을 제3자에게 매출하는 경우 피철거인은 우선적으로 보상안치가옥을 취득할 것을 청구할 수 있다.

(4) 상품주택의 매매계약과 대출계약의 효력관계

1) 대출계약이 성립되지 못하여 상품주택 매매계약을 이행하지 못하는 경우, 당사자는 계약을 해제할 것을 청구할 수 있다.
2) 상품주택의 매매 계약이 무효, 취소 혹은 해제되면 대출계약도 당연히 해제하여야 한다.

(5) 법정해제조건

1) 가옥(房屋)의 주요 구조의 품질이 불합격이며 교부사용할 수 없거나 가옥을 교부사용한 후 가옥의 주요구조품질검사를 거쳐 불합격임이 확인된 것
2) 가옥의 품질 문제가 정상적인 거주사용에 중대하게 영향이 있는 경우
3) 가옥 내부 건축면적 혹은 건축면적과 계약에 약정한 면적의 오차비율의 절대치가 3%를 초과하는 경우
4) 매도인이 늦게 가옥을 교부하거나 매수인이 주택 대금을 연체하여 지급하였고, 최고 후 3개월의 합리적 기한 내에 여전히 이행하지 않는 경우
5) 약정하였거나 혹은 법정 주택소유권등기 진행기한이 만료된 지 1년을 초과하여도 매도인의 원인으로 매수인이 주택소유권등기를 진행할 수 없는 경우

(6) 징벌성 배상금을 적용하는 상황

구체적으로 다음 상황 중 하나에 속하며 매수인이 계약해제 및 손실배상의 전제하에 매도인에게 "이미 구매한 주택대금"의 1배를 초과하지 않는 범위 내 징벌성 배상금을 부담할 것을 요구할 수 있다.

1) 저당으로 제공

　　① 먼저 계약체결 후 저당으로 제공한 경우 : 상품주택매매계약 체결 후, 매수인에게 통지하지 않고 해당 주택을 제3자에게 저당물로 제공하는 경우

　　② 먼저 저당으로 제공 후 계약체결한 경우 : 고의로 해당 주택이 저당으로 제공된 사실을 알리지 않은 경우

2) 하나의 주택을 2회 이상 매도

　　① 이미 제3자에게 매도한 주택 : 고의로 해당 주택이 이미 제3자에게 매도한 사실을 알리지 않은 경우 또는 고의로 해당 주택이 이미 철거 보상주택임을 알리지 않은 경우

　　② 상품주택매매계약 체결 후, 매도인이 또다시 제3자와 해당 주택을 매도하는 계약을 체결한 경우

3) 주택예매허가증의 부존재

　　고의로 상품주택예매허가증이 없거나 혹은 허구의 상품주택예매허가증임을 알리지 않은 경우

다중선택

갑 부동산개발회사에서는 모 아파트의 예매 광고 중 "용적률이 1.2보다 높지 않음" "녹화면적이 50%를 초과함"이라고 광고하여 주택구매자의 커다란 반응을 일으켰다. 예매하는 상품주택는 매진되었고 가격도 주변의 아파트보다 20%나 높다. 그러나 본 아파트의 예매계약 중 용적률과 녹화면적에 대하여 약정하지 않았다. 갑회사가 주택을 교부한 후 구매인 을은 아파트의 용적률이 2%를 초과하였으며 녹화면적도 다만 20%밖에 되지 않는 것을 발견하였다. 조사를 거쳐 갑회사에서 비준을 받은 기획이 바로 이러하였음을 알게 되었다.

다음 갑회사의 을에 대한 주택예매계약 서술 중 옳은 것은?

A. 계약무효

B. 을은 인민법원 혹은 중재기구에 계약을 취소할 것을 청구할 권리가 있으며 동시에 갑에게 손실을 배상할것을 청구할 수 있다.

C. 을은 갑회사에 위약책임을 부담할 것을 청구할 권리가 있다.

D. 을은 갑회사에 이미 구매한 주택대금의 1배를 초과하지 않는 징벌성배상금을 지급할 것을 청구할 수 있다.

답 B, C

해설 본 사례는 상품주택매매계약에 관한 것이며, 사기로 설립된 계약이며 만약 국가이익에 손해를 끼치지 않으면 무효계약에 속하지 않는다. 그러나 변경 가능, 취소가능한 계약에 속한다. A는 옳지 않으며 B는 옳다. 상품아파트 매도인이 상품아파트 개발기획 범위내의 주택 및 해당 시설에 대하여 설명과 승낙을 구체적으로 확정하고 또한 상품주택매매계약의 성립 및 주택가격에 중대한 영향이 있는 것이 확인되면 반드시 청약으로 간주한다. 비록 상품주택매매계약에 기록되지 않아도 계약의 내용에 속하며 당사자가 이를 위반한 경우 반드시 위약책임을 부담하여야 한다. C는 옳다. 본 사례의 상황은 징벌성배상금을 적용하는 상황에 속하지 않는다. D는 옳지 않다.

다중선택 ○

2010년 3월 갑 부동산개발회사는 자신이 개발한 주택을 유모씨에게 저당으로 제공하고 200만원을 대출하였으며 쌍방은 저당권등기를 하였다. 2011년 3월 장모씨는 갑회사의 지리적 위치가 좋다고 생각하여 갑회사와 협상한 후 300만원의 가격으로 협의를 달성하였다. 쌍방은 주택매매계약을 체결하였고 장모씨는 대금의 50%를 지급하였다. 장모씨가 재산소유권등기 수속을 진행할 때 본 주택이 이미 유모씨에게 저당권이 설정되었고 저당권이 여전히 해제하지 않은 것을 알게 되었다. 장모씨가 제출한 다음 주장 중 인민법원의 지지를 얻을 수 있는 것은?

A. 유모씨의 저당권이 무효임을 확인할 것을 청구한다.
B. 갑회사와의 계약을 해제할 것을 청구한다.
C. 갑회사에 배상손실을 판결할 것을 청구한다.
D. 갑회사에 총 주택대금의 1배를 초과하지 않는 징벌성배상금을 지급할 것을 판결하기를 청구한다.

답 B, C

해설 본 사례는 상품주택매매계약에 관한 것이며, 쌍방이 저당권등기를 한 경우 해당 저당권은 유효하다. A는 옳지 않다. 장모씨는 갑회사가 이미 지급한 금액의 1배를 초과하지 않는 징벌성배상금을 지급할 것을 판결하도록 청구할 수 있다. D는 옳지 않다.

 차입계약

1. 차입계약의 일반규정

(1) 형식

차입계약은 반드시 서면형식을 채용한다. 그러나 자연인 사이에 치입금에 별도로 약정이 있는 경우는 제외한다.

(2) 효력발생

1) 금융기관대출의 차입계약 : 낙성계약, 계약은 쌍방의 의사표시가 일치할 때부터 성립된다.

2) 자연인 사이의 차입계약 : 실천계약(요물계약), 계약은 대여인이 차입금을 제공할 때부터 효력을 발생한다.

❏ "대여인이 차입금을 제공"한 것으로 보는 경우

현금으로 지급	차입인이 차입금을 수령할 때부터
은행송금, 온라인 전자송금 혹은 온라인 대출 플랫홈 등 형식으로 지급	자금이 차입인의 계좌에 도달할 때부터
어음으로 교부	차입인이 법에 따라 어음의 권리를 취득할 때
대여인이 특수계좌의 지배권을 차입인에게 수권(授权)	차입인이 본 계좌의 실제 지배권을 취득할 때
대여인과 차입인이 약정한 기타 방식	차입금을 제공하고 실제 이행을 완성할 때

3) 기타 민간차입금 계약 : 자연인 사이의 차입금 계약 이외에, 당사자가 민간차입금 계약이 계약이 성립될 때 효력이 발생함을 주장하면 인민법원은 이를 지지하여야 한다. 그러나 당사자가 별도로 약정이 있거나 법률, 행정법규에 별도로 규정이 있는 경우는 제외한다(약정 → 낙성계약).

(3) 계약의 영향

차입계약이 이전한 것은 화폐의 소유권이며 화폐의 사용권이 아니다.

연결 일단 딩진(定金)을 지급하면 딩진의 소유권은 이전된다.

(4) 용도에 따라 사용하지 않는 경우

차입인이 약정한 차입금용도에 따라 차입금을 사용하지 않은 경우 대여인은 차입금의 대여정지, 조기회수하거나 계약을 해제할 수 있다.

(5) 이자지급

1) 이자의 사전공제 : 차입금 계약 중 차입금의 이자는 사전에 본금에서 공제하지 못한다. 이자를 사전에 본금에서 공제한 경우 반드시 실제 차입금액에 따라 차입금을 반환하며 동시에 이자를 계산하여야 한다.

2) 이자지급 기한을 정하지 않은 경우 : 이자지급 기한에 대하여 약정이 없거나 약정이 불명확하며 《계약법》의 해당규정에 따라 여전히 확인할 수 없는 것

① 차입기한이 1년이 미만인 경우 차입금을 반환할 때 동시에 지급한다.

② 차입기한이 1년 이상인 경우 매1년이 될 때 지급하며 나머지 기한이 1년 미만인 경우 차입금을 반환할 때 동시에 지급한다.

3) 적시에 지급하지 않은 경우

차입금 지연 수령	차입인이 약정한 일자, 금액에 따라 차입금을 수령하지 않은 경우 "약정"된 일자와 금액에 따라 이자를 지급한다.
차입금 조기 상환	차입인이 차입금을 조기상환하는 경우 별도로 규정이 있는 경우를 제외하고는 반드시 "실제"차입금의 기한에 따라 이자를 계산한다.

단일선택

계약법률제도의 규정에 따라 차입인이 대출을 조기 상환한 경우 당사자가 별도로 규정이 있는 경우를 제외하고 이자의 계산방식은?

A. 차입금 계약에 약정한 기간에 따라 계산한다.

B. 차입금 계약에 약정한 기간에 따라 계산하며 실제 차입기간이 1년 미만인

경우 1년으로 계산한다.

C. 실제 차입기간에 따라 계산한다.

D. 실제 차입기간에 따라 계산한다. 그러나 차입인은 반드시 해당 위약책임을 부담하여야 한다.

답 C

해설 차입인이 차입금을 조기 상환한 경우 별도로 약정이 있는 경우를 제외하고는 "실제" 차입한 기간에 따라 이자를 계산한다.

2. 민간대차계약

(1) 개념

민간대차는 자연인, 법인, 기타 조직사이 및 상호간에 자금융통을 진행하는 행위를 가리킨다.

> **주의** 금융감독관리부문에서 비준 설립한 대출업무에 종사하는 금융기구 및 그 지사기구의 (예를 들어 은행, 신용합작사, 재무회사, 투자신탁회사, 금융리스회사 등) 대출발급 등 해당 금융업무로 인하여 발생한 분쟁은 민간대차에 속하지 않는다.

(2) 민간대차 안건의 수리와 관할

1) 증거제출

① 대여인이 인민법원에 소송을 제기할 때 반드시 차용증, 영수증 등 채권증빙서류 및 기타 대차법률관계가 존재한다는 것을 증명할 수 있는 증거자료를 제공하여야 한다.

② 당사자가 보유한 차용증, 영수증 등 채권증빙서류가 채권자를 기재하지 않아도 여전히 소송을 제기할 수 있다. 피고가 원고의 채권자 자격에 대하여 사실근거가 있는 항변을 제출하면 인민법원이 심리를 거쳐 원고가 채권자 자격을 구비하지 않았다고 여겨지면 소송 기각으로 판정한다.

2) 관할(계약 이행지의 확인)

대차 쌍방이 계약이행지에 대하여 약정하지 않았거나 약정이 불명확하고 사후에 보충협의를 달성하지 않았으며 계약의 해당조항 혹은 거래관습에 따라 여전히 확정하지 못하는 경우, 화폐를 수령하는 일방의 소재지를 계약이행지로 한다.

> 보충 계약분쟁으로 인하여 제기된 소송은 피고의 소재지 혹은 계약 이행지 법원에서 관할한다.

3) 형사안건에 관련된 민간대차안건수리

① 인민법원에서 입안 후 민간대차분쟁안건과 관련이 있지만 동일한 사실이 아닌 불법모금에 연류된 범죄의 단서, 자료를 발견한 경우 인민법원의 민간대차분쟁안건 심리에 영향을 미치지 않으며 불법모금 등 범죄의 단서, 자료를 반드시 공안기관 혹은 검찰기관에 이송하여야 한다.

> 보충 인민법원에서 입안 후 민간대차행위 자체가 불법모금의 범죄에 관련된 것을 발견하면 반드시 기각을 판정하며, 동시에 불법모금에 관련된 범죄의 단서, 자료를 공안기관 혹은 검찰기관에 이송하여야 한다.

② 차입인이 범죄에 연류되거나 효력을 발생한 판결문에 의하여 유죄로 인정되면 대여인은 소송을 제기하여 담보인이 민사책임을 부담할 것을 청구할 수 있으며, 인민법원은 이를 수리하여야 한다.

(3) 민간대차계약의 효력

1) 효력 : 원칙상 유효

① 기업간의 대차계약 : 법인사이, 기타 조직사이 및 그들의 상호 사이의 생산, 경영을 위하여 체결한 민간대차계약

② 기업내부 모금계약 : 법인 혹은 기타조직이 본 단위(單位) 내부에서 차입금의 형식으로 직원에게 자금을 모으고, 본 단위의 생산, 경영에 사용할 것으로 체결한 민간대차계약

③ 범죄에 연루된 민간대차계약 : 차입인 혹은 대여인의 대차행위가 범죄에 관련되거나 이미 효력을 발생한 판결로 범죄를 구성한다고 인정되어 당사자가 민사소송을 제기한 경우, 민간대차계약이 당연히 무효가 되는 것은 아니다.

2) 민간대차계약 무효의 상황

① 《계약법》 제52조에 규정한 무효상황이 존재하는 경우

② 금융기관의 신용대출 자금을 차입인에게 "고리대(高利转贷)"하며 또한 차입인이 "사전에 알았거나 혹은 알수 있었던" 경우

③ "기타기업"에서 대차하거나 "본 단위 직원들에게서 모금"하여 취득한 자금을 차입인에게 대출하여 사리를 채우고 또한 차입인이 "사전에 알았거나 혹은 알수 있었던" 경우

④ 대여인이 차입인이 차입금을 위법범죄 행위에 사용할 것을 "사전에 알았거나 혹은 알수 있었던 경우"에도 여전히 차입금을 제공한 경우

⑤ 사회의 공공질서와 미풍양속을 해하는 것

⑥ 기타 법률, 행정법규의 강행규정을 위반한 경우

❑ (주의)

담보인이 차입인 혹은 대여인의 대차행위가 범위행위에 관련되거나 이미 효력을 발생한 판결로 범죄를 구성한다고 인정된 것을 이유로 민사책임을 부담하지 않을 것을 주장하는 경우, 인민법원은 민간대차계약과 담보계약의 효력, 당사자의 과실정도에 근거하여 법에 따라 담보인의 민사책임을 확정한다.

(4) 인터넷대차플랫폼의 법률책임

1) 대차 쌍방은 인터넷대출플랫폼을 통하여 대차관계를 형성하며 인터넷대차플랫폼의 제공자는 단지 중개서비스만 제공한 경우 담보책임을 부담하지 않는다.

2) 인터넷대출플랫폼의 제공자가 홈페이지, 광고 혹은 기타 중개를 통하여 명시하거나 기타 증거로 그가 대차를 위하여 담보를 제공하였다고 증명할 수 있는 경우, 인터넷대차플랫폼의 제공자는 담보책임을 부담하여야 한다.

(5) 법정대표인의 민간대차계약 중의 책임

기업의 명의로 개인이 차입 사용	대여인은 기업의 법인대표 혹은 책임자를 공동피고 혹은 제3자로 열거할 것을 요구할 수 있다.
개인의 명의로 기업에서 차입 사용	기업의 법인대표 혹은 책임자가 개인의 명의로 대여인과 민간대차계약을 체결하였고 차입금을 기업의 생산경영에 사용한 경우, 대여인은 기업과 개인이 공동으로 책임을 부담할 것을 청구할 수 있다.

(6) 민간대차와 매매계약이 혼합된 경우의 처리규칙

> ❏ 예
> 왕모씨가 A기업에서 자금을 차입하고 차입계약을 체결하는 동시에 주택매매계약을 체결하였다. 계약 중 만약 왕모씨가 기한이 되어 차입금의 본금 이자를 청산하지 못하면 즉 매매계약을 이행한다고 약정한 경우이다.

1) 계약의 성질 : 민간대차계약에 따라 처리

당사자가 매매계약을 체결하여 민간대차계약의 담보로 하며 차입금이 기한완료 후 차입인이 상환하지 못하는 경우 대출인이 매매계약을 이행할 것을 청구하는 경우 인민법원에서는 민간대차법률관계에 따라 심리하며 동시에 당사자에게 소송청구 변경을 해석설명(釋明)한다. 당사자가 변경을 거절하면 인민법원에서는 기각으로 판결한다.

2) 후속처리 : 담보물로 처리

차입인이 효력을 발생한 판결로 확정된 금전채무를 이행하지 않으면 대여인은 매매계약의 목적물을 경매로 처분하여 채무를 상환할 것을 신청할 수 있다. 차입인 혹은 대여인은 경매로 취득한 대금과 상환하여야 하는 차입금의 본금이자의 차액에 대하여 반환 혹은 보상할 것을 주장할 수 있다.

(7) 민간대차의 이자와 이율

1) 차입기간내 이자

① 대차 쌍방이 이자를 약정하지 않은 경우 대여인이 차입기간 내 이자

를 지급할 것을 주장하면 인민법원은 이를 지지하지 아니한다.

② 자연인 사이의 대차가 이자에 대하여 약정이 불명확한 경우 대여인이 이자를 지급할 것을 주장하면 인민법원은 이를 지지하지 아니한다.

③ 자연인 간의 대차 외에 대차 쌍방이 대차이자에 대하여 약정이 불명확한 경우 대여인이 이자를 주장하면 인민법원은 반드시 민간대차계약의 내용과 결합하며 해당지역 혹은 당사자의 거래방식, 거래관습, 시장이자율 등 요소에 근거하여 이자를 확정한다.

❏ (종합) 차입기간내 이자

약정이 없음		이자를 지급하지 않음
약정불명	자연인간의 대차	이자를 지급하지 않음
	기타 민간대차	이자를 지급(법원에서 상황을 참조하여 확정)

2) 차입기간내 이자의 최고한도

① 대차 쌍방이 약정한 이자율이 연이자율 24%를 초과하지 않는 경우 대여인이 차입인에게 약정한 이자율에 따라 이자를 지급할 것을 청구하면 인민법원은 이를 지지하여야 한다.

② 대차 쌍방이 약정한 이자율이 연이자율 36%를 초과하는 경우 초과한 부분에 대한 이자율의 약정은 무효이다. 차입인이 대여인에게 이미 지급한 연이자율의 36%를 초과한 부분의 이자를 반환할 것을 청구하면 인민법원은 이를 지지하여야 한다.

❏ 차입기간 내의 이자 최고한도 정리

1) 0~24% : 이자 유효, 강제집행력이 있다.
2) 24%~36% : 이자를 지급하면 받을 수 있다. 하지만 이자를 지급하지 않는 경우 요구할 수는 없다.
3) 36% 이상 : 36%를 초과하는 부분은 무효이며, 이미 지급한 부분에 대하여 반환을 요구할 수 있다.

3) 미수이자에 이자가 붙는지에 관한 사항

원금의 처리	약정이자≤연이율의 24%	새로 제출한 채권전표에 기재된 금액은 후기의 차입금의 원금으로 인정할 수 있다.
	약정이자〉연이자율 24%	당사자가 초과된 부분의 이자를 후기의 차입금 원금에 기입하지 못한다고 주장하면 인민법원은 이를 지지하여야 한다.
원금이자 합계의 처리	차입인이 차입기한이 완료된 후 지급하여야 하는 원금과 이자의 합계는 최초의 차입금 원금과 최초의 차입금 원금을 기준으로 연이자율 24%로 계산한 전체 차입기간 내의 이자의 합계를 초과할 수 없다. 대여인이 차입인에게 초과부분을 지급할 것을 청구하는 경우 인민법원은 이를 지지하지 아니한다.	

4) 연체이자에 관한 처리

① 연체이자의 확정

약정이 있는 경우	그 약정에 따르나 연이자율 24%를 초과하지 않는 것을 한도로 한다.	
약정이 없거나 약정이 불명확한 경우	차입기간내의 이자율을 약정하지 않았고 연체이자율을 약정하지 않은 경우	대여인이 차입인에게 연체한 일자로부터 연이자율 6%에 따라 자금을 점용한 기간의 이자를 지급할 것을 주장하면 인민법원은 이를 지지하여야 한다.
	차입기간내의 이자율을 약정하였으나 연체이자율을 약정하지 않은 경우	대여인이 차입인에게 연체한 일자로부터 차입기한 내의 이자율로 자금을 점용한 기간의 이자를 지급할 것을 주장하면 인민법원은 이를 지지하여야 한다.

보충 자연인간의 차입계약에 상환기한을 약정하였으며 차입인이 기한 내에 상환하지 않거나 상환기한을 약정하지 않았으며 대출인이 최고한 후에도 차입인이 여전히 상환하지 않는 경우 대여인은 차입인에게 연체이자를 지급할 것을 요구할 수 있다.

② 연체이자와 위약책임

대여인과 차입인이 연체이자율을 약정하였으며 또한 위약금 혹은 기타 비용을 약정한 경우 대여인은 연체이자, 위약금 혹은 기타비용을 선택하여 주장할 수 있으며, 또한 함께 주장할 수 있다. 그러나 총계가 연이자율 24%를 초과한 부분은 인민법원은 이를 지지하지 아니한다.

다중선택 ○

다음 차입계약 중 민간대차에 속하지 않는 것은?

A. 왕모씨와 A은행에서 체결한 저당권설정 차입계약
B. 갑기업과 B재무회사에서 체결한 소액대출계약
C. 이모씨와 C상업무역회사에서 체결한 차입금계약
D. 을식품공장과 D밀가루 공장에서 체결한 저당권설정 차입계약

답 A, B

해설 A에서 자금을 제공한 것은 금융기관이며, 민간대차에 속하지 않는다. B는 금융기관 대출의 차입금계약에 속하며, 민간대차에 속하지 않는다.

다중선택 ○

왕모씨는 이모씨에게 자금을 대출하였고, 제출한 차입증명서에 기재한 원금은 총 100만원이고 차입기한은 1년이다. 차입기한이 완료된 후 이모씨는 아무런 원금과 이자도 상환하지 않았다. 왕모씨가 인민법원에 소송을 제기하는 경우 법원의 지지를 얻을 수 있는 것은?

A. 원금 100만원을 반환
B. 연이자율 24%에 따라 차입기간내 이자를 지급
C. 연이자율 6%에 따라 연체이자를 지급
D. 연이자율 24%에 따라 연체이자를 지급

답 A, C

해설 차입금 이자를 약정하지 않은 경우 이자를 지급하지 않는 것으로 간주하며 차입기간내 이자를 지급할 것을 요구하지 못한다. 따라서 B는 옳지 않다. 연체이자를 지급할 것을 요구할 수 있고, 차입기간내의 이자율을 약정하지 않았고 또한 연체이자율을 약정하지 않았으므로, 대출인이 차입인에게 상환일자를 연체한 일자로부터 연이자율 6%에 따라 자금을 적용한 기간내의 이자를 지급할 것을 주장하면 인민법원에서는 이를 지지하여야 한다.

Ⅳ 임대계약

1. 기한에 대한 규정

(1) 기한

임대기한은 20년을 초과하지 못하며 20년을 초과한 경우 초과된 부분은 무효이다.

(2) 비정기임대(不定期租赁)

1) 상황에 따른 처리

① 임대기한이 6개월 이상인 경우 반드시 서면형식을 채용하여야 하며, 서면형식을 채용하지 않은 경우 비정기임대로 간주한다.

② 임대기한에 대하여 약정이 없거나 약정이 불명확하고 《계약법》의 규정에 따라도 여전히 확정하지 못하는 경우 비정기임대로 간주한다.

③ 임대기한이 만료되었으며 임차인이 계속하여 임대물을 사용하고 임대인이 이의를 제출하지 않은 경우 원 임대계약은 계속하여 유효하다. 그러나 임대기한은 비정기임대로 본다.

2) 비정기 임대의 경우 쌍방 당사자는 모두 수시로 계약을 해제할 수 있다. 그러나 임대인의 해제는 반드시 합리적 기간 이전에 임차인에게 통지하여야 한다.

다중선택

계약법률제도의 규정에 따라 다음 임대계약 중 비정기임대인 것은?

A. 갑과 을은 서면으로 주택임대 계약을 체결하였으며 약정 임대기한은 30년이다.

B. 갑과 병은 구두상으로 약정하여 주택을 병에게 임대하였으며 임대기한은 3개월이다.

C. 갑과 정이 체결한 주택임대 계약은 임대기한에 대하여 약정하지 않았으며 계약법의 해당 규정에 따라 여전히 확정할 수 없다.

D. 갑과 무의 주택임대계약의 기한이 만료된 후 임차인 무가 계속하여 본 주택을 사용하고 갑이 이의를 제출하지 않았다.

답 C, D

해설 임대기간은 20년을 초과하지 못한다. 20년을 초과한 것에 대하여 초과한 부분은 무효이며 비정기임대가 아니다. A는 옳지 않다. 임대기간이 6개월 이상인 경우 반드시 서면 형식을 채용하여야 하며 서면형식을 채용하지 않은 것은 비정기임대로 간주한다. 그러나 임대기한이 3개월이며 6개월이 되지 않는 것은 구두상으로 약정할 수 있으며 정기임대이다. B는 옳지 않다. 임대기간에 대하여 약정하지 않았거나 약정이 불명확하며 《계약법》의 규정에 따라 여전히 확정하지 못하는 것은 비정기임대로 간주한다. C는 옳다. 임대기간이 만료되어도 임차인이 계속하여 임대물을 사용하고 임대인이 이의를 제출하지 않은 경우 원 임대계약은 계속하여 유효하다. 그러나 임대기한은 비정기임대이며 D는 옳다.

2. 쌍방의 의무

(1) 임대인

1) 임대인은 임대물의 수리의무를 이행하여야 하며 별도로 규정이 있는 경우는 그러하지 아니하다.

2) 임대인이 수리의무를 이행하지 않은 경우 임차인이 스스로 수리할 수 있으며 수리비용은 임대인이 부담한다.

3) 수리로 인하여 사용에 영향을 주는 경우 임대료를 감소시키거나 임대기한을 연장하여야 한다.

(2) 임차인

임대료 지급	1) 기한을 약정하지 않은 경우 : 보충협의 → 거래관습 → 1년 이하인 경우는 기한이 만기될 때 지급하고, 1년 이상인 것은 1년이 될 때 지급하며 나머지 부분은 기한기 만기될 때 지급 2) 임차인이 정당한 이유없이 임대료를 지급하지 않았거나 연체하여 지급하는 경우 : 합리적 기한 내 지급 → 합리적 기간내에도 지급하지 아니하면 임대인은 계약을 해제할 수 있다.
임의의 첨부 (任意添附)를 금지	임차인은 임대인의 동의를 거쳐 임대물에 대하여 개선하거나 혹은 타물을 증설할 수 있다. 만약 임대인의 동의를 거치지 않은 경우 임차인에게 원상회복 혹은 손실배상을 요구할 수 있다. 그러나 임대인은 계약해제를 요구할 수는 없다.

약정에 따라 사용	1) 임차인이 약정된 방법 혹은 임대물의 성질에 따라 임대물을 사용하여 임대물이 소모된 것은 손해배상책임을 부담하지 않는다.
	2) 임차인이 약정된 방법 혹은 임대물의 성질에 따라 임대물을 사용하지 않아 임대물이 손상되면 임대인은 계약을 해제할 수 있으며 동시에 손해배상을 요구할 수 있다.
임의전대 금지	1) 임차인이 임대인의 동의를 거치지 않고 전대한 경우 임대인은 계약을 해제할 수 있다.
	2) 임차인이 임대인의 동의를 거쳐 전대 : 임차인과 임대인의 임대계약은 계속하여 유효하며 제3자기 임대물에 대하여 조성한 손실은 임차인이 손해배상을 부담하여야 한다(위약책임을 부담).
	(주의) 임대인이 추궁할 수 있는 두 가지 선택
	① 임대인이 임차인의 위약책임을 추궁
	② 임대인이 제3자의 권리침해 손해배상 책임을 추궁

3. 매매가 임대에 영향을 미치지 못하는 규정(买卖不破租赁)

임대기간에 임대물의 소유권이 변경된 경우 임대계약의 효력에 영향을 미치지 않는다.

❑ (참조)

저당권과 임대가 병존하는 경우 : 임대가 먼저 발생하고 저당권이 후에 발생하였으면, 원 임대관계는 영향을 받지 아니한다. 다만, 저당권이 먼저 발생하고 임대가 후에 발생하였으면, 임대는 이미 등기한 저당권에 대항하지 못한다.

단일선택 ○

갑회사는 소유한 설비를 을에게 임대하였고 임대기간에 갑회사는 임대한 설비를 병회사에 매출하였다. 계약법률제도의 규정에 따라 다음 중 옳은 것은?

A. 갑회사는 임대기간에 임대한 설비를 매출하지 못한다.

B. 매매계약은 유효하며 원 임대계약도 계속하여 유효하다.

C. 매매계약은 유효하며 원 임대계약은 매매계약이 효력을 발생하는 일자로부터 종료된다.

D. 매매계약은 유효하며 원 임대계약은 반드시 병회사의 동의를 얻은 후 계속하여 유효하다.

답 B

해설 임대물이 임대기간내에 소유권이 변경되면 임대계약의 효력에 영향을 주지 않는다.

4. 주택(房屋)임대계약

(1) 주택임대의 무효

1) 무효에 속하는 경우

상황	불법건축	건설공정기획허가증(建设工程规划许可证)을 취득하지 않았거나 허가증의 규정에 따라 건설하지 않은 주택을 임대
	비준 미취득	임대인이 비준을 받지 않았거나 비준내용에 따라 건설하지 않은 임시건물
	기한초과	임대기한이 임시건물의 사용기한을 초과하면 초과된 부분은 무효이다.
처리	① 일심 법정 판결 종결 전 무효인 요소가 소멸되면 유효로 전환될 수 있다. ② 임대료를 청구하지 못한다. 그러나 약정한 임대료의 표준을 참조하여 건물점유에 대한 사용료를 지급할 것을 요구할 수 있다.	

2) 무효에 속하지 않는 경우 : 당사자가 건물임대 계약이 법률, 행정법규의 규정에 따라 등기등록(登记备案)수속을 하지 않은 것을 이유로 계약이 무효임을 주장하는 경우 인민법원은 이를 지지하지 아니한다(등기 여부는 계약의 효력발생에 영향을 미치지 않는다).

> **연결** 상품주택예매계약은 반드시 등기등록(登记备案)수속을 진행하여야 한다. 그러나 본 등기등록(登记备案)수속은 계약의 효력발생요건이 아니다. 당사자가 별도로 약정한 경우는 제외한다.

(2) 주택임대 중 임차인의 우선권

1) 대상 : 주택(房屋)에만 제한된다.

임대인이 임대한 주택을 매각하는 경우 반드시 매각전에 임차인에게 통지하여야 하며, 임차인은 동일한 조건하에 우선구매권을 향유한다.

2) 통지

일반적인 경우 15일 전에 임차인에게 통지하여야 하며, 임차인이 명확히 구매의사를 표명하지 않은 경우는 이를 포기한 것으로 본다. 경매의 경우 5일 전에 임차인에게 통지하여야 하며, 경매에 참여하지 않으면 이를 포기한 것으로 본다.

> **참조** 합리적 기간내에 통지하지 않은 경우, 임차인은 손해배상을 청구할 수 있다. 그러나 합리적 기간내에 통지하지 않았다는 이유로 임대인과 제3자간의 매매계약이 무효임을 주장하지 못한다.

3) 우선구매권의 예외

다음 상황 중 하나에 해당하는 경우 임차인이 주택의 우선구매를 주장하면 인민법원은 이를 지지하지 아니한다.

① 주택의 공유인이 우선구매권을 행사하는 경우

② 임대인이 건물을 근친족(近亲属)에게 매각하는 경우. 배우자, 부모, 자녀, 형제자매, 조부모, 외조부모, 손자녀, 외손자녀를 포함한다.

③ 임대인이 통지의무를 이행한 후 임차인이 15일 내 구매에 대하여 명확하게 의사표시를 하지 않은 경우

④ 제3자가 임대주택을 선의취득 하였으며, 이미 등기수속을 마친 경우

(3) 계속임차권

1) 임차인이 임대기간내에 사망하면 그와 생전에 공동 거주한 사람이 계속하여 본 주택을 임차할 수 있다.

2) 임차인이 주택을 임대하여 개인사업자 혹은 파트너방식(合伙方式)으로 경영활동에 종사하며 임대인이 임대기간 내에 사망, 실종 혹은 사망선고를 받은 경우 그의 공동 경영인 혹은 기타 파트너가 계속하여 본 건물을 임차할 수 있다.

5. 임대계약의 해제

(1) 쌍방이 해제권을 가지는 경우 : 부정기임대

(2) 임대인이 해제권을 가지는 경우

1) 임차인이 임대인의 동의를 얻지 않고 전대(재임대)하는 경우

2) 임차인이 기간내에 정해진 용도나 성질에 따라 사용하지 않아 임대물건에 손실을 입히는 경우

3) 임차인이 합리적 기간내에 임대료를 지급하지 않는 경우

(3) 임차임이 해제권을 가지는 경우

1) 임차인의 사유가 아닌 이유로 임대물이 훼손, 멸실되거나 또는 계약의 목적을 달성할 수 없는 경우

2) 임대물이 임차인의 안전과 건강을 해칠 수 있는 경우

 금융리스계약

1. 계약의 인정

(1) 의의

1) 금융리스계약의 개념 : 임차인이 매도인에 대하여 임대물을 선택하고 매도인이 임대물을 구매하여 임차인에게 사용하도록 제공하며 임차인이 임대료를 지급하는 계약이다.

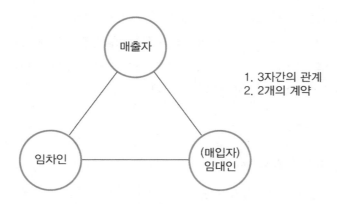

2) 판매후리스(售后租回): 임차인이 자신의 물건을 임대인에게 매도한 후 다시 금융리스계약을 통하여 본 임대물을 임대인에게서 임대하는 것을

말한다. 법원은 임차인과 매도인이 동일인인 것을 이유로 금융리스 법률 관계를 구성하지 않는다고 인정하여서는 아니된다.

(2) 금융리스계약의 형식

금융리스계약은 반드시 서면형식을 채용하여야 한다.

(3) 금융리스계약의 효력

임차인이 임대물의 경영사용에 대하여 반드시 행정허가를 받아야 하는 경우 인민법원은 단지 임대인이 행정허가를 취득하지 않은 것을 이유로 금융리스 계약이 무효라고 인정하여서는 아니된다(임대인이 허가를 취득하지 못하여 도 여전히 유효하다).

(4) 변경과 해제

1) 금융리스계약은 임의로 변경하지 못한다.

   임차인의 동의를 거치지 않으면 임대인은 임차인과 관련된 계약내용을 변경하지 못한다.

2) 금융리스계약은 임의로 해제하지 못한다.

   금융리스의 임대물은 임대인이 임차인을 위하여 특별히 구매한 것이며 임차인이 계약을 해제할 권리는 반드시 일정한 제한을 받아야 한다. 임차인은 정당하고 충분한 이유없이 계약을 해제하지 못한다.

3) 임대인이 그의 금융리스계약하의 부분 혹은 전부의 권리를 양도하는 경우, 양수인이 이것을 이유로 금융리스계약을 해제 혹은 변경할 것을 청구하면 인민법원은 이를 지지하여서는 아니된다.

2. 임차인

(1) 배상청구권(索赔权)

1) 임대인, 매도인, 임차인은 매도인이 매매계약의무를 이행하지 않으면 임차인이 배상청구권을 행사할 수 있고 임차인이 배상청구권을 행사하면 임대인이 반드시 협조하여야 한다고 약정할 수 있다(약정사항).

2) 임차인이 매도인에 대하여 배상청구권을 행사하는 것은 그가 금융리스계약의 임대료 지급의무를 이행하는데 영향을 미치지 아니한다. 그러나 임차인이 임대인의 기능에 의존하여 임대물을 확정하거나 임대인이 임대물의 선택에 관여한 것을 이유로 해당한 임대료 지급의무를 경감하거나 혹은 면제하는 것을 주장하는 경우는 제외한다(임대인의 과실이 있으면 임대료를 지급하지 않으며, 임대인의 과실이 없으면 임대료는 그대로 지급한다).

(2) 수령권

1) 매도인은 반드시 약정에 따라 임차인에게 목적물을 교부하여야 하며 임차인은 수령목적물와 관련된 매수인의 권리를 향유한다.
2) 수령거절

상황	임차인은 다음 상황 중의 하나에 해당하는 경우 임대물의 수령을 거절할 수 있다. ① 임대물이 중대하게 약정에 부합되지 않는 경우 ② 매도인이 약정된 교부기간 혹은 합리적 기간내에 임대물을 교부하지 않았고, 임차인 혹은 임대인이 최고 후 최고기간이 만료된 후에도 여전히 교부하지 않은 경우
효과	임차인이 임대물의 수령을 거절하는 경우, 임대인에게 즉시 통지하지 않았거나 정당한 이유없이 임대물의 수령을 거절하여 임대인의 손실을 조성한 경우, 임대인이 임차인에게 손해배상을 주장하면, 인민법원은 이를 지지하여야 한다.

(3) 수리의무

임차인은 반드시 임대물 점유기간의 수리의무를 이행하여야 한다.

(4) 위 험

임차인이 임대물을 점유하는 기간내에 임대물의 훼손, 멸실 등의 위험은 "임차인"이 부담하며, 임대인은 임차인에게 계속하여 임대료를 지급할 것을 요구할 수 있다. 그러나 당사자가 별도로 약정하였거나 법률에 별도로 규정이 있는 경우는 제외한다.

> **연결** 일반적인 임대 : 임차인의 책임이 아닌 사유로 인하여 임대물이 부분 혹은 전부가 훼손, 멸실된 경우, 임차인은 임대료를 감소시키거나 혹은 임대료를 지급하

지 않을 것을 요구할 수 있다. 계약의 목적을 실현하지 못하게 된 경우 임차인은 계약을 해제할 수 있다.

3. 임대인

(1) 임대료

1) 임대료 확정 : 약정에 의하며, 임대물의 구매원가 및 임대인의 합리적 이윤에 따라 확정한다.

2) 지급하여야 하는지 여부

① 임차인이 매도인에 대하여 배상청구권을 행사하는 경우, 그의 금융리스계약하의 임대료 지급의무 이행에 영향을 미치지 않는다. 그러나 임대인의 기능에 의존하여 임대물을 확정하거나 임대인이 선택에 관여한 경우는 제외한다.

② 임차인이 임대물을 점용하는 기간에 임대물이 훼손, 멸실의 위험은 임차인이 부담하며, 임대인은 임차인에게 계속하여 임대료를 지급할 것을 요구할 수 있다.

3) 임대료를 지급하지 않는 경우

임차인이 최고 후 합리적 기간내에 임대료를 지급하지 않으면 임대인은 임대료의 전부를 지급할 것을 요구할 수 있으며, 또한 계약을 해제하고 임대물을 회수할 수도 있다(전부지급 혹은 해제).

❏ 임대료와 관련된 해제권

① 임차인이 계약에 약정한 기한과 금액에 따라 임대료를 지급하지 않고 계약에 약정한 해제조건에 부합되며 임대인이 최고한 후 합리적 기한 내에 여전히 임대료를 지급하지 않은 경우

② 계약에 임대료를 지급하지 않아 계약을 해제하는 상황에 대하여 명확한 약정이 없으나, 임차인이 2기 이상 임대료를 지급하지 않았거나 혹은 금액이 전체 임대료의 15% 이상에 도달하며, 임대인이 최고한 후 합리적 기한 내에 여전히 임대료를 지급하지 않은 경우

---

(2) 목적에 부합되지 않는 경우

임대물이 약정에 부합되지 않거나 사용목적에 부합되지 않는 경우 임대인은 책임을 부담하지 않는다. 그러나 임차인이 임대인의 기능에 의존하여 임대물을 확정하거나 임대인이 임대물의 선택에 관여한 경우는 제외한다.

(3) 손해배상

임차인이 임대물을 점유하는 기간내 임대물이 제3자에게 인신상해 혹은 재산손해를 조성한 것에 대하여 임대인은 책임을 부담하지 않는다.

단일선택 ○

갑회사는 자신의 소유인 기계설비 2대를 을회사에 매출하였으며 동시에 을회사와 금융리스계약을 체결하여 해당 설비를 다시 임대하였다. 쌍방이 다음 상항에 대하여 약정이 없거나 법률에 특수규정이 없는 경우 서술 중 옳은 것은?

A. 금융리스계약에 해당하는 3자 간의 당사자의 조건에 부합되지 않으므로 금융리스를 구성하지 않는다.

B. 해당 계약은 서면계약일 수도 있고, 구두상 계약일 수도 있다.

C. 갑회사에서 임대한 설비를 점유하는 기간내에 설비의 훼손위험은 을회사가 부담한다.

D. 갑회사에서 임대한 설비를 점유하는 기간내에 설비가 훼손되는 경우에도 을회사는 갑회사가 계속하여 임대료를 지급할 것을 요구할 권리가 있다.

답 D

해설 본 문제는 금융리스계약에 관한 것이다. 판매후리스(售后租回)는 임차인은 자신이 소유한 물건을 임대인에게 매출하고 다시 금융리스계약을 통하여 임대물을 임대인에게서 임차하는 경우를 말한다.
법원은 단지 임차인과 매출인이 동일인이라는 것을 이유로 금융리스 법률관계가 구성되지 않는다고 인정하여서는 아니된다. 따라서 A는 옳지 않다. 금융리스계약은 반드시 서면형식을 채용하여야 한다. 따라서 B도 옳지 않다. 임차인이 임대물을 점용하는 기간내에 임대물의 훼손, 멸실의 위험은 "임차인"이 부담한다. 즉 갑회사가 부담하여야 한다. 따라서 C는 옳지 않다. 임차인이 임대물을 점용하는 기간내 임대물의 훼손, 멸실의 위험은 "임차인"이 부담하며 임대인은 임차인이 계속하여 임대료를 지급할 것을 요구할 수 있다. 그러나 당사자가 별도로 약정이 있거나 법률에 별도로 규정이 있는 경우는 제외한다. 즉 을회사는 갑회사가 계속하여 임대료를 지급할 것을 요구할 권리가 있다. 따라서 D의 설명은 옳다.

4. 재산귀속

(1) 소유권

임대기간	임대인은 임대물의 소유권을 향유한다. 임차인이 파산하는 경우에도 임대물은 파산재산에 속하지 않는다.
기한완료	1) 임대인과 임차인은 임대기한이 완료될 때 임대물의 귀속에 대하여 약정할 수 있다. 2) 임대물의 귀속에 대하여 약정이 없거나 혹은 약정이 불명확하며 《계약법》의 해당 규정에 따라서도 여전히 확정할 수 없는 경우 임대물의 소유권은 임대인에게 속한다.

(2) 선의취득

임차인 혹은 임대물의 실제사용인이 임대인의 동의를 거치지 않고 임대물을 전대하거나 임대물에 기타 물권을 설정하고 제3자가 《물권법》제106조의 선의취득제도의 규정에 따라 임대물의 물권을 취득한 경우, 임대인이 제3자의 물권이 성립되지 않음을 주장하는 경우 인민법원은 이를 지지하여서는 아니 된다. 그러나 다음 상황 중 하나에 속하는 경우는 제외한다.

1) 임대인이 임대물의 선명한 위치에 임대물임을 표시하며 제3자와 임차인이 거래시 본 물건이 임대물인 것을 알았거나 혹은 알 수 있었던 경우

2) 임대인이 임차인에게 임대물을 임대인에게 저당권을 설정할 권리를 부여하였고, 동시에 등기기관에서 법에 따라 저당권등기를 진행한 경우

3) 제3자와 임차인이 거래할 때 법률, 행정법규, 업종 혹은 지역주관부문의 규정에 따라 해당기관에서 금융리스거래 검색을 진행하지 않은 경우

4) 임대인은 제3자가 거래의 목적물이 임대물이라는 것을 알았거나 알 수 있었음을 증명할 수 있는 증거가 있는 기타 상황

다중선택 ○

다음 금융리스계약의 설명 중 옳지 않은 것은?

A. 임차인이 자산의 물권을 임대인에게 매출하고 다시 금융리스계약을 통하여 임대물을 임대인에게서 임차한 경우 인민법원은 단지 임차인과 매출인이 동일인이라는 것을 이유로 금융리스 법률관계가 구성되지 않는다고 인정하여서는 아니된다.

B. 임차인이 파산한 경우 임대물은 파산재산에 속하지 않는다.

C. 금융리스의 임대료는 당사자 사이에 별도로 약정이 있는 경우를 제외하고는 반드시 운용리스 동류설비의 시장임대료 및 임대인의 합리적 이윤에 근거하여 확정한다.

D. 임차인이 임대물을 점유하는 기간내 임대물의 훼손, 멸실의 위험은 임대인이 부담한다.

답 CD

해설 금융리스계약의 임대료는 별도로 규정이 있는 경우를 제외하고는 반드시 임대물의 구매원가 및 임대인의 합리적 이윤에 따라 확인한다. 따라서 C는 옳지 않다. 임차인이 임대물을 점유하는 기간에 임대물의 훼손, 멸실의 위험은 임차인이 부담하며 임대인이 임차인에게 계속하여 임대료를 지급할 것을 요구하는 경우 인민법원은 이를 지지하여야 한다. 그러나 당사자가 별도로 약정이 있거나 법률에 별도로 규정이 있는 경우는 제외한다. 따라서 D는 옳지 않다.

5. 계약해제

(1) 임대인의 해제권

1) 임차인이 임대인의 동의를 거치지 않고 임대물을 양도, 전대, 저당, 입질, 출자투자 혹은 기타 방식으로 임대물을 처분한 경우

2) 임차인이 계약에 약정한 기한과 금액에 따라 임대료를 지급하지 않았으며 계약에 약정한 해제조건에 부합되며 임대인이 최고한 후에도 합리적 기한 내에 여전히 지급하지 않는 경우

3) 계약에 임대료를 지급하지 않아 계약을 해제하는 상황에 대하여 명확한 약정이 없으나 임차인이 2기(期) 이상 임대료를 지급하지 않았거나 금액이 전체 임대료의 15% 이상에 도달하며, 임대인이 최고한 후에도 합리적

　　　　기한 내에 여전히 지급하지 않는 경우

　　4) 임차인이 계약의 약정을 위반하여 계약의 목적을 실현하지 못하게 된 기
　　　　타 상황

(2) 임차인의 해제권

　　임대인의 원인으로 임차인이 임대물을 점유, 사용하지 못하게 되어 임차인이
　　금융리스계약을 해제할 것을 청구하면 인민법원은 이를 지지하여야 한다.

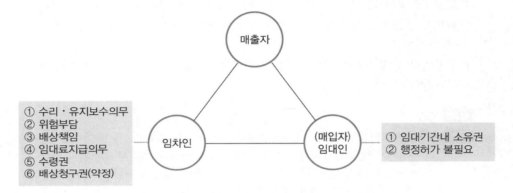

 건설공정(建設工程)계약

1. 계약의 성질

(1) 건설공정계약의 무효

상황	자질(资质)이 없음		건설시공기업의 자질(资质)을 취득하지 못하였거나 자질의 등급을 초월한 경우. 건설공정 준공 전에 해당 자질등급을 취득한 경우는 제외한다.
	자질을 빌린 경우		자질이 없는 실제 시공인이 자질이 있는 건축시공기업의 명의를 빌려 사용한 경우
	입찰하지 않음		반드시 입찰을 진행하여야 되나 입찰하지 않았거나 낙찰이 무효인 경우
처리	검수합격	계약무효	계약의 약정을 참조하여 공사대금을 지급할 것을 청구할 수 있다.

검수불합격		1) 수리회복 후 합격 : 공사발주자는 도급업자에게 회복비용을 부담할 것을 청구할 수 있다.
		2) 수리회복 후에도 불합격 : 도급업자는 공사대금을 지급할 것을 청구할 권리가 없다.

(2) 성 질

1) 건설공정계약은 반드시 서면형식을 채용하여야 한다.
2) 위탁감독관리계약은 공정발주자와 감독관리인이 서면형식으로 체결하며 반드시 위탁계약(委托合同)의 규정에 따라 집행한다.

단일선택 ○

갑회사와 을회사는 건설공정시공계약을 체결하였고, 을회사가 갑회사의 사무용 건물을 건설하기로 하였다. 그러나 을회사는 해당 건설시공기업자질이 없으며, 공정은 준공된 후 검수합격되었다.

계약법률제도의 규정에 따라 다음 서술 중 옳은 것은?

A. 계약무효, 을회사는 갑회사에 지급을 청구할 권리가 없다.

B. 계약무효, 을회사는 갑회사에 계약에 약정한 공사대금을 참조하여 지급할 것을 청구할 권리가 있다.

C. 계약유효, 을회사는 갑회사에 계약에 약정한 공사대금에 따라 지급할 것을 청구할 권리가 있다.

D. 계약이 유효하나 갑회사는 계약을 취소하고 동시에 공사대금의 지급을 거절할 권리가 있다.

답 B

해설 본 사례는 건설공정계약 무효의 규정에 관한 것이며, 규정에 따라 도급인이 건설시공기업자질을 취득하지 못하였거나 자질등급을 초월하여 체결한 건설공정계약은 무효계약에 속한다. 건설공정시공계약이 무효이지만 건설공정이 준공되어 검수합격되면 도급인은 계약의 약정을 참조로 공사대금을 지급할 것을 청구할 수 있다.

2. 분할 하도급(分包)과 하도급 이전(转包)

(1) 분할 하도급

1) 공사발주자의 동의를 거쳐 총 도급인은 자신이 도급한 "부분작업"을 자질이 있는 제3자에게 위탁하여 완성할 수 있다. 제3자는 그가 완성한 작업성과에 대하여 총 도급인과 함께 공사발주자에게 "연대책임"을 부담한다.

2) 주체구조(중요구조)의 시공은 반드시 총 도급인이 스스로 완성하여야 한다.

3) 분할하도급인(分包人)은 자신이 도급한 공정을 재차 분할하도급하지 못한다.

> 참조 ▶ 분할하도급 4가지 조건 = 동의 + 자질 + 다시 分包하지 못함 + 주체구조는 스스로 완성

(2) 하도급 이전

총 도급인은 자신이 도급한 건설공사 전부를 제3자에게 이전(转包)하거나 혹은 자신이 도급한 전부의 건설공사를 분할하여 분할하도급(分包)의 명의로 각각 제3자에게 이전(转包)하지 못한다.

3. 건설공사의 준공

상황	준공일
검수 합격	준공검수 합격일
도급인이 준공검수보고서를 제출하였으며 공사발주인이 검수를 연기하는 경우	도급인이 검수보고를 제출한 일자
준공검수를 진행하지 않았으며 공사 발주인이 무단으로 사용한 경우	건설공사를 이전 점유한 일자

> ❑ (보충)
>
> 검수를 진행하지 않았거나 검수 불합격인 경우 교부사용하지 못한다. 공사발주자는 건설공사가 준공검수를 진행하지 않고 사사로이 사용한 후 사용한 부분의 품질이 약정에 부합되지 않는 것을 이유로 권리를 주장하지 못한다. 그러나 도급인은 건설공사의 합리적 사용수명기간 내 지반기초공사와 주요구조품질에 대하여 민사책임을 부담한다.

다중선택 ○

다음 건설공사시공계약의 준공과 검수의 서술에 대하여 계약법률제도의 규정에 부합되는 것은?

A. 건설공사가 준공 검수합격되지 않으면 교부사용하지 못한다.

B. 건설공사가 준공 검수합격되면 건설공사 이전점유한 일자를 준공일로 한다.

C. 건설공사가 준공검수를 하지 않고 공사발주자가 사사로이 사용한 것은 공사 발주자가 사용을 시작한 날자를 준공일로 한다.

D. 도급자가 준공검수보고를 제출한 후 공사발주자가 검수를 연체하면 검수보 고서를 제출한 일자를 준공일로 한다.

답 A, D

해설 규정에 따라 건설공사가 준공검수에 합격되면 준공검수합격일을 준공일로 한다. 따라서 B는 옳지 않다. 건설공사가 준공검수를 진행하지 않고 공사발주자가 사사 로이 사용한 경우 건설공사를 이전점유한 일자를 준공일로 한다. 따라서 C도 옳 지 않다.

4. 대금지급

(1) 음양(陰陽)계약(이면계약)

당사자가 동일한 건설공사에 대하여 또 다른 건설공정시공계약을 체결하였 으며 등기등록(备案)한 입찰계약과 실질적내용이 일치하지 않는 경우, 등기 등록한 입찰계약서를 공사대금의 결산 근거로 한다.

(2) 자금대리지급(垫资)과 공사미수금(工程欠款)

1) 자금대리지급

① 자금대리지급원금 : 약정이 있으면 약정대로, 만약 약정이 없는 경우 에는 공사미수금의 규정에 따른다.

② 이자 : 약정이 있는 경우에는 약정에 따른다. 다만 약정한 이자율은 동기동일종류의 대여이자율을 초과하는 부분은 제외한다. 약정이 없 는 경우에는 이자를 청구할 권리가 없다.

2) 공사미수금

공사미수금의 이자에 관하여는 약정이 있는 경우 약정에 따르고, 약정이 없는 경우에는 동기동일종류의 대여이자율을 적용한다.

(3) 이자의 기산 시간

이자는 공사대금을 지급하여야 할 일자로부터 기산한다. 지급시기에 대하여 약정이 없거나 혹은 약정이 불명확한 경우, 다음 순서로 결정한다.

1) 교부일

2) 준공결산문서를 제출한 일자

3) 당사자가 소송을 제기한 일자

(4) 우선보상권(优先受偿权)

공사 발주자가 약정에 따라 대금을 지급하지 않는 경우 도급인은 공사 발주자에게 합리적 기간내에 대금을 지급할 것을 최고할 수 있다. 공사 발주자가 지급이 연체된 경우, 건설공사의 성질 때문에 처분, 경매하지 못하는 것 이외에 도급인은 공사 발주자와 협상하여 본 공사를 처분하거나 인민법원에 신청하여 본 공사를 법에 따라 경매처분 할 수 있다. 건설공사의 대금은 본 처분 혹은 경매한 금액에 대하여 우선보상을 받는다.

전제	공사 발주자가 약정에 따라 대금을 지급하지 않았거나 최고 후에도 여전히 지급하지 않는 경우
범위	지급하여야 하는 작업인원의 보수, 재료대금 등 실제 지출한 비용을 포함한다. 도급인의 공사발주자가 계약을 위반하여 조성한 손실은 포함하지 않는다.
행사	1) 우선보상권은 저당권과 기타 채권에 우선한다. 2) 소비자가 상품주택을 구매하고 전부 혹은 대부분의 대금을 지급한 후에는, 도급인이 본 상품주택에 대하여 향유하는 공사대금의 우선보상권은 매수인에 대항하지 못한다. (정리) 매수인 〉 도급인 〉 일반 저당권
기한	우선권을 행사하는 기간은 6개월이며, 준공일로부터 기산한다.

다중선택

A건축회사와 B식품회사는 건설공정계약 하나를 체결하여 A건축회사가 B식품 공장을 위하여 가족아파트 한 동을 건축하기로 하였다. 자료와 인건비를 포함하며 공사 총건설비용은 2,500만원이다. 공정이 적시에 준공된 후에 식품회사가 경영부실로 인하여 공사대금을 지급할 능력이 없는 경우 계약법의 규정에 따라 다음 중 옳은 것은?

A. A회사는 을식품회사에 합리적 기간내에 대금을 지급할 것을 최고할 수 있으며, 공사 발주인이 기간이 지나도 지급하지 않으면 A회사는 직접 인민법원에 신청하여 본 가족아파트를 경매로 처분할 것을 신청할 수 있고 또한 식품회사와 협상하여 본 아파트를 처분(折价)할 수 있다.

B. A건축회사는 본 아파트를 매출하여 취득한 대금을 식품회사의 기타 채권자와 함께 비례에 따라 배당한다.

C. 만약 모 주택의 매수인이 전액을 지급하였으면 A회사는 본 주택에 대하여 우선 보상권을 행사하지 못한다.

D. 만약 A회사가 건설공사의 준공일로부터 제8개월 후에 우선보상권을 행사하면 그의 주장은 받아들여지지 않는다.

답 A, C, D

해설 공사발주인이 기한이 연체되어 지급하지 않는 경우, 건설공사의 성질상 처분, 경매하지 못하는 경우를 제외하고는 도급인은 공사발주인과 협상하여 본공사를 처분(折价)하거나 인민법원에 신청하여 본 공사를 법에 따라 경매할 수 있다. 건설공사 도급인의 우선보상권은 저당권과 기타채권에 우선한다. 그러나, 소비자(매수인)가 상품아파트를 구매한 후 전부 혹은 대부분의 대금을 지급한 후에는 도급인의 본 아파트에 대하여 향유하는 공사대금의 우선보상권은 매수인에 대항하지 못한다. 건설공사 도급인이 우선권을 실행하는 기한은 6개월이며, 건설공정준공일 혹은 건설공정계약에 약정한 준공일로부터 기산한다.

기술계약

기술계약은 당사자간에 기술개발, 기술양도, 기술자문, 기술서비스에 대한 상호간의 권리와 의무를 약정한 계약을 말한다.

1. 기술계약

(1) 기술계약의 주체

1) 자연인, 법인, 기타조직을 기술계약의 주체로 할 수 있다.	
2) 주체 자격을 구비하지 않은 과학연구 조직에서 체결한 계약	단위(単位) 수권(授权) 혹은 추인(追认)을 받은 경우 단위에서 책임을 부담한다.
	수권과 추인을 받지 않은 경우 모든 구성원들이 책임을 부담하며 단위는 수익범위 내에서 상응하는 책임을 부담한다.

(2) 기술계약의 해제

기술계약 해제의 상황	일방이 이행을 지연하여 최고 후 30일 내에도 여전히 이행하지 않으며, 만약 최고 통지 중 기한을 첨부하였고 본 기간이 30일을 초과하는 경우 본 기간이 만기된 후 해제할 수 있다.

(3) 직무기술성과

인정 (认定)	1) 본직업무 혹은 단위에서 교부한 기타 기술개발 임무 2) 이직후 1년내 계속하여 원래 단위의 업무 혹은 교부한 임무와 관련된 기술개발 업무에 종사
권리귀속	직무 기술성과의 사용, 양도권은 단위에 귀속된다. 단위가 양도할 때 완성한 자는 우선 양수권을 향유한다.

2. 기술개발계약(서면계약)

기술개발계약은 당사자간에 신기술, 신제품, 신공정, 신재료 등의 연구개발에 대하여 권리의무를 약정하는 계약이다.

기술개발계약 중 기술성과의 귀속은 다음과 같다.

(1) 약정이 있으면 약정에 따른다

(2) 약정이 없을 때

특허기술	위탁개발	특허 신청권은 연구개발측(수탁자)에 속한다. 그러나 위탁자는 아래와 같은 권한이 있다. 1) 수탁인이 특허권을 취득할때 무료로 본 특허권을 실시사용 (实施) 2) 수탁인이 특허신청권을 양도할때 우선적으로 양수
	합작개발	합작 쌍방 공유 : 일방이 특허 신청을 동의하지 않으면 타방은 신청하지 못한다.
비특허기술		1) 당사자는 모두 사용권과 양도권이 있다. 2) 위탁개발계약 중 연구개발자는 위탁자에게 연구개발 성과를 교부한 후에서야 제3자에게 양도할 수 있다.

단일선택

A회사는 B연구원에 위탁하여 신기술을 개발하기로 하였다. B연구원에서는 본 임무를 본 연구원인 공정기술자인 C에게 맡겨 완성하기로 하였다. 기술성과의 특허신청권의 귀속에 대하여는 서로 약정하지 않은 경우 다음 중 옳은 것은?

A. A회사가 기술성과의 특허신청권을 취득한다.

B. B연구원이 기술성과의 특허신청권을 취득한다.

C. C이 기술성과의 특허신청권을 취득한다.

D. A, B가 공동으로 기술성과의 특허신청권을 향유한다.

답 B

해설 위탁개발하여 완성한 발명창조물은 당사인이 별도로 규정이 있는 경우를 제외하고는 특허신청권리는 연구개발인에 속한다. 직무기술성과의 사용권, 양도권이 법인 혹은 기타 조직에 속하는 것은 법인 혹은 기타 조직이 본 직무기술성과에 대하여 기술계약을 체결할 수 있다.

3. 기술양도계약(요식계약)

기술양도계약은 당사인 사이에 특허권양도, 특허신청권양도, 특허실시허가, 기술비밀양도에 대하여 체결하는 계약이다.

(1) 기술양도계약

당사인이 기술출자 방식으로 연합경영계약을 체결하거나 기술출자인이 경영관리에 참여하지 않으며 또한 원금보장 형식으로 기술대금 혹은 사용비용을 지급할 것을 약정하면 기술양도 계약으로 간주한다.

(2) 당사자의 의무

특허 신청권 양도	양도등기 진행 전 해제권	특허신청이 거절당한 것을 이유로 계약해제를 요구할 수 있다.
	당사자 변경 혹은 계약취소	계약이 성립될 때 상기 공개하지 않은 동일한 발명창조가 먼저 있는 경우 특허신청은 기각된다.
특허권 양도	양도전 양도인이 자체 사용(실시)한 것	별도로 규정이 있는 경우를 제외하고 양수인은 양도인에게 사용(실시)정지를 요구할 수 있다.
	양도전 타인이 사용(실시)하는 것을 이미 허가한 경우	원 계약의 효력에 영향을 주지 않는다.
특허실시 허가	독점허가, 배타허가, 일반허가 약정이 없는 것은 일반허가로 간주한다.	

 기타 계약

1. 증여계약

(1) 특징 : 편무계약, 무상계약, 낙성계약

(2) 증여인의 책임

1) 과실책임 : 증여인이 고의 혹은 중과실로 인하여 증여재산이 훼손, 멸실된 경우 증여인은 손해배상책임을 부담한다.

2) 하자담보책임 : 증여하는 재산에 하자가 있는 경우, 증여인은 책임을 부

담하지 않는다. 의무를 부여한 증여인 경우, 증여한 재산에 하자가 있으면 증여인은 부여된 의무 한도내에서 매도인과 동등한 책임을 부담한다.

(3) 취 소

1) 임의 취소 : 증여자는 증여재산의 권리가 이전하기 전에 증여를 취소할 수 있다. 그러나 구재(救災), 빈곤부양 등 사회공익, 도덕의무 성질을 구비한 증여계약 혹은 공증을 거친 증여계약은 취소하지 못한다.

2) 법정취소 : 비록 공증을 거쳤거나 공익목적이라도 다음의 상황이 있는 경우에는 증여계약을 취소할 수 있다.

증여인	증여인의 상속인, 법인대표인
① 수증인이 증여인 혹은 그의 근친족을 중대하게 침해 ② 수증인이 증여인에 대하여 부양의무가 있으나 이행하지 않는 경우 ③ 수증인이 증여계약에 약정한 의무를 이행하지 않는 경우	수증인의 위법행위로 인하여 증여인이 사망 혹은 민사행위능력을 상실한 경우
취소의 원인을 알았거나 알 수 있었던 날로부터 1년내	취소의 원인을 알았거나 알 수 있었던 날로부터 6개월내

(4) 증여계약 해제권

증여인의 경제상황이 현저히 악화되어 그의 생산경영 혹은 가족생활에 중대하게 영향을 주는 경우 증여의무를 계속하여 이행하지 않아도 된다.

단일선택

갑회사와 을소학교는 컴퓨터를 증여하는 계약을 체결하였다. 그후 갑회사는 법인대표를 변경하면서 증여계약을 이행하지 않으려고 한다.

다음 서술 중 옳은 것은?

A. 증여계약은 편무계약이므로 갑회사는 반언할 수 있다.

B. 갑회사는 증여물을 교부하지 않았으므로 증여를 취소할 수 있다.

C. 을소학교는 갑회사에 컴퓨터를 교부할 것을 요구할 권리가 있다.

D. 만약 갑회사가 서면형식으로 을소학교에 컴퓨터를 증여하지 않는다고 통지하면 갑회사는 더이상 책임을 부담하지 않는다.

답 C

해설 구재(救灾), 빈곤부양 등 사회 공익성질의 증여계약은 취소하지 못한다.

단일선택 ○

《계약법》의 규정에 따라 다음 상황 중 증여인이 증여를 취소할 것을 주장할 수 있는 경우는?

A. 장모는 차량 한 대를 김모에게 증여하기로 하였으며 이미 교부하였다.

B. 갑회사와 모 지진재해구역 소학교가 증여계약을 체결하고, 50만원을 증여하여 교수용건물을 수복하는 데 사용하기로 하였다.

C. 을회사는 모대학교에 스쿨버스 3대를 증여하기로 의사표시를 하였으며 쌍방은 증여계약을 체결하고 본 증여계약에 대하여 공증을 진행하였다.

D. 정모는 1대의 명품시계를 왕모에게 증여하려 하며 이미 교부하였다. 그러나 왕모는 증여계약에 약정한 계약의무를 이행하지 않았다.

답 D

해설 A중 증여물은 이미 교부하였고 B, C는 구재, 빈곤부양 등 사회 공중이익, 도덕의무성질을 구비한 증여계약 혹은 공증한 증여계약이다. 따라서 A, B, C는 임의로 증여를 취소하지 못한다. 수증인이 증여계약에 약정한 의무를 이행하지 않으면 증여인은 증여를 취소할 수 있다.

---

2. 도급(承揽)계약

(1) 제3자에게 교부

1) 도급자(承揽人)는 그가 도급받은 "주요작업"을 제3자에게 위탁하여 완성하는 경우 반드시 제3자가 완성한 작업성과에 대하여 도급요청자(定作人)에게 책임을 져야 한다. 도급요청자의 동의를 거치지 않은 경우 도급요청자는 계약을 해제할 수 있다.

2) 도급자는 그가 도급받은 "보조작업"을 제3자에게 위탁하여 완성할 수 있으며, 또한 본 제3자가 완성한 작업성과에 대하여 도급요청자에게 책임진다.

□ (비교) 도급과 건설공사의 제3자 하도급

제3자에게 하도급		요구	책임
도급	주요작업	동의가 필요	도급자(承攬人)가 부담
	보조작업	동의가 필요없음	도급자(承攬人)가 부담
건설공사	주요작업	NO	
	보조작업	동의가 필요	연대책임

(2) 검사

1) 도급자(承攬人)는 스스로 도급요청자(定做人)가 제공한 재료를 변경하지 못하며 수리할 필요가 없는 부품을 교체하지 못한다.

2) 도급자는 도급요청자가 제공한 도면 혹은 기술요구가 불합리한 것을 발견한 경우 즉시 도급요청자에게 통지하여야 하며, 도급요청자가 회신에 태만한 등의 원인으로 도급자에게 손실을 조성한 경우 손실을 배상하여야 한다.

3) 유치권

도급요청자가 도급자에게 보수 혹은 재료비를 지급하지 않는 경우 도급자는 완성한 작업성과에 대하여 유치권을 행사할 수 있다.

4) 해제권 : 도급요청자는 수시로 도급계약을 해제할 수 있으며 도급자에게 손실을 조성한 경우 손실을 배상하여야 한다.

단일선택 ○

계약법률제도의 규정에 따라 도급계약의 도급자의 다음 행위 중 계약위반을 구성하는 것은?

A. 도급자는 도급요청자가 제공한 도면이 불합리한 것을 발견하여 즉시 작업을 중지하고 도급요청자에게 통지하고 답변을 기다리기 위하여 작업을 적시에 완성하지 못하였다.

B. 도급자는 도급요청자가 제공한 재료가 불합격인 것을 발견하여 스스로 자신이 확인한 합격재료로 교체하였다.

C. 도급인은 도급요청자의 동의을 구하지 않고 그가 요청한 보조작업을 제3자

에게 맡겨 완성하였다.

D. 도급요청자가 적시에 보수를 지급하지 않아 청부인이 작업성과의 교부를 거절하였다.

 B

해설 도급자는 스스로 도급요청자(定作人)가 제공한 재료를 교체하지 못하며, 수리할 필요가 없는 부품을 교체하지 못한다.

3. 위탁계약

(1) 적용 : 인신속성을 구비한 사항(예: 결혼, 이혼, 자녀입양 등)은 위탁계약을 적용하지 않는다.

(2) 재위탁

1) 위탁자의 동의를 거쳐 수탁자는 재위탁할 수 있다. 위탁자는 위탁사무에 대하여 재위탁을 받은 제3자에게 직접 지시할 수 있으며, 수탁자는 단지 제3자의 선임 및 그가 제3자에 대한 지시에 대하여 책임을 부담한다.

2) 재위탁이 동의를 거치지 않은 경우 수탁자는 재위탁 받은 제3자의 행위에 대하여 책임을 부담한다. 그러나 긴급상황하에 수탁자가 위탁자의 이익을 유지하기 위하여 재위탁할 것이 필요한 경우는 제외한다.

(3) 익명(隐名)대리(이름을 감춘 대리)

1) 제3자가 알고 있는 경우 : 직접 위탁자와 제3자에게 구속력이 있다.

2) 제3자가 알지 못한 경우

① 제3자의 원인으로 위탁자에게 이행하지 못하는 경우 : 수탁자는 공시의무를 부담하며, 위탁자는 개입권을 행사할 수 있다.

② 위탁자의 원인으로 제3자에게 이행하지 못하는 경우 : 수탁자는 공시의무를 부담하며, 제3자는 선택권을 가진다.

(4) 비용과 보수

비용	수탁자가 위탁사무를 처리하기 위하여 대리지급한 필수비용은 위탁자가 본 비용 및 이자를 상환하여야 한다.
보수	1) 유상 혹은 무상 2) 수탁자의 책임이 아닌 사유로 위탁계약이 해제되거나 혹은 위탁사무를 완성하지 못하는 경우 위탁자는 반드시 수탁자에게 해당 보수를 지급하여야 한다. 당사자가 별도로 약정이 있는 경우는 약정에 따른다.

(5) 손실배상

유상	수탁자의 "과실"로 인하여 위탁자에게 손실을 조성한 경우 손해배상을 요구할 수 있다.
무상	수탁자의 "고의 혹은 중대한 과실"로 인하여 위탁자에게 손실을 조성한 경우 손해배상을 요구할 수 있다.

(6) 수시 해제

위탁자 혹은 수탁자는 수시로 위탁계약을 해제할 수 있다. 계약의 해제로 인하여 상대방에게 손실을 조성한 경우 당사자의 책임이 아닌 사유 이외에 반드시 손실을 배상하여야 한다.

> 참조 수시로 해제할 수 있는 계약 : 도급계약의 도급요청자(定做人), 위탁계약의 쌍방, 운송계약의 위탁자, 비정기임대계약의 쌍방

단일선택

계약법률제도의 규정에 따라 다음 위탁계약의 서술 중 옳은 것은?
A. 원칙상 수탁인은 재위탁할 권리가 있으며 위탁인의 동의를 구할 필요가 없다.
B. 무상위탁계약은 수탁인의 과실로 인하여 위탁인에게 손실을 조성한 경우 위탁인은 손실배상할 것을 요구할 수 있다.
C. 유상위탁계약은 수탁인의 책임이 아닌 사유로 위탁사무를 완성하지 못한 것에 대하여 위탁인은 보수지급을 거절할 권리가 있다.
D. 두 개 이상의 수탁인이 공동으로 위탁사무를 처리하는 경우 위탁인에 대하여 연대책임을 부담한다.

답 D

해설 위탁계약 중 위탁인의 동의를 거쳐 수탁인은 재위탁할 수 있으므로 A는 옳지 않다. 유상위탁계약에서 수탁인의 과실로 위탁인에게 손실을 조성한 경우 위탁인은 손해배상을 요구할 수 있다. 무상위탁계약에서 수탁인의 고의 혹은 중과실로 위탁인에게 손실을 조성한 경우 위탁인은 손실배상을 요구할 수 있으므로 B는 옳지 않다. 수탁인이 위탁업무를 완성한 경우 위탁인은 그에게 보수를 지급하여야 한다. 수탁인의 책임이 아닌 사유로 위탁계약이 해제되거나 위탁업무를 완성하지 못하는 경우 위탁인은 반드시 수탁인에게 해당 보수를 지급하여야 한다. 따라서 C는 옳지 않다.

제3편

중국진출 가이드

해외투자실무 가이드 제16장

제16장

해외투자실무 가이드

제1절 해외투자진출의 의의

해외투자진출은 투자대상국의 기업경영에 직접 참여하는 형태의 해외사업방식으로, 기업이 보유하는 유형의 경영자원이 자본과 인력뿐만 아니라 무형의 경영자원인 경영노하우, 기술 등을 해외에 포괄적으로 이전시키는 기업의 경영활동이다.

기업이 해외투자진출을 통해 글로벌 경영능력을 경험 및 습득하고, 세계시장에서 생존·성장할 수 있는 경쟁력을 확보하여 기업의 궁극적 목적인 이윤극대화를 실현할 수 있다는 데 의의가 있다.

해외투자진출은 기업이 국내시장에서 조달할 수 없는 생산요소에 대한 접근성을 제고하고 기업의 전략적 자산을 확보하는 동기로 작용하기도 한다.

제2절 해외투자진출의 유형

　해외투자진출 방식이 상호간 복잡하게 얽혀있어 실무적으로 경계가 분명치 않은 측면도 있으나 투자목적을 기준으로 살펴보면 자본의 이동과 함께 해외투자대상 기업에 대한 경영참여 여부에 따라 해외직접투자와 해외간접투자로 분류된다.

　해외직접투자는 일국의 기업이 타국에서 새로운 기업을 설립하거나 기존 외국기업의 지분을 인수하는 방법을 통한 직접적인 경영활동이며, 해외간접투자는 자본의 이동을 통한 이자나 배당소득 확보목적의 차익거래라는 측면에서 차이가 있다.

Ⅰ 해외직접투자

　해외직접투자(Foreign Direct Investment : FDI)는 해외에 신규 법인·공장 설립 및 지분인수를 통해 현지 투자대상 기업의 직접경영 및 사업관리에 참여함을 목적으로 하는 투자행위이다.

　해외직접투자는 소유권 정보에 따라 단독투자(Wholly-owned subsidiary), 합작투자(Joint Venture)로 구분되며, 단독투자는 진행형태에 따라 신설(Greenfield)과 인수합병(M&A)으로 분류된다.

| 해외직접투자의 유형 |

구분	내용
단독투자	모기업의 현지 투자대상 기업의 의결권주 95% 이상을 소유하는 형태로 해외에 진출하는 경우
합작투자	2개 이상의 기업, 개인 또는 정부기관이 영구적인 기반 아래 특정 기업체의 운영에 공동으로 참여하는 경우
신설	과거에 존재하지 않았던 기업을 새롭게 설립하여 해외시장에 진출하는 경우
인수합병	투자대상국에서 가동되고 있는 기업의 주식이나 자산 등을 매입하여 경영권을 확보하는 것으로 결합형태에 따라 신설합병 또는 흡수합병으로 분류

합작투자에 참여한 기업간 지속적이고 적극적인 협력관계가 유지된 경우에 한해 합작법인 설립이 전략적 제휴(Strategic Alliance)로 간주된다.

| 해외직접투자의 유형별 장단점 비교 |

구분	장점	단점
단독투자	• 자회사에 대한 통제 용이 • 불필요한 통합비용 방지	• 단독진출에 따른 시장적응력 저하 • 시행착오 위험 증가
합작투자	• 스피드(신규시장 적응력) • 경쟁사의 제거 • 회사의 자원과 역량 향상	• 통합에 따른 적응 비용 발생 • 자회사에 대한 통제가 어려움 • 문화적 이질감에서 오는 기업 역량 저하
인수합병	• 스피드(신규시장 적응력) • 파트너기업 자산에 대한 높은 통제력 • 경쟁자의 제거 • 부족한 경영자원 확보	• 인수합병 비용(프리미엄 발생 가능) • 양사 문화, 직원간 충돌 가능성 • 불필요한 통합 노력 필요

Ⅱ 해외간접투자

해외간접투자(Foreign Portfolio Investment : FPI)는 투자대상 기업의 경영활동에 참여하지 않고 단순히 투자자본에 대응하는 배당금이나 이자수입의 획득만을 목적으로 하는 주식 또는 채권투자 행위이다.

현지 투자가치가 높은 유망기업의 주식 획득 후 경영활동에 참여하지 않고 단순히 시세차익(이자 또는 배당금수익)만을 도모하는 국제증권투자의 형태로, 경영활동의 목적을 위한 외국법인의 주식 또는 출자지분의 취득과는 엄격히 구분된다.

제3절 해외직접투자의 방법

> 우리나라에서 허용되는 해외직접투자 방법으로는 ① 외화증권취득, ② 외화대부채권취득, ③ 외국에서 영업소를 설치, 확장, 운영 또는 해외사업 활동을 위한 자금 지급 등 크게 세가지가 있음(외국환거래법 제3조 제1항 제18호).

1. 외화증권취득(외국환거래법시행령 제8조 제1항 제1호, 제3호)

외국 법령에 따라 설립된 법인(설립 중인 법인 포함)의 경영에 참가하기 위하여 취득한 주식 또는 출자지분이 해당 외국법인의 발행주식 총수 또는 출자총액에서 차지하는 비율이 10% 이상인 경우

기 투자한 외국법인의 주식 또는 출자지분을 추가로 취득하는 경우

2. 외화대부채권취득(외국환거래법시행령 제8조 제1항 제4호)

상기 외화증권취득 방법에 따라 외국법인에 투자한 거주자가 해당 외국법인에 대하여 상환기간을 1년 이상으로 하여 금전을 대여하는 것

3. 해외영업소 설치, 확장, 운영 또는 해외사업 활동을 위한 자금 지급(외국환거래법시행령 제8조 제2항)

외국에서 영업소를 설치, 확장, 운영하거나 해외사업 활동을 영위하기 위한 자금을 지급하는 것

- 외국지점 또는 사무소의 설치비 및 영업기금
- 거주자가 외국에서 법인형태가 아닌 기업을 설치, 운영하기 위한 자금
- 해외자원개발 사업법 제2조에 따른 해외자원개발사업 또는 사회간접자본개발 사업을 위한 자금(단, 해외자원개발을 위한 조사자금 및 해외자원의 구매자금은 제외)

제4절 해외진출 관련 국내절차(신고제도)

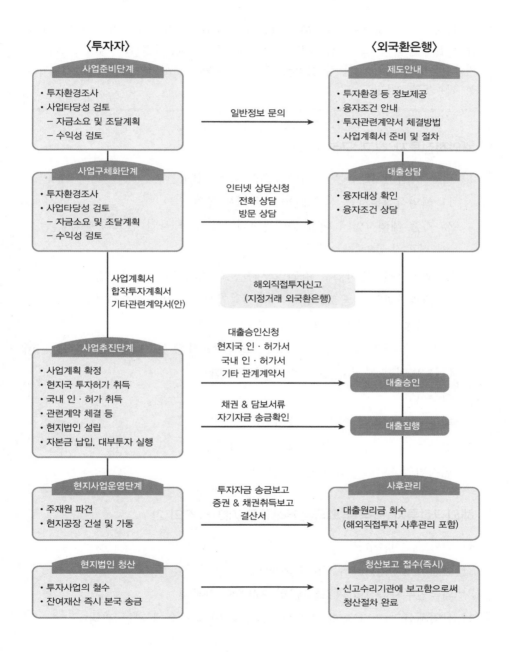

〈투자자〉

사업준비단계
- 투자환경조사
- 사업타당성 검토
  - 자금소요 및 조달계획
  - 수익성 검토

일반정보 문의 →

사업구체화단계
- 투자환경조사
- 사업타당성 검토
  - 자금소요 및 조달계획
  - 수익성 검토

인터넷 상담신청
전화 상담
방문 상담 →

사업계획서
합작투자계획서
기타관련계약서(안)

사업추진단계
- 사업계획 확정
- 현지국 투자허가 취득
- 국내 인·허가 취득
- 관련계약 체결 등
- 현지법인 설립
- 자본금 납입, 대부투자 실행

대출승인신청
현지국 인·허가서
국내 인·허가서
기타 관계계약서 →

채권 & 담보서류
자기자금 송금확인 →

현지사업운영단계
- 주재원 파견
- 현지공장 건설 및 가동

투자자금 송금보고
증권 & 채권취득보고
결산서 →

현지법인 청산
- 투자사업의 철수
- 잔여재산 즉시 본국 송금 →

〈외국환은행〉

제도안내
- 투자환경 등 정보제공
- 융자조건 안내
- 투자관련계약서 체결방법
- 사업계획서 준비 및 절차

대출상담
- 융자대상 확인
- 융자조건 상담

해외직접투자신고
(지정거래 외국환은행)

대출승인

대출집행

사후관리
- 대출원리금 회수
  (해외직접투자 사후관리 포함)

청산보고 접수(즉시)
- 신고수리기관에 보고함으로써
  청산절차 완료

해외직접투자 신고 및 사후관리

> 해외직접투자를 하고자 하는 우리나라 거주자(해외이주 수속 중이거나 영주권 등을 취득할 목적으로 지급하고자 하는 개인 또는 개인사업자는 제외)는 해당 외국환은행에 해외직접투자 신고를 한 후 해외투자를 하여야 함(외국환거래규정 제9-5조 제1항).

1. 해외직접투자 신고 구분

(1) 신규 사업신고(외국환거래규정 제9-5조 제1항)

　　1) 해외직접투자를 신규로 하고자 하는 경우

　　2) 기존 해외사업에 대한 증액투자신고도 신규 사업 신고에 준함

　　　　* 신고 전 필요절차 이행여부 확인

　　3) 해외자원개발사업 : 자원별 사전신고(해외자원개발사업법 제5조)

　　4) 해외건설업 : 국토교통부 해외건설업신고(해외건설촉진법 제6조)

(2) 내용변경 신고(외국환거래규정 제9-5조 제2항)

　　투자금액, 투자업종, 투자비율, 투자방법 등 기존 신고내용을 변경하는 경우 (현지법인의 자회사 및 손회사 설립 포함)

(3) 회수신고

　　대부투자 원리금 회수 후 즉시

(4) 청산보고(외국환거래규정 제9-6조 제1항)

　　현지법인 청산 시 분재잔여재산 회수 후 즉시

2. 해외직접투자 목적물(외국환거래규정 제9-1조의 2)

(1) 통화 등 지급수단

(2) 현지법인 이익유보금 및 자본잉여금

(3) 외국인투자촉진법 제2조 제1항 제9호의 자본재

(4) 산업재산권 기타 이에 준하는 기술 및 이의 사용에 관한 관리

(5) 해외법인, 해외지점, 해외사무소를 청산한 경우의 잔여재산

(6) 채권회수 대상에서 제외된 대외 채권

(7) 주식

(8) 기타 그 가치와 금액의 적정성을 입증할 수 있는 자산

3. 신규신고 대상

(1) 외환증권 취득

(2) 외화대부채권 취득

(3) 외국에서 영업소를 설치 및 확장, 운영하거나 해외사업 활동을 영위하기 위하여 행하는 자금의 지급

4. 해외직접투자 신고기관

(1) 금융위원회(금융기관의 해외진출에 관한 규정 제3조 1항)
금융기관이 금융, 보험업에 대한 해외직접투자의 경우(증액투자 포함)

(2) 금융감독원(금융기관의 해외진출에 관한 규정 제3조 1항)
금융기관이 금융, 보험업 이외의 업종에 대한 해외직접투자의 경우(증액투자 포함)

(3) 한국은행총재
1) 거주자의 역외금융회사 등에 대한 해외직접투자의 경우(금융기관외의 해외직접투자 관련업무)(외국환거래규정 제9-15조의 2 제1항)
2) 거주자의 현지법인, 그 자회사, 손회사 또는 해외지점이 역외금융회사 등에 대해 해외직접 투자를 할 경우(금융기관외의 해외직접투자 관련업무)(외국환거래규정 제9-15조의 2 제3항)

(4) 외국환은행장(외국환거래규정 제9-5조 1항)
주채권은행 : 주채무계열 소속기업체
1) 여신최다은행 : 거주자가 주채무계열 소속 기업체가 아닌 경우
2) 거주자가 지정하는 은행 : 그 밖의 경우

5. 해외직접투자 신고절차

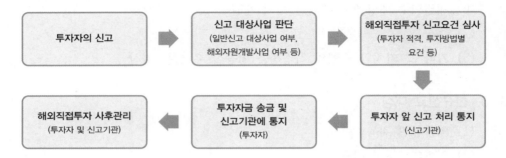

6. 해외직접투자 신고 시 제출서류(외국환거래업무 취급지침 제9장 제1절 제1관)

(1) 공동제출서류

1) 해외직접투자 신고서(규정서식 제9-1호)

2) 사업계획서(지침서식 제9-1호)

3) 투자자 확인서류
- 법인인 경우 : 사업자등록증 사본, 납세증명서(관할세무서장 발행)
- 개인사업자인 경우 : 사업자등록증 사본, 주민등록등본, 납세증명서 (관할세무서장 발행)
- 개인인인 경우 : 주민등록등본, 납세증명서(관할세무서장 발행)

(2) 추가제출서류

1) 대부 투자시 금전대차계약서

2) 합작 투자시 당해 사업계약서

3) 현물 투자시 현물투자명세표

4) 주식을 통한 직접 투자시 공인회계사법에 의한 회계법인의 주식평가에 관한 의견서

5) 관계기관으로부터 제재를 받은 후 사후신고를 하는 경우 제재조치에 대한 관련 서류

6) 취득예정인 현지법인 주식 또는 지분의 액면가액과 취득가액이 상이한

해외직접투자의 경우 차액의 적정성을 확인 받기 위한 전문평가기관, 공
인회계사 등의 평가서 또는 의견서

7) 해외직접투자 관련 매 송금시 납세증명서

(3) 보완서류

1) 신용불량자 여부 확인서류 : 투자기업체 및 기업체 대표자, 개인에 대한
납세증명서 및 신용 정보 확인서

2) 해외자원개발사업 : 해외자원이 광물인 경우 산업통상자원부 장관, 농축
산물인 경우 농림축산식품부 장관, 임산물인 경우 산림청장 신고필을 확
인하는 서류

3) 건설업에 대한 해외직접투자 : 국토교통부장관 신고필을 확인하는 서류

4) 기타 외국환은행의 장이 필요하다고 인정하는 서류

7. 해외직접투자 사후관리(외국환거래규정 제9-9조)

(1) 보고서 등의 제출

1) 외환증권(채권) 취득보고서 : 투자금액 납입 또는 대여자금 제공 후 6월
이내(지침서식 제9-10호)

2) 송금(투자) 보고서 : 송금 또는 투자 즉시(지침서식 제9-9호)

3) 연간사업실적 보고서 : 회계기간 종료 후 5월 이내
(지침서식 제9-15호, 지침서식 제9-15-1호, 지침서식 제9-16호, 지침
서식 제9-22호)

4) 청산 및 대부채권 회수보고서 : 청산자금 수령 또는 원리금회수 후 즉시
(지침서식 제9-14호)

5) 기타신고 : 신고기관의 장이 사후관리에 필요하다고 인정하여 요구하는
서류

(2) 외국환거래 관련 제재(위반행위 당시의 제재규정에 따름)

1) 행정처분

① 경고(외국환거래법 제19조 제1항)

- 외국환거래법에 따라 허가를 받거나 신고를 하였으나, 허가사항

또는 신고사항에 정해진 기한이 지난 후에 거래 또는 행위를 한 경우

- 위반금액이 미화 2만 달러 이하의 거래 또는 행위로서 규정에 따른 절차 준수, 허가 또는 신고의무를 위반하여 거래 또는 행위를 한 경우

② 외국환거래 정지, 제한 또는 허가 취소(외국환거래법 제19조 제2항)

- 최근 2년 이내에 신고 등의 의무를 2회 이상 위반한 경우

③ 과태료(외국환거래법 제32조 제1항)

- 미신고 또는 허위신고 후 자본거래를 한 경우
- 신고를 갈음하는 사후보고를 누락하거나 허위로 보고한 경우 등
- 위반행위가 2009. 2. 4. 이전에 발생했을 경우 외국환거래 정지, 제한 등 대상이며, 이후에 발생했을 경우 과태료 부과 대상임.

2) 벌칙

① 징역, 벌금(외국환거래법 제29조 제1항)

- 제18조에 따른 신고의무를 위반한 금액이 50억원을 초과한 경우

② 몰수, 추징(외국환거래법 제30조)

- 제29조 제1항 각 호의 어느 하나에 해당하는 자가 해당 행위를 하여 취득한 외국환이나 그 밖에 증권, 귀금속, 부동산 및 내국지급수단은 몰수
- 몰수할 수 없는 경우에는 그 가액을 추징

(3) 신용정보관리규약

1) 금융기관의 금융질서 문란 정보 등록 : 금융기관은 외국환거래법 위반자에 대하여 사유 발생일로부터 10일 이내에 등록 후 5년간 기록보존

비금융기업의 해외지사 설치신고 및 사후관리

1. 신고대상

외국에서 영업소를 설치, 확장, 운영하거나 해외사업 활동을 하기 위하여 자금을 수수하는 행위(외국환거래규정 제9-16조)

> ❏ **해외지사의 구분(외국환거래규정 제9-17조)**
> 1) 해외지점 : 독립채산제를 원칙으로 하여 외국에서 영업활동을 영위
> 2) 해외사무소 : 외국에서 영업활동을 영위하지 아니하고 업무연락, 시장조사, 연구개발활동 등비영업적 기능만을 수행하거나 비영리단체(종교단체 포함)가 국외에서 당해 단체의 설립목적을 부합하는 활동을 수행

2. 신고기관

(1) 비금융기관이 해외지사를 설치하고자 하는 경우, 지정거래외국환은행의 장에게 신고하여야 함(외국환거래규정 제9-18조 제1항)

(2) 금융기관이 해외지사를 설치하고자 하는 경우, 금융감독원 장에게 신고하여야 함(금융기관의 해외진출에 관한 규정 제3조 제1항)

3. 설치자격요건

(1) 해외지점을 설치하는 경우(외국환거래규정 제9-18조 제1항 제1호)
  1) 과거 1년간의 외화획득 설적이 미화 1백만 달러 이상인 자
  2) 기타 주무부장관 또는 한국무역협회장이 외화획득의 전망 등을 고려하여 해외지점의 설치가 필요하다고 인정한 자

(2) 해외사무소를 설치하는 경우(외국환거래규정 제9-18조 제1항 제2호)
  1) 공공기관
  2) 금융감독원
  3) 과거 1년간 외화획득실적이 미화 30만 달러 이상인 자
  4) 과거 1년간 유치한 관광객 수가 8천명 이상인 국제여행 알선업자

5) 과거 1년간 외화획득실적이 미화 30만 달러 미만인 자로서 2인 이상이 공동으로 하나의 해외사무소를 설치하고자 하는 자

6) 외화획득업자나 수출품 또는 군납품 생산업자로 구성된 협회 또는 조합 등의 법인

7) 중고기업협동조합

8) 국내의 신문사, 통신사 및 방송국

9) 기술개발촉진법령에 의하여 교육부장관으로부터 국외에 기업부설 연구소의 설치가 필요하다고 인정받은 자

10) 대외무역법에서 정하는 바에 의하여 무역업을 영위하는 법인으로서 설립 후 1년을 경과한 자

11) 기타 주무부장관 또는 한국무역협회장이 해외사무소의 설치가 불가피하다고 인정한 자(비영리단체 포함)

4. 해외지사의 폐쇄 등(외국환거래규정 제9-24조 제1항, 제2항)

(1) 해외지사의 명칭 또는 위치를 변경한 자는 변경 후 3개월 이내에 지정거래외국환은행의 장에게 그 변경내용을 사후 보고하여야 함

(2) 해외지사를 폐쇄할 때는 잔여재산을 국내로 즉시 회수하고 당해 해외지사의 재산목록, 대차대조표, 재산처분명세서, 외국환매각증명서류를 지정거래외국환은행에 제출하여야 함

다만, 해외에서 외국환거래규정에 의해 인정된 자본거래를 하고자 하는 경우에는 국내로 회수하지 아니할 수 있음

5. 해외지사에 관한 사후관리 등(외국환거래규정 제9-25조)

(1) 아래의 사후관리 관련 보고서를 지정거래외국환은행장에게 제출해야 함

1) 설치행위 완료내용 보고 : 신고일로부터 6월 이내

2) 부동산 취득 또는 처분내용 보고 : 취득 또는 처분일로부터 6월 이내

3) 해외지사의 연도별 영업활동 상황(외화자금의 차입 및 대여명세표 포함) 제출 : 해당 연도 종료일로부터 5월 이내

Ⅲ 금융기관의 해외직접투자 신고

> 금융기관의 해외직접투자는 대상 업종에 따라 금융, 보험업에 대한 투자와 금융,
> 보험업 이외의 업종에 대한 투자로 구분
> 1) 금융, 보험업에 대한 해외직접투자의 경우 금융감독원장을 경유하여 금융위
> 원회에 신고하여 수리를 받아야 함
> 2) 금융, 보험업 이외의 업종 및 역외금융회사 등에 대한 투자*는 금융감독원장
> 에게 신고하여야 함
> (* 금융기관의 해외진출에 관한 규정 제3조, 제7조 참고)
> 다만, 이미 투자한 외국법인이 자체이익유보금 또는 자본잉여금으로 증액
> 투자하는 경우로서 금융기관이 최대주주가 아닌 경우에는 사후에 보고할
> 수 있음

1. 은행

(1) 은행법에 의한 사후보고

 1) 은행이 해외에 자회사, 지점, 사무소를 신설 또는 폐쇄하거나, 외국 금융
  기관에 지분 투자하는 경우 그 사실을 금융감독원장에게 보고를 하여야
  함(은행법 제47조, 제65조 및 동법시행령 제3조의 3, 제26조의 2).

 2) 다만, 자회사 및 지점의 신설 시 아래 경우에 해당할 경우 금융위원회에
  사전에 신고하여야 함

  ① 은행의 BIS비율 10% 이하, 경영실태평가 3등급 이하

  ② 해당 진출국가의 국가신용등급이 B+ 이하이거나 국가신용등급이 없
   는 경우

  ③ 출자대상 현지법인의 신용등급이 B+ 이하인 경우

  ④ 국외현지법인 또는 국외지점이 은행의 업무이외의 업무를 수행할 예
   정인 경우

(2) 금융기관의 해외진출에 관한 규정에 따른 신고 또는 신고수리 절차

 1) 금융위원회 신고수리(금융기관의 해외진출에 관한 규정 제3조)

  향후 3년간의 사업계획서 및 예상수지계산서, 외화경비명세서 등을 첨부

하여 금융위원회에 신고하고 수리를 받아야 함(금융감독원을 경유하여 금융위원회에 제출)

2) 보고사항(금융기관의 해외진출에 관한 규정 제6조)

투자금액 납입 후 6개월 이내에 해외 자회사를 설치하였음을 증빙하는 보고서 등 필요 보고서를 금융감독원에 제출

(3) 해외지사(지점, 사무소) 형태의 해외점포

1) 금감원 신고(수리)(금융기관의 해외진출에 관한 규정 제8조)

지사 설치에 따른 외화소요경비 등을 첨부하여 금감원에 신고(수리)를 받아야 함

(지점) 3년간 사업계획서 및 예상수지계산서, 외화경비명세서

→ 신고수리

(사무소) 업무활동계획서, 외화경비명세서 → 신고

2. 증권, 보험회사 및 기타 금융기관 등

(1) 권역별 감독법규에 따른 사전승인(신고) 또는 사후보고 절차

1) 금융투자 권역(증권, 자산운용) : 해외점포 설치 후 사후보고(자본시장법 제418조)

2) 보험 : 자회사 소유 관련 사전승인 또는 신규(보험업법 제115조), 해외지사 설치시 사후보고(보험업법 제130조)

(2) 금융기관의 해외진출에 관한 규정에 따른 신고 또는 신고수리 절차

1) 금융위원회(또는 금융감독원) 신고수리(금융기관의 해외진출에 관한 규정 제3조, 제8조)

① 신규 해외직접투자 : 향후 3년간 사업계획서, 예상수지계산서 등을 첨부하여 금융위원회에 신고하여 수리를 받아야 함

② 해외지점 개설 : 향우 3년간 사업계획서, 예상수지계산서 등을 첨부하여 금융위원회에 신고하고 수리를 받아야 함

2) 사후설치 보고(금융기관의 해외진출에 관한 규정 제6조)

투자금액 납입 후 6개월 이내에 해외 자회사를 설치하였음을 증빙하는 보고서 등 필요 보고서를 금융감독원에 제출

금융기관의 해외직접투자 신고

> 해외에서 직접 또는 현지법인을 통하여 해외건설업을 영위하고자 하는 경우에는 국토교통부 장관에게 해외건설업 신고 등을 하여야 함(해외건설촉진법 제6조, 제10조).

1. 해외건설업 신규신고

신규자격 : 해외건설업을 하고자 하는 건설업, 전기공사업, 정보통신공사업, 엔지니어링 사업자, 건축사무소, 환경전문공사업, 해외공사수주 및 개발업 등 관련 업종의 국내 면허 또는 등록증 소지자

2. 해외건설업 변경신고

신고사항 : 상호, 대표자, 영업소재지의 변경이 있는 경우
신고기한 : 신고사항의 변경사유가 발생한 날로부터 30일 이내

3. 해외건설업 현지법인 설립신고 및 인수신고

신고기한 : 그 설립일 또는 인수일로부터 60일 이내

4. 벌칙 및 과태료

(1) 사위 또는 부정한 방법으로 해외건설업 신규신고를 한 자 및 신규신고를 하지 않고 해외 건설업을 영위한 자 : 1년 이하 징역 또는 1천만원 이하의 벌금(해외건설촉진법 제39조)

(2) 해외건설업 신고사항에 대한 변경사유 발생 시 30일 이내 변경신고를 하지 않은 경우 300만원 이하의 과태료(해외건설촉진법 제41조 및 동법시행령 제36조)

(3) 해외건설업 현지법인 설립신고 또는 인수신고를 그 설립일 또는 인수일로부터 60일 이내에 신고하지 않은 경우 : 100만원의 과태료(해외건설촉진법 제41조 및 동법 시행령 제36조)

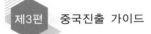
 해외건설공사용 기자재 무환반출 확인

> 해외건설공사의 원활한 공사수행을 지원하기 위해 해외건설 현장용 기자재의 무환반출입 확인을 통한 수출절차 간소화 지원(대외무역법시행령 제19조)

1. 대상 물품

- 해외건설공사용 소요 기자재
- 중고용품을 포함한 해외근로자용 일용품, 식료품 등

2. 대상 업체

해외건설촉진법에 따른 수주활동 상황보고 및 계약체결 결과보고를 이행한 업체

3. 검토 기준

- 해외건설공사용 소요자재인지의 여부 및 적정 여부
- 국내 재반입 여부
- 반출입 기자재의 국내 수요 균형 등을 고려한 정부시책과의 일치 여부

4. 확인 중지

- 관련기관으로부터의 협조 요청이 있을 경우
- 기자재의 용도가 해당 공사에 부적합할 경우
- 구비서류 및 내용의 불비

5. 확인신고 절차

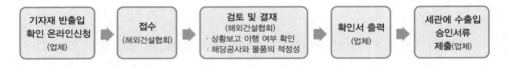

해외 자원(광물, 농축산물, 임산물)개발 사업계획 신고

> 대한민국 국민이 해외개발사업을 하고자 할 때에는 개발하고자 하는 해외자원이
> 광물인 경우에는 산업통상자원부장관, 농축산물인 경우에는 농림축산식품부장
> 관, 임산물인 경우에는 산림청장에게 신고(해외자원개발사업법 제5조, 제6조 및
> 해외농업, 산림자원 개발협력법 제7조, 제8조)

1. 해외자원 · 농업개발 사업계획 신고

(1) 신고자격 : 대한민국 국적을 가진 사람과 대한민국법률에 의하여 설립된 법인

(2) 신고서류 : 해외자원 · 해외농업 · 산림자원개발 사업계획서 신고서, 사업계
획서, 계약서(또는 이에 준하는 서류), 정관(법인인 경우)

(3) 신고대상

　　1) 해외광물자원 : 금광, 은광, 동광, 아연광 등 총 50개 광종

　　2) 해외농업자원 : 밀, 옥수수, 콩, 면화 등 농, 축산물

　　3) 해외산림자원 : 조림(산업 조림, 탄소배출권 조림, 바이오에너지 조림 −
팜유, 자트로파 등), 벌채, 임산물 가공업 등 산림 관련 사업

2. 해외자원 · 농업개발 사업계획 변경신고

(1) 신고사항 : 해외자원 · 해외농업 · 산림자원개발의 방법, 투자규모 및 투자비
율, 해외자원 · 해외농업 · 산림자원개발사업 계약의 상대방 등 변경 사항

(2) 신고서류 : 해외자원 · 해외농업 · 산림자원개발 사업계획 변경신고서, 변경
사유서, 관련 서류

3. 해외자원 · 해외농업 · 산림자원개발 사업계획 공동신고

신고사항 : 동일한 해외자원 · 해외농업 · 산림자원개발 사업에 대하여 2인 이상이
공동으로 신고를 하고자 하는 경우에는 대표자를 정하여 신고(공동신고인 명부 첨부)

4. 벌칙 및 과태료

(1) 신고 또는 변경신고를 하지 않고 해외자원을 개발하거나, 목적 외 사업을 하거나 또는 허위로 신고한 자, 반입명령을 받고도 정당한 사유 없이 개발자원을 국내에 반입하지 아니한 자 : 2년 이하의 징역 또는 2천 만원 이하의 벌금 (해외농업·산림자원개발협력법 제36조)

(2) 사업에 관한 보고를 하지 않거나 허위로 보고한 자, 사업에 관한 서류를 제출하지 않거나 허위의 서류를 제출한 자 : 300만원 이하의 과태료(해외자원개발사업법 제25조 및 해외농업·산림자원개발협력법 제38조)

5. 사업별 신고절차

(1) 해외광물자원개발 사업계획 신고

(2) 해외농업·산림자원개발 사업계획 신고

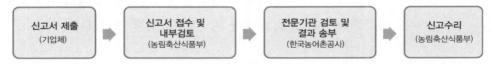

(3) 해외산림자원개발 사업계획 신고

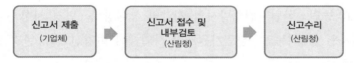

제5절 해외투자진출을 위한 체크리스트

Ⅰ 체크리스트의 필요성

(1) 해외투자는 국내투자와는 달리 국경을 벗어나 타국에 투자하는 것으로 법 제도나 문화, 언어, 경제여건, 산업발달, 정도 등과 같은 투자환경이 우리나 라와 다르고 현지정보 입수도 제한적인 수밖에 없어서 국내투자에 비하여 투자 리스크가 매우 높다.

해외투자가 결정되고 실행단계에 접어들게 되면 투자계획을 쉽사리 취소하 기도 힘들고, 취소하더라도 이미 투자된 비용과 계약된 내용에 따른 손실을 감수해야 하기 때문에 투자실행 이전에 투자여건을 철저히 조사하고 확인해 야 한다.

(2) 해외투자 계획단계에서 무엇을 조사할 것인지 체크리스트를 만들어 빠짐없 이 조사하여 사업계획에 반영한 후 사업성이 있다고 판단될 때에 투자결정 을 내려야 한다. 당연한 이야기 같지만 실제로는 이러한 단계를 거치지 않거 나 대충 넘어가는 경우도 의외로 많다.

(3) 투자를 실행하다 보면 크고 작은 문제가 발생하여 사업계획을 변경해야 하거 나 일정이 지연되고 심지어는 계획을 취소해야 하는 경우도 있다. 사전에 치 밀한 조사를 통해 사업계획을 수립한 기업이라면 문제 발생이 적거나 문제가 생기더라도 조기에 해결책을 찾아 정상화하기가 비교적 용이하다.

(4) 또한 상황이 달라질 경우 방향을 수정, 변경하여 적응할 수 있는 차선책, 즉 'plan B'를 마련해 두는 것이 좋다.

Ⅱ 조사항목 체크리스트

(1) 투자정보 조사 시에는 조사항목이 사업계획 및 사업타당성을 검토하는 데 어떻게 활용되는지를 생각하면서 조사해야 한다.

(2) 다음의 체크리스트는 전자제품이나 자동차 등 최종 소비자를 대상으로 하는 제품의 제조업 진출을 기준으로 정리한 내용이며 항목은 투자할 품목의 특성에 따라 적절히 수정하여 활용 가능하다.

1. 투자환경

(1) 투자할 국가 및 입지를 선정하는 데 있어 가장 중요한 고려요인은 투자목적이다. 즉 특정 국가의 내수시장 진출확대 또는 우회수출거점으로 활용이 목적인지 아니면 고급기술 습득 또는 원가절감이 목적인지를 명확히 해서 그에 맞는 국가를 선정해야 한다.

(2) 투자환경 조사단계에서는 투자목적대로 안정적인 사업을 추진할 수 있는지 타당성을 판단하기 위해 현지국가의 경제적인 성장성, 외국인에 대한 투자정책과 지원, 투자입지로서의 적합성 등을 조사한다.

2. 진출사업 환경

(1) 이 부분은 주로 내수시장 진출에 초점을 맞춰 조사를 하는 내용이다. 경제적 성장성이 있다 하여 투자할 대상 산업, 품목도 동반하여 성장이 되는 것은 아니므로 심도 있게 검토해야 한다.

(2) 현지 사업경험이 없을 때 현지사정을 비교적 쉽게 이해할 수 있는 방법은 현지에서 사업하고 있는 업체의 사업현황을 조사하는 방법이다. 토종 현지 기업과 외국투자기업으로 구분하여 조사하는 것이 좋다.

조사 방법은 직접 방문 조사하는 방법과 조사대상 업체와 거래관계가 있는 업체를 통한 조사, 관련기관에서 발간한 사례집을 통한 조사 방법 등이 있다.

(3) 진출사업 환경에 대한 조사가 완료되면 사업목표를 수립하고 판매 및 매출에 대한 계수 목표를 수립해야 한다. 판매목표는 투자금액에 직접적인 영향을

미치므로 시장상황 및 회사의 역량을 고려하여 수립해야 한다. 무리한 판매 목표 수립 및 투자로 인해 회사경영이 악화되는 사례가 자주 발생한다는 점에 유의해야 한다.

일반적으로 회사 내에 판매부서와 제조부서가 다르므로 판매부서는 의욕적으로 목표를 수립하고, 제조부서는 생산차질을 방지하기 위해 생산능력을 보유하려고 하는 경향이 강하므로 제반 정보와 예측을 바탕으로 적정 목표를 수립해야 한다.

3. 판매

(1) 판매는 4P(Product, Price, Place, Promotion)를 기준으로 조사해야 한다. 최종소비자를 위한 완제품 판매와 제품생산에 들어가는 부품 판매로 구분할 수 있으며 판매유형에 따라 조사내용에 차이가 있을 수 있다.

(2) 제품은 소비자들의 성향, 관습 및 구매 선호도를 조사하고 히트상품을 분석하여 현지 소비자들의 기호에 맞게 제품을 개발, 생산해야 한다. 국내에서 히트한 제품이라 하여 현지에서도 손쉽게 팔리겠지 하는 안이한 생각으로 도입하였다가 실패를 하는 경우를 볼 수 있다.

제품을 외관, 기능, 성능으로 구분하여 소비자 니즈, 사용 환경, 제품규격 등을 조사해야 한다.

4. 유통

(1) 유통 구조는 국내의 예를 보더라도 전자제품의 경우 직영점, 전문점, 할인점, 홈쇼핑, 인터넷판매, 방문판매 등 다양하며 유통마다 마진과 여신기한(외상판매), 반품조건도 다르므로 유통망에 대한 정확한 분석이 중요하다.

전체 유통망을 통한 판매는 인력과 자금 등 투자가 많이 수반되므로 자기 기업에 적합한 유통망을 선택해야 한다. 아무리 수익을 많이 내는 기업이라도 전 유통망에서 수익을 낼 수 없으며 전 유통망을 통해 판매하는 기업 또는 없다.

(2) 유통구조별로 가격이 형성되는 구조를 정확히 분석하여 유통비용을 줄이는 방법을 찾아야 회사매출액을 높일 수 있다. 이를 위해 제품의 모델별 가격구조를 만들어 볼 필요가 있다.

가격구조란 특정모델의 가격이 형성되는 구조를 정리한 표라고 할 수 있다. 즉 제품의 브랜드 및 가치에 따라 최종소비자에게 판매하는 가격을 정하고 그 가격을 맞추기 위해 발생하는 유통마진 및 각종 세금을 프로세스별로 정리하여 회사가 유통에 판매하는 가격(매출액)을 추정하는 것이다.

5. 물류

(1) 대형제품을 생산하는 제조업의 경우 물류비의 부담이 크고 물류비에 영향을 미치는 요소로는 운송회사, 운송수단, 운송거리, 운송기간, 운송비, 운송횟수 등이 있다. 각 요소별로 조사하여 최적의 방법을 찾아야 한다.

1) 물류거리에 영향을 미치는 중요한 요소는 공장입지이다. 입지의 선정은 내수 판매, 우회수출 또는 내수, 수출 병행 여부에 따라 달라진다. 내수는 시장에 근접한 곳, 수출은 항구에 근접한 곳, 병행은 규모가 큰 쪽을 우선한 입지선정이 되어야 한다. 그러나 입지를 선정하는 데 고려할 사항이 물류거리 외에 지가, 부품조달, 인력 및 유틸리티 수급 등을 고려해야 하므로 가장 효과가 큰 지역에 입지를 선정해야 한다.

2) 공장을 떠나 제품이 고객에게 전달되는 과정에서 트럭, 컨테이너, 항공 등 다양한 운송 수단이 있으며 어느 수단을 이용하는 것이 경제적인 것인지는 수출이냐 내수판매냐, 제품이 대형이냐 소형이냐, 고가품이냐 저가품이냐에 따라 달라진다.

3) 우송수단 중 특히 트럭의 경우는 국가별로 적재부하가 다른 경우가 있으며, 운송비는 운송거리, 운송횟수, 운송방법, 물동량 등을 고려하여 결정된다.

(2) 도로사정을 조사하는 것은 운송할 제품의 안전성을 검토하기 위해서이다. 도로 사정이 나쁜 경우는 제품에 파손 등 불량을 유발할 수 있으므로 포장을 보강하여 대비해야 한다.

(3) 물류창고는 거래처에 직납이 가능하면 운영하지 않는 것이 좋으나 부득이 물류창고를 운영할 필요가 있으면 직접투자 또는 제3자 물류창고 서비스를 이용할 수도 있다.

6. 공장부지

(1) 공장입지는 산업단지나 지역별로 투자유치를 위해 인센티브를 제공하는 지역을 중심으로 검토해야 한다. 입지는 입지선정 요소를 항목별로 평가하여 최적지를 결정해야 한다.

(2) 각 입지별로 직접투자 이외에 임차해서 사용할 공장건물이 있는지 아니면 공장건축 후 임대를 제공하는 공단 또는 업체가 있는지를 지역별로 조사하고 어떠한 방법으로 추진할지는 경제성 평가 후 결정해야 한다.

7. 투자

여기서 투자란 토지, 건물, 설비, 계측장비, 금형 등의 고정자산을 말하며 투자비는 앞쪽에서 언급한 내용에 따라 조사하고 결정해야 한다. 투자비 계획 수립 시 제품의 품질에 영향을 미치는 투자는 반드시 포함시켜 제품 품질 저하에 손실이 발생되지 않도록 예방해야 한다.

8. 부품조달

(1) 제조업의 원가항목 중에서 가장 많은 비중을 차지하는 것이 재료비라고 보면된다. 따라서 원가를 낮추고 이익을 증가시키는 데 있어 가장 크게 효과를 볼 수 있는 방법은 부품을 얼마나 저렴하게 조달하느냐 하는 것이다.

(2) 부품구매의 3대 원칙은 가격(Cost), 품질(Quality), 납기(Delivery)로, 이 3대 원칙에 따라 최상의 조건이 된다면 글로벌 소싱도 가능하다.
과거에는 부품현지화 비율을 중점적으로 관리하였지만 요즘은 그 중요도가 예전보다는 많이 낮아졌다. 그러나 진출한 국가에서 주변국가에 역내 수출시에 무관세 혜택을 받기 위해 의무적으로 일정비율의 역내 자재(Local Contents)를 사용해야 하기 때문에 관리는 필요하다.

(3) 해외 부품업체 인프라는 국내와 비교 시 열악한 경우가 많다. 국내에서는 핵심부품 이외의 대부분의 부품을 외부에서 구매해서 사용하고 있지만 해외에서는 직접부품을 제조해야 하는 경우가 있다. 이렇게 해외에서는 부품별로 국내와 동일한 방법으로 조달할 수 없으므로 현지 부품제조 인프라를 조사하여 대책을 수립해야 한다. 직접제조비가 낮더라도 관련 부품, 부자재를 현지에서 용이하게 조달하기 어려우면 현지생산의 경제성이 크게 떨어질 수 있다.

(4) 부품별 수입관세를 조사하려면 우선 HS Code(신국제 통일상품분류기호)를 알아야 한다. HS Code는 무역통계 및 관세분류의 목적상 수출입 상품을 숫자 코드로 분류한 것으로 보통 10단위로 구성되어 있는데 앞부터 6단위까지는 세계 공통이고 나머지 뒤의 4단위는 국가별로 차이가 있을 수 있으니 국가별로 확인이 필요하다.

1) 관세율은 현지국가의 관세청사이트나 관세율 책자를 조회하면 된다.

2) 수출용으로 부품을 수입 시 관세납부 후 환급을 받거나 수출용으로 신고하여 납부를 유예 받는 경우가 있는데 국가별로 적용기준이 다르므로 확인이 필요하다.

9. 노무

(1) 제조업의 해외투자 요인 중 인건비, 노사관계, 인력난을 해결하기 위해 노무 분야도 중요하다. 따라서 현지의 노동 관련법규 및 제도에 관한 자료를 입수하여 법정 근로시간, 노동조합, 직원채용 및 해고, 잔업 및 교대근무, 최저임금, 정규 및 비정규인력 운영, 각종 휴가, 휴직제도 등에 대해 조사가 필요하다.

(2) 인건비는 가급적 직급별로 과거 3~4년간 구체적인 비용 및 상승률을 조사하여 향후 추이를 전망해 보고 퇴직연금, 의료보험, 사회보장보험, 13th month pay 등 복지제도의 종류와 산출방법 등을 조사하여 총 인건비에 반영해야 한다.

(3) 노무관리에 활용할 수 있도록 현지인의 문화와 특성 등을 조사해야 한다.

10. 제조

(1) 해외에서 생산방식은 한국과 동일하게 할 필요는 없다. 노동력 확보 용이 정도, 인건비, 전력 등 투자여건과 투자전략에 따라 자동화 정도를 결정해야 한다. 한국에서는 외주화했던 공정도 사내에서 작업하는 것이 유리한지를 검토할 필요가 있다. 동종업체의 생산방식을 벤치마킹하여 가장 효율적인 생산방식을 결정하는 것이 일반적이다.

  1) 현지 여건상 외주생산이 어렵고 사내에서도 생산이 어려운 공정이나 부품이 있는 경우는 국내 관련업체와 동반 진출하는 방법도 검토가 필요하다.

  2) 현지생산 시 한국에서 과거에 생산하던 방식을 더 유용하게 적용할 필요성이 있는 경우가 있다. 그러나 과거에 사용되던 기술을 제대로 보존하지 않아 적용하지 못하는 경우가 있으므로 기업에서 개발한 기술은 꼭 보존될 수 있도록 관리해야 한다.

(2) 제조공정에서 사용되는 전기, 공업용수, 가스 등 유틸리티의 공급 원활 및 가격을 조사하여 입지 선정 시 반영한다.

  특히 전기사정은 공장가동에 직결되므로 비상 발전기 투자 등 철저한 대비책을 가지고 진출해야 한다. 또한 전기는 공장가동뿐만 아니라 전기로 작동되는 제품인 경우에 치명적인 영향을 미치므로 이에 맞춰 설계된 제품을 도입해야 한다.

(3) 투자가 많이 수반되는 공정은 가동률을 높여서 투자효율을 최대화해야 하기 때문에 교대근무 제도에 대해 상세하게 조사하여 생산라인 운영계획을 수립해야 한다.

11. 금융

투자규모와 필요한 운전자금 규모가 결정되면 자금을 조달할 방법을 찾아야 한다. 투자금은 전액 자기자본 또는 일부 타인자본을 통해 조달하는데 타인자본은 대개 금융권에서 차입하므로 차입 시 금리, 차입규모, 상환 등 조건이 유리한 금융권이 어디인지를 조사해야 한다.

  - 투자금을 절감을 위해 본사의 유휴설비 또는 라인 전체를 이전하여 활용할

수 있다. 현지에 설립되는 법인의 자본금을 현금 대신 현물로 출자하는 방식으로 투자하면 된다.

12. 조세제도

조세제도는 현지의 조세법을 참고하거나 현지 회계사나 세무사와 상담을 통해 세금의 종류(법인세, 개인소득세, 부가가치세, 특별소비세, 종업원 사회보장세 등), 세율, 납세방법, 과실 송금보장, 한국과 현지국가 간에 체결된 각종 협정(이중과세 방지협정, 사회보장협정, 투자보장협정 등)을 조사해야 한다.

13. 법인형태

법인형태별 장단점, 설립 & 신고절차, 설립비용에 대한 조사가 필요하다.
- 법인의 형태는 세금의 경중과 관련이 있으므로 어떤 형태를 선택할 것인지에 대한 결정은 변호사나 회계사와의 상담을 통해 결정하는 것이 좋다.

14. 회계

(1) 현지 회계사를 통해 회계기준 및 회계연도 등 관련 내용을 상담해야 한다.
(2) 이익금의 본국 송금 관련 현지 절세 방안에 대해 회계사와 상담할 필요가 있다.

15. 일반 환경

사업계획을 수립하고 현지생활에 신속히 적응하기 위해 인구수 및 인구구성, 상주 외국인 규모, 한국기업 진출현황, 진출업체의 성공·실패상례, 상관습 및 거래 시 유의사항, 비즈니스 에티켓, 비자 취득절차 등을 조사한다.
- 현지 거주를 위한 비자를 취득하기 위해서는 많은 시간이 소요되므로 현지에 진출해 있는 주재원들의 사례 및 한국에 나와 있는 대사관을 통해 절차를 세부적으로 알아보고 단축할 수 있는 방법을 찾아볼 필요가 있다.

16. 조사항목 체크리스트

구분	1단계	2단계	3단계
	시장조사	사업계획 수립	사업성분석(3~5개년)
투자 환경	• 투자국의 지리적 이점 • 사업여건 및 경제동향 • 경제성장률 및 환율 전망 • 정부의 투자정책 및 외국인 우대 정책 • 정부의 외자기업에 대한 열의 및 지원 • 세관, 세무, 노동관청의 행정 투명도 • 국가 투자위험도	• 투자배경, 타당성 검토	
진출 사업 환경	• 투자국의 지리적 이점 • 사업여건 및 경제동향 • 경제성장률 및 환율 전망 • 정부의 투자정책 및 외국인 우대 정책 • 정부의 외자기업에 대한 열의 및 지원 • 세관, 세무, 노동관청의 행정 투명도 • 국가 투자위험도	• 투자배경, 타당성 검토 • 중장기 사업목표 수립 (시장점유율 등)	• 판매 및 매출계획 수립
판매	• 소비자 성향, 관습, 구매 선호도 • 상위권 동종업체 마케팅 전략 → 4P(제품, 가격, 유통, 판촉) • 히트상품 조사 및 분석 • 제품규제(규격, 인증 등)	• 4P 계획 수립 → 제품 : 현지 특화 제품 도입계획 → 가격 : 경쟁사와 가격 포지셔닝	• 모델별 판가 산출 • 광고·판촉비 산출
유통	• 유통구조 • 유통채널별 특성 및 유통마진 • 유통채널별 매출채권 회수 (여신기한) • 판가결정 체계(Cost Structure)	→ 유통 : 진출유통 및 유통마진 계획 → 판촉 : 경쟁사와 차별화 계획	
물류	• 육상운송 외국인 투자 규제 여부	• 물류창고 운영계획 수립(제품, 부품)	• 물류비 산출(제품, 부품)

구분	1단계 시장조사	2단계 사업계획 수립	3단계 사업성분석(3~5개년)
	• 주요 산업단지와 주력 시장 간 또는 항구간 물류 → 도로사정, 운송 수단, 거리, 기간, 비용, 운송횟수, 운송회사	• 공장입지와 시장접근성 고려	
공장 입지	• 주요 산업단지 현황 • 산업단지별 투자 인센티브 • 산업단지별 입주기업 → 동종업체 및 관련 산업 업체 • 산업단지별 인프라 → 전력 등 에너지, 통신, 용수, 도로·시장 접근성, 지반 견고성, 인력수급 • 토지구입가 및 공장건물 임차 가능성	• 공장입지 결정	
투자	• 공해 및 환경오염 규제정도, 소방법, 환경보호 대책과 기업의 부담비용 • 건축법규 및 건축인허가 사항 • 건축회사 및 건축기간 • 토지·건축 직접투자비 및 건물 임차비 • 현지에서 구입 가능한 고정자산 • 제조설비 수입규제 여부 • 설비별 수입관세 및 면세 여부 • 일부 제조공정의 아웃소싱 가능성 • 고정자산 감가상각 기준	• 투자금액 결정 → 공장건물 투자 여부 (직접투자, 임차) → 공장 Layout → 생산능력 및 라인수 → 지체 생산 및 아웃소싱 공정 • 공장가동 목표일	• 투자금액 및 감가상각비 산출 • 직접투자와 임차시 비교 분석 • 고정자산 유지보수 비용 산출
부품	• 부품별 현지화 가능성 → 업체, 생산능력, 품질수준, 납기 • 부품별 수입관세 및 수출시 환급 여부	• 부품 수급계획 수립 → 수입 및 현지화 부품	• 재료비 산출 • 부품현지화율 산출

구분	1단계	2단계	3단계
	시장조사	사업계획 수립	사업성분석(3~5개년)
	• 수입부품의 구입처(글로벌소싱) • 소싱국가별 운송 기간, 비용, 운송횟수		
노무	• 노동법 → 법정근로시간, 노동조합, 직원 채용 및 해고, 잔업·교대근무 가능성 및 급여, 정규·비정규 인력운영 • 인력확보 용이성 및 채용방법 • 인력의 자질 및 노동관행 • 직급별 임금수준 및 복리후생기준 → 의료보험, 사회보장보험 등 • 현지인 강제 고용 규정	• 조직 운영계획 수립 → 조직도, 인력규모 • 인력 수급계획 수립 → 주재원 파견 → 정규직 및 계약직 운영 → 핵심인력 양성	• 인건비 및 복리후생비 산출
제조	• 동종업체 생산방식 • 유틸리티 수급 및 비용 → 전기, 공업용수, 가스 등 • 생산소모품 가격	• 라인 운영계획 수립 → 생산방식, 생산 공정 설계 교대운영	• 제조경비 산출 → 유틸리티 소요량 및 금액 → 소모품비 등
운전자금	• 매출채권 회수기간(제품) • 매입채무 지불기한(부품) • 제품 제조기간 및 부품 구매기간	• 운전자금 조달계획 수립	• 운전자금 산출 • 운전자금 회전주기 산출
금융	• 현지금융 이용 편의성 • 은행 거래조건 조사 → 차입조건, 차입액, 상환조건, 차입이자(장·단기) 등 • 현지은행 외국은행간 차입조건 비교	• 자금 운영계획 수립 → 자본금, 차입(장·단기) 규모 → 거래은행 결정	• 자본금 및 차입금 규모 산출 • 지급이자 산출
조세 제도	• 세금 종류, 세율 및 납세방법 → 법인세, 개인소득세, 부가가치세, 특별소비세 등 • 과실송금의 보장 • 이중과세방지, 사회보장협정 등	• 절세방안 수립	• 경상이익 및 순이익 산출 • 수익률 분석

구분	1단계	2단계	3단계
	시장조사	사업계획 수립	사업성분석(3~5개년)
법인 형태	• 법인형태, 설립절차, 비용, 해당관청 • 법인형태별 장단점 분석 • 세제, 설립용이성 등 • 국내 법인설립 신고절차 • 법인 철수절차	• 법인형태 결정	
일반 환경	• 인구수, 인구구성, 상주외국인 규모 • 한국기업 진출현황 • 진출업체의 성공 및 실패 사례 • 상관습 및 거래 시 유의사항 • 비즈니스 에티켓 • 비자 취득절차 등 • 회계연도 및 회계기준		

Ⅲ 해외투자 유의사항

해외투자는 국내투자보다 훨씬 복잡하고 까다로우며 사업 환경도 다르기 때문에 많은 위험성을 내포한다.

실제로 투자진출이나 현지운영 과정에서 많은 문제점이 나타나 투자진출이나 현지운영 자체를 어렵게 하는 경우가 발생하므로 하기 사항을 유의해야 한다.

1. 사업계획 수립에 충실하자.
2. 먼저 판매망을 확보한 후 투자하자.
3. 계약내용은 꼼꼼히 따져보자.
4. 동반진출 시에도 다른 거래선 개척을 소홀히 하지 말자.
5. 공장은 시스템을 먼저 구축한 후 가동하자.
6. 본사와 현지법인 간 거래기준을 만들고 준수하자.
7. 주재인력은 어학이 최우선 순위가 아니다. 그러나 중요하다.
8. 현지문화와 조화를 이루자.

제6절 조세제도

Ⅰ 직접외국납부세액 공제제도

내국법인의 각 사업연도의 과세표준금액에 국외원천소득이 포함되어 있는 경우 그 국외원천소득에 대하여 납부하였거나 납부할 외국법인세액이 있는 경우에는 세액공제 방법과 손금산입 방법 중 하나를 선택하여 적용할 수 있는 제도(법인세법 제57조 제1항)

1. 세제적용 대상

내국법인

2. 외국법인세액의 범위

- 초과이윤세 및 기타 법인의 소득 등을 과세표준으로 하여 과세된 세액
- 법인의 소득 등을 과세표준으로 하여 과세된 세의 부가세액
- 법인의 소득 등을 과세표준으로 하여 과세된 세와 동일한 세목에 해당하는 것으로서 소득외의수익금액 기타 이에 준하는 것을 과세표준으로 하여 과세된 세액

3. 외국납부세액공제방법 (아래 1), 2) 중 선택 적용)

(1) 해당 사업연도의 법인세액에서 공제하는 방법

1) 공제한도

$$\frac{외국납부세액}{공제한도액} = 산출세액 \times \frac{국외원천소득 - (감면대상\ 국외원천소득 \times 감면비율)^{**}}{법인세\ 과세표준}$$

** 조세특례제한법 : 기타 법률에 의한 면제 또는 세액감면의 대상이 되는 국외원천소득에 당해 면제 또는 감면비율을 곱하여 산출한 금액

① [국외원천소득]이라 함은 당해 사업연도의 과세표준금액에 포함되어 있는 국외원천 소득으로서 우리나라의 세법에 의하여 계산한 금액을 말하며, 이 경우 국외원천소득에 직접 또는 간접으로 대응하는 금액이 있을 때에는 이를 차감하여야 한다.

② [감면비율]은 실제로 감면받은 세액을 기준으로 한다.

③ 공제받을 외국납부세액은 산출세액을 초과할 수 없다.

2) 외국법인세액 공제한도 계산방법

국외사업장이 2개 이상의 국가에 있는 경우에는 국가별로 구분하여 계산

3) 외국법인세액의 이월공제

외국정부에 납부하였거나 납부할 외국법인세액이 공제한도를 초과하는 경우 그 초과하는 금액은 해당 사업연도의 다음 사업연도 개시일부터 5년 이내에 끝나는 각 사업연도에 이월하여 그 이월된 사업연도의 공제한도 범위에서 공제 받을 수 있다.

(2) 외국납부세액을 각 사업연도의 소득 금액 계산 시 손금에 산입하는 방법

4. 외국납부세액공제 적용절차

(1) 법인세 과세표준 신고 시 외국납부세액 공제세액 계산서 제출

(2) 외국정부의 국외원천소득에 대한 법인세의 결정·통지의 지연, 과세기간의 상이 등의 사유로 신고와 함께 제출할 수 없는 경우 또는 외국정부가 국외원천소득에 대하여 결정한 법인세액을 경정함으로써 외국납부세액에 변동이 생긴 경우에는 외국정부의 국외원천소득에 대한 법인세 결정통지를 받은 날부터 2개월 이내에 외국납부세액 공제세액계산서에 증빙서류를 첨부하여 제출할 수 있다.

간주외국납부세액 공제제도

국외원천소득이 있는 내국법인이 조세조약의 상대국에서 당해 국외원천소득에 대하여 법인세를 감면받은 세액상당액을 그 조세조약에서 정하는 범위 안에서 세액공제 또는 손금산입의 대상이 되는 외국법인세액으로 적용할 수 있는 제도 (법인세법 제57조 제3항)

1. 공제대상법인

다음 조세조약 체결국에서 발생되는 국외원천소득에 대하여 조약상대국으로부터 법인세를 감면 받는 내국법인

2. 외국법인세액의 범위

해당 국외원천소득에 대하여 감면받은 법인세액 상당액

3. 외국법인세액공제방법

직접외국납부세액공제제도의 외국납부세액공제방법과 동일

 간접외국납부세액 공제제도

내국법인의 각 사업연도의 소득금액에 외국자회사로부터 받는 이익의 배당이나 잉여금의 분배액이 포함되어 있는 경우 그 이익배당에 따른 외국법인세액 외에 외국자회사의 소득에 대하여 부과된 외국법인세액 중 일정금액을 세액공제 또는 손금산입되는 외국법인세액으로 적용할 수 있는 제도(법인세법 제57조 제4항)

1. 공제대상법인

외국자회사 발행주식총수 또는 출자 총액의 25%* 이상(해외자원개발사업을 영위하는 외국자회사의 경우에는 당해 외국자회사의 주식총수 또는 출자 총액의 5% 이상인 경우 포함)을 배당확정일 현재 6개월 이상 계속하여 보유하고 있는 법인으로서 해당 내국법인의 각 사업연도 소득금액에 외국 자회사로부터 받은 이익배당액이 포함된 법인

* 2014년 이전에는 10% 이상 보유한 경우 간접외국납부세액이 가능하였으나, 2015. 1. 1. 이후 개시하는 사업연도 분부터 25% 이상 보유한 경우로 적용요건 강화

2. 외국법인세액의 범위

$$\text{외국자회사의 해당 사업연도 법인세액} \times \frac{\text{수입배당금액}}{\text{외국자회사의 해당 사업연도 소득금액} - \text{외국자회사의 해당 사업연도 법인세액}}$$

2014년 이전에는 일정요건 충족 시 외국 손회사에 대한 외국납부세액공제를 적용하였으나, 2015. 1. 1. 이후 개시하는 사업연도분부터는 외국 손회사에 대한 간접외국납부세액공제 적용 배제

3. 외국법인세액공제 시기 및 방법

(1) 내국법인이 외국자회사로부터 받는 이익의 배당이나 잉여금의 분배액이 포함되어 있는 사업연도의 법인세 신고 시 적용

(2) 직접외국납부세액공제제도의 외국납부세액공제방법과 동일

Ⅳ 국외근로자의 비과세급여

국외 또는 「남북교류협력에 관한 법률」에 의한 북한지역에서 근로를 제공하는
받은 급여 중 일정금액을 비과세급여로 적용할 수 있는 제도(소득세법 제12조
제3호 거목)

1. 적용대상자

근로소득세

2. 비과세급여의 한도

월 100만원 이내의 금액

3. 비과세급여의 범위 및 계산

(1) 비과세급여는 월급여액과 한도액(100만원, 300만원)을 비교한 후 적은 금액
을 비과세하며 한도액에 미달하는 금액은 다음 달 이후의 급여에서 이월하
여 공제하지 않는다.

(2) 비과세급여에는 그 근로의 대가를 국내에서 받는 경우를 포함하여 "국외에
서 근로를 제공하고 받는 보수"는 해외에 주재하면서 근로를 제공하고 받는
급여를 말하므로 출장, 연수 등을 목적으로 출국한 기간 동안의 급여상당액
은 국외근로소득으로 보지 아니한다.

(3) 당해 월의 근로소득에는 당해 월에 귀속되는 국외근로로 인한 상여 등을 포
함하며, 국외근로 기간이 1월 미만인 경우에는 1월로 본다.

Ⓥ 이전가격 과세제도

> 과세당국은 거래당사자의 어느 한쪽이 국외특수관계인인 국제거래에서 그 거래
> 가격이 정상가격보다 낮거나 높은 경우에는 정상가격을 기준으로 거주자(내국
> 법인과 국내사업장 포함)의 과세표준 및 세액을 결정하거나 경정할 수 있는 제
> 도(국제조세조정에 관한 법률 제4조 제1항)
> - 동일한 정상가격 산출방법을 적용하여 둘 이상의 과세연도에 대하여 경정하
>   는 경우 산출된 정상가격을 기준으로 증액경정 및 감액경정을 한다.

1. 적용대상자

국외특수관계인과 국제거래를 한 거주자(내국법인 및 외국법인의 국내사업장 포함)

2. 국외특수관계인의 범위

(1) 외국에 거주하거나 소재하는 자(주주 및 출자자를 포함하여, 이하 "외국주
주"라 한다)가 내국법인 또는 국내사업장을 두고 있는 외국법인의 의결권
있는 주식(출자지분을 포함한다. 이하 같다)의 100분의 50 이상을 직접 또는
간접으로 소유한 경우 그 내국법인 또는 국내사업장과 외국주주의 관계

(2) 거주자·내국법인 또는 국내사업장을 두고 있는 외국법인의 의결권 있는 주
식의 100분의 50 이상을 직접 또는 간접으로 소유한 경우 그 거주자. 내국법
인 또는 국내사업장과 다른 외국법인의 관계

(3) 내국법인 또는 국내사업장을 두고 있는 외국법인의 의결권 있는 주식의 100
분의 50 이상을 직접 또는 간접으로 소유하고 있는 자가 제3의 외국법인의
의결권 있는 주식의 100분의 50 이상을 직접 또는 간접으로 소유한 경우 그
내국법인 또는 국내사업장과 제3의 외국법인(그 외국법인의 국내사업장을
포함한다)의 관계

(4) 거주자·내국법인 또는 국내사업장과 비거주자·외국법인 또는 이들의 국외
사업장의 관계에서 어느 한쪽과 다른 쪽 간에 자본의 출자관계, 재화·용역
의 거래관계, 자금의 대여 등에 의하여 소득을 조정할 수 있는 공통의 이해관

계가 있고, 일정한 방법으로 다른 쪽의 사업 방침 전부 또는 중요한 부분을 실질적으로 결정할 수 있는 경우 그 어느 한쪽과 다른 쪽의 관계

(5) 거주자·내국법인 또는 국내사업장과 비거주자·외국법인 또는 이들의 국외 사업장의 관계에서 어느 한쪽과 다른 쪽 간에 자본의 출자관계, 재화·용역의 거래관계, 자금의 대여 등에 의하여 소득을 조정할 수 있는 공통의 이해관계가 있고 제3자, 어느 한쪽 및 다른 쪽 간의 관계가 일정한 요건에 해당하는 경우 그 어느 한쪽과 다른 한쪽의 관계

3. 정상가격의 정의

(1) 정상가격이란 거주자, 내국법인 또는 국내사업장이 국외특수관계인이 아닌 자와의 통상적인 거래에서 적용되거나 적용될 것으로 판단되는 가격을 말한다.

(2) 정상가격의 산출방법은 비교가능 제3자 가격방법, 재판매가격방법, 원가가산 방법, 이익분할방법, 거래순이익률방법 중에서 가장 합리적인 방법을 선택하여 계산하며, 이들 방법으로 산출할 수 없는 경우에는 거래의 실질 및 관행에 비추어 합리적이라고 인정되는 방법을 적용한다(국제조세조정에 관한 법률 제5조).

4. 국제거래관련 자료 제출의무

(1) 국외특수관계인과 국제거래를 한 거주자는 정상가격 산출방법 신고서(무형자산에 대한 정상가격 산출방법 신고서, 용역거래에 대한 정상가격 산출방법 신고서, 정상가격 산출방법 신고서), 원가 등의 분담액 조정명세서, 국제거래 명세서, 국외특수관계인의 요약손익계산서 등을 법인세 과세표준의 신고인 함께 제출하여야 한다.

(2) 국외특수관계인과의 거래금액이 500억원을 초과하고, 매출액이 1,000억원을 초과하는 자는 국제거래정보통합보고서(개별기업보고서, 통합기업보고서)를 제출하여야 한다.

1) 개별기업보고서 : 계열그룹 내 개별법인에 대한 설명, 주요 특수관계 거래와 이에 대한 이전가격 정보, 재무현황 등

2) 통합기업보고서 : 계열그룹 내 특수관계인의 조직구조, 사업내용, 무형자산, 금융거래, 재무 및 세무현황 등

5. 과태료

(1) 신고기한까지 국제거래명세서 전부 또는 일부를 제출하지 아니하거나 거짓으로 제출한 경우 과태료(1천만원) 부과

(2) 제출기한까지 국제거래정보통합보고서 전부 또는 일부를 제출하지 아니하거나 거짓으로 제출한 경우 과태료(3천만원) 부과

(3) 정상가격 산출방법 신고서 등 이전가격 관련 신고첨부서류를 신고기한까지 제출하지 않는 경우 과세당국은 납세의무자에게 관련 자료를 제출할 것을 요구하고 과세당국이 요구한 신고첨부 서류 중 전부 또는 일부를 60일 이내에 제출하지 아니하거나 거짓으로 제출한 경우, 1억원 이하의 과태료가 부과될 수 있다(국제조세조정에 관한 법률 제12조).

 Ⅵ 해외현지법인명세서 등 제출(법인세법)

> 외국환거래법에 따른 해외직접투자를 한 내국법인은 법인세신고 시 해외현지법인명세서 등을 제출하도록 규정(법인세법 제121조의 2, 제121조의 3, 법인세법시행규칙 제82조 제1항 제60호)

1. 제출서식 및 대상자

(1) 해외현지법인명세서

외국환거래법 제3조 제1항 제18호 가목에 따른 투자를 한 내국법인 중 다음의 어느 하나에 해당하는 내국법인

구　분	제출의무자
① 외환법 §3 ① 18에 따른 해외직접투자한 모든 내국법인 및 거주자 　→ 子회사	내국법인
② 피투자법인의 10% 이상을 직·간접 소유하고, 그 피투자법인과 국조법상 　특수관계 있는 모든 내국법인 및 거주자 → 특정 孫회사	내국법인

□ **외국환거래법 제3조 제1항**

18. "해외직접투자 거주자가 하는 다음 각 목의 어느 하나에 해당하는 거래·행위 또는 지급을 말한다.
　가. 외국법령에 따라 설립된 법인(설립 중인 법인을 포함한다)이 발행한 증권을 취득하거나 그 법인에 대한 금전에 대여 등을 통하여 그 법인과 지속적인 경제관계를 맺기 위하여 하는 거래 또는 행위로서 대통령령으로 정하는 것
　나. 외국에서 영업소를 설치·확장·운영하거나 해외사업 활동을 하기 위하여 자금을 지급하는 행위로서 대통령령으로 정하는 것

(2) 해외현지법인 재무상황표

외국환거래법 제3조 제1항 제18호 가목에 따른 투자를 한 내국법인 중 다음의 어느 하나에 해당하는 내국법인

구　분	제출의무자
① 출자액 합계가 해외현지법인 총자본금의 10% 이상 소유하고 투자금액 　(증권, 대부)이 1억원 이상인 모든 내국법인 및 거주자 → 子회사	내국법인
② 피투자법인의 10% 이상을 직·간접 소유하고, 그 피투자법인과 국조법상 　특수 관계있는 모든 내국법인 및 거주자 → 특정 孫회사	내국법인

(3) 공동투자자도 모두 제출대상

1) 손실거래명세서

아래와 같이 외국법인에 투자를 하고 있는 경우 제출의무자에 해당

구 분	제출의무자
① 피투자법인의 10% 이상을 직·간접 소유하고, 그 피투자법인과 국조법상 특수 관계있는 내국법인 중 다음과 같은 - 법인세법 제121조의 2 제1항 제3호 또는 제4호에 따른 거래 건별 손실거래금액이 단일 사업연도 50억원 이상이거나 최초 손실이 발생한 사업연도부터 5년이 되는 날이 속하는 사업연도까지 누적 손실금액이 100억원 이상인 손실거래(법령 §164-2 ① 3)	내국법인

2) 손실 구분

구 분	내 용
내국법인	해외직접투자를 한 내국법인의 손실거래 (해외직접투자를 받은 외국법인과의 거래에서 발생한 손실거래로 한정한다)
해외현지법인	해외직접투자를 받은 외국법인의 손실거래 (해외직접투자를 한 내국법인과의 거래에서 발생한 손실거래로 제외한다)

3) 제출 구분

구 분	내 용
거래건별	거래건별 손실거래금액이 단일 사업연도에 50억원 이상인 경우
누적손실	최초 손실이 발생한 사업연도부터 5년이 되는 날이 속하는 사업연도까지 누적 손실금액이 100억원 이상인 경우

(4) 해외영업소 설치현황표

외국환거래법 제3조 제1항 제18호 나목에 따라 해당 사업연도 이전 또는 당해 사업연도 중에 해외지점 및 해외사무소를 설치한 모든 내국법인

(5) 해외부동산 취득 및 투자운영(임대)명세서

외국환거래법 제3조 제1항 제19호 라목에 따라 외국에 있는 부동산이나 이에 관한 권리를 취득하거나, 투자운용(임대)한 사실이 있는 내국법인

2. 내국법인의 해외현지기업에 대한 자료 제출 법제화 및 미제출시 과태료 부과 시행

1) 해외직접투자를 한 내국법인은 법인세 신고기한까지 해외직접투자의 명세(해외현지법인 명세서), 피투자법인의 재무상황(해외현지법인 재무상황표), 해외영업소의 설치현황(해외영업소 설치현황표), 손실거래명세서, 해외부동산 취득 및 투자운영(임대)명세서 등의 명세서를 관할 세무서에 제출해야 함.

2) 피투자법인의 발행주식총수 또는 출자총액의 100분의 10 이상을 직접 또는 간접으로 소유한 내국법인이 법인세 신고기한까지 미(거짓)제출하거나 추가자료 제출기한까지 미(거짓)제출한 경우에는 각각 1천만원 이하의 과태료를 부과(법인세법 제121의 3)

해외부동산 취득 및 투자운용(임대)명세서

법인 투자자(근거 : 2014.8.7. 입법예고「법인세법」개정안 §121의 2)

→ 2015년 1월 1일 이후 개시하는 사업연도 분부터 적용

- (제출의무자) 외국에 있는 부동산이나 이에 관한 권리를 취득하거나 또는 취득하여 투자운영(임대)한 사실이 있는 내국법인
- (제출기한) 법인세 과세표준 신고기한까지
  사업연도 종료일이 속하는 달의 말일부터 3개월
- (미제출 제제) 미제출시 및 세무서장의 자료제출요구 불응시 각각 5천만원 이하 과태료 부과 시행령에서 취득가액의 1%로 규정
- (비고) 개인 투자자에게만 의무를 부여하던 것을 법인 투자자에게로 확대 시행

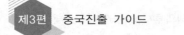

 해외현지법인명세서 등 제출(소득세법)

> 외국법인에 투자하거나 해외개인사업체, 해외지사(연락사무소 포함)를 설치한
> 거주자 또는 해외부동산 및 이에 관한 권리를 취득한 거주자는 종합소득세 신고
> 시 해외현지 법인명세서 등을 제출하도록 규정(소득세법 제165조의 2)

1. 제출서식 및 대상자

(1) 해외현지법인명세서

외국환거래법 제3조 제1항 제18호 가목에 따른 해외직접투자를 한 모든 거
주자(당해 사업연도 중 현지법인 청산·폐업 포함)

> ❑ 외국환거래법 제3조 제1항
> 18. "해외직접투자 거주자가 하는 다음 각 목의 어느 하나에 해당하는 거래·행
> 위 또는 지급을 말한다.
> 가. 외국법령에 따라 설립된 법인(설립 중인 법인을 포함한다)이 발행한 증
>   권을 취득하거나 그 법인에 대한 금전에 대여 등을 통하여 그 법인과 지
>   속적인 경제관계를 맺기 위하여 하는 거래 또는 행위로서 대통령령으로
>   정하는 것
> 나. 외국에서 영업소를 설치·확장·운영하거나 해외사업 활동을 하기 위하
>   여 자금을 지급하는 행위로서 대통령령으로 정하는 것

(2) 해외현지법인 재무상황표

외국환거래법 제3조 제1항 제18호 가목에 따른 투자를 한 내국법인 중 다음
의 어느 하나에 해당하는 거주자(공동투자자 각각 이 요건 충족 시 각각 제
출대상임)

① 피투자법인의 발행주식총수 또는 출자총액의 10% 이상을 소유하고 그
 투자금액이 1억원 이상인 자

② 피투자법인의 발행주식총수 또는 출자총액의 10% 이상을 직·간접 소유
 하고, 그 피투자법인과 국조법상 특수관계 있는 자

(3) 손실거래명세서

1) 아래와 같이 외국법인에 투자를 하고 있는 경우 제출의무자에 해당

구 분	제출의무자
① 피투자법인의 발행주식총수 또는 출자총액의 10% 이상을 직·간접 소유하고, 그 피투자법인과 국조법상 특수관계있는 거주자 중 다음의 경우 – 소득세법 제165조의 2 제1항 제3호 또는 제4호에 따른 거래 건별 손실거래금액이 단일 과세기간 10억원 이상이거나 최초 손실이 발생한 과세기간부터 5년이 되는 날이 속하는 과세기간까지 누적 손실금액이 20억원 이상인 손실거래(소령 §217–2 ① 3)	거 주 자 내국법인

2) 손실구분

구 분	내 용
거주자	해외직접투자를 한 거주자의 손실거래(해외직접투자를 받은 외국법인과의 거래에서 발생한 소실거래로 한정)
해외현지법인	해외직접투자를 받은 외국법인의 손실거래(해외직접투자를 한 거주자와의 거래에서 발생한 손실거래는 제외)

3) 제출구분

구 분	내 용
거래건별	거래건별 손실거래금액이 단일 과세기간에 10억원 이상인 경우
누적손실	최초 손실이 발생한 사업연도부터 5년이 되는 날이 속하는 사업연도까지 누적 손실금액이 20억 이상인 경우

(4) 해외영업소 설치현황표

외국환거래법 제3조 제1항 제18호 나목에 따라 투자를 한 거주자

(5) 해외부동산 취득 및 투자운영(임대)명세서

외국환거래법 제3조 제1항 제19호에 따른 자본거래를 한 거주자로서 다음 어느 하나에 해당하는 자

1) 해당 과세기간 중 외국에 있는 부동산이나 이에 관한 권리를 취득한 거주자

2) 해당 과세기간 중 외국에 있는 부동산이나 이에 관한 권리를 투자운용 (임대)한 거주자

2. 내국법인의 해외현지기업에 대한 자료 제출 법제화 및 미제출시 과태료 부과 시행

(1) 해외직접투자를 한 거주자은 종합소득세 신고기한까지 해외직접투자의 명세
(해외현지법인 명세서), 피투자법인의 재무상황(해외현지법인 재무상황표),
해외영업소의 설치현황(해외영업소 설치현황표) 및 해외부동산 등의 투자명
세(해외부동산 취득 및 투자운용(임대)명세서) 등의 명세서를 관할 세무서
에 제출해야 한다.

(2) 피투자법인의 발행주식총수 또는 출자총액의 100분의 10 이상을 직접 또는
간접으로 소유한 거주자가 종합소득세 신고기한까지 미(거짓)제출하거나
추가자료 제출기한까지 미(거짓)제출한 경우에는 각각 1천만원 이하의 과태
료를 부과(소득세법 제121의 3)

 해외자원개발 세제지원제도

> 해외자원개발사업 촉진을 위해 해외자원개발사업에 대한 특례규정을 두어 소득
> 세 · 법인세를 감면하는 등 세제 지원

1. 관련법

특례에 대한 일반사항은 해외자원개발사업법 제12조에서, 세부사항은 조세특례
제한법에서 규정

2. 종류 및 내용

종 류	내 용
① 해외자원개발 투자 배당소득에 대한 법인세 면제 (조특법 §22)	2015. 12. 31.까지 해외자원 개발사업에 투자하여 지급받는 배당소득이 내국법인의 소득금액에 포함된 경우 당해 자원보유국에서 그 배당소득에 대하여 조세를 면제받은 경우에 한하여 법인세를 면제 ※ 해외자원개발사업 : 농·축·수·임산물, 광물의 자원을 개발하는 사업 및 동자원의 가공사업 ※ 외국납부세액공제규정이 동시 적용되는 경우는 선택 적용
② 안전설비 투자 등에 대한 세액공제 (조특법 §25 ① 10)	내국인이 2017. 12. 31.까지 내국민이 해외자원 개발설비에 투자하는 경우, 당해 투자 금액의 100분의 3(중견기업 100분의 5, 중소기업 100분의 7)에 상당하는 금액을 소득세 또는 법인세에서 공제
③ 해외자원개발투자 회사등의 주식의 배당소득에 대한 과세특례 (조특법 §91의 6)	해외자원개발투자회사 및 해외자원개발투자전문회사의 주식을 보유한 거주자가 해외자원개발투자회사 등으로부터 2016. 12. 31.까지 받는 해외자원개발투자회사 등별 액면가액 합계액이 2억원 이하인 보유주식의 배당소득은 분리과세하고, 5천만원 이하에 대해서는 원천징수세율 9% 적용
④ 간접외국납부 세액 공제 (법인세법 §57 ⑤)	적용대상자 : 해외자원개발사업을 영위하는 외국자회사에 5% 이상 직접 출자한 내국법인 외국자회사로부터 수입배당금을 받은 경우, 동 수입배당금에 해당하는 외국자회사의 법인세를 세액공제
⑤ 해외자원개발 투자에 대한 세액공제 (법인세법 §57 ⑤)	해외자원개발사업자가 광물자원을 개발하기 위하여 2013. 12. 31.까지 투자나 출자를 하는 경우에는 해당 투자금액 또는 출자 금액의 100분의 3에 상당하는 금액을 법인세 또는 소득세에서 공제 다만, 내국인 또는 내국인의 외국자회사(내국인이 100%를 직접 출자한 경우)의 투자자산 또는 출자지분을 양수하는 방법으로 투자하거나 출자하는 경우에는 제외

Ⅸ 특정외국법인의 유보소득에 대한 합산과세 제도

경과세국 합산과세의 판정 흐름도(2014년도)

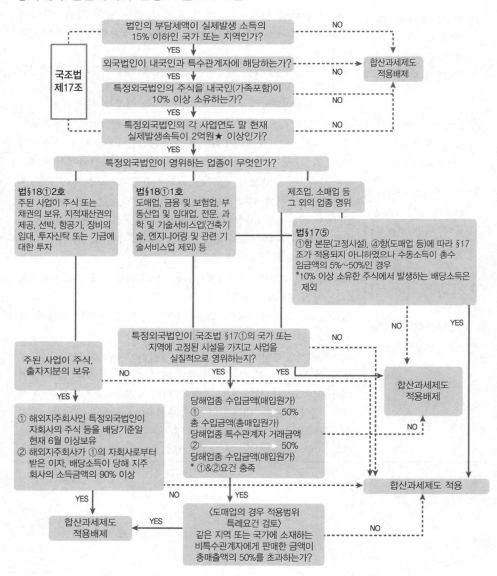

★ 2010.2.18. 국조령 §34의 2 개정시 2억원으로 완화(시행일 속한 연도부터 적용, 종전 1억원)

> 내국법인 또는 거주자가 경과세국(지역)에 자회사를 설립하여 여기에 소득을 유
> 보하는 경우로서 일정한 요건을 충족하는 경우에는 동 유보소득을 동 내국인에
> 게 배당한 것으로 간주하여 과세하는 제도(국제조세조정에 관한 법률 제17조)

1. 적용대상자

경과세국에 있는 특정외국법인의 사업연도말 현재 발행 주식의 총수 또는 출자
금액의 10%(2011. 12. 31. 이후 최초로 개시하는 사업연도부터) 이상을 직접 또는
간접으로 보유하고 있는 내국인(내국법인 또는 거주자)

2. 특정외국법인 및 경과세국 유보소득 과세제도의 개념

법인의 부담세액이 실제발생소득의 100분의 15 이하인 국가 또는 지역(이하 "경
과세국"이라 함)에 본점 또는 주사무소를 둔 외국법인 중 내국인과 특수관계(제2
조 제1항 제8호 가목의 관계에 해당하는지를 판단할 때에는 대통령령으로 정하는
비거주자가 직접 또는 간접으로 보유하는 주식을 포함)가 있는 외국법인("특정외
국법인")에 대하여 각사업연도말 현재 배당 가능한 유보소득 중 내국인에게 귀속
될 금액은 내국인이 배당받은 것으로 간주하여 내국인에게 소득세 또는 법인세를
과세하는 제도

3. 경과세국의 개념

경과세국이란 법인의 부담세액이 당해 실제발생소득(법인세차감전당기순이익)
의 100분의 15 이하인 국가 또는 지역을 말함(국조법 §17 ①).

이 경우「법인의 부담세액이 당해 실제발생소득의 100분의 15 이하인 국가 또는
지역」이라 함은 그 거주지국 세법에 의하여 당해 법인의 해당 사업연도를 포함한
최근 3사업연도의 법인세차감전당기순이익의 합계액에 대한 조세의 합계액이 동
법인의 최근 3사업연도의 법인세차감전당기순이익의 합계액의 100분의 15 이하인
국가 또는 지역(국조령 §30 ③)을 말한다.

4. 실제발생소득의 범위

법인의 실제발생소득의 범위는 해당 법인의 본점 또는 주사무소가 있는 국가 또는 지역에서 재무제표 작성 시에 일반적으로 인정되는 회계원칙에 따라 산출한 법인세차감전당기순이익을 말한다. 다만, 해당 거주지국에서 일반적으로 인정되는 회계원칙이 우리나라의 기업회계기준과 현저희 다른 경우에는 우리나라의 기업회계기준으로 적용하여 산출한 재무제표상의 법인세차감전당기순이익을 실제발생소득으로 봄(국조령 §29 ①)을 말한다.

5. 법인세차감전당기순이익의 개념 및 범위

법인세차감전당기순이익이란 외국법인의 거주지국 세법에 의하여 산출된 법인소득에 대한 조세 및 이에 부수되는 조세에 의하여 부담되는 금액을 차감하기 전에 순이익을 의미한다.

법인세차감전당기순이익의 범위는 주식 및 출자증권에 대한 평가이익 및 평가손실이 반영되어 있는 경우 그 평가이익을 빼고 평가손실을 더한 금액으로 하되, 해당 사업연도에 그 자산을 매각하거나 그 자산에서 생기는 배당금 또는 분배금을 받는 경우 그 사업연도 이전에 그 자산에 대한 평가손익이 있을 때에는 그 금액을 포함한다. 다만, 해당 거주지국에서 평가손익의 전부 또는 일부가 법인의 과세소득 계산 시 반영되어 있는 경우에는 그 평가손익을 더하거나 빼지 아니하는 것이다(국조령 §29 ②, ③).

6. 법인의 부담세액

특정외국법인이 실제로 부담한 세액은 당해 외국법인의 거주지국과 거주지국 외의 국가에서 납부한 세액을 포함하여 계산하는 것이며, 이월결손금이 산입됨으로써 감소된 세액도 포함하여 계산하여야 하다(국조령 §30 ②).

7. 업종별 경과세액 유보소득 배당간주 과세 적용

경과세국에 소재하는 특정외국법인의 업종에 따라 유보소득의 배당간주 과세가 달라진다.

업 종	규 정	특정외국법인의 고정시설 유무	
		있는 경우	없는 경우
제조, 건설, 농축수산업, 광업, 소매업, 정보처리업 등	국조법 §18 ① 본문	배당간주 안함	배당간주 과세
도매, 금융·보험, 부동산, 임대업 및 사업서비스업(정보처리 및 컴퓨터 운영관련, 건축기술 및 엔지니어링서비스 제외)	국조법 §18 ① 1	• 특수관계자와의 매출 또는 매입 거래비율이 50% 이상시 배당간주 • 단, 도매업의 경우 같은 국가 또는 지역 비특수관계자에게 50% 이상 매출시 배당간주 안함	배당간주 과세
주식, 출자지분 또는 채권의 보유, 지적재산권의 제공, 선박·항공기·장비의 임대, 투자신탁 또는 기금에 대한 투자	국조법 §18 ① 2 국조법 §18의 2	• 배당간주 과세 • 예외적으로 지주회사의 특례요건을 충족하는 경우 배당간주 과세되지 않음 　- 배당기준일 현재 6개월 이상 계속보유 　- 40% 이상 주식 또는 지분 보유 　- 같은 지역 또는 국가에 본점 또는 주사무소를 두고 있는 자회사로부터 받은 이자배당이 90% 이상 　- 국조법 제17조 제1항을 적용받지 아니할 것	

8. 경과세국 유보소득 배당간주 과세 하한선

특정외국법인의 각 사업연도 말 현재 실제 발생소득을 년으로 환산하여 2억원 이하이면 경과세국 합산과세제도를 적용하지 않는다.

> ❏ (참고) 해외현지법인이 명목상의 회사(Paper Company)인 경우의 처리
>
> 1) 해외현지법인이 명목상의 회사(Paper Company)인 경우 국조법 §17(특정외국법인의 유보소득에 대한 합산과세)의 규정을 적용하지 않는 것임.
>   : 실질적인 경제주체가 아닌 명목상의 자회사(Paper Company)를 설립하여 소득을 유보시키는 경우에는 법인격 존재를 전제로 하여 해외자회사의 배당가능이익의 과세이연을 방지를 목적으로 하는 국조법 §17의 규정이 적

용되지 않는 것이며, 국기법 §14 및 법법 §4의 규정에 의한 실질과세의 원칙을 적용하여 내국법인이 직접 투자한 것으로 보아 내국법인의 경리의 일부로 합산과세하여야 함(재국조 46017-102, 2000. 7. 27.)

 정상가격산출방법 사전승인(APA)제도

APA(Advance Pricing Arrangement 또는 Advance Pricing Agreement)란 납세자와 국외특수 관계자간 거래의 정상가격 산정을 위한 적정한 이전가격 결정방법을 과세당국과 사전에 합의하는 제도

1. APA의 목적

(1) 납세자와 국외 특수관계자와의 국제거래에 대한 과세당국의 이전가격 세무조사 불확실성 제거

(2) 이전가격 관련 세무조사 대응 등에 필요한 인력과 자금을 효율적으로 배분 가능

(3) 쌍방 APA의 경우 이전가격 승인내용에 따라 보상조정을 통하여 이중과세 문제 해결

2. 승인대상 거래

거래당사자의 일방 또는 쌍방이 비거주자 또는 외국법인인 거래로서 유형자산 또는 무형자산의 매매·임대차, 용역의 제공, 금전의 대부·차용 기타 거래자의 손익 및 자산에 관련된 모든 거래를 포함

3. 진행 절차

(1) 사전상담

APA를 공식 신청하기 전 APA 신청가능 여부 등에 관한 납세자와 APA 실무팀간 진행되는 회의로, APA 신청배경, 신청자의 적격성 여부, 주요쟁점

등에 대하여 논의

: 국세청은 APA 신청 후 원활한 심사를 위해 사전상담을 권장하고 있음

(2) 신청서 제출

APA 대상기간, 대상거래, 거래당사자 및 정상가격 산출방법 등을 기재한 「정상가격산출 방법의 사전승인신청서」를 APA 신청 대상기간의 최초 과세연도 종료일까지 국세청 국제협력담당관실 또는 상호합의팀으로 제출하여야 한다.

: 소급적용 신청의 경우 쌍방 APA는 5년, 일방 APA는 3년 내에서 소급하여 적용하도록 승인 가능

(3) 심사

일방적 APA의 경우 신청일로부터 2년내 처리

쌍방적 APA의 경우 상호합의 개시일로부터 5년(최장 8년)내 처리

(4) 사전승인의 효과 및 절차

신청은 APA가 승인된 경우 그 승인된 방법을 준수하여야 하고, 사전승인 내용대로 신고한 경우 동 신고는 정상가격에 의한 거래로 간주

쌍방 APA의 경우 상호합의절차를 통하여 체약상대국과 합의가 이루어진 경우에는 상호합의절차의 종료 다음날로부터 15일 이내에 합의내용을 신청인에게 통지하고, 신청인은 통지를 받은 날로부터 2월 이내에 그 동의 여부를 국세청장에게 서면으로 제출하여야 한다. 신청인으로부터 동의서를 제출받은 경우에는 그 제출을 받은 날로부터 15일 이내에 APA를 승인하고 이를 신청인에게 통지

: 단, 합의내용을 통지 받은 날로부터 2월 이내에 동의서를 제출하지 않는 경우는 당초 APA신청은 철회된 것으로 본다.

(5) 연례보고서의 제출

사전승인을 받은 납세의무자는 대상 사업연도의 과세표준 신고기간 다음날로부터 6개월 이내에 다음 사항을 포함한 연례보고서 4부를 국세청장에게 제출하여야 한다(국제조세조정에 관한 법률 시행령 제12호).

① 사전승인된 정상가격산출방법의 전제가 되는 근거 또는 가정의 실현 여부
② 사전승인된 정상가격산출방법에 의하여 산출된 정상가격 및 그 산출과정
③ 실제의 거래가격과 정상가격이 다른 경우에는 그 차이에 대한 처리내역
④ 기타 사전승인 시에 연례보고서에 포함하도록 정한 사항

(6) 사전승인의 취소 등

다음의 사유가 발생한 경우에는 국세청장은 사전승인을 취소 또는 철회할 수 있다.

① 연례보고서가 제출되지 않거나, 사전승인 신청 시 제출서류 또는 연례보고서의 내용 중 중요한 사항이 허위로 작성된 경우
② 거주자가 사전승인 내용 또는 그 조건을 준수하지 아니한 경우
③ 사전승인된 정상가격산출방법의 전제가 되는 조건이나 가정의 중요한 부분이 실현되지 아니한 경우
④ 관련법령 또는 조세조약의 변경으로 사전승인내용이 적절하지 아니하게 된 경우

4. 신청인의 권리보호

APA 신청시 부적절하다고 판단되어 사전승인을 하지 아니한 경우 제출된 모든 서류는 신청인에게 반환, 또한 신청인이 APA와 관련하여 제출한 자료는 APA의 심사 및 사후관리 용도로만 사용되며, 세무조사 등 용도로는 사용되지 아니한다.

해외금융계좌 신고제도

> 거주자 또는 내국법인이 보유하고 있는 해외금융계좌 잔액의 합이 해당연도 매월 말일 중 어느 하루라도 10억원을 초과하는 경우 그 해외금융계좌의 정보를 납세지 관할 세무서에 신고하는 제도(국세조세조정에 관한 법률 제34조~제37조)

1. 신고의무자

다음의 세 가지 조건에 모두 해당되어야 한다.

(1) 거주자 또는 내국법인으로서 신고의무면제자가 아닐 것
   - 국외에서 근무하는 공무원, 내국법인의 국외사업장 또는 내국법인이 100% 출자한 해외현지법인에 파견된 임원 또는 직원은 거주자에 해당하므로 신고의무가 있음에 유의

(2) 해외금융기관에 은행(예·적금)업무, 증권(해외증권 포함)의 거래, 파생상품(해외파생상품포함)의 거래를 위하여 개설한 계좌를 보유할 것

(3) 신고대상연도의 매월 말일 중 어느 하루라도 해외금융계좌에 보유된 잔액의 합이 10억원을 초과하는 경우가 있을 것

2. 신고대상 계좌 및 자산

(1) 신고대상 계좌는 해외금융기관에 보유된 은행계좌(예·적금), 증권계좌, 파생상품계좌, 그 밖의 금융거래를 위하여 개설한 계좌

(2) 본인 명의의 계좌 외에도 타인의 명의로 보유한 계좌와 공동명의로 보유한 계좌도 신고하여야 한다.

(3) 신고대상 자산은 현금과 주식(예탁증서 포함), 채권, 집합투자증권, 보험 상품 등 위 신고대상 해외금융계좌에 보유한 모든 자산

3. 신고내용과 방법

(1) 신고기간은 신고대상연도에 보유한 해외금융계좌의 정보를 다음해 6월 1일부터 30일까지 납세지 관할 세무서장에게 신고

(2) 신고방법은 신고기한 내에 「국세조세조정에 관한 법률 시행규칙」 별지 제21호 서식 "해외금융계좌신고서"를 작성하여 납세지 관할 세무서에 방문 혹은 우편으로 직접 제출하거나, 인터넷으로 홈택스에 접속하여 전자신고
: 해외금융계좌의 잔액을 입증하는 증빙 등 별도의 첨부하여야 할 서류는 없다.

4. 미(과소)신고자에 대한 제재

(1) 해외금융계좌 신고의무자가 신고기간내(매년 6월)에 해당연도의 해외금융계좌정보를 관할 세무서장에게 신고하지 않거나 과소 신고한 경우 과태료 부과대상자가 된다.

(2) 과태료 부과 세부기준

미(과소)신고 금액	과태료 부과기준
20억원 이하	해당 금액 × 10%
20억원~50억원 이하	2억원 + (해당금액 중 20억원을 초과한 금액 × 15%)
50억원 초과	6억5천만원 + (해당금액 중 50억원을 초과한 금액 × 20%)

※ 2011년 ~ 2014년 보유계좌에 대해서는 과태료율 4%, 7%, 10%를 적용(2010년 보유계좌는 3%, 6%, 9%

(3) 해외금융계좌 수정·기한 후 신고 시 과태료 감경
해외금융계좌 신고기간이 지난 후 수정 신고 또는 기한 후 신고한 경우 다음과 같이 과태료 감경

구 분	과태료 감경비율
수정 신고	6개월 이내 : 70% 6개월 초과 1년 이내 : 50% 1년 초과 2년 이내 : 20% 2년 초과 4년 이내 : 10%
기한 후 신고	1개월 이내 : 70% 1개월 초과 6개월 이내 : 50% 6개월 초과 1년 이내 : 20% 1년 초과 2년 이내 : 10%

(4) 해외금융계좌 정보를 미(과소)신고한 신고의무자는 납세지 관할 세무서장으로부터 신고의무 위반금액의 출처에 대한 소명을 요구받을 수 있으며, 소명하지 아니하거나 거짓으로 소명한 경우에는 미(거짓)소명 금액의 100분의 20에 상당하는 과태료를 부과한다.

(5) 해외금융계좌 신고의무자가 미(과소)신고한 금액이 50억원을 초과하는 경우 2년 이하의 징역 또는 신고의무 위반금액의 100분의 20 이하에 상당하는 벌금에 처한다.

(7) 해외금융계좌 신고의무자가 미(과소)신고한 금액이 50억원을 초과하는 경우에는 성명·나이·직원·주소·위반금액 등 인적사항을 공개할 수 있다.

국외특수관계인에 대한 지급보증 대가의 정상가격

해외자회사 등 국외특수관계인에 대하여 지급보증을 한 거주자(내국법인 및 외국법인의 국내사업장 포함)는 지급보증 용역대가를 국제조세조정에 관한 법률 제5조에 따라 정상가격으로 신고하여야 한다.

1. 지급보증의 개념

(1) 지급보증이란 채권·채무자가 아닌 제3자가 채무자의 채무불이행에 대하여 대신 변제할 것을 약속하는 행위(또는 그 증서)

(2) 지급보증은 채무보증과 이행보증으로 구분되며, 채무보증은 보증기관의 유무에 따라 직접보증과 간접보증으로 구분하다.

2. 지급보증 용역거래의 정상가격 산출방법

(1) 보증인의 예상 위험과 비용을 기초로 하여 정상가격을 산출하는 방법
(2) 피보증인의 기대편익을 기초로 하여 정상가격을 산출하는 방법
(3) 보증인의 예상 위험 및 비용과 피보증인의 기대편익을 기초로 하여 정상가격을 산출하는 방법

3. 지급보증 용역거래의 정상가격으로 간주하는 금액

(1) 지급보증계약 체결 당시 해당 금융회사가 산정한 지급보증 유무에 따른 이자율 차이를 근거로 하여 산출한 수수료의 금액(해당 금융회사가 작성한 이자율 차이 산정내역서에 의해 확인되는 것으로 한정한다)
(2) 피보증인의 기대편익을 기초로 하여 정상가격을 산출하는 방법으로서 국세청장이 정하는 바에 따라 산출한 수수료의 금액

| 채무보증 대가의 정상가격 결정(예시) |

특수관계인	신용등급	대출이자율	정상가격
모법인	3	Libor + 2%	차입금액 × 1% (3% - 2%)
해외자회사	5	Libor + 3%	

4. 채무보증 대가 제출서식 및 계산방법

국외특수관계인에 대한 채무보증이 있는 경우 국제조세조정에 관한 법률 시행규칙 서식 제8호(을) 서식인 지급보증 용역거래 명세서를 작성하여 제출하여야 한다.

> 지급보증 대가 = 차입금액(원) × 차입일수 / 365 × 정상요율

※ 기간별로 차입금액이 변동되는 경우 적수방식으로 연평균 차입금액을 계산

5. 지급보증 대가의 세무조정 방법

(1) 직접보증

　1) 익금산입 및 출자의 증가

　　모법인이 국외특수관계자인 해외자회사에게 지급보증을 제공하고 미(과소)수취한 정상대가 상당액을 모법인에 익금산입한 후 동 금액의 반환확인이 되지 않는 경우 귀속자에게 출자의 증가로 소득처분

(2) 간접보증

　1) 익금산입 및 출자의 증가

　　모법인의 보증의뢰에 의하여 보증기관이 대출은행에 보증신용장 등을 발행하여 국외특수관계자인 해외자회사가 지급보증을 제공받은 경우, 정상대가 미(과소)수취분 상당액을 모법인에 익금산입 후 동 금액의 반환확인이 되지 않는 경우 귀속자에게 출자의 증가로 소득처분

　2) 손금불산입 및 기타소득

　　모법인이 국외특수관계자인 해외자회사가 부담하여야 할 지급보증료(Stand_by L/C 개설수수료 등)를 대신 지급한 경우 대지급액은 업무무관비용에 해당하므로 손금불산입하고 귀속자에게 기타소득으로 소득처분

제**7**절 해외투자진출 국내 실무절차 FAQ

Ⅰ 해외직접투자 신고절차

해외직접투자의 방법에는 무엇이 있나요?

> 답 1) 우리나라에서 허용되고 있는 해외직접투자의 방법에는 외화증권취득, 외화대부채
> 권취득, 외국에서 영업소를 설치·확장·운영하거나 해외 사업 활동을 위한 자금지
> 급 등 크게 세 가지가 있습니다(외국환거래법 제3조 제1항 제18호).
> 2) 외화증권취득에 의한 해외직접투자는 아래와 같습니다.
> - 외국에서 사업을 영위하고자 외국법령에 의한 외국법인을 신규로 설립
> - 이미 설립된 외국법인의 경영에 참가하기 위해 당해 외국법인의 주식 또는 출
>   자지분을 취득하는 경우
> - 기 투자한 외국법인의 주식 또는 출자지분을 추가로 취득하는 경우로서 거주자
>   가 취득하는 주식 또는 출자지분이 당해 외국법인 발행주식총수 또는 출자총액
>   에서 차지하는 비율이 10% 이상 있어야 합니다(외국환거래법시행령 제8조 제1
>   항 제1호, 제3호).
> 3) 다만, 다음에 해당하는 실절적인 경제관계를 수립하는 경우에는 투자비율이 10%
>   미만이라도 가능합니다(외국환거래법시행령 제8조 제1항 제2호).
> - 당해 현지법인 또는 외국법인의 임원파견
> - 동 법인과 원자재 또는 제품의 1년 이상 매매계약 체결
> - 중요 제조 기술의 제공·도입 또는 공동연구개발 계약체결
> - 해외건설 및 산업설비공사 수주계약 체결의 경우에는 투자비율이 10% 미만이
>   라도 가능
> 4) 외화대부채권취득은 상기한 외화증권취득의 방법으로 이미 설립된 현지법인, 또는
>   국내투자자와 실질적인 경제관계를 수립한 (또는 수립하는) 외국법인에 대하여 동
>   외국법인에 투자한 거주자가 상환기간 1년 이상으로 금전을 대여하는 것을 말합
>   니다(외국환거래법시행령 제8조 제1항 제4호).
> - 외국에서 영업소를 설치·확장·운영하거나 해외사업활동을 영위하기 위한 자금
>   지급은 아래와 같습니다(외국환거래법시행령 제8조 제2항).
>   ① 외국에서 지점 또는 사무소의 설치비 및 영업기금
>   ② 외국에서 법인형태가 아닌 기업을 설치·운영하기 위한 자금

③ 해외자원개발사업법 제2조에 의한 해외자원개발사업 또는 사회간접자본개
발사업을 위한 자금(단, 해외자원개발사업을 위한 조사자금 및 해외자원의
구매자금 제외)

해외직접투자를 하고 싶은데 그 절차는 어떻게 되나요?

답 1) 현행 「외국환거래규정」 제9-5조(해외직접투자의 신고 등)에 따라 해외직접투자를
하고자 하는 우리나라 거주자(해외이주 수속중이 거나 영주권 등을 취득할 목적으
로 지급하고자 하는 개인 또는 개인사업자는 제외)는 아래에서 지정하는 외국환은
행의 장에게 해외직접투자 신고를 하고 해외투자를 할 수 있습니다.
① 주채무계열 소속 기업체인 경우에는 당해 기업의 주채권은행
② 거주자가 주채무계열 소속 기업체가 아닌 경우에는 여신최다은행
③ 제1호 내지 제2호에 해당되지 않는 거주자의 경우에는 거주자가 지정하는 은행
2) 이때 거주자는 외국환거래업무취급지침 제9장 제1절 「공통제출서류」·「추가제출
서류」 및 「공통 확인 및 유의사항」에서 정하는 소정양식을 작성한 후 신고기관에
제출·신고하고 투자하면 되며, 특히 외국의 법인과 합작으로 현지법인을 설립(인
수 및 지분참여 포함)하고자 하는 경우에는 합작파트너와 체결한 합작계약서(인수
의 경우 지분양수도 계약서)를 추가로 해당 신고기관에 제출하면 됩니다.
① 신고 후, 현금의 경우에는 지정 거래 외국환은행을 통하여 송금하면 되고, 현물의
경우에는 가까운 세관을 통하여 반출(투자)하면 됩니다.

해외직접투자 신고 시 제출하는 서류는 무엇인가요?

답 1) 공통 제출서류
① 해외직접투자신고서(외국환거래규정서식 제9-1호)
② 사업계획서(외국환거래업무취급지침서식 제9-1호)
③ 투자자 확인서류
  - 법인인 경우 : 사업자등록증 사본, 납세증명서(관할 세무서장 발행)
  - 개인사업자인 경우 : 사업자등록증 사본, 주민등록등본, 납세증명서(관할 세

무서장 발행)

    – 개인인 경우 : 주민등록등본, 납세증명서(관할 세무서장 발행)

  2) 추가 제출서류

    ① 대부투자 시 금전대차계약서

    ② 합작투자 시 합작계약서

    ③ 현물투자의 경우 현물투자명세표 2부

    ④ 주식을 통한 해외직접투자인 경우 공인회계사법에 의한 회계법인의 주식평가에 관한 의견서

    ⑤ 관계기관으로부터 제재를 받은 후 사후신고를 하는 경우 제재 조치에 대한 관련서류 → 제재조치 완료 후 신규에 준하여 사후 신고

    ⑥ 해외직접투자관련 매 송금 시 납세증명서 1부(기 징구한 납세증명서의 유효기간이 경과하지 아니한 경우 추가징구 생략)

    ⑦ 취득예정인 현지법인 주식 또는 지분의 액면가액과 취득가액이 다른 경우 전문평가기관 이나 공인회계사 등의 평가서 또는 의견서, 다만, 인수하고자 하는 법인이 상장법인으로 동 취득가액이 거래시세와 크게 차이가 없을 경우 거래시세 관련자료 첨부로 갈음 가능

  3) 보완서류

    ① 신용불량자 여부 확인서류 : 투자기업체 및 기업체 대표자(개인인 경우 동개인) 납세증명서 및 신용정보 확인서

    ② 해외자원개발사업의 경우 : 관계 당국 앞 신고필을 확인하는 서류(광물, 농축산물, 임산물)

    ③ 건설업에 대한 해외직접투자인 경우 : 국토교통부장관 앞 해외건설업 신고필을 확인하는 서류

    ④ 기타 외국환은행의 장이 필요하다고 인정하는 서류

    사례 16-4

해외직접투자 신고투자와 증액투자 시 신고절차는 어떻게 다른가요?

답 1) 우리나라 거주자가 이미 투자한 해외사업에 대해 증액투자를 하고자 하는 경우에는 신규로 해외투자를 하는 경우와 동일한 절차를 밟으면 됩니다. 즉, 기존 투자사업에 대한 추가투자(증자)는 당초 해외직접투자 신고 시 제출했던 소정양식(해외직접투자신고서, 사업계획서)과 기타 제출서류(사업자등록증 사본, 납세증명서 등)를 작성·제출하여 신고 후 투자할 수 있습니다(외국환거래업무취급지침 제9장 제1절).

2) 투자금액이 감소되는 경우에는 해외투자 내용변경신고로 가능하나, 해외투자금액
   이 증액(증자)되는 경우에는 금액의 과소에 구분 없이 신규 투자와 동일한 절차로
   해외투자신고를 해야 투자가 가능합니다.

사례 16-5

해외직접투자 신고 시 현지국의 공관장에게 신고를 해야 하나요?

답 1) 해외직접투자 시 해외공관장에게 신고할 필요는 없습니다. 그러나 현지 공관장은
       관할지역 내에서 신고를 받지 않는 대신 해외직접투자를 실제로 영위하는지, 해외
       직접투자기업이 현지국의 법규를 위반하거나 부당한 행위를 하여 우리나라의 대
       외관계에 악영향을 미치는지 등의 여부를 기획재정부 장관에게 보고하도록 되어
       있어 관할지역 내의 해외직접투자기업을 감독하는 역할을 하고 있습니다.
    2) 또한 청산보고서 및 부속명세서, 대부투자 시의 금전대차계약서의 경우 종전에는
       현지공관장의 확인 또는 공증기관의 공증을 받도록 되어 있었으나, 2001.1.1.부
       터 현지공관장의 확인은 받을 필요가 없으며 공증기관의 공증만 받도록 변경되었
       습니다. 2007.12.17.부터는 공증도 받을 필요가 없게 개정되었습니다.

사례 16-6

현물로 투자하고자 하는데 주의해야 할 사항은 무엇인가요?

답 1) 현물투자 시에는 신고 시 공통 제출서류 외에 현물투자내용이 구체적으로 기록된
       현물투자 명세서를 간인하여 첨부해야 하고, 첨부된 현물투자명세서에 근거하여
       세관통관이 이루어진다는 점을 염두에 두어야 합니다. 그러므로 단독 투자인 경우
       에는 투자하고자 하는 현물의 품명·규격·수량·단가 등을 명시 한 현물투자명세
       서를 첨부하여 투자신고를 해야 하고, 합작으로 투자하고자 하는 경우에는 이와
       같은 현물의 구체적 명세(품명, 규격, 수량, 단가) 등을 합작계약서에 반드시 명시
       해야 합니다.
       ① 그리고 현물투자가액은 국내에서 평가된 원화표시금액을 신고서 접수일의 시
          장평균환율(매매 기준율)로 환산하여 산출합니다.
       ② 한편, 현물투자명세서는 2부를 작성하여 제출해야 하는데, 이때 유의사항은 세
          관통관에 어려움이 없도록 같은 제품이라도 규격 등을 정확히 기입해야 합니

다. 그리고 신고를 완료한 후 부득이 현물의 품명, 규격, 수량 등을 변경하고자 할 경우에는 사전에 해외투자 내용변경 신고를 해야 합니다.

Q 사례 16-7

Software를 현물로 투자하고 싶을 때에는 어떻게 해야 하나요? 또는 기술이전료, 상표권 등으로 해외투자를 하고자 하는데 가능한지요?

답 1) 이 경우 기술을 투자하는 것으로 볼 수 있습니다. 이러한 경우 합작투자인 경우에는 합작파트너와 협의하여 인정받은 투자금액이 합작계약서상 명시되어 있어야 합니다. 즉, 소프트웨어를 외국인에게 양도·제공하는 경우 그 실시에 관한 권리를 일정금액을 대가로 허락하는 계약을 체결해야 합니다.

2) 해외직접투자 시 투자목적물은 현금이외에 기계설비 등 현물이나 기술 또는 용역 등으로도 가능합니다. 합작투자 시 이러한 기술이나 상표권을 투자하고자 할 경우는 합작투자 파트너와 합의하여 인정받은 그 투자금액이 합작계약서 상에 명시되어 있어야 합니다.

Q 사례 16-8

한국인이 이미 해외직접투자를 하고 있는 현지법인에 투자하고자 하는 경우 어떻게 해야 하나요? 이 경우 제출해야 하는 서류는 무엇인가요?

답 이는 공동투자에 해당됩니다. 공동투자 시 지정거래외국환은행에서 현지법인에 대한 신고를 하시면 됩니다. 단, 한국인이 이미 투자하고 있는 현지법인에 투자를 하고자 하는 경우 투자 후의 지분율은 반드시 10% 이상 있어야 합니다. 공동투자 시 해외직접투자신고서·사업계획서 및 투자자 확인 서류를 작성·제출하여 신고 후 투자할 수 있습니다(외국환거래업무취급지침 제9장 제1절).

 사례 16-9

현지법인에 필요한 자금을 빌려주고자 하는데 가능 여부 및 필요한 절차는 무엇인가요?

답 1) 국내투자자가 기 설립된 현지법인에 필요한 자금을 빌려주고자 하는 경우 해외 투자방법 중 "외화대부채권취득"의 방법으로 할 수 있습니다. 다만, 외화대부 채권 의 투자는 현지법인 지분취득 후 또는 증권취득과 동시에 반드시 금전으로 해야 하며, 그 상환기간도 1년 이상 있어야 합니다.

2) "외화대부채권취득"의 방법으로 투자하고자 하는 자는 "외화증권취득"의 경우와 마찬가지로 지정거래외국환은행에 해외직접투자신고를 해야 합니다. 다만 "외화 증권취득"의 경우와 다른 것은 금전을 빌려주는 국내 투자자와 금전을 빌리고자 하는 현지 법인 간에 대부금액·이율·상환조건 등을 명시한 대부계약(Loan Agreement)을 작성해야 하는 점입니다(외국환거래업무취급지침 제9장 제1절 추 가 제출서류).

3) 이외에 해외직접투자신고에 필요한 서류인 해외직접투자신고서·사업계획서·투 자자 확인서류 등을 함께 제출해야 합니다(외국환거래업무취급지침 제9장 제1절 공통 제출서류, 추가 제출서류).

4) 신고 후에는, 신고서 원본을 지정거래외국환은행에 제시하여 신고한 금액을 송금 하고, 송금 후 즉시 관계증빙을 첨부하여 신고은행에 보고해야 합니다. 또한 당초 계약한 상환계획에 맞추어 원리금 상환이 이루어져야 하며, 원리금 회수 시에는 즉시 신고은행에 동 사실을 보고해야 합니다.

 사례 16-10

현지법인을 설립할 때 출자와 대부투자를 동시에 행하려고 하는데 신청방법은 어떻게 되나요?

답 1) 현지법인에 자본금출자와 대부투자를 동시에 하는 것은 해외 투자방법 중 외화증 권취득과 외화대부채권취득을 동시에 하고자 하는 것으로 이 두 가지 방법에 필요 한 절차를 함께 밟으면 가능합니다.

① 자본금으로 투자하는 것은 외화증권취득의 방법으로, 대부투자는 외화대부 채 권취득의 방법으로 신고은행에 신청하면 되며, 한 건의 해외직접투자신고서에 두 가지 투자방법을 동시에 표시하여 신고할 수 있습니다.

② 외화증권취득과 외화대부채권취득의 동시 투자 시에는 사업계획서·대부계약

서·해외직접 투자신고서, 합작투자인 경우에는 합작계약서와 국내투자자의 사업자등록증 사본, 납세증명서 등을 첨부하여 신청해야 합니다(외국환거래업무취급지침 제9장 제1절 추가제출서류).

2) 신설 예정인 외국법인에 대부 투자하는 경우 동 계약을 체결할 수 있는 상대방의 실체가 없기 때문에 확정 대부 계약을 체결할 수가 없으며, 이때에는 대부계약서(안)를 제출하고 추후 법인 설립 후 확정 대부 계약을 체결한 다음 이를 신고기관에 제출하면 됩니다. 이 경우 신고서 준수사항에 확정 대부계약 체결 후 해당 신고기관에 제출한 후 대부투자 자금을 송금하면 됩니다(외국환거래업무취급지침 제9장 제1절 추가제출서류).

국내투자자가 외화대부채권취득의 방법으로 해외직접투자를 하고자 하는 경우 대부계약서에 대한 공증의 제한이 있나요?

답 2007.12.17.부로 공증 받는 것은 폐지되었습니다.

Q 사례 16-12

석탄, 석유 등 해외자원개발사업의 경우, 투자사업이 장기간 소요될 때 해외 직접 투자 신고금액은 사업수행에 필요한 소요자금 총액개념으로 해야 하나요? 아니면, 소요자금에서 개발된 자원의 판매금액을 제외한 순액개념으로 해야 하나요?

답 1) 해외직접투자 신고의 경우, 해외자원개발사업 신고금액에 일치시켜 총액개념으로 하는 것이 일반적이며, 투자자금의 송금이 반드시 이루어져야 할 부분, 즉, 투자에 소요되는 순액개념으로 신고해도 무방할 것입니다.

2) 총액개념으로 해외직접투자를 신고한 경우 개발된 자원이 국내로 반입되거나, 판매 대금이 국내로 회수되면 그 중 투자원금에 해당되는 부분은 투자원금의 회수로 볼 수 있으므로 동 금액만큼 신고금액 및 투자금액에서 감액처리하고 있습니다.

3) 해외직접투자 신고를 한 투자자는 원칙적으로 신고를 완료한 날(장기투자의 경우 신고서에 명시된 투자예정일)로부터 1년 이내에 투자금액 송금 등을 완료해야 하며, 그 기간 내에 투자금액 송금 등을 하지 않을 경우 효력을 상실합니다. 다만, 동 유효기간 내에 송금을 할 수 없는 부득이한 사유가 발생한 때에는 당해 신고기

관에 유효기간 연장신고를 해야 합니다.

4) 장기간에 걸쳐 투자가 요구되는 사업에 대하여는 투자에 소요되는 기간 또는 투자 종료 예정일까지 신고유효기간으로 인정하고 있습니다. 장기투자사업인 경우 대체로 매년 일정금액의 투자가 이루어지는 것이 일반적인데 이때에는 신고서 준수 사항에 연도별 투자예정금액을 명시하고 연도별로 분할하여 투자해야 하며, 해당 연도 미 투자 분은 익년도로 이월하여 투자할 수 있도록 하고 있습니다.

① 이 경우 만약 총투자금액 범위 내에서 연도별 투자예정금액을 변경하고자 할 때에는 내용 변경 신고를 하여 연도별 금액만 변경해 주는 방법으로 처리하면 될 것입니다.

 해외직접투자 투자제한

해외직접투자 관련 제한은 있나요?

답 1993년 6월 외국환거래법 개정으로 북방국가에 대한 사전심의 제도를 폐지함에 따라 국가에 대한 제한도 없어지게 되었고, 1996년 6월에는 해외투자의 제한 업종을 폐지하여 자기자금으로 해외투자를 하는 경우 보다 폭넓게 투자 업종을 선택하여 진출할 수 있게 되었습니다. 또한, 2006년 8월에는 투자목적의 해외부동산 취득이 전면 자유화되었습니다. 투자 국가별로 외국인의 부동산 취득에 관한 규정에 대하여는 별도의 확인이 필요합니다.

「신용정보관리규약」상 금융채무불이행자 대상자는 어떻게 확인하나요? 또한, 금융채무불이행자인 경우 투자가 가능한 경우는 없나요?

답 1) 해외직접투자를 하기 위해서는 투자자가 「신용정보의 이용 및 보호에 관한 법률」에 따른 금융거래등 상거래에 있어서 약정한 기일 내에 채무를 변제하지 아니한 자로서 종합신용정보집중기관에 등록된 자 및 조세체납자가 아니어야 합니다. 해외직접투자를 하고자 하는 자가 금융채무불이행자대상자인지의 여부는 신고 및 송금시점에 금융기관의 기업신용정보망에 의한 전산조회로 확인하고 있는데, 투자자가 법인(개인기업)인 경우 기업체 및 기업체 대표자를, 개인인 경우 개인을 각각 조회합니다.

2) 한편, 회사정리법 또는 화의법에 의하여 정리절차가 진행되고 있는 기업체가 기존의 유휴설비나 보유기술을 투자하거나 관련 법령이 정한 법원 또는 채권관리단(채권협의회 포함)의 결정에 따라 해외직접투자를 진행하는 경우에는 관련 규정의 적용을 받지 않습니다.

Q 사례 16-15

국내투자자가 2인 이상 공동투자한 후 증액투자 시 어느 일방이 불량거래처에 해당하는 경우 나머지 투자자들은 증액투자가 가능하나요?

답 1) 가능합니다. 공동투자의 경우 특정 물건에 대한 공동소유의 개념과는 달리 2인 이상의 투자자를 모두 합쳐서 하나의 주체로 보기는 곤란하며, 투자자 각각을 하나의 독립된 주체로 보는 것이 타당합니다.

2) 공동투자의 경우 통상 투자자 모두 연명으로 신청하는데 이는 업무처리 및 사후관리의 편의를 위한 것이지 연명신청이 신청인 모두를 합쳐서 하나의 투자 주체라는 사실을 의미하는 것은 아닙니다. 따라서 증액투자 시 신용불량정보 대상자로 분류된 투자자를 제외한 나머지 투자자들은 각각 개별적으로 독립된 주체로서 투자가 가능합니다.

Q 사례 16-16

외화대부채권취득 방법에 의한 해외직접투자 시 우리나라 기업의 현지법인이 아닌 외국법인인 경우에도 가능하나요?

답 1) 외화대부채권 취득에 의한 해외직접투자는 반드시 투자자의 지분참여가 있는 외국법인인 경우에만 가능합니다. 즉 해외직접투자는 외국법인의 경영에 참여하기 위한 목적으로 해외에 자본을 투자하는 것으로 정의되고 있으며, 지분참여가 전혀 없는 외국법인에 자금을 빌려주는 것은 단순히 이자·배당 또는 시세차익 등 투자과실의 획득을 목적으로 하는 것으로 보아 해외간접투자에 해당합니다.

2) 해외직접투자는 경영참가가 매우 중요한 요건이라 할 수 있으며, 외국환거래규정에 정한 투자방법별 요건은 바로 이 경영참가의 요건과 표리의 관계에 있다고도 볼 수 있습니다. 다만, 해외직접투자로 정의되지 않는 10% 미만의 지분참여가 있는 경우라도 아래와 같이 국내투자자와 실질적 경제관계가 수립되어 있을 때(이 4가지 중 1가지 이상에 해당되어야 하며, 이와 관련된 구체적인 내용이 계약으로 체결되어 있어야 함)에는 해외직접투자로 인정되어 외화대부채권취득 방법에 의한 투자가 가능합니다.

① 임원의 파견
② 계약기간 1년 이상인 원자재 또는 제품의 매매계약의 체결
③ 중요기술의 제공·도입 또는 공동연구개발계약의 체결
④ 해외건설 및 산업설비공사를 수주하는 계약의 체결 등

따라서 경영참가 요건이 이미 충족(투자지분율 10% 이상 기출자)되어 있는 우리나라 기업의 외국현지법인에 1년 이상 대부투자하거나, 투자지분율이 10% 미만이더라도 실질적 경제관계를 수립하여 경영상 영향력이 있는 외국법인에 1년 이상 대부투자를 하는 것도 해외직접투자로 인정되고 있습니다.

 해외직접투자 내용변경

당초 현금출자로 신고한 내용을 현물출자로 변경하거나 자금조달처를 국내에서 해외로 변경하는 경우 어떻게 신고해야 하나요?

답 1) 해외투자사업 신고기관에 해외직접투자 내용변경 신고서, 당초 신고서 사본, 변경사유서, 기타 필요한 서류를 작성·제출하여 변경된 내용에 대하여 신고하면 됩니다(외국환거래업무취급지침 제9장 제1절, 제2절 참조). 내용변경 신고서 발급 시 이중송금·자금유용 등 악용의 소지를 방지하기 위하여 신고기관은 당초 신고서 원본 상에 변경내용·문서번호·신고조건 및 변경일자를 기재하고 신고기관장의 직인을 날인합니다.

2) 현금출자를 현물출자로 바꾸는 경우 현물투자명세표 2부를 작성하여 현물출자 금액의 적정성을 입증해야 합니다. 현물투자명세표 1부는 내용변경 신고서에 첨부하는데 신고조건으로 "본 신고금액은 붙임 명세의 현물로 투자하며, 투자 후 즉시 동 사실을 관련증빙을 첨부하여 보고해야 한다"는 내용이 기재됩니다.

3) 국내조달에서 해외조달로 바뀐 경우에는 내용변경 신고서 상의 신고조건으로 "본 신고금액은 필요한 신고 등을 필하고 투자한 후 즉시 동 사실을 관련증빙을 첨부하여 보고해야 한다"는 내용이 기재됩니다.

4) 한편, 반대의 경우(현물출자 → 현금출자, 해외조달 → 국내조달) 신고기관은 당초 신고서의 원본 상에 상기의 절차에 따라 변경내용 등을 기재합니다.

5) 투자국의 투자허가 신고서의 내용도 반드시 변경이 되어야 합니다.

※ 송금은 항시 신고은행인 지정거래외국환은행을 통해서만 할 수 있음

 사례 16-18

이미 신고한 해외직접투자사업의 내용을 변경하고자 하는 경우 어떠한 사항들이 변경될 때 내용변경 신고를 해야 하나요?

답 투자자명·투자비율·투자목적·투자대상국가 및 투자금액 등 당초 신고한 내용이 변경되거나 현지법인이 자회사나 손회사 등을 설립하고자 하는 경우에는 당초 신고기관의 장에게 변경신고를 해야 합니다.

(주의사항) 신고서 내용 중 "투자금액" 항목은 감액인 경우에는 내용변경으로 처리할 수 있으나 증액인 경우에는 내용변경으로 처리할 수 없고 신규투자 신고에 준하여 신고해야 합니다.

투자자의 상호·대표자·소재지, 현지 법인명 및 소재지를 변경한 경우에는 보고사항으로서 즉시 신고기관에 보고만 하면 됩니다.

 **해외직접투자 사후관리**

 사례 16-19

「연간사업실적보고서」의 제출기한은 언제인가요? 「연간사업실적보고서」 작성 시 환율은 어떻게 적용하고 환율변동 때문에 자본금 항목이 송금한 액수와 다를 경우 어떻게 해야 하나요?

답 1) 신고기관은 해외 현지법인이 신고내용대로 운영되고 있는지 여부, 현지법인의 경영실태 및 문제점 등의 파악을 위하여 매 회계기간 종료 후 5월 이내에 현지법인의 연간사업실적 보고서(금전대여 포함)를 제출하도록 하고 있습니다. 연간사업실적보고서를 제출할 때에는 현지 공인회계사가 확인 또는 감사한 결산서(소규모 기업인 경우 현지 세무사가 작성한 세무보고서)를 첨부해야 합니다.

2) 연간사업실적보고서 작성 시 현지화를 미 달러화로 환산하는 경우 대차대조표 항목은 당해 회계연도 결산일 현재 환율, 손익계산서 항목은 당해 회계연도 중 평균 환율을 각각 적용하면 됩니다.

3) 또한 투자자금을 당초 미 달러화로 송금하였을 경우 결산일의 자본금을 미 달러화로 환산한 금액이 해외투자자금 송금액과 다를 수 있으나, 투자자가 신고내용을 준수하여 현지법인을 설립한 후 그 내용이 환율에 의하여 변동된 것은 문제가 되지 않습니다. 따라서 미 달러화로 환산한 자본금이 당초 송금액과 다르더라도 그대로 기재하면 됩니다.

증권을 발행하지 않는 국가의 경우 외화증권취득보고는 어떻게 해야 하나요?

답 1) 해외투자 신고기관에서는 신고내용대로 현지법인이 설립되었는지 여부와 해외 투자자의 해외투자자금이 현지법인의 자본금으로 투자되었는지 여부를 확인하기 위하여 외화증권(채권) 취득보고서(현지법인 및 개인기업 설립보고서 포함) (외국환거래업무취급지침 서식 제9–10호)를 징구·심사하고 있습니다.

2) 해외투자자는 현지법인을 설립하였을 경우 회사설립 내용을 나타내는 등기부 등본이나 공증서(중국의 경우)와 해외투자자의 현지법인에 대한 자본금 출자 내용을 나타내는 주식 사본(원본은 따로 제시)을 첨부하여 투자금액 납입 후 6월 이내에 보고해야 합니다(외국환거래규정 제9–9조 제1항).

3) 국가에 따라서는 법 제도에 따라 증권발행이 없는 경우도 있습니다(베트남, 중국, 독일, CIS 등). 이런 경우 증권 대신에 해외투자자의 현지법인에 대한 출자내용을 입증할 수 있는 서류(중국의 경우, 영업집조 및 험자보고서)를 제출하면 됩니다.

사례 16-21

외화대부채권취득보고는 어떻게 해야 하나요?

답 1) 해외투자 신고기관에서는 신고내용대로 투자자금이 현지법인의 대부 자금으로 투자 되었는지 여부를 확인하기 위하여 외화증권(채권)취득 보고서(현지법인 설립보고서 포함)(지침 서식 제9-10호)를 징구하고 있습니다. 해외투자자는 대부투자를 실행하였을 경우 대부사실을 입증할 수 있는 증빙서류를 첨부하여 대여자금 공여후 6월 이내에 보고해야 하는데, 이때 첨부되는 증빙서류로는 현지법인이 투자자 앞으로 발행하는 약속어음 또는 대부자금영수증서 등이 있습니다(외국환거래규정 제9-9조 제1항).

2) 또한, 대여금의 원리금 회수가 있는 경우 원리금 회수 후 즉시 신고기관에 원리금 회수 보고서를 제출해야 합니다(외국환거래규정 제9-9조 제1항). 그리고 송금보고서는 송금 즉시 당해 신고기관에 제출해야 합니다.
→ 신고한 지정거래 외국환 은행을 통하여 송금한 경우 송금 cable 등으로 송금보고서에 갈음할 수 있다.

사례 16-22

해외투자자금의 송금과 현물의 반출은 어떻게 해야 하나요?

답 1) 해외투자 신고를 한 경우 신고된 내용대로 해외투자사업을 영위하기 위해서는 우선 해외투자자금을 송금해야 합니다.
① 임원현금출자의 경우에는 지정 거래 외국환 은행을 통하여 현지법인 계좌 또는 정당한 수취인에게 송금하시면 됩니다. 현물출자의 경우에는 세관을 통하여 수출 형식으로 현물출자가 이루어집니다. 이 경우 일반적인 수출 시에 작성해야 하는 E/L은 면제되고 있습니다.
② 수출 담당자는 대금을 회수해야 하는 일반 수출과 구분하여 수출신고를 해야 합니다.
③ 해외투자자는 해외투자자금을 송금(현물출자)하였을 경우 송금 증명서류나 수출 면장을 첨부하여 신고기관에 즉시 송금(현물출자) 보고를 해야 합니다.
④ 또한 해외투자자금은 해외투자 유효기간(1년) 내에 송금되지 않으면 실효가 되므로(외국환거래업무취급지침 제9장 제1절 공통 확인 및 유의사항 7) 유효기간 내에 송금되어야 합니다. 아울러 현지 측 사정 등으로 유효기간 내에 송금할 수 없는 경우에는 유효기간 연장 신고를 해야 합니다.

사례 16-23

해외투자사업을 청산하려고 할 경우 보고절차 및 청산자금의 국내회수 여부는 어떻게 하나요? 또한 해외직접투자 자금을 송금하지 않은 상태에서 해외 투자 사업을 중단 하려고 할 경우의 절차는?

답 1) 해외투자 신고 후 현지법인을 설립하였으나 현지 경제 여건의 악화 또는 국내투자 자의 기업사정 등으로 현지법인을 청산해야 할 경우가 있습니다.

2) 해외직접투자자가 투자사업을 청산할 때에는 분배잔여재산을 현금으로 당해 신고 조건에 따라 국내로 회수해야 하며, 청산자금 영수 후 즉시 해외직접투자사업 청 산 및 대부채권 회수보고서(외국환거래업무취급지침서식 제9-14호)를 신고기관 에 제출, 보고해야 합니다. 다만, 신고기관의 장이 부득이하다고 인정할 때에는 현 물로 회수할 수도 있습니다.

3) 그러나 청산 후의 분배잔여재산을 해외에서 외국환거래규정에 의해 인정된 자본 거래를 하고자 하는 경우에는 청산자금을 국내로 회수하지 않고 청산보고를 필한 후 해외에서 운용 가능토록 허용하고 있습니다.

4) 한편 해외투자 신고 후 투자자금을 송금하지 않은 상태에서 해외투자사업을 중단 하려고 할 경우에는 위와 같은 절차를 거칠 필요가 없으며, 신고수리 유효기간 종 료와 함께 자동 실효됩니다.

❑ 참고

해산개시일 : 현지법인의 해산을 의결하고 현지국 법원에 해산 등기를 한 날
청산종료일 : 해산등기후 잔여재산을 현금화하여 투자지분율을 따라 현금수취
를 종료한 날

❑ 보고대상 잔여재산 회수내역

① 해산등기일 현재의 요약대차대조표
② 해산일로부터 청산종료일까지의 청산손익
③ 회수되어야할 재산 : (①±②) × 한국측 투자비율
④ 회수재산 내역 : 회수일자별 회수재산의 종류 및 금액
⑤ 회수가 불가능한 재산이 있을 경우 그 내역 및 사유

□ 부속서류

① 등기부 등본 등 청산을 입증할 수 있는 서류

② 청산 손익계산서 및 잔여재산 분배 전 대차대조표

③ 잔여재산(증권의 전부를 양도한 경우에는 양도대금) 회수에 따른 외국환은행의 외화 매입증명서(송금처 명기), 현물회수인 경우 세관의 수입신고필증

해외직접투자자가 관계규정을 위반하였을 경우 어떠한 제재를 받게 되나요?

답 1) 「외국환거래법」상의 제재조치

① 해외투자자가 「외국환거래법」에 의하여 부여된 의무를 이행하지 아니한 경우로서 보고서를 기한 내에 제출하지 않거나, 허가사항 또는 신고사항을 기한이 경과한 후에 이행한 경우에는 기획재정부장관이 경고조치할 수 있습니다(외국환거래법 제19조 제1항).

② 해외투자자가 신고하지 않은 상태에서 해외투자를 한 경우, 보고사항을 허위로 보고한 경우 또는 신고사항을 위반한 경우로서 최근 2년 이내에 2회 이상 위반한 경우 : 1년 이내의 범위에서 관련 외국환거래 또는 행위를 제한하거나 허가를 취소할 수 있습니다(외국환거래법 제19조 제2항).

③ 해외투자자가 신고를 하지 아니하거나 허위로 신고하고 자본거래를 한 경우로서 외국환 거래법 제18조에 따른 신고의무를 위반한 금액이 5억 원 이상의 범위에서 50억 원을 초과하는 경우 : 1년 이하의 징역 또는 1억 원 이하의 벌금에 처할 수 있습니다(외국환거래법 제29조 제1항 제6호).

④ 해외투자자가 신고를 하지 아니하거나 허위로 신고하고 자본거래를 한 경우로서 외국환은행 신고사항 위반 시 : 5천만 원 이하의 과태료를 부과할 수 있습니다(외국환거래법 제32조(2011.4.30. 개정)).

2) 「신용정보관리규약」상의 제재조치

① 금융기관은 신용정보의 등록·해제(해지) 사유발생 시 전산입력, 파일전송 등 전산 매체 또는 신용정보 사유발생보고서에 의하여 종합신용정보집중기관(전국은행연합회)에 집중하도록 되어 있습니다(신용정보관리규약 제4조).

② 「신용정보관리규약」의 〈별표 1〉 신용정보관리기준 3. 금융질서 문란정보

– 구분 : 외국환거래법 위반자

– 등록사유 : 계약파기 등으로 대외신용을 추락시키거나 외화를 유용, 도피하거나 허위보도한 자

– 해제사유 : 해당 금융기관(한국은행 포함)이 해제를 요청한 때
– 기록보존기간 : 5년
– 집중시기 : 사유발생일로부터 10일 이내

부록

한중 조세조약

한중 조세조약

[1994. 9. 28.]
1994. 3. 28. 북경에서 서명
1994. 9. 28 발 효

대한민국 정부와 중화인민공화국 정부는, 소득에 대한 조세의 이중과세회피와 탈세방지를 위한 협정의 체결을 희망하여, 다음과 같이 합의하였다.

제1조 【인적범위】 [1994. 9. 28.]

이 협정은 일방 또는 양 체약국의 거주자에게 적용한다.

제2조 【대상조세】 [1994. 9. 28.]

1. 이 협정은 조세가 부과되는 방법 여하에 불구하고 일방체약국 또는 지방자치단체가 부과하는 소득에 대한 조세에 대하여 적용한다.

2. 재산의 가격증가에 대한 조세는 물론, 동산 또는 부동산의 양도로 인한 소득에 대한 조세를 포함하여 총소득 또는 소득의 제요소에 부과되는 모든 조세는 소득에 대한 조세로 본다.

3. 이 협정이 적용되는 현행 조세는 다음과 같다.

   가. 대한민국에 있어서는,

   　(1) 소득세

   　(2) 법인세 및

   　(3) 주민세

   　(이하 "한국의 조세"라 한다.)

   나. 중화인민공화국에 있어서는,

   　(1) 개인소득세

   　(2) 외국인 투자기업 및 외국기업에 대한 소득세 및

   　(3) 지방소득세

   　(이하 "중국의 조세"라 한다.)

4. 이 협정은 이 협정의 서명일 이후 제3항에 언급된 현행 조세에 추가 또는 대체하여 부과되는 동일하거나 실질적으로 유사한 조세에 대하여도 적용한다. 양

체약국의 권한 있는 당국은 자국 세법의 실질적인 개정사항을 합리적 시간 내에 상호 통보한다.

제3조 【일반적 정의】 [1994. 9. 28.]

1. 문맥에 따라 달리 해석되지 아니하는 한, 이 협정의 목적상,

   가. "한국"이라 함은 대한민국을 뜻하며, 지리적 의미에서 한국 세법이 적용되는 영해를 포함한 대한민국의 영역을 말하며, 국제법에 따라 해상·하층토의 자원의 탐사·개발 및 상부 수역의 자원에 관하여 대한민국이 주권을 보유하는 영해 밖의 지역을 포함한다.

   나. "중국"이라 함은 중화인민공화국을 뜻하며, 지리적 의미에서 중국 세법이 적용되는 영해를 포함한 중화인민공화국의 영역을 말하며, 국제법에 따라 해상·하층토의 자원의 탐사·개발 및 상부 수역의 자원에 관하여 중화인민공화국이 주권을 보유하는 영해 밖의 지역을 포함한다.

   다. "일방체약국" 및 "타방체약국"이라 함은 문맥에 따라 한국 또는 중국을 말한다.

   라. "조세"라 함은 문맥에 따라 한국의 조세 또는 중국의 조세를 말한다.

   마. "인"이라 함은 개인, 회사 및 기타 인의 단체를 포함한다.

   바. "회사"라 함은 법인격이 있는 단체 또는 조세 목적상 법인격이 있는 단체로 취급되는 실체를 말한다.

   사. "일방체약국의 기업" 및 "타방체약국의 기업"이라 함은 각각 일방체약국의 거주자에 의하여 경영되는 기업과 타방체약국의 거주자에 의하여 경영되는 기업을 말한다.

   아. "국민"이라 함은 다음을 말한다.

   (1) 체약국의 국적을 가진 개인

   (2) 체약국에서 시행되고 있는 법에 의하여 그러한 지위를 부여받는 법인·조합 및 단체

   자. "국제운수"라 함은 일방체약국에 본점이나 실질관리장소를 두고 있는 기업이 운영하는 선박 또는 항공기에 의한 운송을 말한다. 단, 선박 또는 항공기가 타방체약국안의 장소 사이에서만 운영되는 경우는 제외한다.

차. "권한있는 당국"이라 함은 다음을 말한다.

   (1) 한국의 경우, 재무부장관 또는 그의 권한 있는 대리인

   (2) 중국의 경우, 국가세무총국 또는 그의 권한 있는 대리인

2. 일방체약국이 이 협정을 적용함에 있어서 이 협정에 정의되어 있지 아니한 용어는, 문맥에 따라 달리 해석되지 아니하는 한, 이 협정이 적용되는 조세에 관련된 체약국의 법에 따른 의미를 가진다.

제4조 【거주자】 [1994. 9. 28.]

1. 이 협정의 목적상 "일방체약국의 거주자"라 함은 그 체약국의 법에 따라 그의 주소, 거소, 본점이나 실질관리장소의 소재지 또는 이와 유사한 성질의 다른 기준에 의하여 그 체약국에서 납세의무가 있는 인을 말한다.

2. 제1항의 규정에 의하여 개인이 양 체약국의 거주자가 되는 경우, 그의 지위는 다음과 같이 결정된다.

  가. 동 개인은 그가 이용할 수 있는 항구적 주거를 두고 있는 체약국의 거주자인 것으로 본다. 동 개인이 양 체약국 안에 그가 이용할 수 있는 항구적 주거를 두고 있는 경우, 그는 그의 인적 및 경제적 관계가 더욱 밀접한(중대한 이해관계의 중심지) 체약국의 거주자인 것으로 본다.

  나. 동 개인의 중대한 이해관계의 중심지가 있는 체약국을 결정할 수 없거나 또는 어느 체약국에도 그가 이용할 수 있는 항구적 주거를 두고 있지 아니하는 경우, 그는 그가 일상적인 거소를 두고 있는 체약국의 거주자인 것으로 본다.

  다. 동 개인이 양 체약국안에 일상적인 거소를 두고 있거나 또는 어느 체약국안에도 일상적인 거소를 두고 있지 아니하는 경우, 그는 그가 국민인 체약국의 거주자인 것으로 본다.

  라. 동 개인이 양 체약국의 국민이거나 또는 어느 체약국의 국민도 아닌 경우, 양 체약국의 권한 있는 당국이 상호 합의에 의하여 문제를 해결한다.

3. 제1항의 규정으로 인하여 개인 이외의 인이 양 체약국의 거주자로 되는 경우, 양 체약국의 권한있는 당국이 상호 합의에 의하여 문제를 해결하고 그러한 인에 대한 이 협정의 적용방식을 결정하기 위하여 노력한다.

제5조 【고정사업장】 [1994. 9. 28.]

1. 이 협정의 목적상 "고정사업장"이라 함은 기업의 사업이 전적으로 또는 부분적으로 영위되는 고정된 사업장소를 말한다.

2. "고정사업장"이라 함은 특히 다음을 포함한다.

   가. 관리장소

   나. 지점

   다. 사무소

   라. 공장

   마. 작업장 및

   바. 광산·유전·가스천·채석장 또는 기타 천연자원의 채취장소

3. "고정사업장"은 또한 다음을 포함한다.

   가. 건축장소, 건설·조립·설치공사 또는 이상의 장소나 공사와 관련된 감독활동을 포함하되 그러한 장소, 공사 또는 활동이 6월을 초과하여 존속하는 경우

   나. 일방체약국의 기업의 타방체약국에서의 피고용인 또는 여타종사자를 통한 용역(자문용역을 포함)의 제공을 포함하되 그러한 활동이 동일한 사업 또는 연관된 사업에 대하여 어느 12월 이내의 기간동안 총 6월을 초과하는 단일기간 또는 제기간동안 존속하는 경우

4. 제1항 내지 제3항의 규정에도 불구하고 "고정사업장"은 다음을 포함하지 아니하는 것으로 본다.

   가. 기업에 속하는 재화나 상품의 저장·전시 또는 인도의 목적만을 위한 시설의 사용

   나. 저장·전시 또는 인도의 목적만을 위한 기업 소유의 재화 또는 상품의 재고보유

   다. 다른 기업에 의한 가공의 목적만을 위한 기업 소유의 재화 또는 상품의 재고보유

   라. 기업을 위한 재화나 상품의 구입 또는 정보의 수집의 목적만을 위한 사업상 고정된 장소의 유지

마. 기업을 위한 예비적이고 보조적인 성격의 활동만을 위한 사업상 고정된 장소의 유지

바. "가" 내지 "마"에 언급된 활동의 복합적 활동만을 위한 사업상 고정된 장소의 유지(단, 동 복합적 활동으로부터 초래되는 사업상 고정된 장소의 전반적인 활동이 예비적이거나 보조적인 성격의 것이어야 한다.)

5. 제1항 및 제2항의 규정에도 불구하고, 제6항이 적용되는 독립적 지위를 가지는 대리인 이외의 인이 일방체약국안에서 타방체약국의 기업을 위하여 활동하며 그 기업명의의 계약체결권을 상시 행사하는 경우에는, 그 기업은 동 인이 그 기업을 위하여 수행하는 활동에 관하여 동 일방체약국안에 고정사업장을 가지는 것으로 본다. 단, 동 인의 활동이 사업상 고정된 장소에서 행하여진다 할지라도 사업상 고정된 장소가 고정사업장으로 간주되지 아니하는 제4항에 언급된 활동에 한정되지 아니하는 경우이어야 한다.

6. 일방체약국의 기업이 타방체약국안에서 중개인 · 일반 위탁매매인 또는 독립적 지위를 가진 기타 대리인을 통하여 사업을 경영한다는 이유만으로, 동인들이 사업을 통상적으로 수행하는 한, 동 기업이 동 일방체약국에 고정사업장을 가지는 것으로 보지 아니한다. 그러나 그러한 대리인의 활동이 동 기업을 위해 전적으로 또는 거의 전적으로 수행될 경우 그는 이 항에서 말하는 독립적 지위를 가진 대리인으로 보지 아니한다.

7. 일방체약국의 거주자인 회사가 타방체약국의 거주자인 회사 또는 타방체약국에서(고정사업장을 통하거나 또는 다른 방법에 의하여) 사업을 경영하는 회사를 지배하거나 또는 그 회사에 의하여 지배되고 있다는 사실 그 자체만으로 어느 회사가 타회사의 고정사업장으로 되지는 아니한다.

제6조 【부동산소득】 [1994. 9. 28.]

1. 농업 또는 임업소득을 포함하여 타방체약국에 소재하는 부동산으로부터 일방체약국의 거주자가 취득하는 소득에 대하여는 동 타방체약국에서 과세할 수 있다.

2. "부동산"이라 함은 당해 재산이 소재하는 체약국의 법에서 가지는 의미를 가진다. 이 용어는 어떠한 경우에도 부동산에 부속되는 재산, 농업과 임업에 사

용되는 가축과 장비, 토지재산에 관한 일반법의 규정이 적용되는 권리, 부동산의 용익권 및 광상·광천·기타 천연자원의 채취 또는 채취할 권리에 대한 대가인 가변적 또는 고정적인 지급금에 대한 권리를 포함한다. 선박 및 항공기는 부동산으로 보지 아니한다.

3. 제1항의 규정은 부동산의 직접사용·임대 또는 기타 형태의 사용으로부터 발생하는 소득에 대하여 적용한다.

4. 제1항 및 제3항의 규정은 기업의 부동산으로부터 생기는 소득과 독립적 인적용역의 수행을 위하여 사용되는 부동산으로부터 생기는 소득에 대하여도 적용한다.

제7조 【사업이윤】 [1994. 9. 28.]

1. 일방체약국의 기업의 이윤에 대하여는, 그 기업이 타방체약국에 소재하는 고정사업장을 통하여 동 타방체약국에서 사업을 경영하지 아니하는 한, 동 일방체약국에서만 과세한다. 기업이 위와 같이 사업을 경영하는 경우 동 고정사업장에 귀속되는 이윤에 대하여만 동 타방체약국에서 과세할 수 있다.

2. 제3항의 규정에 따를 것을 조건으로, 일방체약국의 기업이 타방체약국에 소재하는 고정사업장을 통하여 동 타방체약국에서 사업을 경영하는 경우, 동 고정사업장이 동일하거나 유사한 조건하에서 동일하거나 유사한 활동에 종사하며 또는 동 고정사업장의 모기업과 전적으로 독립하여 거래하는 별개의 분리된 인이라고 가정하는 경우에 동 고정사업장이 취득할 것으로 기대되는 이윤은 각 체약국에서 동 고정사업장에 귀속한다.

3. 고정사업장의 이윤을 결정함에 있어서, 경영비와 일반관리비를 포함하여 동 고정사업장의 사업목적을 위하여 발생된 경비는 동 고정사업장이 소재하는 체약국안에서 또는 다른 곳에서 발생되는 가에 관계없이 비용공제가 허용된다.

4. 기업의 총이윤을 여러 부분에 배분하여 고정사업장에 귀속시킬 이윤을 결정하는 것이 일방체약국에서 관례로 되어 있는 한, 제2항의 규정은 동 일방체약국이 관례적인 그러한 배분방법에 의하여 과세될 이윤을 결정하는 것을 배제하지 아니한다. 그러나 채택된 배분방법은 그 결과가 이 조의 원칙에 부합하는 것이어야 한다.

5. 어떠한 이윤도 고정사업장이 당해 기업을 위하여 재화 또는 상품을 단순히 구매한다는 이유만으로 동 고정사업장에 귀속되지 아니한다.

6. 전기 제1항의 목적상, 고정사업장에 귀속되는 이윤은 그에 반대되는 타당하고 충분한 이유가 없는 한 매년 동일한 방법으로 결정되어야 한다.

7. 이윤이 이 협정의 다른 조항에서 별도로 취급되는 소득의 항목을 포함하는 경우, 그 다른 조항의 규정은 이 조의 규정에 의하여 영향을 받지 아니한다.

제8조 【해운 및 항공운수】 [1994. 9. 28.]

1. 국제운수상 선박 또는 항공기의 운행으로부터 발생하는 이윤에 대하여는 그 기업의 본점 또는 실질관리장소가 소재하는 체약국에서만 과세한다.

2. 해운기업의 본점 또는 실질관리장소가 선상일 경우 당해기업은 선박의 모항 소재지국에 소재하는 것으로 보며, 모항이 없을 경우 선박운영자의 거주지국에 소재하는 것으로 본다.

3. 제1항의 규정은 공동계산, 합작사업 또는 국제경영체에 참가함으로써 발생하는 이윤에 대하여도 적용한다.

제9조 【특수관계기업】 [1994. 9. 28.]

가. 일방체약국의 기업이 타방체약국의 기업의 경영·지배 또는 자본에 직접 또는 간접으로 참여하거나, 또는

나. 동일인이 일방체약국의 기업과 타방체약국의 기업의 경영·지배 또는 자본에 직접 또는 간접으로 참여하는 경우 그리고 위의 어느 경우에 있어서도 양 기업간의 상업상 또는 재정상의 관계에 있어서 독립기업간에 설정되는 조건과 다른 조건이 설정되거나 부과된 경우, 동 조건이 없었더라면 일방기업의 이윤이 되었을 것이 동 조건으로 인하여 그러한 이윤으로 되지 아니하는 것에 대하여는 동 기업의 이윤에 포함하여 이에 따라 과세할 수 있다.

제10조 【배당】 [1994. 9. 28.]

1. 일방체약국의 거주자인 회사가 타방체약국의 거주자에게 지급하는 배당에 대하여는 동 타방체약국에서 과세할 수 있다.

2. 그러나 그러한 배당에 대하여는 배당을 지급하는 회사가 거주자인 체약국이 동 국의 법에 따라 과세할 수 있다. 단, 수령인이 배당의 수익적 소유자인 경우, 그렇게 부과되는 조세는 다음을 초과하지 아니한다.

　가. 수익적 소유자가 배당을 지급하는 회사의 자본의 25퍼센트 이상을 직접 소유하는 회사(조합은 제외)인 경우 총배당액의 5퍼센트

　나. 기타의 모든 경우 총 배당액의 10퍼센트

　　이 항의 규정은 배당의 지급원인이 되는 이윤과 관련하여 회사에 대한 과세에 영향을 미치지 아니한다.

3. 이 조에서 사용되는 "배당"이라 함은 주식으로부터, 또는 채권이 아니면서 이윤에 참가하는 기타의 권리로부터 생기는 소득 그리고 분배를 하는 회사가 거주자인 국가의 법에 의하여 주식으로부터 발생하는 소득과 동일한 과세상의 취급을 받는 기타의 법인 권리로부터 생기는 소득을 말한다.

4. 제1항 및 제2항의 규정은 일방체약국의 거주자인 배당의 수익적 소유자가 그 배당을 지급하는 회사가 거주자인 타방체약국에 소재하는 고정 사업장을 통하여 그곳에서 사업을 경영하거나 또는 타방체약국에 소재하는 고정시설을 통하여 독립적 인적용역을 수행하며, 또한 배당의 지급 원인이 되는 지분이 그러한 고정사업장 또는 고정시설과 실질적으로 관련되는 경우에는 적용하지 아니한다. 그러한 경우에는, 경우에 따라, 제7조 또는 제14조의 규정을 적용한다.

5. 일방체약국의 거주자인 회사가 타방체약국으로부터 이윤 또는 소득을 취득할 경우 타방체약국은 동 회사가 지급하는 배당에 대하여는, 그러한 배당이 동 타방체약국의 거주자에게 지급되거나 또는 그 배당의 지급원인이 되는 지분이 동 타방체약국에 소재하는 고정사업장 또는 고정시설과 실질적으로 관련되는 경우를 제외하고는, 비록 지급된 배당 또는 유보이윤이 전적으로 또는 부분적으로 동 타방체약국에서 발생한 이윤 또는 소득으로 구성되어 있다 할지라도, 과세할 수 없으며 동 회사의 유보이윤도 유보이윤에 대한 조세의 대상으로 할 수 없다.

제11조 【이자】 [1994. 9. 28.]

1. 일방체약국에서 발생하여 타방체약국의 거주자에게 지급되는 이자에 대하여

는 동 타방체약국에서 과세할 수 있다.

2. 그러나 그러한 이자에 대하여는 이자가 발생하는 체약국에서도 동 국의 법에 따라 과세할 수 있다. 단, 수취인이 동 이자의 수익적 소유자인 경우 그렇게 부과되는 조세는 이자 총액의 10퍼센트를 초과하지 아니한다.

3. 제2항의 규정에도 불구하고, 일방체약국에서 발생하는 이자로서, 타방체약국의 지방자치단체를 포함한 타방체약국의 정부, 중앙은행 또는 정부 성격의 기능을 수행하는 금융기관에게 지급되는 이자 및 타방체약국의 지방자치단체를 포함한 타방체약국의 정부, 중앙은행 또는 정부성격의 기능을 수행하는 금융기관에 의하여 보증되거나 간접적으로 제공된 채권과 관련하여 타방체약국의 거주자에게 지급되는 이자는 동 일방체약국의 과세로부터 면제된다.

4. 이 조에서 사용되는 "이자"라 함은 저당 여부와 채무자의 이윤에 대한 참가권의 수반 여부에 관계없이 모든 종류의 채권으로부터 발생하는 소득과 특히 정부채권, 공채 또는 회사채로부터 발생하는 소득 및 그러한 채권에 부수되는 프레미엄과 장려금을 말한다.

5. 제1항, 제2항 및 제3항의 규정은, 일방체약국의 거주자인 이자의 수익적 소유자가 그 이자가 발생하는 타방체약국에 소재하는 고정사업장을 통하여 그곳에서 사업을 경영하거나 또는 타방체약국에 소재하는 고정시설을 통하여 그곳에서 독립적 인적 용역을 수행하며, 또한 이자의 지급원인이 되는 채권이 그러한 고정사업장 또는 고정시설과 실질적으로 관련되는 경우에는 적용하지 아니한다. 그러한 경우에는, 경우에 따라, 제7조 또는 제14조의 규정을 적용한다.

6. 이자는 지급인이 일방체약국 정부, 지방자치단체 또는 동 체약국의 거주자인 경우 그 일방체약국에서 발생하는 것으로 본다. 그러나 일방체약국의 거주자 여부에 관계없이 이자지급인이 동 일방체약국안에 이자의 지급원인이 되는 채무가 관련된 고정사업장 또는 고정시설을 가지고 있고 또한 이자가 그러한 고정사업장 또는 고정시설에 의하여 부담되는 경우에는, 그러한 이자는 동 고정사업장 또는 고정시설이 있는 체약국에서 발생하는 것으로 본다.

7. 지급인과 수익적 소유자간 또는 그 양자와 기타인간의 특수관계로 인하여 이자의 지급액이, 지급의 원인이 되는 채권을 고려할 때, 그러한 관계가 없었더

라면 지급인과 수익적 소유자간에 합의되었을 금액을 초과하는 경우에는, 이 조의 규정은 뒤에 언급된 금액에 대하여만 적용한다. 그러한 경우에는 지급액의 초과부분에 대하여는 이 협정의 다른 규정을 적절히 고려하여 각 체약국의 법에 따라 과세한다.

제12조 【사용료】 [1994. 9. 28.]

1. 일방체약국에서 발생하여 타방체약국의 거주자에게 지급되는 사용료에 대하여는 타방체약국에서 과세할 수 있다.

2. 그러나 그러한 사용료에 대하여는 사용료가 발생하는 체약국에서도 동 체약국의 법에 따라 과세할 수 있다. 단, 수취인이 사용료의 수익적 소유자인 경우 그렇게 부과되는 조세는 사용료 총액의 10퍼센트를 초과하지 아니한다.

3. 이 조에서 사용되는 "사용료"라 함은 문학작품·예술작품 또는 학술작품(영화 필름, 라디오 또는 텔레비젼 방송용 필름 또는 테이프를 포함)의 저작권·특허권·노우하우·상표권·의장이나 신안·도면·비밀공식이나 비밀 공정의 사용 또는 사용권, 또는 산업적·상업적·학술적 장비의 사용 또는 사용권, 또는 산업적·상업적·학술적 경험관련 정보에 대한 대가로서 지급되는 모든 종류의 지급금을 말한다.

4. 제1항 및 제2항의 규정은 일방체약국의 거주자인 사용료의 수익적 소유자가 사용료가 발생하는 타방체약국에 소재하는 고정사업장을 통하여 그 곳에서 사업을 경영하거나 동 타방체약국에 소재하는 고정시설을 통하여 그곳에서 독립적 인적용역을 수행하며, 또한 사용료의 지급원인이 되는 권리 또는 재산이 그러한 고정사업장이나 고정시설에 실질적으로 관련되는 경우에는 적용하지 아니한다. 그러한 경우에는, 경우에 따라, 제7조 또는 제14조의 규정을 적용한다.

5. 사용료는 그 지급인이 일방체약국 정부, 지방 자치단체 또는 동 체약국의 거주자인 경우 동 일방체약국에서 발생하는 것으로 본다. 그러나 일방체약국의 거주자인지 여부에 관계없이 사용료의 지급인이 일방체약국 안에 사용료 지급원인이 되는 채무가 관련된 고정사업장 또는 고정시설을 가지고 있고, 그 사용료가 동 고정사업장 또는 고정시설에 의하여 부담되는 경우 그러한 사용료는 동 고정사업장 또는 고정시설이 소재하는 체약국에서 발생하는 것으로 본다.

6. 지급인과 수익적 소유자간 또는 그 양자와 기타인간의 특수관계로 인하여 사용료의 지급액이, 그 지급의 원인이 되는 사용·권리 또는 정보를 고려할 때 그러한 특수관계가 없었더라면 지급인과 수익적 소유자간에 합의되었을 금액을 초과하는 경우에 이 조의 규정은 뒤에 언급된 금액에 대하여만 적용한다. 그러한 경우에 그 지급액의 초과부분에 대하여는 이 협정의 다른 규정을 적절히 고려하여 각 체약국의 법에 따라 과세한다.

제13조 【양도소득】 [1994. 9. 28.]

1. 제6조에 언급되고 타방체약국에 소재하는 부동산의 양도로부터 일방체약국의 거주자에게 발생하는 이득에 대하여는 동 타방체약국에서 과세할 수 있다.

2. 일방체약국의 기업이 타방체약국안에 가지고 있는 고정사업장의 사업상 재산의 일부를 형성하는 동산 또는 일방체약국의 거주자가 독립적 인적용역의 수행목적상 타방체약국에서 이용가능한 고정시설에 속하는 동산의 양도로부터 발생하는 이득 및 그러한 고정사업장(단독으로 또는 기업체와 함께) 또는 고정시설의 양도로부터 발생하는 이득에 대하여는 동 타방 체약국에서 과세할 수 있다.

3. 국제운수에 사용되는 선박 또는 항공기, 또는 그러한 선박 또는 항공기의 운행에 관련되는 동산의 양도로부터 발생하는 이득에 대하여는 당해 기업의 본점 또는 실질관리장소가 소재하는 체약국에서만 과세한다.

4. 회사의 재산이 주로 일방체약국에 소재하는 부동산으로 직·간접적으로 구성된 경우 동 회사의 자본주식의 지분 양도로부터 발생하는 이득에 대하여는 동 체약국에서 과세할 수 있다.

5. 제1항 내지 제4항에 언급된 재산이외의 재산의 양도로부터 발생하는 이득에 대하여는 그 양도인이 거주지인 체약국에서만 과세한다.

제14조 【독립적 인적 용역】 [1994. 9. 28.]

1. 일방체약국의 거주자가 전문직업적 용역 또는 독립적 성격의 기타활동과 관련하여 취득하는 소득에 대하여는 동 일방체약국에서만 과세하되, 다음의 경우에는 타방체약국에서도 과세할 수 있다.

가. 동 거주자가 타방체약국안에 그의 활동수행을 위하여 정규적으로 이용할 수 있는 고정시설을 가지고 있는 경우(이 경우 동 고정시설에 귀속시킬 수 있는 부분에 한하여 타방체약국에서 과세할 수 있다.)

나. 동 거주자가 당해 연도에 총 183일을 초과하는 단일기간 또는 제기간 동안 타방체약국안에 체재하는 경우(이 경우 동 타방체약국에서 수행한 활동으로부터 취득하는 부분에 한하여 동 체약국에서 과세할 수 있다.)

2. "전문직업적 용역"이라 함은 의사, 변호사, 기사, 건축사, 치과의사 및 회계사의 독립적인 활동은 물론 특히 독립적인 학술, 문학, 예술, 교육 또는 교수활동을 포함한다.

제15조 【종속적 인적 용역】 [1994. 9. 28.]

1. 제16조, 제18조, 제19조, 제20조 및 제21조의 규정에 따를 것을 조건으로, 고용과 관련하여 일방체약국의 거주자가 취득하는 급료, 임금 및 기타 유사한 보수에 대하여는 그 고용이 타방체약국에서 수행되지 아니하는 한, 동 일방체약국에서만 과세한다. 단, 그 고용이 타방체약국에서 수행되는 경우 동 고용으로부터 발생하는 보수에 대하여는 동 타방체약국에서 과세할 수 있다.

2. 제1항의 규정에도 불구하고, 타방체약국 안에서 수행된 고용과 관련하여 일방체약국의 거주자가 취득하는 보수에 대하여는 다음의 경우 동 일방체약국에서만 과세한다.

가. 수취인이 어느 당해 12월 기간 중 총 183일을 초과하지 아니하는 단일기간 또는 제기간동안 타방체약국 안에 체재하고,

나. 그 보수가 타방체약국의 거주자가 아닌 고용주에 의하여 또는 그를 대신하여 지급되며,

다. 그 보수가 타방체약국안에 고용주가 가지고 있는 고정사업장 또는 고정시설에 의하여 부담되지 아니하는 경우

3. 이 조의 제1항 및 제2항의 규정에도 불구하고, 일방체약국의 기업에 의하여 국제운수에 운행되는 선박이나 항공기에 탑승하여 수행되는 고용에 관한 보수에 대하여는 동 기업의 본점 또는 실질관리장소가 소재하는 체약국에서만 과세할 수 있다.

제16조 【이사의 보수】 [1994. 9. 28.]

일방체약국의 거주자가 타방체약국의 거주자인 회사의 이사회 구성원의 자격으로 취득하는 보수 및 기타 유사한 지급금에 대하여는 동 타방체약국에서 과세

제17조 【예능인 및 체육인】 [1994. 9. 28.]

1. 제14조 및 제15조의 규정에도 불구하고, 연극, 영화, 라디오 또는 텔레비전의 예능인이나 음악가와 같은 연예인 또는 체육인으로서 일방 체약국의 거주자가 타방체약국에서 수행하는 인적활동으로부터 취득하는 소득에 대하여는 동 타방체약국에서 과세할 수 있다.

2. 연예인이나 체육인이 그러한 자격으로 수행한 인적활동에 관한 소득이 그 연예인 또는 체육인 자신에게 귀속되지 아니하고 타인에게 귀속되는 경우에는, 제7조, 제14조 및 제15조의 규정에도 불구하고 동 소득에 대하여는 그 연예인 또는 체육인의 활동이 수행되는 체약국에서 과세할 수 있다.

3. 이 조 제1항 및 제2항의 규정에도 불구하고 일방체약국의 거주자인 연예인 또는 체육인이 양 체약국 정부간의 문화교류계획에 따라 수행하는 활동으로부터 취득하는 소득은 타방체약국의 조세로부터 면제된다.

제18조 【연금】 [1994. 9. 28.]

1. 제19조 제2항의 규정에 따를 것을 조건으로, 과거의 고용에 대한 대가로서 일방체약국의 거주자에게 지급되는 연금 및 기타 이와 유사한 보수에 대하여는 동 일방체약국에서만 과세한다.

2. 제1항의 규정에도 불구하고 일방체약국 정부 또는 지방자치단체가 사회보장제도상의 공공복지계획에 따라 지급하는 연금 및 기타 유사한 지급금에 대하여는 동 체약국에서만 과세한다.

제19조 【정부용역】 [1994. 9. 28.]

1. 가. 일방체약국 정부, 지방자치단체 또는 여타 조직체에게 정부성격의 기능을 수행함에 있어 제공되는 용역과 관련하여 동 일방체약국 정부, 지방자치단체 또는 여타조직체가 개인에게 지급하는 연금이외의 보수에 대하여는 동 일방체약국에서만 과세한다.

나. 그러나 그 용역이 타방체약국에서 제공되고 그 개인이 다음에 해당하는 동 타방체약국의 거주자인 경우 그러한 보수에 대하여는 동 타방체약국에서 만 과세한다.

　(1) 동 타방체약국의 국민인 자, 또는

　(2) 단지 그 용역제공만을 목적으로 동 타방체약국의 거주자가 되지 아니한 자

2. 가. 일방체약국 정부, 지방자치단체 또는 여타 조직체에게 정부 성격의 기능을 수행함에 있어 제공되는 용역과 관련하여 동 일방체약국 정부, 지방자치단체 또는 여타 조직체에 의하여 또는 이들에 의하여 창설된 기금으로부터 개인에게 지급되는 연금에 대하여는 동 일방체약국에서만 과세한다.

나. 그러나 그 개인이 타방체약국의 거주자이며 국민인 경우 그러한 연금에 대하여는 동 타방체약국에서만 과세한다.

3. 제15조, 제16조, 제17조 및 제18조의 규정은 일방체약국 정부 또는 지방자치단체에 의하여 경영되는 사업과 관련하여 제공되는 용역에 대한 보수 및 연금에 대하여 적용한다.

제20조 【학생 및 훈련생】 [1994. 9. 28.]

방체약국의 거주자이거나 일방체약국을 방문하기 직전에 타방체약국의 거주자이었으며 단지 교육 또는 훈련의 목적만으로 동 일방체약국에 체재하는 학생, 사업견습생 또는 훈련생이 자신의 생계, 교육 또는 훈련목적으로 받는 아래 지급금 또는 소득에 대하여는 동 일방체약국에서 과세하지 아니한다.

가. 자신의 생계, 교육, 학습, 연구 또는 훈련목적으로 동 일방체약국의 국외원천으로부터 받는 지급금

나. 정부 또는 과학, 교육, 문화, 여타 면세기관이 제공하는 교부금, 장학금 또는 장려금

다. 동 일방체약국에서 수행되는 교육 또는 훈련과 관련된 인적용역으로부터 얻는 소득

제21조 【교사 및 연구자】 [1994. 9. 28.]

일방체약국의 거주자이거나 타방체약국을 방문하기 직전에 일방체약국의 거주

자이었으며, 타방체약국의 종합대학, 단과대학, 학교 또는 타방체약국의 정부에 의하여 비영리기관으로 승인된 기타 교육기관 또는 학술연구기관의 초청으로, 그러한 기관에서 교수, 강의 또는 연구를 위한 목적만으로 동 타방체약국에 체재하는 개인은 동 타방체약국에 최초 도착한 날로부터 3년의 기간 동안 그러한 교수, 강의 또는 연구로부터 취득하는 보수에 대하여 동 타방체약국의 조세로부터 면제된다.

제22조【기타소득】[1994. 9. 28.]

1. 이 협정의 전기 각 조에서 취급되지 아니한 일방체약국 거주자의 소득 항목에 대하여는 동 일방체약국에서만 과세한다.

2. 제1항의 규정은, 일방체약국의 거주자인 소득의 수취인이 타방 체약국에 소재하는 고정사업장을 통하여 동 타방체약국에서 사업을 경영하거나 또는 타방체약국에 소재하는 고정시설을 통하여 동 타방체약국에서 독립적 인적용역을 수행하고 또한 소득의 지급원인이 되는 권리 또는 재산이 그러한 고정사업장 또는 고정시설과 실질적으로 관련되는 경우에는, 제6조 제2항에 규정된 부동산 소득 이외의 소득에 대하여 적용하지 아니한다. 그러한 경우에는, 경우에 따라, 제7조 또는 제14조의 규정을 적용한다.

제23조【이중과세의 회피방법】[1994. 9. 28.]

1. 한국 거주자의 경우, 이중과세는 다음과 같이 회피된다. 한국 이외의 국가에서 납부하는 조세에 대하여 허용하는 한국의 조세로 부터의 세액공제에 관한 한국세법의 규정(이 항의 일반적인 원칙에 영향을 미쳐서는 아니됨)에 따를 것을 조건으로, 중국내의 원천소득에 대하여 직접적이든 공제에 의해서든, 중국의 법과 이 협정에 따라 납부하는 중국의 조세(배당의 경우 배당이 지급되는 이윤에 대하여 납부할 조세를 제외함)는 동 소득에 대하여 납부할 한국의 조세로부터 세액 공제가 허용된다. 그러나 그 공제세액은 중국내의 원천소득이 한국의 조세납부대상이 되는 총소득 에서 차지하는 비율에 해당하는 한국의 조세액의 부분을 초과하지 아니한다.

2. 중국 거주자의 경우 이중과세는 다음과 같이 회피된다.
   가. 중국 거주자가 한국으로부터 소득을 취득할 경우, 한국의 법과 이 협정의 제규정에 따라 납부하는 소득세액은 동 거주자에게 부과되는 중국의 조세

로부터 공제될 수 있다. 그러나 그 공제 세액은 중국의 조세법령에 따라 산출된 중국의 소득세액을 초과하지 아니한다.

나. 한국으로부터 취득한 소득이 한국의 거주자인 회사에 의하여 중국의 거주 자이며 배당지급회사의 주식의 10퍼센트 이상을 소유한 회사에게 지급되 는 배당인 경우, 공제세액 계산에 있어 배당지급 회사가 그의 소득과 관련 하여 한국에서 납부하는 세액을 고려하여야 한다.

3. 이 조의 제1항 및 제2항에 언급된 일방체약국에서 납부하는 조세는 조세경감, 면제 또는 경제개발촉진을 위한 여타 조세유인조치에 관한 법률규정이 없었더 라면 납부했어야 할 세액을 포함하는 것으로 본다. 이 항의 목적상 제10조 제2 항, 제11조 제2항 및 제12조 제2항의 배당, 이자 및 사용료의 경우 세액은 각각 총 배당, 이자 및 사용료의 10퍼센트인 것으로 본다.

4. 이 조 제3항의 규정은 제28조의 규정에 따라 이 협정이 발효하는 연도의 다음 연도의 1월 1일부터 시작하여 10년의 기간 동안만 적용한다.

제24조 【무차별】 [1994. 9. 28.]

1. 일방체약국의 국민은 동일한 상황하에 있는 타방체약국의 국민이 부담하거나 부담할지도 모르는 조세 및 관련된 요건과 다르거나 더 과중한 조세 또는 이와 관련된 요건을 동 타방체약국에서 부담하지 아니한다. 이 규정은 제1조의 규정 에도 불구하고 일방 또는 양 체약국의 거주자가 아닌 인에 대하여도 적용한다.

2. 일방체약국의 기업이 타방체약국안에 가지고 있는 고정사업장에 대한 조세는 같은 활동을 수행하는 동 타방체약국의 기업에게 부과되는 조세보다 불리하게 부과되지 아니한다. 이 항의 규정은 일방체약국에 대하여 시민으로서의 지위 또는 가족부양 책임을 근거로 자국의 거주자에게 부여하는 조세목적상 어떠한 인적공제, 구제 및 경감을 타방체약국의 거주자에게도 부여하여야 할 의무를 부과하는 것으로 해석되지 아니한다.

3. 제9조, 제11조 제7항 또는 제12조 제6항의 규정이 적용되는 경우를 제외하고, 일방체약국의 기업이 타방체약국의 거주자에게 지급하는 이자, 사용료 및 기 타 지급금은 동 기업의 과세이윤을 결정하기 위한 목적상, 이들이 동 일방체약 국의 거주자에게 지급되었을 때와 동일한 조건으로 공제된다.

4. 일방체약국의 기업의 자본의 전부 또는 일부가 타방체약국의 1인 또는 그 이상의 거주자에 의하여 직접 또는 간접으로 소유되거나 지배되는 경우, 그 기업은 동 일방체약국의 다른 유사한 기업이 부담하거나 부담할지도 모르는 조세 및 관련된 요건과 다르거나 더 과중한 조세 또는 그와 관련된 요건을 동 일방체약국에서 부담하지 아니한다.

5. 제2조의 규정에도 불구하고, 이 조의 규정은 모든 종류 및 명칭의 조세에 대하여 적용한다.

제25조 【상호합의절차】 [1994. 9. 28.]

1. 일방체약국 또는 양 체약국의 조치가 어느 인에 대하여 이 협정의 규정에 부합하지 아니하는 과세상의 결과를 초래하거나 초래할 것이라고 동 인이 여기는 경우, 동 인은 양 체약국의 국내법에 규정된 구제수단에 관계없이 그가 거주자인 체약국의 권한 있는 당국에 또는 그의 문제가 제24조 제1항에 해당되는 경우에는 그가 국민인 체약국의 권한 있는 당국에 이의를 제기할 수 있다. 동 문제는 이 협정의 규정에 부합하지 아니하는 과세상의 결과를 초래하는 조치의 최초통보일로부터 3년 이내에 제기되어야 한다.

2. 권한 있는 당국은, 이의가 정당하다고 인정되나 동 당국 스스로 만족할 만한 해결책에 도달할 수 없는 경우, 타방체약국의 권한 있는 당국과 상호 합의에 의하여 이 협정에 부합하지 아니하는 과세를 회피할 수 있도록 문제의 해결을 위하여 노력한다. 도출된 합의는 양 체약국의 국내법상의 시간적 제약요건에 불구하고 시행되어야 한다.

3. 양 체약국의 권한 있는 당국은 이 협정의 해석 또는 적용에 관하여 발생하는 어려움 또는 의문을 상호 합의에 의하여 해결하도록 노력한다. 또한 양 당국은 이 협정에 규정되지 아니한 경우에 관하여도 이중과세회피를 위하여 상호 협의할 수 있다.

4. 양 체약국의 권한 있는 당국은 제2항 및 제3항에서 의미하는 합의에 도달하기 위한 목적으로 직접 의견을 교환할 수 있다. 합의에 도달하기 위하여 바람직하다고 보는 경우, 양 체약국의 권한 있는 당국의 대표는 의견 교환을 위하여 회합을 가질 수 있다.

제26조 【정보교환】 [1994. 9. 28.]

1. 양 체약국의 권한 있는 당국은 이 협정의 제규정을 시행하거나, 또는 당해 국내법에 의한 과세가 이 협정에 반하지 아니하는 한 이 협정의 적용 대상이 되는 조세에 관한 체약국의 국내법의 제규정을 시행하는 데 필요한 정보, 특히 탈세방지를 위한 정보를 교환한다. 정보의 교환은 제1조에 의하여 제한되지 아니한다. 일방체약국이 입수하는 정보는 동 국의 국내법에 의하여 입수되는 정보와 동일하게 비밀로 취급되어야 하며 이 협정의 적용대상이 되는 조세의 부과, 징수, 강제집행 또는 소추나 쟁송청구의 결정에 관련되는 인 또는 당국(행정, 사법기관을 포함)에 대하여만 공개된다. 그러한 인 또는 당국은 조세목적을 위하여만 정보를 사용한다. 그들은 공개 법정절차 또는 사법적 결정의 경우 정보를 공개할 수 있다.

2. 어떠한 경우에도 제1항의 규정은 일방체약국에 대하여 다음의 의무를 부과하는 것으로 해석되지 아니한다.

　가. 일방 또는 타방체약국의 법률 또는 행정관행에 저촉되는 행정적 조치를 수행하는 것

　나. 일방 또는 타방체약국의 법률하에서 또는 행정의 통상적인 과정에서 입수할 수 없는 정보를 제공하는 것

　다. 교역상, 사업상, 산업상, 상업상 또는 전문직업상의 비밀 또는 거래의 과정을 공개하는 정보 또는 공개하는 것이 공공정책 (공공질서)에 배치되는 정보를 제공하는 것

제27조 【외교관 및 영사관원】 [1994. 9. 28.]

이 협약의 어떠한 규정도 국제법의 일반규칙 또는 특별협정의 제 규정에 의한 외교관 또는 영사관원의 재정상의 특권에 영향을 미치지 아니한다.

제28조 【발효】 [1994. 9. 28.]

1. 이 협정은 양국에서 이 협정의 발효에 필요한 국내법적 절차가 완료되었음을 통보하는 외교공한이 교환된 날로부터 30일째 되는 날에 발효된다.

2. 이 협정은 다음에 대하여 효력을 가진다.

가. 원천징수되는 조세에 대하여는, 이 협정이 발효되는 연도의 다음연도 1월
1일부터

나. 기타의 조세에 대하여는, 이 협정이 발효되는 연도의 다음연도 1월 1일 이
후에 개시되는 과세연도부터

제29조【종료】[1994. 9. 28.]

이 협정은 무기한으로 효력을 가지며, 각 체약국은 발효일로부터 5년 경과 후 개
시되는 어느 연도의 6월 30일 이전에 외교경로를 통하여 타방체약국에 대하여 서면
으로 종료를 통보할 수 있다. 그러한 경우 이 협정은 다음에 대하여 효력을 가지지
아니한다.

가. 원천징수되는 조세에 대하여는,

종료 통보가 행하여진 연도의 다음연도 1월 1일부터

나. 기타의 조세에 대하여는,

종료 통보가 행하여진 연도의 다음연도 1월 1일 이후에 개시되는 과세연도부터

이상의 증거로, 하기 서명자는 그들 각자의 정부로부터 정당히 권한을 위임받아
이 협정에 서명하였다.

1994년 3월 28일 북경에서 동등히 정본인 한국어, 중국어 및 영어로 각 2부를 작
성하였다. 해석상에 상위가 있을 경우에는 영어본이 우선한다.

대한민국 정부를 위하여

중화인민공화국 정부를 위하여

의정서(1994. 9. 28.)[1994. 9. 28.]

의 정 서

대한민국 정부와 중화인민공화국 정부간의 소득에 대한 조세의 이중과세 회피와 탈세방지를 위한 협정을 서명함에 있어서 양측은 다음 규정이 이 협정의 불가분의 일부를 이루는 것임을 합의하였다.

1. 제8조 "해운 및 항공운수"에 관하여, 한국은 중국의 기업에 의한 국제운수상 선박 또는 항공기의 운행에 대하여 부가가치세를 면제 하며 중국은 한국의 기업에 의한 국제운수상 선박 또는 항공기의 운행에 대하여 영업세를 면제하는 것으로 양해한다.

2. 제15조 "종속적 인적 용역"에 관하여, 일방체약국의 해운 또는 항공운수 기업이 타방체약국에 파견하는 피고용인의 보수에 대하여 는 일방체약국에서만 과세할 수 있는 것으로 양해한다.

이상의 증거로, 하기 서명자는 그들 각자의 정부로부터 정당히 권한을 위임받아 이 의정서에 서명하였다.

1994년 3월 28일 북경에서 동등히 정본인 한국어, 중국어 및 영어로 각 2부를 작성하였다. 해석상에 상위가 있을 경우에는 영어본이 우선한다.

대한민국 정부를 위하여
중화인민공화국 정부를 위하여

제2의정서(2006. 7. 4.)[2006. 7. 4]

제2의정서(2)

2005년 12월 6일 제51회 국무회의 심의를 거쳐 2006년 3월 23일 베이징에서 김하중 주중화인민공화국 대한민국대사와 謝旭人(Xie Xuren) 중화인민공화국 국가세무총국장 간에 서명되고, 2006년 6월 30일 제260회 국회(임시회) 제3차 본회의의 비준동의를 얻어, 협정 발효에 필요한 법적 절차 완료의 나중 통보일자인 2006년 7월 4일자로 발효된 "대한민국과 중화인민공화국 간의 소득에 대한 조세의 이중과세회피와 탈세방지를 위한 협정의 제2의정서"를 이에 공포한다.

2006 년 7 월 4 일

대 통 령　노 무 현
국 무 총 리　한 명 숙
국 무 위 원　반 기 문 (외교통상부장관)

조약 제1793호

대한민국과 중화인민공화국 간의 소득에 대한 조세의 이중과세회피와 탈세방지를 위한 협정의 제2의정서(이하 본문 별첨)

대한민국 정부와 중화인민공화국 정부 간의

소득에 대한 조세의 이중과세회피와 탈세방지를 위한 협정의 제2의정서

대한민국 정부와 중화인민공화국 정부(이하 "체약당사국"이라 한다)는,

1994년 3월 28일 북경에서 서명된 대한민국 정부와 중화인민공화국 정부 간의 소득에 대한 조세의 이중과세회피와 탈세방지를 위한 협정(이하 "협정"이라 한다)과 관련,

다음 규정이 협정의 불가분한 일부를 구성함에 합의한다.

제1조

협정 제1조의 규정과 관련하여 일방 체약당사국 거주자인 어떠한 회사, 신탁 또는 그 밖의 실체가 동 체약당사국의 거주자가 아닌 한 명 이상의 인에 의하여 직접적 또는 간접적으로 수익적으로 소유되거나 지배되는 경우 만약 동 체약당사국에 의하여 동 회사, 신탁 또는 그 밖의 실체의 소득에 부과되는 세액(동 회사, 신탁 또는 그 밖의 실체 또는 다른 인에게 적용되는 환급, 상환, 불입금, 세액공제 및 소득공제 등을 포함하여 어떤 방식이든지의 세금의 감면이나 상쇄를 감안한 후)이, 동

회사의 모든 주식이나 신탁 또는 그 밖의 실체에 대한 모든 지분이 경우에 따라 동 체약당사국의 거주자인 한명 이상의 개인에 의하여 수익적으로 소유되는 경우에 동 체약당사국에 의하여 부과되는 세액보다 상당히 적을 경우, 동 협정을 적용하지 아니하는 것으로 이해된다. 그러나 그 낮은 세금이 부과되는 소득의 90퍼센트 이상이 투자에 따른 수동적 소득이 아닌 무역이나 사업의 능동적 행위로부터 전적으로 발생하는 경우에는 이 조항이 적용되지 아니한다.

제2조

협정 제2조의 규정에 의하여 적용대상이 되는 한국조세와 관련하여 협정은 소득세나 법인세의 과세표준에 직접적 또는 간접적으로 추가 부과되는 한국의 농어촌특별세에도 적용되는 것으로 이해된다.

제3조

협정 제11조 제7항은 삭제되고 다음에 의하여 대체된다.

"7. 이자 지급자와 수익적 소유자 간 또는 동 지급자, 수익적 소유자와 제3자 간 특수관계에 의하여, 이자금액이 그러한 특수관계가 없었더라면 지급자와 수익적 소유자 간에 합의되었을 금액을 초과하는 경우, 이 조항의 규정은 특수관계가 없었더라면 합의되었을 금액에만 적용된다. 그러한 경우 그 지급액의 초과부분은 협정의 다른 규정을 고려하여 각 체약당사국의 법에 따라 과세한다."

제4조

협정의 한국어본 제23조 제1항과 중국어본 제23조 제2항은 삭제되고 다음에 의하여 대체된다.

"1. 한국 거주자의 경우, 이중과세는 다음과 같이 회피된다.

   한국 외의 국가에서 납부하는 조세에 대하여 한국의 조세로부터 세액공제의 허용에 관한 한국세법의 규정(이 항의 일반적인 원칙에 영향을 미치지 아니한다)에 따를 것을 조건으로,

   가. 중국 내에서의 원천소득에 관하여, 직접적이든 공제에 의하여서든 중국의 법과 협정에 따라 납부하는 중국조세(배당의 경우 배당이 지급되는 이윤에 대하여 납부할 조세를 제외한다)는 동 소득에 관하여 납부하는 한국조

세로부터 세액공제를 허용한다. 그러나 그 공제세액은 중국 내에서의 원천소득이 한국의 조세납부 대상이 되는 전체소득에서 차지하는 비율에 해당하는 한국의 조세액의 부분을 초과하지 아니한다.

나. 중국 거주자인 회사가 한국 거주자이면서 동 중국회사 주식의 10퍼센트 이상을 소유한 회사에게 지급하는 배당의 경우, 세액공제를 함에 있어(이 항 가목의 규정에 따라 공제가 허용되는 중국의 조세에 추가하여) 배당을 지급한 동 중국회사가 동 배당을 지급하는 이익과 관련하여 납부하는 중국 조세를 고려하여야 한다.

제5조

1. 협정 제23조 제3항은 삭제되고 다음에 의하여 대체되며 2005년 1월 1일 이후 추가로 10년간 적용된다.

"3. 이 조 제1항 가목 및 제2항에서 언급하고 있는 일방 체약당사국에서 납부하는 조세는 조세경감, 면제 또는 경제발전 촉진을 위한 그 밖의 조세유인조치 관련 법률규정이 없었더라면 납부하였어야 할 조세를 포함하는 것으로 간주한다. 이 항의 목적상 제10조 제2항, 제11조 제2항과 제12조 제2항의 경우에는 세액은 각각 배당, 이자 및 사용료 총액의 10퍼센트인 것으로 간주한다."

2. 협정 제23조 제4항은 삭제된다.

제6조

협정 제23조 제3항의 규정에 불구하고 타방 체약당사국으로부터 동 조항에서 언급하는 소득을 취득하는 일방 체약당사국의 거주자는, 일방 체약당사국의 권한있는 당국이 타방 체약당사국의 권한있는 당국과 협의한 후에 다음을 참작하여 제23조 제3항의 혜택을 동 거주자에게 허용하는 것이 적절하지 아니하다고 판단하는 경우, 그러한 소득과 관련하여 세금을 납부하지 아니하는 것으로 간주한다.

가. 어떤 인에 의하여 자신이나 또는 타인의 혜택을 위하여 제23조 제3항의 규정을 이용할 목적으로 어떠한 합의가 맺어졌는지 여부, 또는

나. 어떤 혜택이 일방 체약당사국이나 타방 체약당사국의 거주자가 아닌 인에게 귀속되거나 귀속될 수 있는지 여부, 또는

다. 협정이 적용되는 세금과 관련하여 사기, 탈세 또는 조세회피의 방지

제7조

양 체약당사국은 제2의정서의 발효를 위하여 각국의 법에 의하여 요구되는 절차가 완료되었음을 외교적 수단을 통하여 상호 통보한다. 동 제2의정서는 나중에 통보하는 날에 발효된다.

이상의 증거로, 아래 서명자는 그들 각자의 정부로부터 정당하게 권한을 위임받아 동 제2의정서에 서명하였다.

2006년 3월 23일 베이징에서 동등하게 정본인 한국어, 중국어 및 영어로 각 2부씩 작성하였다. 해석상 이견이 있을 경우 영어본이 우선한다.

대한민국 정부를 대표하여
중화인민공화국 정부를 대표하여

양해각서(2007. 7. 13.)[2007. 7.13.]

양해각서 (3)

대한민국 정부와 중화인민공화국 정부의 권한 있는 당국은, 대한민국 정부와 중화인민공화국 정부 간의 소득에 대한 조세의 이중과세회피와 탈세방지를 위한 협정의 적절한 시행을 위해, 제11조 제3항과 제19조 제1항 및 제2항에 대한 협상을 갖고 다음과 같이 합의하였다.

1. 제11조 제3항의 목적상, "중앙은행 및 정부성격의 기능을 수행하는 금융기관" 이라 함은,

　가. 한국의 경우,

　　(1) 한국은행

　　(2) 한국산업은행

　　(3) 한국수출입은행

　　(4) 한국투자공사

　　(5) 한국수출보험공사

(6) 금융감독원

(7) 양 체약국의 권한있는 당국 간에 상호합의를 통해 합의된 기타 금융기관

나. 중국의 경우,

(1) 중국인민은행(中國人民銀行)

(2) 국가개발은행(國家開發銀行)

(3) 중국수출입은행(中國進出口銀行)

(4) 중국농업발전은행(中國農業發展銀行)

(5) 중국수출신용보험공사(中國出口信用保險公司)

(6) 전국사회보장기금이사회(全國社會保障基金理事會)

(7) 중국투자공사(적용시점 2007. 7. 13.)

(8) 은행업, 보험업, 증권 감독 기능을 수행하는 조직

(9) 양 체약국의 권한있는 당국 간에 상호합의를 통해 합의된 기타 금융기관을 말한다.

2. 제19조 제1항 및 제2항의 규정은 다음에 의해 지급되는 보수 또는 연금에 대하여도 동일하게 적용된다.

가. 한국의 경우,

(1) 한국은행

(2) 한국산업은행

(3) 한국수출입은행

(4) 대한무역투자진흥공사

(5) 한국관광공사

(6) 한국투자공사

(7) 한국수출보험공사

(8) 금융감독원

(9) 양 체약국의 권한있는 당국간에 상호합의를 통해 합의된 기타 금융기관

나. 중국의 경우,

(1) 중국인민은행(中國人民銀行)

(2) 국가개발은행(國家開發銀行)

(3) 중국수출입은행(中國進出口銀行)

(4) 중국농업발전은행(中國農業發展銀行)

(5) 중국국제무역촉진위원회(中國國際貿易促進委員會)

(6) 중국수출신용보험공사(中國出口信用保險公司)

(7) 전국사회보장기금이사회(全國社會保障基金理事會)

(8) 중국투자공사(적용시점 2007. 7. 13.)

(9) 은행업, 보험업, 증권 감독 기능을 수행하는 조직

(10) 양 체약국의 권한있는 당국간에 상호합의를 통해 합의된 기타 금융
　　　기관

3. 1994년 11월 26일 서명된 "중화인민공화국 정부와 대한민국 정부 간의 조세협
　　정에 관한 양해각서"는 이 양해각서의 공식 서명일로부터 동 양해각서로 대체
　　된다.

　　2007년 7월 13일 북경에서 동등하게 정본인 중국어, 한국어, 영어로 각 2부를
　　작성하였다. 해석상의 차이가 있는 경우에는 영어본이 우선한다.

중화인민공화국의　　　　　　　　　　대한민국의
권한있는 당국을 대표하여　　　　　　　권한있는 당국을 대표하여

예규[2007. 8. 2.]

〈한 – 중 조세조약 제2의정서의 간주외국납부세액공제 적용 시기(재정경제부 국제
　조세과 – 478(2007. 8. 2.)〉

　2006. 7. 4일자로 발효된 "대한민국과 중화인민공화국 간의 소득에 대한 조세의
이중과세와 탈세방지를 위한 협의의 제2의정서" 제5조는 동조 제1항에 의하여
2005. 1. 1. 이후 추가로 10년간 적용되는 것입니다.　끝

예규[2007. 12. 18.]

〈한-중 조세조약 제2의정서의 간주외국납부세액공제 적용 시기(재정경제부 국제
  조세과-478(2007. 8. 2.)〉

　2006. 7. 4일자로 발효된 "대한민국과 중화인민공화국 간의 소득에 대한 조세의
이중과세와 탈세방지를 위한 협의의 제2의정서" 제5조는 동조 제1항에 의하여
2005. 1. 1. 이후 추가로 10년간 적용되는 것입니다.　끝.

상호합의[2010. 4. 26.]

〈한-중국 조세조약 관련 상호합의 결과(기획재정부 국제조세협력과-315(2010.
  4. 26.)〉

　1. 우리부는 한국정책금융공사(Korea Finance Corporation)의 신설('09.10월)에
　　따라, 기존 조세조약 체약국 중 일부 국가(산업은행이 이자면세기관으로 지정
　　된 체약국)들과 동 공사를 이자면세기관으로 추가 지정하는 문제를 협의중에
　　있습니다.

　2. 이와 관련, 우리부와 중국 국세청은 2010. 5. 1일부터 한국정책금융공사를 한-
　　중국 조세조약 제11조 제3항에 따른 이자면세기관으로 지정하기로 상호합의
　　하였기에 이를 통보하오니 참고하시기 바랍니다.　끝.

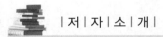 | 저 | 자 | 소 | 개 |

■ 안 치 우

- 경희대학교 무역학과 졸업
- 한국공인회계사(KICPA)
- 한국세무사(KICTA)
- 중국공인회계사(CICPA)
- 한국공인회계사회 연수원 초청강사
- 삼일아카데미 초청강사
- 삼일인포마인 칼럼위원

- 이메일 : curiane@naver.com

개정증보판　한 권으로 끝내는 **중국 세법과 상법**

2018년　2월 26일　초판 발행
2020년 11월 17일　　2판 발행

저　　자 안　　치　　우
발 행 인 이　　희　　태
발 행 처　**삼일인포마인**
서울특별시 용산구 한강대로 273 용산빌딩 4층
등록번호 : 1995. 6. 26 제3 –633호
전　　　화 : (02) 3489 –3100
F　A　X : (02) 3489 –3141
I S B N : 978 –89 –5942 –908 –0　93320

저자협의
인지생략

♣ 파본은 교환하여 드립니다.　　　　　　　　　　　　　　　　　정가 80,000원